AF680433

THE PREMIUM DESK

TRADING D'OPTIONS COMME UN GESTIONNAIRE DE RISQUES™

La Méthodologie Professionnelle pour le Trading d'Options

Le système utilisé par les vrais traders. Maintenant entre vos mains.

Incluant les Outils d'IA, les Marchés Algorithmiques et les Protocoles de Risque Modernes

Par Eddy Alexandre, Master Trader

TRADING D'OPTIONS COMME UN GESTIONNAIRE DE RISQUES

La Méthodologie Professionnelle pour le Trading d'Options

Publié par :
The Premium Desk LLC
Long Island, New York
www.thepremiumdesk.com | info@thepremiumdesk.com

Première Édition — 2026

ISBN-13 (Broché) : 979-8-9957316-8-9
ISBN-13 (Relié) : 979-8-9957316-7-2
ISBN-13 (Élivre) : 979-8-9957316-9-6
ISBN-13 (Audio) : 979-8-950980-00-8

Numéro de contrôle de la Bibliothèque du Congrès : 2026940061
Imprimé aux États-Unis d'Amérique
Disponible en anglais, français et espagnol

SOMMAIRE

Table des Matières

À ma mère Philomise Alexandre
et à la mémoire de mon père Matthieu L. Alexandre.

À mon épouse,
et à mes chers enfants.

CIEMENTS

Il est impossible de nommer toutes les personnes dont les encouragements, les défis ou l'exemple ont façonné un ouvrage comme celui-ci. Au fil de plus de deux décennies de trading, d'enseignement et d'écriture, j'ai eu la chance d'être entouré de personnes dont la générosité d'esprit se reflète dans chaque chapitre.

Aux chercheurs, analystes de données et contributeurs éditoriaux qui ont offert leur temps et leurs compétences pour porter ce projet à son plus haut niveau — Eddy Clarke pour son aide généreuse et compétente dans la compilation des données statistiques ; Jose G. Minaya pour ses commentaires minutieux et ses critiques des versions antérieures ; l'équipe de The Premium Desk pour leur aide à répondre à mes nombreuses questions sur le processus éditorial ; et aux membres de l'équipe juridique, de conformité et technique qui ont veillé à ce que tout ce qui figure entre ces couvertures soit exact et défendable — mes plus sincères remerciements. Vous savez qui vous êtes.

À ma famille élargie, ma communauté et mes amis les plus proches qui m'ont soutenu pendant les longues heures qu'exige la réalisation d'un ouvrage d'une telle envergure : votre patience et votre confiance ont fait la différence.

À la communauté de The Premium Desk — les traders, étudiants et abonnés sur chaque plateforme qui se sont présentés avec des questions difficiles, des opérations réelles et une véritable curiosité — ce livre a été écrit pour vous et grâce à vous. Vos retours au fil des années de sessions en direct, de newsletters et de conversations individuelles sont tissés dans chaque page.

Enfin, à mon épouse et à mes enfants : les heures que ce projet a consommées nous appartiennent à tous. Ce livre est, en tout sens significatif, le nôtre.

Eddy Alexandre
Long Island, New York • 2026

À PROPOS DE L'AUTEUR

Eddy Alexandre

Eddy Alexandre analyse, négocie et écrit sur les marchés financiers depuis 2000. Il est un ardent défenseur et promoteur de l'intersection entre la finance et la technologie — ce que l'industrie appelle aujourd'hui la FinTech.

Au cours de plus de deux décennies, Eddy a rédigé de nombreuses lettres d'information financières, publié de nombreux livres blancs et construit des plateformes éducatives qui ont touché des dizaines de milliers de traders.

Prochains Livres

- Trading Forex Comme un Gestionnaire de Risques ;
- Trading Crypto Comme un Gestionnaire de Risques ; et
- Trading des Futures et Matières Premières Comme un Gestionnaire de Risques.
- Jour

Eddy Alexandre, Master Trader, est l'auteur principal de The Premium Desk Risk Manager Series. Il a passé plus de deux décennies à faire ce que la plupart des livres de trading ne font que décrire : gérer de vrais capitaux, sur des marchés réels, dans toutes les conditions que le marché a jamais produites. Options. Contrats à terme. Événements de volatilité. Drawdowns prolongés. Hausses euphoriques. Il a tout connu — non pas comme observateur, mais comme celui qui a de l'argent en jeu. Sur une période de plusieurs années documentée, son compte de trading en direct a affiché une moyenne de 25 % mensuel sur les futures et les options — un record vérifié indépendamment et faisant partie du registre public.

Site web : **optionspremium.substack.com**

AVANT-PROPOS

Si vous avez jamais confié vos économies — ou votre confiance — à un programme de trading qui promettait une transformation et n'a livré que de la confusion, ce livre a été écrit pour vous.

Je connais ce sentiment de l'intérieur. Au début de mon parcours, j'ai investi dans d'innombrables systèmes de trading. Je passais d'une méthode à l'autre, convaincu que la prochaine serait enfin différente.

La vérité, quand je l'ai finalement trouvée, n'était pas excitante : les marchés ne récompensent pas la vitesse. Ils récompensent le système.

Et en dessous se cachait une découverte encore plus contre-intuitive — celle qui sépare les traders sérieux de la masse : le marché ne se révèle pas principalement dans les graphiques. Il se révèle dans les fondamentaux. Quatre-vingt-dix pour cent de chacune de mes décisions est enraciné dans ce qu'une entreprise est réellement : sa solidité, sa valeur, sa résilience, sa position dans le cycle économique. L'analyse technique mérite les dix pour cent restants — elle confirme le timing, elle ne dicte pas la direction. Pas l'inverse.

C'est l'inverse de ce qu'on apprend à la plupart des investisseurs particuliers. Ils suivent d'abord les signaux des graphiques et posent les questions fondamentales plus tard, si tant est qu'ils les posent. On leur tend une loupe alors qu'ils ont besoin d'une carte. Cette inversion unique — courir après les signaux au lieu de comprendre la substance — est précisément là où la plupart d'entre eux perdent. C'est là où j'ai perdu, avant de mieux comprendre. C'est le fossé que ce livre est conçu pour combler définitivement.

Cette prise de conscience a tout changé. Elle est le fondement de chaque page de ce livre.

Quand j'ai commencé à enseigner, j'ai retrouvé cette même confusion sur les visages d'étudiants qui avaient payé un prix bien plus élevé que moi. Beaucoup d'entre eux avaient perdu plus que de l'argent — ils avaient perdu des mois, des années, et dans certains cas le gagne-pain qu'ils avaient mis une vie à construire, à courir après des formules magiques qui n'étaient jamais conçues pour délivrer de vrais résultats. Ils ne venaient pas me trouver en cherchant un autre raccourci. Ils en avaient fini avec les raccourcis. Ils cherchaient quelque chose en quoi ils pouvaient avoir confiance, répéter, et engager leur avenir financier. Une vraie solution — ancrée dans la compréhension, pas dans l'espoir.

Maintenant, ils l'ont.

Au cours de deux décennies de trading en direct — gérant des positions en options de plusieurs millions de dollars à travers des marchés haussiers, baissiers, des pics de volatilité et toutes les conditions que le marché a jugé bon de produire — j'ai testé ces principes sous pression avec de vrais capitaux, à grande échelle, dans des conditions réelles. Rien dans ce livre n'est emprunté à un manuel scolaire. Les stratégies sont celles que j'utilise. Les règles sont celles que je suis. Les erreurs décrites sont celles que j'ai commises, dont j'ai été témoin, ou les deux.

Les marchés financiers sont la plus grande infrastructure de création de richesse jamais créée. Dans aucun autre domaine, un individu discipliné travaillant depuis un ordinateur portable, selon son propre horaire, sans patron ni bureau, ne peut construire un flux de revenus significatif qui se compose au fil du temps. Mais accéder à cette infrastructure sans une éducation honnête n'est pas une opportunité. C'est un piège. Main Street a toujours eu une place à la table. Ce que Main Street n'a jamais reçu, c'est le savoir que Wall Street tient pour acquis.

Ce livre est ma réponse à cette injustice.

La littérature existante sur le trading d'options échoue de l'une de deux manières : elle parle le langage des professionnels de la finance qui connaissent déjà le dialecte, ou elle est tellement simplifiée qu'elle n'atteint jamais la profondeur dont un trader sérieux a réellement besoin. Pire encore, les concepts qui valent la peine d'être appris sont dispersés dans des dizaines de volumes. Aucune ressource unique ne conduit un trader des premiers principes jusqu'à la gestion des revenus au niveau portefeuille. J'ai passé des années à rédiger des suppléments et des matériaux de transition. J'ai décidé d'arrêter de colmater les brèches et de commencer à construire.

Ce livre est ce que j'ai construit.

En son cœur se trouve une proposition unique et honnête : vous n'avez pas besoin de vous enrichir rapidement. Vous avez besoin d'arrêter de perdre, de commencer à gagner de manière constante, et de construire un système qui survive à toutes les conditions de marché. Un trader qui lit ce livre et l'applique correctement ne triplera pas son compte en un mois — et je ne vous dirai jamais le contraire. Ce qu'il construira est quelque chose de bien plus précieux : un système de revenus reproductible, ancré dans une compréhension fondamentale, qui se compose régulièrement et survit aux périodes difficiles que chaque cycle de marché produit inévitablement.

Le système commence par un cadre que j'appelle les Six Directions™ (Six Directions™) : la compréhension que chaque instrument financier se déplace dans un ensemble borné de possibilités, et que l'acheteur et le vendeur de tout contrat occupent des positions fondamentalement différentes dans cet espace. De là, il progresse à travers les mécanismes des marchés, le langage des options, le comportement des prix, le rôle de l'analyse technique pour confirmer ce que les fondamentaux suggèrent déjà, et la psychologie pour maintenir tout cela de manière constante. Il culmine dans la Philosophie du Vendeur™ (Seller's Philosophy™) — une approche structurée de génération de revenus construite autour de la précision, de la patience et du processus.

Le chemin ne nécessite que quinze minutes par jour. Ce qu'il exige, c'est que vous le suiviez complètement.

Mon rêve est que Main Street saisisse ce moment — pour combler le fossé qui a séparé les investisseurs ordinaires de la liberté financière durable depuis bien trop longtemps. Ce livre est disponible en anglais, en français et en espagnol, car cette percée appartient à un monde plus large. C'est le premier d'une série ; des éditions complémentaires couvrant le Forex, les Cryptomonnaies et les Contrats à Terme & Matières Premières suivront.

Je suis reconnaissant envers les milliers d'étudiants qui ont fait confiance à The Premium Desk pour leur éducation financière. Vos questions ont rendu chaque chapitre plus pointu. Vous voir passer de la confusion à la confiance, de l

Lisez ce livre depuis le début. Travaillez les exemples. Remplissez les feuilles de travail. Complétez les listes de contrôle avant de trader. Et quand vous serez prêt à placer votre premier Put Sécurisé en Espèces sur une action de qualité — vérifiez d'abord le calendrier des résultats.

Vous avez trouvé le système. Maintenant, construisez avec lui.

Eddy Alexandre, Master Trader
The Premium Desk LLC · Long Island, New York · 2026
www.thepremiumdesk.com | optionspremium.substack.com

COMMENT UTILISER CE LIVRE

Ce livre est conçu pour être lu dans l'ordre — surtout la première fois. Chaque chapitre s'appuie sur ce qui précède. Un trader qui passe aux stratégies de revenu de la Partie II sans avoir lu la Partie I rencontrera des termes dont il ne peut pas comprendre pleinement la logique. La séquence est le système. La Partie I vous donne la base complète : la structure du marché, le cycle économique, les mécanismes des options, l'évaluation, les Grecs, l'analyse fondamentale, l'analyse technique et le calcul du risque — dans précisément l'ordre dans lequel un professionnel les apprendrait. Ce n'est que lorsque la Partie I est terminée que la Partie II prend tout son sens.

Cela dit, ce livre est également conçu comme un ouvrage de référence pratique. Une fois que vous l'aurez lu du début à la fin, vous reviendrez régulièrement à des chapitres individuels — aux Dix Indicateurs avant d'évaluer un nouveau sous-jacent, au tableau de bord des Grecs lors de la gestion d'une position, au chapitre sur les Stratégies de Roulement quand une opération approche le T-21™. Chaque système et liste de contrôle majeurs de ce livre est conçu pour être suffisamment autonome pour servir de référence seul.

Les Quatre Parties

PARTIE I — FONDEMENTS

Les chapitres 1 à 10 établissent l'environnement opérationnel complet pour le trader utilisant ce système : la vérification pré-opérationnelle, la structure du marché, les cycles économiques, l'analyse technique et l'ensemble des mécanismes des options, y compris les contrats, l'évaluation et les Grecs. Ne sautez pas cette section. Le Cadre des Six Conditions™ et la Règle T-21™ sont introduits ici.

PARTIE II — BOÎTe À OUTILS STRATÉGIQUES

Les chapitres 10 à 15 constituent votre bibliothèque de stratégies : calculer le risque, combiner les positions, les spreads, les ETF, le filtre qualité des Dix Indicateurs et le système complet du vendeur de revenus incluant le Cadre BPJ™ (Bénéfice Par Jour de trading) et la Roue. Le Chapitre 9 est le quartier général de l'analyse fondamentale de ce livre — le ratio 90/10 fondamental/technique en profondeur complète.

PARTIE III — MAÎTRISE

Les chapitres 16 à 23 traitent des conditions de marché au niveau de la maîtrise : la volatilité et le VIX (y compris l'exploitation du skew et le trading de l'écart HV/VI), le trading algorithmique, les options sur contrats à terme et matières premières, le swing trading, le risque des options ajustées, le backtesting, la maîtrise de la stratégie personnelle et la gestion des roulements. C'est là que le praticien sérieux se distingue de l'apprenant occasionnel.

PARTIE IV — L'AVANTAGE COMPLET DU TRADER

Les chapitres 24 à 29 complètent le cadre professionnel : l'approche échelonnée, les indicateurs quotidiens et mensuels de gestion des opérations, la construction du portefeuille long/short, le guide de la saison des résultats, la psychologie du risque, et la construction de votre premier portefeuille de 50 000 $. C'est la pierre angulaire du système.

Caractéristiques Clés Tout au Long du Livre

- Encadrés — règles et principes nommés que vous consulterez répétitivement (le Bonhomme de Neige en Floride,
- Tableaux — chaque concept majeur traduit en référence structurée que vous pouvez utiliser avant, pendant et après une opération ;
- Feuilles de Notation — la Feuille des Dix Indicateurs et d'autres sont conçues pour être remplies avant chaque nouvelle position ;
- Listes de Contrôle — listes pré-opération, de sélection de stratégie et de sortie apparaissent tout au long du livre. Utilisez-les à chaque fois, pas seulement quand vous êtes incertain ; et
- Chapitre 11 : Votre Première Opération sur Options Pas à Pas — un guide d'exécution étape par étape qui fait le lien entre la théorie et l'action en marché réel.

Note sur le Principe 90/10

Tout au long de ce livre, le ratio 90 % Analyse Fondamentale pour 10 % Analyse Technique apparaît régulièrement. Ce n'est pas de la décoration. C'est le système d'exploitation. Les professionnels de Wall Street ne commencent pas par les graphiques. Ils commencent par les données financières. Le graphique aide à chronométrer l'entrée. Les fondamentaux déterminent si une entrée vaut la peine d'être prise. Chaque chapitre de ce livre est écrit avec cette hiérarchie à l'esprit.

Complétez les fiches de référence des Annexes au fur et à mesure que vous avancez dans chaque section. Elles sont conçues pour être votre référence permanente au bureau de trading — pas des devoirs à faire une fois et à oublier.

Note sur les Exemples d'Opérations

Tous les exemples d'opérations présentés dans ce livre sont issus de positions réellement exécutées et sont étayés par des relevés de courtage. Les résultats reflètent des conditions de marché spécifiques et sont présentés à titre pédagogique uniquement. Le dimensionnement des positions indiqué dans les exemples reflète les paramètres et la tolérance au risque du compte personnel de l'auteur et peut ne pas convenir à tous les traders.

INTRODUCTION

Trading contre Épargne : Adopter le Bon État d'Esprit

UN TRADE RÉEL — AVANT D'EXPLIQUER QUOI QUE CE SOIT

5 juin 2025. Micron Technology (MU) se négocie à 102 $. Le graphique hebdomadaire montre une tendance haussière propre au-dessus de l'EMA à 26 semaines, rebondissant fortement depuis les plus bas d'avril. Le VIX est bas — la volatilité implicite est bon marché. MU a validé les Dix Indicateurs. Nous sommes en Condition 1 : tendance haussière, IV basse. Stratégie : achat d'un call.

Le trade : Acheter 1 Call MU $105, 38 jours avant expiration, à 2,20 $. Perte maximum : 220 $ — la prime payée. Pas de marge. Pas de risque d'assignation. Dimensionné à 2 % du compte.

La règle : Clôturer lorsque l'option atteint 50 à 80 % de gain sur la prime — de 3,30 $ à 3,96 $. Une seule règle de sortie. Pas de spéculation. Pas de surveillance continue.

C'est le système. Une lecture de condition. Une stratégie. Une règle. Le reste de ce livre construit le cadre qui a permis de prendre cette décision en moins de cinq minutes.

LE SYSTÈME EN ACTION — ENREGISTREMENT DE COURTAGE VÉRIFIÉ

Cinq mois plus tard, le même système. Le même titre. Une conviction encore plus forte.

17 novembre 2025. MU a poursuivi sa hausse portée par l'IA. Toujours en Condition 1. Le Call $185 expirant le 20 février 2026 se négocie à 72,70 $ bien dans la monnaie. Achat d'1 contrat. Coût total : 7 270 $. Perte maximum définie. Pas de marge. Pas de risque d'assignation.

30 décembre 2025 — 43 jours plus tard. MU a encore progressé. Le Call $185 vaut maintenant 110,34 $. Vente pour clôturer. Crédit reçu : 11 034 $.

Profit réalisé : +3 764 $. Rendement sur prime : +51,78 %.

Date d'exécution, prix d'exécution, profit réalisé — confirmé par le courtier. Ce n'est pas un backtest. C'est un compte réel. C'est le système.

POURQUOI CE LIVRE. POURQUOI MAINTENANT.

Wall Street Vend Maintenant le Trading Quantitatif aux Masses — Wall Street Journal, April 22, 2026

Le 22 avril 2026 — au moment où ce livre allait sous presse — le Wall Street Journal rapportait que JPMorgan, Goldman Sachs, Morgan Stanley et Citigroup se disputent désormais la vente de programmes de trading systématiques et fondés sur des règles aux investisseurs particuliers et institutionnels. Les unités de trading des banques gèrent aujourd'hui plus de 850 milliards de dollars en stratégies d'investissement quantitatif (QIS) à l'échelle mondiale, contre 362 milliards il y a cinq ans. Le moteur de cette croissance : la crainte que l'investissement traditionnel fondé sur le jugement humain ne puisse suivre le rythme à l'ère de l'IA et des marchés algorithmiques.

L'article du WSJ a résumé le moment en une seule citation : « Les gestionnaires de portefeuille et les analystes touchent des bonus. Les ordinateurs, non. »

Voilà ce que ce titre signifie pour vous : la même approche systématique fondée sur des règles que Wall Street conditionne et vend désormais aux fonds de pension et aux family offices — moyennant des frais de gestion et de performance — c'est ce que ce livre vous apprend à exécuter vous-même. Le Cadre des Six Conditions EST le moteur de règles systématiques. La liste de contrôle pré-trade EST l'algorithme. La règle T-21 EST le protocole automatique de gestion des positions.

La différence : Wall Street vous facture l'accès à ce système. Ce livre vous donne le cadre pour vous l'approprier.

L'article révèle encore autre chose — et cela met en lumière une contradiction importante. Les mêmes banques qui présentent ces stratégies « quant » comme purement mécaniques décrivent aussi l'utilisation de l'IA pour analyser rapidement les conférences de résultats, les rapports financiers, et ajuster les portefeuilles en conséquence. Ce n'est pas du quantitatif. C'est de l'analyse fondamentale — simplement exécutée plus rapidement.

Ce livre n'est pas victime de cette erreur. Le Cadre des Six Conditions est systématique — il élimine l'émotion et les conjectures de chaque décision de trading. Mais il repose sur des fondements de qualité fondamentale : les Dix Indicateurs examinent chaque sous-jacent en termes de régularité des bénéfices, de croissance du chiffre d'affaires, de fossé concurrentiel et de solidité du bilan avant qu'une seule option ne soit vendue. Vous n'êtes pas un quant qui ignore les fondamentaux de l'entreprise. Vous êtes un gestionnaire du risque qui allie la discipline d'un cadre systématique au jugement d'un analyste fondamental. C'est précisément cette combinaison que les institutions les plus avisées cherchent aujourd'hui à reproduire avec l'IA — et que ce livre vous apprend à mettre en œuvre avec une liste de contrôle et quinze minutes par jour.

Et voilà ce qui distingue ce livre de tous les autres ouvrages sur les options : le Chapitre 17 propose neuf invites IA éprouvées — une pour chaque étape critique de votre processus de trading, de la lecture des conditions de pré-marché à l'analyse du journal post-trade. La même analyse fondamentale alimentée par l'IA que JPMorgan et Goldman Sachs intègrent dans 850 milliards de dollars de programmes institutionnels est disponible pour vous dès maintenant, gratuitement, grâce aux invites de ce livre. Les banques ont besoin d'une armée d'ingénieurs. Vous, il vous faut un smartphone et la bonne question.

Règles systématiques. Fondation fondamentale. Aucun frais.

Commençons par une question que la plupart des conseillers financiers préfèrent éviter : si épargner est si intelligent, pourquoi tant de gens arrivent-ils encore à la retraite sans le sou ?

Les mathématiques sont brutales. Si vous commencez avec 10 000 $ aujourd'hui et ajoutez 500 $ par mois à un taux de rendement modeste, une calculatrice de plan d'épargne vous dira qu'il faut plus de 43 ans pour atteindre 1 000 000 $. Quarante-trois ans. Et cela suppose que vous ne ratiez jamais un versement, que vous n'ayez jamais de facture médicale imprévue, que vous ne perdiez jamais votre emploi, et que l'inflation ne dévore pas discrètement la moitié de ce que vous avez construit.

Mais s'il existait une approche différente ? Et si, au lieu d'épargner 500 $ par mois sur un compte rémunéré à environ 4,5 % par an, vous appreniez à générer des revenus sur les marchés financiers — en utilisant des stratégies à risque défini que les professionnels pratiquent depuis des décennies ? Et si vous pouviez générer des revenus mensuels réguliers grâce aux options — et les capitaliser parallèlement à votre épargne ?

Ce n'est pas de la spéculation. Le trading de revenus par les options — vente de primes à risque défini sur des actions de qualité — est pratiqué par les investisseurs institutionnels, les hedge funds et les fonds de pension depuis plus de 50 ans. Les stratégies ne sont pas secrètes. Les mécanismes sont bien compris. L'avantage vient de la discipline, de la gestion du risque et de la patience — exactement les qualités qui manquent à la plupart des traders particuliers et que ce livre va développer en vous, chapitre après chapitre.

Le cadre de ce livre a été construit à partir de deux décennies de gestion de positions réelles sur les options, dans toutes les conditions que le marché a produites : la crise financière de 2008, le krach COVID de 2020 et le rebond, le marché baissier de 2022 lié aux hausses de taux, le bull run de 2024 alimenté par l'IA, et tous les régimes de volatilité intermédiaires. Il n'a pas été écrit depuis une salle de classe. Il a été écrit depuis un compte réel — à travers des drawdowns, des redressements, et le développement progressif de la discipline nécessaire pour survivre et capitaliser durablement sur ce marché.

La différence entre le trading et l'épargne ne réside pas dans le fait que l'un serait risqué et l'autre sûr. Les deux comportent des risques. L'épargne expose à l'érosion par l'inflation, au coût d'opportunité et à la probabilité que votre pécule soit tout simplement insuffisant le moment venu. Le trading expose à la perte de capital — mais avec le cadre de ce livre, ce risque est défini, géré et encadré avant chaque trade.

Voici ce que nous allons construire ensemble au fil des 29 chapitres : un système complet de niveau professionnel pour trader les options avec discipline. Pas un recueil d'astuces. Pas une lettre de stratégie du mois. Un système — avec des règles, des protocoles de gestion, des cadres psychologiques et un plan de mise en œuvre sur 90 jours. Au terme de ce livre et des exercices pratiques, vous disposerez de quelque chose que la plupart des traders particuliers ne construisent jamais : un processus reproductible, testé et documenté pour générer des revenus sur le marché des options.

Un mot sur le public visé par ce livre. Vous n'avez pas besoin d'un diplôme en finance. Vous n'avez pas besoin de 100 000 $. Vous n'avez pas besoin de quitter votre emploi. Il vous faut trois choses : (1) suffisamment de capital pour commencer — à partir de 5 000 $, bien que 10 000 à 25 000 $ soient idéaux pour les stratégies de ce livre ; (2) suffisamment de temps pour apprendre — 30 à 60 minutes par jour suffisent une fois le système en place ; et (3) la volonté de suivre les règles même lorsque vos émotions vous poussent à faire autrement. Si vous possédez ces trois éléments, ce livre vous donnera tout le reste.

Une dernière remarque avant de commencer. Ce livre est structuré en quatre parties qui s'appuient les unes sur les autres. La Partie I vous donne les fondements : la structure du marché, le cycle économique, les mécanismes des options et les Grecs. La Partie II vous donne la boîte à outils stratégiques : le calcul du risque, la construction de positions, la génération de revenus et la sélection d'actions. La Partie III développe la maîtrise : la volatilité, l'IA, le trading d'options sur futures, le swing trading, le backtesting et la stratégie personnelle. La Partie IV complète l'avantage : les structures avancées, la gestion de portefeuille, le guide des saisons de résultats, la psychologie du trading et la feuille de route de croissance de votre portefeuille. Lisez-les dans l'ordre. Ne passez pas aux chapitres de stratégie avant d'avoir compris les fondements — chaque raccourci dans la formation au trading crée un angle mort que le marché finira par exploiter.

LES MATHÉMATIQUES DE L'ÉPARGNE	**L'ALTERNATIVE DU TRADER**
Capital de départ : 10 000 \$ Épargne mensuelle : 500 \$ Taux d'intérêt : 4,5 % APY Objectif : 1 000 000 \$	Même capital de départ : 10 000 \$ Revenus d'options disciplinés : 30 %/an Objectif : 1 000 000 \$
Temps nécessaire : **43 ANS, 8 MOIS**	Temps nécessaire : **UNE APPROCHE FONDAMENTALEMENT DIFFÉRENTE**

Je ne sais pas pour vous, mais moi, je n'ai pas 43 ans devant moi. Et je parierais qu'il en va de même pour vous.

Ce n'est pas un argument contre l'épargne. Épargner, c'est de la discipline, et la discipline est le fondement de tout ce qui est enseigné dans ce livre. Mais l'épargne seule — placer de l'argent sur un compte bancaire, un plan de retraite ou même un fonds indiciel et l'oublier — n'est pas un chemin vers la liberté financière dans un délai qui compte pour la plupart des gens.

Le trading, lui, l'est. En particulier le trading d'options — lorsqu'il est pratiqué avec le cadre axé sur le risque de ce livre — est l'un des outils les plus efficaces en capital disponibles pour l'investisseur particulier. Il vous permet de générer des revenus, de couvrir ces positions existantes et de construire votre patrimoine à un rythme que l'épargne seule ne peut tout simplement pas égaler.

Pourquoi la Plupart des Traders Échouent Avant Même de Commencer

Voici la vérité inconfortable : la majorité des personnes qui se lancent dans le trading perdent de l'argent. Non pas parce que les marchés sont truqués — bien que les algos et les institutions disposent effectivement d'avantages structurels que nous aborderons — mais parce qu'ils abordent le marché avec la mauvaise mentalité. Ils pensent aux profits. Ils devraient penser au risque.

Le spéculateur demande : « Combien puis-je gagner ? » Le gestionnaire du risque demande : « Combien puis-je perdre, et puis-je y survivre ? » Ce seul changement d'état d'esprit fait la différence entre un trader qui dure et celui qui fait sauter son compte dès les six premiers mois.

- La plupart des nouveaux traders dimensionnent leurs positions trop élevées — un seul mauvais trade détruit des mois de gains ;
- La plupart courent après des actions volatiles sans comprendre la chaîne d'options qui leur est associée ;
- La plupart n'ont aucune stratégie de sortie définie — ils conservent les perdants et coupent les gagnants trop tôt ; et
- La plupart ignorent les Grecs, le cycle économique et le niveau de capitalisation boursière — trois éléments qui déterminent si un trade offre le moindre avantage.

LE PRINCIPE FONDAMENTAL

Ce livre repose sur une seule idée : gérez le risque en premier, et les profits suivront. Chaque stratégie, chaque cadre, chaque tableau et chaque liste de contrôle dans ces pages existe pour faire de vous un trader plus discipliné et plus durable — non pas plus chanceux.

La Psychologie du Gestionnaire du Risque

Les traders professionnels ne pensent pas à gagner de l'argent. Ils pensent à ne pas en perdre. Cela peut sembler contre-intuitif — vous êtes ici parce que vous voulez construire un patrimoine, pas protéger zéro. Mais le chemin vers des profits réguliers passe directement par la prévention des pertes. Voici pourquoi :

Une perte de 50 % nécessite un gain de 100 % pour simplement revenir à l'équilibre. Perdez la moitié de votre compte, et il vous faut maintenant doubler ce qui reste pour retrouver votre point de départ. C'est là les mathématiques de la survie. Le gestionnaire du risque comprend cela viscéralement — chaque décision de trade est prise en gardant cette asymétrie à l'esprit.

- Protégez votre capital en priorité absolue — c'est votre seul outil ;
- Définissez votre perte maximum avant d'entrer dans tout trade — pas pendant que vous y êtes ;
- Éliminez l'émotion de vos décisions de sortie — laissez votre plan s'exécuter, pas vos instincts ;
- Traitez chaque gain comme une leçon et chaque perte comme une leçon encore plus coûteuse ; et
- Le marché est l'employeur de l'égalité des chances par excellence — il prend aux indisciplinés et donne aux patients.

Vous êtes sur le point d'apprendre un système. Pas des conseils, pas des sélections à la mode, pas un service d'alertes sur Discord. Un système — ancré dans la manière dont les marchés fonctionnent réellement, dont l'argent institutionnel se déplace réellement, et dont les options se comportent réellement dans toutes les conditions de marché. Appliquez le système, et le système travaille pour vous.

LE FONDEMENT

La Philosophie des Six Conditions™

Tout ce qu'un trader d'options doit savoir sur la direction du marché

Avant de lire un seul chapitre de ce livre, vous devez comprendre une vérité fondamentale sur les marchés. Pas une stratégie. Pas un Grec. Pas une formule. Une vérité.

Le marché — n'importe quel marché, n'importe quelle action, n'importe quel indice, n'importe quel ETF — ne peut évoluer que de l'une des six façons possibles. Ce n'est pas une simplification excessive. C'est la réalité complète. Chaque stratégie d'options jamais inventée, chaque position jamais ouverte, chaque trade jamais exécuté est une réponse à l'une de ces six conditions. Toutes, sans exception.

La direction a trois états : le marché monte, descend ou évolue latéralement. La volatilité a deux états : elle est haute ou basse. Trois directions multipliées par deux états de volatilité donnent six conditions de marché possibles. C'est l'arbre de décision complet d'un trader d'options.

LE MARCHÉ PREND L'UNE DES SIX DIRECTIONS.

Vous disposez d'une réponse pour chacune. C'est le système complet.

#	DIRECTION	VOLATILITÉ (VIX / VI)	VOTRE STRATÉGIE	VOTRE LOGIQUE
1	**HAUSSE LENTE ↑ (Haussier)**	**LOW**	Long Call | Bull Call Spread	La VI est bon marché — achetez de la prime. Les calls coûtent moins cher lorsque la volatilité est comprimée. La tendance est votre alliée. Payez pour participer à la hausse à faible coût.
2	HAUSSE RAPIDE ↑ (Haussier)	HIGH	Covered Call | Put Sécurisé en Espèces | Bull Put Spread	La VI est chère — vendez de la prime dans la direction de la tendance. Collectez des crédits élevés sur des structures haussières. La tendance augmente la probabilité de profit. Le Thêta travaille pour vous.
3	**BAISSE LENTE ↓ (Baissier)**	LOW	Long Put | Bear Put Spread	La VI est bon marché — achetez de la prime à la baisse. Les puts sont abordables. Un bear put spread réduit le coût tout en capturant la baisse. Ne vendez pas de prime dans un marché en baisse.
4	**BAISSE RAPIDE ↓ (Baissier)**	HIGH	**Bear Call Spread UNIQUEMENT (spread de crédit — côté call)**	La VI est chère — vendez de la prime, mais uniquement du côté des CALLS. C'est la règle critique : vous n'achetez pas de puts (l'effondrement de la VI les détruira). Vous vendez des calls. Le

#	DIRECTION	VOLATILITÉ (VIX / VI)	VOTRE STRATÉGIE	VOTRE LOGIQUE
				spread plafonne votre risque. C'est la seule structure approuvée pour cette condition.
5	LATÉRAL LENT ↔ (Marché en Range)	LOW	Butterfly Spread | Iron Condor	Aucun mouvement directionnel attendu + options bon marché = trades de range structurés. Le butterfly concentre le gain sur un prix cible. L'iron condor collecte des deux côtés de la fourchette. Le Thêta est votre source de revenus.
6	LATÉRAL RAPIDE ↔ (Marché en Range)	HIGH	ATM Calendar Spread | Diagonal Spread	VI élevée + pas de direction = récoltez le différentiel de décroissance temporelle entre les expirations. Vendez la VI à court terme coûteuse. Achetez la VI à plus long terme relativement moins chère. Le spread tire profit de l'effondrement progressif du différentiel de VI.

Ce tableau est le fondement de tout ce qui suit.

Chaque chapitre qui suit — les Grecs, les spreads, la Roue, les règles de roulement, le cadre de backtesting, les outils de gestion de portefeuille — tout cela existe pour vous aider à faire une seule chose : identifier laquelle de ces six conditions est active, et exécuter la stratégie correcte pour cette condition avec précision.

Pas la stratégie intéressante. Pas la stratégie complexe. Pas la stratégie vue sur YouTube. La correcte.

Le VIX vous indique si la volatilité est haute ou basse. Le graphique vous indique si le prix monte, descend ou évolue latéralement. Deux points de données. Six combinaisons possibles. Une décision par combinaison. C'est le système.

Tout le reste — indicateurs de sentiment, notes d'analystes, titres de CNBC, alertes Discord, produits exotiques multi-jambes complexes — n'est que du bruit superposé à une décision qui était déjà prise au moment où vous avez lu le VIX et regardé le graphique. Les six conditions ne sont pas une simplification du marché. Elles sont le marché. Toute autre complexité n'est que décoration.

Comment utiliser ce tableau chaque jour de trading :

Étape 1 → Vérifiez le VIX.

Étape 2 → Regardez le graphique : hausse, baisse ou latéral ?

Étape 3 → Trouvez votre ligne. Exécutez cette stratégie.

Étape 4 → Ignorez tout ce qui n'est pas dans cette ligne.

Ce que cette philosophie élimine :

X Confusion stratégique — une condition, une réponse.

X Le sur-trading — ne tradez que lorsque la condition est claire.

X Les décisions émotionnelles — c'est la condition qui décide, pas vous.

X La complexité pour elle-même — six lignes, c'est tout ce dont vous avez besoin.

NOTE SUR LE LANGAGE

Tout au long de cette introduction, nous avons utilisé des étiquettes en langage courant : Hausse Rapide, Hausse Lente, Baisse Rapide, Baisse Lente, Latéral Rapide, Latéral Lent. C'est intentionnel. Lorsque vous débutez avec les options, le mot

« volatilité » porte un certain bagage. Rapide et lent sont des notions que vous comprenez déjà.

Au fil de votre progression dans le livre — notamment le Chapitre 5 (Les Grecs) et le Chapitre 16 (La Volatilit

RAPIDE / LENTE = VOLATILITÉ IMPLICITE

Rapide = VI Haute. Le marché anticipe de grands mouvements. Les options sont chères.
Lente = VI Basse. Le marché anticipe de petits mouvements. Les options sont bon marché.
Vous utiliserez cela à chaque fois que vous tradez. Lorsque vous entendez « vérifiez le VIX », il s'agit de vérifier si le marché est en mode Rapide ou Lent.

Condition	Direction / IV State	Primary Strategy	Min Account
C1	Bullish / Low IV	Long Call · Debit Spread	$2,000
C2	Bullish / High IV	Cash-Secured Put · Wheel	$15,000
C3	Bearish / Low IV	Long Put · Bear Put Spread	$2,000
C4	Bearish / High IV	Bear Call Spread	$5,000
C5	Range-Bound / High IV	Iron Condor	$10,000
C6	Range-Bound / Low IV	Calendar Spread · Diagonal	$5,000

Figure 0.1 — Carte des Six Conditions — Taille de compte minimale requise par stratégie pour les six

La Carte des Six Conditions — votre cadre de décision quotidien avant chaque trade.

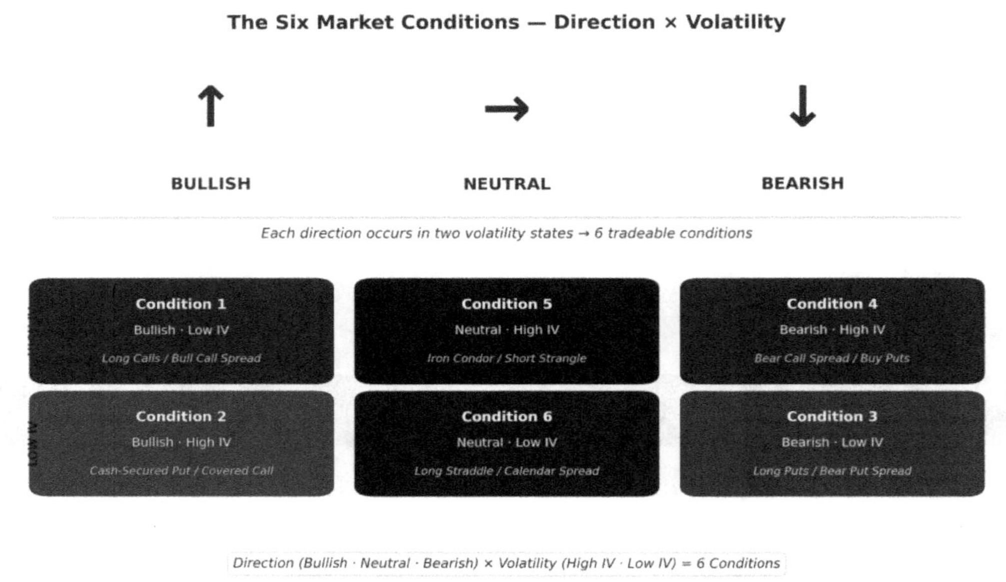

Figure 0.2 — Les Six Conditions de Marché. Direction (Haussier, Neutre, Baissier) × Volatilité (VI Haute, VI Basse) = les six conditions qui définissent chaque décision de trade dans ce livre.

Revenez à ce tableau chaque fois que le marché vous déconcerte.
La réponse se trouve toujours dans l'une des six lignes.

PARTIE I

LES FONDEMENTS DE CHAQUE TRADELes chapitres 1 à 10 établissent l'environnement opérationnel complet : configuration du compte, le Cadre des Six Conditions, les contrats d'options, l'évaluation, les Grecs, la structure du marché, l'analyse technique et le calcul du risque. Chaque stratégie des Parties II à IV présuppose la maîtrise de la Partie I.

LE FONDEMENT DE CHAQUE TRADE

La condition est la stratégie. Chaque trade commence par une lecture de la condition.

LES SIX CONDITIONS — VOTRE CARTE DE TRADING (APERÇU)

Avant toute stratégie dans ce livre, vous avez besoin d'un cadre fondamental : le Système des Six Conditions. Chaque marché se présente dans l'un des six états, défini par deux données — la direction du prix et le niveau de volatilité. Condition 1 : Haussier + VI faible — achetez des calls ou des débit spreads. Condition 2 : Haussier + VI élevée — vendez des puts (CSP), faites tourner la Roue. Condition 3 : Baissier + VI faible — achetez des puts ou des débit spreads. Condition 4 : Baissier + VI élevée — vendez des calls ou utilisez des bear call spreads. Condition 5 : En Range + VI élevée — iron condor ou short strangle. Condition 6 : En Range + VI faible — calendar spreads ou diagonal spreads. Chaque chapitre vous apprend à identifier votre condition et à exécuter la stratégie correcte. Vous n'avez pas encore besoin de connaître les stratégies — sachez juste que cette carte existe.

CADRE DES SIX CONDITIONS ▸ LES SIX CONDITIONS — filtre pré-opération universel
La vérification pré-opérationnelle s'exécute avant chaque opération, dans chaque condition. C'est la discipline qui vous empêche de trader la mauvaise condition, le mauvais sous-jacent ou la mauvaise structure.

Aucun pilote ne décolle sans passer par une liste de contrôle. Peu importe s'il a parcouru la même route mille fois — la liste de contrôle s'exécute à chaque vol. Non pas parce que les pilotes sont incompétents. Parce que les enjeux de la sauter sont catastrophiques et irréversibles.

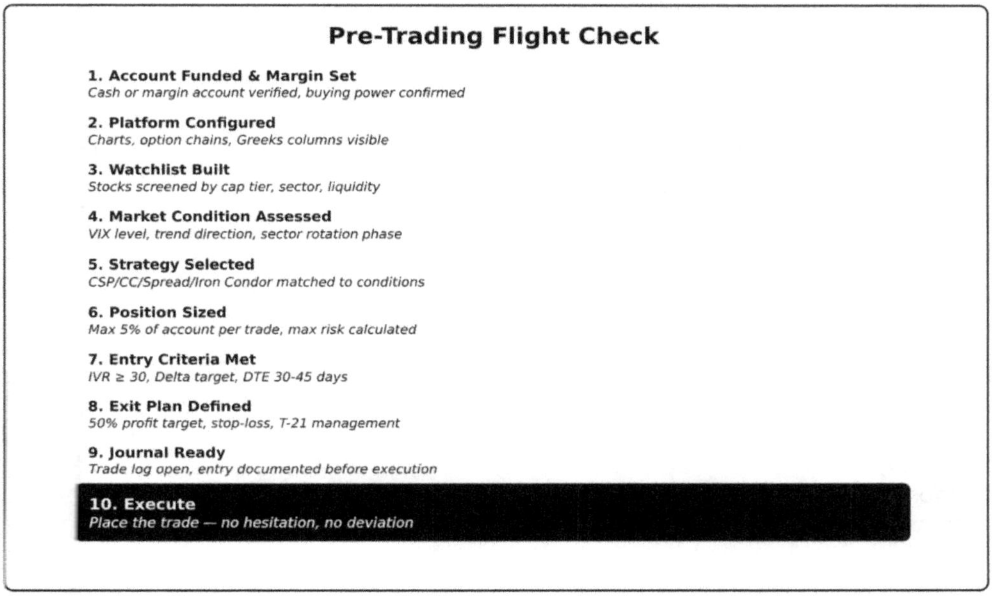

Figure 1.1 — The Pre-Trade Flight Check. Every item must be confirmed before submitting an order.

Le trading n'est pas différent. Avant de placer votre première opération sur options — avant même d'ouvrir un compte de courtage — il y a une vérification pré-opérationnelle que chaque trader sérieux doit compléter. Ce chapitre est cette liste de contrôle. Sautez-la et vous décollez à l'aveugle.

Vous avez déjà vu la philosophie des six conditions qui ancre tout ce livre. Avant chaque vol, le pilote vérifie la météo — direction et intensité. Avant chaque opération, vous vérifiez le marché — direction et volatilité. Deux données. Six conditions. Une stratégie par condition. Chaque vérification pré-opération dans ce chapitre est conçue pour vous amener à ce moment de clarté : dans laquelle des six conditions me trouve-je en ce moment ?

Étape 1 : Protégez Votre Capital

Votre capital de trading n'est pas de l'argent de jeu. Ce ne sont pas des jetons de casino. C'est la matière première de chaque opération que vous ferez jamais, et sans lui, vous ne pouvez pas trader du tout. Protéger votre capital n'est pas une posture défensive — c'est le premier geste offensif d'un gestionnaire de risques.

La première règle avant toute opération : ne jamais risquer de l'argent que vous ne pouvez pas vous permettre de perdre complètement. Ce n'est pas du remplissage juridique. C'est le principe opérationnel fondamental de chaque trader professionnel. Les positions en options peuvent aller à zéro. Comprenez cela avant de financer un compte.

- Commencez avec le capital que vous avez désigné exclusivement pour le trading — pas l'argent du loyer, pas les fonds d'urgence ;
- Déterminez votre seuil maximum de drawdown du compte avant de commencer — la plupart des professionnels utilisent 20-25 % ;
- Si votre compte tombe à ce seuil, arrêtez de trader, révisez et réévaluez — ne courez pas après les pertes ; et
- Ne jamais ajouter à une position perdante dans l'espoir de faire baisser la moyenne — c'est ainsi que les petites pertes deviennent catastrophiques.

> **PREMIÈRE LOI DU GESTIONNAIRE DE RISQUES**
>
> L'objectif de chaque session de trading est d'abord de préserver le capital, puis de le faire croître. Un trader qui survit à un mauvais mois peut se remettre. Un trader qui fait exploser un compte n'a plus rien avec quoi trader.

Étape 2 : Configuration du Compte et Autorisations pour les Options

Tous les comptes de courtage ne sont pas égaux en ce qui concerne les options. Avant de pouvoir trader des options, votre courtier vous demande de solliciter une autorisation de trading d'options — et ils échelonnent cette autorisation en fonction de votre expérience déclarée, de vos revenus et de votre tolérance au risque. Comprendre ces niveaux est essentiel, car le niveau auquel vous êtes autorisé détermine quelles stratégies de ce livre vous pouvez réellement exécuter.

Il y a cinq niveaux d'autorisation. Le Niveau 0 est automatique — chaque nouveau compte commence ici. Vous devez faire une demande et vous qualifier pour chaque niveau suivant :

Niveau	Autorisation	Stratégies Autorisées	Pour Qui
Niveau 0	Aucune Autorisation (Automatique)	Pas de trading d'options — actions uniquement	Chaque nouveau compte par défaut
Niveau 1	Vendeur — Cash Sécurisé	Vente de Puts Sécurisés en Espèces et de Covered Calls	Débutants axés sur le revenu — c'est là que vit la majeure partie de ce livre
Niveau 2	Niveau 1 + Achat d'Options	Achat de calls et de puts en plus du Niveau 1	Traders directionnels à l'aise avec le risque défini
Niveau 3	Spreads de Débit et de Crédit en plus du Niveau 2	Spreads de Débit et de Crédit	Traders intermédiaires — les spreads plafonnent à la fois le risque et le gain
Niveau 4	Niveau 3 + Avancé	Toutes les stratégies, y compris les structures multi-jambes complexes	Traders expérimentés — boîte à outils complète, exigences de marge les plus élevées

LE NIVEAU LE PLUS IMPORTANT : NIVEAU 1

La majorité des stratégies de revenu de ce livre — la Vente de Puts Sécurisés en Espèces et de Covered Calls — ne nécessitent que l'autorisation de Niveau 1. Un compte de 5 000 $ à 10 000 $ au Niveau 1 est suffisant pour commencer à construire un revenu systématique. L'objectif n'est pas d'obtenir le niveau le plus élevé le plus vite possible. L'objectif est de maîteriser les stratégies à votre niveau actuel avant d'ajouter de la complexité.

- Postulez honnêtement — surestimer votre expérience pour obtenir un niveau plus élevé vous expose à des stratégies pour lesquelles vous n'êtes pas prêt ;
- Le Niveau 4 (nu/non couvert) comporte un potentiel de perte théoriquement illimité — n'y allez pas avant de maîteriser parfaitement les spreads ;
- La demande d'options de votre courtier posera des questions sur les revenus, la valeur nette, les objectifs d'investissement et l'expérience de trading — répondez avec précision ; et
- Exigences de marge : les stratégies de Niveau 3 et Niveau 4 nécessitent généralement un compte sur marge — comprenez comment la marge amplifie à la fois les gains et les pertes.

MISE À JOUR RÉGLEMENTAIRE 2026

Le 14 avril 2026, la Securities and Bourse Commission (SEC) a approuvé la suppression de la règle du Pattern Day Trader (PDT) — une réglementation qui avait restreint les traders particuliers depuis 2001

Dans l'ancien cadre, tout compte sur marge inférieur à 25 000 $ était limité à trois opérations aller-retour dans une fenêtre glissante de cinq jours ouvrables.

Cela s'appliquait également aux options : ouvrir et fermer la même position en options le même jour comptait comme un day trade.

Les traders qui dépassaient la limite sans atteindre le seuil de 25 000 $ faisaient face à un gel de compte de 90 jours.

Cette désignation n'existe plus dans la loi.

La SEC a remplacé la règle PDT par un modèle de marge intrajornière basé sur le risque qui évalue l'exposition réelle des positions en temps réel, plutôt que de simplement compter les opérations.

Étape 3 : Recâblez Votre Cerveau Avant Votre Première Opération

C'est l'étape que la plupart des livres sautent. Ils vont directement aux contrats et aux Grecs et vous laissent avec un cadre techniquement correct assis sur un système d'exploitation psychologiquement défaillant. Nous faisons les choses différemment.

Votre cerveau n'est pas câblé pour le trading. Il a été construit par l'évolution pour éviter la perte plus qu'il ne recherche le gain — un phénomène que les économistes comportementaux appellent l'aversion à la perte. Cela signifie que votre réponse émotionnelle à une perte de 500 $ est environ deux fois plus puissante que votre réponse à un gain de 500 $. Non géré, cela vous amènera à :

- Conserver des positions perdantes beaucoup trop longtemps — en espérant qu'elles reviendront ;
- Couper les positions gagnantes trop tôt — en saisissant les profits avant qu'ils se matérialisent pleinement ;
- Trader impulsivement après une perte — en essayant de « récupérer » immédiatement ;
- Rester paralysé sur les entrées — paralysé par l'analyse après une opération douloureuse ; et
- Augmenter la taille après les gains et la réduire après les pertes — exactement à l'envers de ce que les mathématiques exigent.

Rien de tout cela n'est une faiblesse. C'est de la biologie. Le travail du gestionnaire de risques est de construire un système qui supplante ces impulsions avec des règles — des règles qui ont été écrites quand vous étiez calme, rationnel et pensant clairement, pour gouverner votre comportement quand vous ne l'êtes pas.

LES 10 CHOSES À FAIRE ET À NE PAS FAIRE

1. Concentrez-vous sur la gestion du risque
2. N'évitez pas les pertes — gérez-les.
3. Tradez avec discipline.
4. N'essayez pas d'éliminer les émotions — apprenez à les gérer.
5. Ayez toujours un plan.
6. Soyez patient.
7. Évitez la paralysie par l'analyse.
8. Assumez vos résultats.
9. N'arrêtez jamais d'apprendre.
10. Aimez le jeu.

Étape 4a : Définissez Votre Plan de Trading Avant de Trader

Un plan de trading n'est pas une liste de souhaits. C'est un document écrit — votre manuel opérationnel personnel — qui définit exactement comment vous vous comporterez dans chaque condition de marché. Avant de placer votre première opération, votre plan doit répondre aux questions suivantes :

- Quel est mon risque maximum par opération ? (Recommandé : pas plus de 2-5 % du compte par position) ;
- Quel est mon objectif de profit ? Quand est-ce que je prends mes gains ? ;
- Quelle est ma règle de stop-loss ? À quel point est-ce que je sors quelle que soit ma conviction ? ;
- Quelles stratégies suis-je autorisé et formé à utiliser ? (Commencez étroit — maîtrisez deux stratégies avant d'en ajouter une troisième) ;
- Dans quelles conditions de marché NE traderai-je PAS ? (par exemple, la veille d'importantes annonces de la Fed, pendant les périodes de silence avant les résultats) ; et
- Combien de positions vais-je détenir à la fois ? Le risque de concentration est réel — trop d'opérations ouvertes dilue votre attention.

Votre plan évolue au fil de l'expérience. Mais vous devez en avoir un dès le premier jour. Les marchés se moquent de qui vous êtes ou de ce pour quoi vous vous battez — tout ce qu'ils veulent, c'est l'argent des indisciplinés. Le plan est votre bouclier.

Étape 4b : La Règle des 2 % — La Base de Votre Dimensionnement de Position

Avant de placer une seule opération, vous avez besoin d'une règle stricte sur le montant de votre compte que vous risquerez sur une seule position. La plupart des professionnels utilisent la Règle des 2 % : ne jamais risquer plus de 2 % de l'équité totale de votre compte sur une seule opération. Si vous êtes débutant, commencez à 1 % jusqu'à ce que vous ayez triplé votre équité de trading.

Ce n'est pas arbitraire. Considérez ce qui se passe sur 10 opérations perdantes consécutives — la pire série de pertes que la plupart des traders vivront jamais — avec un risque de 2 % vs. 5 % :

Opération #	Solde du Compte	Risque de 2 % par Trade	Risque de 5 % par Trade
Départ	**$1,000.00**	**$1,000.00**	**$1,000.00**
Trade 3	—	$960.40	$902.50
Trade 5	—	$941.19	$857.38
Trade 10	—	$833.79	$630.25

Après 10 opérations perdantes, le trader à 2 % a perdu 17 % de son compte. Le trader à 5 % a perdu 37 %. Le trader à 2 % survit et se remet. Les mathématiques se composent dans les deux sens — vous protéger dans le drawdown est aussi important que de croître à la hausse.

FORMULE DE DIMENSIONNEMENT DE POSITION

Taille de Position = Montant du Risque ÷ (Prix d'Entrée − Prix Stop-Loss) | Exemple : compte de 10 000 $, risque de 2 %

Étape 4c : La Règle du Drawdown de 20 % — Quand Arrêter de Trader

Chaque trader professionnel a une limite personnelle de drawdown — un point auquel il arrête de trader pour le mois, prend du recul et révise. Le seuil recommandé est de 20 % : si votre compte a chuté de 20 % par rapport à son solde maximum, arrêtez de trader pour le reste du mois.

Cette règle existe parce que les drawdowns sont psychologiquement dangereux. Lorsque vous perdez, la tentation de surtrader, d'augmenter la taille des positions et de courir après les pertes est à son maximum — et c'est précisément à ce moment-là que votre jugement est le plus altré. La règle des 20 % impose un disjoncteur.

- Quand vous atteignez votre seuil de 20 % : arrêtez de trader, ne placez pas de nouvelles positions ;
- Révisez chaque opération perdante : s'agissait-il d'un échec de stratégie, d'un échec d'exécution ou de malchance ? Soyez honnête ;
- Quand vous revenez après une pause : réduisez votre exposition au risque de 25 % (de 2 % à 1,5 %) jusqu'à ce que votre compte récupère son niveau précédent ; et
- Ne rétablissez jamais l'exposition pleine au risque jusqu'à ce que le compte soit revenu à son sommet précédent — cela impose la responsabilité.

ÉVITER UN APPEL DE MARGE

Un appel de marge se produit quand l'équité de votre compte tombe en dessous du minimum requis par votre courtier. À un effet de levier de 10x, une perte de 10 % déclenche un appel. À 5x, une perte de 20 % déclenche un appel. Avec un compte de 1 000 $ à un effet de levier de 100:1, une perte de 1 % vous efface. La règle la plus sûre : comprenez exactement le niveau d'effet de levier que vous utilisez avant qu'une position ne soit ouverte. En cas de doute, utilisez-en moins.

Étape 5 : Connaissez Vos Outils

Le poste de travail du trader d'options n'est pas qu'un compte de courtage. Vous avez besoin de données en temps réel, de capacités de graphiques et de la capacité d'analyser les chaînes d'options avant de déclencher toute opération. Au minimum, vous avez besoin de :

- Une plateforme de courtage avec des données de chaîne d'options en direct — ThinkOrSwim (TD Ameritrade/Schwab) est l'étalon-or pour les traders d'options actifs ; c'est gratuit et conçu pour ce que nous faisons ;
- Graphiques en temps réel — TradingView est une excellente alternative basée sur navigateur ; StockCharts.com fournit de solides outils d'analyse technique ;
- Accès aux données fondamentales — SEC EDGAR (sec.gov/edgar) fournit un accès gratuit à tous les dépôts 10-K et 10-Q pour chaque société cotée en bourse ;
- Suivi de la Volatilité Implicite — votre plateforme devrait afficher le rang de VI et le percentile de VI pour chaque sous-jacent que vous tradez ; et
- Un journal d'opérations — une simple feuille de calcul où vous enregistrez chaque opération : entrée, sortie, thèse, résultat, leçon apprise.

Vous n'avez pas besoin d'abonnements coûteux pour commencer. Vous avez besoin de données en temps réel, d'une plateforme fiable et de la discipline pour utiliser les deux correctement. L'avantage n'est pas dans les outils — il est dans le trader.

Étape 6 : Appliquez le Cadre des Six Conditions Avant Chaque Vol

La dernière étape de votre vérification pré-opérationnelle est la plus importante : avant d'ouvrir toute position, vous devez identifier laquelle des six conditions de marché est actuellement active. Ce n'est pas facultatif. Ce n'est pas quelque chose que vous faites quand vous n'êtes pas sûr. C'est l'étape qui transforme une idée d'opération en une décision gérée par le risque.

Le cadre des six conditions — le cadre propriétaire au cœur de ce livre — vous dit que le marché ne peut faire que l'une des six choses. Trois directions (haussier, baissier, en range) multiplié par deux états de volatilité (ÉVI élevée, VI faible) égal six conditions. Une condition est toujours active. Votre travail avant chaque opération est d'identifier laquelle.

La Vérification des Six Conditions

#	Quoi Vérifier	Ce que Vous Lisez	Votre Décision
1	Vérifiez le niveau du VIX et l'IVR sur votre plateforme	VIX < 20 et IVR < 25 = FAIBLE volatilité. VIX > 20 et IVR > 50 = HAUTE volatilité. Entre	HAUTE = vous êtes autorisé pour les stratégies de crédit (conditions 2, 4, 6). FAIBLE = vous êtes autorisé pour les stratégies de débit (conditions 1, 3, 5).
2	Regardez le graphique journalier de SPY ou QQQ	Le prix fait-il des plus hauts et des plus bas plus élevés au-dessus des MM50 et MM200 ? Ou oscille-t-il entre un support et une résistance définis ?	HAUSSE = conditions 1 ou 2. BAISSE = conditions 3 ou 4. LATÉRAL = conditions 5 ou 6.
3	Recoupez vos deux lectures	Combinez direction et volatilité pour identifier le numéro de condition exact.	VIX bas + hausse = Condition 1. VIX élevé + hausse = Condition 2. VIX bas + baisse = Condition 3. VIX élevé + baisse = Condition 4. VIX bas + range = Condition 5. VIX élevé + range = Condition 6.
4	Cherchez votre condition dans le Tableau des Six Conditions	La section Fondements de ce livre contient le tableau complet. L'Annexe A contient la Feuille de Route de Développement du Trader sur 90 Jours.	Lisez la stratégie approuvée pour votre condition. C'est la seule stratégie que vous devriez ouvrir aujourd'hui. Ignorez toutes les autres idées.
5	Exécutez votre liste de contrôle pré-opération pour la stratégie choisie	Dix Indicateurs, vérification des résultats, vérification des options ajustées, dimensionnement de position, confirmation d'intérêt ouvert.	Les cinq étapes complètes = vous êtes autorisé au décollage. Une étape échouée = pas d'opération aujourd'hui. Attendez une condition claire.

La vérification pré-opération des six conditions ajoute environ deux minutes à votre routine matinale. Deux minutes qui éliminent la confusion de stratégie, préviennent les opérations dans le mauvais environnement et s'assurent que chaque position que vous ouvrez a la structure du marché qui travaille en sa faveur — pas contre elle.

LA PROMESSE DU PILOTE

Chaque pilote qui termine sa carrière avec un bilan de sécurité parfait a pris le même engagement : la liste de contrôle s'exécute à chaque vol. Pas d'exceptions. Pas de raccourcis. Pas de dérogations parce qu'ils « se sentent bien dans ce cas-là ». Le trader d'options qui dure dix, vingt, trente ans prend le même engagement — la vérification des six conditions s'exécute avant chaque opération. Pas la plupart des opérations. Chaque opération.

Choisir Votre Courtier : La Liste de Contrôle des Plateformes pour Traders d'Options

Votre courtier est l'infrastructure sur laquelle tourne l'ensemble de votre système de trading. Un mauvais choix vous coûte de manière cachée : des exécutions lentes, des niveaux d'options restreints, des outils inadéquats et un support qui disparaît quand vous en avez le plus besoin. Avant d'ouvrir un compte, évaluez chaque candidat selon ces cinq critères non négociables.

Critères	Ce qu'il Faut Chercher	Signaux d'Alarme
Niveaux d'Approbation des Options	Doit proposer le Niveau 3 ou supérieur (requis pour les spreads, straddles et positions multi-jambes). Niveau 4 pour les positions nues	Courtier qui vous limite au Niveau 1 (covered calls uniquement) sans voie d'amélioration. Vous ne pouvez pas exécuter les six
Structure des Commissions	0 $ à 0,65 $ par contrat pour les options. Pas de frais de ticket. Comparez le coût total sur un iron condor à 4 jambes.	Les courtiers facturant 1,50 $ et plus par contrat éroderont votre avantage sur les stratégies de revenu.
Plateforme et Outils	Affichage des Grecs en temps réel. Rang de VI et IVR visibles sur la chaîne d'options. Graphique P&L pour les positions multi-jambes. Mode de trading papier.	Plateforme qui n'affiche que la valeur intrinsèque, pas les Grecs. Pas de mode de trading papier.
Qualité d'Exécution	Divulgation du PFOF (Paiement pour le Flux d'Ordres) disponible. Capacité à définir des ordres limites sur des spreads multi-jambes. Exécutions dans 1 à 2 secondes sur les sous-jacents liquides.	Courtier qui achemine tous les flux vers un seul teneur de marché. Remplissages partiels fréquents sur les spreads.
Marge et Pouvoir d'Achat	Pouvoir d'achat du put sécurisé en espèces réservé correctement (prix d'exercice complet × 100 par contrat). Accès à la marge	Courtiers qui calculent mal le pouvoir d'achat sur les spreads, déclenchant une liquidation forcée.

Comparaison des Courtiers : Fonctionnalités Spécifiques aux Options

Courtier	Coût/Contrat	Idéal Pour	Fonctionnalité Clé pour les Traders d'Options
TastyTrade	$1.00/leg ($10 max/leg)	Traders d'options actifs	Conçu spécifiquement pour les options. Meilleur affichage des Grecs, cône de probabilité, rang de VI. La plateforme principalement recommandée par The Premium Desk.
ThinkorSwim (TD/Schwab)	$0.65/contract	Éducation + graphiques avancés	La plateforme de graphiques et de backtesting la plus puissante disponible pour les traders particuliers. Le mode de trading papier est le meilleur simulateur.

Courtier	Coût/Contrat	Idéal Pour	Fonctionnalité Clé pour les Traders d'Options
Interactive Courtiers	$0.25–$0.65/contract	Volume élevé, multi-jambes	Les commissions les plus basses à grande échelle. Acheminement d'ordres sophistiqué. IBKR Pro requis pour la boîte à outils complète des options.
E*Trade (Power E*Trade)	$0.65/contract	Débutants à intermédiaires	Application mobile épurée, affichage solide de la chaîne d'options, bon service client. Choix solide pour les traders de première année.
Webull	$0 commissions	Débutants axés sur le mobile	Sans commission mais outils d'options limités. Non recommandé pour les stratégies multi-jambes.

Les plateformes les plus populaires parmi les traders d'options à tous les niveaux sont TastyTrade (conçu spécifiquement pour les options, les commissions les plus basses, excellent affichage des Grecs), thinkorswim par TD Ameritrade (meilleurs outils de graphiques et d'analyse), Interactive Courtiers (meilleur pour les taux de marge et l'accès international), Schwab (meilleur pour les débutants, fort support client), et E*TRADE (maintenant partie de Morgan Stanley ; la plateforme Power E*TRADE propose des Grecs en temps réel et une forte interface mobile).

Commencez avec une plateforme. Apprenez-la complètement. Le système des six conditions fonctionne sur la discipline et le processus, pas sur le changement de plateforme. Une fois que vous avez exécuté 50 opérations papier ou plus et 20 opérations réelles ou plus sur une plateforme, vous saurez si ses outils servent votre système ou le limitent.

COMMENCEZ PAR LE TRADING PAPIER — NON NÉGOCIABLE

Chaque plateforme listée ci-dessus offre le trading papier. Utilisez-le pendant un minimum de 90 jours avant d'engager de vrais capitaux. Non pas parce que les marchés sont trop difficiles — mais parce que vous avez besoin de 90 jours de lectures de condition, d'exécutions d'entrées, de gestion de positions et de sorties pour construire la mémoire musculaire qui maintient votre discipline intacte quand de l'argent réel est en jeu.

Marge de Portefeuille : Exigences Réduites pour les Comptes Avancés

La Marge de Portefeuille est une méthodologie de calcul de marge disponible pour les traders d'options qualifiés qui remplace les exigences à pourcentage fixe traditionnelles de la Réglementation-T (Reg-T) par un système basé sur le risque. Sous la Marge de Portefeuille, votre exigence de marge est déterminée en évaluant votre risque de position réel sur 10 intervalles de prix équidistants dans une plage de stress prédéterminée — et en fixant l'exigence égale à la perte dans le pire des scénarios. Le résultat : des exigences de marge qui reflètent le risque réel de votre position plutôt que des pourcentages arbitraires.

La Marge de Portefeuille est devenue disponible pour les comptes particuliers éligibles le 2 avril 2007. Pour vous qualifier, vous avez généralement besoin d'une valeur de compte minimum de 100 000 $ (avec un système de marge en temps réel) ou de 150 000 $ autrement. Les courtiers individuels peuvent imposer des minimums plus élevés. L'approbation pour le trading d'options nues (Niveau 4) est également requise. Votre courtier peut choisir de ne pas offrir la Marge de Portefeuille même si vous vous qualifiez — c'est un programme optionnel, pas un droit.

PLAGES DE STRESS DE LA MARGE DE PORTEFEUILLE

Le CBOE fournit quotidiennement les plages de test de stress. Selon les règles actuelles :

- +/−15 % : Actions individuelles, options sur actions, futures sur actions, options sur indices à base étroite.
- +/−10 % : Indices à large base qui NE sont PAS à haute capitalisation.
- +6 %/−8 % : Indices à large base et forte capitalisation (S&P 500, Nasdaq 100, etc.)
- Exigence minimale : 37,50 $ par contrat quel que soit le résultat du calcul.

Cela signifie qu'un put SPX nu est testé contre un mouvement à la baisse de 8 % — significativement moins que l'exigence de marge nue standard pour les clients. Les positions correctement couvertes en bénéficient considérablement.

L'impact pratique de la Marge de Portefeuille dépend de votre stratégie. Les positions où le risque est clairement défini par la structure — positions protégées, spreads avec perte maximale définie — voient les plus grandes réductions. Le tableau ci-dessous résume l'impact de la réduction de marge par type de stratégie :

Niveau de Réduction	Stratégies	Pourquoi
Plus Réduite	Put protecteur, collar, calendar court (achat à court terme, vente à plus long terme)	Le risque est limité — la Marge de Portefeuille reconnaît la couverture et réduit considérablement l'exigence.
Réduction Potentiellement Grande	Long strangle, long straddle (en particulier à long terme)	Le système suppose qu'un grand mouvement de prix est possible — les options longues bénéficient aux acheteurs dans les scénarios de stress.
Réduction de Taille Raisonnable	Covered call, strangle à long terme court, condor d'indice, option d'indice nue, strangle d'indice court	Risque défini ou borné reconnu. Covered call : seulement 15 % de baisse d'action testée vs. 50 % sous Reg-T.
Plus Petite Réduction	Spreads verticaux, calendars longs, action longue synthétique	Les structures à risque défini ont déjà des exigences Reg-T relativement faibles.

Exemple pratique : Considérons un covered call sur IBM à 106 $, en vendant le call de juillet à 110 $ pour 1,50 $. Sous Reg-T standard : 50 % de 106 $ moins 1,50 $ = 51,50 $ par action (5 150 $ pour 100 actions). Sous la Marge de Portefeuille : 15 % de 106 $ moins 1,50 $ = 14,40 $ par action (1 440 $ pour 100 actions). Le même covered call nécessite 72 % moins de capital.

MARGE DE PORTEFEUILLE — LE LIEN AVEC LA PHILOSOPHIE DU VENDEUR

La Marge de Portefeuille est la couche d'efficacité du capital de la Philosophie du Vendeur. Alors que vous faites évoluer votre opération de revenus sur les six conditions simultanément, la Marge de Portefeuille vous permet de le faire avec significativement moins de capital réservé par position. L'effet de levier n'est pas augmenté en prenant plus de risques. Il est libéré par le système reconnaissant correctement que votre portefeuille couvert à risque défini n'est pas aussi dangereux que le calcul Reg-T position par position le suggère. Utilisez le capital libéré pour ajouter des positions — pas pour augmenter la taille des positions au-delà de votre règle de 2 %.

Note importante : la Marge de Portefeuille vous donne plus d'effet de levier. L'effet de levier n'est pas intrinsèquement bon ou mauvais — c'est un outil. Le risque n'est pas dans l'effet de levier lui-même mais dans la façon dont il est utilisé. Vous pouvez toujours allouer plus que l'exigence de marge minimale à toute position. La Règle des 2 % s'applique quelle que soit la quantité de marge que la Marge de Portefeuille libère. Un pouvoir d'achat de 5 000 $ libéré n'est pas un signal pour augmenter la taille de position — c'est du capital disponible pour la prochaine configuration qualifiante.

Pour explorer les calculs de Marge de Portefeuille, l'OCC propose une calculatrice de marge de portefeuille sur https://cpm.theocc.com/tims_online.htm. Le CBOE maintient des documents de référence supplémentaires et des exemples travaillés sur https://cboe.com/margin.

La Hiérarchie de Gestion du Risque : Ce qu'il Faut Protéger et dans Quel Ordre

Quand les choses tournent mal — et elles le feront — vous devez savoir quoi protéger en premier. La plupart des traders protègent instinctivement leurs profits. Les professionnels protègent dans un ordre spécifique, et cet ordre détermine s'ils survivent aux mauvaises périodes.

Priorité	Protéger	Comment	Pourquoi Cela Vient en Premier
1	**Votre Capital**	Règle de 2 % par opération. 6 % de risque maximum du portefeuille à tout moment. Disjoncteurs.	Sans capital, vous ne pouvez pas trader. Tout le reste est non pertinent si le compte est explosé.
2	**Votre Discipline**	Journal d'opérations. Révision du dimanche. Routine matinale. Disjoncteurs.	Sans discipline, le capital s'érode lentement mais inévitablement. Un compte de 100 000 $ sans discipline devient un compte de 50 000 $ dans les 12 mois.
3	**Votre Système**	Backtesting. Trading papier. Tableau de bord mensuel. Suivi de la conformité aux règles.	Sans un système testé, la discipline n'a rien à exécuter. Vous avez besoin à la fois du plan et de la volonté de le suivre.
4	**Votre Psychologie**	Journal comportemental. Protocole de 90 jours. Disjoncteurs émotionnels.	Sans résilience psychologique, la discipline du système s'effondre sous pression. C'est pourquoi la plupart des traders échouent en année 2, pas en année 1.
5	**Vos Profits**	Objectifs de profit à 50 %. Suivi du BPJ (Bénéfice Par Jour de trading). Règles de réinvestissement composé.	Les profits viennent en dernier — non pas parce qu'ils ne sont pas importants, mais parce qu'ils sont le résultat naturel de la protection de tout ce qui précède.

Lisez la hiérarchie de bas en haut et vous voyez comment pensent la plupart des traders particuliers : ils se concentrent d'abord sur les profits, jamais sur la psychologie, et se demandent pourquoi ils ne peuvent pas faire fonctionner les stratégies. Lisez-la de haut en bas et vous voyez comment ce livre est structuré : protection du capital, développement de la discipline, développement du système, résilience psychologique, et ensuite — comme conséquence de tout le reste — des profits constants.

LA HIÉRARCHIE EN UNE PHRASE

Protégez votre capital pour pouvoir construire de la discipline, ce qui permet à votre système de fonctionner, ce qui développe votre psychologie, ce qui génère vos profits. Sautez une étape et la chaîne se brise. Ce n'est pas une philosophie — c'est le système d'exploitation de chaque trader professionnel qui a survécu plus de cinq ans.

IMPORTANT : LES OPTIONS BINAIRES NE SONT PAS DES OPTIONS TRADITIONNELLES

Avant de commencer : vous avez peut-ître vu des publicités pour les « options binaires ». Ce ne sont pas les instruments enseignés dans ce livre. Les options binaires sont des paris à paiement fixe oui/non sans Grecs, sans valeur intrinsèque/extrinsèque et sans marché secondaire. La SEC et la CFTC ont émis des avertissements formels aux investisseurs concernant la fraude aux options binaires. Ce livre enseigne uniquement les options cotées standard négociées sur des bourses américaines réglementées. Une explication complète figure dans la section Avertissement à la fin de ce chapitre.

CADRE DES SIX CONDITIONS ▸ INSTRUMENTS pour les six conditions

Les calls et les puts sont les deux matières premières. Chaque stratégie dans les six conditions — d'un call long en condition 1 à un calendar spread en condition 6 — est construite à partir de ces deux instruments dans différentes configurations.

Un contrat d'options est un accord juridiquement contraignant entre deux parties. Une partie achète un droit. L'autre partie assume une obligation. Cette asymétrie — les droits d'un côté, les obligations de l'autre — est l'architecture fondamentale de chaque opération sur options que vous ferez jamais. Avant de comprendre les stratégies, les Grecs ou les cycles de marché, vous devez comprendre cela.

Ce chapitre pose la base complète : ce que sont les options, comment elles sont structurées, comment elles sont identifiées, quand elles expirent, et exactement ce à quoi vous vous engagez quand vous en achetez ou en vendez une.

CONNAISSEZ VOTRE ADVERSAIRE

Le trading d'options est un processus antagoniste — un combat si vous préférez. En d'autres termes, quiconque se trouve de l'autre côté de votre opération a un seul objectif en tête : prendre votre argent. Que vous le réalisiez ou non, vous avez le même objectif. Vous n'avez pas non plus leur meilleur intérêt à l'esprit. Le marché n'est pas votre ami. C'est un adversaire sophistiqué peuplé de fonds spéculatifs, de systèmes algorithmiques et de bureaux institutionnels qui tradent avec des avantages informationnels que vous n'avez pas. Votre avantage est la discipline, le système et la gestion du risque — pas la chance.

Bref Historique du Trading d'Options

Les options existent depuis des siècles. La première utilisation documentée remonte à la Grèce antique, où Thalès de Milet achetait des droits d'utilisation des pressoirs à olives avant la saison des récoltes. Dans la Hollande du XVIIe siècle, des options sur les bulbes de tulipes se négociaient pendant la célèbre Tulipomanie de 1636-1637.

Les options cotées modernes ont débuté le 26 avril 1973, quand le CBOE a ouvert en tant que premier marché organisé pour des contrats standardisés. Ce premier jour, 911 contrats ont été négociés sur 16 actions. La même année, Fischer Black et Myron Scholes ont publié leur modèle de valorisation de référence. Aujourd'hui, l'OCC compense plus de 60 millions de contrats par jour en 2025 — un sixième record annuel consécutif de volume, le volume ayant triplé depuis 2019. Le 4 avril 2025, une seule journée de trading a vu plus de 100 millions de contrats changer de mains pour la première fois dans l'histoire. Le trading sans commission et les données en temps réel ont placé des outils de niveau institutionnel entre les mains de chaque trader — ce qui est précisément pourquoi un cadre systématique pour les utiliser compte plus que jamais.

Les Quatre Briques Fondamentales — Tout Commence Ici

Avant les stratégies, les spreads ou les combinaisons — il n'y a que quatre actions fondamentales sur options. Chaque opération dans ce livre, du Put Sécurisé en Espèces le plus simple au diagonal spread le plus complexe, est construite à partir d'une combinaison de ces quatre actions :

Action n°1	Action n°2	Action n°3	Action n°4
ACHETER DES CALLS quand l'action monte — Haussier	**ACHETER DES PUTS quand l'action baisse — Baissier**	**VENDRE DES PUTS quand l'action est latérale ou monte — Revenu haussier**	**VENDRE DES CALLS quand l'action est latérale ou baisse — Revenu baissier**

POURQUOI SEULEMENT QUATRE ?

Il n'y a que deux types d'options (calls et puts) et vous pouvez soit acheter soit vendre chacune — cela vous donne exactement quatre actions possibles. Chaque stratégie que vous apprendrez jamais est une combinaison de deux ou plusieurs de ces quatre. Maîterisez les quatre briques fondamentales et chaque stratégie multi-jambes devient immédiatement lisible.

Options Cotées vs. Options OTC

Il y a deux catégories d'options sur le marché. La première — et la seule que nous négocions dans ce livre — sont les options cotées : des contrats standardisés qui se négocient sur des bourses américaines réglementées. Il y a 17 bourses d'options aux États-Unis, toutes connectées par l'Options Clearing Corporation (OCC), qui agit comme contrepartie centrale garantissant chaque contrat.

La deuxième catégorie est les options de gré à gré (OTC) — des accords négociés privément entre deux parties, hors bourse. Les options OTC sont utilisées par les institutions et ne sont pas disponibles pour les traders particuliers via les comptes de courtage standard. Les swaps sont une forme courante de dérivé OTC — des accords bilatéraux pour échanger des flux de trésorerie basés sur un montant notionnel, comme les swaps de taux d'intérêt ou les swaps de devises, réglés privément entre institutions. Quand les instruments OTC dysfonctionnent — comme cela s'est produit en 2008 — l'absence de compensation centralisée signifie que les pertes s'enchainent sans limite. C'est pourquoi nous restons dans le monde coté, standardisé et compensé par l'OCC.

POURQUOI UNIQUEMENT DES OPTIONS COTÉES

Les options cotées sont standardisées — chaque contrat représente 100 actions, a une expiration définie et se négocie sur une bourse réglementée. L'OCC garantit chaque opération. Cette structure vous donne la capacité d'entrer, de gérer et de sortir des positions à des prix publiés et transparents. Les dérivés OTC n'offrent aucune de ces protections.

Les Deux Types de Contrats d'Options

Chaque contrat d'options est soit un Call soit un Put. Ce sont les seuls deux instruments. Tout le reste — spreads, collars, iron condors, diagonals — est une combinaison de calls et de puts. Maîterisez le contrat individuel en premier.

Type	Ce qu'il Donne à l'Acheteur	Ce à quoi il Oblige le Vendeur	Perspective de Marché
CALL	Le DROIT d'ACHETER 100 actions au prix d'exercice, à ou avant l'expiration	L'OBLIGATION de VENDRE 100 actions au prix d'exercice si assigné	Haussier — l'acheteur profite quand le prix monte
PUT	Le DROIT de VENDRE 100 actions au prix d'exercice, à ou avant l'expiration	L'OBLIGATION d'ACHETER 100 actions au prix d'exercice si assigné	Baissier — l'acheteur profite quand le prix baisse

Note : Vous pouvez également utiliser les options pour limiter votre risque total de portefeuille — pour protéger une position action existante, pour couvrir une exposition sectorielle, ou pour générer des revenus sur des actions que vous possédez déjà. Les options ne sont pas uniquement des instruments spéculatifs. Entre les mains d'un gestionnaire de risques, ce sont les outils de couverture les plus précis du marché.

Mécanismes du Contrat : Ce que Contient Chaque Contrat d'Options

Chaque contrat d'options coté contient cinq composantes standardisées. Connaissez toutes les cinq avant de lire une seule chaîne d'options :

Composante	Définition	Exemple (AAPL $185 Call, 30 DTE)	Pourquoi C'est Important
Sous-jacent	L'action ou ETF sur lequel l'option est basée.	AAPL (Apple Inc.)	Détermine la liquidité, le niveau de VI et le profil de risque.
Prix d'Exercice	Le prix auquel vous avez le droit d'acheter/vendre.	$185	Définit votre point mort et profit/perte maximum.
Expiration	La date à laquelle le contrat cesse d'exister.	30 jours à compter d'aujourd'hui.	Contrôle le taux de décroissance theta et le risque gamma.
Type	Call (droit d'acheter) ou Put (droit de vendre).	Call.	Détermine l'exposition directionnelle.
Prime	Le prix que vous payez ou recevez.	$4.20 / $420 per contract.	Votre risque max (acheteur) ou récompense max (vendeur).

Figure 4.1 — Anatomie du Contrat d'Options. Les cinq composantes de chaque contrat d'options coté.

- Actif Sous-jacent — L'action, l'ETF ou l'indice sur lequel l'option est basée. Le prix de l'option est dérivé du mouvement du prix du sous-jacent ;
- Prix d'Exercice — Le prix convenu auquel le sous-jacent peut être acheté (call) ou vendu (put).

- Date d'Expiration — La date à laquelle le contrat d'options expire. Après cette date, l'option est sans valeur si elle n'est pas exercée. Les options perdent de la valeur à l'approche de l'expiration — c'est la décroissance temporelle (thêta) sur laquelle les vendeurs comptent ;
- Taille du Contrat — Chaque contrat d'options coté standard représente exactement 100 actions du sous-jacent. Quand vous voyez une prime cotée à 3,50 \$, le coût réel d'un contrat est 3,50 \$ × 100 = 350 \$; et
- Prime — Le prix de l'option elle-même. L'acheteur paie la prime au vendeur. Le vendeur conserve la prime

Lire le Symbole d'Option

Chaque contrat d'options coté a un symbole standardisé qui encode les cinq composantes. Une fois que vous savez lire le symbole, vous pouvez instantanément identifier n'importe quel contrat sur n'importe quelle chaîne. Le format est :

Sous-jacent	Année	Mois	Day	C ou P	Prix d'Exercice
GOOGL	**25**	**01**	**17**	**C**	**00123000**
Alphabet Inc.	2025	Janvier	17	Call	$123.00 Strike

Ainsi, GOOGL251017C00123000 est un call sur Alphabet Inc. expirant le 17 janvier 2025 avec un prix d'exercice de 123 \$. Chaque contrat sur chaque plateforme est encodé de cette façon. Une fois que vous maîtrisez

Cycles d'Expiration des Options

Toutes les options n'expirent pas selon le même calendrier. Les options cotées sont regroupées en cycles d'expiration qui déterminent quels mois ont des contrats disponibles. Toutes les actions optionnables ont au moins le mois en cours et le mois suivant disponibles. Au-delà, elles suivent l'un des trois cycles trimestriels standard — et plus le sous-jacent est grand et liquide, plus les expirations sont disponibles simultanément.

Cycle	Mois Trimestriels	Également Toujours Disponible	Notes
Cycle I	Janvier, Avril, Juillet, Octobre	Mois en cours + mois suivant	Cycle Jan/Avr/Juil/Oct
Cycle II	Février, Mai, Août, Novembre	Mois en cours + mois suivant	Cycle Fév/Mai/Août/Nov
Cycle III	Mars, Juin, Septembre, Décembre	Mois en cours + mois suivant	Cycle Mar/Juin/Sep/Déc

Au-delà des cycles mensuels standard, il y a quatre types d'expiration que chaque trader d'options doit comprendre — et ils conviennent à des stratégies très différentes :

Type	Fréquence (Expiration)	Idéal Pour	Avertissement	Exemples
Quotidien / 0JAE	Chaque jour de bourse (SPX/SPY/QQQ)	Événements trades, scalping. Gamma ultra-élevé. PAS pour les vendeurs de revenus.	100 % de la prime peut disparaître en quelques heures. Risque gamma maximal. Réservé aux professionnels.	SPX 0DTE, SPY 0DTE
Hebdomadaire	Expiration chaque vendredi	Revenus à court terme, trades liés aux événements. La décroissance rapide du theta avantage les vendeurs.	Risque gamma amplifié dans les 2 derniers jours. Sortir avant mercredi pour éviter le retournement à l'expiration.	SPY, QQQ, AAPL, most large caps
Mensuel	3ème vendredi de chaque mois	Fenêtre principale des stratégies de revenus. Entrées à 30–45 JAE. Équilibre theta/gamma idéal.	Standard : nécessite plus de capital par contrat que les options hebdomadaires.	Toutes les actions et ETF avec options disponibles
Trimestriel	Dernier jour de mars, juin, sept., déc.	Couverture et rééquilibrage institutionnels. Moins liquide en milieu de trimestre.	Larges spreads bid/ask en dehors des dates de roulement trimestrielles.	ETFs d'indices, ETFs sectoriels majeurs
LEAPS	Expirations de janvier 1 à 3 ans à terme	Substitut d'action, jeux directionnels à long terme, LEAPS covered calls.	Theta quotidien faible mais Vega élevé — l'écrasement de VI peut faire mal même quand on a raison sur la direction.	AAPL Jan 2026, SPY Jan 2027

LA ZONE OPTIMALE 30–45 JAÉ

La fenêtre d'entrée optimale du vendeur de revenus est de 30 à 45 jours avant l'expiration (JAE) — les options mensuelles. C'est là que la décroissance du Thêta accélère mais que le risque Gamma n'est pas encore dominant. Vous ouvrez des positions ici pour profiter de la partie la plus rapide de la courbe de décroissance, et fermez à 21 JAE pour verrouiller les gains avant que le risque Gamma n'augmente. Le choix hebdomadaire vs. mensuel n'est pas une question de préférence — c'est une question de quelle stratégie vous exécutez.

Connaître Vos Droits et Obligations en tant que Trader d'Options

C'est le concept le plus important de tout le chapitre. L'acheteur et le vendeur d'un contrat d'options ont des rôles fondamentalement différents — des droits différents, des obligations différentes et des profils de risque différents. Les confondre est l'une des erreurs les plus dangereuses qu'un nouveau trader puisse commettre.

Position	Rôle	Droits	Obligations et Risque
ACHETEUR DE CALL	Acheteur (Long)	Droit d'ACHETER 100 actions au prix d'exercice à ou avant l'expiration.	Risque limité à la prime payée. Pas d'obligation d'exercer.
VENDEUR DE CALL	Vendeur (Court)	Collecte la prime d'avance — la garde quelle que soit l'issue.	OBLIGATION de VENDRE 100 actions au strike si assigné. Risque illimité sur les calls nus.
ACHETEUR DE PUT	Acheteur (Long)	Droit de VENDRE 100 actions au prix d'exercice à ou avant l'expiration.	Risque limité à la prime payée. Pas d'obligation d'exercer.
VENDEUR DE PUT	Vendeur (Court)	Collecte la prime d'avance — la garde quelle que soit l'issue.	OBLIGATION d'ACHETER 100 actions au strike si assigné. Risque jusqu'à zéro sur les puts nus.

Les Quatre Actions d'Ordre — ACHETER/VENDRE pour OUVRIR/FERMER

Quand vous vous connectez à votre plateforme de courtage et placez une opération sur options, vous verrez quatre actions d'ordre possibles. Les nouveaux traders les confondent constamment. Ce cadre résout définitivement la confusion :

Action d'Ordre	Effet	Ce que Cela Signifie
ACHETER POUR OUVRIR	ENTRER	Vous achetez une option pour initier une nouvelle position longue. Vous POSSÉDEZ maintenant un contrat.
VENDRE POUR OUVRIR	ENTRER	Vous vendez une option pour initier une nouvelle position courte. Vous DEVEZ maintenant une obligation.
VENDRE POUR FERMER	SORTIR	Vous vendez une option que vous possédez déjà pour fermer une position longue et verrouiller un profit ou une perte.
ACHETER POUR FERMER	SORTIR	Vous rachetez une option que vous avez précédemment vendue pour fermer une position courte.

Note : ACHETER POUR OUVRIR et VENDRE POUR OUVRIR ouvrent tous deux une position. VENDRE POUR FERMER et ACHETER POUR FERMER sortent tous deux d'une position. De plus, si vous choisissez d'exercer vos droits contractuels plutôt que de fermer, cela crée une nouvelle transaction ACHAT ou VENTE dans l'action sous-jacente — traitée par l'OCC comme une réaction en chaîne.

EXEMPLES D'ORDRES

Acheter pour OUVRIR 1 CALL XYZ 30 mars Strike 30 $ = entrer dans un call long | Vendre pour FERMER 1 CALL XYZ 30 mars Strike 30 $ = sortir de ce même call long | Vendre pour OUVRIR 1 PUT ABC 20 juin Strike 75 $ = entrer dans un put court (opération de revenu) | Acheter pour FERMER 1 PUT ABC 20 juin Strike 75 $ = sortir de ce put court en le rachetant. Ces quatre transactions couvrent 90 % de tout ce que vous ferez jamais sur une plateforme de courtage.

L'Argument du Levier — Pourquoi les Options vs. les Actions

Voici l'illustration la plus concrète de ce que les options fournissent réellement. Supposons qu'AAPL se négocie à 126 $ par action.

- Pour posséder 100 actions AAPL directement : 100 × 126 $ = 12 600 $ de capital à risque ;
- Pour contrôler 100 actions via un call au strike de 126 $: prime d'environ 4,65 $ × 100 = 465 $.

Préférez-vous risquer 12 600 $ pour posséder 100 actions AAPL, ou 465 $ pour le droit d'acheter 100 actions à 126 $ avant l'expiration ? Évidemment, 465 $ est moins cher. C'est ce que signifie le levier dans les options — vous contrôlez les mêmes 100 actions pour une fraction du capital. Le compromis : l'option expire. Si AAPL ne bouge pas en votre faveur avant la date d'expiration, les 465 $ sont perdus. Le détenteur d'actions attend simplement. L'acheteur d'options a un délai.

LE RISQUE CRITIQUE

La chance qu'une option aille à zéro est de 100 % — parce que chaque option qui atteint l'expiration hors de la monnaie expire complètement sans valeur. L'action peut toujours se rétablir. L'option a une horloge. C'est pourquoi acheter des options pour le revenu n'est pas la stratégie de ce livre. Vendre des options — collecter la prime des acheteurs qui ont besoin de cette horloge — l'est.

Couvert vs. Nu — Sachez Dans Quel Camp Vous êtes

Ventes à Découvert : Comment les Traders Vendent Ce Qu'Ils Ne Possèdent Pas

L'un des concepts les plus déroutants pour les nouveaux participants au marché est la vente à découvert — la capacité de vendre un titre que vous ne possédez pas actuellement. Cela semble impossible. Comment peut-on

Étape	Étape	Qui Agit	Ce qui Se Passe
1	Localiser & Emprunter	Courtier	Le courtier localise des actions à emprunter en votre nom.
2	Vente à Découvert	Trader	Le trader vend les actions empruntées au prix du marché actuel.
3	Baisse du Prix	Marché	L'action baisse comme prévu ; la position évolue en votre faveur.
4	Rachat de Clôture	Trader	Le trader rachète les actions au prix inférieur pour clôturer la position.
5	Retour & Profit	Courtier	Actions restituées au prêteur. Profit = Prix de Vente − Prix de Rachat − Coûts d'Emprunt.

Figure 4.2 — Cycle de Vie de la Vente à Découvert. Cinq étapes de l'emprunt au profit.

Le mécanisme de profit de la vente à découvert est l'image miroir d'une opération longue. Dans une opération longue, vous achetez bas et espérez vendre haut. Dans une opération courte, vous vendez haut d'abord, puis espérez racheter plus bas. Si vous vendez 100 actions XYZ à 68 $ et que le prix tombe à 55 $, vous rachetez (à 55 $) — retournant les actions au prêteur et empochant la différence de 13 $ par action, soit 1 300 $ au total sur 100 actions, moins les commissions et les frais d'emprunt.

Le risque d'une vente à découvert est fondamentalement asymétrique et mérite une déclaration claire : le profit maximum sur une vente à découvert est de 100 % du prix de vente (si l'action va à zéro). La perte maximale est théoriquement illimitée — parce qu'une action peut monter à l'infini. Un trader qui vend XYZ à découvert à 68 $ et le voit rallier à 120 $ a déjà perdu 52 $ par action sans plafond en vue. Ce risque de perte illimitée est pourquoi la vente à découvert d'actions nues est considérée comme une stratégie à haut risque, et pourquoi le marché des options offre une alternative bien plus contrôlée : le bear put spread.

Dans le monde des options, comprendre les ventes à découvert est essentiel parce que vendre des options EST une forme de vente à découvert. Quand vous vendez un call, vous êtes court sur ce call — vous avez vendu quelque chose (le droit d'acheter des actions au prix d'exercice) que vous avez créé, pas que vous possédiez. L'acheteur du call vous a payé une prime ; votre obligation est de livrer des actions au prix d'exercice si l'acheteur exerce. Les dynamiques de risque, de marge et d'obligation qui régissent les ventes à découvert d'actions régissent également les positions d'options courtes, ce qui explique pourquoi la distinction couvert vs. nu dans la section suivante est si importante.

	Position Longue (Action Achetée)	Position Courte (Action Vendue à Découvert)
Action d'entrée	Acheter des actions sur le marché	Emprunter des actions, puis les vendre
Profit quand...	Le prix de l'action monte	Le prix de l'action baisse
Profit maximum	Illimité (l'action monte à l'infini)	100 % du prix de vente à découvert (action → 0 $)
Perte maximum	100 % du coût (action → 0 $)	Illimitée (l'action monte sans limite)
Durée de détention	Pas de délai forcé	Doit couvrir si le courtier rappelle les actions
Équivalent en options	Call long (haussier, perte limitée)	Call court nu (baissier, risque illimité)

VENTE À DÉCOUVERT ET OPTIONS : LE LIEN

Les traders d'options sont des vendeurs à découvert chaque fois qu'ils vendent un call ou un put. La prime collectée représente votre produit de la vente à découvert. Votre obligation — de livrer des actions au prix d'ex

Qu'une position d'options courte soit couverte ou nue est l'une des distinctions de risque les plus importantes dans tout le trading d'options :

- CALL — Couvert : Vous possédez les actions quand vous vendez un call. Votre risque est plafonné — le pire cas est que vous devez vendre des actions que vous possédez déjà au prix d'exercice ;

- CALL — Nu : Vous ne possédez PAS les actions quand vous vendez le call. Le risque est théoriquement illimité — si l'action monte en flèche à 500 $, vous devez l'acheter au marché pour la livrer à votre prix d'exercice ;
- PUT — Couvert (Sécurisé en Espèces) : Vous avez la totalité des espèces pour acheter 100 actions au prix d'exercice dans votre compte. En cas d'assignation, vous achetez l'action avec des fonds déjà réservés. Risque : l'action va à zéro après que vous l'ayez achetée ; et
- PUT — Nu/Non couvert : Vous n'avez PAS les espèces réservées. En cas d'assignation, vous aurez une nouvelle position longue en actions dans votre compte achetée au prix d'exercice — avec de l'argent que vous n'avez peut-ître pas prévu d'utiliser.

SOYEZ PRUDENT ET INTENTIONNEL

VENDRE DES PUTS est une transaction délicate. Les marchés se moquent de vos intentions. Si vous vendez un put et que l'action chute de 40 %, vous êtes obligé d'acheter 100 actions à votre prix d'exercice quelle que soit la valeur actuelle de l'action. Entrez dans chaque opération de put court en sachant exactement ce que vous vous engagez à posséder, à quel prix et avec quel capital réservé.

Ce qui Se Passe Entre l'Entrée et l'Expiration

Entre le moment où vous ouvrez une position d'options et sa date d'expiration, vous avez des choix. Les comprendre est la différence entre une opération gérée et un résultat surprenant.

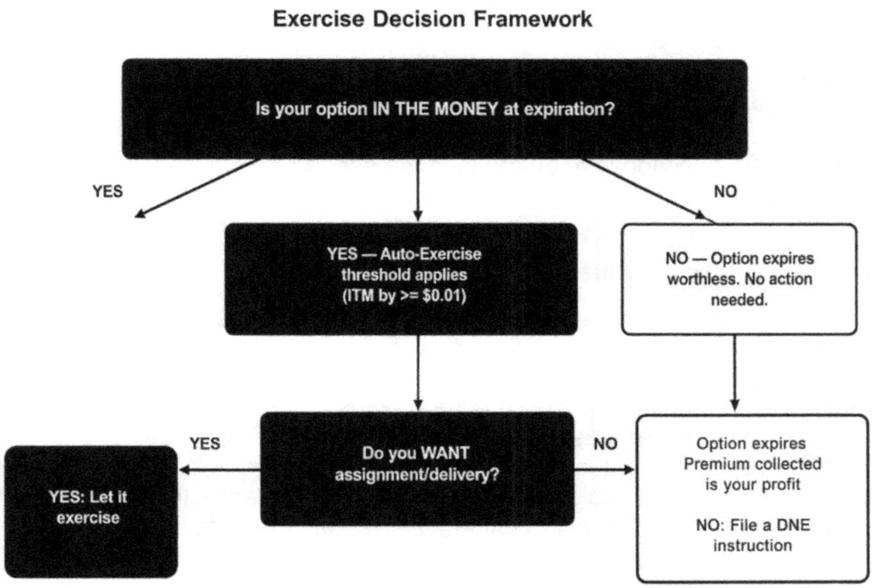

Figure 4.3 — Exercise Decision Framework. Should you exercise, let it expire, or file a DNE?

Figure 4.3 — Cadre de Décision d'Exercice. Devriez-vous exercer, laisser expirer ou déposer un DNE ?

Compte / Situation	État ITM	Ce qui Se Passe	Option de Dérogation
Compte Client (trader particulier)	ITM de 0,01 $ ou plus	Automatique — aucune action requise du détenteur.	Déposer une instruction DNE avant 16h30 ET.
Compte Entreprise (courtier/institutionnel)	ITM de 0,01 $ ou plus	Automatique — aucune action requise.	Déposer une instruction DNE selon la politique de l'entreprise.
OTM à l'Expiration	Hors de la monnaie	Expire sans valeur automatiquement.	Aucune nécessaire.
Cas Spéciaux (actions corporatives)	Contrats ajustés	Examinez attentivement les termes non standard.	Consultez le courtier avant l'expiration.

Figure 4.4 — Seuils d'Exercice Automatique de l'OCC. La règle ITM de 0,01 $ et les procédures de dérogation.

En tant qu'ACHETEUR, vous avez quatre choix :

- Vendre pour fermer — Vendez votre option avant l'expiration pour verrouiller un profit ou couper une perte. C'est l'action la plus courante pour les traders actifs. Vous n'êtes jamais obligé de tenir jusqu'à l'expiration ;
- Exercer votre droit — Les acheteurs de call peuvent acheter 100 actions au prix d'exercice ; les acheteurs de put peuvent vendre 100 actions au prix d'exercice. La plupart des traders particuliers vendent pour fermer plutôt que d'exercer ;
- Laisser expirer sans valeur — Si l'option est hors de la monnaie à l'expiration, elle expire sans valeur et vous perdez la prime payée. C'est la perte maximale pour un acheteur ;
- Rouler la position — Rachetez votre option qui expire et vendez simultanément une nouvelle option à un strike ou une expiration différents pour étendre ou ajuster votre position. Le roulement permet aux acheteurs de maintenir l'exposition directionnelle quand la thèse est correcte mais le timing était faux. Un roulement est un ordre à deux jambes : fermez la position existante et ouvrez le remplacement en une seule transaction pour minimiser le glissement ;

En tant que VENDEUR, vous avez trois choix :

- Acheter pour fermer — Rachetez le contrat que vous avez vendu pour verrouiller un profit (la prime a décayé) ou couper une perte (la prime s'est élargie contre vous). C'est l'outil de gestion principal du vendeur ;
- Rouler la position — Fermez le contrat actuel et ouvrez simultanément un nouveau à un strike, une expiration ou les deux différents. Le roulement étend votre horizon temporel et ajuste votre profil de risque ;
- Laisser expirer sans valeur — Le résultat idéal du vendeur. Si l'option expire hors de la monnaie, la prime totale collectée est un profit. Aucune action supplémentaire requise ;

Facteurs de Prix : Ce qui Dirige la Prime

Trois forces primaires déterminent combien coûte un contrat d'options. Comprendre les trois est essentiel avant d'évaluer toute opération :

- Temps à l'expiration — Les options avec plus de temps avant l'expiration valent plus. Toutes choses égales par ailleurs, une option à 90 jours coûte plus qu'une option à 30 jours sur le même strike. Cette valeur temporelle se dissout quotidiennement — un processus appelé décroissance du Thêta, qui accélère à l'approche de l'expiration ;

- Attractivité du Prix d'Exercice — Comment la proximité du prix d'exercice par rapport au cours actuel affecte directement la prime
- Les Algos (Intelligence Artificielle, Bots et Systèmes Algorithmiques) — C'est le troisième facteur que la plupart

LE RISQUE QUE TOUT ACHETEUR DOIT ACCEPTER

La chance qu'une option hors de la monnaie aille à zéro est de 100 %. Chaque option OTM qui atteint l'expiration sans valeur est une perte complète de la prime payée. Les options sont des actifs à durée limitée. Contrairement à une action qui peut toujours se rétablir, une option qui expire OTM est partie. C'est pourquoi ce livre se concentre sur la vente d'options — collecter la prime des acheteurs qui acceptent ce risque — plutôt que l'achat d'options comme stratégie de revenu principale.

Quatre Conditions de Marché — Votre Filtre Pré-Opération

Avant de formuler toute stratégie d'options, vous devez identifier dans laquelle des quatre conditions de marché vous opérez. C'est le premier filtre, pas le dernier. La condition dans laquelle vous vous trouvez détermine quelles stratégies sont appropriées — et lesquelles sont susceptibles de vous faire du mal :

Condition 1	Condition 2	Condition 3	Condition 4
Volatilité Implicite (IV) ÉLEVÉE — les primes sont chères. Les vendeurs sont mieux payés. C'est le meilleur moment pour vendre.	Volatilité Implicite (IV) BASSE — les primes sont bon marché. Les acheteurs bénéficient d'une meilleure valeur. Les spreads deviennent attractifs.	LATÉRAL / En Range — l'action ne tend pas. Les stratégies de revenu et les spreads neutres excellent.	DIRECTIONNEL — l'action se déplace fortement à la hausse ou à la baisse. Les stratégies directionnelles (calls, puts, spreads) s'alignent.

Identifiez toujours la condition avant de sélectionner la stratégie — pas après. Vendre des primes dans un environnement de faible VI génère moins de revenus et offre moins de coussin. Acheter des options directionnelles dans un environnement de forte VI signifie que vous sur-payez pour le contrat. La condition détermine la stratégie. La stratégie ne détermine pas la condition.

Comparaison des Types d'Expiration : Lequel Utiliser et Quand

Toutes les expirations ne sont pas égales. Chaque type a des caractéristiques structurelles qui le rendent meilleur ou moins bon pour des stratégies spécifiques. Choisir la mauvaise expiration pour votre stratégie c'est comme mettre du diesel dans un moteur à essence — cela ne fonctionnera pas comme vous l'attendez.

Type	Plage de JAE	Décroissance Theta	Idéal Pour	Moins Bon Pour	Liquidité
0JAE (Même jour)	0	Extrême	Scalping, jeux gamma pour traders expérimentés uniquement	Toute stratégie de revenu. Tout nouveau trader.	Très haute sur SPY/QQQ. Faible sur les actions individuelles.
Hebdomadaire	1-7	Très rapide	Paris directionnels à court terme. Revenu rapide sur les noms liquides.	Stratégies nécessitant du temps pour se développer. Structures multi-jambes.	Haute sur 50+ noms. Mince sur la plupart.
Mensuel	21-45	Modéré — idéal	Vente de revenus (CSP, CC, IC). C'est le JAE de base pour 90 % des stratégies de ce livre.	Thèse à très long terme. Opérations de style LEAPS.	La plus haute sur tous les noms.
Trimestriel	60-90	Lente	Calendar spreads. Spread Diagonals. Fenêtre de revenu de 10 semaines post-résultats.	Revenu à court terme (theta trop lent pour générer un revenu quotidien significatif).	Bon sur les noms liquides. Mince sur les petites capitalisations.
LEAPS	270-1095	Très lente	Remplacement d'action. Thèse directionnelle à long terme. Substitut de covered call (diagonal).	Vente de revenus (trop lent). Opérations rapides.	Modérée. Large bid-ask sur de nombreux noms

Pour les stratégies de ce livre, vous utiliserez des expirations mensuelles 80 % du temps, trimestrielles 15 % et LEAPS 5 %. Les hebdomadaires et le 0JAE sont des outils spécialisés — puissants entre les bonnes mains, destructeurs entre les mauvaises. Maîterisez d'abord les expirations mensuelles. Tout le reste est avancé.

Qui Achète Quoi — et Pourquoi : L'Horloge du Vendeur vs la Piste de l'Acheteur

C'est l'une des questions les plus fréquemment posées dans le trading d'options, et la réponse est plus précise que la plupart des livres le reconnaissent. Les vendeurs et les acheteurs n'utilisent pas les mêmes types d'expiration. Ils utilisent des horizons temporels différents pour une raison fondamentale : ils sont des côtés opposés de l'équation de décroissance temporelle.

LE VENDEUR : Les vendeurs veulent que la décroissance temporelle joue en leur faveur aussi vite que possible. Le Theta — l'érosion quotidienne de la valeur temps d'une option — s'accélère dans les 30 derniers jours avant l'expiration. Un vend

L'ACHETEUR : Les acheteurs ont besoin de l'inverse. Un acheteur achetant une option hebdomadaire a 5 jours pour que sa thèse se joue. Une mauvaise journée, un gap contre la position, et la prime est partie. Le mensuel donne 30 jours pour avoir raison. Le trimestriel donne 60 à 90 jours — suffisamment de piste pour survivre au bruit à court terme, surmonter un mouvement temporaire contre la position et toujours profiter de la thèse directionnelle. L'acheteur paie pour le temps, et le trimestriel livre le plus de temps par dollar de prime par rapport au taux de décroissance.

LE PRINCIPE FONDAMENTAL : Le temps est la devise du trading d'options. Les vendeurs vendent du temps ; les acheteurs en achètent. Votre choix d'expiration définit de quel côté de l'équation de décroissance temporelle vous êtes — et détermine toute la structure de votre opération.

L'HORLOGE DU VENDEUR vs LA PISTE DE L'ACHETEUR

L'HORLOGE DU VENDEUR vs LA PISTE DE L'ACHETEUR

LES OPTIONS BINAIRES NE SONT PAS DES OPTIONS TRADITIONNELLES

Les options binaires sont un instrument fondamentalement différent de chaque stratégie enseignée dans ce livre. Elles fonctionnent comme des paris à paiement fixe oui/non — pas comme des contrats accordant au détenteur le droit d'acheter ou de vendre un actif sous-jacent. Contrairement aux options traditionnelles, les options binaires n'ont pas de Grecs, pas de structure de valeur intrinsèque/extrinsèque et pas de marché secondaire pour la gestion des positions. Elles sont fréquemment proposées sur des plateformes offshore non réglementées, et la SEC et la CFTC ont toutes deux émis des avertissements formels aux investisseurs citant des pertes généralisées, des fraudes de plateformes et des vols d'identité. Le mot « option » dans « option binaire » est trompeur. Ce livre n'enseigne, n'approuve ni ne référence les stratégies d'options binaires sous quelque forme que ce soit.

CADRE DES SIX CONDITIONS ▸ INFRASTRUCTURE — les rails qui exécutent les six conditions
Les 17 bourses, l'OCC et le NBBO sont ce qui rend l'exécution possible dans les six conditions. Ce chapitre explique pourquoi vos exécutions sont équitables et vos positions garanties — quelle que soit la condition dans laquelle vous tradez.

Chaque contrat d'options coté que vous tradez a été créé par le marché lui-même — pas par une entreprise, pas par une bourse, et pas par votre courtier. Comprendre comment les options prennent naissance, qui les garantit et comment elles sont compensées est une connaissance fondamentale qui informe directement votre façon de penser sur le risque de contrepartie, l'assignation et l'exercice. La plupart des traders particuliers sautent ce chapitre. Ceux qui le comprennent tradent avec une confiance nettement plus grande.

Comprendre les Indices Boursiers : Ce que Vous Tradez Quand Vous Tradez des Options sur Indices

Avant de trader des options sur le S&P 500, QQQ ou tout ETF indiciel, vous devez comprendre exactement ce qu'est un indice — et ce qu'il n'est pas. Un indice est un nombre qui représente la valeur composite d'un groupe d'éléments. Dans le cas d'un indice boursier, ce nombre est déterminé par les prix du marché des actions qui composent l'indice. Lorsque les actions de l'indice montent en prix, la valeur de l'indice monte. Lorsque les actions baissent, l'indice baisse. Il est important de noter que, parce que l'indice est composé de nombreuses actions individuelles, certaines actions peuvent monter tandis que d'autres baissent — et la valeur globale de l'indice peut rester inchangée même pendant que les prix de ses composants bougent dans des directions opposées.

Type d'Indice	Méthode de Calcul	Exemple Clé	Implication pour les Options
Indice Pondéré par les Prix	Somme des prix des actions divisée par un diviseur.	Dow Jones Industrial Average.	Les actions à prix plus élevé ont plus d'influence.
Pondéré par la Capitalisation Boursière	Chaque action pondérée par sa capitalisation boursière.	S&P 500, Nasdaq Composite.	Les plus grandes entreprises dominent les mouvements de l'indice.
Indice à Pondération Égale	Chaque action reçoit un poids égal.	S&P 500 à Pondération Égale (RSP).	Les petites actions comptent autant que les grandes.
Indice Ajusté au Flottant	Utilise uniquement les actions en circulation publique.	La plupart des fonds indiciels modernes.	Exclut les actions institutionnelles bloquées.

Figure 5.1 — Comment un Indice est Calculé

Type	Composantes	Volume d'Options	Meilleures Stratégies

SPX / SPY	À Large Base	500 actions américaines à grande capitalisation	Le plus élevé — des milliards en notionnel quotidien.	Iron Condors, credit spreads, toutes les conditions.
QQQ	À Large Base	100 actions technologiques Nasdaq	Très élevé.	Axé croissance ; Conditions 1 et 2.
IWM	À Large Base	2 000 actions américaines à petite capitalisation	Élevé.	Jeux risk-on/off ; bêta plus élevé que SPY.
XLK	Restreint/Sectoriel	Actions technologiques du S&P 500	Modéré.	Rotation sectorielle ; Conditions 1 et 3.
GLD / SLV	ETF de Matières Premières	Proxy du prix spot de l'or / de l'argent	Modéré.	Couvertures macro ; jeux de pics de VI.

Figure 5.2 — À Large Base vs. À Base Étroite

Les indices boursiers sont classés comme à base large ou à base étroite. Un indice à base large représente le marché dans son ensemble ou une grande partie de celui-ci. Le S&P 500 (500 actions), le

Figure 3.1 — Qu'est-ce qu'un Indice — Comment les valeurs des indices sont calculées et les différen

Qu'est-ce qu'un Indice — Comment les valeurs d'indices sont calculées et la différence entre les indices larges et étroits.

Il existe deux méthodes principales pour calculer un indice. Un indice pondéré par les prix (comme le Dow Jones Industrial Average) calcule sa valeur comme la moyenne simple du cours des actions

POURQUOI COMPRENDRE LES INDICES EST ESSENTIEL POUR LES TRADERS D'OPTIONS

Lorsque vous tradez des options sur SPY, QQQ ou des options sur les futures /ES, vous ne tradez pas une action individuelle — vous prenez position sur la direction aggregate et la volatilité de l

Comment les Options Sont Créées

Un contrat d'options coté est créé au moment où un acheteur et un vendeur s'accordent sur une transaction. Contrairement aux actions, qui ont un nombre fixe d'actions en circulation, les options n'ont pas d'offre fixe. Chaque fois qu'un nouvel acheteur et un nouveau vendeur ouvrent une position, un nouveau contrat est créé. C'est ce qu'on appelle l'intérêt ouvert — le nombre total de contrats en cours qui ont été ouverts mais pas encore fermés ou exercés.

- Quand vous Achetez pour Ouvrir et que la contrepartie Vend pour Ouvrir — un nouveau contrat est créé. L'intérêt ouvert augmente de 1 ;
- Quand vous Vendez pour Fermer et que la contrepartie Achète pour Fermer — un contrat existant est éteint. L'intérêt ouvert diminue de 1 ; et
- Quand vous Achetez pour Ouvrir contre la Vente pour Fermer de quelqu'un d'autre — aucun nouveau contrat n'est créé. L'intérêt ouvert reste le même.

C'est pourquoi l'intérêt ouvert est l'un des signaux de liquidité les plus importants dans le trading d'options. Un intérêt ouvert élevé signifie que de nombreux contrats sont en cours à ce strike — le marché est actif, les spreads sont plus étroits et vous pouvez entrer et sortir à des prix équitables. Un faible intérêt ouvert signifie que le strike est peu traité — vous pourriez avoir du mal à obtenir une exécution équitable ou à sortir rapidement.

INTÉRÊT OUVERT VS. VOLUME

Le volume est le nombre de contrats négociés aujourd'hui. L'intérêt ouvert est le nombre de contrats actuellement en cours. Le volume se remet à zéro chaque jour. L'intérêt ouvert s'accumule au fil du temps et vous indique la profondeur du marché à chaque strike. Vérifiez toujours les deux avant de trader — le volume sans intérêt ouvert peut être trompeur.

L'Options Clearing Corporation (OCC)

L'Options Clearing Corporation est la contrepartie centrale de chaque contrat d'options coté négocié aux États-Unis. C'est l'institution la plus importante du marché des options que la plupart des traders n'ont jamais entendu parler — et comprendre son rôle élimine une catégorie entière de risque que les nouveaux traders craignent inutilement.

Étape	Qui Agit	Ce qui Se Passe	Délai
1	Vous (Trader)	Soumettre un ordre à cours limité pour acheter/vendre un contrat d'options via le courtier.	Instantané — l'ordre entre dans la file.
2	Courtier OMS	Achemine l'ordre vers la meilleure bourse via le scan NBBO sur les 17 places.	Millisecondes — routage automatique.
3	Bourse (e.g., CBOE)	Apparie l'acheteur et le vendeur ; exécution confirmée.	Millisecondes — correspondance électronique.
4	OCC	Devient acheteur pour chaque vendeur et vendeur pour chaque acheteur.	Instantané — l'OCC garantit l'opération.
5	Clearing	L'OCC compense les positions entre toutes les firmes membres quotidiennement.	Fin de journée de trading — règlement T+1.
6	Settlement	Débit/crédit de prime appliqué à votre compte.	T+1 — les fonds sont compensés le prochain jour ouvrable.

Figure 5.3 — Le Cycle de Vie d'une Opération OCC. De la soumission de l'ordre au règlement.

Quand vous achetez une option d'achat à un autre trader, vous n'êtes pas réellement exposé au crédit ou à la fiabilité de ce trader. Au moment où l'opération s'exécute, l'OCC s'interpose entre vous et l'autre partie, devenant l'acheteur de chaque vendeur et le vendeur de chaque acheteur. Votre contrepartie est l'OCC — pas la personne de l'autre côté de l'opération. L'OCC est soutenu par un fonds de compensation de plusieurs milliards de dollars maintenu par toutes ses sociétés membres.

- L'OCC garantit l'exécution de chaque contrat d'options coté négocié sur une bourse américaine ;

- Cette garantie signifie que vous n'avez jamais à vous soucier que votre contrepartie fasse défaut sur son obligation — l'OCC est toujours là ; et
- L'OCC compense les contrats pour les 17 bourses d'options américaines actives — CBOE, Nasdaq PHLX, NYSE Arca, et d'autres — à travers une infrastructure de compensation centrale unique.

PROCHAINEMENT EN 2026 : IEX OPTIONS — LA 18e BOURSE

Le 18 septembre 2025, la SEC a approuvé IEX Options — la 18ème bourse d'options américaine — malgré l'opposition de Citadel Securities. IEX Options propose un ralentisseur de 350 microsecondes sur tous les ordres entrants, conçu pour freiner l'arbitrage de latence et niveler le terrain de jeu pour les traders particuliers. MEMX prévoit également un deuxième site fin 2026, ce qui porterait le total à 19 bourses. Plus de compétition signifie des spreads plus étroits et de meilleures exécutions pour chaque trader d'options particulier.

- L'OCC est réglementé à la fois par la SEC (pour sa fonction de compensation des valeurs mobilières) et la CFTC (pour ses fonctions liées aux futures)

Les Participants aux Options : Qui Est de l'Autre Côté ?

Chaque opération sur options a un acheteur et un vendeur. Dans le marché des options cotées, ces participants se répartissent en trois grandes catégories — comprendre avec qui vous tradez façonne votre façon de penser à la découverte des prix, au comportement de la VI et aux dynamiques du marché.

Participant	Rôle sur le Marché	Impact sur le Trader d'Options
Teneurs de Marché	Fournissent des cotations acheteur/vendeur continues sur chaque strike et expiration. Ils sont obligés de faire un marché. Ils profitent du spread acheteur/vendeur et couvrent continuellement leur exposition delta.	Ils fixent les prix que vous voyez. Spreads étroits = teneur de marché actif. Spreads larges = strike peu traité. Ne combattez jamais un large acheteur/vendeur — utilisez des ordres limites et soyez patient.
Traders Institutionnels	Fonds spéculatifs, bureaux de trading propriétaire, fonds de pension et gestionnaires d'actifs utilisant les options pour la couverture, le revenu et l'exposition directionnelle. Ils opèrent en grande taille et leur flux peut déplacer la VI.	Les grands flux institutionnels provoquent des pics de VI et une activité d'options inhabituelle. Surveiller les volumes inhabituels importants à des strikes spécifiques est un vrai signal — les institutions ne placent pas de gros paris au hasard.
Traders Particuliers	Traders individuels comme vous. Généralement acheteurs d'options plutôt que vendeurs. Opèrent souvent émotionnellement, se concentrent près des résultats et surpaient pour des billets de loterie OTM.	Vous êtes en compétition avec l'autre côté — mais votre avantage est la discipline du risque défini et l'horizon temporel. La plupart des pertes des traders particuliers proviennent d'une taille excessive, pas d'une mauvaise analyse.
Systèmes Algorithmiques (Utilisés par les trois catégories)	Systèmes de trading à haute fréquence et bots algorithmiques qui réagissent aux prix, aux flux et aux déséquilibres d'ordres en microsecondes. Ils dominent le volume intrajournalier et donnent le ton au comportement de la VI.	Les Algos peuvent provoquer des mouvements de prix soudains et brusques qui semblent irrationnels. Le Chapitre 17 couvre cela en profondeur. Pour l'instant : ne combattez pas les mouvements soudains pilotés par les algos — attendez qu'ils se résolvent, puis tradez.

Exercice et Assignation : Les Mécanismes

L'exercice est l'acte d'un acheteur qui fait valoir son droit — acheter des actions (call) ou vendre des actions (put) au prix d'exercice. L'assignation est ce qui arrive au vendeur quand un acheteur exerce — le vendeur est tenu de remplir son obligation.

- Les options de style américain (la plupart des options sur actions) peuvent être exercées à tout moment avant l'expiration — pas seulement à l'expiration ;
- Les options de style européen (SPX, XSP, certaines options d'indice) ne peuvent être exercées qu'à l'expiration — pas de risque d'exercice anticipé ;
- La plupart des traders particuliers n'exercent jamais de manière anticipée — ils vendent pour fermer à la place. Mais les vendeurs peuvent être assignés tôt à tout moment ;
- L'assignation anticipée se produit le plus souvent quand : (1) l'option est profondément dans la monnaie et a très peu de valeur temporelle restante, ou (2) il y a une date ex-dividende où un acheteur de call bénéficie de l'exercice pour capturer le dividende ; et
- Si vous êtes court sur une option et êtes assigné, votre courtier exécutera automatiquement la transaction d'action à votre prix d'exercice — vous détiendrez des actions (assignation de put court) ou serez forcé de vendre des actions (assignation de call court).

L'ASSIGNATION N'EST PAS UNE CATASTROPHE

L'assignation sur un put cash-sécurisé signifie que vous achetez 100 actions au strike que vous avez accepté. Si vous avez sélectionné ce strike délibérément — à un prix auquel vous étiez prêt à posséder l'action — l'assignation est le plan qui fonctionne correctement, pas un échec. Le gestionnaire de risques définit l'assignation comme un résultat connu avant d'entrer dans l'opération, jamais comme une surprise.

Règles de Trading : Les Non-Négociables

Le marché est un processus antagoniste. Quiconque se trouve de l'autre côté de votre opération a un seul objectif : profiter à vos dépens. Ce n'est pas personnel — c'est la structure de tout marché financier à somme nulle. Les règles de trading du gestionnaire de risques existent pour vous donner un avantage systématique sur la majorité indisciplinée.

- Tradez uniquement des options cotées — standardisées, compensées par l'OCC, négociées en bourse. Pas d'OTC, pas de swaps, pas de structures exotiques ;
- Utilisez exclusivement des ordres limites — jamais d'ordres au marché sur les options. Un ordre au marché sur une option peu liquidée peut s'exécuter à un prix 10 à 20 % éloigné du point milieu ;
- Vérifiez l'intérêt ouvert avant d'entrer — si l'intérêt ouvert à votre strike est inférieur à 100, reconsidérez l'opération ou élargissez à un strike plus liquidé ;
- Ne tradez jamais d'options sur des actions que vous ne comprenez pas — le marché des options est efficient ; si vous ne savez pas pourquoi une action bouge, vous ne savez pas pourquoi votre option bougera ; et
- Connaissez toujours votre perte maximale avant l'entrée — pas approximativement, exactement. Écrivez-la.

Les Lieux de Trading : Les 17 Bourses d'Options Américaines

Quand vous placez une opération sur options, vous ne tradez pas en un seul endroit. Vous tradez sur l'une des 17 bourses d'options américaines réglementées, toutes en compétition pour votre ordre simultanément. Le système de routage intelligent des ordres de votre courtier scanne chaque bourse en temps réel et envoie votre ordre à celle offrant le meilleur prix à ce moment. Comprendre qui sont ces bourses — et comment elles se connectent — vous donne une image complète de là où va réellement votre argent.

#	Bourse	Opérateur	Ce que Vous Devez Savoir
1	CBOE Options Bourse	Cboe Global Markets	La plus grande et la plus ancienne bourse d'options américaine. Fondée en 1973 comme le premier marché d'options cotées. Domicile des options d'indice SPX, VIX et RUT. Quand les traders parlent du 'marché des options', ils parlent généralement du CBOE.
2	C2 Options Bourse	Cboe Global Markets	Deuxième bourse entièrement électronique de Cboe, fonctionnant en parallèle avec CBOE. Offre des produits identiques avec des structures de frais différentes. Créée pour fournir de la compétition au sein de l'écosystème de Cboe et attirer un flux d'ordres différent.
3	Cboe BZX Options	Cboe Global Markets	Bourse d'options sur actions de Cboe — axée sur les options sur actions et ETF. Haute vitesse, entièrement électronique. Connue pour ses spreads étroits sur des sous-jacents à fort volume comme AAPL, SPY, QQQ.
4	Cboe EDGX Options	Cboe Global Markets	Bourse électronique ciblant les modèles de frais preneur-faiseur — paie les traders pour prendre de la liquidité plutôt que d'en fournir. Attire les traders à haute fréquence et les traders algorithmiques. Quatrième bourse de Cboe dans sa famille multi-bourses.
5	NYSE Arca Options	NYSE / ICE	Le bras options du NYSE, fonctionnant sur une plateforme entièrement électronique. Gère un volume massif d'options sur actions et ETF. L'un des principaux lieux pour les options SPY, QQQ et les principaux ETF d'indice. Marchés étroits et compétitifs.
6	NYSE American Options	NYSE / ICE	Anciennement AMEX (American Stock Exchange) — l'une des bourses d'options originales. Maintenant entièrement électronique sous propriété du NYSE. Historiquement importante comme deuxième bourse à coter des options sur
7	Nasdaq PHLX	Nasdaq	Le Philadelphia Stock Exchange — la plus ancienne bourse américaine (fondée en 1790), fonctionnant maintenant comme une

#	Bourse	Opérateur	Ce que Vous Devez Savoir
			bourse d'options électronique moderne sous Nasdaq. Spécialisée dans les options sur
8	Nasdaq ISE	Nasdaq	International Securities Exchange — la première bourse d'options américaine entièrement électronique lors de son lancement en 2000. Maintenant propriété de Nasdaq. Connue pour son modèle de priorité prix-temps. Principale place pour
9	Nasdaq GEMX	Nasdaq	Troisième bourse d'options de Nasdaq, ciblant les structures de frais faiseur-preneur. Principalement électronique. Rivalise pour le flux des courtiers-négociants et teneurs de marché en utilisant des incitations tarifaires compétitives.
10	Nasdaq MRX	Nasdaq	Quatrième bourse d'options de Nasdaq, anciennement ISE Mercury. Fournit un lieu supplémentaire pour le trading d'options sur actions avec des baremes de frais distincts pour attirer différents types de participants.
11	MIAX Options	Miami International Holdings	Miami International Holdings — une bourse moderne entièrement électronique lancée en 2012. Connue pour ses programmes d'incitation agressifs aux teneurs de marché et ses spreads serrés. A rapidement grandi pour devenir un acteur majeur
12	MIAX Pearl Options	Miami International Holdings	Deuxième bourse de MIAX, lancée en 2017. Fonctionne avec un modèle de frais différent de sa société mère pour attirer un flux d'ordres complémentaire. Fait partie de la stratégie multi-bourses croissante de MIAX.
13	MIAX Emerald	Miami International Holdings	Troisième bourse de MIAX, lancée en 2019. Complète la famille multi-bourses de MIAX. Rivalise principalement sur les incitations tarifaires pour les teneurs de marché et les traders professionnels.
14	MEMX Options	Members Bourse	Lancée par un consortium comprenant Morgan Stanley, Goldman Sachs et Citadel Securities. Entièrement électronique, axée sur la tarification compétitive. Un entrant significatif défiant les opérateurs de bourses établis.
15	MIAX Sapphire	Miami International Holdings	Quatrième bourse d'options de MIAX. Hébergée dans le nouveau parquet du quartier financier de Miami. Continue l'expansion multi-bourses agressive de MIAX.
16	Nasdaq BX Options	Nasdaq	Lieu d'options supplémentaire de Nasdaq utilisant un modèle de tarification faiseur-preneur. Fait partie de la stratégie de portefeuille multi-bourses de Nasdaq.
17	Cboe EDGX Options	Cboe Global Markets	La quatrième bourse d'options de Cboe ciblant les modèles de frais preneur-faiseur

#	Bourse	Opérateur	Ce que Vous Devez Savoir
			attrayants pour le trading haute fréquence et algo

Quatre groupes dominent le paysage des bourses : Cboe Global Markets (4 bourses), Nasdaq (4 bourses), NYSE/ICE (2 bourses) et MIAX (3 bourses). Ce n'est pas un accident — les régulateurs encouragent la compétition multi-bourses parce qu'elle resserre les spreads et améliore la découverte des prix pour tous les participants. Chaque groupe de bourses est en compétition directe pour votre flux d'ordres.

POURQUOI 17 BOURSES BÉNÉFICIENT AU TRADER PARTICULIER

Quand treize bourses sont en compétition pour votre ordre simultanément, elles font toutes la course pour vous offrir le meilleur prix. Cette compétition est la raison pour laquelle les spreads acheteur/vendeur sur les options fortement négociées comme SPY et AAPL sont souvent à seulement 0,01 à 0,02 $ de large. Sur un marché étroit à bourse unique, le même contrat pourrait se négocier à 0,10 à 0,20 $ de large. La compétition multi-bourses est l'un des avantages structurels les plus puissants qu'a le trader d'options particulier moderne sur les traders d'il y a vingt ans.

Comment Votre Ordre Y Parvient : NBBO et Acheminement Intelligent des Ordres

Le Meilleur Cours Acheteur et Vendeur National (NBBO) est le meilleur prix acheteur disponible et le meilleur prix vendeur disponible sur toutes les 17 bourses à tout moment donné. Quand vous placez un ordre limite pour acheter une option au point milieu, le Système de Gestion des Ordres (OMS) de votre courtier vérifie le NBBO et achemine votre ordre vers la bourse offrant actuellement la meilleure exécution. Ce processus se produit en microsecondes — au moment où vous cliquez sur 'soumettre', votre ordre a déjà été évalué par rapport à toutes les bourses.

Le NBBO est publié en continu par l'OPRA — l'Options Price Reporting Authority — un flux consolidé qui agrège les données de cotation de toutes les 17 bourses en un seul flux. Chaque courtier, chaque plateforme, chaque système algorithmique qui trade des options s'abonne à OPRA. Quand vous voyez un acheteur et un vendeur sur votre plateforme de trading, vous voyez le NBBO — les meilleurs prix disponibles n'importe où sur le marché à ce moment précis.

Étape	Qui Agit	Ce qui Se Passe
1 — Vous Soumettez	Retail Trader	Vous cliquez sur 'soumettre' sur un ordre limite pour vendre 1 put SPY $450 pour un crédit de 2,35 $. Votre ordre entre dans le Système de Gestion des Ordres de votre courtier.
2 — Vérification du NBBO	Courtier OMS	Le système de votre courtier interroge OPRA en temps réel. OPRA retourne le meilleur acheteur actuel (2,34 $) et le meilleur vendeur (2,36 $) sur toutes les 17 bourses — le NBBO.
3 — Décision de Routage	Smart Router	L'OMS compare toutes les cotations des 13 bourses. Il identifie quelle bourse affiche actuellement 2,35 $ à l'acheteur — ou le plus proche — et achemine votre

Étape	Qui Agit	Ce qui Se Passe
		ordre là. Si plusieurs bourses affichent le même prix, il utilise les structures de frais et la probabilité d'exécution pour décider.
4 — Correspondance en Bourse	Bourse (e.g. CBOE)	Votre ordre arrive à la bourse. Si un teneur de marché ou un autre participant est prêt à acheter à 2,35 $, l'opération s'exécute immédiatement. Sinon, votre ordre reste dans le carnet d'ordres jusqu'à ce qu'il soit apparié.
5 — Compensation OCC	OCC	Au moment où l'opération s'exécute, l'OCC intervient comme contrepartie centrale. L'OCC devient l'acheteur de votre put et enregistre le nouvel intérêt ouvert. La prime (235 $) est créditée sur votre compte.
6 — Confirmation	Courtier	Votre courtier reçoit la confirmation d'exécution de la bourse et la publie sur votre compte. Votre marge est réservée. La position apparaît dans votre portefeuille.

LE POINT MILIEU EST VOTRE AMI

Sur les options liquides, le spread NBBO est étroit — 0,01 à 0,05 $. Commencez toujours votre ordre limite au point milieu entre l'acheteur et le vendeur. Si SPY est 2,34 $ acheteur / 2,36 $ vendeur, entrez votre ordre à 2,35 $. Vous serez exécuté au milieu sur les contrats liquides la plupart du temps. N'utilisez jamais un ordre au marché sur les options — vous donnez le contrôle de votre prix d'exécution au teneur de marché, qui utilisera chaque centime du spread contre vous.

L'Écosystème Complet des Options : Tous les Participants

Le marché des options n'est pas seulement composé d'acheteurs et de vendeurs. C'est un écosystème structuré avec des participants distincts à chaque niveau — chacun avec un rôle différent, des motivations différentes, et un

Participant	Niveau	Rôle Principal	Impact sur Vous en tant que Vendeur Particulier
Traders Particuliers	1	Traders individuels utilisant des comptes de courtage standard (Schwab, TD, TastyTrade, IBKR). Achètent et vendent des options cotées pour le revenu, la couverture ou les jeux directionnels.	Vous. L'avantage que vous construisez vient de la discipline, du risque défini et de l'exécution systématique — pas des avantages informationnels. Vous tradez sur le même marché que les institutions mais avec des horizons temporels différents.
Courtier-Dealers	2	Firmes agréées qui exécutent des transactions pour le compte de clients. Elles acheminent vos ordres vers les bourses et sont membres de l'OCC. Les courtiers-dealers comprennent les firmes à	Ils déterminent votre structure de commissions, vos exigences de marge et la qualité du routage des ordres. Choisir un courtier avec un routage intelligent et de faibles commissions impacte directement votre BPJ net.

Participant	Niveau	Rôle Principal	Impact sur Vous en tant que Vendeur Particulier
		service complet, les courtiers à rabais et	
Teneurs de Marché Principaux Désignés (DPMMs)	3	Spécialistes assignés par la bourse avec obligation de maintenir des marchés bilatéraux continus sur des sous-jacents spécifiques. Les DPMM sont tenus de coter acheteur et vendeur à tout moment pendant les heures de marché — ils ne peuvent pas se retirer.	Les DPMM sont la raison pour laquelle vous pouvez toujours obtenir une exécution. Leur obligation de coter crée la liquidité sur laquelle vous comptez. Sur les sous-jacents moins liquides, le DPMM peut être le seul teneur de marché — surveillez le spread comme signal de leur confiance.
Teneurs de Marché (MMs)	3	Sociétés qui fournissent des cotations acheteur/vendeur continues pour profiter du spread et de l'activité de couverture. Contrairement aux DPMM, les MM standard ont plus de flexibilité dans où et quand ils cotent. Ils gèrent de grands livres couverts delta.	Les MM fixent les prix contre lesquels vous tradez. Les spreads larges signifient que le MM est incertain de la direction du sous-jacent et vous facture pour le risque. Les spreads étroits signifient une haute confiance et une forte liquidité. Tradez toujours là où les MM sont actifs.
Traders Institutionnels	4	Fonds spéculatifs, gestionnaires d'actifs, fonds de pension et bureaux de trading propriétaire. Ils utilisent les options pour la couverture de portefeuille, la génération de revenus et les opérations directionnelles complexes. Ils opèrent en grande taille — 100 à 10 000 contrats à la fois.	Les grands flux institutionnels provoquent des pics de VI et créent une activité d'options inhabituelle. Quand vous voyez 10 000 contrats achetés à un strike OTM sans nouvelles, une institution se positionne. C'est un vrai signal — suivez l'argent, ne le combattez pas.
Traders à Haute Fréquence (HFT)	4	Sociétés algorithmiques exécutant des milliers d'opérations par seconde sur de minuscules écarts de prix entre bourses. Ils dominent le volume intrajournalier et jouent un rôle clé dans la synchronisation des prix des bourses via l'arbitrage.	Les HFT maintiennent les 17 bourses synchronisées. Sans eux, la même option pourrait se négocier à des prix différents sur CBOE vs. PHLX. Leur activité d'arbitrage est pourquoi le NBBO reste étroit et vos exécutions sont précises sur toutes les bourses.
L'OCC	5	Chambre de compensation centrale contrepartie pour les 17 bourses. Devient acheteur de chaque vendeur et vendeur de chaque acheteur dès qu'une opération s'exécute. Maintient un fonds de compensation de plusieurs milliards de dollars.	L'OCC élimine entièrement le risque de contrepartie. Vous ne vous inquiétez jamais de qui est de l'autre côté de votre opération. L'OCC garantit que votre position sera honorée — l'assignation, l'exercice et l'expiration passent tous par l'infrastructure OCC.
La SEC & la CFTC	5	Organismes de réglementation supervisant	La réglementation est pourquoi les options cotées sont sûres à trader. Les

Participant	Niveau	Rôle Principal	Impact sur Vous en tant que Vendeur Particulier
		le marché des options. La SEC régit les options sur valeurs mobilières (équity et ETF). La CFTC régit les produits liés aux futures. La FINRA supervise les courtiers-négociants. Les bourses doivent s'enregistrer auprès des régulateurs.	limites de position, les exigences de marge, les règles des bourses et le fonds de compensation OCC existent tous parce que les régulateurs les exigent. Les garde-fous font partie du produit.

Règles de Trading des Bourses : Ce qui Régit Chaque Opération

Chaque bourse d'options américaine opère dans le cadre d'un régime réglementaire unifié établi par la SEC et appliqué via les règlements des bourses. Ces règles ne sont pas de simples formalités bureaucratiques

Règle / Principe	Ce que Cela Signifie pour le Trader d'Options Particulier
Standardisation	Chaque contrat d'options coté représente 100 actions, a une date d'expiration définie et se négocie à des strikes standardisés. Il n'y a pas de négociation sur les termes du contrat — la bourse les fixe. C'est pourquoi vous pouvez toujours trouver une contrepartie : chaque contrat est identique à tout autre contrat du même type.
Priorité Prix-Temps	Sur la plupart des bourses, les ordres au même prix sont exécutés dans l'ordre d'arrivée — premier arrivé, premier servi. C'est pourquoi les ordres limites placés tôt au point milieu sont souvent exécutés avant les ordres placés plus tard au même prix. Le temps est un avantage concurrentiel même au niveau des particuliers.
Limites de Position	La SEC fixe des limites de position maximales sur les options dans des sous-jacents individuels — généralement 25 000 contrats du même côté du marché (calls ou puts) pour les options sur actions. Cela empêche tout participant unique de corner un marché ou de créer un risque systémique. Les traders particuliers n'approchent jamais ces limites, mais les institutions doivent les gérer attentivement.
Délais d Exercice et d'Assignation	Les détenteurs d'options doivent notifier leur courtier avant 17h30 HE le jour d'expiration pour exercer leur contrat. Si une option est dans la monnaie de 0,01 $ ou plus à l'expiration, l'OCC l'exerce automatiquement sauf si le détenteur dépose un avis de 'ne pas exercer'. En tant que vendeur, vous pouvez être assigné à tout moment sur les options de style américain — c'est la règle qui fait de la gestion de l'assignation une discipline fondamentale.
Exigences de Marge	Les positions d'options short nécessitent une marge — un capital réservé garantissant que vous pouvez remplir votre obligation en cas d'assignation. Pour les puts sécurisés en espèces, cela signifie détenir la totalité du prix d'exercice
Règles d'Arrêt	Le trading d'options sur tout sous-jacent peut être suspendu quand l'action sous-jacente est suspendue — pour des publications de résultats, des coupe-circuits, des suspensions réglementaires ou des nouvelles importantes. Pendant une suspension, vous ne pouvez pas trader, fermer ou ajuster votre position d'options. C'est un risque clé pour les positions à

Règle / Principe	Ce que Cela Signifie pour le Trader d'Options Particulier
	court terme autour des résultats — d'où la règle : ne jamais vendre pour ouvrir avant un rapport de résultats.
Obligation de Meilleure Exécution	Les courtiers-dealers sont légalement tenus de rechercher la meilleure exécution disponible pour vos ordres — y compris l'acheminement vers la bourse offrant le meilleur prix. Cela est appliqué par la règle SEC
Pas de Vente à Perte Fictive sur les Options	La règle IRS de vente à perte fictive s'applique aux options — si vous vendez une option à perte et rachetez une option substantiellement identique dans les 30 jours avant ou après, la perte est refusée. C'est une règle fiscale critique pour les vendeurs actifs qui roulent fréquemment des positions. Votre CPA doit comprendre le traitement de vente à perte fictive des options.

L'INFRASTRUCTURE EST VOTRE AVANTAGE

La plupart des traders particuliers ne pensent jamais aux 17 bourses, à l'OCC ou au NBBO. Ils passent des ordres, obtiennent des exécutions et passent à autre chose. Mais comprendre l'infrastructure vous donne quelque chose d'im

---

Types d'Ordres pour les Traders d'Options : Obtenir l'Exécution que Vous Méritez

Le type d'ordre que vous utilisez n'est pas secondaire — c'est la dernière ligne de défense de votre système de gestion des risques. Un ordre au marché dans une chaîne d'options peu liquide est l'un des moyens les plus sûrs de

Type d'Ordre	Quand l'Utiliser	Conseils Spécifiques aux Options
Limite au Point Milieu	Toujours — entrée standard pour les six conditions	Fixer la limite à (acheteur+vendeur)/2. Si non exécuté après 2 minutes, rapprochez-vous du marché par incréments de 0,05 $. Une exécution au milieu est une exécution équitable — vous divisez le spread également avec le teneur de marché.
Ordre au Marché	Jamais pour les options	Dans les options, un ordre au marché garantit une exécution au prix que le teneur de marché choisit. Dans une chaîne à large spread, cela peut coûter 0,30 à 1,00 $ de plus au-dessus du milieu — souvent 20 à 40 % de votre profit attendu total, disparu avant que l'opération commence.
Valable jusqu'à Annulation (GTC)	Ordres de fermeture — objectifs de profit et stops	Définissez des ordres limites GTC pour votre objectif de profit de 50 % et stop immédiatement après l'entrée. Cela supprime le contournement émotionnel de votre sortie planifiée et permet une gestion mains libres.
Tout-ou-Rien (AON)	Spreads multi-jambes (conditions 4, 5, 6)	Prévient les exécutions partielles qui vous laissent avec un risque indéfini. Utilisez toujours le ticket de spread du courtier ou AON pour les condors, butterflies et calendars — ne jamais entrer jambe par jambe séparément.

Type d'Ordre	Quand l'Utiliser	Conseils Spécifiques aux Options
Stop Suiveur	Débit directionnel (conditions 1, 3)	Une fois qu'un call ou put long atteint 50 % de profit, définissez un stop suiveur de 25 %. Verrouille le profit tout en laissant le gagnant courir vers le profit maximum si la tendance continue. Contrairement aux credit spreads — où vous fermez à 50 % pour éviter le risque gamma — les positions directionnelles longues bénéficient de courir aussi loin que le mouvement le permet, protégées par le stop suiveur.

Qualité d'Exécution : À Quoi Ressemble une Bonne Exécution

Qualité d'Exécution	Ce que Cela Signifie
Exécuté au milieu ou mieux	Excellent. Vous divisez le spread ou mieux. C'est l'objectif pour chaque ordre.
Exécuté à 0,05 $ du milieu	Acceptable. Friction mineure. Dans la tolérance pour les chaînes avec des primes de 2,00 $ et plus.
Exécuté à l'offre (pour les achats)	Mauvais. Vous avez payé le spread complet. Envisagez de passer à un sous-jacent plus liquide.
Exécution partielle seulement	La chaîne manquait d'intérêt ouvert suffisant. Réduisez la taille ou essayez un strike différent. Ne convertissez jamais une exécution partielle en ordre au marché.
Non exécuté après 5- minutes	Le marché a bougé. Réévaluez. Ajustez la limite de 0,05 $ vers le marché, ou annulez et relisez la condition.

LA RÈGLE DE QUALITÉ D'EXÉCUTION

Votre avantage théorique est calculé au point milieu. Chaque centime au-dessus du milieu à l'entrée et en dessous à la sortie représente une friction

Exercice et Assignation : Ce qui Se Passe Réellement dans Votre Compte

Figure 3.2 — Arbre de Décision d'Auto-Exercice — Quand les options sont automatiquement exercées à l'expiration et le seuil ITM qui le déclenche.

Arbre de Décision d'Auto-Exercice — Quand les options sont automatiquement exercées à l'expiration.

L'auto-exercice est l'un des mécanismes les plus importants dans le trading d'options — et l'un des plus mal compris par les nouveaux traders. À l'expiration, l'OCC exerce automatiquement toute option qui est dans la monnaie de 0,01 $ ou plus par action (c'est-à-dire 1,00 $ ou plus par contrat). Cela se produit sans aucune action requise de la part du détenteur de l'option. Vous n'avez pas besoin d'appeler votre courtier. Vous n'avez pas besoin de soumettre un avis d'exercice. Si votre call ou put long est d'un centime dans la monnaie à l'expiration, l'OCC l'exerce automatiquement en votre nom.

Le seuil d'exercice automatique de 0,01 $ par action a été établi par l'OCC pour protéger les détenteurs d'options contre la perte de la valeur intrinsèque de leur contrat par inaction. Avant cet

Les conséquences de l'auto-exercice sont immédiates et concrètes. Si vous détenez un call long sur AAPL avec un strike de 180 $ et qu'AAPL clôture à 182,50 $, votre call est ITM de 2,50 $. L'OCC l'exerce automatiquement. Lundi matin, 100 actions AAPL apparaissent dans votre compte pour un coût de 18 000 $ (100 actions × strike de 180 $). Si vous n'avez pas 18 000 $ dans votre compte pour couvrir cet achat, votre courtier forcera soit la liquidation des actions, soit exigera un dépôt de marge immédiatement. Ce n'est pas un risque théorique — cela arrive aux traders non préparés chaque vendredi d'expiration.

L'AVIS DE NON-EXERCICE

Vous pouvez annuler l'exercice automatique en soumettant un avis de Non-Exercice (DNE) à votre courtier avant la date limite d'expiration (généralement 16 h 30 HE le vendredi d'expiration, bien que les courtiers

Pour les vendeurs d'options, le revers de l'auto-exercice est l'assignation automatique. Si vous êtes court sur un call qui est ITM de 0,01 $ ou plus à l'expiration, l'OCC vous assigne automatiquement. Votre position de call court devient une obligation de livrer 100 actions au prix d'exercice. Si vous ne possédez pas les actions (call nu), votre courtier les achètera soit sur le marché ouvert aux prix actuels — qui peuvent être substantiellement au-dessus de votre strike — soit forcera la fermeture de la position. Pour les vendeurs de puts courts, l'assignation automatique signifie que vous êtes obligé d'acheter 100 actions au prix d'exercice. C'est le résultat planifié pour la stratégie de la Roue — l'assignation n'est pas une urgence, c'est l'alternative conçue.

La fenêtre entre 15 h 00 et 16 h 00 HE le vendredi d'expiration est connue comme la fenêtre d'

Risque de Pincement : Le Danger Caché Près du Strike à l'Expiration

Le risque de pin survient lorsque le cours de l'action sous-jacente clôture à ou très près du prix d'exercice de votre option short à l'expiration. Dans cette situation, vous ne pouvez pas savoir avec certitude si

La protection pratique : clôturez toujours les positions d'options short qui sont à moins de 0,50 $ du cours actuel

Note pour les nouveaux traders : le risque de pincement, le risque gamma près de l'expiration et les mécanismes

La plupart des traders comprennent l'exercice et l'assignation conceptuellement mais sont choqués quand cela se produit réellement dans leur compte. Voici la séquence exacte d'événements pour chaque scénario — y compris la chronologie, les flux de trésorerie et les surprises courantes.

Événement	Ce qui le Déclenche	Ce Qui Se Passe dans Votre Compte	Chronologie	Surprise Commune
Call Exercé (vous êtes long sur le call)	Vous choisissez d'exercer votre droit	Espèces débitées : prix d'exercice x 100. 100 actions	Avis d'exercice vendredi après 16h.	Vous avez besoin de suffisamment d'espèces ou de

Événement	Ce qui le Déclenche	Ce Qui Se Passe dans Votre Compte	Chronologie	Surprise Commune
	d'acheter 100 actions au strike.	apparaissent dans votre compte lundi matin.	Actions règlées T+1 (lundi).	marge pour recevoir 100 actions. Un strike de 200 $ = 20 000 $ nécessaires. Beaucoup de traders oublient cela.
Call Assigné (vous êtes court sur le call)	L'acheteur de call de l'autre côté exerce. L'OCC assigne aléatoirement un détenteur de call court.	100 actions retirées de votre compte (si couvert) OU position d'action courte créée (si nu). Espèces créditées : strike x 100.	Avis d'assignation samedi. Reflété lundi matin.	Si vous ne possédez pas les actions, vous avez maintenant une position d'action COURTE. Cela comporte un risque illimité jusqu'à ce que vous achetiez pour couvrir.
Put Exercé (vous êtes long sur le put)	Vous choisissez d'exercer votre droit de vendre 100 actions au strike.	100 actions retirées de votre compte. Espèces créditées : strike x 100.	Même chronologie que l'exercice du call.	Vous devez posséder les actions pour exercer. Si ce n'est pas le cas, votre courtier peut fermer automatiquement le put à la place.
Put Assigné (vous êtes court sur le put / CSP)	L'acheteur de put exerce. L'OCC vous assigne.	Espèces débitées : strike x 100. 100 actions apparaissent dans votre compte.	Avis d'assignation samedi. Actions règlées lundi.	C'est LE point d'entrée de la Roue. Si vous avez vendu un CSP de qualité, c'est le résultat planifié. Ne paniquez pas.
Assignation Anticipée (avant l'expiration)	Les options de style américain peuvent être exercées à tout moment. Se produit généralement près des dates ex-dividende ou des options profondément ITM.	Identique à ci-dessus mais en milieu de cycle. Votre position disparaît de votre compte d'options et devient une position d'action.	Peut arriver n'importe quel jour ouvrable. Généralement du jour au lendemain.	L'assignation anticipée liée aux dividendes sur les covered calls est la surprise la plus courante. Vérifiez les dates ex-dividende avant de vendre des CC.

Le principal enseignement : l'assignation n'est pas une urgence. Si vous avez vendu un CSP sur une action de qualité et été assigné, vous possédez maintenant des actions d'une entreprise que vous avez déjà évaluée et approuvée. Suivez le protocole de récupération d'assignation au Chapitre 9 et commencez la Roue. La seule assignation qui devrait vous préoccuper est une assignation anticipée inattendue sur un covered call près d'une date ex-dividende — vérifiez le calendrier avant chaque entrée en CC.

VÉRIFICATION DE PRÉPARATION À L'ASSIGNATION

Avant de vendre toute option qui pourrait résulter en assignation, demandez-vous : (1) Ai-je les espèces ou la marge pour recevoir 100 actions au prix d'exercice ? (2) Suis-je réellement prêt à posséder cette action à ce prix ? (3) Ai-je un plan post-assignation ? Si une réponse est non, vous ne devriez pas vendre cette option. La prime ne vaut pas la surprise.

CADRE DES SIX CONDITIONS ▸ ÉVALUATION — comment la juste valeur est déterminée dans les six conditions

L'achat de prime (conditions 1, 3, 5) nécessite une VI basse pour obtenir une entrée à un prix juste. La vente de prime (conditions 2, 4, 6) requiert une VI élevée pour collecter un crédit maximum. L'évaluation est ce qui distingue un trade bien valorisé d'un trade survalorisé.

Un contrat ne vaut que ce que quelqu'un est prêt à payer. Mais en options, ce prix n'est pas aléatoire — il repose sur deux composantes distinctes et mesurables : la valeur intrinsèque et la valeur extrinsèque. Toute prime d'option que vous voyez sur une chaîne est la somme de ces deux éléments. Comprendre ce qui détermine chacune est ce qui distingue les traders qui savent ce qu'ils achètent de ceux qui ne font que deviner.

Les Deux Composantes de Toute Prime d'Option

Composante	Ce Que C'est	Caractéristique Clé
Intrinsic Value	La valeur réelle en jeu de l'option — ce qu'elle vaudrait si elle était exercée immédiatement	Toujours nulle ou positive. Jamais négative. Existe uniquement lorsque l'option est dans la monnaie.
Extrinsic Value	Tout le reste de la prime — valeur temps, volatilité implicite et anticipations du marché	Également appelée valeur temps. Se déprécie jusqu'à zéro à l'expiration, quel que soit le cours de l'action. C'est ce que les vendeurs collectent.

La formule est simple : Prime d'Option = Valeur Intrinsèque + Valeur Extrinsèque. Le défi — et l'opportunité — est que ces deux composantes se comportent très différemment dans le temps et selon les conditions du marché.

Valeur Intrinsèque : La Valeur Réelle

La valeur intrinsèque est le montant par lequel une option est dans la monnaie. C'est la valeur concrète et immédiatement exerçable du contrat. Il n'y a aucune spéculation dans la valeur intrinsèque — c'est une pure arithmétique basée sur l'écart entre le cours de l'action et le prix d'exercice.

- Valeur Intrinsèque d'un Call = Prix Actuel de l'Action − Prix d'Exercice (si positif ; sinon zéro);
- Valeur Intrinsèque d'un Put = Prix d'Exercice − Prix Actuel de l'Action (si positif ; sinon zéro).

Exemple : AAPL se négocie à 240 $. Un call avec un prix d'exercice de 220 $ a une valeur intrinsèque de 20 $ — le droit d'acheter à 220 $ quelque chose qui vaut actuellement 240 $. Ces 20 $ représentent une valeur réelle et concrète intégrée dans le contrat. Un call avec un prix d'exercice de 260 $ a une valeur intrinsèque nulle — il est hors de la monnaie.

Valeur Extrinsèque : La Prime Temps

La valeur extrinsèque — également appelée valeur temps — est la partie de la prime qui existe uniquement parce qu'il reste du temps avant l'expiration. Tant qu'il reste du temps, il y a une chance que l'action évolue dans une direction favorable. Le marché intègre cette possibilité dans le contrat. C'est pourquoi les options avec plus de temps coûtent plus cher.

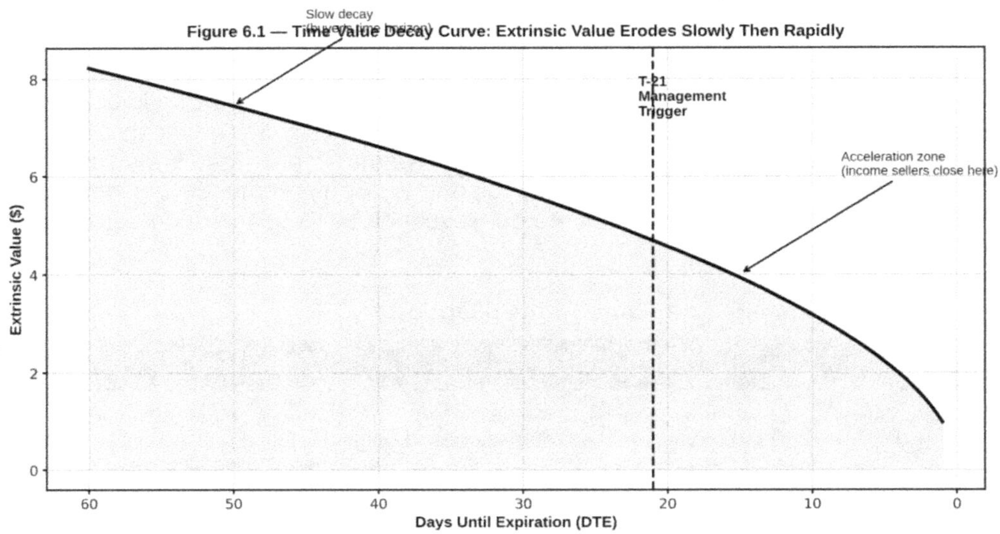

Figure 6.1 — Courbe de Décroissance de la Valeur Temps. La valeur extrinsèque s'érode lentement puis s'accélère dans les 30 derniers

Mais voici l'information cruciale pour les traders : la valeur temps ne se déprécie pas en ligne droite. Elle fond lentement au début, puis s'accélère considérablement à l'approche de l'expiration. L'analogie d'Eddy Alexandre est parfaite : la valeur temps fond comme un bonhomme de neige en Floride — lentement au début, puis rapidement.

COURBE DE DÉCROISSANCE DE LA VALEUR TEMPS

90 DTE ———————— 45 DTE ——————— 30 DTE ——— 7 DTE —— EXP

Lente decay ↘ Accelerating decay ↘↘ Rapid decay ↘↘↘.

Meilleur moment pour VENDRE des options : 30–60 JAE • Meilleur moment pour clôturer les positions short : 50–75 % de profit

L'implication pratique : les vendeurs d'options bénéficient davantage de la dépréciation accélérée dans les 30 derniers jours avant expiration. C'est pourquoi la zone d'entrée de 30 à 45 JAE (jours avant expiration) est la zone optimale pour la plupart des stratégies de revenus — vous captez la partie la plus raide de la courbe de dépréciation tout en ayant encore suffisamment de temps pour gérer le trade s'il évolue contre vous.

La Moneyness des Options : ITM, ATM, OTM

La moneyness décrit la relation entre le prix d'exercice d'une option et le cours actuel de l'action sous-jacente. Elle détermine la valeur intrinsèque de l'option, son comportement lorsque l'action évolue, et quelle composante de valorisation domine la prime. Chaque option sur chaque chaîne appartient à l'une de ces trois catégories :

Strike	Moneyness (Call)	Call Bid	Call Ask	Intrinsic	Extrinsic	Delta
$170	Deep ITM	$21.40	$21.60	$20.00	$1.50	0.91
$180	ITM	$13.10	$13.30	$10.00	$3.20	0.76
$185	Légèrement ITM	$8.80	$9.00	$5.00	$3.90	0.63
$190	ATM	$5.50	$5.70	$0.00	$5.60	0.50
$195	Slightly OTM	$3.20	$3.40	$0.00	$3.30	0.37
$200	OTM	$1.70	$1.90	$0.00	$1.80	0.25
$210	Deep OTM	$0.45	$0.55	$0.00	$0.50	0.10

Figure 6.2 — Échelle de la Chaîne d'Options. Prix d'exercice ITM, ATM et OTM avec bid/ask en direct, VI et delta pour AAP

Strike	Moneyness	Intrinsic Value	Extrinsic Value	Delta Range	Meilleure Utilisation
< $185	Deep ITM	High ($5+)	Low	0.75–0.99	Substitut d'action ; coût élevé, faible levier.
$185–$189	ITM	Moderate	Moderate	0.60–0.75	Exposition équilibrée ; coûte plus cher, probabilité plus élevée.
$190	ATM	$0	Highest	~0.50	Pure valeur temps ; coût extrinsèque maximum.
$191–$195	OTM	$0	Moderate	0.25–0.49	Cible des vendeurs de revenus ; risque/récompense équilibré.
$196–$204	OTM	$0	Low	0.15–0.25	Paris directionnels ; coût plus faible, probabilité plus faible.
> $205	Deep OTM	$0	Minimal	< 0.15	Billets de loterie ; faible coût, très faible probabilité.

Figure 6.3 — Échelle de Moneyness : Contrat Call. Pour les calls, les prix d'exercice au-dessus du cours de l'action sont ITM —

Strike	Moneyness	Intrinsic Value	Extrinsic Value	Delta Range	Meilleure Utilisation

> $195	Deep ITM	High ($5+)	Low	-0.75 to -0.99	Substitut d'action baissier ; delta élevé, coûteux.
$191–$195	ITM	Moderate	Moderate	-0.60 to -0.75	Jeu directionnel put ; haute probabilité.
$190	ATM	$0	Highest	~-0.50	Extrinsèque maximum ; pure valeur temps.
$185–$189	OTM	$0	Moderate	-0.25 to -0.49	Cible des vendeurs de revenus ; zone optimale des CSP.
$176–$184	OTM	$0	Low	-0.15 to -0.25	Zone de vente de prime ; faible probabilité de toucher.
< $175	Deep OTM	$0	Minimal	> -0.15	Protection loin OTM ; prime très faible.

Figure 6.4 — Échelle de Moneyness : Contrat Put. Pour les puts, la relation s'inverse — les prix d'exercice au-dessus sont l

Moneyness	Condition (Call)	Condition (Put)	Prime Makeup	Behavior
ITM — Dans la Monnaie	Prix d'Exercice EN-DESSOUS du cours de l'action	Prix d'Exercice AU-DESSUS du cours de l'action	Intrinsèque + Extrinsèque	Se déplace le plus avec l'action (delta élevé). Plus cher. Se comporte comme une position en actions.
ATM — À la Monnaie	Prix d'Exercice = prix de l'action	Prix d'Exercice = prix de l'action	Pure Valeur Extrinsèque	Valeur temps maximale. Sensibilité la plus élevée aux variations de VI. Zone optimale pour de nombreuses stratégies.
OTM — Hors de la Monnaie	Prix d'Exercice AU-DESSUS du cours	Prix d'Exercice EN-DESSOUS du cours	Pure Valeur Extrinsèque	Aucune valeur intrinsèque. Prime moins chère. Nécessite un mouvement plus important de l'action pour être profitable. Fort levier, risque élevé.

Le tableau ci-dessus décrit la logique. Les schémas ci-dessous la rendent spatiale. C'est la visualisation la plus importante de la formation aux options — l'Échelle de Moneyness — montrant exactement où ITM, ATM et OTM se situent sur l'échelle des prix pour les calls et les puts. Notez attentivement : ITM et OTM sont INVERSÉS pour les calls et les puts.

CALL — Échelle de Moneyness	**PUT — Échelle de Moneyness**
Résistance (Top) $90 ———— ITM (In-The-Money) ✓. $85 / $80 / $75 / $70 ——— ITM [+] Seuil de Rentabilité (SR) ———— zone de transition **★ Stock Current Price $60 ——— ATM (At-The-Money)** $55 / $50 / $45 / $40 ——— OTM [-] Support (Bottom) $35 ———— OTM (Out-of-The-Money) X	Résistance (Top) $90 ———— OTM (Out-of-The-Money) X. $85 / $80 / $75 / $70 ——— OTM [-] **★ Stock Current Price $65 ——— ATM (At-The-Money)** Seuil de Rentabilité (SR) ———— zone de transition $55 / $50 / $45 / $40 ——— ITM [+] Support (Bottom) $35 ———— ITM (In-The-Money) ✓

L'ASYMÉTRIE CLÉ

Pour un CALL : les prix d'exercice AU-DESSUS du cours actuel sont ITM, ceux EN-DESSOUS sont OTM. Pour un PUT : c'est exactement l'inverse — les prix d'exercice EN-DESSOUS du cours actuel sont ITM, ceux AU-DESSUS sont OTM. C'est parce qu'un call vous donne le droit d'ACHETER, donc vous voulez que le prix soit au-dessus de votre prix d'exercice. Un put vous donne le droit de VENDRE, donc vous voulez que le prix soit en dessous. Cette distinction, une fois intériorisée, rend toute chaîne d'options lisible en un coup d'œil.

AAPL se négocie à 240 $. Vous examinez une option call de strike 220 $, expirant dans 55 jours, au prix de 22,30 $.

- Valeur Intrinsèque : 240 $ − 220 $ = 20,00 $ (l'option est à 20 $ dans la monnaie) ;
- Valeur Extrinsèque : 22,30 $ − 20,00 $ = 2,30 $ (valeur temps restante avec 55 jours avant expiration) ; et
- Prime Totale : 22,30 $ × 100 actions = 2 230 $ par contrat.

Pourquoi y a-t-il 2,30 $ de valeur extrinsèque en plus des 20 $ de valeur intrinsèque ? Parce qu'avec 55 jours restants, il reste encore du temps pour qu'AAPL progresse davantage — et le marché intègre cette possibilité dans le contrat. Au fur et à mesure que ces 55 jours s'écoulent vers zéro, les 2,30 $ fondent. À l'expiration, si AAPL est toujours à 240 $, l'option vaut exactement 20 $ — pure valeur intrinsèque, zéro extrinsèque.

PRIME = PRIX DU CONTRAT × 100

Multipliez toujours la prime cotée par 100 pour obtenir le coût réel du contrat en dollars. Une prime de 3,50 $ = 350 $ par contrat. Une prime de 22,30 $ = 2 230 $ par contrat. C'est l'une des sources les plus courantes de surprise pour les nouveaux traders d'options — et la plus évitable.

Volatilité

La volatilité implicite (VI) est l'anticipation prospective du marché quant à l'amplitude du mouvement de l'action sous-jacente, exprimée en pourcentage annualisé. Elle est entièrement intégrée dans la composante valeur extrinsèque de la prime. Lorsque la VI est élevée, les primes sont chères — calls et puts coûtent plus cher à tous les prix d'exercice et à toutes les expirations. Lorsque la VI est basse, les primes sont bon marché.

La VI n'est pas historique — elle ne mesure pas l'amplitude des mouvements passés de l'action. Elle mesure l'amplitude des mouvements anticipés par le marché. Cette distinction est capitale car la VI peut grimper soudainement sur des événements d'actualité, des annonces de résultats ou des chocs macro — même lorsque l'action n'a pas encore bougé. Quand la VI fait un pic, les primes des options s'envolent du jour au lendemain.

- Environnement de VI élevée → Les vendeurs de prime ont l'avantage — collectent des primes élevées, bénéficient du retour de la VI vers sa moyenne ;
- Environnement de VI basse → Les acheteurs de prime ont l'avantage — options bon marché, meilleur ratio récompense/risque sur les trades directionnels ;
- Rang de VI (IVR) — Mesure la VI actuelle par rapport aux 52 dernières semaines. Un IVR supérieur à 50 signifie que la VI est élevée par rapport à l'historique — généralement favorable aux vendeurs ; et
- Percentile de VI — Similaire au IVR, mais mesure le pourcentage de jours au cours de l'année passée où la VI était inférieure à aujourd'hui.

LA RÈGLE D'ÉVALUATION

Avant d'entrer dans tout trade d'options, vérifiez trois choses : (1) Où se situe l'action par rapport à votre prix d'exercice — ITM, ATM ou OTM ? (2) Quelle quantité de valeur temps payez-vous ou collectez-vous ? (3) La VI est-elle élevée ou basse par rapport à sa plage historique ? Ces trois réponses déterminent si le trade possède un avantage.

L'Évaluation à Travers le Prisme des Six Conditions

L'évaluation n'est pas abstraite. Chaque stratégie des six conditions a une exigence d'évaluation spécifique qui doit être satisfaite avant l'entrée. Le tableau ci-dessous associe chaque condition à son test d'évaluation — la vérification spécifique qui confirme que l'option est correctement valorisée pour votre stratégie avant que vous n'exécutiez.

#	Condition	Stratégie	Test d'Évaluation — Quoi Vérifier Avant l'Entrée
1	**Haussier / VI Basse**	Long Call / bull call spread	IVR < 25. Vérifiez : le débit payé est-il inférieur à 30 % de la distance jusqu'à votre objectif de profit ? Par ex
2	**Haussier / VI Haute**	CSP / bull put spread	IVR > 50. Le crédit collecté doit être ≥ 15 % de la largeur du spread (pour les spreads) ou ≥ 0,5 % du capital réservé (p
3	**Baissier / VI Basse**	Long Put / bear put spread	IVR < 25. Même règle que la condition 1 en sens inverse : débit payé ≤ 30 % de la largeur du spread. Vérifiez : la VI est-elle en hausse (ha
4	**Baissier / VI Haute**	Bear Call Spread	IVR > 50. Crédit collecté ≥ 15 % de la largeur du spread. Le call short doit être au-dessus de tous les niveaux de résistance significatifs
5	**Range / Low IV**	Butterfly / iron condor	IVR < 30. Pour les iron condors : crédit net collecté ≥ 25 % de la largeur totale d'un spread. La distance prix d'exercice-

#	Condition	Stratégie	Test d'Évaluation — Quoi Vérifier Avant l'Entrée
6	**Range / High IV**	Calendar / diagonal	IVR > 50 sur la jambe court terme. Le différentiel de VI entre l'option court terme et l'option long terme doit être po

L'ÉVALUATION EST LA DERNIÈRE VALIDATION

Le cadre des six conditions vous indique quelle stratégie utiliser. L'évaluation vous indique si vous devez l'utiliser aujourd'hui ou attendre. Une excellente stratégie au mauvais prix reste un trade médiocre. Exécuter le test d'évaluation sur chaque position avant l'entrée — cinq minutes supplémentaires par trade — c'est la discipline qui distingue les trades avec avantage des trades reposant sur l'espoir.

Black-Scholes : Le Moteur Derrière Chaque Prix d'Option

Chaque prix d'option sur chaque bourse du monde est ancré à une version du modèle de valorisation Black-Scholes, développé par Fischer Black et Myron Scholes en 1973. Vous n'avez pas besoin de pouvoir dériver la formule — mais comprendre ses six entrées fera de vous un trader d'options considérablement plus efficace, car elles expliquent exactement pourquoi les primes évoluent comme elles le font.

Le modèle Black-Scholes prend six entrées et produit une juste valeur pour l'option. Votre plateforme le calcule en continu à mesure que les conditions du marché évoluent. Les six entrées sont :

Input	Ce Que C'est	Comment les Variations Affectent la Prime
Prix Actuel de l'Action	Où se négocie l'actif sous-jacent en ce moment	Prix de l'action plus élevé → les primes de call augmentent, les primes de put diminuent. C'est le Delta à l'œuvre.
Prix d'Exercice	Le prix d'exercice convenu du contrat	Plus le prix d'exercice est loin OTM, plus la prime est basse. Plus il est ITM, plus elle est élevée.
Temps avant Expiration	Jours restants avant expiration	Plus de temps = plus de prime. Au fur et à mesure que le temps passe, la valeur extrinsèque fond. C'est le Thêta.
Volatilité Implicite	Mouvement futur anticipé par le marché	IV plus élevée = primes plus ÉLEVÉES sur toutes les options à tous les strikes. Le moteur le plus puissant des variations de primes. Il s'agit de Vega.
Risk-Free Rate	Taux d'intérêt actuel (généralement le bon du Trésor à 3 mois)	Des taux plus élevés augmentent modérément les primes de call et diminuent les primes de put. C'est le Rho.
Dividends	Dividendes en espèces attendus avant expiration	La date ex-dividende fait augmenter les primes de put et baisser les primes de call. Critique pour le timing des covered calls.

De ces six entrées, la Volatilité Implicite est la seule qui ne soit pas directement observable — elle doit être extraite des prix du marché en inversant la formule Black-Scholes. C'est pourquoi la VI est parfois appelée « l'estimation du marché » des mouvements futurs : elle est dérivée de ce que les traders paient collectivement pour les options, et non du comportement historique de l'action.

Comment la Volatilité Implicite Influence la Prime sur les Prix d'Exercice et les Expirations

L'une des compétences pratiques les plus importantes du trading d'options est de comprendre exactement comment les variations de VI affectent les primes à différents prix d'exercice et dates d'expiration — car l'effet n'est pas uniforme. L'expansion de la VI gonfle les primes des options court terme plus agressivement que celles à plus long terme. Et l'expansion de la VI gonfle davantage les options ATM que les options loin OTM. Ces deux asymétries sont là où se trouve votre avantage.

Scénario de VI	Effet sur les Options Court Terme	Effet sur les Options Long Terme
La VI augmente de 10 points de pourcentage	La prime ATM augmente de 15 à 25 %. Les options court terme ont une sensibilité Vega plus élevée par dollar de prime.	La prime ATM augmente de 8 à 15 %. Les options à plus long terme ont un Vega absolu plus élevé mais une sensibilité en pourcentage plus faible.
La VI s'effondre après les résultats	La prime ATM peut chuter de 30 à 50 % du jour au lendemain, quel que soit le mouvement du cours de l'action. C'est l'écrasement de la VI.	La prime ATM chute de 10 à 20 %. Les options long terme perdent moins car les résultats ne représentaient qu'un seul cycle d'expiration.
La VI s'étend progressivement (incertitude croissante)	Les vendeurs de prime en bénéficient : ils collectent une prime court terme élevée qui revient à la normale quand l'incertitude se résorbe.	Les acheteurs de LEAPS en bénéficient moins : la VI long terme s'étend plus lentement et est moins affectée par les événements d'incertitude court terme.
VI comprimée à des niveaux historiquement bas	Les options court terme sont bon marché — favorables aux acheteurs directionnels. Les primes peuvent ne pas justifier la vente.	Les options long terme sont également bon marché — idéales pour les acheteurs de LEAPS. La valeur temps complète est disponible à prix réduit.

L'implication pratique : lorsque la VI s'étend soudainement (annonce de résultats, choc macro, pic du VIX), les traders qui en bénéficient le plus sont ceux qui ont déjà vendu des options court terme AVANT le pic — ils ont collecté des primes à VI élevée et bénéficient maintenant à la fois de la contraction de la VI et de l'érosion temporelle. Les traders qui essaient de vendre au moment du pic se battent contre une prime déjà gonflée et paient souvent trop cher le risque qu'ils prennent.

LA RÈGLE DE TIMING DE LA VI

Le meilleur moment pour vendre de la prime est lorsque la VI est élevée mais n'a pas encore atteint son sommet. Le deuxième meilleur moment est immédiatement après qu'un pic commence à se dégonfler. Le pire moment est au sommet d'un pic de VI — vous vendez en pleine peur maximale, et si le sous-jacent continue de bouger, votre prime élevée n'offre qu'une protection partielle. Vendez dans une VI en hausse, pas au pic. Laissez passer les premiers 30 % de tout pic de VI avant d'entrer dans des positions short premium.

De l'Évaluation aux Grecs : Ce Que Vous Mesurez Réellement

Le Chapitre 5 présente les Grecs — les mesures de sensibilité qui quantifient comment votre position évolue en réponse à chacune des entrées du modèle Black-Scholes. Avant de les aborder en profondeur, voici

Greek	Black-Scholes Input	Ce Qu'Il Mesure	Pourquoi Ce que les Traders d'Options Retiennent
Delta (Δ)	Prix de l'Action	Variation de la prime par mouvement de 1 $ sur l'action	Détermine l'exposition directionnelle et la probabilité d'expirer ITM. Outil de sélection du prix d'exercice.
Gamma (Γ)	Prix de l'Action (2ème ordre)	Vitesse de variation du Delta lors des mouvements de l'action	Accélérateur de risque à l'approche de l'expiration. Gamma élevé = changement rapide du Delta. Gérer au T-21.
Theta (Θ)	Temps avant Expiration	Décroissance quotidienne de la prime en dollars	L'ami du vendeur de revenus. Le Theta est le relevé de collecte quotidien. S'accélère à l'approche de l'expiration.
Vega (V)	Volatilité Implicite	Variation de la prime par variation de 1 % de VI	Détermine combien votre position gagne ou perd lorsque la VI bouge. Les options short ont un Vega négatif.
Rho (ρ)	Taux d'Intérêt Sans Risque	Variation de la prime par variation de 1 % des taux	Effet mineur pour la plupart des options sur actions. Significatif pour les LEAPS dans des environnements de taux en rapide évolution.

Ce tableau est votre pont entre le Chapitre 4 et le Chapitre 5. Chaque concept du Chapitre 5 découle directement du cadre Black-Scholes introduit ici. Lorsque le Chapitre 5 vous dit que le Theta s'accélère pr

Valeur Intrinsèque vs. Extrinsèque : Décomposition Concrète

Le prix de toute option est la somme de deux composantes. Comprendre laquelle vous payez — ou collectez — est le fondement de chaque décision de trade dans ce livre.

AAPL at $190	Strike	Option Price	Intrinsic	Extrinsic	Moneyness
Call	$170	$23.50	$20.00	$3.50	Deep ITM
Call	$180	$15.20	$10.00	$5.20	ITM
Call	$190	$8.00	$0.00	$8.00	ATM
Call	$200	$3.40	$0.00	$3.40	OTM
Call	$210	$1.10	$0.00	$1.10	Deep OTM
Put	$200	$12.80	$10.00	$2.80	ITM
Put	$190	$7.50	$0.00	$7.50	ATM
Put	$180	$3.00	$0.00	$3.00	OTM

Observation clé : les options ATM (prix d'exercice 190 $ pour le call comme pour le put) ont une valeur intrinsèque NULLE — elles sont entièrement extrinsèques. Elles sont les plus chères en termes de valeur temps, et les plus rapides à se déprécier.

COMMENT LIRE CE CHAPITRE

Le Chapitre 5 comporte 21 sections organisées en trois niveaux progressifs

CADRE DES SIX CONDITIONS ▸ **LES PRIORITÉS DES GRECS VARIENT SELON LA CONDITION — c'est l'idée centrale**

Conditions 1 & 3 (achat de prime) : Delta et Gamma sont prioritaires — vous avez besoin du mouvement. Conditions 2 &

Toute position d'options que vous détenez est en mouvement. Même lorsque l'action sous-jacente est parfaitement immobile, votre option change — car le temps avance toujours. Les Grecs sont les outils qui vous permettent de mesurer ce mouvement en temps réel.

Il y a cinq Grecs principaux : Delta, Gamma, Theta, Vega et Rho. Chacun mesure une dimension différente du risque et de l'opportunité. Ensemble, ils forment le tableau de bord complet des risques de toute position d'options.

Delta (Δ) — Sensibilité Directionnelle

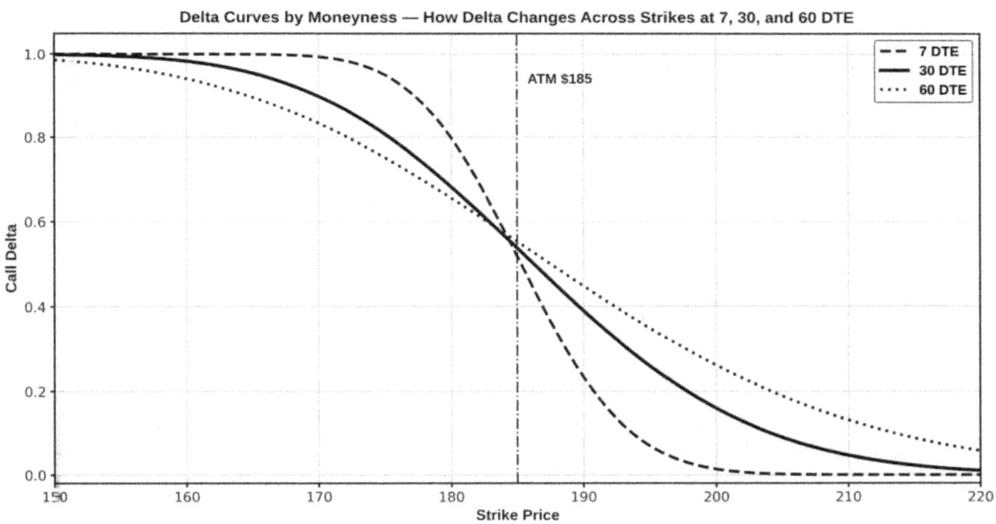

Figure 5.1 — Courbes Delta par Moneyness — Comment le delta varie selon les prix d'exercice pour les calls et les pu

Le Delta mesure la variation du prix de l'option pour chaque mouvement de 1 $ sur l'action sous-jacente. C'est le Grec le plus important dans la gestion quotidienne des trades — votre indicateur principal d'exposition directionnelle.

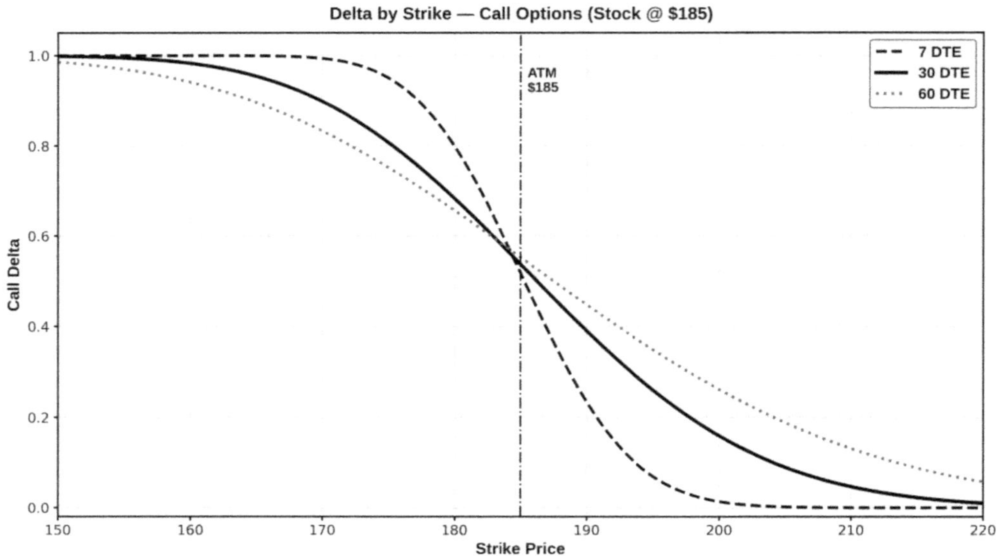

Figure 7.1 — Delta par Prix d'Exercice. Comment le delta varie selon les prix d'exercice à différents JAE.

Position	Delta Range	Direction	Ce que Cela Signifie
Long Call	0 to +1.0	Positive	Gagne 0,50 $ par hausse de 1 $ sur l'action (delta 0,50). L'option suit l'action.
Call Court	0 to -1.0	Negative	Perd de la valeur quand l'action monte — le vendeur veut que l'action reste stable ou baisse.
Long Put	-1.0 to 0	Negative	Gagne de la valeur quand l'action baisse. Delta -0,50 = gain de 0,50 $ par baisse de 1 $.
Short Put	0 to +1.0	Positive	Gagne si l'action reste stable ou monte. Assigné si l'action tombe sous le prix d'exercice.
Long Stock	+1.0	Positive	Toujours delta 1 — se déplace dollar pour dollar avec l'action.

Figure 7.2 — Comment le Delta Varie avec le Prix. L'effet gamma à 30 JAE vs. 7 JAE.

Position	Delta Range	Direction	Ce que Cela Signifie
Long Call	0 to +1.0	Positive	Gagne 0,50 $ par hausse de 1 $ sur l'action (pour delta 0,50). L'option suit l'action.
Short Call	0 to −1.0	Negative	Perd de la valeur quand l'action monte — le vendeur veut que l'action reste stable ou baisse.
Long Put	−1.0 to 0	Negative	Gagne de la valeur quand l'action baisse. Delta −0,50 = gain de 0,50 $ par baisse de 1 $.

Position	Delta Range	Direction	Ce que Cela Signifie
Short Put	0 to +1.0	Positive	Gagne si l'action reste stable ou monte. Assigné si l'action tombe sous le prix d'exercice.
Long Stock	+1.0	Positive	Toujours delta 1 — se déplace dollar pour dollar avec l'action.

- Les options ATM ont un delta proche de 0,50 — l'option se déplace d'environ 0,50 $ pour chaque 1 $ sur l'action ;
- Les options deep ITM approchent un delta de 1,0 — elles se comportent presque exactement comme la détention de l'action ;
- Les options deep OTM approchent un delta de 0 — elles réagissent à peine au mouvement de l'action jusqu'à ce qu'elles se rapprochent de la monnaie ;
- Le Delta approxime aussi la probabilité que l'option expire dans la monnaie — une option avec un delta de 0,30 a environ 30 % de chances d'expirer ITM.

LE DELTA COMME PROBABILITÉ

Un put short avec un delta de 0,16 a environ 84 % de probabilité d'expirer sans valeur — ce qui signifie que vous conservez la prime intégrale. C'est pourquoi les vendeurs de revenus ciblent la plage de delta 0,15 à 0,25 : probabilité élevée de collecte totale avec un risque défini et gérable.

Gamma (Γ) — La Vitesse de Variation du Delta

Le Gamma mesure la rapidité avec laquelle le delta change quand l'action bouge. C'est le Grec de l'accélération — et c'est la source principale de risque qui prend les vendeurs non préparés par surprise à l'approche de l'expiration.

- Gamma élevé = le Delta change rapidement à chaque mouvement de 1 $ sur l'action ;
- Les options ATM proches de l'expiration ont le Gamma le plus élevé — un petit mouvement de l'action peut modifier considérablement le delta et la valeur de l'option ;
- Pour les acheteurs d'options : le Gamma est votre allié — un grand mouvement dans votre direction peut accélérer rapidement vos gains ; and
- Pour les vendeurs d'options : le Gamma est l'ennemi près de l'expiration — il crée un risque de retournement brutal qui peut transformer une position gagnante en perte du jour au lendemain ;

C'est pourquoi les vendeurs expérimentés gèrent et clôturent leurs positions avant l'expiration plutôt que de conserver jusqu'au dernier jour pour extraire un maximum de prime.

Le Gamma du Gamma — La Sixième Mesure du Risque

CONCEPT AVANCÉ

Cette section couvre la sixième mesure du risque, la plus complexe. Elle est incluse pour les exhaustivité et pour les traders qui veulent comprendre pourquoi la règle T-21 existe à un niveau mathématique plus profond.

Vous savez maintenant que lorsque l'action bouge, le delta change — du montant du gamma. Mais il y a un niveau plus profond : lorsque l'action bouge, le gamma change aussi. Ce taux de variation du gamma est appelé « gamma du gamma » — parfois « speed » ou « color » dans la littérature académique.

La définition formelle : le gamma du gamma est le montant dont le gamma variera lorsque l'action bougera de 1 $. Il vous indique si votre risque gamma croît ou diminue à mesure que le trade évolue.

État de l'Option	Gamma du Gamma	Ce que Cela Signifie
Deep OTM	Proche de zéro	Delta à peine mobile — gamma du gamma non pertinent. Risque de position faible.
OTM s'approchant de l'ATM	Positif et croissant	Le gamma croît à mesure que le prix d'exercice approche — le delta accélèrera plus vite à chaque mouvement. Surveiller attentivement.
ATM	Devient négatif	Le gamma a atteint son sommet et commence à diminuer. C'est la zone la plus dangereuse pour les vendeurs short — le gamma est encore élevé mais commence à décroître, pourtant le delta est à sa vitesse maximale.
Légèrement ITM	Le plus négatif	Le gamma diminue rapidement. Le delta approche 1,0 — l'option se comporte davantage comme une action. Risque de position short : assignation complète.
Deep ITM	Tend vers zéro (négatif)	Gamma proche de zéro. Delta bloqué près de 1,0. Gamma du gamma se stabilise — mais les dégâts pour une position short à ce stade sont sévères.

Pour les vendeurs de prime opérant dans le système des Six Conditions, le gamma du gamma est plus pertinent dans deux scénarios :

- Condition 3 (Neutre VI Élevée — Iron Condor) : lorsque le sous-jacent dérive vers l'un de vos prix d'exercice short, le gamma du gamma vous indique si la menace s'accélère ou se stabilise ;
- Condition 2 (Haussier VI Élevée — Put Sécurisé en Espèces) : comprendre que le gamma du gamma culmine

La Règle T-21 reflète le gamma du gamma en pratique. Dans les 21 derniers jours, les options short ont à la fois un gamma élevé ET un gamma du gamma croissant — un risque composé qui rend chaque jour de plus en plus dangereux pour les positions non gérées.

GAMMA DU GAMMA — RÈGLE DU VENDEUR

Lorsque votre prix d'exercice short est testé, ne vérifiez pas seulement le gamma. Vérifiez si le gamma croît (gamma du gamma positif) ou diminue (gamma du gamma négatif). Un gamma croissant signifie que le risque s'accélère encore. Un gamma décroissant signifie que le pire de l'accélération du delta est peut-être derrière vous.

Theta (Θ) — Décroissance Temporelle

Le Theta mesure la diminution quotidienne de la valeur de l'option due au passage du temps, toutes choses égales par ailleurs. C'est exactement la « fonte » de l'extrinsèque. Pour les vendeurs de revenus, le Theta est le moteur de la rentabilité.

→ See Figure 6.1 — Time Value Decay Curve (Chapter 4 — L'Évaluation des Options)

- Les options long ont un Theta négatif — le temps joue contre les acheteurs, érodant quotidiennement la valeur de leur prime ;
- Les options short ont un Theta positif — le temps joue pour les vendeurs, la prime collectée se déprécie en profit ;
- Le Theta s'accélère à l'approche de l'expiration — la dépréciation est la plus rapide dans les 30 derniers jours (la partie la plus raide de la courbe de décroissance) ; and
- La zone d'entrée de 30 à 45 JAE maximise la collecte de Theta tout en conservant suffisamment de temps pour gérer la position si elle évolue contre vous.

Plage de JAE	Décroissance Theta Rate	Implication Stratégique
90+ DTE	Lente — faible décroissance quotidienne	Idéal pour les acheteurs de LEAPS. Vendeurs : trop peu de Theta à collecter efficacement.
45–60 DTE	Modérée — accélération	Zone optimale pour ouvrir des positions short premium. Bon équilibre Theta vs. risque Gamma.
21–30 DTE	Rapide — accélération significative	Les vendeurs clôturent ici pour verrouiller les gains. Les acheteurs cherchent à rouler ou sortir.
0–7 DTE	Extrême — le risque Gamma est dominant	Zone de danger pour les vendeurs. Exposition Gamma maximale. Clôturer ou rouler — ne pas conserver.

L'accélération n'est pas abstraite — elle est mesurable. Voici de vraies valeurs Theta d'AAPL à trois moments différents de la vie du contrat :

Jours Avant l'Expiration	Theta (centimes/jour)	Ce que Cela Signifie
55 DTE	7.081¢ / day	L'option perd 7,08 $/jour — fonte lente. Le vendeur en bénéficie progressivement.
20 DTE	9.675¢ / day	La même option perd maintenant 9,68 $/jour — 37 % plus vite qu'à 55 JAE.
5 DTE	11.462¢ / day	Combustion finale — 11,46 $/jour. Presque le double du rythme par rapport à 55 JAE.

LE BONHOMME DE NEIGE EN FLORIDE

Le Theta fond comme un bonhomme de neige en Floride. Au début, il fond lentement. Puis la décroissance temporelle s'accélère considérablement. Cette image capture la nature non linéaire de la décroissance des options mieux que toute formule.

Décroissance de la Prime d'Option — Tableau de Suivi Empirique

Le tableau ci-dessous montre le comportement réel et observable de la prime sur la durée de vie d'un contrat unique. Ce n'est pas un modèle théorique — ce sont des données réelles du marché montrant comment la prime se déprécie de l'ouverture à l'expiration.

Day	JAE Restants	Option Prime	Décroissance Quotidienne ($)	Décroissance Totale	% de Prime Perdue
Jour 1 (Ouverture)	45 DTE	$4.50	—	$0.00	0%
Jour 5	40 DTE	$4.22	$0.056	$0.28	6.2%
Jour 10	35 DTE	$3.91	$0.062	$0.59	13.1%
Jour 15	30 DTE	$3.55	$0.072	$0.95	21.1%
Jour 20	25 DTE	$3.11	$0.088	$1.39	30.9%
Jour 25	20 DTE	$2.58	$0.106	$1.92	42.7%
Jour 30	15 DTE	$1.94	$0.128	$2.56	56.9%
Jour 35	10 DTE	$1.19	$0.150	$3.31	73.6%
Jour 40	5 DTE	$0.52	$0.134	$3.98	88.4%
Jour 45 (Exp.)	**0 DTE**	**$0.00**	**$0.104**	**$4.50**	**100%**

Notez l'accélération : les 15 premiers jours consomment seulement 21 % de la prime. Les 15 derniers jours en consomment 79 %. Le même temps calendaire détruit 3,75 fois plus de prime à la fin qu'au début. C'est le cœur de l'avantage du vendeur de revenus.

> **LA FENÊtre DE RÉCOLTE DU VENDEUR**
>
> Ouvrir à 45 JAE et fermer à 21 JAE donne au vendeur le meilleur des deux mondes : l'accélération du Theta du tiers central, plus la marge de sécurité pour sortir avant que le Gamma ne devienne dangereux.

Le Theta sur l'Intégralité du Cycle de Vie de l'Option — de 150 JAE à l'Expiration

Étudiez attentivement ce cycle de vie — le tableau ci-dessous suit une option call ATM unique de 150 jours jusqu'à l'expiration. Il changera votre perception du temps dans tous vos futurs trades.

Jours Avant l'Expiration	Theta (perte quotidienne)	Option Prime	Observation
150 DTE	−0.016	$4.85	Fonte lente — le vendeur gagne 1,60 $/jour pour 100 actions
120 DTE	−0.019	$4.34	Légère accélération — encore dans l'horizon temporel de l'acheteur
90 DTE	−0.021	$3.72	Décroissance stable — la zone LEAPS se termine ici
60 DTE	−0.026	$3.03	Accélération qui s'installe — les vendeurs de revenus commencent à surveiller
30 DTE ★	**−0.040**	**$2.14**	**⚠ L'ACCÉLÉRATION COMMENCE — zone d'entrée optimale du vendeur**
20 DTE ⚠	**−0.043**	**$1.71**	**★ ZONE DE CLÔTURE T-21 — 55 % de la prime déjà capturée**
10 DTE	−0.060	$1.21	Gamma en hausse — les vendeurs restants font face au risque de retournement

Jours Avant l'Expiration	Theta (perte quotidienne)	Option Prime	Observation
5 DTE	−0.085	$0.86	Décroissance extrême — 5× plus rapide qu'à 150 JAE
1 DTE	−0.191	$0.19	Destruction du dernier jour — theta à vitesse maximale

Sous-jacent : ABC @ 45 $ | Call ATM au Strike 45 | Volatilité Implicite de 35 % | Tous les autres facteurs restant constants

L'observation cruciale : de 150 JAE à 60 JAE, le theta passe seulement de −0,016 à −0,026 — un changement modeste. De 60 JAE à l'expiration, le theta explose de −0,026 à −0,191 — une accélération de 7×. Le dernier quart de la vie de l'option détruit plus de prime que les trois premiers quarts réunis.

★ **Pour les vendeurs d'options :** La ligne T-30 marque le début de l'accélération. La ligne T-21 est votre seuil d'action — le point à partir duquel le ratio risque/récompense de la conservation bascule décidemment contre vous. Ce n'est pas une directive — c'est une règle mécanique.

★ **Pour les acheteurs d'options :** Le temps est votre ennemi après T-30. Chaque jour que vous conservez sans mouvement significatif, le theta érode votre prime. Si votre thèse ne s'est pas concrétisée avant T-21, les mathématiques ne soutiennent plus la conservation — le coût quotidien de dépréciation dépasse la plupart des gains attendus raisonnables.

Vega (V) — Sensibilité à la Volatilité Implicite

VEGA OU TAU ?

Il n'y a pas de lettre dans l'alphabet grec appelée « vega ». Certains stratèges préfèrent utiliser la lettre grecque tau (τ) pour mesurer la sensibilité à la volatilité. En pratique, vega est la norme universelle utilisée par toutes les principales plateformes et maisons de courtage — et dans ce livre.

Le Vega mesure la variation du prix de l'option pour chaque variation de 1 % de la volatilité implicite. Contrairement aux autres Grecs, le Vega ne porte pas sur le mouvement du cours de l'action — il porte sur l'anticipation du marché quant aux mouvements futurs.

- Les options long ont un Vega positif — une hausse de la VI augmente la valeur de votre option (favorable aux acheteurs) ;
- Les options short ont un Vega négatif — une hausse de la VI augmente la valeur de l'option que vous avez vendue, jouant contre vous ;
- Le Vega est le plus élevé pour les options ATM et pour les options avec plus de temps avant l'expiration — les positions à plus long terme ont la plus grande sensibilité à la VI ;
- Les annonces de résultats, les décisions de la Fed et les chocs macro font tous grimper la VI — puis s'effondrer rapidement (« écrasement de VI ») une fois l'événement résolu.

IV crush : profiter de l'effondrement

AVERTISSEMENT : ÉCRASEMENT DE VI

Ne jamais acheter d'options juste avant une annonce de résultats sans comprendre le rang de VI. Si la VI est déjà élevée (IVR supérieur à 50), vous achetez une valeur extrinsèque chère qui s'effondrera après l'événement, quelle que soit la direction de l'action.

Rho (ρ) — Sensibilité au Taux d'Intérêt

Métrique	Ce Qu'Il Mesure	Pour les Vendeurs	Pour les Acheteurs	Action du Trader
Rho ρ (Interest Rate)	Variation du prix de l'option par variation de 1 % des taux.	NEUTRE pour 30 à 60 JAE. Impact négligeable sur les trades de revenus.	CALLS : positif (taux en hausse = valeur en hausse). PUTS : négatif (taux en hausse = valeur en baisse).	Trades standards : ignorer Rho. LEAPS (1 à 3 ans) : surveiller si les taux évoluent de plus de 1 % pendant la période de détention.

Figure 5.6 — Rho (ρ) : Sensibilité au Taux d'Intérêt — Perspective vendeur vs. acheteur. Trades standards sur actions

Greek	Measures	Utilisation par le Vendeur	Utilisation par l'Acheteur	Priorité
Delta	Sensibilité au prix par mouvement de 1 $.	Sélection du prix d'exercice — garder le delta short entre 0,15 et 0,25.	Timing d'entrée — acheter un delta élevé (0,5+).	N°1 — à vérifier à chaque trade.
Gamma	Taux de variation du delta.	Alarme de risque — gamma élevé signifie perte rapide à l'expiration.	Outil d'accélération — gamma élevé = profit rapide.	N°2 — surveiller près de T-21.
Theta	Décroissance temporelle quotidienne en $.	Revenu quotidien — collecter X $/jour en attendant.	Ennemi — le theta érode la prime payée.	N°1 pour les trades de revenus.
Vega	Sensibilité à la VI par variation de 1 %.	Vendre VI élevée — le vega joue en votre faveur.	Acheter VI basse — le vega donne du levier.	N°2 — avant les résultats.
Rho	Variation de taux par 1 % de taux.	Non pertinent pour les trades de 30 à 60 JAE.	Légèrement positif pour les calls.	N°5 — LEAPS uniquement.

Figure 5.2 — Tableau de Bord des Grecs — Les cinq mesures de risque affichées simultanément pour une seule option

Le Rho mesure la variation du prix de l'option pour chaque variation de 1 % des taux d'intérêt. Parmi les cinq Grecs, le Rho a l'effet le plus faible sur la plupart des trades d'options à court et moyen terme — mais devient significatif lorsque les taux évoluent considérablement ou lors du trading d'options à long terme.

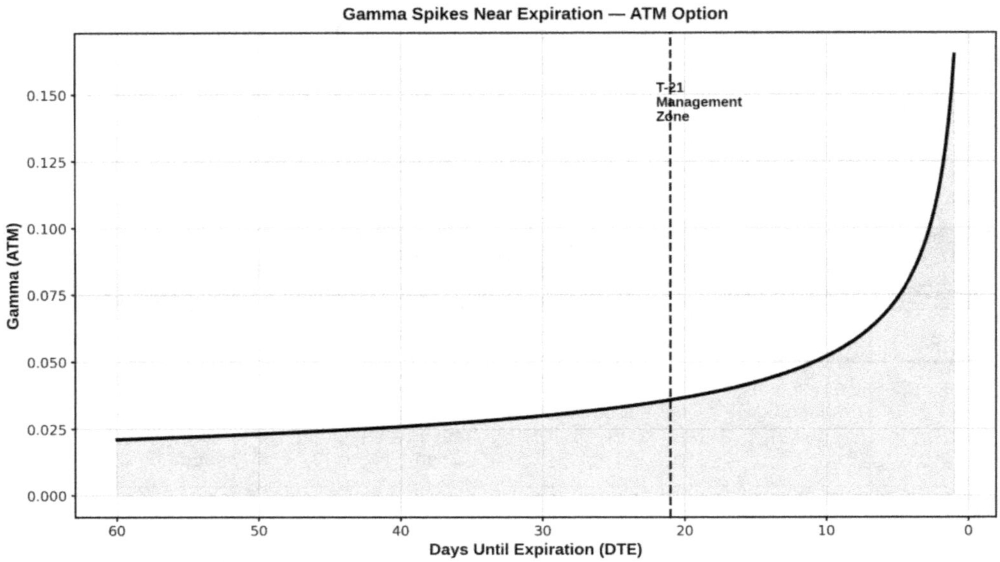

Figure 7.3 — Pics de Gamma à l'Approche de l'Expiration. Le gamma ATM s'accélère fortement dans les 21 JAE.

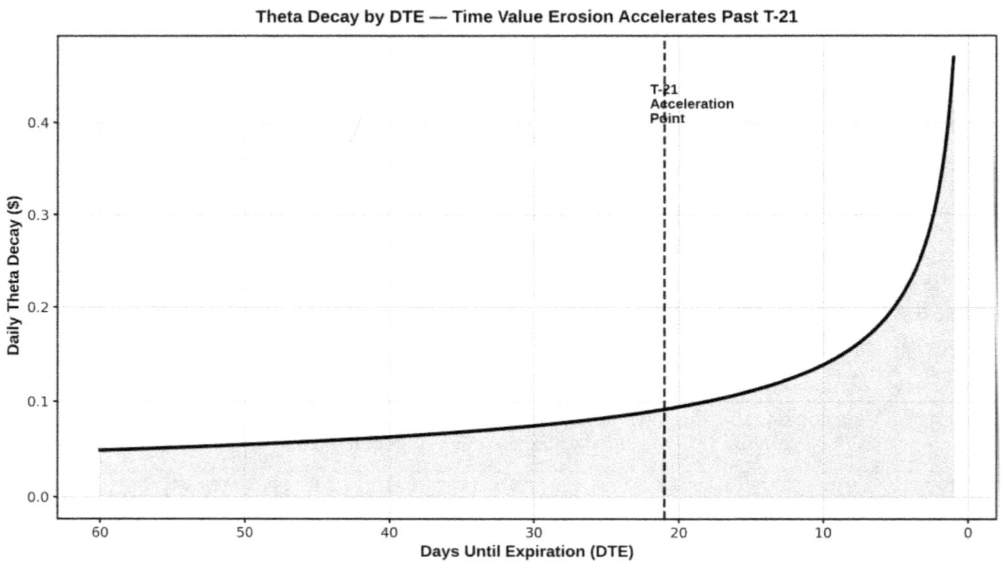

Figure 7.4 — Décroissance Theta par JAE. L'érosion de la valeur temps s'accélère après le repère T-21.

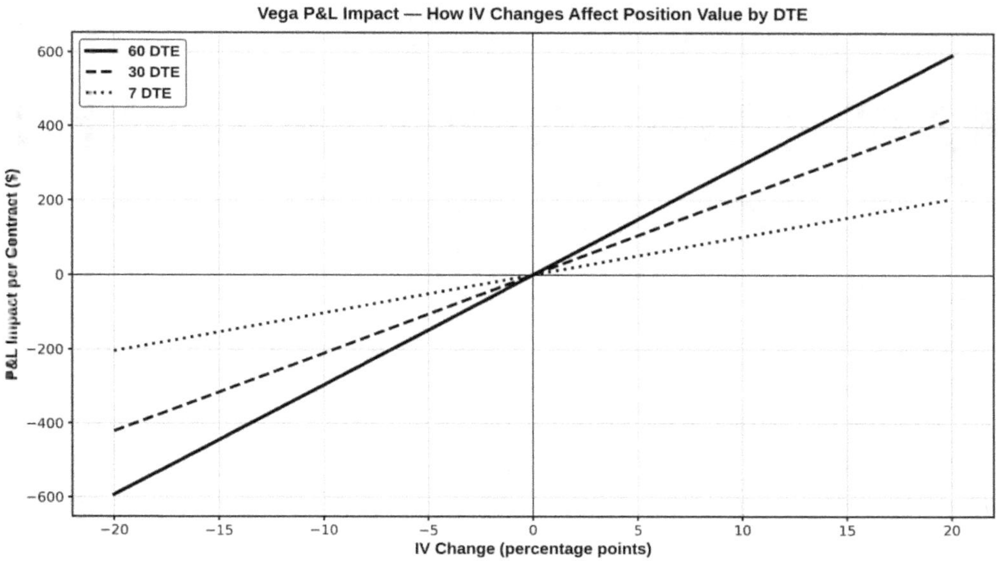

Figure 7.5 — Impact Vega sur le P&L. Comment les variations de VI affectent la valeur de la position par JAE.

Greek Impact Summary — Options Seller vs. Buyer

Delta Δ	Price sensitivity	Low delta (near 0.20)	High delta (near 0.80)	Directional exposure
Gamma Γ	Delta rate of change	Low gamma (far from expiry)	High gamma (near expiry)	Risk acceleration
Theta Θ	Daily time decay	HIGH theta (collect decay)	Low theta (buy time cheap)	Income engine
Vega V	IV sensitivity	LOW vega (sell when IV high)	High vega (buy before IV rise)	Volatility edge
Rho ρ	Interest rate effect	Neutral	Slight positive (calls)	Rate environment

Figure 7.6 — Résumé de l'Impact des Grecs. Perspective vendeur vs. acheteur pour les cinq Grecs.

- Les calls ont un Rho positif — la hausse des taux augmente légèrement la valeur des calls (coût plus élevé de portage du sous-jacent) ;
- Les puts ont un Rho négatif — la hausse des taux diminue légèrement la valeur des puts ;
- Pour les positions standards de 30 à 60 JAE : le Rho est largement non pertinent pour la gestion quotidienne des trades ; et
- Pour les LEAPS (expirations de 1 à 3 ans) : le Rho devient un facteur significatif si les taux évoluent considérablement pendant la période de détention.

Les Grecs dans la Gestion des Trades en Temps Réel

Connaître les Grecs individuellement est un point de départ. Les utiliser ensemble en temps réel est la compétence. Voici comment chaque Grec fonctionne comme signal de gestion dans le trading réel :

Greek	Surveiller Quand...	Signal d'Alerte	Action de Gestion
Delta	L'action bouge significativement	Le delta se rapproche de 1,0 sur les options short (risque d'assignation)	Ajuster le prix d'exercice, rouler la position ou clôturer pour réduire l'exposition directionnelle
Gamma	Dans les 21 JAE pour toute position short	Le gamma fait un pic à l'approche de l'expiration	Clôturer ou rouler avant que le Gamma ne devienne ingrable — ne pas conserver jusqu'à l'expiration pour les derniers dollars
Theta	Quotidiennement — en particulier sur les positions long	Le theta érode plus vite que l'action ne bouge en votre faveur	Sortir des options long qui ne bougent pas — le temps joue activement contre vous
Vega	Avant tout événement catalyseur (résultats, Fed)	Pic de VI avant l'événement ; écrasement de VI après	Éviter d'acheter de la prime en VI élevée. Vendre de la prime avant les événements ; clôturer avant l'écrasement de VI

LA HIÉRARCHIE DES GRECS

Pour la plupart des trades : le Delta vous dit si vous avez raison sur la direction. Le Theta vous dit si le temps est de votre côté. Le Vega vous dit si la VI aide ou nuit. Le Gamma vous dit si votre risque s'accélère. Le Rho est rarement pertinent. Maîtrisez ces quatre dans l'ordre.

AVANCÉ : LE CADRE DELTA-NEUTRE

Limiter le risque directionnel et construire des positions qui gagnent grâce à la volatilité — pas grâce à la prédiction

Limiter le Risque Directionnel

Chaque trade que vous placez porte un delta — une exposition directionnelle. Lorsque vous achetez un call avec un delta de 0,50, vous êtes essentiellement long de la moitié d'une action pour chaque contrat que vous détenez. Si l'action monte, votre option prend de la valeur. Si elle baisse, votre option en perd. Votre profit dépend d'avoir raison sur la direction.

Le cadre delta-neutre résout entièrement le problème de direction. Plutôt que de parier sur le sens du mouvement de l'action, vous construisez une position où les gains dans une direction sont compensés par les pertes dans l'autre — ne laissant que la décroissance temporelle et la volatilité comme moteurs de profit.

Ce n'est pas une approche passive. Le delta-neutre est une architecture de gestion des risques active — qui nécessite une surveillance continue et un rééquilibrage périodique au fur et à mesure que le sous-jacent bouge.

Trading Directionnel — Le Delta Travaille POUR Vous	Delta-Neutre — Direction Éliminée
Vous achetez un call. Delta = +0,50. L'action monte de 2 $ → l'option gagne ~1,00 $ ✓. L'action baisse de 2 $ → l'option perd ~1,00 $ ✗. Vous devez avoir raison sur la direction.	Long call (+0,50) + short 50 actions (−0,50) = delta net 0. L'action monte de 2 $ → position stable ≈ 0 $. L'action baisse de 2 $ → position stable ≈ 0 $. **Vous gagnez grâce à la volatilité et au temps — pas grâce à la direction.**

Vue Neutre vs. Position Neutre : Une Distinction Cruciale

Cette distinction est l'un des moments de clarté conceptuelle les plus importants de tout le trading d'options. C'est aussi l'une des plus fréquemment confondues.

	VUE NEUTRE	POSITION NEUTRE (Delta-Neutre)
Ce que cela signifie	Vous n'avez pas d'opinion forte sur la direction que prendra l'action à court terme. Votre prévision est neutre ou incertaine.	Votre position a été mathématiquement construite de sorte que le delta net du portefeuille soit égal à zéro. Dollar pour dollar, les mouvements à la hausse et à la baisse se compensent.
Comment cela se ressent	Une impression ou une prévision. Lecture intuitive du marché.	État mathématique. Atteint en combinant options et/ou actions de sorte que le delta net = 0.
Peut-on avoir l'un sans l'autre ?	Oui — vous pouvez avoir une vue neutre mais posséder quand même un call (delta net +50). Vous vous « sentez » neutre mais êtes exposé directionnellement.	Oui — vous pouvez avoir une position neutre mais anticiper un grand mouvement dans une direction. Un acheteur de straddle delta-neutre s'attend à un grand mouvement — mais est structuré pour profiter des deux directions.
Lien avec les six conditions	Les conditions 5 et 6 (marché en range) reflètent une VUE neutre — le trader n'anticipe pas un grand mouvement directionnel. La condition est une lecture du marché.	Les stratégies des conditions 5 et 6 (iron condor, butterfly, calendar) visent à construire des POSITIONS delta-NEUTRES — une structure mathématique, pas seulement une impression.
Exigence de gestion	Aucune — c'est juste une opinion de marché.	Active — le delta dérive à mesure que l'action bouge et que le temps passe. Doit être surveillé et rééquilibré tout au long de la vie du trade.

THE PREMIUM DESK DÉFINITION

Une vue neutre est ce que vous apportez au trade. Une position neutre est ce que vous construisez avec le trade. Le système des Six Conditions associe les conditions 5 et 6 aux stratégies qui atteignent les deux simultanément.

Capitaliser sur un Grand Mouvement : Le Straddle

Le straddle est l'expression la plus pure du cadre delta-neutre pour les conditions 5 et 6. Vous achetez simultanément un call ATM et un put ATM avec le même prix d'exercice et la même expiration. Les deux positions annulent presque mutuellement leur delta — vous exposant uniquement à l'amplitude du mouvement, pas à sa direction.

Ce qu'exprime le straddle n'est pas une vue directionnelle — c'est une vue sur la volatilité. Vous croyez que le marché bougera significativement — plus que la prime totale payée — mais vous n'avez pas de conviction forte sur la direction.

EXEMPLE DE STRADDLE — Trade sur les résultats AAPL

AAPL à 195 $. Résultats dans 5 jours. VI élevée (IVR = 72). Vous ne savez pas si les résultats seront meilleurs ou moins bons que prévu. Vous savez juste que l'action va bouger.

Buy AAPL $195 Call (DTE = 7) | Cost: $4.20 | Delta: +0.51.

Buy AAPL $195 Put (DTE = 7) | Cost: $3.90 | Delta: −0.49

Débit total : 8,10 $ (810 $ par contrat) | Delta net à l'entrée : +0,51 − 0,49 = +0,02 ≈ 0

Seuil de Rentabilité Haussier

Résultats AAPL : l'action saute à 210 $ (+7,7 %) → Call vaut ~15,00 $. Put vaut ~0,30 $. Total : 15,30 $. Profit : +720 $ (+89 %). Direction : hausse. Mouvement : suffisant.

Résultats AAPL : l'action tombe à 180 $ (−7,7 %) → Put vaut ~14,50 $. Call vaut ~0,25 $. Total : 14,75 $. Profit : +665 $ (+82 %). Direction : baisse. Mouvement : suffisant.

AAPL bouge seulement de 3 $ → les deux options se déprécient. Perte totale : ~4,00 $ (−49 %). La direction était correcte. L'AMPLITUDE DU MOUVEMENT était incorrecte.

L'ENNEMI DU STRADDLE N'EST PAS LA DIRECTION — C'EST L'IMMOBILITÉ

Un straddle ne perd pas parce que l'action a pris la mauvaise direction. Il perd parce que l'action n'a pas suffisamment bougé. Les points de seuil de rentabilité du straddle sont vos vrais paramètres de risque, pas la direction.

Réduire le Coût : Le Strangle

Le strangle résout le problème de coût du straddle en déplaçant les deux prix d'exercice hors de la monnaie. Au lieu d'acheter le call 195 $ et le put 195 $ (ATM), vous achetez le call 200 $ et le put 190 $ (OTM). Vous payez moins — mais avez besoin d'un mouvement plus grand pour être profitable.

Metric	ATM Straddle	OTM Strangle	Difference
Strikes	Buy $195 Call + $195 Put	Buy $200 Call + $190 Put	Spread de 10 points

Metric	ATM Straddle	OTM Strangle	Difference
Prime totale payée	$8.10 ($810 / contract)	$4.80 ($480 / contract)	41 % moins cher
Seuil de Rentabilité Haussier	$203.10	$204.80	Le mouvement doit être plus grand
Seuil de Rentabilité Baissier	$186.90	$185.20	Le mouvement doit être plus grand
Delta net à l'entrée	≈ 0 (ATM des deux côtés)	≈ 0 (OTM des deux côtés, symétrique)	Les deux commencent proches de la neutralité
Scénario de perte maximale	L'action est à 195 $ à l'expiration	L'action est entre 190 $ et 200 $ à l'expiration	Le strangle a une « zone morte » plus large
Idéal pour	Mouvement de forte conviction attendu mais direction inconnue	VI élevée + mouvement attendu mais prêt à attendre — base de coût plus faible	—

Le choix entre straddle et strangle se réduit à deux facteurs : la tolérance aux coûts et la conviction sur l'amplitude du mouvement. Si vous croyez que le mouvement sera spectaculaire (10 %+), payez pour le straddle ATM. Si vous croyez que le mouvement sera significatif mais modéré (5 à 8 %), le coût inférieur du strangle le rend plus efficace.

Calcul du Delta du Portefeuille pour les Positions Combinées

Lorsque vous détenez plusieurs positions d'options — ou un mélange d'options et d'actions — votre exposition directionnelle totale est la somme de tous les deltas individuels. C'est le delta du portefeuille, et c'est le chiffre le plus important de votre gestion quotidienne des risques.

Position	Quantité	Delta par Unité	Contribution au Delta Net
Long AAPL $195 Call	2 contrats	δ = +0.51	2 × 100 × +0.51 = +102
Long AAPL $195 Put	2 contracts	δ = −0.49	2 × 100 × −0.49 = −98
Long AAPL shares	None	—	0
NET PORTFOLIO DELTA			**= +102 − 98 = +4 (nearly neutral)**

La formule est toujours la même : Delta Net du Portefeuille = Σ (Contrats × 100 actions × Delta par option). Chaque position d'options dans votre compte contribue à ce chiffre. Les actions contribuent un delta de 1,0 chacune.

Position	Quantity	Delta per Unit	Contribution au Delta Net
Long MSFT $420 Call	3 contrats	δ = +0.45	3 × 100 × +0.45 = +135
Short MSFT $430 Call	3 contracts	δ = −0.28	3 × 100 × −0.28 = −84
Short MSFT shares	50 actions	δ = −1.00	50 × −1.00 = −50
NET PORTFOLIO DELTA			**= +135 − 84 − 50 = +1 (effectively neutral)**

LA RÈGLE DE COMPTABILITÉ DU DELTA

Chaque position dans votre portefeuille a un delta. Les actions ont un delta. Les calls ont un delta. Les puts ont un delta. Quand vous gérez le risque, vous gérez le delta. Si votre delta net est trop long, vous êtes trop exposé à une baisse du marché. Trop short, trop exposé à un rebond. La comptabilité du delta est le fondement du dimensionnement des positions.

Surveiller les Deux Grecs Clés dans une Position Delta-Neutre : Delta et Gamma

Dans une position delta-neutre, les deux Grecs qui dominent votre gestion quotidienne sont le Delta et le Gamma. Comprendre comment ils interagissent est la clé pour maintenir la neutralité à mesure que le sous-jacent bouge.

Vous avez déjà rencontré le Delta — il mesure votre taux de variation par rapport au prix du sous-jacent. Le Gamma est le facteur complexifiant : il signifie que votre delta ne reste pas constant. À mesure que l'action bouge, votre delta change.

Greek	Ce Qu'Il Mesure dans une Position Delta-Neutre	Quoi Faire Quand Il Bouge
DELTA (δ)	Votre exposition directionnelle nette. Cible = 0. En pratique, maintenir |delta| < 10 par contrat est le seuil standard pour une position « neutre ».	Si le delta dérive significativement positivement : acheter des puts ou shorter des actions pour reneutraliser. Si le delta dérive significativement négativement : acheter des calls ou acheter des actions.
GAMMA (Γ)	La vitesse à laquelle le delta change quand l'action bouge. Gamma élevé = le delta change rapidement. Gamma bas = le delta est stable.	Un gamma élevé près de l'expiration signifie que votre delta peut osciller considérablement sur un seul mouvement de session.
Le risque Gamma en pratique	Un straddle avec 5 JAE a un gamma très élevé. Un seul mouvement de 3 $ sur le sous-jacent peut déplacer le delta net de 0 à ±30 ou plus, transformant une position « neutre » en une position significativement directionnelle.	C'est pourquoi la règle de roulement T-21 existe : clôturer ou rouler les positions short premium avant que le risque gamma ne devienne ingrable.

La relation entre le Delta et le Gamma est la relation entre la position et la vitesse. Le Delta vous dit où vous êtes. Le Gamma vous dit à quelle vitesse vous vous déplacez. Gérer les deux, c'est ainsi que vous gardez le contrôle.

Construire un Straddle Delta-Neutre : Guide Complet de Construction

Le straddle delta-neutre est la structure signature des conditions 5 et 6 lorsque vous croyez qu'un mouvement significatif arrive mais ne pouvez pas prédire sa direction. Voici le processus de construction complet.

STRADDLE DELTA-NEUTRE — Exemple sur SPY

Configuration : SPY à 520 $. Annonce FOMC dans 8 jours. IVR = 68. Vous attendez un mouvement brusque mais ne pouvez pas prédire la direction. La VI est élevée, justifiant un trade long volatilité.

Lecture des Six Conditions : Range + VI Élevée → Condition 6 → Calendar ATM ou Straddle approuvé.

Étape	Action	Détail
1	Choisir l'expiration	Choisir JAE 10 à 14 jours. Capture l'événement du Comité Fédéral de l'Open Market (FOMC) avec suffisamment de temps pour que le mouvement se développe après l'annonce.
2	Buy ATM Call	SPY $520 Call (9 DTE). Prime: $5.20. Delta: +0.51. Gamma: 0.068. Theta: −$0.38/day.
3	Buy ATM Put	SPY $520 Put (9 DTE). Prime: $4.80. Delta: −0.49. Gamma: 0.068. Theta: −$0.35/day.
4	Calculer le delta net	Delta net = +0,51 − 0,49 = +0,02. Quasi neutre. Coût total : 10,00 $ (1 000 $ par straddle).
5	Définir les seuils de rentabilité	Seuil de rentabilité haussier : 520 $ + 10,00 $ = 530,00 $. Seuil de rentabilité baissier : 520 $ − 10,00 $ = 510,00 $. SPY doit bouger de plus de 10 $ dans l'une ou l'autre direction pour être profitable.
6	Définir la vérification quotidienne du delta	Si SPY bouge de plus de 3 $ en une session → recalculer le delta net. Si le delta net dépasse ±25, réévaluer l'ajustement.
7	Définir l'objectif de profit	Cible 50 à 75 % du gain maximum. Si la position double en valeur après l'annonce du FOMC, prendre 75 % de profit.
8	Définir la règle de perte	Si la valeur totale de la position tombe à 4,00 $ (40 % du coût) avec plus de 4 jours restants → clôturer. La thèse échoue : pas assez de mouvement, trop de décroissance theta.

Comprendre les Ajustements de Trade : Quand et Comment

Aucune position delta-neutre ne reste neutre d'elle-même. Au fur et à mesure que le sous-jacent bouge, le delta change — et la position devient progressivement directionnelle. Les ajustements sont la façon dont vous restaurez la neutralité.

Il y a deux philosophies d'ajustement. La première est mécanique : vous définissez un seuil de delta — par exemple, ajuster chaque fois que |delta| dépasse 25 — et exécutez sans jugement. La seconde est discrétionnaire : vous ajustez en fonction d'une combinaison de delta, gamma et de votre lecture de la condition sous-jacente.

Situation	Ce Qui S'est Passé	Action d'Ajustement	Résultat
Straddle dérivé long (delta > +30)	L'action a monté. Delta du call expansé. Delta net maintenant +35. Position se comportant comme un long call.	Vendre des actions (shorter 30 à 35 actions par paire de contrats) pour reneutraliser. Ou acheter un put supplémentaire pour compenser le delta.	Le delta net revient près de 0. La position est à nouveau neutre. Si l'action continue à monter, le profit du call s'accélère.
Straddle dérivé short (delta < −30)	L'action a baissé. Delta du put expansé. Delta net maintenant −38. Position se comportant comme un long put.	Acheter des actions (30 à 38 actions par paire de contrats) pour reneutraliser. Ou acheter un call supplémentaire pour compenser le delta.	Le delta net revient près de 0. Si l'action continue à baisser, le profit du put s'accélère.
Gamma élevé près de l'expiration	5 JAE. Le gamma a doublé. Le delta oscille de ±15 à chaque mouvement de 1 $. La position est difficile à gérer.	Clôturer ou rouler le straddle vers l'avant. Ajouter 14 à 21 JAE pour réduire le gamma. Ne pas conserver les straddles ATM jusqu'à l'expiration.	Risque gamma éliminé. Position à nouveau gérable.
Thèse brisée — action en tendance	L'action progresse régulièrement à la hausse depuis 3 sessions. La condition de range se dissout. La condition pourrait évoluer vers 1 ou 2.	Clôturer entièrement le straddle. Relire le tableau des six conditions. Si la condition a changé, déployer la stratégie appropriée.	Capital préservé. Pas besoin de se battre contre une position dont la thèse ne s'applique plus.

Décider Quand Ajuster un Trade : Le Protocole des Trois Questions

Avant de procéder à tout ajustement d'une position delta-neutre, exécutez le protocole des trois questions. Cela prévient le sur-ajustement — l'une des erreurs les plus courantes et les plus coûteuses dans la gestion delta-neutre.

Q	Posez-Vous la Question	Si OUI — ajuster. Si NON — attendre.
1	Le delta net du portefeuille a-t-il franchi mon seuil ? (ex. $\lvert$delta$\rvert$ > 25 par paire de contrats)	OUI : La position a dérivé au-delà de la neutralité acceptable. L'ajustement est déclenché mécaniquement. Exécuter sans hésitation.
2	La condition d'origine a-t-elle changé ? (L'action en range a commencé à évoluer en tendance, ou la VI basse est devenue élevée)	OUI : La thèse est brisée. Clôturer l'intégralité de la position et relire le tableau des six conditions. Déployer la stratégie appropriée pour la nouvelle condition.
3	Le coût de l'ajustement (commissions + slippage) réduit-il le profit attendu de plus de 10 % ?	OUI : Envisager un ajustement plus important et moins fréquent ou une méthode d'ajustement alternative (ex. couverture par actions plutôt que par options supplémentaires).

> **LE DELTA-NEUTRE DANS LE SYSTÈME DES SIX CONDITIONS**
>
> Les conditions 5 et 6 sont le domaine naturel des stratégies delta-neutres. La condition 5 (range, VI basse) appelle des structures butterfly et iron condor — qui sont intrinsèquement delta-neutres à l'entrée. La condition 6 (range, VI élevée) appelle des structures calendar et straddle ATM — qui nécessitent une gestion continue du delta.

L'Intuition Black-Scholes : Ce Qu'Elle Dit Réellement aux Traders d'Options

Vous n'avez pas besoin de dériver la formule Black-Scholes pour trader professionnellement les options. Mais vous devez comprendre ce qu'elle révèle sur la relation entre les cinq entrées et le prix de l'option.

De ces cinq entrées, quatre sont connues et fixées à tout moment. Une seule est inconnue : la volatilité. C'est l'idée centrale : en options, vous tradez la volatilité autant que vous tradez le sous-jacent.

Input	Effet sur le Prix de l'Option	Pertinence pour les Six Conditions
Prix de l'Action vs Prix d'Exercice	Options ITM plus chères. Options OTM moins chères.	Conditions 1 et 3 : acheter des options OTM quand elles sont bon marché (VI basse), laisser le mouvement de l'action les pousser vers ITM. Conditions 2 et 4 : vendre des options OTM quand la VI est élevée.
Temps avant Expiration	Plus de temps = prix plus élevé. Moins de temps = prix plus bas (décroissance theta).	Les vendeurs (conditions 2, 4, 5, 6) bénéficient à l'approche de l'expiration. Les acheteurs (conditions 1, 3) ont besoin de suffisamment de JAE pour laisser la thèse se réaliser.
Volatilité Implicite	VI plus élevée = prix de l'option plus élevé. VI plus basse = prix de l'option plus bas.	L'axe clé du cadre des six conditions. VI élevée → vendre de la prime (conditions 2, 4, 6). VI basse → acheter de la prime (conditions 1, 3, 5).
Taux Sans Risque (Rho)	Des taux plus élevés = calls légèrement plus élevés, puts légèrement plus bas.	Mineur sur les options à court terme. Pertinent pour les LEAPS. La hausse des taux réduit modérément la valeur des puts long — à prendre en compte dans les stratégies baissières détenues sur plusieurs mois.
Dividends	Les dividendes anticipés réduisent le prix du call et augmentent le prix du put.	Les vendeurs de covered calls (condition 2) : les dates ex-dividende créent un risque d'assignation anticipée. Vérifier les dates ex-dividende avant d'entrer dans des covered calls sur des actions versant des dividendes.

Écrasement de VI : Le Phénomène Qui Détruit les Acheteurs Non Préparés

L'écrasement de VI est l'effondrement rapide de la volatilité implicite immédiatement après un événement binaire — le plus souvent une annonce de résultats, une décision de la Fed ou une publication de données macro majeures. C'est la raison la plus courante pour laquelle les acheteurs d'options perdent de l'argent même lorsqu'ils ont raison sur la direction.

EXEMPLE D'ÉCRASEMENT DE VI — Résultats AAPL

AAPL à 195 $ avant les résultats. VI = 55 % (IVR = 80). Vous achetez le call 200 $ pour 3,50 $. Delta = 0,38. Vega = 0,18.

Résultats : AAPL bat les estimations et monte à 202 $ (+3,6 %). Direction : correcte.

VI tombe de 55 % à 25 % (écrasement de 30 points). Perte Vega : 0,18 × 30 = −5,40 $.

Gain Delta du mouvement de 7 $: 0,38 × 7 = +2,66 $. Résultat net : −2,74 $. Le call tombe de 3,50 $ à ~0,76 $.

Leçon des six conditions : IVR = 80 signifie condition 2, pas condition 1. Vendre de la prime était correct. Acheter de la prime avec une VI élevée était l'erreur.

LA RÈGLE DE L'ÉCRASEMENT DE VI

Ne jamais acheter de prime (conditions 1 ou 3) lorsque l'IVR est supérieur à 50. Vous surpayez la valeur extrinsèque qui s'effondrera après l'événement catalyseur, quelle que soit l'évolution de l'action.

Gérer les Grecs en Temps Réel : Une Semaine dans la Vie de Cinq Positions

Lundi matin. Vous avez cinq positions ouvertes. Les Grecs de votre portefeuille indiquent : delta total -45, theta total +38 $/jour, vega total -280 $. Qu'est-ce que cela signifie ?

Le delta de -45 signifie que votre portefeuille perdra environ 45 $ pour chaque hausse de 1 $ du S&P 500 (si vos positions corrèlent avec l'indice). Vous êtes légèrement baissier.

Le theta de +38 $/jour signifie que vous gagnez 38 $ chaque jour calendaire grâce à la décroissance temporelle sur toutes les positions. C'est votre revenu de base.

Le vega de -280 $ signifie que si la volatilité implicite sur vos positions augmente d'un point de pourcentage, votre portefeuille perd 280 $.

Mercredi. Le marché chute de 2 % sur des données d'inflation inattendues. Votre delta de portefeuille de -45 en a en fait bénéficié — une baisse de 5 $ sur SPY contribue environ +225 $ à vos positions. Mais la VI a fait un pic de +8 points, et votre vega de -280 $ signifie une perte de 280 $ × 8 = 2 240 $ due à l'expansion de la VI.

C'est pourquoi la gestion des Grecs ne concerne pas un seul Grec — c'est l'INTERACTION entre tous. Le delta vous a aidé mercredi. Le vega vous a nui. L'effet net dépend de l'amplitude de chacun.

Vendredi. Le VIX est revenu à 16. Vos pertes vega ont partiellement récupéré. Votre theta a collecté environ 114 $ sur la semaine (3 jours × 38 $). Semaine nette : légèrement positive, malgré la volatilité.

La Décroissance Temporelle en Pratique : Regarder 1 000 $ s'Évaporer

La décroissance temporelle est le meilleur ami du trader de revenus et le pire ennemi de l'acheteur d'options. Mais la plupart des traders ne le ressentent pas avant qu'il ne soit trop tard. Cette section le rend concret.

DTE	Valeur de l'Option	Valeur Perdue	% Restant	Décroissance Quotidienne	Perte Cumulée
30	$10.00	—	100%	$0.15/day	$0
25	$9.25	$0.75	92%	$0.18/day	$75
21	$8.50	$0.75	85%	$0.22/day	$150
14	$6.80	$1.70	68%	$0.30/day	$320
10	$5.50	$1.30	55%	$0.40/day	$450
7	$4.20	$1.30	42%	$0.55/day	$580
5	$3.10	$1.10	31%	$0.70/day	$690
3	$1.90	$1.20	19%	$0.90/day	$810
1	$0.60	$1.30	6%	$1.30/day	$940
0	$0.00	$0.60	0%	—	$1,000

Étudiez attentivement ce tableau. Dans les 9 premiers jours (30 à 21 JAE), l'option a perdu 1,50 $ — environ 0,17 $/jour. Dans les 9 derniers jours (9 à 0 JAE), l'option a perdu 1,90 $ — environ 0,21 $/jour. Mais les 5 derniers jours seuls ont détruit 1,90 $, soit 0,38 $/jour — 2,2× plus vite qu'au rythme initial.

Pour les acheteurs d'options, le message est également clair : si votre thèse ne s'est pas réalisée avant 14 JAE, vous avez perdu 55 % de votre prime et le taux de destruction s'accélère. Décidez de conserver ou de sortir avant que la décroissance ne dépasse votre gain potentiel.

LES MATHÉMATIQUES DE LA DÉCROISSANCE TEMPORELLE

Une option qui coûte 10,00 $ à 30 JAE perd 1,50 $ dans le premier tiers de sa vie, 3,00 $ dans le tiers central, et 5,50 $ dans le tiers final. Les 10 derniers jours détruisent plus de valeur que les 20 premiers jours réunis.

Les Grecs en Action : Comment Chaque Grec Affecte vos Positions Réelles

Comprendre les Grecs individuellement est la première étape. L'étape deux est de comprendre comment ils interagissent sur vos positions réelles. Voici un exemple de position réelle — un put short — tracé à travers plusieurs scénarios de marché.

Position : Vendre 1× put AAPL 180 $ à 35 JAE pour une prime de 4,50 $. AAPL à 190 $ à l'entrée.

Scénario	AAPL	Delta	Theta/Jour	Vega	Valeur de la Position	Votre P&L
Entry (35 DTE)	$190	-0.20	+$8	$-0.12	$4.50	$0
Action stable (21 JAE)	$190	-0.18	+$12	$-0.08	$2.80	+$170

Scénario	AAPL	Delta	Theta/Jour	Vega	Valeur de la Position	Votre P&L
Action en hausse de 5 % (21 JAE)	$200	-0.08	+$6	$-0.04	$1.20	+$330
Action en baisse de 3 % (21 JAE)	$184	-0.35	+$15	$-0.15	$4.00	+$50
Action en baisse de 5 % (21 JAE)	$180.50	-0.48	+$18	$-0.18	$5.50	-$100
IV spikes +10 pts	$190	-0.22	+$7	$-0.14	$5.70	-$120
IV drops -10 pts	$190	-0.17	+$9	$-0.09	$3.30	+$120
T-21 — close at 50%	$188	-0.22	+$11	$-0.10	$2.25	+$225 SORTIR

Observations clés du tableau : (1) Le Theta est votre allié chaque jour — même lorsque l'action évolue modérément contre vous. (2) L'expansion du Delta quand l'action baisse est le risque principal — votre position passe de positive à négative lorsqu'AAPL chute de 5 %. (3) Les pics de VI sont douloureux mais temporaires — ils s'inversent si la condition tient. (4) La sortie T-21 à 50 % de profit est mécaniquement la sortie optimale dans la plupart des scénarios.

Le Mémo des Grecs : Quoi Surveiller et Quand

Greek	Surveiller Quand	Signal de Danger	Plage Sûre	Votre Action
Delta	Quotidien	Delta du portefeuille > 30 % du notionnel du compte	Delta net de 10 à 20 %	Rééquilibrer : ajouter direction opposée ou couverture
Gamma	10 derniers JAE	Gamma > 0,05 sur les options short	Gamma < 0.03	Clôturer ou rouler avant que le gamma s'accélère
Theta	Daily	Theta du portefeuille en dessous de votre cible BPJ	Atteindre ou dépasser le BPJ	Ajouter de nouvelles positions de revenus si en dessous de la cible
Vega	Quand le VIX bouge > 2 points	Vega élevé sur les positions short quand le VIX fait un pic	Vega net short en VI élevée ; vega net long en VI basse	Réduire le vega short dans les pics de VIX ; augmenter en VIX bas
Rho	Décisions de taux uniquement	Grandes positions LEAPS avant le FOMC	Minimal pour les positions de 30 à 45 JAE	Uniquement pertinent pour les LEAPS ; intégrer dans la tarification des diagonals

NOTE POUR LE PREMIER LECTEUR

Ce chapitre fait référence aux stratégies d'options par leur nom — covered calls, puts sécurisés en espèces, iron condors.

CADRE DES SIX CONDITIONS ▸ LES SIX CONDITIONS — détermine les sous-jacents éligibles par condition

Les large caps sont approuvées pour les six conditions. Les small caps sont limitées aux conditions 1 et 3 (dir

Avant de passer un seul trade d'options, vous devez comprendre la taille de l'arène dans laquelle vous entrez

Ce chapitre cartographie les cinq niveaux de capitalisation, leurs caractéristiques inhérentes et les risques spécifiques de chaque ni

Les Cinq Niveaux de Capitalisation Boursière

Niveau de Cap	Plage de Capitalisation	Exemples	Risques Clés pour les Traders d'Options
Mega Cap	$200B+	Apple, MSFT, NVDA, Amazon	Illusion de liquidité, faible vol = primes réduites, sensibilité macro, risque de rééquilibrage d'indice
Large Cap	$10B–$200B	Delta, Salesforce, FedEx	Chocs sectoriels spécifiques, pics de vol aux résultats, risque d'investisseur activiste
Mid Cap	$2B–$10B	Etsy, Revvity, Wingstop	Liquidité d'options inférieure, spreads bid/ask plus larges, bêta plus élevé, gaps aux résultats
Small Cap	$300M–$2B	Carvana, BigBear.ai, BARK	Chaînes d'options minces, risque de manipulation, gaps liés aux nouvelles, faible intérêt ouvert
Micro Cap	Under $300M	Many OTC/Pink Sheet names	Souvent pas d'options cotées, volatilité extrême, chaînes illiquides, exposition aux manipulations

NOTE DU GESTIONNAIRE DE RISQUES

La taille de capitalisation n'égale pas la qualité. Un mega-cap peut s'effondrer sur un seul résultat décevant. Un small-cap peut doubler en un

Mega Cap (200 Md$+) — Le Terrain de Jeu des Institutionnels

Les mega caps comme Apple, Microsoft, NVIDIA et Amazon offrent les chaînes d'options les plus liquides du march

Mais les mega caps ont leurs propres pièges. Parce qu'elles sont si largement détenues — par des ETF, des fonds indiciels, des fonds de pension et des fonds souverains — elles sont soumises à des flux de rééquilibrage mécanique qui peuvent faire bouger l'action indépendamment des fondamentaux. Une mega cap peut subir des mouvements brusques pilotés par des algorithmes, déclenchés par des données macro, des discours de la Fed ou des événements de rééquilibrage d'indice. De plus, la volatilité implicite dans les mega caps est souvent comprimée car le marché est très efficient, ce qui signifie que les primes d'options peuvent sembler bon marché — jusqu'à ce qu'un événement macro fasse exploser la VI du jour au lendemain.

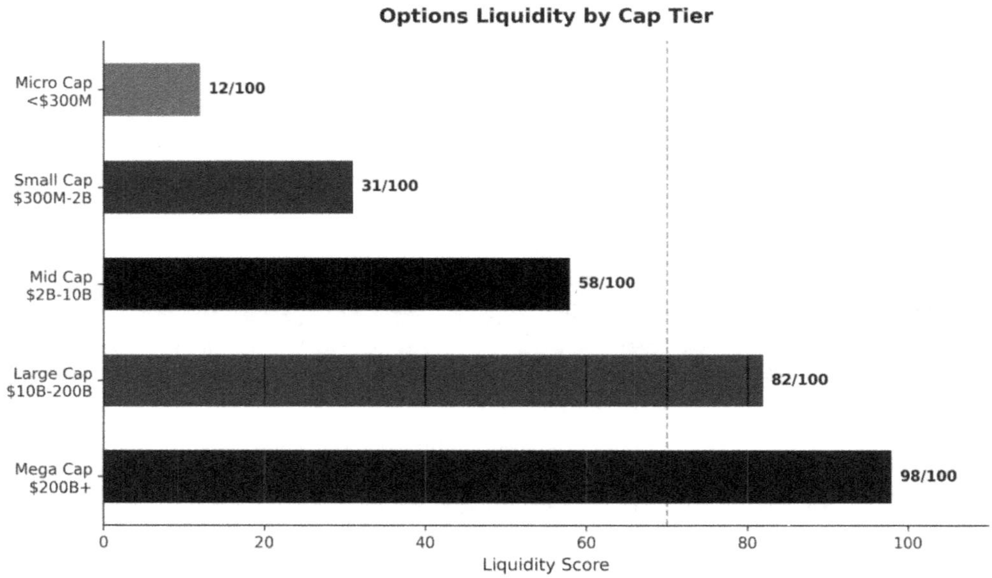

Figure 2.1 — Liquidité des Options par Niveau de Cap. Score de liquidité par niveau pour la négociabilité des options.

Cap Tier	Long Call/Put	CSP	Covered Call	Iron Condor	Spreads	Calendar
Mega Cap	✓	✓	✓	✓	✓	✓
Large Cap	✓	✓	✓	✓	✓	—
Mid Cap	✓	✓	✓	✓	—	—
Small Cap	✓	CSP (caution)	—	—	—	—
Micro Cap	Éviter	—	—	—	—	—

Figure 2.2 — Stratégies Disponibles par Niveau de Cap. L'éligibilité des stratégies se réduit à mesure que la capitalisation diminue.

Figure 2.3 — La Pyramide de Capitalisation Boursière. Chaque niveau a des caractéristiques de liquidité et d'options distinctes.

Mais les mega caps ont leurs propres pièges. Parce qu'ils sont si largement détenus — par des ETF, des fonds indiciels, des fonds de pension et des fonds souverains — ils sont soumis à des flux de rééquilibrage mécanique qui peuvent faire bouger l'action indépendamment des fondamentaux. Un mega cap peut subir des mouvements brusques pilotés par des algorithmes, déclenchés par des données macro, des discours de la Fed ou des événements de rééquilibrage d'indices. De plus, la volatilité implicite des mega caps est souvent comprimée parce que le marché est si efficient, ce qui signifie que les primes d'options peuvent sembler bon marché — jusqu'à ce qu'un événement macro fasse exploser la VI du jour au lendemain.

- Les niveaux de prime peuvent être plus bas en périodes calmes, limitant les stratégies de revenus ;
- Les mouvements liés au rééquilibrage peuvent franchir les niveaux techniques par gaps ;
- La taille crée un faux sentiment de sécurité — les mega caps ne sont pas à l'abri des drawdowns de 20 à 30 % ;

Large Cap (10 Md$ à 200 Md$) — Le Niveau de Référence

Les large caps offrent une bonne liquidité avec des niveaux de prime plus significatifs que les mega caps. Les risques sectoriels spécifiques

- Surveillez le risque de concentration sectorielle — les large caps représentent souvent leur secteur ;
- Risque d'investisseur activiste : un seul dépôt 13D peut revaloriser l'action du jour au lendemain ; et

- Les pics de volatilité aux résultats créent des opportunités — mais aussi des pièges pour les indisciplinés.

Mid Cap (2 Md$ à 10 Md$) — Bêta Plus Élevé, Spreads Plus Larges

Les actions mid cap occupent la zone de transition entre le monde institutionnel et le monde particulier. Les chaînes d'opti

Les mid caps tendent à avoir un bêta plus élevé (plus de mouvement par rapport au marché global) et peuvent subir de plus gra

- Vérifiez toujours l'intérêt ouvert à votre prix d'exercice cible avant de vous engager ;
- Utilisez des ordres limites — jamais d'ordres au marché — dans les options mid cap ;
- Un bêta plus élevé signifie que votre exposition delta évolue plus vite quand l'action bouge ;

Small Cap (300 M$ à 2 Md$) — Terrain Glissant

Les options small cap sont réservées aux traders expérimentés. Les chaînes sont minces, les spreads sont larges et l'intérêt ouvert

- Évitez complètement les ordres au marché — vous payerez une pénalité sévère ;
- Vérifiez le volume quotidien en dollars, pas seulement le volume d'actions — les small caps peuvent avoir une activité illusoire ;
- Si vous tradez des options small cap, utilisez uniquement des stratégies à risque défini (spreads, pas de positions nues) ;

Micro Cap (Moins de 300 M$) — Zone Morte du Trader d'Options

La plupart des actions micro cap n'ont pas d'options cotées du tout. Celles qui en ont souvent des chaînes si minces qu'elles sont

- Supposez qu'il n'existe pas de marché d'options fiable jusqu'à preuve du contraire ;
- Toute prime qui semble 'trop belle' dans un micro cap reflète le risque de perte totale ; et
- La règle du gestionnaire de risques : si vous ne pouvez pas obtenir un remplissage équitable, le trade n'existe pas.

Comment le Niveau de Cap Affecte Votre Stratégie d'Options

Le tableau ci-dessus vous donne la base. L'implication pratique est la suivante : adaptez la complexité de votre stratégie

> **LA RÈGLE DU GESTIONNAIRE DE RISQUES**
>
> Avant d'entrer dans tout trade d'options, posez trois questions sur le niveau de cap : (1) Puis-je entrer à un prix équitable ?

Choisir le Bon Courtier pour le Trading d'Options

→ Voir « Choosing Your Brokerage: The Options Trader's Platform » au Chapitre 1 (Pre-Trading Flight Check) pour obtenir les critères de sélection complets des courtiers, le tableau comparatif et les recommandations de plateformes incluant thinkorswim, TastyTrade, Interactive Brokers, Schwab et E*TRADE.

Types de Comptes : Lequel Ouvrir et Pourquoi

Le type de compte que vous ouvrez détermine vos autorisations maximum pour les options et le traitement fiscal. La plupart des options

Type de Compte	Niveau d'Options	Ce Qu'Il Débloque — Accès aux Six Conditions
Compte en Espèces	Niveau 1–2	Covered calls uniquement (condition 2 partielle). Calls et puts longs (conditions 1 et 3). Pas de spreads. Pas de CSP sans
Compte sur Marge	Niveau 3	Accès complet aux six conditions. Put sécurisé en espèces (condition 2), spreads de tous types (con
IRA / Roth IRA	Niveau 2–3 (selon le courtier)	Marge limitée. Pas de positions nues. Spreads autorisés chez certains courtiers avec Niveau 3. Avantage fiscal —
Marge de Portefeuille	Niveau 4–5	Exigences de marge réduites basées sur le risque au niveau du portefeuille, pas au niveau de la position. Pour les comptes de plus de 1

La Liste de Contrôle Psychologique Pré-Trade

Au-delà de la vérification technique, il y a une vérification de préparation psychologique que chaque trader doit effectuer

	Vérification Psychologique	Si la Réponse est NON — Votre Action
☐	Suis-je bien reposé ? (Moins de 6 heures de sommeil altère l'evaluation des risques de manière comparable à une intoxication légère	Ne pas ouvrir de nouvelles positions aujourd'hui. Gérer uniquement les positions existantes, et uniquement pour réduire le risque — pas pour l'optimiser
☐	Suis-je émotionnellement neutre ? (Pas en colère, anxieux, exalté, ou en train de me remettre d'une perte ou d'un gain récent significatif	Attendez 24 heures avant d'ouvrir de nouvelles positions. Les états émotionnels extrêmes — positifs comme négatifs —
☐	Ai-je le temps sans interruption de surveiller la position pendant la session d'entrée ?	Utilisez uniquement des ordres limites, prévoyez au minimum 30 minutes pour l'entrée en position, et assurez-vous de pouvoir surveiller pendant les
☐	Ai-je déjà lu la condition aujourd'hui ? (VIX + graphique — deux minutes, fait avant tout le reste)	Faites la lecture de la condition maintenant, avant de regarder des actions individuelles ou de scanner des configurations. La condition
☐	Aujourd'hui est-il un jour à risque elevé dans le calendrier ? (FOMC, IPC, résultats pour mon sous-jacent)	Pas de nouvelles positions dans les 48 heures d'un événement binaire pour le sous-jacent concerné. Gérer les positions existantes

LE TRADE LE PLUS COÛTEUX EST CELUI POUR LEQUEL VOUS N'ÉTIEZ PAS PRÊT

Le marché se fiche que vous ayez bien dormi. Il se fiche que vous veniez d'avoir une dispute,

Construire Votre Liste de Surveillance d'Options par Niveau de Cap

Connaître les niveaux de cap est académique jusqu'à ce que vous construisiez une vraie liste de surveillance organisée par niveau. Voici un cadre

Tier	Allocation	Nb de Titres	Exemples de Titres	Critères de la Liste de Surveillance
Mega Cap	50%	10	AAPL, MSFT, AMZN, GOOGL, NVDA, META, JPM, V, UNH, JNJ	Options hebdomadaires disponibles. Bid-ask < 0,10 $. OI > 10 000 aux prix d'exercice cibles. Ce sont vos
Large Cap	30%	6	AMD, PYPL, SQ, COIN, BA, GS	Options mensuelles liquides. Bid-ask < 0,20 $. OI > 2 000. Bêta plus élevé = prime plus élevée mais plus vol
Mid Cap	15%	3	ETSY, DKNG, SOFI	Options mensuelles uniquement. Bid-ask < 0,40 $. OI > 500. Spreads verticaux préférés. Réduire la taille de 50 % vs.
Small Cap	5%	1	Utiliser des ETF à la place : IWM, ARKK	Les small caps individuelles trop illiquides pour les options. Utilisez les ETF small cap pour une exposition avec des chaînes d'options négociables

Examinez et mettez à jour votre liste de surveillance mensuellement. Supprimez tout titre dont les fondamentaux se sont détériorés (vérif

Une règle avant tout : ne jamais trader des options sur une action qui n'est pas sur votre liste de surveillance. Si vous entendez un tuyau,

Mettre le Niveau de Cap en Pratique : Un Exemple de Trade Réel

La théorie sans expérimentation est incomplète. Voici comment la sélection du niveau de cap se déroule dans un vrai trade

La configuration : vendre un put sécurisé en espèces 10 % en dessous du cours actuel avec 30 à 35 JAE, ciblant un rendement de 2 à 3

Cap Tier	Exemple	Strike	Prime	Risque Clé
Mega Cap	AAPL @ $200	$180 put	$1.80 ($180)	VI souvent comprimée — prime mince. Les flux macro/rééquilibrage peuvent traverser votre prix d'exercice par gap sans fond
Large Cap	MSFT @ $420	$378 put	$3.20 ($320)	Pics de vol aux résultats. Les événements macro peuvent causer des gaps de 8 à 12 %.

Cap Tier	Exemple	Strike	Prime	Risque Clé
				Prime solide, bonne liquidité. Meilleur ni
Mid Cap	ETSY @ $65	$58 put	$2.10 ($210)	Spread bid/ask de 0,20 $ à 0,40 $. Intérêt ouvert plus faible — plus difficile de clôturer à un prix équitable. Bêta plus élevé

Le put mid-cap (210 $) est proche en prime du put large-cap (320 $) — mais le profil de risque est radicalement différent

Règle pratique du niveau de cap pour les traders de revenus : utilisez les mega et large cap pour des stratégies de revenus cohérentes et liquides

RÈGLE DE SÉLECTION DU NIVEAU DE CAP

Avant tout trade de revenus sur options, vérifiez trois chiffres : intérêt ouvert à votre prix d'exercice cible (minimum 5

Dimensionnement de Position par Niveau de Cap : Adapter le Risque à la Liquidité

Le dimensionnement de position ne concerne pas seulement le capital que vous êtes prêt à risquer par trade. Il doit également tenir compte

Cap Tier	Contrats Max (par position)	% Max du Compte (par position)	Justification du Dimensionnement
Mega Cap ($200B+)	10–20 contracts	5 % du compte	La liquidité profonde soutient des positions plus grandes. La profondeur du teneur de marché est suffisante pour des sorties de 20 contrats sans
Large Cap ($10–200B)	5–10 contracts	3–4 % du compte	Bonne liquidité, élargissement occasionnel des spreads les jours de forte volatilité. Dimensionner de manière conservatrice les jours de VI élevée
Mid Cap ($2–10B)	2–5 contracts	2 % du compte	Les chaînes plus minces requièrent des positions plus petites. Une position de 5 contrats mid-cap peut être difficile à clôturer proprement
Small Cap ($300M–2B)	1–2 contracts	1 % du compte	Taille minimale uniquement. Les spreads larges et l'OI mince rendent les sorties multi-contrats risquées. Si vous ne pouvez pas clôturer 1 contrat à
Micro Cap (<$300M)	0 contracts	0%	Ne pas trader d'options sur les micro caps. La prime de liquidité que vous devriez payer sur chaque exécution détruit

Score de Liquidité : Un Filtre Pré-Trade par Niveau de Cap

Avant d'entrer dans toute position, exécutez un score de liquidité en trois points sur la chaîne d'options spécifique que vous avez l'intention de

	Vérification de Liquidité	VERT (procéder)	JAUNE (réduire la taille)	ROUGE (ne pas trader)
1	Intérêt Ouvert au Prix d'Exercice Cible	OI > 1,000 contracts	OI 200–1,000 contracts	OI < 200 contracts
2	Spread Bid/Ask en % de la Prime au Point Milieu	< 5% of midpoint	5–12% of midpoint	> 12% of midpoint
3	Volume Journalier Moyen d'Options pour la Chaîne	> 2,000 contracts/day	500–2,000 contracts/day	< 500 contracts/day

3 VÉRIFICATIONS VERTES	Taille de position approuvée complète. Exécuter au point milieu. Procéder normalement.
1–2 VÉRIFICATIONS JAUNES	Réduire à 50 % de la taille normale de position. Utiliser uniquement des ordres limites. Vérifier que vous pouvez sortir avant d'entrer.
Toute VÉRIFICATION ROUGE	Ne pas trader ce sous-jacent aujourd'hui. Passer à un niveau de cap supérieur ou à un sous-jacent différent dans le même

Niveau de Cap et le Cadre des Six Conditions : Quels Niveaux Fonctionnent dans Quelles Conditions

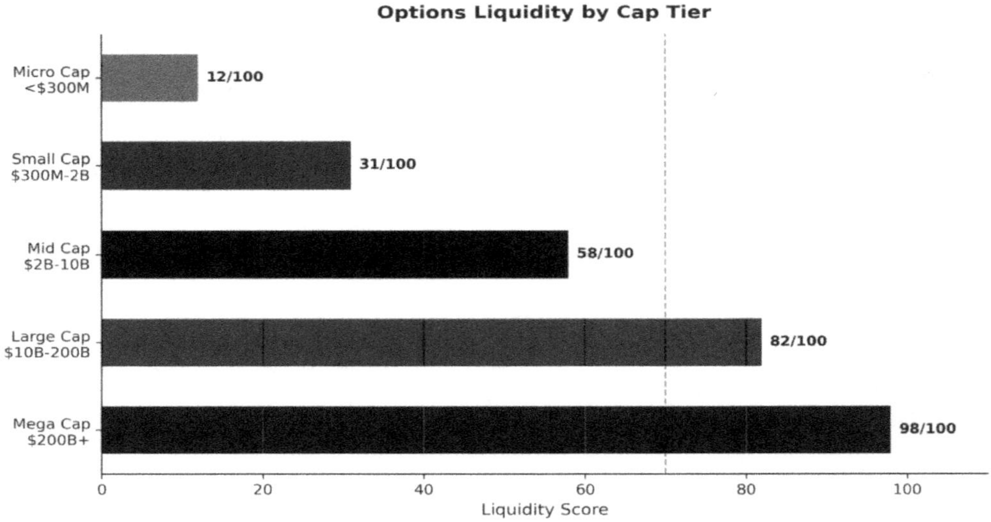

Figure 6.1 — Liquidité par Niveau de Cap — Liquidité des options, largeur du spread et disponibilité des stratégies

Liquidité par Niveau de Cap — Liquidité des options et disponibilité des stratégies par taille d'entreprise.

Tous les niveaux de cap ne sont pas adaptés à chaque stratégie des six conditions. Plus la structure est complexe —

Condition & Stratégie	Mega Cap	Large Cap	Mid Cap	Small Cap	Micro Cap
1 — Long Call / Bull Call Spread	✓ Full	✓ Full	✓ Reduced	✓ Minimum	X No
2 — CSP / Covered Call	✓ Full	✓ Full	✓ Reduced	X No	X No
3 — Long Put / Bear Put Spread	✓ Full	✓ Full	✓ Reduced	✓ Minimum	X No
4 — Bear Call Spread	✓ Full	✓ Full	✓ Reduced	X No	X No
5 — Butterfly / Iron Condor	✓ Full	✓ Full	X No	X No	X No
6 — Calendar / Diagonal	✓ Full	✓ Full	X No	X No	X No

LA RÈGLE DU NIVEAU DE CAP POUR LES STRATÉGIES MULTI-JAMBES

Les conditions 5 et 6 nécessitent des structures multi-jambes — iron condors, butterflies, calendars. Ces structures

NOTE POUR LE PREMIER LECTEUR

Le chapitre sur le Cycle Économique utilise des termes de stratégies d'options comme exemples — puts sécurisés en espèces, covered calls

CADRE DES SIX CONDITIONS ▸ LES SIX CONDITIONS — la toile de fond macro qui détermine la condition dominante

La phase du cycle vous indique laquelle des six conditions est probablement dominante en ce moment. L'Expansion favorise

Si la capitalisation boursière vous indique la taille de l'arène, le cycle économique vous indique la météo.

Pour le trader d'options, comprendre la rotation sectorielle n'est pas académique. Elle indique directement dans quels sec

Marchés Haussiers, Baissiers et Ce Qu'Ils Signifient pour Vos Trades

Avant de cartographier le cycle, établissons le vocabulaire avec précision. Un marché haussier est un marché dans lequel

Ce que la plupart des nouveaux traders manquent : même pendant un marché baissier, certaines actions offrent de véritables opportunités. L'Énerg

DISTINCTION CLÉ

Les marchés haussiers et baissiers ne concernent pas une seule journée ou semaine. Ils reflètent la direction prédominante sur

Les Quatre Phases du Cycle Économique

- Expansion — PIB en croissance, chômage en baisse, confiance des consommateurs en hausse. Le crédit est disponible. L'appétit pour le risque
- Pic — Croissance à son plus haut. Inflation en hausse. La Fed commence à resserrer. Les excès apparaissent dans les prix des actifs
- Récession/Contraction — PIB en déclin, licenciements en hausse, crédit se resserrant. L'appétit pour le risque s'effondre ;
- Creux/Reprise — Bas du cycle. Les investisseurs proactifs commencent à se repositionner avant que les données

L'enseignement clé pour les traders : le marché boursier est un indicateur avancé. Les secteurs commencent à tourner avant

Figure 3.1 — The Business Cycle

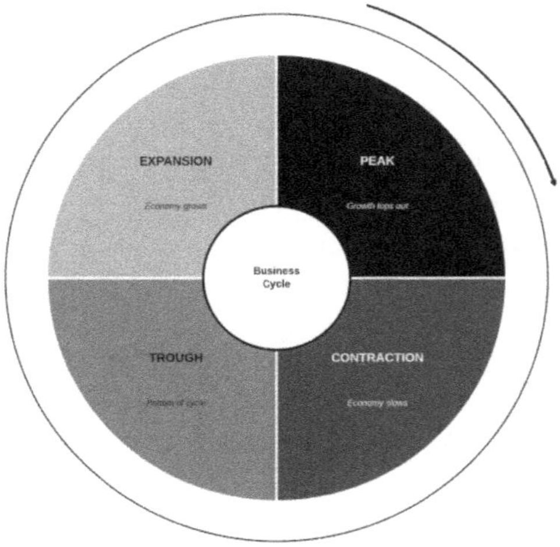

Figure 3.1 — La Roue du Cycle Économique. Chaque phase entraîne un leadership sectoriel distinct et une sélection de stratégie

LE PROBLÈME DE CALENDRIER DU NBER

Le Bureau National de Recherche Économique (NBER) déclare officiellement les récessions — mais toujours des mois après

Rotation Sectorielle : Comment l'Argent Institutionnel Se Déplace

Le travail fondateur sur la rotation sectorielle a été écrit par Sam Stovall, stratège en chef des investissements pour

Figure 3.2 — Sector Rotation

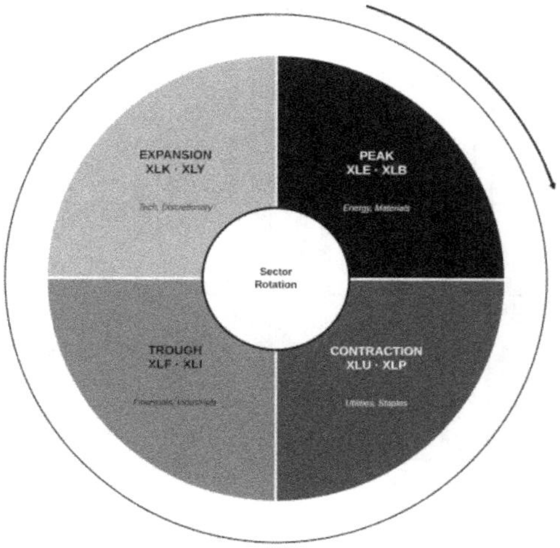

Figure 3.2 — Rotation Sectorielle par Phase du Cycle. Où le capital institutionnel afflue à chaque étape.

La rotation sectorielle est la pratique institutionnelle qui consiste à déplacer le capital des secteurs ayant atteint un sommet dans

Le Standard de Classification Industrielle Mondiale (GICS), développé conjointement par S&P et MSCI, définit

#	Secteur GICS (Officiel)	SPDR ETF	Zone Optimale du Cycle	Bêta Typique	Notes pour le Trader d'Options
1	**Information Technology**	XLK	Expansion Moyenne à Tardive	1.2-1.5	Chaînes d'options les plus profondes ; VI la plus riche autour des résultats ; la pondération mega-cap assure la liquidité large-cap
2	**Santé**	XLV	Expansion Tardive / Récession	0.6-0.8	Ancre défensive ; bêta plus faible comprime les primes ; risque binaire sur les événements FDA dans les participations biotech
3	**Financials**	XLF	Expansion Précoce	1.0-1.2	Sensible à la courbe des taux ; les pics de vol aux résultats créent des configurations de vente de prime ; surveiller l'ETF bancaire régional KR
4	**Consommation Discrétionnaire**	XLY	Expansion Précoce à Moyenne	1.1-1.4	Amazon et Tesla dominent la pondération de l'indice ; bêta élevé ; les gaps aux résultats sont fréquents ; forte vente de prime
5	**Biens de Consommation Courante**	XLP	Récession / Fin de Cycle	0.4-0.6	Bêta ultra-faible ; le rendement du dividende soutient le plancher de prix ; idéal pour les stratégies de revenus par puts sécurisés en espèces dans

#	Secteur GICS (Officiel)	SPDR ETF	Zone Optimale du Cycle	Bêta Typique	Notes pour le Trader d'Options
6	**Communication Services**	XLC	Expansion Précoce	0.9-1.1	Alphabet et Meta dominent le secteur ; sensible aux dépenses publicitaires et aux tendances du streaming ; environnement de VI modéré
7	**Industrials**	XLI	Expansion Moyenne	1.0-1.2	Exposition large à la fabrication, au transport et à la défense ; résultats évoluant en synchronisation avec le PIB ; rotation de cycle claire
8	**Energy**	XLE	Mid to Late Expansion	1.2-1.6	Piloté par les matières premières ; la VI fait des pics importants lors des perturbations de l'approvisionnement en pétrole ; les collars essentiels pour gérer la fin de cycle
9	**Materials**	XLB	Milieu d'Expansion	1.0-1.3	Inverse du dollar ; les prix du cuivre conduisent la direction sectorielle ; les résultats peuvent gapper sur les mouvements de matières premières ; utiliser
10	**Immobilier**	XLRE	Expansion Précoce / Reprise	0.8-1.0	Sensible aux taux avec une relation inverse aux taux montants ; les spreads débit put servent de couverture efficace contre les taux
11	**Utilities**	XLU	Récession / Contraction	0.3-0.5	Bêta le plus bas des 11 secteurs GICS ; VI basse signifie puts protecteurs bon marché ; jeu défensif pur ; inverse

NOTE GICS

Les sous-industries comme les Semi-conducteurs, la Biotechnologie, les Compagnies Aériennes et les Banques Régionales ne sont pas des secteurs GICS séparés

Phase du Cycle Économique	Secteurs Leaders	Secteurs à Éviter	Stratégie d'Options Adaptée
Early Expansion	Financiers, Consommation Discrétionnaire, Tech	Services Publics, Produits de Base, Télécom	Calls longs / bull call spreads sur les leaders ; CSPs sur les replis
Mid Expansion	Industriels, Matériaux, Énergie	Financiers, Immobilier	Covered calls sur les industriels pour le revenu ; spreads diagonaux
Expansion Tardive / Pic	Énergie, Matériaux, Santé	Tech, Consommation Discrétionnaire	Collars défensifs ; vendre des calls contre les positions longues existantes ; spreads débit put

Phase du Cycle Économique	Secteurs Leaders	Secteurs à Éviter	Stratégie d'Options Adaptée
Récession / Contraction	Services Publics, Produits de Base, Santé	Industriels, Matériaux, Tech	Puts longs / bear put spreads ; calls courts ; calendar spreads sur les noms à faible vol
Reprise Précoce (Creux)	Consommation Discrétionnaire, Financiers	Énergie, Services Publics	Vendre des puts sécurisés en espèces sur les leaders malmenés ; spreads de calls longs

POINT CLÉ

La rotation sectorielle ne se produit pas du jour au lendemain. Les transitions prennent souvent 3 à 6 mois. L'avantage du trader d'options

Le Calendrier des Événements Macro : Ce que Chaque Trader d'Options Doit Surveiller

Le cycle économique est la marée à mouvement lent. Les événements macro sont les vagues individuelles. Comprendre

Les événements macro récurrents suivants font bouger les marchés, les secteurs et la volatilité implicite de manière prévisible

Événement	Fréquence (Expiration)	Ce Qu'Il Mesure	Impact sur le Marché	Action du Trader d'Options
Réunion FOMC de la Réserve Fédérale	8× par an (toutes les 6 à 7 semaines)	Décision sur le taux des Fed Funds + orientations sur la trajectoire des taux	Le plus grand facteur récurrent individuel de mouvement du marché. Maintien des taux : faible volatilité. Changements de taux ou pivot hawkish/dovish	Clôturer ou couvrir les positions short premium sensibles aux taux avant le FOMC. VI élevée dans les 3 à 5 jours avant
Indice des Prix à la Consommation (IPC)	Mensuel — généralement 2e ou 3e mardi	Inflation annuelle et mensuelle : alimentation, énergie, logement, biens	IPC élevé (au-dessus des attentes) : les craintes de hausse de taux font un pic → Tech et Croissance se vendent, Financiers bénéficient	Ne pas conserver de positions short premium dans les secteurs sensibles aux taux (XLK, XLRE, XLU, XLF) avant une publication IPC
Indice des Prix à la Production (IPP)	Mensuel — généralement 1 à 2 jours après l'IPC	Inflation au niveau de gros/producteur — précède l'IPC de 1 à 3 mois	Un indicateur avancé pour l'IPC. Un IPP en hausse signale l'inflation future des consommateurs avant qu'elle apparaisse dans l'IPC.	Utilisez l'IPP comme système d'alerte à 30 jours pour la volatilité IPC à venir. IPP en hausse + IPC en hausse = soutenu

Événement	Fréquence (Expiration)	Ce Qu'Il Mesure	Impact sur le Marché	Action du Trader d'Options
Emplois Non Agricoles (NFP)	Mensuel — 1er vendredi de chaque mois	Création d'emplois américains hors travailleurs agricoles — la mesure d'emploi la plus large	NFP solide : les anticipations de taux montent → les actions de croissance sont sous pression, les Financiers bénéficient. NFP faible : signal de récession	Marquez le premier vendredi de chaque mois sur votre calendrier sans exception. Évitez d'ouvrir de nouvelles positions short premium
Taux de Chômage	Mensuel — même publication que le NFP	Pourcentage de la main-d'œuvre activement à la recherche d'un emploi	Confirme la direction du NFP. Chômage en hausse = signal de récession → se repositionner immédiatement sur les défensives.	Suivez la tendance, pas le chiffre. Le chômage en hausse trois mois consécutifs est un signal de transition de phase du cycle
Conférence de Presse du Président de la Fed	Après chaque réunion du FOMC	Orientations sur la politique de la Fed — souvent plus déterminantes pour les marchés que la décision elle-même	Le langage prospectif est la variable. « Plus élevé plus longtemps », « dépendant des données », « territoire restrictif » — chaque	Ne pas trader dans les 30 minutes suivant le début de la conférence. Attendez que la volatilité initiale se calme
PIB (Avancé, Préliminaire, Final)	Trimestriel — 3 publications par trimestre	Produit Intérieur Brut — la mesure la plus large de la production économique	PIB négatif pendant deux trimestres consécutifs = récession technique. Les marchés anticipent généralement la récession	Les publications du PIB sont rarement des surprises pour les traders préparés — les marchés ont déjà anticipé le résultat probable
PMI Manufacturier ISM	Mensuel — 1er jour ouvrable du mois	Indice des Directeurs d'Achats : commandes d'usine, production, emploi	Au-dessus de 50 = expansion. En dessous de 50 = contraction. Le PMI est un indicateur avancé — il se retourne souvent avant le PIB	PMI au-dessus de 55 pendant 2 à 3 mois consécutifs en début de cycle = fort signal pour ajouter des Industriels et des Matériaux

Indicateurs Avancés vs. Retardés : La Distinction du Trader

Chaque donnée macro appartient à l'une de deux catégories : indicateurs avancés (ils prédisent où va

Indicateurs Avancés — Agissez sur Ceux-ci	Indicateurs Retardés — Ils Confirment, Ne Signalent Pas
PMI Manufacturier ISM (se retourne avant le PIB)	Taux de croissance du PIB (confirme 3 à 6 mois après les marchés)

Indicateurs Avancés — Agissez sur Ceux-ci	Indicateurs Retardés — Ils Confirment, Ne Signalent Pas
Forme de la courbe des taux (s'inverse 12 à 18 mois avant la récession)	Taux de chômage (atteint un pic 6 à 12 mois après le début de la récession)
Pourcentage Haussier du Secteur — BPI (se retourne avant le prix)	Bénéfices des entreprises (publiés 45 jours après la fin du trimestre)
Spreads de crédit — investment grade vs. junk (s'élargissent avant le stress)	Inflation IPC (reflète les prix fixés il y a 30 à 90 jours)
Enquêtes sur la confiance des consommateurs (avancées de 3 à 6 mois)	Décisions de taux de la Fed (répondent à des données déjà anciennes)
Prix du cuivre — « Dr. Cuivre » précède l'activité industrielle	Déclaration de récession du NBER (annoncée 12+ mois après les faits)

La Courbe des Taux : Votre Boussole Macro

La courbe des taux est le prédicteur macro le plus fiable disponible pour les traders d options. Elle montre

Forme de la Courbe des Taux	Ce Qu'Elle Signale	Secteurs Qui en Bénéficient	Réponse du Trader d'Options
Normale (pente ascendante : rendement 10 ans > rendement 2 ans)	Expansion saine attendue. Économie en croissance. Crédit disponible.	Financiers (XLF), Industriels (XLI), Consommation Discrétionnaire (XLY)	Environnement standard des stratégies de revenus. Dimensionnement de position complet sur les CSPs sectoriels cycliques.
Plate (rendement 10 ans ≈ rendement 2 ans)	Incertitude — transition entre les phases du cycle. Croissance ralentissant mais pas encore récessionnaire.	Les défensives commencent à surperformer. Santé (XLV) et Produits de Base (XLP) commencent à attirer les capitaux institutionnels	Réduisez les tailles de position. Élargissez les prix d'exercice short. Évitez toute nouvelle exposition aux secteurs cycliques. Commencez à construire des défensives
Inversée (rendement 2 ans > rendement 10 ans)	Avertissement de récession — le marché obligataire anticipe des baisses de taux à venir avec le ralentissement de la croissance. Historiquement précis 12	Services Publics (XLU), Produits de Base (XLP), Santé (XLV)	Rotation défensive : orienter les stratégies de revenus vers les secteurs à faible bêta. Acheter des puts protecteurs sur les marchés larges
Repentification depuis l'inversion (re-repentification de la courbe des taux)	Reprise à l'horizon — le signal le plus actionnable pour les traders d'options. Le marché obligataire anticipe de futures	Financiers (XLF) en premier, puis Consommation Discrétionnaire et Technologie	Signal d'entrée de reprise précoce. Commencez à ouvrir des CSPs sur les leaders sectoriels malmenés. C'est la meilleure prime

LA RÈGLE DE LA COURBE DES TAUX

Vérifiez le spread du rendement des Bons du Trésor 2 ans vs. 10 ans chaque semaine. Vous pouvez le trouver sur tout site de données financières

Relier le Cycle à Vos Roulements : Timing Macro pour la Gestion des Positions

Le cycle économique ne vous indique pas seulement quels secteurs trader — il vous indique avec quelle agressivité gérer vos positions ouvertes. En début d'expansion, vous pouvez vous permettre de conserver vos positions plus longtemps et de procéder à des rollings proactifs en toute confiance. En fin d'expansion et en début de contraction, vous devriez resserrer la discipline de gestion, effectuer vos rollings plus tôt et réduire le nombre de positions simultanées.

Phase du Cycle	Style de Gestion des Positions	Déclencheur de Roulement	Positions Simultanées Maximum
Early Expansion	Confiant. Cycliques en tête. VI basse-modérée. Dimensionnement standard.	Roulements proactifs T-21. Rouler à la même date d'exercice. Prendre des objectifs de profit de 50 à 75 %.	Capacité complète — jusqu'à votre maximum personnel (généralement 5 à 8 pour les traders particuliers)
Mid Expansion	Mesuré. Rotation vers les Industriels et l'Énergie. Surveiller le PMI et les signaux de matières premières.	T-21 toujours le déclencheur. Commencer à resserrer les objectifs de profit à des clôtures à 50 %.	Maintenir la capacité complète mais éviter d'ajouter de nouvelles positions mid-cap — le risque de liquidité augmente
Fin d'Expansion / Sommet	Prudent. Rotation défensive en cours. La VI commence à s'étendre.	Rouler plus tôt — envisager le déclencheur T-28. Élargir les prix d'exercice short. Réduire la taille des positions de 25 %.	Réduire à 60 à 70 % du maximum. Pas de nouvelles positions spéculatives. Collars sur les positions longues existantes.
Recession / Contraction	Défensif. Services Publics, Produits de Base, Santé uniquement. Environnement de VI élevée.	Déclencheur T-35. Envisager de clôturer à 40 % de profit — ne pas attendre 50 %. Éviter de nouveaux trades de revenus sur les cycliques	Réduire à 40 à 50 % du maximum. Préservation du capital prioritaire. Couvrir toutes les positions longues.
Creux / Reprise Précoce	Opportuniste. Leaders sectoriels malmenés affichant une VI élevée. Meilleure prime CSP du cycle.	T-21 standard. Élargir les prix d'exercice agressivement — la VI est élevée, vous pouvez vendre plus loin OTM pour la même prime	Commencer à reconstruire vers la capacité complète. Se concentrer d'abord sur les Financiers et la Consommation Discrétionnaire.

LA RÈGLE DE TIMING MACRO

Vos décisions de roulement ne devraient jamais être prises en isolation de l'environnement macro. Un roulement T-21 qui est

Le Guide de Rotation des 11 Secteurs

Quels secteurs mènent dans chaque phase — et lesquels ÉVITER — vous donne un avantage structurel.

Phase	Leaders	Jeu d'Options	Retardataires	Avoid
Early Expansion	XLF, XLY, XLK	Bull Call Spreads. CSPs sur les cycliques.	XLU, XLP	Vente de puts sur les défensives.
Mid Expansion	XLK, XLI, XLB	Iron condors. Roue sur mega-cap. Revenu maximum.	XLV, XLRE	Surconcentration dans un secteur.
Late Expansion	XLE, XLB, XLI	Réduire les positions. Construire des couvertures.	XLK, XLY	Ajouter des positions longues de croissance.
Pic à Récession	XLU, XLV, XLP	CSPs défensifs. Puts longs. Liquidités 30 à 50 %.	XLE, XLF	Attraper les couteaux qui tombent.
Creux à Reprise	XLF, XLY	Petites positions. LEAPS sur les cycliques.	XLU, XLP	Aller trop vite.

La colonne Éviter prévient plus de pertes que la colonne Leaders n'en génère. Faites tourner quand le BPI se retourne — pas

Rotation Sectorielle en Temps Réel : Un Trade Vérifié

Le secteur de l'énergie est l'un des plus réactifs au positionnement du cycle économique. Quand les stocks de pétrole brut

TRADE VÉRIFIÉ — CVE (Cenovus Energy)

14 janvier 2026. Cenovus Energy (CVE) est dans une tendance haussière confirmée. Le cycle économique signale une expansion précoce

Trade : Acheter 1 Call CVE 20 fév. 2026 à 16 $ pour 2,45 $. Coût total : 245 $. Perte maximum : 245 $.

28 janvier 2026 — 14 jours plus tard. CVE a bougé. Le Call 16 $ vaut 3,70 $. Vendre pour fermer.

Profit réalisé : +125 $. Rendement sur prime : +51,02 % en 14 jours.

Le cycle économique a identifié le secteur. Le Cadre des Six Conditions a identifié le trade. 245 $ en jeu,

Voici à quoi ressemble le trading par rotation sectorielle en pratique. L'avantage n'est pas dans la prédiction de quel secteur

Il s'agissait d'un trade réel pris dans le cadre décrit.

Cycles Économiques dans l'Histoire Récente

2020 Creux à Reprise (mars-juin) : Le crash COVID a fait chuter le S&P 500 de 34 % en 23 jours. VIX

2021 Expansion Tardive (janvier-novembre) : La croissance du PIB a dépassé 5 %. L'inflation a commencé à dépasser 2 %. L'Énergie

2022 Pic à Récession (janvier-octobre) : La courbe des taux s'est inversée en avril. Le BPI s'est retourné. VI

2023-2024 Reprise à Expansion : La Fed a marqué une pause dans les hausses. L'inflation a baissé. La courbe des taux a commencé à se re-

Le schéma est toujours le même : les signaux apparaissent dans les données des mois avant les gros titres. Le BPI

★ Stratégies d'Options pour la Rotation Sectorielle — Le Guide

STRATÉGIE 1 : Le Cavalier de Rotation — Bull Call Spread sur le Secteur Leader Entrant

Quand les données macro et l'action des prix confirment qu'une nouvelle phase du cycle commence, le secteur leader entrant

- Configuration : Acheter un call ATM, vendre un call OTM (même expiration, 30 à 60 JAE) ;
- Objectif : 50 à 75 % du profit maximum — le prendre et faire une nouvelle rotation ;
- Risque : Défini au débit payé — idéal pour les transitions de cycle incertaines ;
- Superposition de niveau de cap : Préférer les noms large cap dans le secteur pour le sous-jacent si vous n'utilisez pas d'ETF ;

STRATÉGIE 2 : Le Trade de Contrée — Bear Put Spread sur le Secteur Sortant

Lorsqu'un secteur atteint son sommet et que l'argent institutionnel commence à sortir, une faiblesse relative se développe souvent avant

- Configuration : Acheter un put ATM ou légèrement OTM, vendre un put plus profond OTM (même expiration, 30 à 45 JAE) ;
- Signaux sectoriels à surveiller : l'ETF sectoriel casse sous la MM50 jours alors que le marché large tient ;
- Surveiller : La hausse de la volatilité implicite dans le secteur — elle confirme le repositionnement institutionnel ;
- Gestion du risque : Si le secteur se retourne au-dessus de votre seuil de rentabilité dans les 5 à 7 sessions, fermer le trade ;

STRATÉGIE 3 : La Rotation de Revenus — Puts Sécurisés en Espèces sur les Leaders Sectoriels Malmenés

Au creux du cycle de rotation d'un secteur, les noms large et mega cap malmenés de ce secteur

- Configuration : Vendre des puts sécurisés en espèces OTM 15 à 20 % en dessous du prix actuel sur les leaders sectoriels ;
- Mieux appliqué : 2 à 3 mois avant que le secteur soit attendu de réémerger comme leader ;
- Risque : Si le secteur continue à baisser, vous êtes assigné en actions à votre prix d'exercice — comprenez cette exposition
- Règle de niveau de cap : Utilisez uniquement cette stratégie sur des noms large ou mega cap — la liquidité protège votre sortie ;

STRATÉGIE 4 : Le Collar Défensif — Protection Lors d'une Exposition Sectorielle en Fin de Cycle

Si vous détenez une position dans un secteur qui a fortement progressé et que le cycle montre des signes d'expansion tardive

- Configuration : Détenir l'action (ou l'ETF) → Acheter un put OTM pour la protection baissière → Vendre un call OTM pour financer la p
- Résultat : Votre potentiel de hausse est plafonné, mais votre risque de baisse est limité par un plancher — une configuration idéale pour les positions de fin de cycle ;
- Timing : Appliquer quand l'ETF sectoriel fait un nouveau sommet alors que l'étendue commence à diverger ;

STRATÉGIE 5 : Le Calendar Diagonal — Profiter de la Rotation Lente avec la Décroissance Temporelle

Les rotations sectorielles se déplacent rarement en ligne droite. Elles avancent laborieusement, font des pauses et retestent. Le spread diagonal

- Configuration : Acheter un call 90 jours sur l'ETF du secteur leader entrant → Vendre un call 30 jours à un prix d'exercice plus élevé ;
- Résultat : Vous collectez la prime du call court pendant que votre call long participe à la rotation ;
- Roulement : Quand le call court expire, vendre le call du mois suivant à un nouveau prix d'exercice qui reflète où se trouve
- Meilleur environnement : Rotation confirmée avec un mouvement de prix stable et non explosif ;

Lire la Rotation : Outils & Signaux

La rotation sectorielle ne s'annonce pas. Vous devez la lire à partir d'une combinaison de l'action des prix, de la relative

- Force Relative (FR) vs. SPY : XLF surperforme-t-il XLK sur une base de 3 mois ? C'est un signal de rotation
- ETF Sectoriel vs. Moyenne Mobile Exponentielle 50 jours : Un ETF sectoriel reprenant sa MM50 après un repli
- BPI Sectoriel (Pourcentage Haussier) : Un BPI en hausse dans un secteur alors que le BPI global est plat confirms underlying accumulation;
- Forme de la Courbe des Taux : Une courbe des taux qui se repentifie favorise les Financiers et les Industriels ; une courbe inversée favorise
- Prix des Matières Premières : La hausse du pétrole confirme la rotation Énergie. La hausse du cuivre confirme les Industriels et Matériaux
- Direction du Dollar : Un dollar fort est généralement un vent contraire pour les Matériaux et l'Énergie ; un dollar faible est

Combiner Niveau de Cap + Rotation Sectorielle pour une Précision Maximale

L'application la plus puissante de ce cadre est de combiner le prisme du niveau de cap du Chapitre 6 avec

- Identifier la phase actuelle du cycle et les secteurs prêts à mener ;
- Au sein du secteur leader, se concentrer sur les noms large cap ou mega cap pour la meilleure liquidité des options ;

- Utiliser les noms mid cap dans le secteur pour des opportunités à bêta et prime plus élevés — avec un dimensionnement plus serré
- Éviter les noms small et micro cap dans les jeux sectoriels sauf si vous avez une thèse spécifique à risque défini.

EN RÉSUMÉ

Le cycle suggère une expansion précoce → Financiers et Consommation Discrétionnaire commencent à entrer en rotation → XLF

Phase du Cycle Économique → Environnement Dominant des Six Conditions

Le cycle économique ne détermine pas seulement quels secteurs cibler — il vous indique laquelle des six

Cycle Phase	VIX Typique	Condition Dominante	Stratégie Pratique des Six Conditions
Early Expansion	20–30 (en baisse depuis le pic du cycle)	**2 en transition vers 1**	Commencer avec la condition 2 (CSPs, bull put spreads) car la VI est encore élevée depuis la phase de récession précédente
Mid Expansion	12–18 (bas soutenu)	**1 dominante, 5 dans les pauses**	La condition 1 est votre paramètre principal — tendance à la hausse, VI basse. Les calls longs et bull call spreads sont
Late Expansion / Peak	18–25 (en hausse)	**2 dominante, 4 apparaissant**	Glisser vers la condition 2 (vente de prime dans la tendance). La hausse du VIX fournit une meilleure prime. Commencer à poser
Recession / Contraction	25–45 (élevé)	**4 dominante (baissier + VI élevée)**	Environnement condition 4 : bear call spreads sur les ETF d'indices et sectoriels. La VI élevée offre d'excellentes
Trough / Recovery Begin	25–35 (en baisse depuis le pic)	**2 ou 4 → transition vers 2**	La transition est le moment le plus précieux. Quand le VIX culmine et commence à se contracter, les configurations de condition 2

LE CYCLE EST VOTRE FILTRE DE CONDITION MACRO

Le cycle économique ne remplace pas votre lecture quotidienne de la condition — il l'informe. Quand le cycle dit

> **CADRE DES SIX CONDITIONS ▸ CONDITIONS 1–6 : Le calcul du risque change avec chaque condition**
> Le risque en condition 1 (long call) est la prime payée. Le risque en condition 4 (bear call spread) est le spread

La gestion du risque n'est pas une philosophie. C'est de l'arithmétique. Avant de passer tout trade d'options, vous devez

Ce chapitre vous donne les formules, les cadres et le modèle de discipline pour dimensionner chaque position

Le Seuil de Rentabilité : Le Chiffre Qui Compte Réellement

Le seuil de rentabilité est le prix auquel votre trade ne gagne ni ne perd — le point exact où votre prime

Position	Formule du Seuil de Rentabilité	Exemple
Long Call	Prix d'Exercice + Prime Paid	Prix d'exercice 100 $ + prime 3,50 $ = seuil de rentabilité 103,50 $. L'action doit dépasser 103,50 $ pour être profitable.
Long Put	Prix d'Exercice − Prime Paid	Prix d'exercice 100 $ − prime 3,50 $ = seuil de rentabilité 96,50 $. L'action doit tomber sous 96,50 $ pour être profitable.
Short Call	Prix d'Exercice + Prime Received	Prix d'exercice 105 $ + 2,00 $ reçus = 107,00 $. L'action doit rester sous 107 $ pour conserver la prime complète.
Short Put	Prix d'Exercice − Prime Received	Prix d'exercice 95 $ − 2,00 $ reçus = 93,00 $. L'action doit rester au-dessus de 93 $ pour conserver la prime complète.
Bull Call Spread	Prix d'Exercice Inférieur + Débit Net Payé	Acheter call 100 $, vendre call 105 $, débit net 2,00 $ → seuil de rentabilité à 102,00 $.
Bear Put Spread	Prix d'Exercice Supérieur − Débit Net Payé	Acheter put 100 $, vendre put 95 $, débit net 2,00 $ → seuil de rentabilité à 98,00 $.

Une nuance critique sur le seuil de rentabilité pour les acheteurs vs. vendeurs d'options : pour un acheteur, le seuil est ajusté

Risque Maximum & Récompense Maximum

- Long Call / Long Put : Risque Maximum = prime payée × 100. Récompense Maximum = illimitée (long call) ou d
- Call Court (nu) : Risque Maximum = illimité — l'action peut théoriquement monter sans limite. Récompense Maximum

- Put Court (nu) : Risque Maximum = (prix d'exercice − prime reçue) × 100 — l'action peut tomber à zéro
- Bull Call Spread : Risque Maximum = débit net payé × 100. Récompense Maximum = (largeur du spread − débit net) ×
- Bear Put Spread : Risque Maximum = débit net payé × 100. Récompense Maximum = (largeur du spread − débit) × 100

LE RISQUE DÉFINI N'EST PAS OPTIONNEL POUR LES DÉBUTANTS

Jusqu'à ce que vous maîtrisés la gestion des positions sur au moins 50 trades réels, chaque position que vous prenez

Ratio Récompense/Risque (R/R) : Votre Filtre d'Avantage

Le ratio récompense/risque vous indique combien vous pouvez gagner pour chaque dollar risqué. C'est votre

La norme minimale du gestionnaire de risques : ne jamais prendre un trade où la récompense potentielle est inférieure au

Stratégie	Risque Max	Récompense Max	Ratio R/R	Taux de Réussite Nécessaire pour l'Équilibre
Long Call / Put	350 $ (débit)	Illimité / important	Objectif 3:1+	~25–33 %
Bull / Bear Spread	200 $ (débit)	300 $ (profit max)	1.5:1	~40 %
Put Sécurisé en Espèces	9 500 $ (actions)	500 $ (prime)	1:19 (vendeur)	~95 % prob. ITM requise
Iron Condor	400 $ (net)	100 $ (prime)	1:4 (vendeur)	~80 % prob. requise
Covered Call	Coût des actions	Prime + hausse	Varies	La prime ajoute un coussin

Le Tableau de Conversion du Taux de Réussite — Le Trade Qui Change Votre Façon de Penser

La plupart des nouveaux traders se concentrent obsessionnellement sur le taux de réussite — essayant d'avoir raison aussi souvent que possible. Le tableau R/R

Stratégie	Prix d'Exercice / Entrée	Prime	Breakeven Formula	Prix Seuil de Rentabilité
Long Call	Prix d'exercice 185 $	Débit 4,80 $	Prix d'Exercice + Prime	$189.80
Long Put	$185 strike	Débit 4,75 $	Prix d'Exercice − Prime	$180.25
Put Sécurisé en Espèces	Prix d'exercice 180 $	Crédit 3,20 $	Strike − Prime	$176.80

Covered Call	Action @ 183 $	Crédit 3,50 $	Coût des Actions - Prime	$179.50
Bull Call Spread	180/190	Débit net 3,00 $	Prix d'Exercice Inférieur + Débit Net	$183.00
Iron Condor	175/180/190/195	Crédit net 2,80 $	Les deux ailes +/– Crédit	177.20 / 192.80

Figure 10.1 — Seuil de Rentabilité par Stratégie. Formules et chiffres réels pour les six structures principales.

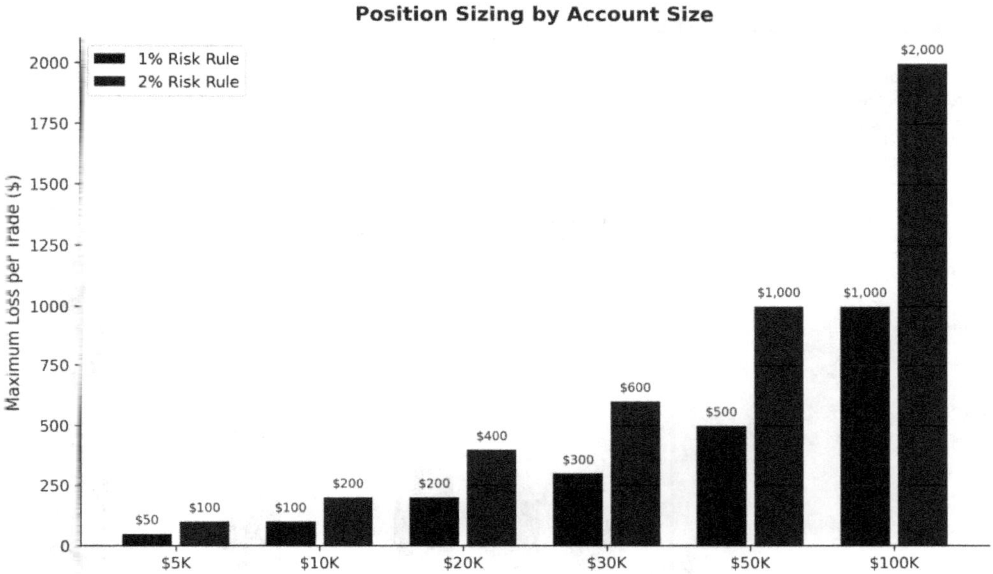

Figure 10.2 — Dimensionnement de Position par Taille de Compte. Perte maximum par trade aux règles de risque de 1 % et 2 %.

R/R Ratio	Pertes Nécessaires pour l'Équilibre	Victoires Nécessaires	Ce Que Cela Signifie
1:2	66 losses	33 wins	Gagner seulement 33 % du temps pour être à l'équilibre
1:3	75 losses	25 wins	Gagner seulement 25 % du temps pour être à l'équilibre
1:4	80 losses	20 wins	Gagner seulement 20 % du temps pour être à l'équilibre — voir l'exemple détaillé ci-dessous
1:5	83 losses	17 wins	Gagner seulement 17 % pour être à l'équilibre
1:8	88 losses	11 wins	Gagner seulement 11 % — toujours à l'équilibre avec un R/R de 1:8

R/R Ratio	Pertes Nécessaires pour l'Équilibre	Victoires Nécessaires	Ce Que Cela Signifie
1:10	91 losses	9 wins	Gagner seulement 9 % du temps pour être à l'équilibre à un R/R de 1:10

L'exemple détaillé R/R 1:4 : Risque 50 $ par trade (stop-loss). Objectif de profit 200 $ par trade (4× le ris

LA GESTION DU RISQUE EST LE SAINT GRAAL

La gestion du risque, combinée à un dimensionnement de position systématique, est le saint graal du trading professionnel

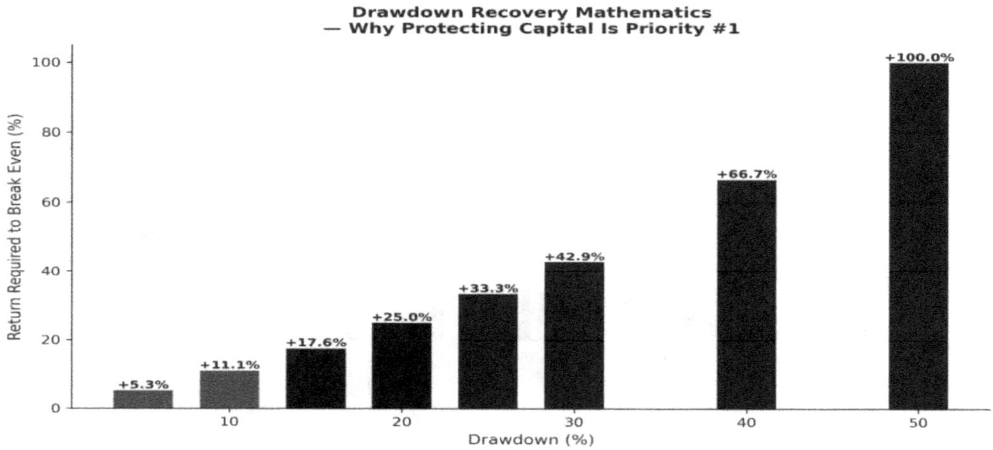

Figure 8.1 — Mathématiques de Reprise après Drawdown — Le gain nécessaire pour se remettre de chaque niveau de perte. Une perte de 50 %

Mathématiques de Reprise après Drawdown — Quel gain est nécessaire pour se remettre de chaque niveau de perte.

Reprise après Drawdown : Les Mathématiques Qui Commandent le Respect

Le second tableau que chaque trader doit mémoriser est le tableau de récupération des drawdowns. Il montre l'amplitude du gain nécessaire pour se remettre d'une perte donnée — et pourquoi les pertes se cumulent contre vous plus sévèrement que les gains ne capitalisent en votre faveur :

Perte du Compte	Gain Nécessaire pour Récupérer	La Leçon
Perte de 5 %	**5,2 % de gain pour récupérer**	Petite perte, récupération gérable — protéger tôt.

Perte du Compte	Gain Nécessaire pour Récupérer	La Leçon
Perte de 10 %	**11,1 % de gain pour récupérer**	Nécessite déjà plus que vous n'avez perdu pour revenir.
Perte de 25 %	**33,3 % de gain pour récupérer**	Un mauvais trimestre nécessite un excellent semestre pour être effacé.
Perte de 50 %	**100 % de gain pour récupérer**	La moitié de votre compte disparue = doit doubler le capital restant.
Perte de 75 %	**300 % de gain pour récupérer**	Trois quarts perdus = chemin de récupération quasi impossible.
Perte de 100 %	GAME OVER	**Ne laissez jamais les petites pertes devenir de grandes pertes. Jamais.**

LA PREMIÈRE RÈGLE DU TRADING

Ne laissez pas un petit profit devenir une perte. Ne laissez pas une petite perte devenir une grande perte. Ces deux

Dimensionnement de Position : Combien Risquer par Trade

Même une thèse de trade parfaite est sans valeur si la taille de la position est mauvaise. Le surdimensionnement est la seule plus grande

Le cadre de dimensionnement de position du gestionnaire de risques est construit sur une règle simple : ne jamais risquer plus de 2 à 5 %

- Compte de 10 000 $ → risque maximum par trade : 200 $ à 500 $;
- Compte de 25 000 $ → risque maximum par trade : 500 $ à 1 250 $;
- Compte de 50 000 $ → risque maximum par trade : 1 000 $ à 2 500 $;
- Ne jamais ajuster la taille de position en fonction de la conviction — les convictions les plus fortes produisent les plus grandes erreurs émotionnelles
- Si un trade nécessite une position plus grande pour être « rentable » — le trade n'en vaut pas la peine à votre niveau de compte actuel

Le Cadre d'Analyse de Protection

Avant d'entrer dans tout trade, parcourez ce cadre en quatre questions. Il vous force à définir tous les critères

#	Question	Ce À Écrire Avant de Trader
1	Quel est mon risque maximum ?	Le montant exact en dollars que je perdrai si ce trade va entièrement contre moi. Pas une fourchette — un chiffre.
2	Quel est mon objectif de profit ?	Le prix ou le gain en pourcentage auquel je fermerai ce trade. Écrit avant l'entrée, respecté à ce niveau
3	Quel est mon déclencheur de stop ?	Le niveau de prix ou le seuil de perte qui déclenche ma sortie — sans discussion, sans rationalisation.

#	Question	Ce À Écrire Avant de Trader
4	Quelle est ma taille de position ?	Nombre de contrats, calculé à partir de ma règle de risque maximum de 2 à 5 %. Non ajusté en fonction de combien j'aime le trade.
5	Qu'est-ce qui pourrait m'avoir tort ?	Les un ou deux scénarios qui invalideraient ma thèse. Si l'un se produit, le trade se clôture — ces

LES MATHÉMATIQUES DU TRADER

Les marchés se fichent de qui vous êtes ou de ce que vous représentez. Tout ce qu'ils veulent, c'est l'argent des indisciplinés

Référence de Calcul du Risque par les Six Conditions

#	Stratégie	Formule de Risque Maximum	Formule de Récompense Maximum	Déroulement du Calcul du Risque
1	Long Call (Cond. 1)	Prime payée × 100	Illimité (théoriquement)	AAPL 240 $. Acheter call 250 $ à 4,20 $. Risque max : 4,20 $ × 100 = 420 $. Exposition max à l'expiration si AAPL baisse
2	Bull Put Spread (Cond. 2)	(Largeur du spread − crédit) × 100	Crédit reçu × 100	SPY 520 $. Vendre spread 490 $/480 $. Crédit : 1,25 $. Risque max : (10 $ − 1,25 $) × 100 = 875 $. Récompense max : 1
3	Bear Put Spread (Cond. 3)	Débit net payé × 100	(Largeur du spread − débit) × 100	QQQ 280 $. Acheter spread 270 $/260 $ à 3,00 $ de débit. Risque max : 3,00 $ × 100 = 300 $. Récompense max : (10 $ − 3,0
4	Bear Call Spread (Cond. 4)	(Spread width − credit) × 100	Credit received × 100	SPY 437 $. Vendre spread 460 $/470 $. Crédit : 1,45 $. Risque max : (10 $ − 1,45 $) × 100 = 855 $. Récompense max : 1
5	Iron Condor (Cond. 5)	Largeur du spread le plus large − crédit total × 100	Crédit net total × 100	SPY 520 $. Spread put + spread call. Crédit total : 1,80 $. Risque max : (10 $ − 1,80 $) × 100 = 820 $. Seuil de rentabilité

Figure 8.2 — Cadre de Calcul du Risque — Le processus complet de calcul du risque et de la récompense pour toute position

Cadre de Calcul du Risque — Processus complet de calcul risque/récompense pour toute position d'options.

Le calcul du risque n'est pas universel entre les six conditions. La façon dont vous calculez et interprétez

#	Strategie	Risque Maximum Formula	Récompense Maximum Formula	Calcul du Risque Walk-Through
1	**Long Call (Cond. 1)**	Prime payée × 100	Unlimited (theoretically)	AAPL 240 $. Acheter call 250 $ à 4,20 $. Risque max : 4,20 $ × 100 = 420 $. C'est votre exposition totale. Si AAPL
2	**Bull Put Spread (Cond. 2)**	(Spread width − credit) × 100	Credit received × 100	SPY 520 $. Vendre spread put 490 $/480 $. Crédit : 1,25 $. Risque max : (10 $ − 1,25 $) × 100 = 875 $. Récompense max
3	**Bear Put Spread (Cond. 3)**	Débit net paid × 100	(Spread width − debit) × 100	QQQ 280 $. Acheter spread put 270 $/260 $ à 3,00 $ de débit. Risque max : 3,00 $ × 100 = 300 $. Récompense max : (10 $ −
4	**Bear Call Spread (Cond. 4)**	(Spread width − credit) × 100	Credit received × 100	SPY 437 $. Vendre spread call 460 $/470 $. Crédit : 1,45 $. Risque max : (10 $ − 1,45 $) × 100 = 855 $. Récompense max
5	**Iron Condor (Cond. 5)**	Wider spread width − total credit × 100	Total net credit × 100	SPY 520 $. Spread put (490 $/480 $) + spread call (550 $/560 $). Crédit total : 1,80 $. Risque max : (10 $ − 1
6	**Calendar Spread (Cond. 6)**	Débit net payé pour le spread × 100	Variable — dépend du différentiel de VI à l'expiration proche	SPY 520 $. Vendre call 520 $ à 30 JAE. Acheter call 520 $ à 60 JAE. Débit net : 2,10 $. Risque max : 2,10 $ × 100 = 210

CALCULEZ AVANT DE CLIQUER

Notez trois chiffres avant de soumettre tout ordre d'options : (1) Perte max en dollars. (2) Gain max

---

Agrégation du Risque de Portefeuille : Voir Votre Exposition Totale

Le risque de position individuelle est nécessaire mais insuffisant. Vous devez également voir comment toutes vos positions

Position	Type	Sector	Delta	Theta/Day	Perte Max	Expiration
AAPL CSP	Income	Tech	-12	+$8	$1,800	Mar 21
MSFT BPS	Income	Tech	-8	+$6	$500	Mar 21
JPM CSP	Income	Finance	-15	+$10	$2,200	Apr 18
SPY IC	Income		-3	+$14	$400	Mar 21
NVDA BCS	Direction	Tech	+18	-$4	$1,200	Apr 18
PORTFOLIO	—	—	**-20**	**+$34**	**$6,100**	—

Ce portefeuille a trois problèmes visibles uniquement au niveau agrégé : (1) Concentration Tech : 3 des

La correction : remplacer l'une des deux positions de revenus Tech par une position Santé ou Financiers. Échelonner

Valeur Espérée : Le Filtre de Risque du Professionnel

La valeur espérée (VE) est le calcul le plus important qu'un gestionnaire de risques effectue avant d'entrer dans un

La formule : VE = (Taux de Réussite × Gain Moyen) − (Taux de Perte × Perte Moyenne). Chaque variable de cette formule

Stratégie	Taux de Réussite	Gain Moyen	Perte Moyenne	VE par Trade	Évaluation
Bull Call Spread (C1)	55%	$185	$115	(0,55×185 $)−(0,45×115 $) = +50 $	✓ VE Positive — prendre chaque configuration qualifiée
Put Sécurisé en Espèces (C2)	72%	$220	$580	(0,72×220 $)−(0,28×580 $) = +7 $	✓ Margealement positive — nécessite une discipline stricte pour se réaliser
Bear Put Spread (C3)	45%	$280	$120	(0,45×280 $)−(0,55×120 $) = +60 $	✓ VE Positive malgré un taux de réussite inférieur à 50 % — les grandes victoires compensent les petites pertes fréquentes
Iron Condor (C5)	65%	$190	$310	(0,65×190 $)−(0,35×310 $) = +15 $	✓ VE Positive — la gestion à T-21 est critique pour maintenir cet avantage
Call Nu OTM (sans couverture)	80%	$80	$1,200	(0,80×80 $)−(0,20×1 200 $) = −176 $	✗ VE Négative — les victoires fréquentes masquent un risque de queue catastrophique
Achat FOMO par Momentum	40%	$150	$200	(0,40×150 $)−(0,60×200 $) = −60 $	✗ VE Négative — semble excitant, détruit le capital systématiquement

LA RÈGLE DE LA VE

Ne jamais entrer dans un trade sans calculer d'abord sa valeur espérée. Si vous ne pouvez pas calculer la VE — c

Risque Theta en Termes de Dollars : Ce que le Temps Vous Coûte par Jour

Le Theta est exprimé comme une dépréciation quotidienne en dollars par contrat. La plupart des traders vérifient leur theta en pourcentage

Pour les vendeurs d'options, le theta est un revenu — vous le recevez quotidiennement à mesure que l'option short se déprécie. Pour les acheteurs

Type de Position	Theta Quotidien en Termes de $	Implication pour la Gestion du Risque
Long Call / Long Put (acheteur)	−15 $ à −25 $ par contrat par jour selon le JAE et le prix d'exercice. S'accélère à l'approche de l'expiration.	Calculez le coût theta quotidien total sur toutes les positions longues. Si votre facture theta quotidienne totale dépasse
Put Court CSP (vendeur)	+ 8 $ à +40 $ par contrat par jour. Collecte maximale dans la fenêtre 30–45 JAE.	Votre revenu theta est votre chiffre d'affaires. Calculez la collecte theta hebdomadaire vs. le risque de position hebdomadaire
Iron Condor (vendeur net)	+ 15 $ à +60 $ par jour (net des quatre jambes). Culmine aux prix d'exercice ATM à l'approche de l'expiration.	Le revenu theta de l'iron condor s'accélère dans les 21 derniers jours — mais le risque gamma s'accélère plus vite. Le T
Bull Call Spread (acheteur à débit)	−3 $ à −12 $ par jour net (theta de la jambe longue moins crédit theta de la jambe courte).	La jambe courte compense partiellement le coût theta de la jambe longue — le principal avantage structurel des spreads
Calendar Spread (theta long)	+ 5 $ à +25 $ par jour (le court terme se déprécie plus vite que le long terme).	Les calendar spreads sont theta long — le temps joue en votre faveur. Mais ils sont aussi vega long. Une chute de VI

Risque Vega en Termes de Dollars : Ce qu'Un Mouvement de VI Vous Coûte

Le Vega mesure combien votre position d'options change de valeur pour chaque mouvement d'un point de pourcentage de

Le risque vega est directionnel : les options longues ont un vega positif (bénéficient de la hausse de VI), les options courtes

Scénario	Exposition Vega	Impact en Dollars	Réponse de Gestion du Risque
Le VIX fait un pic de 5 points sur un portefeuille CSP (3 contrats, vega −0,12 chacun)	Vega net du portefeuille : −0,36 (3 × −0,12)	Perte en dollars due au seul pic de VI : −180 $ (5 × 36 $). La position peut afficher une perte même si l'action n'a pas bougé	Ne pas clôturer. Le pic de VI est une perte mark-to-market, pas une perte réalisée. Si l'action n'a pas violé
Expansion de VI pré-résultats sur un long call (vega +0,18, VI s'étend de 8 points)	Vega net positif : +0,18	Gain en dollars de l'expansion de VI : +144 $ (8 × 18 $). La position profite de la peur même avant la direction.	Envisager de clôturer avant les résultats si le gain de VI est suffisant. Ne pas conserver pendant les résultats avec une longue
Écrasement de VI après les résultats sur un straddle court (vega −0,45 par jambe, total −0,90)	Vega net négatif : −0,90	La VI chute de 12 points après les résultats. Gain en dollars de l'écrasement de VI : +108 $ (12 × 9	C'est l'écrasement de VI aux résultats fonctionnant correctement. La contraction de VI après

Scénario	Exposition Vega	Impact en Dollars	Réponse de Gestion du Risque
		$ par unité vega). La pos	l'événement est anticipée
Calendar spread dans un environnement de VI en hausse (vega long +0,08 net)	Vega net positif : +0,08	La VI monte de 6 points. Gain en dollars du vega : +48 $. Le calendar profite à la fois du theta et du vega simultanément	Environnement idéal pour les calendars. Surveiller la structure à terme — si la VI à court et long terme sont en hausse

LE TEST DE STRESS VEGA

Avant d'entrer dans toute position short premium, effectuez un test de stress : si la VI s'étend de 10 points du jour au lendemain (

Risque de Corrélation : Quand Votre Portefeuille Diversifié Ne l'Est Pas

L'illusion la plus dangereuse dans la construction de portefeuille est l'apparence de diversification sans

Le risque de corrélation se compose de deux manières. Premièrement, les pertes s'accumulent plus vite que les risques de position individuels

Source de Corrélation	Comment Elle Apparaît	Risque Caché	Correction Structurelle
Concentration sectorielle	5 positions en Tech — AAPL, MSFT, NVDA, GOOGL, AMD	Un choc sectoriel unique frappe les 5 simultanément. Semble diversifié par entreprise mais n'est pas diversifié par	Maximum 20 % du capital déployé dans tout secteur GICS unique. Appliquer cela à toutes les positions ouvertes
Concentration de capitalisation	Toutes les positions dans des composantes large-cap du S&P 500	Forte corrélation bêta au SPY. Le portefeuille suit effectivement l'indice avec le levier des options. Un	Mélanger délibérément les niveaux de cap. Au moins une position en dehors de l'univers large-cap du S&P 500 recommandée
Concentration de JAE	Toutes les positions expirant le même mois	Un événement catalyseur unique (FOMC, IPC, géopolitique) affecte toutes les positions simultanément à leur moment le plus vulnérable	Échelonner les expirations : pas plus de 40 % des positions dans le même mois d'expiration. Répartir les JAE sur 3
Concentration directionnelle	Toutes les positions en puts courts ou calls longs — portefeuille entièrement haussier	Un retournement soudain du marché retourne l'ensemble du portefeuille contre vous simultanément. Pas de couverture naturelle.	Maintenir au moins 20 % d'exposition delta short (via puts ou bear spreads) comme couverture permanente du portefeuille

Source de Corrélation	Comment Elle Apparaît	Risque Caché	Correction Structurelle
Concentration de volatilité	Toutes les positions short vega (CSPs, iron condors, covered calls)	Un pic du VIX crée des pertes mark-to-market simultanées sur chaque position. Le portefeuille n'a pas de	Exécuter au moins une position long vega (calendar spread, long call en C1) pour compenser le vega short agrégé

L'AUDIT DE CORRÉLATION

Une fois par semaine, examinez vos positions ouvertes et répondez à cinq questions : Plus de 20 % de mes positions sont-elles

VÉRIFICATION DU RISQUE DU PORTEFEUILLE

Chaque dimanche, calculez trois chiffres : (1) Delta total du portefeuille — votre exposition directionnelle. (2) Th

6-CONDITION FRAMEWORK ▸ **FILTRE PRÉ-CONDITION — qualifier le sous-jacent avant de lire le marché**
Le bilan des Dix Indicateurs se fait AVANT la lecture de la condition. Une action qui échoue aux Dix Indicateurs

Ce chapitre opère à l'intersection de deux disciplines. La première moitié établit le Cadre d'Analyse Fondamentale

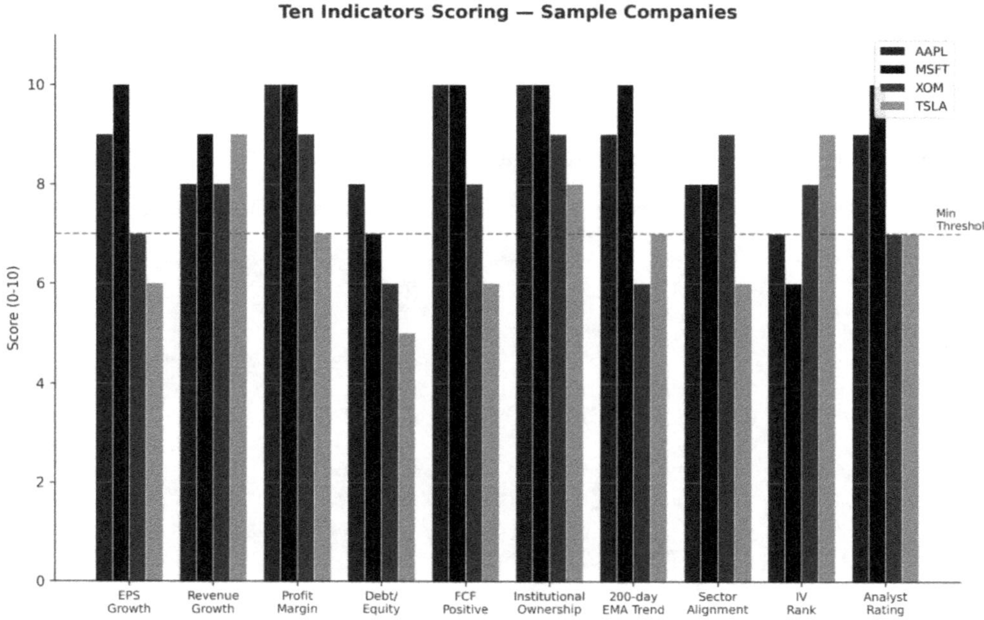

Figure 9.1 — Dix Indicateurs par Société. Score comparatif sur quatre actions échantillons.

Score	Class	Élégibilité des Stratégies	Position Sizing	Conviction la Plus Élevée
9–10	A+	Toutes les stratégies y compris les CSP, CC, puts nus.	Taille complète — jusqu'au maximum de la règle des 2 %.	Candidat idéal pour la Roue ; toutes les conditions approuvées.
8	A	Toutes les stratégies à risque défini ; CSP, CC, spreads, condors.	Taille complète.	Configuration solide ; les six conditions.
6–7	B	Spreads à risque défini ; iron condors ; CSP avec précaution.	Réduit à 75 % de la taille normale.	Conditions 2, 5 préférées ; éviter la prime nue.
4–5	C	Spreads à risque défini uniquement ; pas de CSP, pas de CC, pas de positions nues.	Demi-taille — 50 % de la normale.	Conditions 5, 6 uniquement ; pas de biais directionnel.

< 4	D	Ne pas trader d'options sur ce sous-jacent.	Aucune position.	Attendre une meilleure configuration ou trouver une autre action.

Figure 9.2 — Classe de Score & Éligibilité des Stratégies. De A+ à D — ce que chaque classe peut trader.

> LA PHILOSOPHIE THE PREMIUM DESK
>
> **90 % Analyse Fondamentale · 10 % Analyse Technique.**
>
> Les professionnels de Wall Street ne commencent pas par les graphiques. Ils commencent par les états financiers. Le graphique aide à régler le moment

Section A — Le Cadre d'Analyse Fondamentale

L'analyse fondamentale détermine la valeur intrinsèque du titre d'une entreprise en examinant les données économiques

Étape	Couche	Ce Que Vous Évaluez
1	**Analyse Macroéconomique**	PIB, inflation, taux d'intérêt, politique commerciale et actions fiscales gouvernementales affectant tous les secteurs
2	**Analyse de l'Industrie**	Taille du marché, paysage concurrentiel, acteurs majeurs, capacité & production, tendances de la demande et réglementation
3	**Analyse Situationnelle**	Qualité de la direction, gouvernance d'entreprise, modèle d'affaires, fossé concurrentiel, part de marché et analyse SWOT
4	**Analyse Financière**	Croissance du chiffre d'affaires & du BPA, marges bénéficiaires, solidité du bilan, flux de trésorerie disponible et multiples de valorisation

Les Quatre Étapes en Détail

Étape 1 — Analyse Macroéconomique

La première étape consiste à comprendre l'environnement économique global. Aucune entreprise n'existe dans le vide — les conditions économiques

- Croissance du PIB : Un PIB en hausse indique une expansion et soutient généralement des bénéfices d'entreprises plus élevés et des cours
- Taux d'Intérêt : Des taux plus élevés augmentent les coûts d'emprunt et compriment les valorisations en réduisant la valeur actuelle
- Inflation : Une inflation modérée signale une demande saine. Une inflation élevée érode le pouvoir d'achat et comprime
- Politique Gouvernementale : La politique fiscale, les droits de douane commerciaux et les changements réglementaires peuvent radicalement changer une industrie

Étape 2 — Analyse de l'Industrie

Zoomer sur l'industrie spécifique. Les industries ont leurs propres cycles, dynamiques concurrentielles et structures

- Cycle de Vie de l'Industrie : L'industrie est-elle émergente (forte croissance, risque élevé), mature (stable, prévisible)
- Les Cinq Forces de Porter : Rivalité concurrentielle, menace de nouveaux entrants, pouvoir des fournisseurs, pouvoir des acheteurs et
- Comparaison par les Pairs : Comparer les marges, les taux de croissance et les multiples de valorisation au sein du groupe de pairs. Une action

Étape 3 — Analyse Situationnelle

Approfondir l'analyse de l'entreprise spécifique — sa position concurrentielle, la qualité de sa direction et ses circonstances stratégiques

QU'EST-CE QU'UN FOSSÉ CONCURRENTIEL (MOAT) ?

Un moat (fossé concurrentiel) est un avantage concurrentiel durable qui protège les bénéfices d'une entreprise de la concurrence — tout comme

- Fossé Concurrentiel : Avantages durables — marque, brevets, effets de réseau, coûts de changement — qui protègent
- Qualité de la Direction : Historique des dirigeants, décisions d'allocation du capital (rachetent-ils des actions à
- Modèle d'Affaires : Comment l'entreprise gagne-t-elle de l'argent ? Les modèles de revenus récurrents (abonnements, SaaS,
- Analyse SWOT : Forces, Faiblesses, Opportunités et Menaces spécifiques à cette entreprise en ce moment

Étape 4 — Analyse Financière

L'étape finale : examiner minutieusement les états financiers pour quantifier ce que l'entreprise vaut réellement.

- Croissance du CA & du BPA : Le chiffre d'affaires croît-il de manière constante ? Le bénéfice par action est-il en expansion ou
- Marges Bénéficiaires : La marge brute, opérationnelle et nette révèlent avec quelle efficacité l'entreprise convertit le chiffre d'affaires
- Solidité du Bilan : La dette totale, les réserves de liquidités et le ratio dette/fonds propres mesurent le levier financier
- Flux de Trésorerie Disponible : Trésorerie après dépenses d'investissement — la vraie mesure de la capacité d'une entreprise à financer sa croissance
- Multiples de Valorisation : P/E, P/B, EV/EBITDA et ratio PEG permettent la comparaison avec les fondamentaux et les

Convergence Macro + Micro : Comment la Valeur Intrinsèque est Construite

L'analyse fondamentale synthétise deux catégories de forces en une seule sortie — la valeur intrinsèque

FACTEURS MACRO-ÉCONOMIQUES		FACTEURS MICRO-ÉCONOMIQUES	Signal
Économie (PIB, taux, inflation)	↔	Direction (Comité Exécutif)	
Industrie (forces concurrentielles)	↔	Politiques d'Entreprise (moat, modèle)	

FACTEURS MACRO-ÉCONOMIQUES		FACTEURS MICRO-ÉCONOMIQUES	Signal
Parts de Marché (tendances sectorielles)	↔	Bénéfices (CA, marges, FCF)	→ Valeur Intrinsèque

Valeur Intrinsèque : L'Objectif de l'Analyse Fondamentale

L'analyse fondamentale converge vers une seule sortie : la valeur intrinsèque de l'action — la valeur estimée

SOUS-ÉVALUÉE	SURÉVALUÉE
Prix du marché EN-DESSOUS de la valeur intrinsèque Valeur Intrinsèque > Prix du Marché **[SIGNAL D'ACHAT]** Marge de sécurité en votre faveur.	Prix du marché AU-DESSUS de la valeur intrinsèque Valeur Intrinsèque < Prix du Marché **[ÉVITER ou SORTIR]** Aucune marge de sécurité.

Section B — Métriques Clés pour l'Analyse Fondamentale

Metric	Définition	Ce Que Cela Vous Dit
P/E Ratio	Prix ÷ Bénéfice Par Action	Combien les investisseurs paient par 1 $ de bénéfices. Comparer aux pairs du secteur — ne jamais évaluer en isolation
Dividend Yield	Dividende Annuel ÷ Prix de l'Action × 100	Rendement de revenu. Des rendements très élevés peuvent signaler une détresse financière, pas la générosité.
EPS	Bénéfice Net ÷ Actions en Circulation	Bénéfice par action. Un BPA en croissance constante signale un levier opérationnel.
Debt-to-Equity	Dette Totale ÷ Capitaux Propres	Levier financier. Un D/E élevé augmente le risque, surtout dans les environnements de taux croissants.
Free Cash Flow	Flux de Trésorerie Opérationnel − CapEx	Trésorerie réellement générée. Le FCF révèle si les bénéfices sont réels.
PEG Ratio	P/E ÷ Taux de Croissance des Bénéfices	Un PEG inférieur à 1,0 suggère une potentielle sous-valorisation par rapport à la croissance.

Deux métriques supplémentaires complètent la boîte à outils essentielle — souvent négligées mais essentielles pour les traders d'options

Metric	Définition	Ce Que Cela Vous Dit
Cash Reserves	Total Liquidités + Équivalents de Trésorerie	Le coussin financier. De fortes réserves de liquidités permettent l'investissement, les dividendes, les rachats et de surmonter les crises
Parts de Marché & Perspectives de Croissance	% du CA de l'Industrie + TCAC du CA Projeté	Une part de marché croissante dans une industrie en expansion est l'un des signaux les plus forts de force concurrentielle

QU'EST-CE QUE LE TCAC ?

TCAC — Taux de Croissance Annuel Composé — est le taux de rendement annualisé qui montre la vitesse de croissance d'une entreprise

Catégories de Ratios Financiers : Le Cadre Analytique Complet

Au-delà des huit métriques principales ci-dessus, l'analyse financière organise les ratios en quatre catégories fonctionnelles

Rentabilité	Solvabilité	Efficacité Opérationnelle	Valorisation
• Marge Brute • Marge Nette • Retour sur Capitaux Propres (ROE) • Marge Opérationnelle	• Ratio de Liquidité • Ratio de Liquidité Immédiate • Ratio d'Endettement • Ratio Dette/Capitaux Propres	• Rotation des Actifs • Rotation des Stocks • Rotation des Créances • Chiffre d'Affaires par Employé	• Prix/Bénéfices (P/E) • Prix/Valeur Comptable (P/B) • Prix/Chiffre d'Affaires (P/S) • Rendement du Dividende

Un P/E bas peut sembler attrayant jusqu'à ce que vous découvriez que l'entreprise porte une dette écrasante (échec de solvabilité

Section C — Analyse Fondamentale vs. Analyse Technique

Dimension	Analyse Fondamentale	Analyse Technique
Définition	Valeur calculée à partir des facteurs économiques, des états financiers et de l'analyse concurrentielle	Utilise les mouvements de prix et les figures chartistes pour prédire la direction future des prix
Source de Données	Rapports économiques, dépôts de résultats, statistiques sectorielles, dépôts SEC	Analyse graphique, données historiques prix/volume, indicateurs de momentum
Horizon Temporel	Jours, semaines, mois ou années	Secondes à quelques semaines

Dimens on	Analyse Fondamentale	Analyse Technique
Force Principale	Compréhension approfondie de la santé de l'entreprise. Identifie une valeur durable à long terme.	Décisions en temps réel à partir du prix/volume.
Limite Principale	Labor intensif. Non conçu pour le timing à court terme.	N'évalue pas la qualité de l'entreprise.

> ★ **Approche Combinée :** Utilisez l'AF pour identifier une action sous-évaluée avec de solides fondamentaux. Utilisez l'AT pour régler votre entrée — en attendant

Section C — Analyse Fondamentale vs. Analyse Technique : La Règle 90/10

L'analyse fondamentale et l'analyse technique servent des fonctions différentes. L'analyse fondamentale répond à :

Le ratio 90/10 est le principe opérationnel : 90 % de votre décision de trader une action est basée sur les fondamentaux

L'implication pratique : ne jamais acheter une configuration graphique techniquement parfaite sur une entreprise fondamentalement brisée

> **LA RÈGLE 90/10 EN PRATIQUE**
>
> Avant d'ouvrir toute position d'options : Étape 1 — Exécuter les Dix Indicateurs. L'action obtient-elle 70 % ou plus

Section D — Documents Financiers pour l'Analyse Fondamentale

Toute analyse fondamentale commence par les dépôts financiers d'une entreprise. Tous sont disponibles gratuitement sur edgar

Document	Objectif & Lignes Clés
Tableau des Flux de Trésorerie	Suit les entrées et sorties de trésorerie entre les opérations, l'investissement et le financement. Ligne clé : Flux de Trésorerie Disponible
Bilan	Instantané des actifs, passifs et capitaux propres à un moment donné. Lignes clés : Trésorerie, Dette Totale
État des Résultats	Montre le chiffre d'affaires, les charges et les bénéfices sur une période. Lignes clés : CA, Bénéfice Brut, Résultat Opérationnel
Rapport Annuel (10-K)	Dépôt annuel complet comprenant les états financiers audités, la description de l'activité, les facteurs de risque et la discussion
Rapport Trimestriel (10-Q)	Mise à jour trimestrielle non auditée utilisée pour suivre la progression vers les objectifs annuels et identifier les tendances émergentes
Déclaration de Procuration (DEF 14A)	Dévoile la rémunération des dirigeants, la composition du conseil et les votes des actionnaires. Utilisé pour évaluer la direction

Document	Objectif & Lignes Clés
Communiqués de Résultats	Communiqués de presse trimestriels résumant les principaux résultats financiers, incluant souvent des perspectives. Le

Où Trouver ces Documents

- SEC EDGAR (edgar.sec.gov) — dépôt officiel de tous les dépôts d'entreprises publiques américaines. Gratuit. Contient
- Macrotrends.net — données financières historiques gratuites. Essentiel pour les tendances BPA, la croissance du CA, les marges,
- Pages Relations Investisseurs des Entreprises — communiqués de résultats et rapports annuels en format convivial pour les investisseurs ;
- Bloomberg, FactSet ou Wisesheets — agrégateurs de niveau professionnel. Wisesheets s'intègre à Excel
- Portails de recherche des courtiers — Schwab, IBKR, TD et TastyTrade fournissent des données fondamentales pré-digérées

L'AVANTAGE EDGAR

SEC EDGAR est gratuit et contient chaque dépôt pour chaque entreprise publique américaine. La plupart des traders particuliers

Toute stratégie d'options de ce livre est construite sur une hypothèse fondamentale : le sous-jacent

Ces dix indicateurs s'appliquent principalement aux actions individuelles. Les ETF sont évalués différemment — par la qualité

Les Dix Indicateurs

1. L'Entreprise a des Bénéfices en Hausse

La croissance des bénéfices est le moteur de l'appréciation du cours de l'action. Une entreprise qui fait croître ses bénéfices de manière constante

- Vérifier : tendance du BPA trimestriel — est-elle en hausse séquentiellement ? D'une année sur l'autre ? ;
- Outil : Dépôts de résultats SEC EDGAR, transcriptions des conférences de résultats, FactSet, Bloomberg ;
- Drapeau rouge : gains ponctuels gonflant le BPA. Regarder le résultat opérationnel, pas seulement le résultat net ;

2. L'Entreprise a un Chiffre d'Affaires en Hausse

La croissance du CA est le signal de premier rang. Une entreprise peut faire croître temporairement ses bénéfices par la réduction des coûts,

- Vérifier : tendance du CA trimestriel — taux de croissance séquentiel et annuel ;
- Comparer aux pairs du secteur : cette entreprise gagne-t-elle ou perd-elle des parts de marché ? ;
- Drapeau rouge : croissance du CA entièrement tirée par les acquisitions plutôt que par la croissance organique ;

3. L'Action est à un Prix Avantageux (Prix vs. Valeur)

Une grande entreprise à un prix gonflé est un mauvais trade d'options — surtout pour les stratégies de revenus où

- Métriques clés : ratio P/E, ratio PEG, Prix/Chiffre d'Affaires (P/S), Prix/Flux de Trésorerie Disponible ;
- Comparer les multiples à la moyenne historique sur 5 ans et aux pairs du secteur ;
- Pour les stratégies CSP et Roue : un prix avantageux offre une marge de sécurité supplémentaire à votre prix d'exercice ;

4. Les Dividendes sont en Hausse

Les dividendes sont le meilleur ami de l'investisseur à long terme — et un signal sous-apprécié pour les traders d'options

- Vérifier : historique des dividendes — années consécutives de hausses (les Aristocrates du Dividende ont 25+ ans) ;
- Ratio de distribution : dividende en pourcentage des bénéfices — sous 60 % est durable, au-dessus de 80 % est à risque ;
- Avertissement : un rendement de dividende élevé peut signaler une baisse du cours de l'action, pas la générosité — toujours vérifier la tendance

5. Le Marché est en Croissance

Même l'entreprise la mieux gérée peine à croître dans un marché en contraction. Le marché total adressable (TAM

- Évaluer : l'industrie de l'entreprise croît-elle, est-elle stable ou se contracte-t-elle ? ;
- Rechercher des mégatendances séculières stimulant la demande (transformation numérique, vieillissement des soins de santé, énergie propre,
- S'aligner avec le cadre de rotation sectorielle du Chapitre 7 — entrer dans un secteur en phase d'expansion précoce à moyenne

6. L'Entreprise est dans un Domaine avec des Barrières à l'Entrée Élevées

Les barrières à l'entrée protègent les bénéfices d'une entreprise de la concurrence. Sans barrières, les rendements supérieurs à la moyenne

- Exemples de fort fossé : logiciels d'entreprise (coûts de changement), pharmacie (brevets), services publics (réglementation
- Exemples de faible fossé : compagnies aériennes, restaurants, producteurs de matières premières — la concurrence érode facilement les marges ;
- Plus le fossé est fort, plus vous pouvez vendre des puts à décompte avec confiance — l'action est moins susceptible

7. L'Entreprise a un Faible Profil Politique

Les entreprises à forte visibilité politique font face à un risque qui n'apparaît dans aucun modèle de bénéfices : la réglementation

- Drapeaux rouges : enquêtes réglementaires en cours, audiences congressionnelles, dépendance majeure aux contrats gouvernementaux
- Ce n'est pas une déclaration politique — c'est un filtre de gestion des risques. Les gros titres politiques font bouger les actions
- En cas de doute : utiliser des ETF sectoriels plutôt que des noms individuels à haut profil pour diversifier ce risque ;

8. L'Action est Tradable sur Options

Celui-ci semble évident — mais il a des nuances. Une action tradable sur options n'est pas seulement une action qui a des options cotées

- Vérifier : intérêt ouvert à votre prix d'exercice cible > 100 minimum, idéalement > 500 ;
- Le spread bid/ask ne devrait pas dépasser 10 % de la prime d'option sur les prix d'exercice standards ;
- Options hebdomadaires disponibles ? Cela étend la fréquence de votre stratégie de revenus du mensuel au hebdomadaire

9. L'Action Bénéficie de Mégatendances Favorables

Une mégatendance est un changement structurel qui affecte un segment inhabituellement large du marché sur une

- Mégatendances actuelles : Infrastructure d'Intelligence Artificielle, Démographie vieillissante (santé), Transition énergétique
- Le test des mégatendances : cette industrie sera-t-elle significativement plus grande dans 10 ans qu'aujourd'hui ? Si oui —

- L'alignement sur les mégatendances n'est pas un substitut à la qualité fondamentale — il amplifie la thèse d'une action déjà

10. L'Entreprise a de Faibles Passifs

La dette peut consumer une entreprise autrement excellente. Un levier excessif amplifie à la fois les gains et les pertes —

- Métriques clés : Ratio Dette/Capitaux Propres (sous 1,0 est conservateur), Ratio de Couverture des Intérêts (bénéfices avant
- Position de dette nette : l'entreprise a-t-elle plus de trésorerie que de dette ? Les entreprises en position nette de trésorerie ont une flexibilité financière maximale
- Comparer aux normes sectorielles : certains secteurs (services publics, financiers) portent structurellement plus de dette — évaluer

LA LISTE DE CONTRÔLE DES DIX INDICATEURS

Avant d'exécuter toute stratégie de revenus sur options sur une action individuelle, notez-la sur les 10 indicateurs. 8 à

La Feuille de Notation des Dix Indicateurs

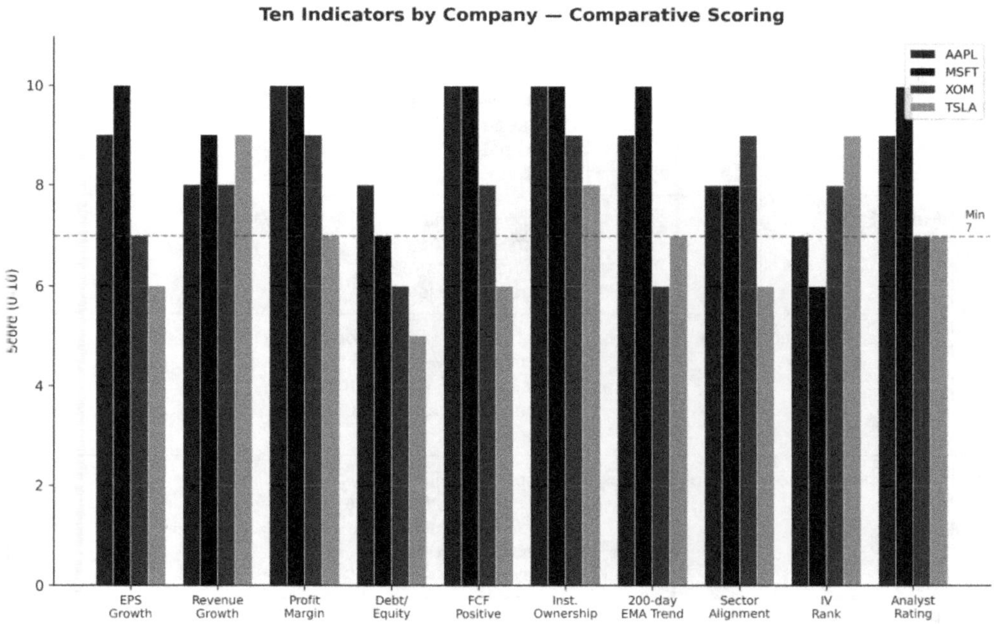

Figure 9.1 — Système de Score des Dix Indicateurs — Comment noter une action sur les dix critères pour déterminer son éligibilité comme sous-jacent.

Système de Score des Dix Indicateurs — Comment noter une action sur les dix indicateurs pour déterminer son éligibilité.

Utilisez cette feuille pour chaque action que vous envisagez de trader. Un point par indicateur satisfait. Score base

#	Indicateur	Vérification Rapide	Score (0 ou 1)
1	Rising Profits	BPA en hausse séquentiellement depuis 3+ trimestres. Tendance du résultat opérationnel positive.	__/1
2	Rising Sales	CA en hausse annuellement et séquentiellement. Part de marché stable ou croissante.	__/1
3	Prix Avantageux	Ratio PEG inférieur à 1,5. P/E inférieur à la moyenne sectorielle ou justifié par le taux de croissance.	__/1
4	Growing Dividends	Dividende augmenté au moins une fois au cours des 2 dernières années. Taux de distribution inférieur à 70 %.	__/1
5	Marché en Croissance	TAM en expansion. Industrie en phase de croissance séculière. BPI sectoriel en hausse.	__/1
6	Barrière à l'Entrée Élevée	Fossé concurrentiel identifiable : brevets, effets de réseau, protection réglementaire, coûts de changement.	__/1
7	Faible Profil Politique	Aucune enquête réglementaire active, examen antitrust ou ciblage congressionnel.	__/1
8	Optionable (Liquid Chain)	Intérêt ouvert > 500 au prix d'exercice cible. Spread bid/ask < 10 % de la prime. Options hebdomadaires disponibles.	__/1
9	Alignement sur les Mégatendances	Entreprise positionnée dans une mégatendance de croissance séculière (IA, vieillissement santé, énergie propre, fintech).	__/1
10	Faibles Passifs	Dette/Capitaux Propres < 1,0. Couverture des Intérêts > 3×. Position de dette nette gérable.	__/1
	SCORE TOTAL		**___/ 10**

Score → Éligibilité aux Six Conditions : Ce que Votre Score Permet

Le score des Dix Indicateurs ne détermine pas seulement si vous tradez — il détermine laquelle des six conditions

Score	Notation	Stratégies Éligibles aux Six Conditions
8–10 / 10	**CLASSE A — Accès Complet**	LES SIX CONDITIONS disponibles à taille de position complète. Ce sous-jacent est l'épine dorsale de votre portefeuille de revenus
6–7 / 10	**CLASSE B — Accès Restreint**	Conditions 1, 2, 3 disponibles à taille réduite (50 % de la position normale). Structures à risque défini uniquement
4–5 / 10	**CLASSE C — Débit Directionnel Uniquement**	Conditions 1 et 3 uniquement, à taille minimale. Calls longs ou puts longs avec risque plafonné. Pas de stratégies de revenus
Below 4 / 10	**INELIGIBLE — Ne Pas Trader**	Aucune condition approuvée pour les stratégies sur actions individuelles. Si vous souhaitez une exposition à ce secteur ou thème

QUALITÉ D'ABORD. CONDITION ENSUITE. STRATÉGIE EN DERNIER.

C'est la séquence The Premium Desk — et l'ordre est non négociable. Vous ne sautez jamais la première étape pour passer à

Le Bilan des Dix Indicateurs : Trois Actions Réelles Comparées

Appliquer les indicateurs à des actions réelles — une qui réussit, une qui échoue, une à la limite.

Indicator	MSFT (Réussite)	RIVN (Échec)	INTC (Limite)
1. Bénéfices en Hausse	8 trim. croissance BPA ✓	BPA négatif X	En baisse mais dépassement récent ~
2. Ventes en Hausse	CA +12 % d'une année sur l'autre ✓	CA en hausse mais combustion de trésorerie ~	CA stable X
3. Prix Avantageux	P/E 32x justifié ✓	Pas de P/E (bénéfices négatifs) X	P/E 25x, sous la moyenne ✓
4. Dividendes en Hausse	12 ans consécutifs ✓	Aucun dividende X	Dividende réduit X
5. Croissance du Marché	Cloud + IA +20 % ✓	Marché VE concurrentiel ~	Fonderie incertaine ~
6. Barrière à l'Entrée	Verrouillage entreprise ✓	Faible — des dizaines de concurrents X	Fabrication Fab ✓
7. Faible Risque Politique	Modéré ✓	Subventions VE volatiles X	Bénéficiaire du CHIPS Act ✓
8. Tradable sur Options	Hebdomadaire, serré, OI massif ✓	Disponible mais plus large ~	Bonne liquidité ✓
9. Mégatendances	IA, cloud, entreprise ✓	Transition VE ~	Demande semi-conducteurs ✓

Indicator	MSFT (Réussite)	RIVN (Échec)	INTC (Limite)
10. Faibles Passifs	Dette/CP 0,35 ✓	Dette/CP 1,8 ✗	Dette/CP 0,47 ✓

MSFT : 10/10 — candidat idéal pour la Roue. RIVN : 2/10 — ne PAS vendre des puts. INTC : 6/10 — utiliser des spreads uniquement,

RÈGLE DU FILTRE QUALITÉ

7+ indicateurs = CSP et Roue éligibles. 5-6 = spreads uniquement. Inférieur à 5 = ne pas trader. Se tromper sur M

Déroulement Pas à Pas de la Notation : Microsoft (MSFT)

Le bilan des Dix Indicateurs prend 15 à 20 minutes par action quand vous l'apprenez. Après 30 actions, il

Sources de données utilisées dans ce déroulement : SEC EDGAR (pour les dépôts 10-K/10-Q), Macrotrends.net (historique

Indicateur 1 — Bénéfices en Hausse (Croissance du BPA)

Où chercher : Macrotrends.net → rechercher MSFT → « BPA Dilué ». Vérifier les 8 derniers trimestres de BPA. Vous

Ce que vous trouvez pour MSFT : Le BPA a augmenté de 2,35 $ (T1 EF2022) à 3,30 $ (T1 EF2024). Chaque exercice fiscal

- SCORE : 1 point. La croissance du BPA est claire, constante et soutenue par des vents favorables structurels.

Indicateur 2 — Ventes en Hausse (Croissance du CA)

Où chercher : Même page Macrotrends → « CA ». Vérifier le taux de croissance annuel. Exiger au moins

Ce que vous trouvez pour MSFT : Le CA a augmenté de 198 Md$ (EF2022) à 212 Md$ (EF2023) à 245 Md$ (EF2024). C'est

- SCORE : 1 point. La croissance du CA s'accélère, est de haute qualité et diversifiée entre les segments.

Indicateur 3 — Prix Avantageux (Valorisation)

Où chercher : Yahoo Finance → MSFT → Onglet Statistiques → Ratio P/E, P/E prospectif, Ratio PEG. Comparer à

Ce que vous trouvez pour MSFT : P/E de ~35x par rapport à la moyenne du S&P 500 de ~22x. Cela semble cher — mais

Jugement : Pour l'Indicateur 3, vous ne cherchez pas une valeur profonde — vous cherchez une valorisation raisonnable

- SCORE : 1 point. La valorisation est premium mais justifiée par la qualité et la croissance. Pas une affaire, mais pas un détournement non plus.

Indicateur 4 — Dividendes en Hausse ou Rachats d'Actions

Où chercher : Macrotrends → historique « Dividende Par Action ». Ou Yahoo Finance → « Dividendes & Fractionnements »

Ce que vous trouvez pour MSFT : Microsoft a augmenté son dividende chaque année depuis 2003 — plus de 20 années consécutives

- SCORE : 1 point. 20+ ans de croissance consécutive des dividendes plus des rachats significatifs. Qualité maximale

Indicateur 5 — Participation à la Croissance du Marché (Mégatendances)

Où chercher : Page relations investisseurs de l'entreprise et conférences de résultats récentes. Identifier quelles mégatendances séculières

Ce que vous trouvez pour MSFT : Microsoft est sans doute l'entreprise large-cap la plus directement exposée à l'IA

- SCORE : 1 point. Multiples alignements sur des mégatendances à haute conviction. C'est un A+ sur l'Indicateur 5.

Indicateur 6 — Fossé Concurrentiel (Barrière à l'Entrée)

Où chercher : Rapport annuel (10-K) section « Forces Concurrentielles », et votre propre évaluation des coûts de changement

Ce que vous trouvez pour MSFT : Le fossé de Microsoft est extraordinaire. Verrouillage d'entreprise depuis Office 365, Teams

- SCORE : 1 point. Fossé concurrentiel exceptionnel sur plusieurs unités commerciales.

Indicateurs 7 à 10 — Compléter la Fiche de Score MSFT

#	Indicator	Résultat MSFT	Score
7	**Faible Risque Politique**	Domicilié aux États-Unis, très réglementé (bien — la réglementation protège les titulaires), soutien bipartite pour les	1 / 1
8	**Détention par les Dirigeants**	Satya Nadella détient des actions MSFT significatives, rémunéré largement en actions plutôt qu'en espèces. Bill Gates	1 / 1
9	**Tradable sur Options (Liquidité)**	MSFT possède la chaîne d'options la plus profonde de tout titre non indiciel. Le volume d'options journalier moyen dépasse 4	1 / 1
10	**Low Liabilities**	Dette/capitaux propres : 0,35. Ratio de couverture des intérêts : 40x+ (les bénéfices couvrent facilement les paiements d'intérêts). Trésorerie nette	1 / 1

SCORE FINAL MSFT : 10 / 10

Classification : CLASSE A — Accès Complet. Les six stratégies sont éligibles à taille de position complète.

Stratégies Approuvées :

Wheel Strategy ✓

	Put Sécurisé en Espèces ✓ Covered Call ✓ Bull/Bear Spreads ✓ Iron Condor ✓

Voici à quoi ressemble une action 10/10. Ce n'est pas obligatoirement MSFT spécifiquement — mais chaque action de

---

Imprimez ou copiez cette feuille pour chaque nouvelle action que vous évaluez. Complétez-la avant de vous autoriser

#	Indicator	Vos Résultats (Écrivez Ici)	Score 0 ou 1	Source de Données
1	**Rising Profits**		___ / 1	Macrotrends.net → BPA Dilué
2	**Rising Sales**		___ / 1	Macrotrends.net → CA
3	**Bargain Price**		___ / 1	Yahoo Finance → Statistiques
4	**Dividendes en Hausse / Rachats d'Actions**		___ / 1	Macrotrends → Historique des Dividendes
5	**Megatrend Alignment**		___ / 1	10-K : Vue d'Ensemble de l'Activité
6	**Moat Concurrentiel**		___ / 1	10-K : Section Concurrence
7	**Faible Risque Politique**		___ / 1	Recherche d'actualités + 10-K : Facteurs de Risque
8	**Insider Ownership**		___ / 1	Dépôts Formulaire 4 SEC Edgar
9	**Tradable sur Options / Chaîne Liquide**		___ / 1	CBOE ou la chaîne de votre plateforme
10	**Low Liabilities**		___ / 1	Macrotrends → Dette/Capitaux Propres

Ticker : ___________ Date : ___________	**TOTAL ___ / 10**	8-10 : Classe A 6-7 : Classe B 4-5 : Classe C <4 : Inéligible	Classification : ___________ Stratégies approuvées :

Prix : $__________ Secteur : __________.			__________________

QUALITY FIRST. CONDITION SECOND. STRATEGY THIRD.

C'est la séquence The Premium Desk — et l'ordre est non négociable. Vous ne sautez jamais la première étape pour passer à la troisième

Figure 9.12 — Candlestick Anatomy: The Four Data Points Encoded in Every Candle

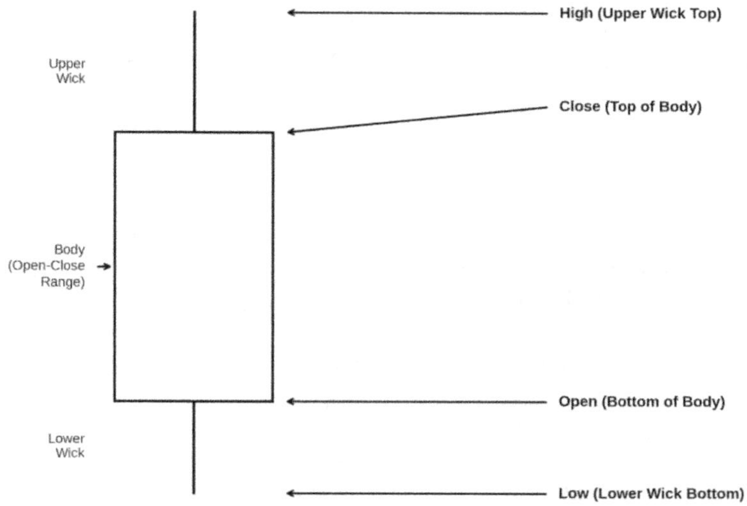

Figure 9.11 — Anatomie d'une Bougie. Les quatre points de données encodés dans chaque bougie : ouverture, plus haut, plus bas, clôture.

> **6-CONDITION FRAMEWORK ▸ IDENTIFIE LA DIRECTION — le premier axe de la lecture des six conditions**
> L'analyse graphique répond à la moitié concernant la direction : tendance haussière (conditions 1-2), tendance baissière (3-4) ou canal horizontal (5-6). Le VIX répond à la moitié concernant la volatilité. Ensemble, ils verrouillent votre condition. Ce chapitre vous apprend à lire un seul de ces axes.

L'analyse technique ne consiste pas à prédire l'avenir. Elle consiste à lire le présent — à identifier où le prix s'est rendu, là où il bute, et là où se concentre le poids de la pression acheteuse ou vendeuse. Pour le trader d'options, l'analyse technique est un outil de timing : elle vous indique quand entrer en position, où ancrer vos strikes, et si la thèse du trade est toujours intacte ou si elle est invalidée.

La distinction clé par rapport au simple trading d'actions : vous ne choisissez pas seulement une direction. Vous choisissez une direction ET un horizon de temps ET une magnitude de mouvement. Ces trois éléments doivent être corrects pour qu'un trade d'options long soit rentable. L'analyse technique permet d'affiner chacune de ces trois décisions.

Les Graphiques : Le Langage du Marché

Un graphique de prix est le registre complet de chaque décision prise par chaque participant sur un marché, compressé dans un format visuel. Les graphiques en chandeliers (candlesticks) sont la norme pour les traders d'options actifs — chaque bougie montre l'ouverture, le plus haut, le plus bas et la clôture pour une période donnée, et leurs configurations révèlent la bataille entre acheteurs et vendeurs à chaque niveau de prix. Avant de pouvoir lire des figures, vous devez maîtriser l'alphabet : les bougies individuelles elles-mêmes.

OHLC : Les Quatre Points de Données de Chaque Barre de Prix

Chaque bougie — qu'elle soit sur un graphique 1 minute ou mensuel — encode exactement quatre points de données, collectivement connus sous le nom OHLC :

Ouverture — le premier prix négocié lorsque la session commence. L'ouverture vous indique où se trouvait le consensus au début. Un gap par rapport à la clôture précédentelose

Plus haut (High) — le prix le plus élevé atteint au cours de la séance. Le plus haut représente le point maximal d'agression des acheteurs. Lorsqu'un plus haut touche ou dépasse un niveau de résistance connu, cela vous indique que les acheteurs ont tenté de franchir l'obstacle. Le signal dépend du succès de cette tentative : une clôture proche du plus haut confirme le contrôle des acheteurs ; une clôture bien en dessous du plus haut (longue mèche supérieure) signale le rejet des vendeurs à ce niveau.

Plus bas (Low) — le prix le plus bas atteint au cours de la séance. Le plus bas représente le point maximal d'agression des vendeurs. Lorsqu'un plus bas touche ou enfonce un niveau de support connu, cela vous indique que les vendeurs ont testé ce plancher. Une clôture bien au-dessus du plus bas (longue mèche inférieure) confirme que les acheteurs ont défendu le niveau — c'est l'un des signaux d'entrée pour un CSP les plus probants dans l'analyse des chandeliers.

Clôture (Close) — le dernier prix négocié à la fin de la séance. La clôture est la donnée unique la plus importante. Elle représente le consensus final — le point où le marché s'est stabilisé après toutes les batailles de la journée. La relation entre la clôture et l'ouverture définit la couleur et le corps de la bougie : clôture supérieure à l'ouverture = haussière (corps plein/vert), clôture inférieure à l'ouverture = baissière (corps creux/rouge). La clôture par rapport au plus haut et au plus bas définit la forme de la mèche, ce qui révèle la force de la conviction.

LA HIÉRARCHIE OHLC

Les traders professionnels lisent les bougies dans un ordre spécifique : d'abord la clôture (qui a gagné ?), puis la fourchette entre l'ouverture et la clôture (avec quelle ampleur ?), et enfin le plus haut et le plus bas (jusqu'où les perdants ont-ils poussé avant d'être rejetés ?). Cette hiérarchie — Clôture → Corps → Mèches — est le fondement de chaque configuration en chandeliers de ce chapitre. Maîtrisez la lecture du format OHLC et chaque figure deviendra intuitive plutôt que mémorisée.

Niveaux de temps pour les traders d'options : utilisez le graphique journalier pour la direction et la sélection du prix d'exercice. Utilisez le graphique hebdomadaire pour confirmer la tendance macro. Utilisez le graphique 4 heures pour le timing d'entrée.

Les Quatre Définitions de Bougies que Chaque Trader d'Options Doit Connaître

Chaque chandelier encode quatre données : l'ouverture, le plus haut, le plus bas et la clôture. Le corps de la bougie représente la distance entre l'ouverture et la clôture. Les mèches (ou ombres) représentent les extrêmes les plus hauts et les plus bas atteints au cours de la séance. Une bougie haussière clôture plus haut qu'elle n'a ouvert — représentée par un corps plein (sombre). Une bougie baissière clôture plus bas qu'elle n'a ouvert — représentée par un corps ouvert (blanc/vide). Dans la plupart des ouvrages imprimés en noir et blanc, les bougies haussières sont pleines et les bougies baissières sont détourées ; sur les écrans couleur, vert = haussier, rouge = baissier.

La puissance de l'analyse des chandeliers ne réside pas dans les bougies individuelles — elle réside dans leur séquence. Une seule bougie vous dit ce qui s'est passé au cours d'une séance. Une suite de bougies vous dit qui gagne la bataille entre acheteurs et vendeurs, et à quels niveaux de prix la tendance s'est inversée. Les figures ci-dessous ne sont pas des exercices de mémorisation. Chacune d'elles représente une dynamique spécifique de l'offre et de la demande qui se répète sur tous les marchés et toutes les unités de temps.

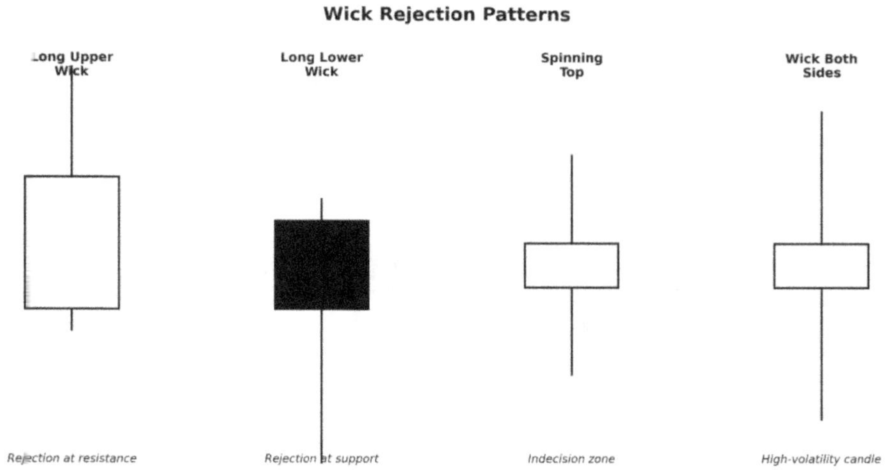

Figure 9.1 — Modèles de Rejet par les Mèches.

Types de Bougies Haussières : Lire la Force des Acheteurs

La forme d'une bougie haussière vous indique précisément le degré de contrôle qu'avaient les acheteurs pendant la séance. Un grand corps sans mèches (Marubozu) signifie que les acheteurs ont dominé de la cloche d'ouverture jusqu'à la clôture — conviction maximale. Un grand corps avec de petites mèches signifie que les acheteurs l'ont emporté de manière décisive mais ont fait face à une brève opposition. Un petit corps avec de longues mèches signifie que la séance a été disputée — les acheteurs ont finalement prévalu, mais le résultat était serré. Comprendre ce spectre vous permet de noter la qualité de chaque bougie haussière que vous observez.

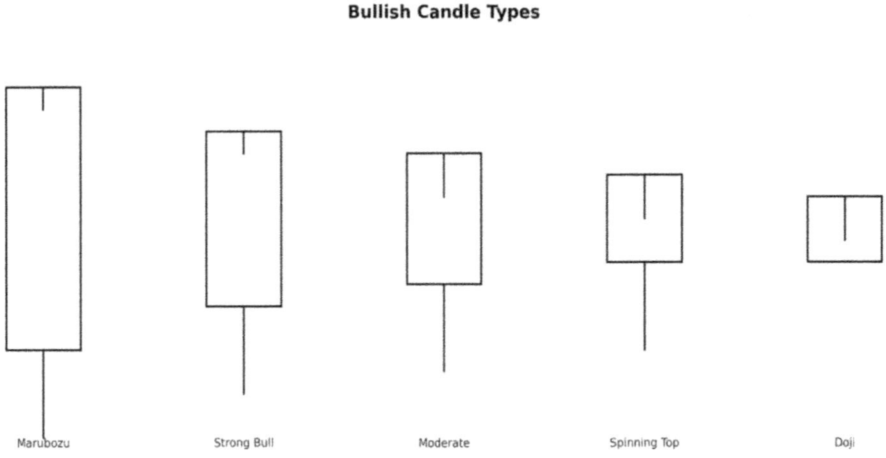

Figure 9.2 — Types de Bougies Haussières. Du Marubozu au toupie — lire le degré de contrôle des acheteurs.

Application aux options : un Marubozu ou un grand corps haussier clôturant AU-DESSUS d'un niveau de résistance avec un volume élevé est un signal d'entrée en Condition 1. La configuration des mèches vous indique si la cassure (breakout) est portée par une vraie conviction (petites mèches = les acheteurs ont toujours le contrôle) ou s'il y a un risque de retournement (grande mèche supérieure = les vendeurs testent déjà le nouveau niveau). La sélection du strike pour un call long doit se porter au niveau ATM ou un strike OTM sur une bougie de cassure à grand corps confirmée.

LA RÈGLE MARUBOZU

Un Marubozu vert complet — sans mèche supérieure ni mèche inférieure — est le signal haussier sur une seule séance le plus puissant dans l'analyse des chandeliers. Cela signifie que les acheteurs ont contrôlé la séance du premier au dernier tick. Lorsque vous voyez un Marubozu clôturer au-dessus d'un niveau de résistance clé avec un volume supérieur à la moyenne, la cassure bénéficie d'une conviction maximale. Il s'agit d'un candidat d'entrée pour la Condition 1. Dimensionnez la position de manière appropriée et n'attendez pas un repli qui pourrait ne jamais se produire.

Types de Bougies Baissières : Lire la Force des Vendeurs

Le spectre des bougies baissières est le miroir exact des haussières. Un Marubozu baissier complet signifie que les vendeurs ont totalement contrôlé la séance — de l'ouverture à la clôture, sans interférence des acheteurs. Un grand corps baissier clôturant en dessous d'un niveau de support avec une mèche inférieure minimale est une confirmation de rupture (breakdown) : les vendeurs ont testé le niveau, l'ont enfoncé et s'y sont maintenus. Un petit corps baissier à l'intérieur de la fourchette des bougies précédentes représente une pause, non un retournement — les vendeurs sont présents mais ne contrôlent pas encore la situation. N'agissez pas sur de petites bougies baissières intérieures (inside candles) à la fin de tendances haussières sans confirmation supplémentaire.

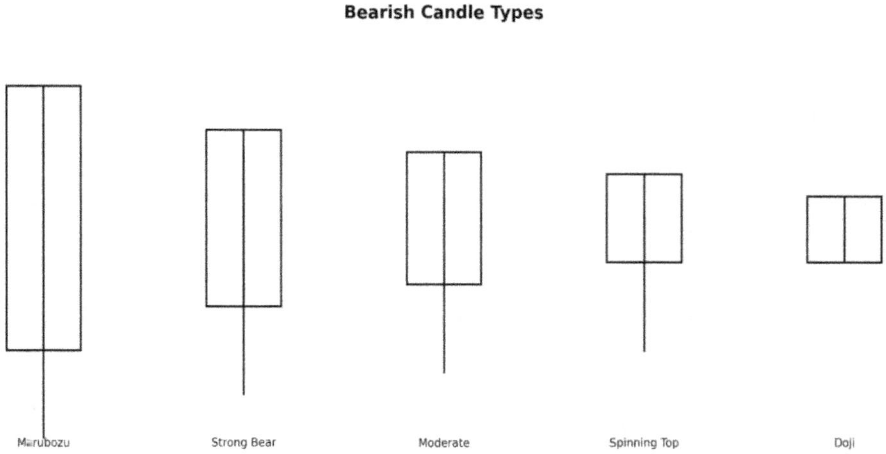

Figure 9.3 — Types de Bougies Baissières. Le miroir des bougies haussières — lire la conviction des vendeurs.

LA RÈGLE DE LA BOUGIE DE CASSURE

Un grand corps baissier clôturant EN DESSOUS d'un niveau de support connu avec un volume élevé est un signal de Condition 3 ou 4. Le niveau de support qui servait auparavant de plancher est devenu un plafond. Sortez immédiatement de toutes les positions de CSP ou de calls couverts haussiers sur le sous-jacent. Le jeu d'options consiste ici à mettre en place un debit put spread ciblant le niveau de support inférieur suivant. N'achetez pas à la clôture d'une bougie de rupture en espérant un rebond — attendez un retest raté du niveau enfoncé par le bas.

Lire les Mèches : Où la Vraie Bataille a Eu Lieu

La mèche est l'élément le moins bien interprété de l'analyse des chandeliers. Alors que la plupart des traders se concentrent sur le corps (où le prix a clôturé par rapport à son ouverture), la mèche vous indique où le prix est allé avant d'être rejeté. Une longue mèche supérieure signifie que le prix a été poussé à la hausse de manière significative pendant la séance, mais que les vendeurs sont intervenus massivement et l'ont fait redescendre avant la clôture. C'est un signal baissier — les vendeurs ont gagné la bataille sur les prix élevés. Une longue mèche inférieure signifie que le prix a été poussé à la baisse, mais que les acheteurs sont intervenus et ont absorbé toutes les ventes, faisant remonter le prix avant la clôture. C'est un signal haussier — les acheteurs ont défendu agressivement les prix bas.

La règle la plus importante concernant les mèches : leur valeur de signal augmente considérablement lorsqu'elles se produisent à des niveaux techniques connus. Une longue mèche inférieure posée exactement sur un support majeur vous indique que les acheteurs défendent ce niveau avec conviction. C'est le signal d'entrée pour un CSP le plus probant dans l'analyse des chandeliers — la mèche prouve la présence des acheteurs. Une longue mèche supérieure sur une résistance confirme que les vendeurs défendent ce niveau. Placez le strike du call court de votre iron condor au-dessus du plus haut de cette mèche.

LA RÈGLE DE LA MÈCHE POUR LE PLACEMENT DU PRIX D'EXERCICE

Longue mèche inférieure au support = candidat d'entrée pour un CSP. Votre strike de put court se place sur ou juste en dessous du niveau de support touché par la mèche. Longue mèche supérieure à la résistance = entrée pour un call couvert ou un bear call spread. Votre strike de call court se place sur ou juste au-dessus du niveau de résistance touché par la mèche. La mèche est le marché qui vous montre exactement où la contrepartie est intervenue. Alignez votre strike court avec ce niveau.

Figures Doji : Quand Aucun Camp ne Gagne

Un Doji se forme lorsque l'ouverture et la clôture sont pratiquement au même

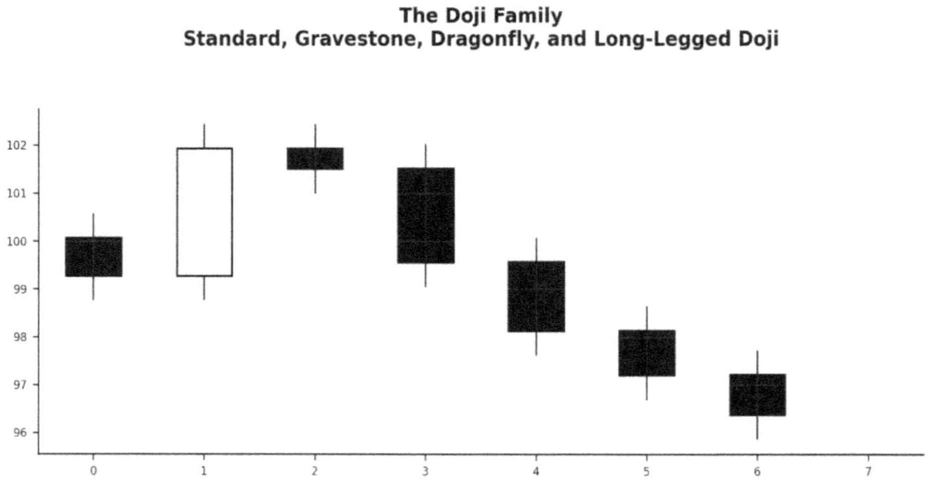

Figure 9.4 — La Famille Doji. Doji Standard, Pierre Tombale, Libellule et Doji à Longues Jambes.

Un Doji Pierre Tombale après un rallye de 5 séances sur un niveau de résistance connu est un signal de retournement à haute probabilité. Le même Doji Pierre Tombale au milieu d'un range de consolidation n'est que du bruit. Demandez-vous toujours : que s'est-il passé au cours des 3 à 5 séances précédant ce Doji, et où se situe le Doji par rapport au niveau technique le plus proche ?

Figures d'Englobement : Le Signal de Retournement à 2 Bougies le Plus Fort

La configuration d'englobement (engulfing pattern) est le signal de retournement à deux bougies le plus fiable dans l'analyse des chandeliers. Un Englobement Haussier (Bullish Engulfing) se produit lorsqu'une grande bougie haussière avale complètement le corps de la bougie baissière précédente — la bougie haussière ouvre en dessous de la clôture précédente et clôture au-dessus de l'ouverture précédente. Cela signifie que les acheteurs ont non seulement effacé toutes les pertes de la séance précédente, mais sont allés plus loin en établissant de nouveaux sommets de clôture. Plus la bougie haussière est grande par rapport à la bougie baissière qu'elle englobe, plus le signal est fort.

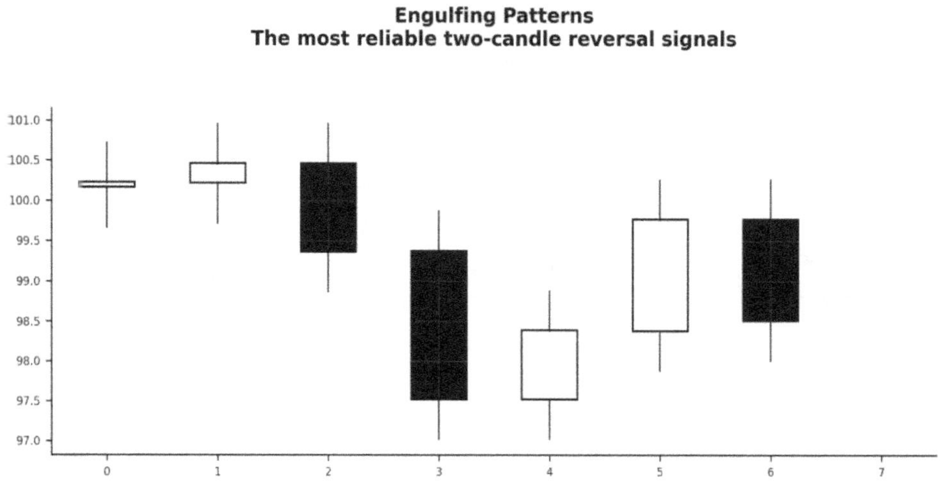

Figure 9.5 — Figures d'Englobement. Le signal de retournement à deux bougies le plus fiable.

Un Englobement Baissier (Bearish Engulfing) est l'image miroir : une grande bougie baissière avale complètement la bougie haussière précédente. Cela signifie que les vendeurs ont effacé tous les gains de la séance précédente et ont poussé le prix vers de nouveaux plus bas de clôture. La figure d'englobement est la plus puissante lorsqu'elle se produit : (1) après une tendance claire de plusieurs séances dans la direction opposée, (2) sur un niveau de support ou de résistance connu, et (3) avec un volume supérieur à la moyenne confirmant la participation institutionnelle. Une figure d'englobement au milieu d'un canal horizontal ou avec un volume faible est un signal à plus faible probabilité.

ENGLOBEMENT + VOLUME = HAUTE CONVICTION

Une configuration d'englobement s'accompagnant d'un volume qui correspond au moins à 1,5x la moyenne sur 20 jours constitue l'un des signaux de retournement à court terme les plus probants en analyse technique. Pour les vendeurs de CSP : un englobement haussier sur un niveau de support majeur avec un volume élevé est le signal d'entrée sur bougie unique le plus propre que vous puissiez trouver. Pour les traders de spreads : un englobement baissier à la résistance avec un volume élevé est un signal de Condition 3 ou 4 pour entrer sur un debit put spread ou un bear call spread ciblant le support suivant.

Marteau & Étoile Filante : Signaux de Retournement à Une Bougie

Le Marteau (Hammer) et l'Étoile Filante (Shooting Star) sont deux des figures de retournement à bougie unique les plus largement reconnues. Toutes deux se définissent par un corps très petit positionné à l'une des extrémités de la fourchette de la séance, avec une très longue mèche s'étirant dans la direction opposée. Le Marteau se produit à la fin d'une tendance baissière : la séance a connu une forte baisse (la longue mèche inférieure), mais les acheteurs sont intervenus et ont effacé la quasi-totalité des pertes avant la clôture, laissant un petit corps près du plus haut de la séance. Le message : les vendeurs ont tout tenté, les acheteurs ont tout absorbé.

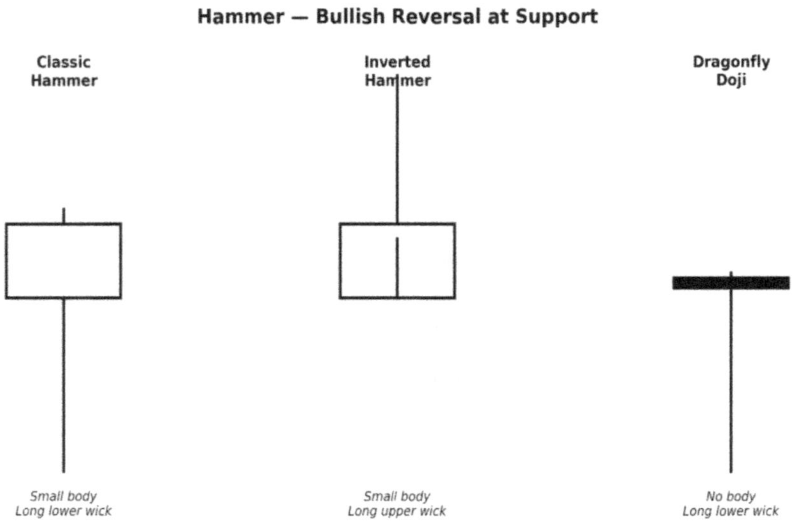

Figure 10.1 — Bougies Marteau et Étoile Filante — Signaux de retournement au support et à la résistance. La longueur de la mèche indique rejection strength.

L'Étoile Filante est l'équivalent baissier, apparaissant à la fin d'une tendance haussière. La séance a connu un rallye marqué (la longue mèche supérieure), mais les vendeurs sont intervenus sur les plus hauts et ont fait redescendre le prix près du plus bas de la séance. Le message : les acheteurs ont tout tenté, les vendeurs ont tout absorbé sur des prix élevés. Pour le trader d'options, le Marteau sur un niveau de support est un signal d'entrée en CSP (les acheteurs défendent ce prix). L'Étoile Filante sur un niveau de résistance est un signal d'entrée en call couvert ou en bear spread (les vendeurs défendent ce plafond).

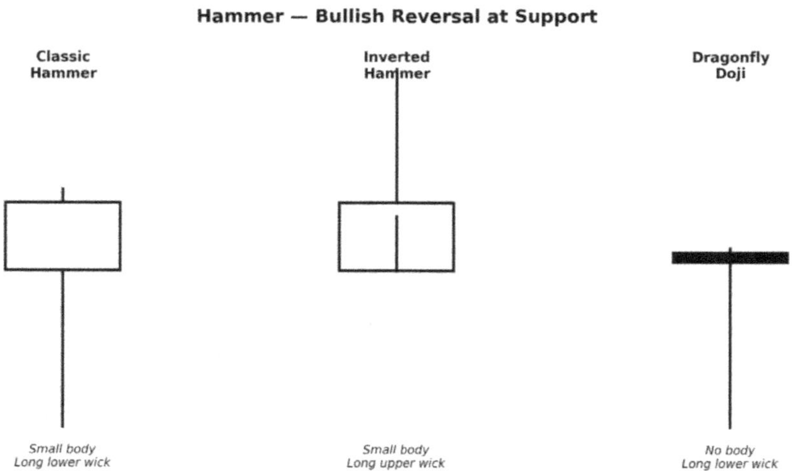

Figure 9.6 — Figures de Marteau. Trois bougies de retournement haussier au support — Classique, Inversé, Libellule.

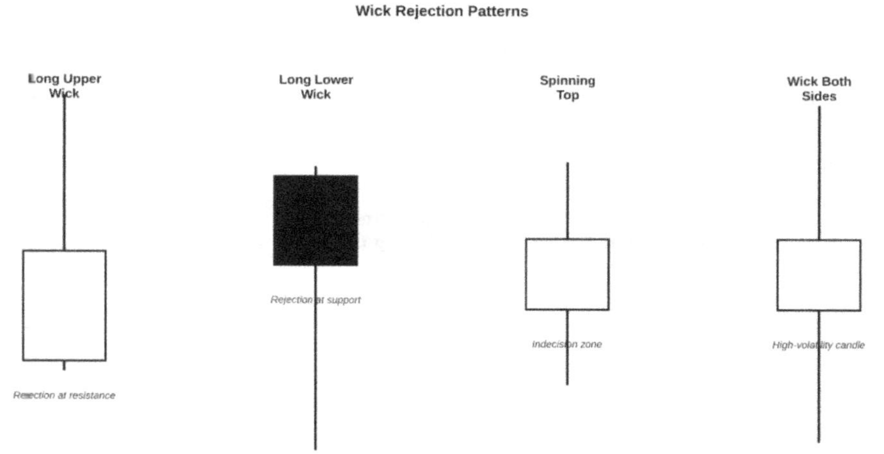

Figure 9.7 — Figures Étoile Filante. Trois bougies de retournement baissier à la résistance.

Étoile du Matin & Étoile du Soir : Figures de Retournement à 3 Bougies

L'Étoile du Matin et l'Étoile du Soir sont des figures de retournement à trois bougies parmi les configurations à plus haute probabilité.

L'Étoile du Soir est le miroir baissier : une grande bougie haussière, puis une petite étoile

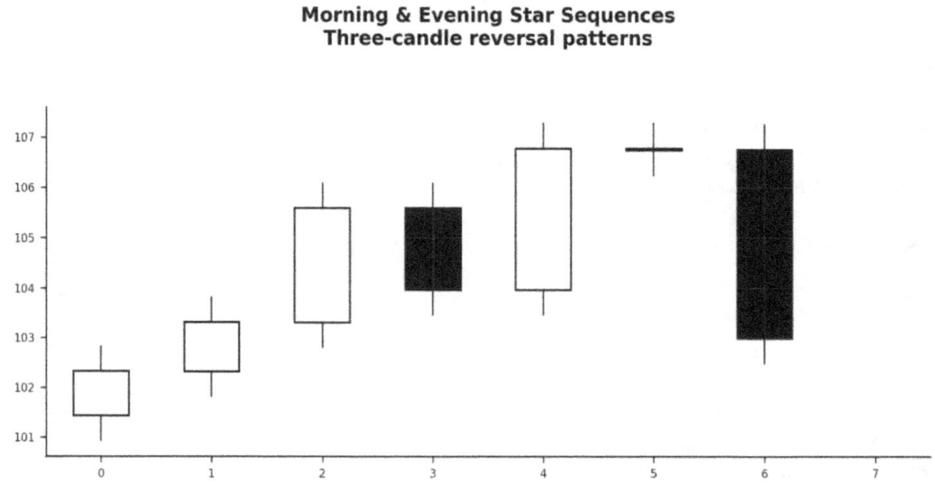

Figure 9.8 — Séquences Étoile du Matin & du Soir. Figures de retournement à trois bougies avec timing d'entrée.

Figures Harami : Retournements de Barre Intérieure

Le Harami (signifiant « enceinte » en japonais) est une figure à deux bougies dans laquelle une petite bougie est complètement contenue dans le corps de la grande bougie précédente. Le Harami Haussier (Bullish Harami) se produit dans une tendance baissière : une grande bougie baissière est suivie d'une petite bougie haussière dont le corps s'inscrit entièrement à l'intérieur du corps baissier précédent. La petite bougie signale que le momentum vendeur s'épuise — les baissiers ne parviennent plus à prolonger le mouvement. Le Harami Baissier (Bearish Harami) est son miroir : une grande bougie haussière suivie d'une petite bougie baissière intérieure, signalant l'épuisement des haussiers.

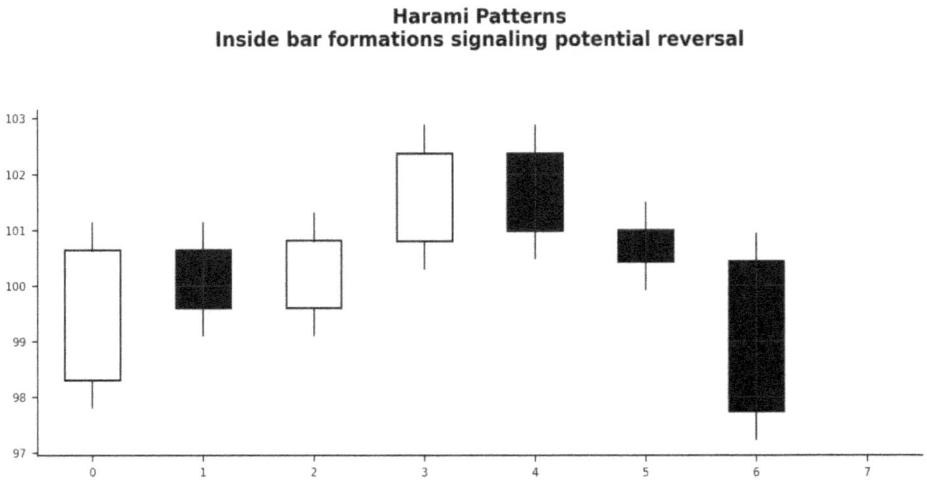

Figure 9.9 — Figures Harami. Formations de barre intérieure signalant une possible pause de momentum.

Une confirmation est requise. Attendez la bougie après le Harami : si elle clôture de manière décisive dans la nouvelle direction (bougie haussière après un Harami haussier), agissez. Si elle poursuit la tendance initiale, le Harami n'était que du bruit. Pour les vendeurs de primes, un Harami à votre prix d'exercice court est un signal pour surveiller de près la position — cela suggère que la pression directionnelle est peut-être en train de s'inverser.

Trois Soldats Blancs & Trois Corbeaux Noirs : Confirmation de Tendance

Ces configurations à trois bougies ne sont pas des retournements — ce sont des signaux de confirmation de tendance. Les Trois Soldats Blancs (Three White Soldiers) correspondent à une séquence de trois bougies haussières consécutives à grand corps, chacune ouvrant à l'intérieur du corps précédent et clôturant plus haut que la clôture précédente. Cela signale une pression acheteuse puissante et soutenue sur plusieurs séances. C'est la configuration qui confirme qu'un changement de tendance s'est opéré et que la nouvelle direction a du momentum. Les Trois Corbeaux Noirs (Three Black Crows) en sont le miroir baissier : trois bougies baissières consécutives à grand corps clôturant à chaque fois plus bas. Ces deux figures prennent tout leur sens lorsqu'elles apparaissent après une période de consolidation ou sur un niveau technique clé.

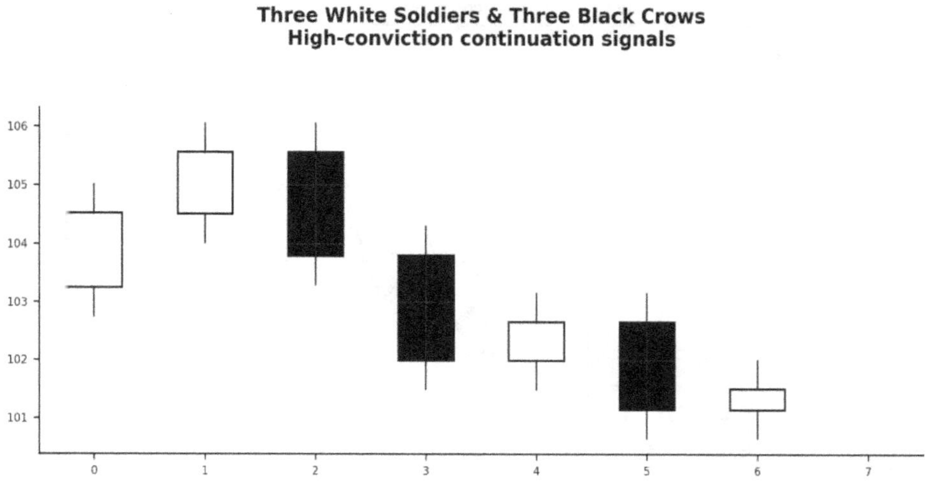

Figure 9.10 — Trois Soldats Blancs & Trois Corbeaux Noirs. Figures de continuation à haute conviction.

TROIS SOLDATS + CASSURE = AUGMENTER LA TAILLE DE POSITION

Lorsque les Trois Soldats Blancs apparaissent immédiatement après une cassure au-dessus d'un niveau de résistance majeur qui tenait depuis des mois ou des années, il s'agit de l'un des signaux d'entrée les plus fiables de toute l'analyse technique. La cassure a eu lieu, la suite du mouvement est confirmée sur trois séances pleines, et les acheteurs institutionnels sont manifestement présents. Pour les trades en Condition 1, c'est le signal d'utiliser la taille de position maximale — et non une entrée échelonnée. La pyramide de conviction s'applique : si vous étiez au niveau du Tier 1 en attente de confirmation, la troisième bougie de soldat est votre déclencheur d'entrée pour les Tiers 2 et 3.

Support & Résistance : Là où le Marché se Souvient

Le support est une zone de prix où la tendance baissière a tendance à marquer une pause en raison d'un intérêt acheteur plus important — c'est un plancher. La résistance est exactement l'inverse : un niveau où la tendance haussière devrait marquer un temps d'arrêt ou faire face à une pression vendeuse — c'est un plafond. Une fois que le prix atteint un niveau clé de support ou de résistance, il n'y a que deux issues possibles : soit il rebondit, soit il enfonce le niveau. Les traders parient sur le mouvement suivant à partir de ces niveaux. S'ils se trompent, ils coupent avec un petit stop-loss. S'ils ont raison, ils surfent sur le mouvement d'envergure qui s'ensuit.

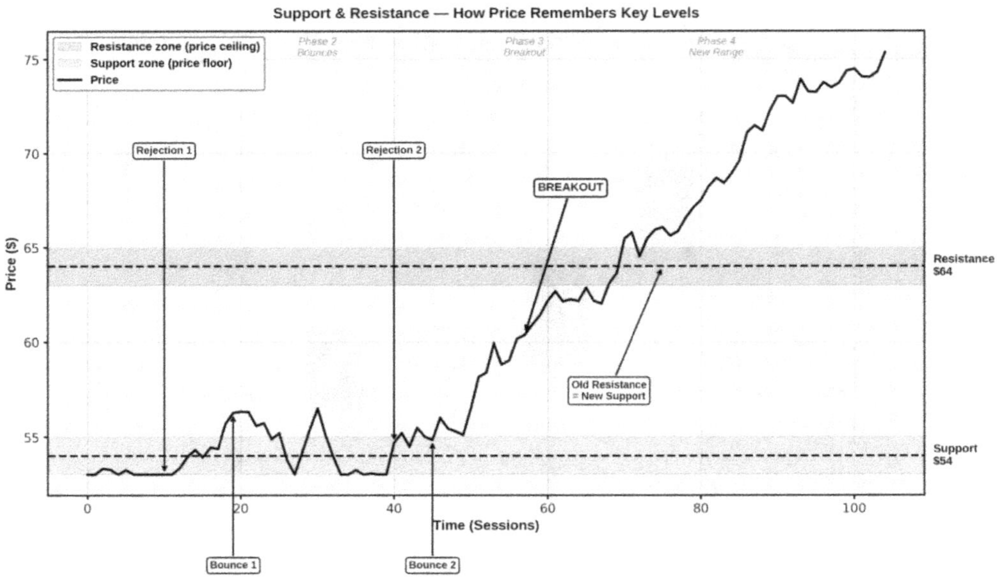

Figure 10.2 — Support & Résistance. Le prix est rejeté deux fois à la résistance, rebondit deux fois au support, puis réalise une cassure (breakout) — et l'ancienne résistance devient un nouveau support.

- Le support devient résistance après sa cassure — les anciens acheteurs sont maintenant piégés et vendront les rebonds pour rentrer dans leurs frais ;break even;
- La résistance devient support après sa cassure — les anciens vendeurs couvrent et de nouveaux acheteurs entrent ;
- Pour les traders d'options : ancrez vos strikes courts EN DESSOUS du support (pour les puts) et AU-DESSUS de la résistance (pour les calls). Laissez la structure du graphique définir vos zones de risque ;

Trois règles pour identifier un support et une résistance forts et fiables :

- Règle 1 — Prenez du recul. Vous ne pouvez pas trouver de support/résistance (S/R) solide sur un graphique en données 5 minutes. Vous devez remonter jusqu'à plusieurs mois de données quotidiennes. Plus vous élargissez l'horizon, plus le niveau identifié est solide. Les supports et résistances ne doivent pas être définis sur des graphiques 5 minutes, à moins que vous ne fassiez du day-trading.
- Règle 2 — Utilisez les graphiques quotidiens et hebdomadaires comme cadres principaux. Pour les traders d'options gérant des positions à 30–45 DTE, le S/R du graphique quotidien est votre référence principale. Le S/R du graphique hebdomadaire constitue votre ultime rempart ; et
- Règle 3 — Comptez les touches. Plus un niveau de prix a été testé et a tenu, plus il est fort. Un niveau testé 4 fois est plus solide qu'un niveau testé 2 fois. Reliez au moins 2–3 points de contact pour confirmer une ligne de support (reliant les creux) ou une ligne de résistance (reliant les pics).

RÈGLE DE PLACEMENT DU PRIX D'EXERCICE

Ne placez jamais votre strike court à l'intérieur d'une zone de support ou de résistance connue. Placez-le au-delà — là où l'action devrait franchir un niveau technique significatif pour atteindre votre strike. Le niveau technique est votre première ligne de défense.

Pourquoi les Niveaux S&R Tiennent : Mémoire, Douleur & Regret

Les niveaux de support et de résistance ne sont pas des lignes tracées au hasard sur un graphique. Ils existent parce que des masses de traders ont de la mémoire — et ces souvenirs créent des engagements émotionnels qui dictent les comportements d'achat et de vente à des niveaux de prix spécifiques. Comprendre la psychologie qui sous-tend le S/R transforme cette technique graphique en une fenêtre ouverte sur le comportement des foules.

Trois groupes de traders créent des niveaux S&R et les défendent longtemps après le mouvement initial :

- Les haussiers piégés (trapped longs) : Des traders qui ont acheté près d'un niveau de résistance et qui subissent des pertes. Lorsque le prix remonte vers leur point d'entrée, ils vendent pour sortir à l'équilibre — créant une nouvelle résistance à ce niveau précis. Leur douleur devient le plafond ;
- Les baissiers piégés (trapped shorts) : Des traders qui ont vendu à découvert près d'un niveau de support et qui subissent des pertes. Lorsque le prix redescend vers leur point d'entrée, ils rachètent pour couvrir leur position — créant un nouveau support à ce niveau. Leurs regrets deviennent le plancher ;
- Les traders qui ont manqué le mouvement : Ceux qui ont observé une cassure et ont regretté de ne pas avoir acheté. Ils attendent un repli (pullback) vers l'ancien niveau — et lorsqu'il se produit, leurs achats renforcent le nouveau support. L'ancienne résistance devient un nouveau support précisément parce qu'un nouveau groupe d'acheteurs engagés a pris le relais ;

Cette psychologie de foule explique trois phénomènes qui déroutent les nouveaux lecteurs de graphiques :

- Pourquoi les niveaux S/R se retournent : lorsque le support cède, les haussiers piégés qui n'ont pas pu vendre à l'équilibre se retrouvent bloqués avec des pertes plus lourdes, et vendent désormais au moindre rallye — convertissant leur ancien plancher en un plafond ;
- Pourquoi les niveaux sont testés plusieurs fois avant de casser : chaque test fait entrer plus de défenseurs, mais en épuise aussi certains.
- Pourquoi les cassures de niveaux largement testés sont explosives : au moment où un niveau cède après cinq tests, les traders piégés du mauvais côté se voient tous contraints de couvrir leurs positions simultanément.

Les Trois Facteurs qui Déterminent la Force du S&R

Les niveaux de support et de résistance ne sont pas tous d'une puissance égale. Trois facteurs déterminent la solidité avec laquelle un niveau va tenir — et le caractère explosif du mouvement s'il vient à céder :

Factor	Ce Qu'Il Mesure	Application pour le Trader d'Options
Length (Time)	Le temps que le prix a passé dans la zone de congestion. Une fourchette de 2 semaines = niveau mineur. Une fourchette de 2 ans = niveau majeur. Plus de temps = plus de traders ayant un engagement émotionnel.	Les S/R hebdomadaires issus de bases s'étalant sur plusieurs mois = les meilleurs ancrages pour vos strikes. Les S/R quotidiens issus de fourchettes de 2 à 3 semaines = fiables mais moins puissants. Les niveaux intrajournaliers = du bruit, sauf si vous faites du scalping.

Factor	Ce Qu'Il Mesure	Application pour le Trader d'Options
Height (Price Range)	La hauteur de la zone de congestion en pourcentage du prix. Une zone de 1 % = S/R mineur. Une zone de 3 % = intermédiaire. Une zone de 7 % ou plus = barrière majeure capable de stopper des tendances lourdes.	Ajustez la taille de la protection à la hauteur de la zone.
Volume (Commitment)	Le volume de transactions réalisé dans la zone de congestion. Volume élevé = engagement émotionnel fort de la part de nombreux participants. Volume faible = engagement faible, plus facile à enfoncer.	Un niveau de support formé lors d'une phase d'accumulation à fort volume correspond à l'endroit où les institutions ont acheté. Il sera défendu à nouveau. Un niveau formé sur un volume mince peut ressembler à un support mais ne dispose d'aucune armée pour le protéger. Vérifiez le volume avant de faire confiance à un niveau S/R.

FORMULE DE FORCE S&R

S/R Solide = Longueur (temps) × Hauteur (fourchette de prix) × Volume (engagement). Un niveau ancien, large et fortement négocié est une forteresse. Un niveau qui s'est formé rapidement sur un volume mince est une simple suggestion. Les configurations d'options les plus solides sont celles où votre strike court se situe au-delà d'un niveau S/R de type forteresse — là où l'action devrait briser des années de mémoire institutionnelle pour atteindre votre position.

Retracement de Fibonacci — Les Nombres Magiques

Le retracement de Fibonacci est un indicateur technique qui identifie les barrières potentielles de support et de résistance lors d'un repli. Contrairement aux niveaux S/R statiques, les niveaux de Fibonacci sont calculés de manière dynamique à partir du mouvement le plus récent et le plus significatif d'une action, du plus haut au plus bas. L'identification des niveaux de repli potentiels ne repose sur aucune action passée des prix — elle se base sur une séquence mathématique que l'on retrouve partout dans la nature comme sur les marchés.

Les cinq niveaux de Fibonacci les plus importants que chaque trader d'options doit connaître :

Niveau Fib	Ce que Cela Signifie pour les Traders d'Options
23.6%	Retracement peu profond — tendance très forte. Faible repli. Bonne entrée pour les jeux de continuation de forte tendance haussière.
38.2%	Repli modéré — consolidation de tendance saine. Fort support dans les tendances haussières. Ancre courante pour le prix d'exercice du put court. anchor zone.
50.0%	Point médian psychologique — n'est pas un nombre de Fibonacci mais reste universellement respecté comme support/résistance. Réaction à fort volume attendue à ce niveau.

Niveau Fib	Ce que Cela Signifie pour les Traders d'Options
61.8%	Le « Nombre d'Or » — le niveau de Fibonacci le plus puissant. Si un repli atteint 61,8 %, la tendance subit un test sérieux. Un retournement violent ou une rupture est probable à cet endroit.
78.6%	Retracement profond — la tendance s'affaiblit considérablement. Une cassure des 78,6 % signale souvent un retournement complet de tendance. Le placement d'un strike en dessous de 78,6 % est agressif.

La plupart des plateformes graphiques (TradingView, ThinkorSwim, Barchart) intègrent des outils de retracement de Fibonacci. Tracez l'outil depuis le plus bas de swing (swing low) le plus récent jusqu'au plus haut de swing (swing high) (pour un repli en tendance haussière). Les niveaux apparaissent automatiquement. Pour la sélection du strike d'option : les niveaux de 38,2 % et 61,8 % constituent vos zones de support les plus fiables pour placer des strikes de put court — le marché ayant une forte tendance historique à retrouver des acheteurs sur ces niveaux.

Moyennes Mobiles : Le Filtre de Tendance

Une moyenne mobile exponentielle (EMA) lisse les données de prix sur une période définie, créant une ligne dynamique qui filtre le bruit et révèle la direction sous-jacente de la tendance. Pour les traders d'options, les moyennes mobiles font office de filtres de tendance et de niveaux dynamiques de support/résistance — elles ne constituent pas des signaux d'entrée en soi, mais fournissent un contexte critique pour chaque trade.

Moyenne Mobile Exponentielle	Période	Ce Qu'Elle Montre	Options Trader Application
20-day EMA	20 sessions	Tendance à court terme ; suit de près l'action des prix récente	Tampon pour le prix d'exercice des trades à 30 JAE. Reprise de la MME 20 jours = signal d'entrée haussier à court terme.
50-day EMA	50 sessions	Tendance intermédiaire ; niveau de référence institutionnel	Point d'inflexion clé pour les signaux de rotation sectorielle. ETF sectoriel reprenant la MME 50 jours = alerte de rotation.
200-day EMA	200 sessions	Tendance à long terme ; la ligne entre marché haussier et baissier	Au-dessus de la MME 200 jours = biais haussier sur tous les trades. En dessous = biais baissier, réduire l'exposition longue.
EMA (Exponential)	Variable	Pondère davantage les prix récents — réagit plus vite	Utilisez le croisement MME 8/21 pour le timing d'entrée sur les échéances courtes. Plus réactif que la MME au momentum récent.

MACD : Confirmation du Momentum

Pour les traders d'options, le MACD est un outil de confirmation du momentum, pas un signal autonome.

- MACD croisant au-dessus de la ligne de signal par le bas — confirmation du momentum haussier. Utilisé pour régler le timing d'entrée sur les configurations haussières ; bullish setups (bull call spreads, CSPs);
- MACD croisant en dessous de la ligne de signal par le haut — confirmation du momentum baissier. Utilisé pour régler le timing d'entrée sur les configurations baissières ; bearish setups (bear put spreads, bear call spreads);
- Histogramme MACD en rétrécissement alors que le prix est encore en tendance — le momentum s'essoufle. Envisager de resserrer les stops ou de rouler les positions ;ps or rolling positions;

La divergence MACD est le signal de plus haute valeur que l'indicateur produit — et celui que la plupart des livres décrivent sans expliquer complètement l'exigence de la ligne centrale. without fully explaining:

- Divergence MACD Baissière : L'action inscrit des plus hauts plus ÉLEVÉS, mais le MACD inscrit des plus hauts plus BAS. Le prix progresse mais le momentum faiblit — le rallye perd son moteur. Cela précède souvent un retracement. Une position haussière ouverte ici présente une probabilité de réussite plus faible ;
- Divergence MACD Haussière : L'action inscrit des plus bas plus BAS, mais le MACD inscrit des plus bas plus ÉLEVÉS. La pression vendeuse s'épuise alors même que le prix baisse — c'est souvent la configuration précédant un retournement. Excellent indicateur de timing pour les entrées en CSP ou en bull put spread ;

La Règle de la Ligne Centrale — L'Exigence de Divergence la Plus Incomprise

Pour qu'une véritable divergence existe, l'Histogramme MACD doit croiser sa ligne zéro entre les deux plus bas (haussier) ou les deux plus hauts (baissier). Sans le croisement de la ligne centrale, il n'y a pas de divergence — il y a seulement un affaiblissement de la tendance.

- Condition de la divergence haussière : Le prix inscrit un plus bas → le MACD-Histogramme repasse AU-DESSUS de la ligne zéro → le prix inscrit un second plus bas → le MACD-Histogramme inscrit un creux moins profond (le second creux n'a pas besoin de franchir à nouveau la ligne zéro). Le croisement de la ligne centrale entre les deux creux « brise l'élan des baissiers » ;
- Condition de la divergence baissière : Le prix inscrit un plus haut → le MACD-Histogramme descend EN DESSOUS de la ligne zéro → le prix inscrit un second plus haut → le MACD-Histogramme inscrit un sommet moins élevé. Le croisement de la ligne centrale entre les deux sommets « brise l'élan des haussiers » ;
- Le signal d'achat se déclenche lorsque l'histogramme MACD tick À LA HAUSSE depuis son deuxième creux — pas quand il croise zéro.
- Le signal de vente se déclenche lorsque l'histogramme MACD tick À LA BAISSE depuis son deuxième sommet — pas quand il croise zéro.. Same principle, earlier entry.

Vous avez une tendance. Tradez avec elle, pas contre elle. Les divergences valides qui respectent la règle de la ligne centrale sont rares, mais figurent parmi les signaux les plus puissants de l'analyse technique. Lorsqu'il en apparaît une, cela justifie d'augmenter la taille de la position.

RÈGLE DE LA LIGNE CENTRALE DE DIVERGENCE

Avant d'agir sur une divergence MACD, vérifiez : l'histogramme a-t-il bien croisé sa ligne zéro entre les deux points de référence ? Si ce n'est pas le cas, la divergence est invalide. Une configuration de plus bas de MACD inférieurs sans croisement de la ligne centrale confirme simplement une tendance baissière forte — et non un retournement imminent. Le croisement de la ligne centrale est ce qui « réinitialise » la figure et donne tout leur sens au second creux ou au second sommet.

Le Système Dual MME : La Zone de Valeur pour une Entrée de Précision

Ce sont des filtres de conditions, pas des outils de timing d'entrée. Pour le timing d'entrée, le système Dual EMA utilisant une moyenne mobile exponentielle rapide et une lente crée ce que les traders appellent la Value Zone : l'espace entre les deux lignes où le prix n'est ni en sur-extension ni sous-évalué. C'est dans cette zone que se produisent les entrées d'options à plus haute probabilité.

L'EMA lente représente le consensus de valeur à plus long terme. L'EMA rapide représente le consensus à plus court terme. La valeur vit entre les deux. Lorsque le prix se replie dans la zone de valeur au cours d'une tendance hausse, il est revenu à sa juste valeur — une entrée idéale pour les CSP et les bull call spreads. Lorsque le prix remonte dans la zone de valeur au cours d'une tendance baissière, il est revenu à sa juste valeur par le bas — une entrée idéale pour les bear call spreads.

- Dans une tendance haussière (EMA lente orientée à la hausse) : les replis dans la zone de valeur située entre l'EMA rapide et l'EMA lente constituent des fenêtres d'entrée pour les CSP. Le prix s'est replié d'une zone de surtension vers sa valeur — les acheteurs reviennent généralement sur cette zone ;
- Dans une tendance baissière (EMA lente orientée à la baisse) : les rallyes dans la zone de valeur située entre l'EMA rapide et l'EMA lente constituent des fenêtres d'entrée pour les bear call spreads. Le prix s'est redressé d'une zone de survente vers sa valeur — les vendeurs reviennent généralement sur cette zone ;
- Dans un canal horizontal (EMA lente à plat) : la zone de valeur marque le milieu du canal. Les entrées aux extrêmes du canal (au-dessus de l'EMA rapide pour les calls courts, en dessous pour les puts courts) sont à privilégier par rapport aux entrées en zone de valeur ;
- Confirmation de la pente MME : Une MME lente en hausse confirme une tendance haussière. Une MME lente plate confirme un range. Une MME lente en baisse confirme une tendance baissière.
- Le ratio 2:1 n'a rien de magique — c'est un étalon. L'utilisation des paramètres 26/13 sur toutes les unités de temps (hebdomadaire, quotidienne, intrajornière) préserve la cohérence de votre analyse et évite la confusion qui découle de l'usage de paramètres différents sur des graphiques différents.

LA RÈGLE D'ENTRÉE EN ZONE DE VALEUR

N'entrez pas dans des positions de prime haussières (CSPs, bull call spreads) lorsque le prix est situé loin au-dessus de la zone de valeur — vous achèteriez en pleine euphorie de marché. N'entrez pas dans des positions de prime baissières lorsque le prix se situe loin en dessous de la zone de valeur — vous courriez après la dépression du marché. Attendez que le prix revienne dans la zone de valeur, confirmez la pente de l'EMA lente, puis entrez dans le sens de la marée. La patience au niveau de la zone de valeur l'emporte à coup sûr sur la précipitation.

RSI : Sur-Achat, Survente et Divergence

Le Relative Strength Index (RSI) mesure la vitesse et l'amplitude des variations de prix sur une échelle de 0 à 100. Interprétation traditionnelle : au-dessus de 70 correspond à une situation de surachat, en dessous de 30 à une survente. Pour les traders d'options, la lecture du surachat/survente est moins utile que le signal de divergence — il s'agit de l'un des systèmes d'alerte précoce les plus fiables en analyse technique.

IMPORTANT : Ne confondez pas le RSI avec la Force Relative (RS). Ce sont deux indicateurs totalement différents. Le RSI est un oscillateur sur une échelle de 0 à 100 qui mesure le momentum du prix d'une action par rapport à elle-même. La Force Relative (RS) mesure la performance d'une action ou d'un ETF par rapport à un indice de référence tel que le S&P 500. La similarité des noms engendre de la confusion depuis des décennies — sachez précisément lequel des deux votre plateforme affiche.

- RSI supérieur à 70 — l'action peut être étirée. Évitez d'acheter des calls ou d'initier de nouveaux spreads débit haussiers ;nsider selling covered calls or initiating bear call spreads;
- RSI inférieur à 30 — l'action peut être en survente. Évitez d'acheter des puts ou d'ajouter des positions baissières ;ling cash-secured puts or initiating bull put spreads;
- Divergence RSI baissière : Le prix inscrit un nouveau plus haut, le RSI inscrit un plus haut moins élevé — le momentum faiblit. L'entrée haussière présente un risque plus grand ; envisagez des structures de protection ; et
- Divergence RSI haussière : Le prix inscrit un nouveau plus bas, le RSI inscrit un plus bas plus élevé — la pression vendeuse s'épuise. Fenêtre d'opportunité pour les CSPs ou les bull call spreads sur des titres de qualité.

Force Relative (FR) : Le Filtre de Sélection des Actions

La Force Relative — distincte du RSI — est la comparaison de la performance d'un titre par rapport à un indice de référence. Les meilleurs candidats pour le trading sont ceux qui surperforment le marché au sens large. En vous focalisant sur les actions et les ETF qui mènent le marché plutôt que sur ceux qui sont à la traîne, vous augmentez votre probabilité d'obtenir des résultats profitables.

Les meilleurs candidats au trading montrent tous les éléments suivants :

- Fondamentaux solides — bénéfices croissant plus vite que la moyenne, opérant dans une économie en croissance ;
- Action leader dans un secteur fort — le secteur est dans la bonne phase du cycle économique (Chapitre 7) ;
- S'approchant d'un signal d'achat technique sur son graphique de prix — pas encore étiré ; et
- Surperformant le S&P 500 sur une base de 1 mois, 3 mois et 6 mois.

Ratio en baisse = sous-performance. La plupart des plateformes (TradingView, StockCharts PerfChart) l'affichent visuellement — vous pouvez tracer jusqu'à 12 symboles simultanément par rapport au S&P 500.

Taux de Variation (ROC) : Vélocité de la Tendance

L indicateur Rate of Change mesure la vitesse à laquelle le prix d'une action se déplace — non seulement sa direction, mais sa vélocité. Il calcule la variation en pourcentage du prix sur une période historique définie (généralement 12 ou 14 jours) et se trace sous la forme d'un oscillateur autour d'une ligne zéro.

- ROC au-dessus de zéro et en hausse — le prix s'accélère vers le haut. Confirme la force de la tendance. Favorablelish setups;
- ROC au-dessus de zéro mais en baisse — le momentum haussier ralentit. Action possible de sommet. Réduire l'exposition longue.sure or tighten stops;
- ROC croisant en dessous de zéro — la tendance est devenue négative. Sortir des positions haussières.
- Divergence ROC par rapport au prix — même principe que la divergence MACD. Prix faisant de nouveaux plus hautsg lower highs = bearish warning.

Le ROC est particulièrement utile en tant que confirmation de suivi de tendance pour les stratégies de rotation sectorielle du Chapitre 7 — un ETF sectoriel avec un ROC en hausse confirme l'achat institutionnel qui précède une rotation complète.

Bandes de Bollinger : Visualisation de la Volatilité

Les Bollinger Bands placent deux bandes d'écart-type au-dessus et en dessous d'une moyenne mobile exponentielle à 20 jours. Lorsque les bandes sont étroites (un resserrement ou squeeze), la volatilité est comprimée et une cassure (breakout) est probablement imminente. Lorsque les bandes sont larges, la volatilité est dilatée et un retour à la moyenne (mean reversion) peut s'ensuivre. Pour les traders d'options, les Bollinger Bands sont un outil de timing de la volatilité tout autant qu'un outil de prix.

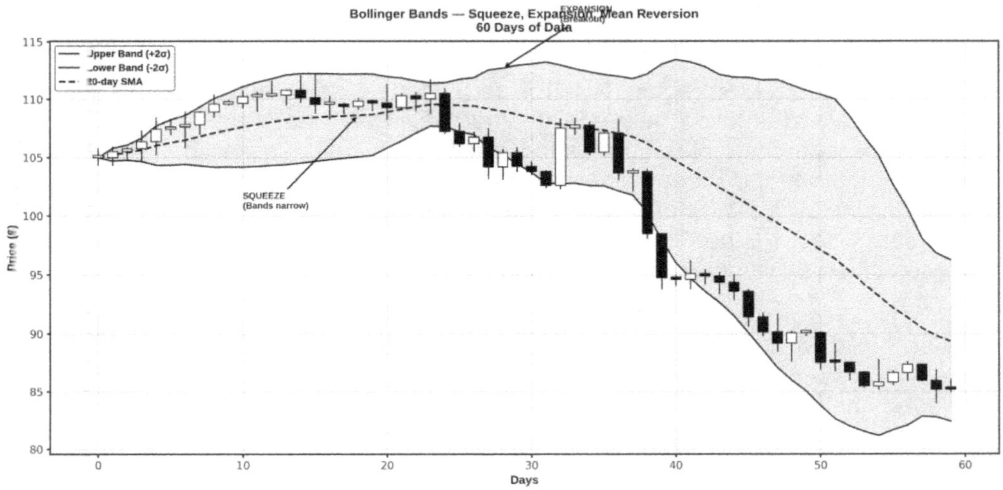

Figure 9.12 — Bandes de Bollinger. Signaux de contraction, expansion et retour à la moyenne.

- Contraction des Bandes de Bollinger → VI probablement basse → moment favorable pour acheter des options ou entrer en calendarefore expansion;
- Prix touchant régulièrement la bande supérieure dans une tendance haussière → confirmation de tendance, pas de signal de retournement automatiquel signal;
- Le prix touchant la bande inférieure après une tendance baissière prolongée avec une divergence RSI → configuration de retournement potentiel pour un CSP ou un bull put spread ;
- Marche sur la bande (band walk) : Le prix qui colle à la bande supérieure ou inférieure pendant plusieurs séances signale une tendance forte — ne la contrecarrez pas avec des trades de retour à la moyenne ;
- Combinaison Momentum + Bollinger : Lorsque le momentum (MACD/ROC) et le prix se situent simultanément sur la bande supérieure de Bollinger, la tendance est à son extension maximale — zone à haute probabilité pour un repli (pullback) ou une pause ;

Bullish Percent (BPI): Market Breadth

Le Bullish Percent Index mesure le pourcentage d'actions d'un indice ou d'un secteur donné qui se trouvent sur un signal d'achat Point & Figure. C'est un indicateur de participation (breadth indicator) — il ne vous dit pas seulement où se situe le prix de l'indice, mais combien d'actions participent au mouvement. Cette distinction est critique pour l'analyse de la rotation sectorielle.

- BPI supérieur à 70 % — le secteur est en sur-achat sur une base d'amplitude. Les configurations de vente de prime deviennent plus favorables ; avoid initiating new long debit spreads;
- BPI inférieur à 30 % — le secteur est en survente sur une base d'amplitude. Commencer à surveiller les opportunités de CSP ;r leaders as rotation back in begins;
- C'est un signal d'entrée de rotation sectorielle.
- Un BPI en baisse dans un secteur qui inscrit pourtant des sommets de prix — divergence de participation. Le mouvement se restreint. Des structures défensives (collars, put spreads) sont justifiées.

Les Nouveaux Hauts–Nouveaux Bas : Amplitude du Leadership de Marché

Le New High–New Low Index (NH-NL) est l'un des indicateurs avancés les plus puissants pour la direction générale du marché. Il suit les leaders — les actions atteignant de nouveaux plus hauts sur 52 semaines moins les actions touchant de nouveaux plus bas sur 52 semaines au cours d'une journée donnée. La logique est simple : lorsque les officiers de l'armée avancent (les nouveaux plus hauts augmentent), les troupes suivent. Lorsque les officiers battent en retraite (les nouveaux plus bas se développent), l'armée fait demi-tour et s'enfuit.

NH-NL = Nouveaux plus hauts sur 52 semaines − Nouveaux plus bas sur 52 semaines. La plupart des services de données et des plateformes graphiques fournissent cette donnée. Tracez-la sous forme de ligne sous un graphique quotidien du SPY ou du SPX, avec une ligne de référence horizontale à zéro.

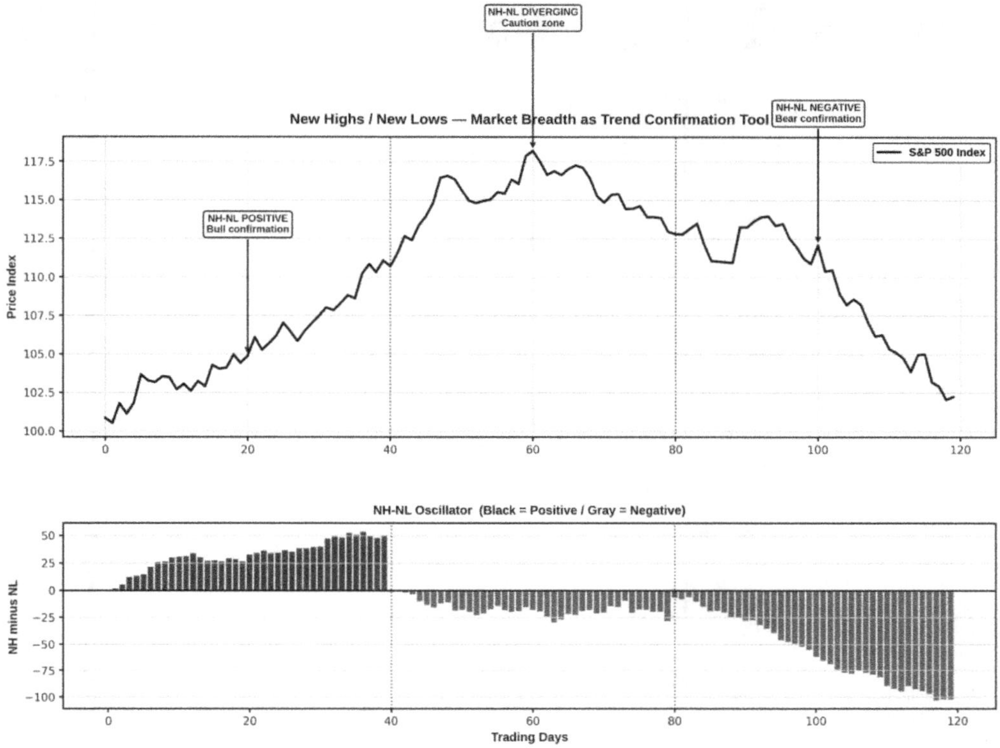

Figure 10.2 — Indicateur Nouveaux Hauts / Nouveaux Bas — Participation globale du marché comme outil de confirmation de tendance et de divergence detection tool.

Indicateur Nouveaux Hauts/Nouveaux Bas — Participation globale du marché comme outil de confirmation de tendance.

Trois Signaux NH-NL pour les Traders d'Options

Signal	Ce que Cela Signifie	Options Implication Stratégique
Position de la Ligne Zéro	NH-NL au-dessus de zéro : leadership haussier dominant. NH-NL en dessous de zéro : leadership baissier dominant. Peut rester d'un seul côté pendant des mois lors de tendances soutenues.	Ajout d'une confirmation de Condition 1 ou 2 : lorsque le NH-NL est au-dessus de zéro et en hausse, les CSPs et les bull call spreads sur des titres de qualité bénéficient du marché au sens large comme vent arrière. S'il est négatif, suspendez vos entrées sur de nouvelles positions haussières.
Direction de la Tendance	Lorsque le marché progresse et que le NH-NL augmente de concert : tendance confirmée, susceptible de se poursuivre. Lorsque le marché progresse mais que le NH-NL se contracte ou devient plat : moins d'actions participent — un signe d'alerte de distribution.	Si le NH-NL diverge du prix pendant 3 séances ou plus, réduisez la taille des nouvelles positions haussières de 50 %.
Divergence par Rapport au Prix	Le signal le plus puissant. Si le marché inscrit un nouveau plus haut mais que le NH-NL inscrit	Divergence baissière du NH-NL alors que vous détenez des positions haussières : commencez les rollings défensifs

Signal	Ce que Cela Signifie	Options Implication Stratégique
	un plus haut plus BAS : divergence baissière — le leadership se détériore alors même que l'indice monte. Si le marché inscrit un nouveau plus bas mais que le NH-NL inscrit un plus bas plus ÉLEVÉ : divergence haussière — la baisse perd de ses leaders.	(raccourcir les DTE, élargir les strikes, prendre des profits partiels). Divergence haussière du NH-NL dans une tendance baissière : préparez votre première liste de CSP — la probabilité de retournement augmente.

NH-NL COMME FILTRE DE DIMENSIONNEMENT DE POSITION

Avant d'ouvrir une nouvelle position sur options, vérifiez le NH-NL. Si le NH-NL est positif et orienté à la hausse : déployez la taille de position totale initialement prévue. Si le NH-NL est positif mais en baisse : déployez 75 % de la taille. Si le NH-NL est proche de zéro ou négatif : déployez 50 % de la taille ou patientez. Si le NH-NL est fortement négatif et en baisse : restez totalement à l'écart des nouvelles positions haussières. L'environnement global du marché constitue le contexte dans lequel vit chaque trade individuel. Le NH-NL vous indique la qualité de ce contexte — avant d'engager votre capital.

Cassures : L'Entrée par Momentum — et le Cadre Professionnel de Contre-Tendance

Une cassure (breakout) se produit lorsque le prix franchit de manière décisive un niveau de résistance à la hausse ou un niveau de support à la baisse avec un volume élevé. Les breakouts sont des signaux d'entrée à forte conviction pour les traders d'options car ils confirment que le rapport de force a basculé — les acheteurs ont submergé les vendeurs à la résistance, ou vice versa.

- La confirmation par le volume est essentielle — une cassure sur faible volume est suspecte et sujette aux fausses cassures breakout reversal;
- Pour les entrées sur calls : attendez que la bougie quotidienne clôture au-dessus de la résistance — la clôture au-dessus constitue la confirmation, pas un simple contact intrajournalier ;
- Pour les entrées sur puts : attendez que la bougie quotidienne clôture en dessous du support — les ruptures intrajournalières sont fréquemment inversées en fin de journée ;
- Entrées sur retest : après un breakout, le prix revient souvent tester le niveau rompu qui fait office de nouveau support/résistance. Cette entrée sur retest offre un meilleur prix et la confirmation que le niveau s'est inversé ;

L'Avantage Professionnel : Contre les Fausses Cassures

Les marchés passent beaucoup plus de temps dans des canaux horizontaux que dans des tendances. La majorité des breakouts issus de ces canaux sont faux — le prix perce la limite, déclenche les ordres stop-loss et buy-stop des traders de canal, puis se retourne pour revenir à l'intérieur. Les traders particuliers courent après les breakouts. Les traders professionnels font l'inverse : ils attendent que le breakout s'essouffle, confirment le retournement et entrent à contre-courant du mouvement avorté avec un stop serré et un objectif situé au milieu du canal précédent.

- Une véritable confirmation de breakout exige la réunion de CES TROIS ÉLÉMENTS : (1) une clôture quotidienne au-delà du niveau, (2) un volume significativement supérieur à la moyenne, ET (3) des indicateurs de momentum (MACD, RSI) qui confirment — sans diverger. Sans ces trois éléments, la cassure est suspecte ;
- Signaux de faux breakout : volume inférieur à la moyenne le jour du breakout, clôture de retour dans le canal en l'espace de 1 à 3 sessions, OU indicateurs de momentum montrant une divergence par rapport au mouvement ;
- Le trade d'options à contre-tendance : Un breakout haussier avorté → bear call spread avec un strike court juste au-dessus du plus haut invalidé.
- Attendez deux clôtures quotidiennes consécutives de retour à l'intérieur du canal avant d'entrer sur le trade de contre-tendance (fade). Une seule clôture est un test. Deux clôtures constituent une confirmation.

LA RÈGLE PROFESSIONNELLE DE CONTRE-TENDANCE

Les professionnels savent que la plupart des breakouts échouent et sont suivis de retournements — c'est pourquoi ils tradent contre les déviations du canal plutôt que de courir après elles. Lorsqu'un breakout échoue et que le prix clôture de retour dans le canal précédent pendant deux séances : initiez le trade de contre-tendance. Un bear call spread au-dessus du plus haut invalidé. Un bull put spread en dessous du plus bas invalidé. L'extrême invalidé est l'endroit où les vendeurs (ou les acheteurs) sont bien organisés. Laissez leur force travailler pour vous.

Gérer une cassure ratée sur des positions existantes : deux protocoles clairs :

- Protocole 1 : Si le prix repasse sous le niveau de résistance qu'il vient de casser — sortez immédiatement. Le breakout a échoué. Prenez la petite perte ;
- Protocole 2 : Si le prix rechute jusqu'au point médian du canal horizontal précédent — le breakout a définitivement échoué. Ce point médian constitue votre stop-loss de sortie pour toute position ouverte sur le breakout.

Le Cadre des Trois Niveaux de Temps pour les Traders d'Options

Les traders professionnels n'analysent jamais un marché sur une seule unité de temps. Chaque instrument évolue simultanément sur plusieurs horizons de temps — ce qui ressemble à une tendance haussière sur un graphique peut n'être qu'un repli au sein d'une tendance plus lourde sur un autre. Les traders d'options font face à une version de ce problème plus complexe que les traders d'actions : ils doivent identifier correctement non seulement la direction, mais aussi la vélocité, le timing et la magnitude — qui apparaissent tous différemment selon le graphique que vous observez.

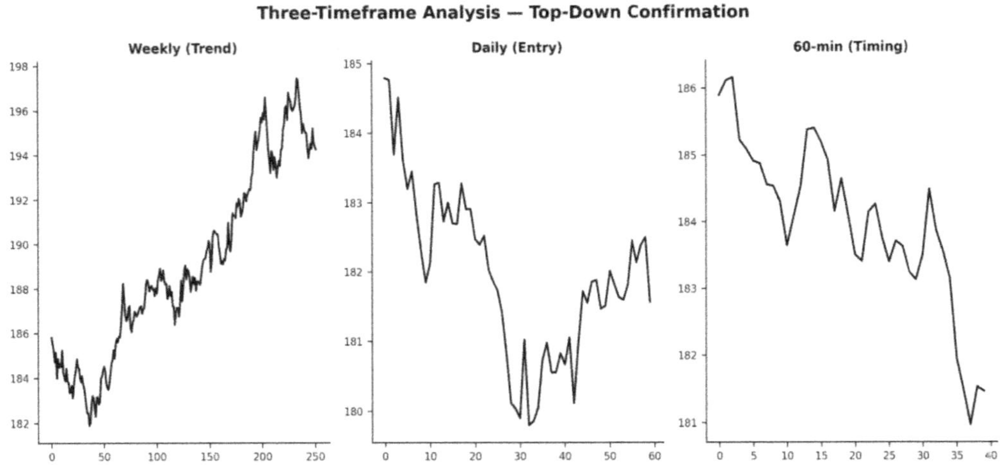

Figure 9.13 — Analyse à Trois Niveaux de Temps.

La solution réside dans une approche systématique sur trois unités de temps, où chaque graphique remplit une fonction distincte et sans chevauchement. Les trois unités de temps pour une position d'options standard à 30–45 DTE sont le graphique Hebdomadaire, Quotidien et Intrajournalier (graphique 4 heures ou 1 heure). Voyez-les comme la marée, la vague et le clapot — vous tradez dans le sens de la marée, utilisez la vague pour chronométrer l'entrée et utilisez le clapot pour une exécution précise.

Timeframe	Rôle	Ce que Vous Lisez	Décision Prise
Hebdomadaire Chart	**LA MARÉE Direction Stratégique**	Pente MME 26 semaines (hausse/baisse/plate). Direction histogramme MACD. Niveaux S/R majeurs. Tendance sectoriellerom rotation analysis (Ch. 3).	Condition HAUSSIÈRE / BAISSIÈRE / NEUTRE. Sélection des strikes (ATM vs OTM). Choix du DTE (45 jours pour le revenu, 60–90 pour les LEAPS). Décision de vendre ou d'acheter de la prime.
Daily Chart	**LA VAGUE Entrée Tactique**	Divergence RSI ou sur-achat/survente. Croisement ou divergence MACD. Zone de valeur Dual MME. Figures graphiquesart pattern confirmation. Volume on key candles.	PRIX DE STRIKE EXACT. Timing d'entrée (entrer maintenant ou attendre un repli vers la zone de valeur). Niveau de référence pour le stop-loss. Structure de spread la mieux adaptée à la configuration.
Intraday (4H or 1H)	**LE FRISSON Exécution de Précision**	Prix par rapport à la MME intrajournalière. Niveau de VI au moment de l'ordre (vérifier le prix milieu vs mark). Bid/ask spread spread width. Order book depth at strike.	PRIX D'ORDRE LIMITE. Placer l'ordre maintenant ou attendre un meilleur remplissage. Niveau d'ordre GTC de clôture (50% profit target). Avoid opening in final 30 minutes of session.

La séquence n'est pas négociable : commencez toujours par le graphique hebdomadaire. Ne jetez jamais un coup d'œil au graphique quotidien en premier — cela biaiserait votre analyse et vous ferait voir des figures qui confirment ce que vous voulez déjà faire. Le graphique hebdomadaire vous donne la vision stratégique objective. Ce n'est qu'après vous être engagé sur une direction hebdomadaire que vous descendez sur le quotidien pour rythmer l'entrée. Ce n'est qu'après avoir confirmé la configuration quotidienne que vous descendez sur l'intrajournalier pour l'exécution.

Application des Trois Niveaux de Temps par Stratégie

Strategy	Hebdomadaire Signal Required	Daily Signal d'Entrée	Intraday Execution
Put Sécurisé en Espèces (CSP)	MME hebdomadaire en hausse. MACD-H positif. NH-NL au-dessus de zéro.	Le prix entre dans la zone de valeur (MME rapide/lente). RSI 40–55. Pas de divergence baissière.	Placer un ordre limite au prix milieu lorsque le spread bid/ask ≤ 0,30 $. Définir un ordre GTC d'achat pour clôturer à 50 %.
Covered Call	MME hebdomadaire en hausse ou plate. Le sous-jacent que vous détenez est au-dessus de la MME 200 jours.	Prix à ou près de la bande Bollinger supérieure ou de la résistance. RSI supérieur à 60 mais sans divergence.	Placer une limite au milieu. Éviter d'ouvrir la veille des résultats ou de l'ex-dividende. Définir un GTC à 50 % de profit.
Bull Call Spread	Tendance haussière hebdomadaire confirmée. MACD-H en hausse. NH-NL en hausse au-dessus de zéro.	Repli vers la zone de valeur ou cassure de figure confirmée avec volume.	Acheter le spread pour ≤60 % du profit max. Cible : vendre quand le spread = 80 % de la largeur. Stop : 100 % du débit.
Bear Call Spread	Hebdomadaire EMA declining. MACD-H negative or turning down. NH-NL below zero.	Rebond dans la zone de valeur en tendance baissière. Bougie baissière à la résistance. RSI en sur-achat.	Vendre le spread pour ≥40 % de la largeur. Définir un GTC à 50 % de profit. Stop : 200 % du crédit reçu.
Iron Condor	Hebdomadaire EMA flat. Range condition (Conditions 5/6). VIX stable.	Prix entre les niveaux S/R. Contraction Bollinger résolue ou en cours. RSI neutre (40–60).	Vendre le condor pour ≥30 % de la largeur. Gérer à 21 JAE (règle T-21). Ajuster si une aile est testée.

LA RÈGLE DES TROIS NIVEAUX DE TEMPS

Le graphique hebdomadaire fixe la direction. Le graphique quotidien rythme l'entrée. Le graphique intrajournalier exécute l'ordre. Si le hebdomadaire et le quotidien sont en conflit — restez à l'écart. N'entrez sur aucune position lorsque les unités de temps donnent des signaux contradictoires. Attendez l'alignement. Les meilleurs trades sont ceux où les trois écrans racontent la même histoire. Ce sont ces configurations sur lesquelles vous augmentez la taille de position. Ce sont ces configurations que vous laissez courir.

LA LISTE DE CONTRÔLE TECHNIQUE

Avant d'entrer dans un trade d'options, effectuez cette vérification de 60 secondes : (1) Le prix est-il au-dessus ou en dessous de l'EMA à 200 jours ? (Détermine le biais directionnel.) (2) Le MACD et/ou le ROC confirment-ils le momentum dans le sens de votre trade ? (3) Le RSI est-il neutre (40–60) ou montre-t-il une divergence ? (4) La RS par rapport au SPY est-elle en hausse ou en baisse ? (5) Où se situe votre strike par rapport au niveau de Fibonacci et au S/R les plus proches ? (6) Le NH-NL est-il au-dessus de zéro et en hausse ? (7) Que dit le graphique hebdomadaire — l'entrée quotidienne s'aligne-t-elle avec la marée ? Sept questions. Quatre-vingt-dix secondes. De meilleurs trades.

Cartographie des Signaux Techniques : Ce que Chaque Indicateur Vous Dit sur les Six Conditions

Bref rappel du cadre de travail : chacune des six conditions se définit par deux variables d'entrée — la direction du prix (haussière, baissière ou canal horizontal, lue sur le graphique) et le niveau de volatilité (élevé ou bas, lu sur le VIX). Les indicateurs techniques de cette section confirment quelle variable de direction s'applique. Le Chapitre 16 traite de la variable de volatilité. Ensemble, ils vous donnent une lecture complète de la condition en moins de deux minutes.

Les indicateurs techniques ne génèrent pas d'idées de trade de manière isolée. Leur rôle dans le système des six conditions est de confirmer l'axe directionnel de votre lecture de condition — et de vous alerter lorsque le signal graphique est en conflit avec la toile de fond macroéconomique. Le tableau ci-dessous associe chaque indicateur traité dans ce chapitre aux conditions spécifiques qu'il confirme ou contre lesquelles il met en garde.

Indicator	Conditions Confirmées	Signal d'Alerte	Comment Utiliser dans la Lecture Quotidienne
Moyennes Mobiles (MM50, MM200)	1 & 2 (prix au-dessus des deux MM). 3 & 4 (prix en dessous des deux MM). 5 & 6 (prix entreen or touching both MAs).	Le prix qui reflue à travers la MA50 après une cassure = alerte de changement de condition. Relisez le graphique avant d'ouvrir de nouvelles positions.	Première vérification chaque matin. Êtes-vous au-dessus ou en dessous de la MM200 ? Au-dessus = biais haussier (conditions 1–2).ns 1–2). Below = bearish bias (conditions 3–4). At = range suspicion (conditions 5–6).
MACD	Conditions 1 & 2 (ligne MACD au-dessus du signal, histogramme positif). Conditions 3 & 4 (MACD en dessousCD below signal, histogram negative).	La divergence MACD (prix nouveau plus haut, MACD plus haut plus bas) avertit d'une transition condition 1→5. Sortirr reduce long delta exposure.	Confirme la direction du momentum après la vérification de l'EMA. Ne tradez pas la condition 1 si le MACD baisse, même si le prix reste au-dessus des moyennes mobiles.
RSI	Toutes conditions. Un RSI au-dessus de 50 confirme les conditions haussières. Un RSI en dessous de 50 confirme les conditions baissières. Un RSI entre 45–55 confirme un canal horizontal.	RSI > 70 dans les conditions 1/2 = sur-achat. Avertissement d'éviter de nouvelles entrées débit longues. RSI <; 30 in conditions 3/4 = potential reversal — tighten stops on bearish positions.	À vérifier en troisième position après l'EMA/MACD. Particulièrement utile pour chronométrer les entrées sur repli en condition 1 : entrez lorsque le RSI reflue vers 45–50 dans une tendance haussière.
Force Relative vs. SPY	Achats institutionnels. La baisse du RS confirme les conditions 3 et 4.	Une RS qui devient plate dans une tendance haussière confirmée = alerte précoce d'un affaiblissement de la condition 1. Commencez à réduire l'exposition au delta si la RS reste plate pendant 3 jours ou plus.	À utiliser pour la sélection des ETF dans les conditions 1 et 3. En condition 1 (haussière, IV basse), achetez des calls ou des spreads sur l'ETF affichant la RS la plus élevée par rapport au SPY — c'est là que les capitaux se dirigent.
Bollinger Bands	Contraction (bandes étroites) confirme les conditions 5 ou 6 — le range avant le mouvement. Bandes larges confirmentonfirm conditions 1, 2, 3, or 4 — active trend.	Attendez la confirmation avant de changer de stratégie.	Vérifiez la largeur de la bande quotidiennement lorsque vous êtes en conditions 5 ou 6. Une largeur qui se rétrécit = moment de gérer les positions de canal existantes. Une largeur qui s'élargit = sortez des iron condors si l'expansion se fait contre vous.

Indicator	Conditions Confirmées	Signal d'Alerte	Comment Utiliser dans la Lecture Quotidienne
BPI (Pourcentage Haussier)	Un BPI au-dessus de 60 et en hausse confirme les conditions 1 et 2. Un BPI en dessous de 40 et en baisse confirme les conditions 3 et 4. Un BPI plat entre 40–60 confirme les conditions 5 et 6.	Réduisez la taille de la position lorsque cette divergence persiste.	Vérifiez le BPI sectoriel pour tout ETF que vous tradez en conditions 1 ou 2. Confirme que le secteur, et pas seulement l'ETF, fait l'objet d'achats larges de la part des institutions.

Utilisez ce tableau comme fiche de révision matinale aux côtés de la référence rapide des six conditions de l'Annexe F. Passez en revue chaque indicateur dans l'ordre : les MAs en premier, le MACD en deuxième, le RSI en troisième, la RS en quatrième, les Bollinger Bands en cinquième, le BPI en sixième. La condition vers laquelle pointent les six indicateurs correspond à la lecture de condition à haute confiance. En cas de conflit entre les indicateurs, patientez — une condition claire émergera d'ici une à trois séances.

QUAND LES INDICATEURS SE CONTREDISENT

Attendez la clarté. Une séance de patience vaut mieux que trois séances à nettoyer un trade initialisé dans les mauvaises conditions.

Systèmes de Moyenne Mobile Exponentielle pour l'Identification des Conditions

La relation entre le prix, l'EMA à 50 jours et l'EMA à 200 jours vous indique avec une grande fiabilité si vous êtes dans les conditions 1-2 (haussier), 3-4 (baissier) ou 5-6 (range).

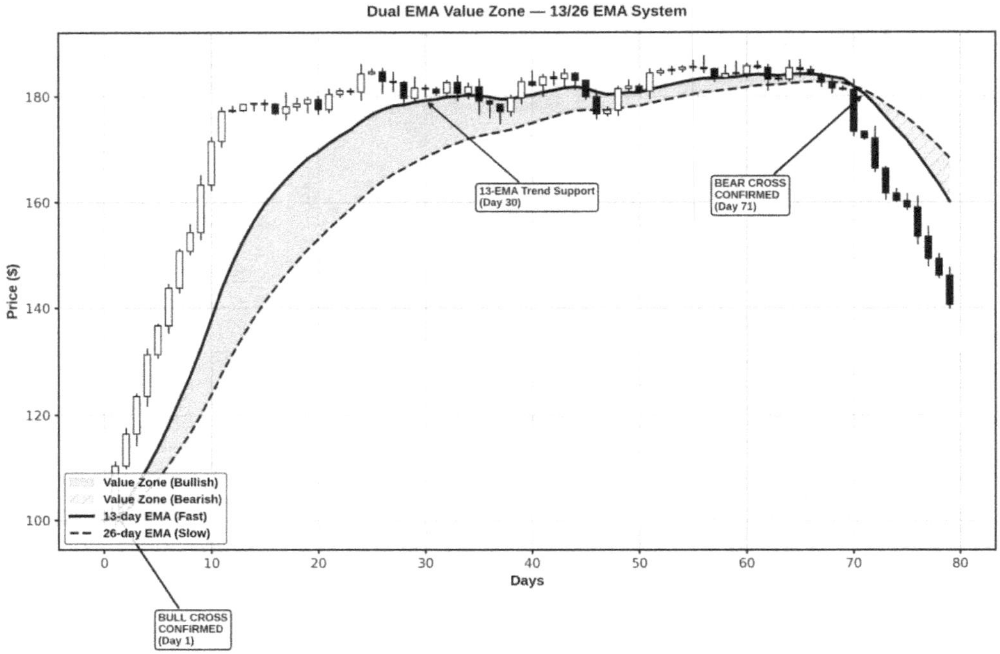

Figure 9.14 — Zone de Valeur Dual MME. Le système MME 13/26 montrant la zone de valeur et les signaux de croisement haussier/baissier.r cross signals.

Relation MME	Signal des Six Conditions	Action du Trader d'Options
Prix > MM50 > MM200 (tous alignés haussiers)	HAUSSIER confirmé → Condition 1 ou 2 selon le VIX	Croiser avec le VIX. VI élevée → vendre CSP ou bull put spread (condition 2). VI basse → acheter des calls (condition 1).
Prix passé au-dessus de la MM50, MM50 encore en dessous de la MM200 (reprise précoce)	HAUSSIER TRANSITIONNEL — pas encore confirmé	Attendez que la MM50 croise au-dessus de la MM200 (croix d'or) avant de déployer les stratégies haussières complètes. Smaller size, defined risk only.
Prix < MM50 < MM200 (tous alignés baissiers)	BAISSIER confirmé → Condition 3 ou 4 selon le VIX	Croiser avec le VIX. VI élevée → bear call spread uniquement (condition 4). VI basse → acheter des puts put spread (condition 3).
Prix passé en dessous de la MM50, MM200 encore au-dessus (déclin précoce)	BAISSIER TRANSITIONNEL — pas encore confirmé	Réduire ou couvrir les positions haussières existantes. Attendre que le prix s'établisse en dessous des deux MMe deploying full bearish strategies.
Prix oscillant entre MM50 et MM200 (range comprimé)	RANGE → Condition 5 ou 6 selon le VIX	IV élevée → calendar ou diagonal (condition 6). IV basse → butterfly ou iron condor (condition 5). Les MAs font office de limites du canal.
MM50 = MM200 (plate, comprimée, convergente)	POINT D'INFLEXION — grand mouvement imminent	Candidats pour un straddle ou un strangle. Le marché va faire une cassure — direction inconnue. Optez pour une petite taille, un risque défini, et attendez la cassure avant d'engager du capital directionnel.

Catalogue de Figures Graphiques : 9 Figures que Chaque Trader d'Options Doit Maîtriser

Les configurations graphiques sont les empreintes visuelles de l'offre et de la demande. Ce ne sont pas des prédictions — ce sont des cartes de probabilité. Chaque figure ci-dessous est organisée selon la même structure : son aspect visuel, la psychologie qui la sous-tend, sa méthode de confirmation et, plus important encore, la stratégie d'options qu'elle prépare. Pour chaque configuration, la règle d'entrée reste identique — exigez le signal de confirmation avant d'engager du capital.

Figure 1 sur 9 — Tête & Épaules (Retournement Baissier)

Anatomie : Le Head & Shoulders (Épaule-Tête-Épaule) est la figure de retournement baissier la plus largement reconnue en analyse technique. Elle se compose de trois sommets : une épaule gauche (un rallye qui plafonne et se replie), une tête (un rallye plus haut qui plafonne et se replie à peu près au même niveau que le premier creux) et une épaule droite (un rallye plus bas qui plafonne et se replie à son tour). La ligne qui relie les deux creux situés entre les sommets s'appelle la ligne de cou (neckline).

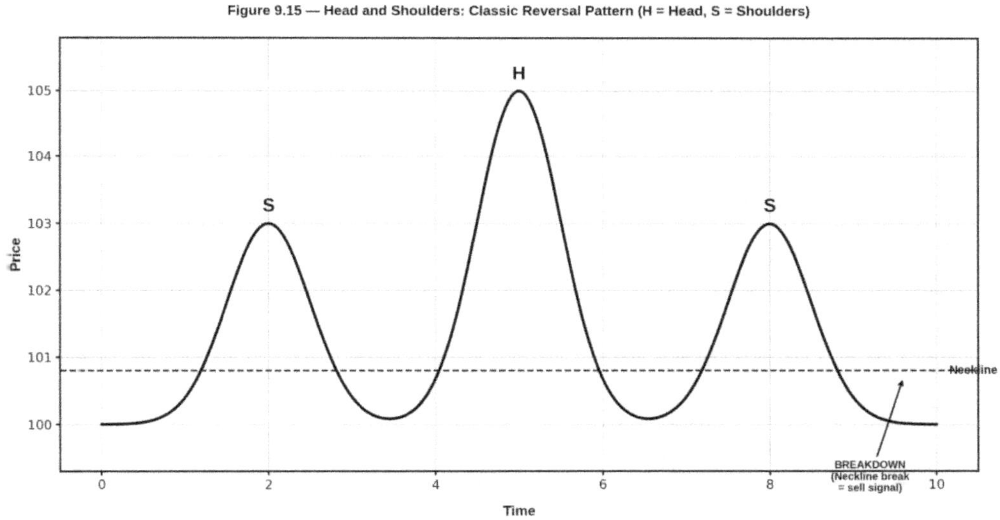

Figure 9.15 — Tête et Épaules. Le schéma de retournement classique avec entrée sur cassure de la ligne de cou.

Psychologie : Les vendeurs institutionnels entrent sur la tête — le prix ne parvient pas à inscrire un nouveau plus haut sur l'épaule droite. Chaque rallye attire des acheteurs, mais de moins en moins nombreux. Sur l'épaule droite, l'achat s'épuise avant d'atteindre le sommet de la tête. Cette succession de sommets descendants avec une ligne de cou plate est la signature d'un marché où les vendeurs submerge progressivement les acheteurs.

- Règle de confirmation : Attendez une CLÔTURE quotidienne sous la ligne de cou avec un volume supérieur à la moyenne. Les ruptures intrajournalières ne comptent pas ;
- Sortie
- Cible de mesure : La distance du sommet de la tête à la ligne de cou, mesurée EN-DESSOUS du point de cassure.reakpoint.

TÊTE & ÉPAULES — JEU D'OPTIONS

Épaule droite = la zone d'entrée idéale. Lorsque le prix approche de la ligne de cou depuis l'épaule

Figure 2 sur 9 — Double Creux (Retournement Haussier)

Anatomie : Le Double Bottom (Double Creux) forme un W. Deux creux distincts apparaissent à peu près au même niveau de prix, séparés par un sommet de reprise. La ligne de cou est tracée sur ce sommet de reprise entre les deux creux. Le second creux confirme que les vendeurs ne peuvent pas pousser le prix plus bas que lors du premier test — les acheteurs défendent ce niveau.

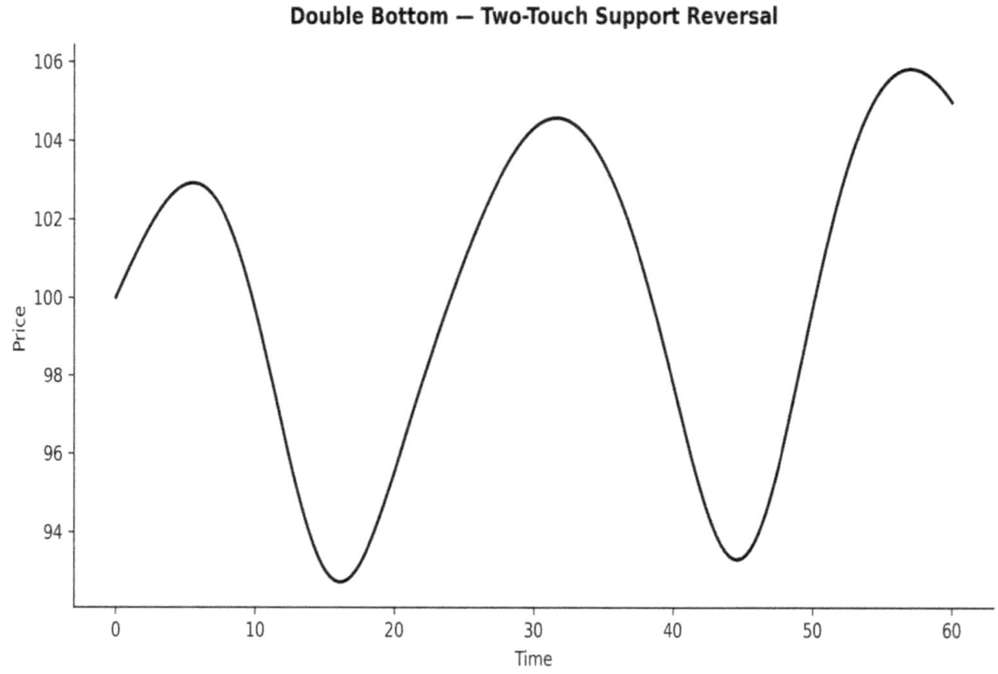

Figure 9.16 — Double Creux. Retournement de support à deux touches avec cassure de confirmation.

Une reprise s'ensuit à mesure que les acheteurs de valeur interviennent. Lorsque le prix teste à nouveau ce plus bas et se maintient, cela confirme deux choses : (1) le plus bas précédent n'était pas un niveau aléatoire mais une véritable zone de demande, et (2) la pression vendeuse s'est épuisée.

- Règle de confirmation : La configuration n'est pas validée tant que le prix ne clôture pas AU-DESSUS de la ligne de cou (le sommet entre les deux creux) avec un volume élevé. De nombreux traders entrent prématurément sur le second creux — c'est une entrée statistiquement inférieure qui présente un risque d'échec plus élevé ;
- Une divergence RSI haussière sur le second creux — le prix inscrit un creux égal, le RSI inscrit un plus bas plus élevé — représente la version à plus haute

conviction de cette figure. Elle vous indique que le momentum vendeur s'affaiblit déjà alors même que le prix reteste le niveau ; et

- Cible de mesure : Distance de la ligne de cou au niveau du creux, ajoutée au prix de cassure de la ligne de cou.reakout price.

DOUBLE CREUX — JEU D'OPTIONS

Deux fenêtres d'entrée : (1) Agressive — vendre un CSP à ou juste en dessous du deuxième

Figure 3 sur 9 — Double Sommet (Retournement Baissier)

Anatomie : Le Double Top (Double Sommet) est l'image miroir du Double Bottom — une forme en M composée de deux sommets à peu près au même niveau de prix, séparés par un creux. La ligne de cou est tracée sur le creux. Lorsque le prix teste un plus haut précédent et ne peut le dépasser, les vendeurs égalent ou dépassent la demande acheteuse à ce niveau.

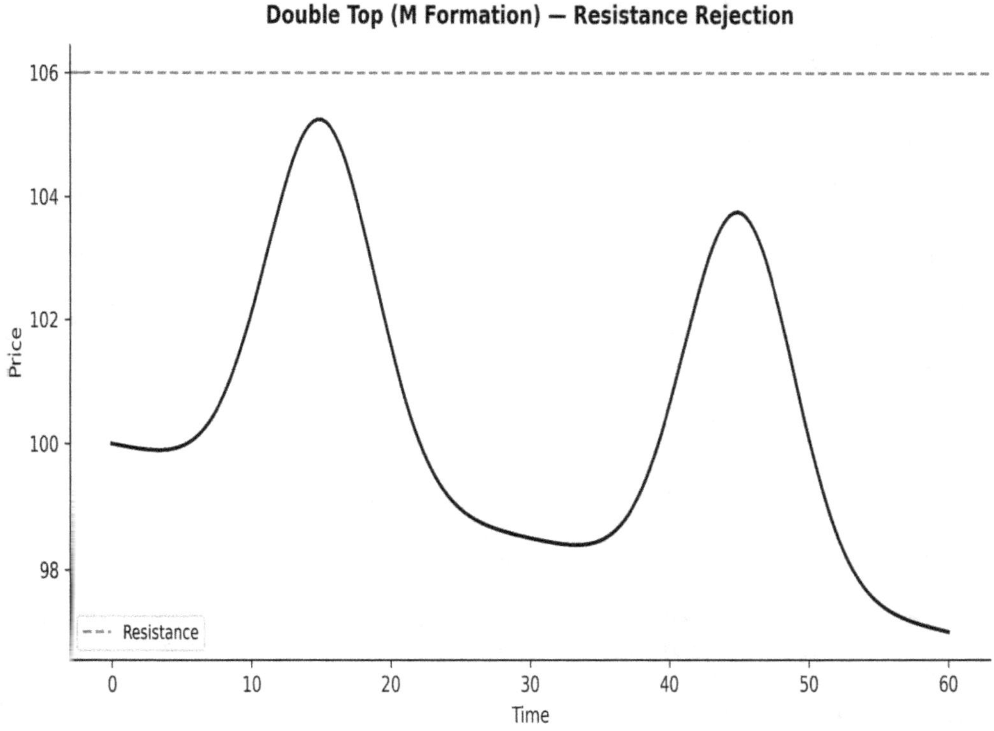

Figure 9.17 — Double Top (Formation en M). Deux tentatives infructueuses à la résistance — retournement baissier avec entrée sur rupture.

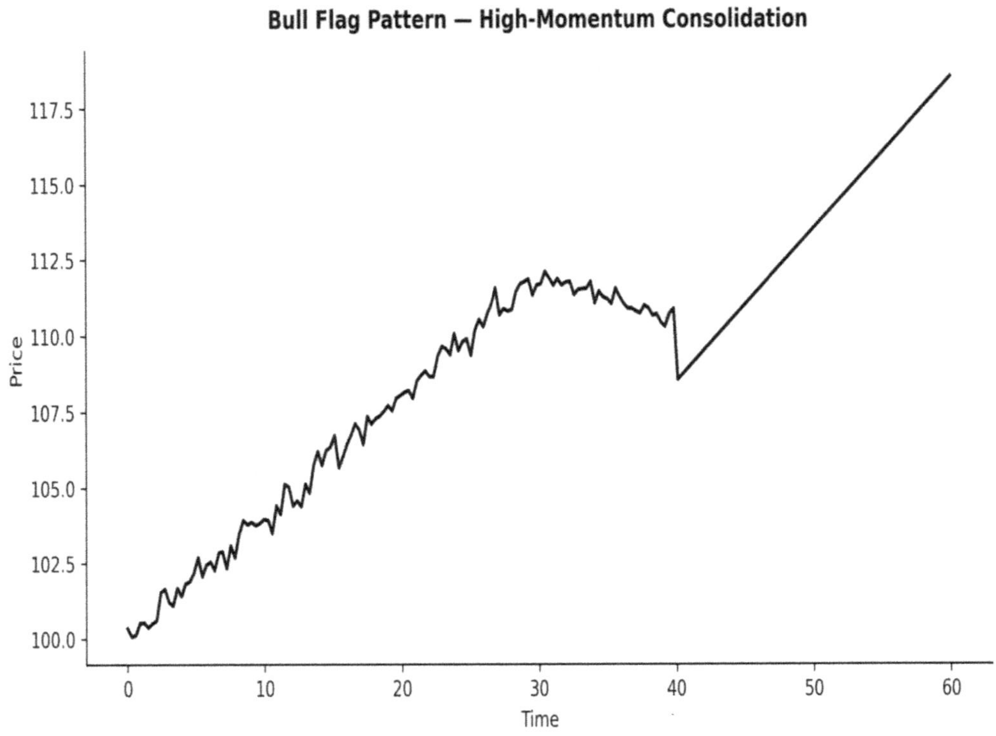

Figure 9.18 — Fanion Haussier. Consolidation à fort momentum suivie d'une cassure de continuation.ut.

Psychologie : Le premier sommet provoque des prises de bénéfices de la part des détenteurs précédents et de nouveaux vendeurs qui identifient la résistance. Le prix se redresse partiellement, attirant une seconde vague d'acheteurs — mais lorsque cette seconde vague atteint le plus haut précédent et s'essouffle, cela signale que les vendeurs sont bien organisés à ce prix. L'intérêt acheteur diminue là où il devrait être le plus fort.

- Règle de confirmation : Clôture quotidienne EN DESSOUS de la ligne de cou avec un volume élevé. Ceci n'est pas optionnel — la figure peut sembler achevée à plusieurs reprises avant de rompre réellement ;
- Divergence MACD baissière (le prix fait un plus haut égal, le MACD fait un plus haut plus bas) au deuxième sommetgnificantly increases pattern reliability; and
- Cible de mesure : Distance du sommet à la ligne de cou, mesurée en dessous du point de cassure.kdown point.

DOUBLE SOMMET — JEU D'OPTIONS

Le second sommet se forme sur une résistance connue — c'est là qu'il faut initier un bear call spread. Strike du call court : juste au-dessus du niveau de résistance du double sommet. Cette position est profitable que la figure se complète ou que l'action stagne simplement à la résistance. À la confirmation de la rupture de la ligne de cou : ajoutez un long put ou un bear put spread ciblant le mouvement mesuré. Évitez les calls courts nus (naked short calls) — la figure peut produire une fausse rupture (false breakdown) qui déclencherait un short squeeze violent. DTE : 45–60 jours.

Figure 4 sur 9 — Fanion Haussier (Continuation Haussière)

Anatomie : Le Bull Flag (Drapeau Haussier) se compose de deux éléments : le mât (un rallye vif et puissant sur un volume lourd) et le drapeau (une consolidation peu profonde au sein d'un canal parallèle légèrement incliné vers le bas, sur un volume en diminution). Le drapeau est la pause après la poussée initiale — ce n'est pas un retournement, c'est une phase de digestion. Les mains tremblantes sont secouées tandis que les détenteurs solides accumulent davantage.

Psychologie : Après un mouvement vif, certains participants prennent leurs profits — cela crée le repli. Mais la pression acheteuse sous-jacente qui a provoqué le mouvement initial n'est pas épuisée. Le canal parallèle du drapeau se forme à mesure que l'action se consolide entre les acheteurs qui y voient une opportunité d'entrée et les preneurs de profits qui créent la résistance. Lorsque les prises de profits s'épuisent, les acheteurs reprennent le dessus et la jambe suivante démarre.

- Signature du volume : Volume lourd sur le mât, volume en baisse pendant le drapeau. Le volume doit S'ACCROÎTRE à nouveau lors du breakout au-dessus de la ligne de canal supérieure du drapeau. Un breakout sans volume est un drapeau avorté ;
- Durée du drapeau : Le drapeau doit se former sur 3 à 15 sessions de trading. Une consolidation qui dure plus de trois semaines perd ses caractéristiques de drapeau ; et
- Cible de mesure : La longueur du mât ajoutée au point de cassure du fanion.

FANION HAUSSIER — JEU D'OPTIONS

La ligne de canal inférieure du fanion est la référence de stop. Acheter des calls ou entrer un bull call spread

Figure 5 sur 9 — Tasse & Anse (Continuation Haussière — Figure LEAPS)

Anatomie : Le Cup & Handle (Tasse avec Anse) présente une base arrondie en forme de U (la tasse) suivie d'une consolidation plus petite et plus serrée avec une légère dérive baissière (l'anse). La tasse prend généralement plusieurs semaines à plusieurs mois pour se former. La profondeur doit être de 15–30 % pour les actions de haute qualité. Le bord de la tasse — le sommet précédent — constitue le niveau de résistance clé. L'anse retrace généralement de 10–15 % depuis le bord de la tasse.

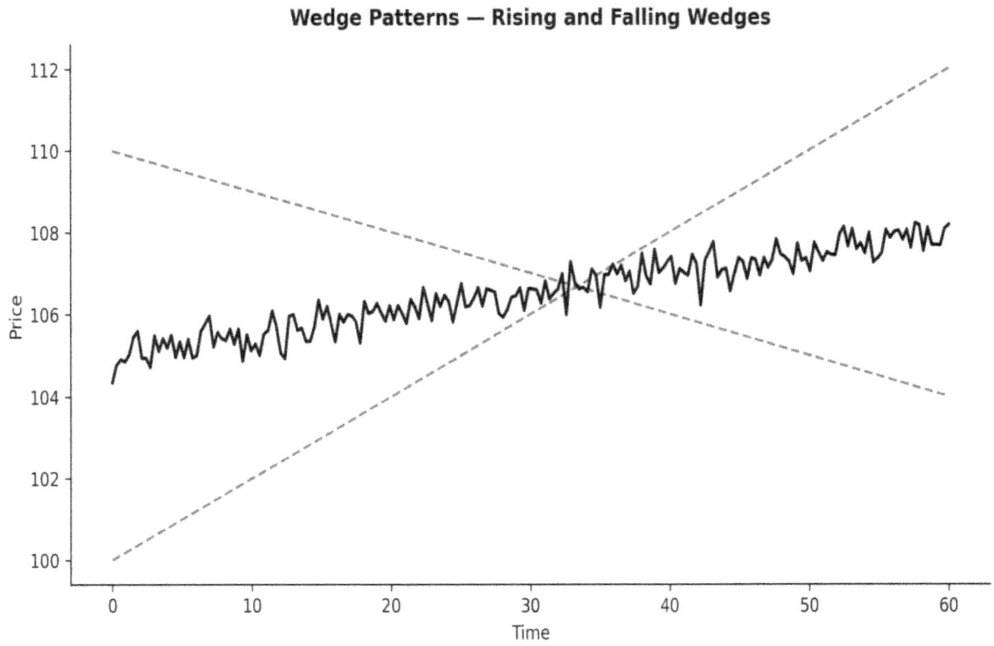

Figure 9.19 — Figures en Coin. Coins montants et descendants — figures contre-tendance à haute fiabilité.eliability.

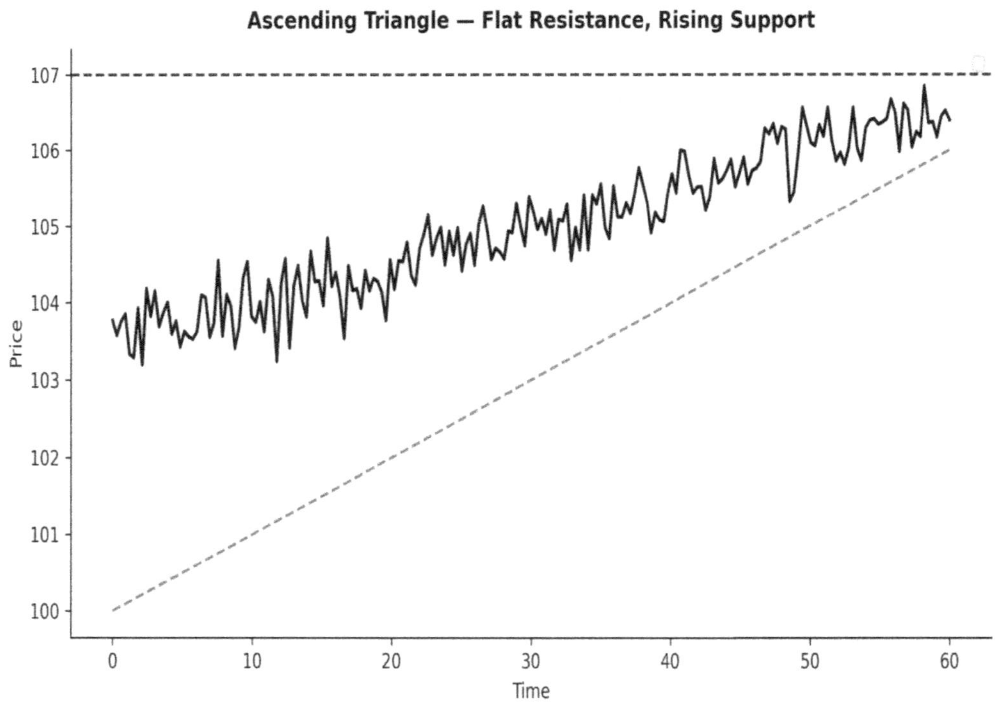

Figure 9.20 — Triangle Ascendant. Résistance plate avec support montant — cassure de continuation haussière. breakout pattern.

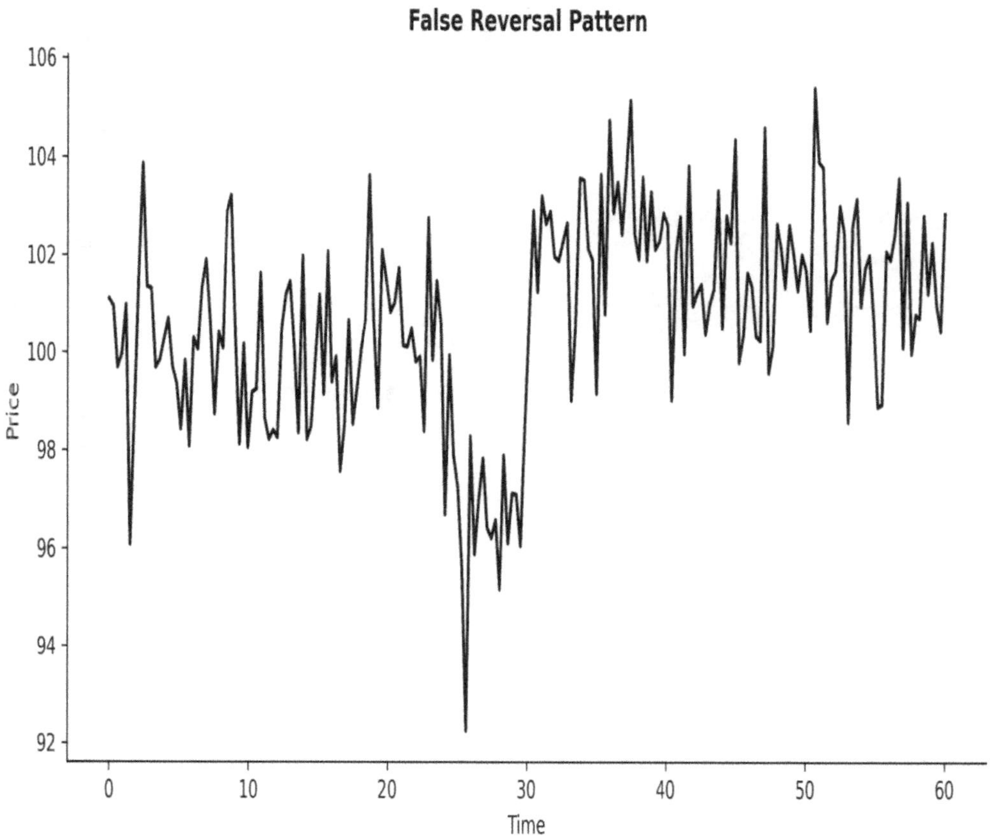

Figure 9.21 — Figure de Faux Retournement. Retournement apparent qui échoue — comment confirmer avant de s'engager.ommitting.

Pattern	Type	Signal	Caractéristique Clé	Options Play
Hammer	Reversal	Bullish at support	Long lower wick, small body.	Acheter des calls ou bull put spread au support confirmé.
Shooting Star	Reversal	Bearish at resistance	Long upper wick, small body.	Acheter des puts ou bear call spread à la résistance confirmée.
Engulfing Bullish	Reversal	Strong buy signal	Large bull candle swallows prior bear candle.	Entrée call agressive ; configuration C1 à haute conviction.
Engulfing Bearish	Reversal	Strong sell signal	Large bear candle swallows prior bull candle.	Entrée put ou bear spread ; confirmation C3/C4.
Doji	Indecision	Neutre — attendre la confirmation	Ouverture ≈ Clôture ; mèches quasi égales.	Conserver. Ne pas initier sans confirmation directionnelle.
Morning Star	Reversal	Bullish 3-candle	Séquence : bougie baissière, doji, puis bougie haussière.	Entrer des calls à la confirmation de la clôture de la troisième bougie.

Evening Star	Reversal	Bearish 3-candle	Séquence : bougie haussière, doji, puis bougie baissière.	Entrer des puts à la confirmation de la clôture de la troisième bougie.
Three Soldiers	Continuation	Strong bullish	Trois bougies haussières consécutives clôturant plus haut.	Confirmation de tendance ; ajouter à la position longue existante.
Three Crows	Continuation	Strong bearish	Trois bougies baissières consécutives clôturant plus bas.	Confirmation de tendance ; ajouter à la position courte/put existante.

Figure 9.22 — Récapitulatif des Figures de Bougies. Les neuf figures de retournement et de continuation les plus fiables.atterns at a glance.

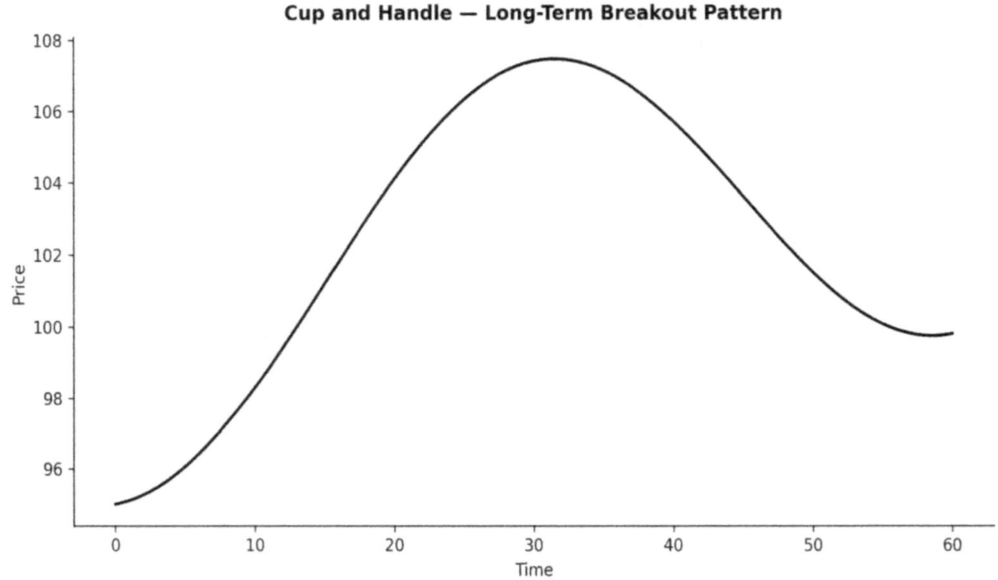

Figure 9.23 — Tasse et Anse. Figure de consolidation à long terme précédant une continuation de cassure.on.

Psychologie : La tasse est une configuration d'accumulation institutionnelle. À mesure que le prix baisse, les acheteurs institutionnels absorbent progressivement la pression vendeuse — le fond arrondi traduit cette accumulation progressive et patiente plutôt qu'une capitulation brutale. L'anse correspond à la distribution finale des détenteurs impatients qui vendent à l'approche du plus haut précédent. Après l'anse, seuls les détenteurs engagés restent — et lorsque le bord est franchi, le mouvement est souvent durable.

- Signature du volume : Le volume doit s'assécher sur le côté droit de la tasse et pendant l'anse. Le volume doit s'accroître de manière significative lors de la cassure du bord ;
- L'anse doit se former dans la moitié supérieure de la tasse — si elle se forme dans la moitié inférieure, la figure est invalide.
- Cible de mesure : La profondeur de la tasse ajoutée au point de cassure au bord.

TASSE & ANSE — JEU D'OPTIONS

Prenez un long call LEAPS (6 à 12 mois) pendant que le prix forme l'anse — l'IV est souvent faible pendant la consolidation calme de l'anse, ce qui vous offre une prime à long terme bon marché avant la cassure. Alternativement, vendez des puts sécurisés en espèces au plus bas de l'anse pendant sa formation. Référence de stop : sous le plus bas du côté droit de la tasse. C'est l'un des rares schémas où les LEAPS sont nettement supérieurs aux options standards.

Figure 6 sur 9 — Fausse Cassure (Le Piège Haussier)

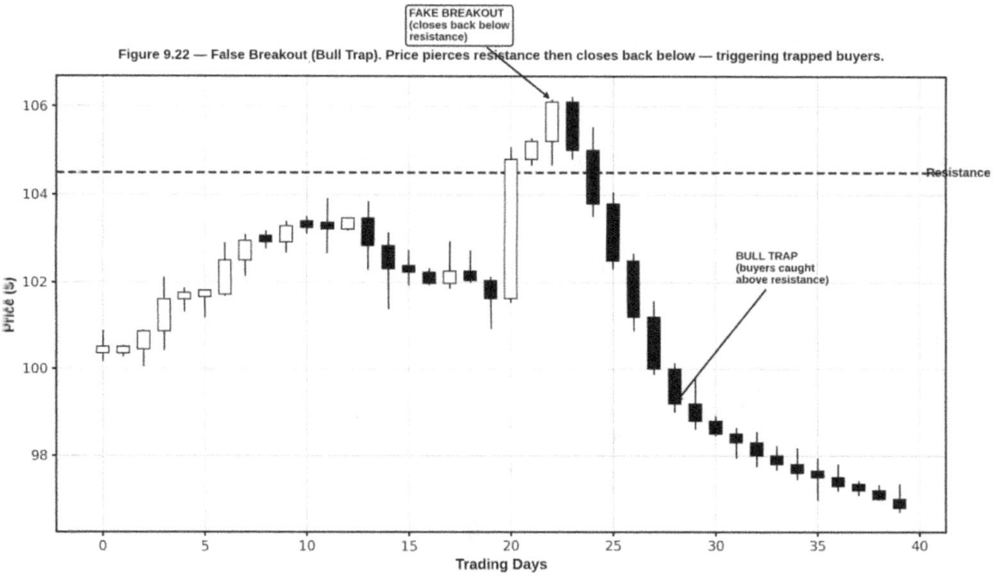

Figure 9.22a — Fausse Cassure (Piège Haussier). Le prix perce la résistance puis clôture à nouveau en dessous. triggering trapped buyers.

Anatomie : Un faux breakout (false breakout) se produit lorsque le prix perce un niveau de résistance — déclenchant des signaux d'achat dans les systèmes de suivi de configurations — mais CLÔTURE ensuite sous ce niveau de résistance au cours de la même séance ou dans un délai de 1 à 3 sessions. Vu du dessus, cela ressemble à une cassure. À la fin de la journée ou de la semaine, c'est un piège.

Psychologie : Les traders de breakout et les algorithmes automatisés achètent lorsque le prix touche la résistance. Les vendeurs institutionnels — qui ont accumulé des positions courtes à ce niveau de résistance — attendent précisément ce moment. Ils distribuent leurs positions dans la pression acheteuse déclenchée par la cassure, puis font redescendre le prix. Résultat : les acheteurs particuliers sont longs sur le pire niveau d'entrée possible ; les institutions sont courtes sur le meilleur niveau d'entrée possible.

- Règle d'identification : Un contact intrajournalier de la résistance ne constitue PAS un breakout. Un breakout est confirmé UNIQUEMENT par une clôture quotidienne au-dessus de la résistance. Si le prix clôture sous le niveau — indépendamment de la pointe intrajournalière — le breakout a échoué ;

- La fausse cassure comme signal baissier : Une cassure ratée à la résistance n'est pas neutre.
- Test du volume : Un breakout sur un volume très élevé qui se retourne ensuite est un faux breakout plus dangereux — cela signifie que la distribution institutionnelle est lourde. Plus le volume est élevé lors de l'échec, plus les vendeurs sont engagés.

FAUSSE CASSURE — JEU D'OPTIONS

Lorsqu'un breakout échoue et que le prix clôture de retour sous le niveau de résistance précédent : initiez un bear call spread avec le strike court situé sur ou juste au-dessus du niveau de résistance invalidé. Le faux breakout crée un plafond de résistance naturel — les vendeurs défendront à nouveau ce niveau. C'est l'une des configurations de bear call spread les plus propres disponibles. DTE : 30–45 jours. Évitez d'acheter des puts directement sur la bougie d'échec — la pointe initiale peut provoquer une expansion de l'IV qui rend les puts temporairement chers.

Figure 7 sur 9 — Faux Retournement (Le Piège Baissier)

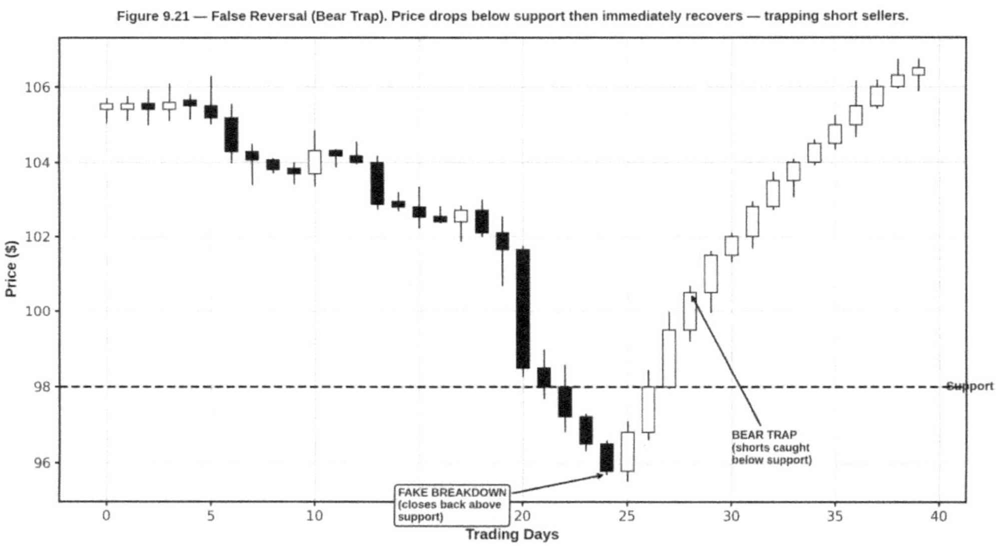

Figure 9.21a — Faux Retournement (Piège Baissier). Le prix casse sous le support puis récupère immédiatement.

Anatomie : Un faux retournement (false reversal) se produit au sein d'une tendance établie lorsque le prix produit un mouvement à contre-tendance qui semble signaler un changement de direction — un rebond dans une tendance baissière ou un repli dans une tendance haussière — mais reprend ensuite la tendance d'origine avec une force renouvelée. Pour les traders d'options dans les tendances baissières, le faux retournement apparaît le plus souvent sous la forme d'un rebond aux allures haussières qui déclenche des entrées prématurées sur des ventes de puts.

Psychologie : Dans une tendance baissière, les acheteurs piégés sur des niveaux plus élevés cherchent désespérément à sortir à la faveur du moindre rallye de soulagement. Les vendeurs à découvert prennent des bénéfices partiels. Cela crée un rebond temporaire qui semble haussier. Les traders à contre-tendance entrent. Ensuite, les vendeurs initiaux — qui n'ont jamais couvert l'intégralité de leurs positions — reviennent à la charge et la tendance baissière reprend. Les joueurs à contre-tendance se retrouvent alors piégés aux côtés des acheteurs initiaux.

- La condition de confirmation du retournement : Un VRAI retournement dans une tendance baissière exige au minimum un plus haut plus élevé ET un plus bas plus élevé. Une seule bougie haussière ou un bref rebond qui ne parvient pas à inscrire un plus haut plus élevé n'est pas un retournement — c'est un mouvement à contre-tendance au sein d'une tendance baissière qui se poursuit ;
- Le test structurel : Tracez la ligne de tendance baissière. Un vrai retournement nécessite une cassure propre AU-DESSUS.
- L'application la plus coûteuse : Vendre des puts dans un faux retournement. L'action semble toucher un point bas, vous vendez des puts pour générer du revenu — puis la tendance baissière reprend et vous subissez une assignation d'actions (assigned shares) sur le chemin de nouveaux plus bas.

FAUX RETOURNEMENT — LA RÈGLE

Ne vendez JAMAIS de puts sur une action en tendance baissière en vous basant uniquement sur une seule bougie haussière ou sur un bref rebond. Exigez la réunion de CES TROIS ÉLÉMENTS avant de basculer des stratégies baissières aux stratégies haussières : (1) Le prix franchit à la hausse la ligne de tendance baissière. (2) Le prix inscrit un plus haut plus élevé par rapport au sommet du mouvement à contre-tendance précédent. (3) Le prix inscrit un plus bas plus élevé — il ne revient pas tester le creux de swing précédent. Tant que ces trois conditions ne sont pas remplies, la tendance baissière reste intacte. Restez baissier ou restez à l'écart.

Figure 8 sur 9 — Triangle Ascendant (Cassure Haussière)

Figure 9.20a — Triangle Ascendant. Résistance plate avec support montant — cassure haussière.

Anatomie : L'Ascending Triangle (Triangle Ascendant) possède deux lignes de tendance caractéristiques : une ligne horizontale plate reliant plusieurs sommets sur un niveau de résistance cohérent, et une ligne ascendante reliant une série de plus bas plus élevés. Les deux lignes convergent vers un sommet (apex). Le prix oscille au sein de cette structure qui se resserre, laissant de moins en moins d'espace — jusqu'à ce qu'un breakout libère la tension.

Psychologie : La ligne de résistance plate représente un vendeur — peut-être un gros porteur distribuant ses positions à un prix fixe. Mais les plus bas croissants vous indiquent que les acheteurs se font de plus en plus agressifs, acceptant de payer plus cher à chaque fois plutôt que d'attendre un repli plus profond. L'urgence des acheteurs augmente tandis que le vendeur reste stationnaire. Finalement, les positions du vendeur s'épuisent et les acheteurs submerge la résistance.

- Signature du volume : Le volume diminue généralement à mesure que la configuration se développe (ce qui est cohérent avec l'effet de resserrement) puis s'accroît fortement lors de la cassure — c'est l'équivalent d'un Bollinger squeeze mais appliqué à la structure du prix ;
- La minuterie intégrée : La cassure se produit généralement entre 2/3 et 3/4 de la distance jusqu'à l'apex.
- Cible de mesure : La hauteur du triangle à son point le plus large ajoutée au niveau de cassure.el.

TRIANGLE ASCENDANT — JEU D'OPTIONS

Deux stratégies d'entrée : (1) Pré-breakout — à mesure que la figure se resserre (généralement aux 2/3 du parcours vers l'apex), l'IV se comprime souvent. Achetez un call debit spread en anticipation du breakout. La perte maximale est limitée au débit payé si la configuration échoue. (2) Sur breakout — entrez sur un bull call spread lors de la clôture confirmée au-dessus de la résistance plate. Ce niveau de résistance, désormais inversé en support, sert de référence pour votre stop. DTE : 30–45 jours. Cette phase de resserrement est également propice à un long straddle si vous anticipez le mouvement mais pas sa direction.

Figure 9 sur 9 — Coin Montant & Descendant (Figures de Retournement)

Figure 9.19 — Wedge Patterns. Rising wedge (bearish) and falling wedge (bullish) — converging trendlines signal reversal.

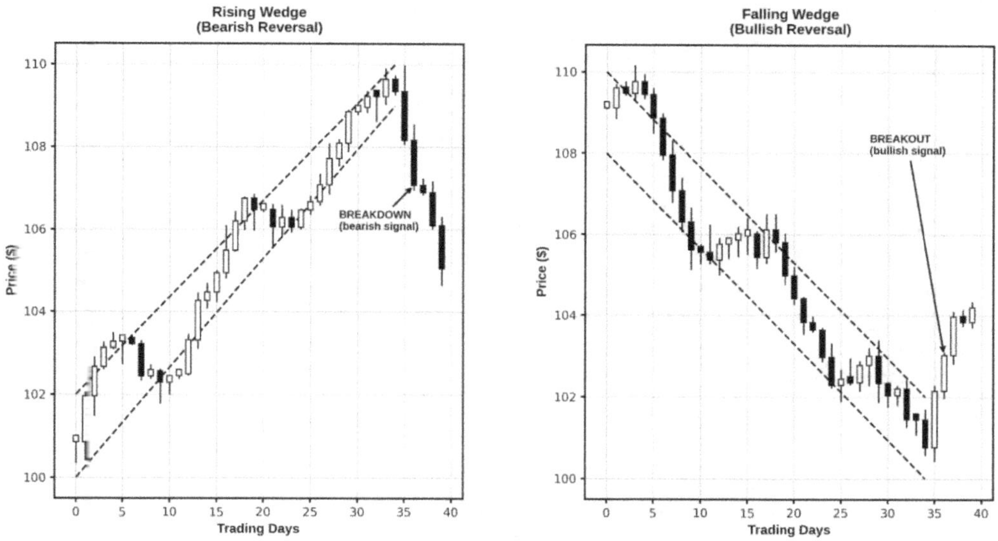

Figure 9.19 — Figures en Coin. Coin montant (baissier) et coin descendant (haussier) — lignes de tendance convergentes. trendlines signal reversal.

Anatomie : Les configurations en biseau (wedges) sont définies par deux lignes de tendance convergentes qui s'inclinent dans la MÊMME direction — contrairement à un triangle (où l'une des lignes est plate) ou à un canal (où elles sont parallèles). Dans un biseau ascendant (Rising Wedge), les lignes de tendance supérieure et inférieure s'inclinent vers le haut tout en convergeant — les plus hauts deviennent plus petits proportionnellement aux plus bas. Dans un biseau descendant (Falling Wedge), les deux lignes s'inclinent vers le bas tout en convergeant — les plus bas s'amenuisent par rapport aux plus hauts.

Coin Montant (Retournement Baissier) :

Psychologie : Le prix inscrit des plus hauts plus élevés ET des plus bas plus élevés — au premier coup d'œil, cela ressemble donc à une tendance haussière saine. Mais le resserrement du canal révèle la vérité : les acheteurs s'essoufflent. Chaque sommet successif est plus modeste que le précédent au regard de l'effort fourni. Les vendeurs interviennent progressivement de plus en plus près du plus haut précédent. Lorsque la ligne de tendance inférieure cède, le retournement est souvent brutal car tous ceux qui ont acheté dans cette tendance haussière apparente se retrouvent simultanément en perte.

- Confirmation : Cassure EN-DESSOUS de la ligne de tendance montante inférieure sur volume en expansion ;
- Stratégie d'options : Bear call spread avec le strike court placé au-dessus de la ligne de tendance supérieure. À mesure que le biseau se resserre, l'IV se comprime souvent — le calme trompeur avant la rupture. C'est l'occasion de vendre de la prime à des niveaux d'IV relativement bas sur une figure qui se résout historiquement par une forte baisse ;

Coin Descendant (Retournement Haussier) :

Psychologie : Le prix inscrit des plus hauts plus bas ET des plus bas plus bas — ce qui semble baissier. Mais le resserrement du canal révèle l'inverse : les vendeurs perdent leur élan. Chaque plus bas successif est moins marqué que le précédent. Les acheteurs interviennent de plus en plus tôt, sans attendre des replis plus profonds. Lorsque le prix casse au-dessus de la ligne de tendance baissière supérieure, le mouvement peut être explosif car toutes les positions baissières accumulées pendant le biseau se retrouvent soudainement à contre-courant.

- Confirmation : Cassure AU-DESSUS de la ligne de tendance baissière supérieure avec une augmentation du volume, OU simplement une cassure qui se maintient pendant deux clôtures quotidiennes consécutives ; et
- Stratégie d'options : Bull call spread ou CSP après confirmation de la cassure au-dessus de la ligne de tendance supérieure. Le plus bas de swing le plus récent au sein du biseau sert de référence pour le stop. Le biseau descendant est également l'une des meilleures configurations pour un long call dans des environnements à IV basse — l'IV étant souvent bon marché pendant la compression calme du biseau.

COIN vs. CANAL — CONNAISSEZ LA DIFFÉRENCE

Un biseau converge — les deux lignes de tendance se rapprochent l'une de l'autre vers un apex. Un canal est parallèle — les deux lignes maintiennent un écartement constant. Les canaux sont des figures de continuation (on trade dans le sens de la tendance, en achetant les creux et en vendant les sommets). Les biseaux sont des figures de retournement (la tendance est trompeuse — le breakout s'effectue à l'inverse de l'inclinaison du biseau). Confondre un biseau avec un canal conduit les traders à acheter au sein d'un biseau ascendant et à se faire piéger au sommet.

Référence Rapide des Figures : Les 9 Figures

Pattern	Type	Signal de Condition	Options Strategy
Head & Shoulders	Reversal	Baissier → Cond. 3/4	Bear call spread à l'épaule droite ; long put sur cassure de la ligne de cou
Double Bottom	Reversal	Haussier → Cond. 1/2	CSP au deuxième creux ; bull call spread sur cassure de la ligne de cou
Double Top	Reversal	Bearish → Cond. 3/4	Bear call spread au deuxième sommet ; bear put spread sur cassure de la ligne de cou
Bull Flag	Continuation	Bullish → Cond. 1/2	Long call ou bull call spread sur cassure du fanion ; bas du fanion = stop
Cup & Handle	Continuation	Bullish → Cond. 1/2	Call LEAPS pendant la formation de l'anse ; CSP au plus bas de l'anse
False Breakout	Trap / Reversal	Bearish → Cond. 3/4	Bear call spread avec prix d'exercice court au niveau de résistance ayant échoué
False Reversal	Trap / Continuation	La tendance continue	NE PAS vendre de puts. Exiger 3 confirmations structurelles avant de changer de direction
Ascending Triangle	Breakout	Bullish → Cond. 1/2	Bull call spread sur cassure du sommet plat ; put court à la ligne de tendance montante
Rising Wedge	Reversal	Bearish → Cond. 3/4	Bear call spread au-dessus de la ligne de tendance supérieure ; profit de la compression de VI
Falling Wedge	Reversal	Bullish → Cond. 1/2	Bull call spread sur cassure de la ligne de tendance supérieure ; CSP aux plus bas du coin

FIGURE + VIX = CONDITION

Les configurations graphiques vous donnent la direction. Le VIX vous donne la volatilité. Ensemble, ils vous donnent la condition. N'agissez pas sur une configuration graphique sans avoir vérifié le VIX au préalable. Une tasse avec anse parfaite qui se forme dans un environnement avec un VIX à 30 correspond à une condition 2, non à une condition 1 — vous devez vendre de la prime sur cette configuration haussière, et non en acheter. La configuration vous indique la direction. Le VIX vous indique la stratégie.

Guide de référence rapide des indicateurs techniques pour le trader d'options

Vous n'avez pas besoin de vingt indicateurs. Il vous en faut cinq, utilisés de manière rigoureuse. Voici le guide de référence complet des indicateurs les plus importants pour le timing d'entrée sur options.

Indicator	Type	Délai	Buy/Sell Signal	Options Application
50-Day EMA	Trend	Intermediate	Prix au-dessus = haussier. En dessous = baissier. Croisement = changement de tendance.	CSP quand l'action est au-dessus de la MME 50 jours. Ne pas vendre de puts sur une action en dessous de sa MME 50 jours.
200-Day EMA	Trend	Long-term	La ligne de séparation institutionnelle. Au-dessus = marché haussier. En dessous = baissier.	Les candidats à la Roue doivent être au-dessus de la MM200. Point final. Filtre qualité non négociable.
RSI (14)	Momentum	14 periods	En dessous de 30 = survente (rebond potentiel). Au-dessus de 70 = sur-achat. La divergence est le signal clé.	Divergence RSI + support = entrée CSP. RSI en sur-achat + résistance = moment de clôturer ou couvrir.
MACD	Momentum	12/26/9	Croisement de la ligne de signal = changement de momentum. Expansion de l'histogramme = accélération.	Croisement positif MACD confirme l'entrée sur repli pour les bull spreads. Croisement négatif = clôturer directional longs.
Bollinger Bands	Volatilité	20-day, 2σ	Toucher la bande inférieure = support potentiel. Toucher la supérieure = résistance potentielle. Contraction = cassure imminenteakout imminent.	Contraction = entrer straddle ou strangle. Toucher la bande inférieure + RSI < 30 = entrée CSP à haute probabilité CSP entry.
Volume	Confirmation	Daily	Le volume confirme les mouvements de prix. Les mouvements à faible volume sont suspects. Les retournements à fort volume sont fiables.le.	Ne jamais entrer un swing trade sur une cassure à faible volume. Exiger un volume > moyenne 50 jours le jour d'entrée.
Fibonacci	Support/Resistance	Any	Les retracements 38,2 % et 61,8 % sont les niveaux principaux. Le 50 % est psychologique.	Vendez des CSPs sur le niveau de retracement de 38,2 % lors des replis sur des titres de qualité en tendance haussière. Placez vos stops sous les 61,8 % — si ce niveau cède, la tendance est terminée.

Les combinaisons les plus puissantes : (1) MME 50 jours + divergence RSI + Fibonacci 38,2 % = entrée CSP à très haute probabilité. Confirmation

LA RÈGLE D'ENTRÉE TECHNIQUE

Aucune position sur options ne devrait être ouverte sur la base d'un seul indicateur. Exigez au moins deux signaux de confirmation provenant de TYPES d'indicateurs différents (un indicateur de tendance + un indicateur de momentum, ou un indicateur de momentum + un indicateur de volatilité). Un indicateur isolé est une hypothèse. Deux indicateurs de confirmation issus de catégories différentes constituent une preuve.

PARTIE II

CONSTRUIRE VOTRE BOÎTTE À OUTILS DE STRATÉGIES — Les chapitres 11 à 15 développent votre catalogue complet de stratégies. Chaque stratégie est associée à l'une des six conditions. Avant d'entrer sur un trade, confirmez votre lecture de la condition — puis sélectionnez uniquement la structure conçue pour cette condition.

Pouvez-vous identifier la lecture actuelle des six conditions sans regarder de fiche de référence ? · Pouvez-vous lire un graphique en chandeliers et identifier la tendance, les niveaux de S/R et une zone de retracement de Fibonacci ? · Pouvez-vous expliquer ce que signifient Delta, Theta et Vega en langage simple ? · Pouvez-vous calculer la valeur intrinsèque et extrinsèque de n'importe quelle option à partir de la chaîne d'options ?

Si vous avez répondu oui à ces quatre questions : vous êtes prêt pour la Partie II. Si ce n'est pas le cas : revenez au chapitre correspondant à vos lacunes avant de poursuivre. Les stratégies de la Partie II supposent une parfaite maîtrise de la Partie I — et non une simple familiarité.

Souvenez-vous : Le marché prend l'une des six directions. Chaque stratégie de cette Partie correspond à l'une de ces six conditions. six conditions.

Souvenez-vous : Le marché prend l'une des six directions. Chaque stratégie de cette Partie correspond à l'une de ces six conditions.

VÉRIFICATION DES FONDEMENTS DE LA PARTIE I — Avant de continuer, confirmez que vous pouvez répondre à ces questions :

Pouvez-vous identifier la lecture des six conditions sans consulter une carte de référence ? · Pouvez-vous lire une bougie ?

Si oui aux quatre : vous êtes prêt pour la Partie II. Si non : retournez au chapitre qui couvre la lacune.

Chapitre 11 Votre Première Opération sur Options Pas à Pas

APRÈS AVOIR EFFECTUÉ VOS RECHERCHES comme prescrit dans ce livre — validation des Dix Indicateurs, lecture de la condition, stratégie sélectionnée — voici la séquence exacte pour passer votre premier trade d'options réel.

Deux démonstrations complètes : un Long Call (directionnel/Condition 1) et un Cash-Secured Put (revenu/Condition 2). Lisez les deux, quelle que soit la stratégie que vous prévoyez d'utiliser en premier.

Il existe une forme de paralysie spécifique qui s'empare des traders avant de passer leur premier ordre d'options en réel. Vous avez lu chaque chapitre. Vous comprenez les grecques. Vous pouvez citer les Six Conditions. Vous connaissez votre stratégie. Et pourtant — au moment où vous ouvrez le ticket d'ordre avec de l'argent réel en jeu — votre main hésite sur le bouton Transmettre. Vos yeux parcourent les chiffres une fois de plus. Vous vous demandez si vous n'avez pas oublié quelque chose.

Cette hésitation n'est pas une faiblesse. C'est votre cerveau qui prend conscience que la situation est réelle et que les enjeux diffèrent du paper trading. Le remède n'est pas d'éliminer cette hésitation — c'est de la remplacer par un processus. Un processus reste exécutable même lorsque la confiance vacille. Un processus n'a pas besoin que vous vous sentiez bien pour fonctionner. Ce chapitre vous donne ce processus.

Nous allons suivre deux trades complets, du premier clic jusqu'à la confirmation d'exécution : un Long Call sur Micron Technology (MU) représentant une configuration directionnelle en Condition 1, et un Cash-Secured Put sur Apple (AAPL) représentant une configuration de revenu en Condition 2. Il ne s'agit pas d'exemples théoriques — ils respectent la séquence exacte de clics, de décisions et de confirmations que vous utiliserez sur n'importe quelle plateforme réelle.

AVANT VOTRE PREMIER TRADE RÉEL

Vous devez avoir pratiqué le paper trading sur un minimum de 30 trades consécutifs avant de passer votre premier ordre réel. Pas 30 jours — 30 trades. Cette condition n'est pas négociable. Il s'agit de développer la mémoire musculaire liée à l'exécution du processus : vérifier la chaîne d'options, sélectionner l'échéance, calculer la taille de la position, fixer la limite et renseigner le ticket d'ordre sans hésitation. Le 31e trade doit vous sembler mécanique, et non émotionnel. Si ce n'est pas le cas, retournez au paper trading pour 15 trades supplémentaires.

Condition 3 — The trend is down and options are cheap. Buy directional exposure.

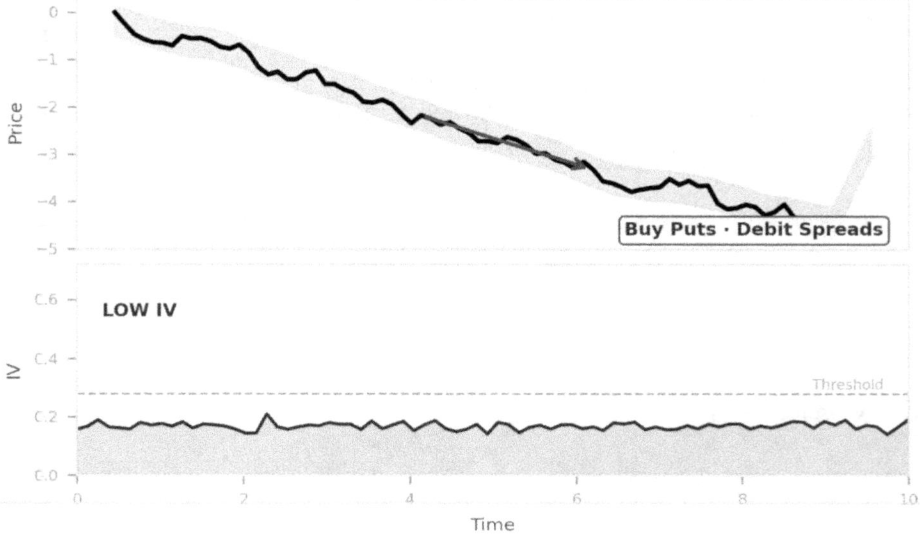

Figure 3. C3 — Bearish + Low IV: Recommended strategy — Buy Puts · Debit Spreads

Figure C1.1. C1 — Haussier + VI Basse : Stratégie recommandée — Acheter des Calls · Spreads à Débit

Lire le Graphique de Risque

Comment lire un graphique de risque en 30 secondes : l'axe horizontal représente le prix de l'action à l'échéance. L'axe vertical indique votre gain ou votre perte en dollars. L'endroit où la ligne croise le zéro correspond à votre point mort (breakeven). Au-dessus de zéro se trouve la zone de profit. En dessous se trouve la zone de perte. La forme générale vous indique la structure : une pente ascendante signifie un gain illimité (long call). Une ligne plate qui chute indique un gain plafonné avec une perte définie (short put). Une forme de tente indique un profit maximal au centre (iron condor). Une fois que vous savez lire un graphique de risque, vous pouvez évaluer n'importe quelle structure d'options en quelques secondes.

Le graphique de risque (appelé également diagramme de profil de gain/perte ou profil de risque) est l'outil visuel le plus important dans le trading d'options. Il affiche le gain ou la perte d'une position pour chaque prix possible de l'action à l'échéance. Apprenez à en decoder un instantanément — vous ne devriez jamais entrer sur un trade multi-jambes sans avoir consulté son graphique de risque au préalable.

- L'axe horizontal est le prix de l'action sous-jacente à l'expiration ;
- L'axe vertical est le profit (au-dessus de la ligne zéro) ou la perte (en dessous de la ligne zéro) ;
- Le point où la ligne P&L croise zéro est le prix seuil de rentabilité — ou, pour un spread, les deux seuils de rentabilité ;akeven prices;
- Une ligne plate en bas signifie que la perte maximale est plafonnée — une position à risque défini ;

- Une ligne qui continue vers le bas sans arrêt signifie un risque illimité — une position nue ; et
- Le sommet de la courbe montre le profit maximum et à quel prix de l'action il est atteint.

Avant de placer un trade multi-jambes, demandez-vous : Ce graphique de risque correspond-il à ma thèse ? La zone de profit couvre-t-elle la fourchette de prix dans laquelle j'attends l'action à l'échéance ? Ma perte maximale est-elle absorbable sans causer de dommages psychologiques à mon trading ? Si la réponse à l'une de ces questions est non, modifiez la structure de la position ou renoncez au trade.

→ Voir Figure 11.3 — Graphique de Risque Long Call (Chapitre 11 — Votre Première Opération sur Options Pas à Pas)

→ Voir Figure 11.6 — Graphique de Risque Long Put (Chapitre 11 — Votre Première Opération sur Options Pas à Pas)

TOUJOURS PROFILER AVANT DE TRADER

Les 60 secondes nécessaires pour examiner un profil de risque constituent l'outil de gestion des risques le moins cher dont vous disposez. Le coût de s'en passer peut se mesurer en dollars — et beaucoup d'entre eux.

Dimensionnement de Position par Taille de Compte : La Règle des 2 % Appliquée

Voici comment la règle des 2 % s'applique à différentes tailles de compte — montrant exactement ce que vous pouvez et ne pouvez pas trader. trade.

Account	Risque 2 %	Strategy	Perte Max	Contrats
$10,000	$200	BPS 2 $ de largeur	$200 - premium	1 contrat
$10,000	$200	BPS 5 $ de largeur	500 $ - prime	0 (TROP RISQUÉ)
$25,000	$500	CSP sur action à 45 $	4 500 $ gérés	1 contract
$25,000	$500	Iron Condor 3 $ de largeur	300 $ - prime	1-2 contracts
$50,000	$1,000	Roue sur action à 95 $	9 500 $ gérés	1 contract
$50,000	$1,000	BPS $5 wide	$500 - premium	2 contracts
$100,000	$2,000	Roue sur action à 180 $	18 000 $ gérés	1 contract
$100,000	$2,000	Iron Condor 5 $ de largeur	$500 - premium	3-4 contracts

Analyse critique : un compte de 10 000 $ NE PEUT PAS trader en toute sécurité un spread d'une largeur de 5 $. La perte maximale dépasse le budget de 2 %. Ce n'est pas une suggestion — ce sont des mathématiques. Les petits comptes doivent utiliser des spreads plus étroits ou des sous-jacents plus petits. Appliquer une stratégie que votre compte ne peut pas se permettre est une garantie mathématique de ruine.

Déroulement 1 : Long Call — Condition 1 (Haussier, VI Basse)

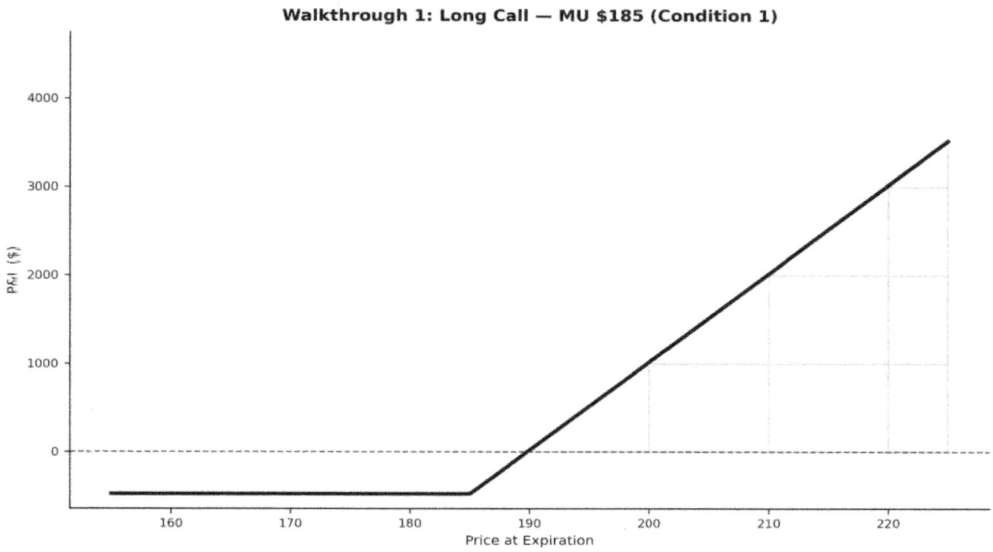

Figure 11.1 — Déroulements du Premier Trade — Exécution étape par étape d'un Long Call (Condition 1) et d'un Put Sécurisé.Put Sécurisé en Espèces (Condition 2).

Configuration : Micron Technology (MU) a validé l'ensemble des Dix Indicateurs. Le graphique hebdomadaire montre une tendance haussière claire au-dessus de l'EMA à 26 semaines. Le VIX est à 16 — volatilité implicite basse, Condition 1. Stratégie : achat d'un call pour participer au mouvement directionnel.

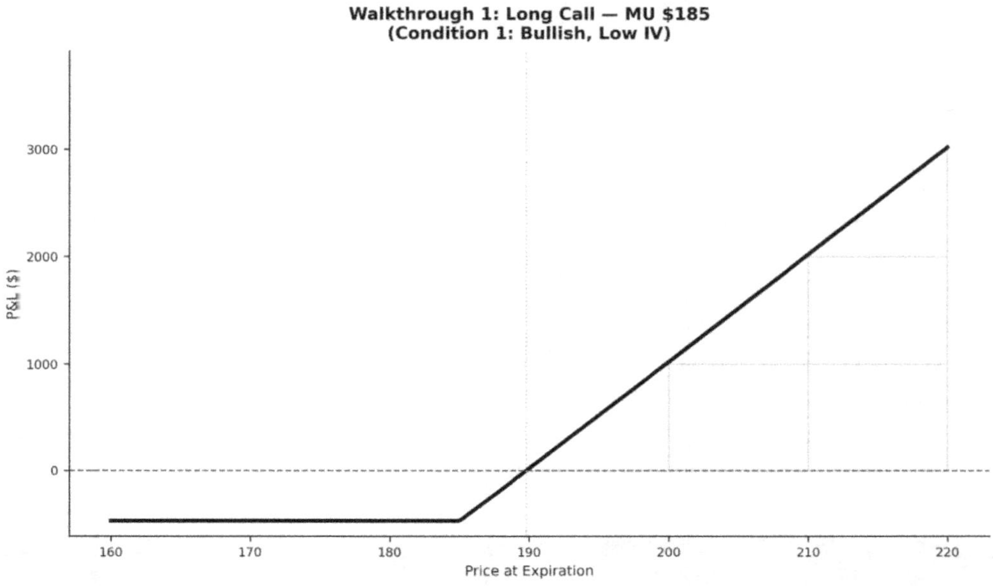

Figure 11.1 — Déroulement Long Call (MU). Entrée, seuil de rentabilité et profil P&L pour la Condition 1.

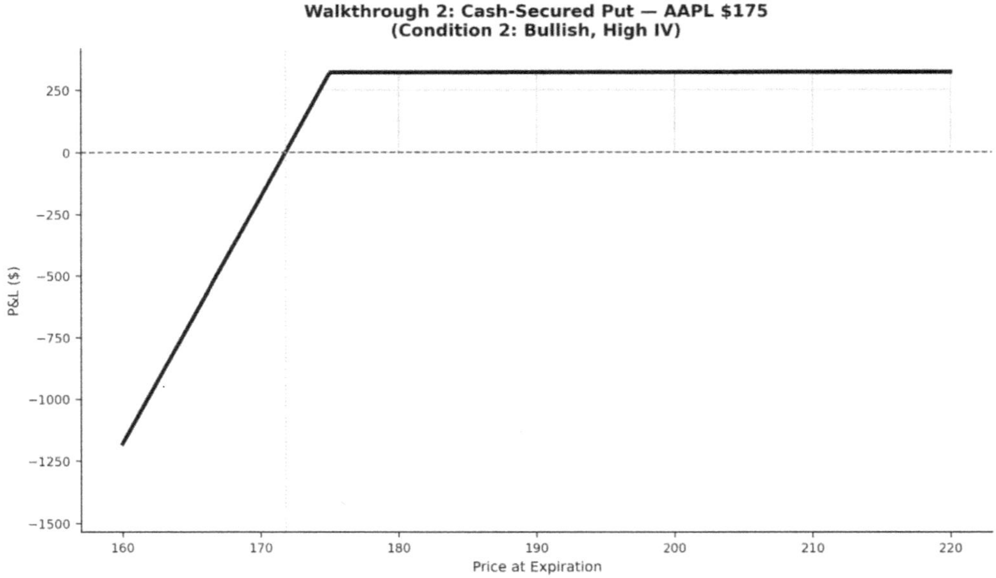

Figure 11.2 — Déroulement Put Sécurisé en Espèces (AAPL). Entrée, seuil de rentabilité et profil P&L.Condition 2.

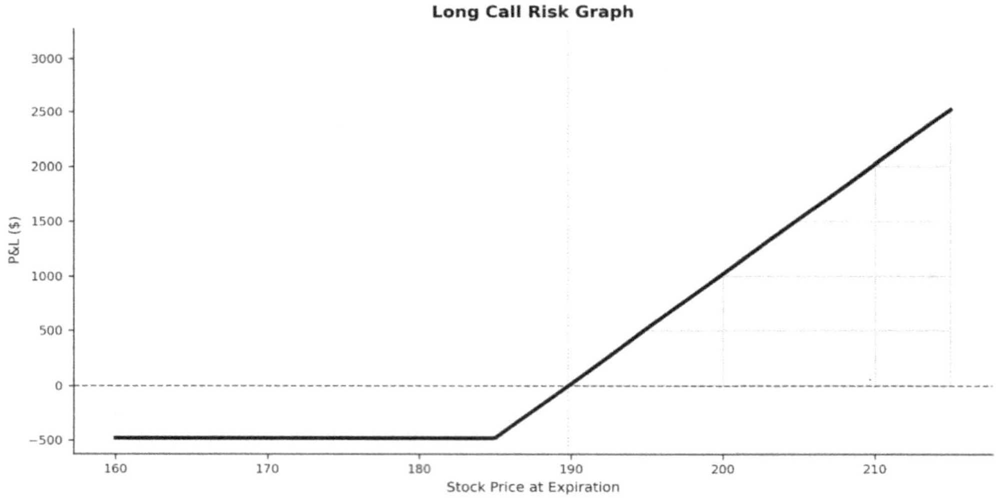

Figure 11.3 — Graphique de Risque Long Call. Profil P&L de l'entrée à l'expiration — perte max plafonrée à la prime.emium paid.

Étape A — Localiser le Ticker et Ouvrir la Chaîne

Dans la barre de recherche de votre plateforme, tapez MU et sélectionnez Micron Technology. Cliquez sur l'onglet OPTIONS pour ouvrir la chaîne.

Strike	Bid	Ask	Volume	OI	Delta
100	4.20	4.30	1,842	12,300	0.52

Strike	Bid	Ask	Volume	OI	Delta
105	2.15	2.25	3,601	28,450	0.38
110	0.85	0.95	5,220	41,800	0.22

Chaîne d'Options Call MU — 38 JAE. MU se négocie à 102 $. Prix à titre indicatif.

Étape B — Sélectionner l'Expiration, le Prix d'Exercice et le Prix d'Entrée

Échéance : sélectionnez l'échéance mensuelle située à 38 jours. Cela correspond à notre fenêtre standard de 30–45 DTE. Pour les achats directionnels, nous avons besoin de suffisamment de temps pour que la thèse se développe — n'achetez jamais de calls avec moins de 30 DTE, à moins de trader spécifiquement un catalyseur à court terme.

Strike : avec MU à 102 $, le Call 105 $ (Delta 0,38) est notre sélection. Légèrement OTM, prime raisonnable de 2,25 $, et un Delta qui offre une participation significative au mouvement sans le coût élevé d'une option ITM.

- Prix d'exercice 100 $ (ITM, Delta 0,52) : Coût plus élevé 4,25 $, probabilité plus élevée, levier plus faible. Utiliser pour les trades à haute conviction.onviction setups;
- Prix d'exercice 105 $ (OTM, Delta 0,38) : 2,25 $, levier équilibré. Sélection standard Condition 1 ; et
- Prix d'exercice 110 $ (OTM profond, Delta 0,22) : 0,90 $, spéculatif. Uniquement pour les jeux loto à petite allocation.

Prix d'entrée : placez un ordre limite au point médian (midpoint) entre l'offre (bid) et la demande (ask). (2,15 $ + 2,25 $) / 2 = 2,20 $. Commencez par là. Si aucune exécution n'intervient après 5 minutes, décalez de 0,05 $ vers le ask. Au maximum : payez le prix ask si nécessaire, mais seulement après avoir tenté le prix médian.

Étape C — Construire et Soumettre le Ticket d'Ordre

Champ d'Ordre	Quoi Entrer
Action	ACHETER POUR OUVRIR
Ticker / Sous-jacent	MU
Option Type / Strike	Call / $105
Expiration	Mensuel, 38 DTE
Quantity	1 contract
Type d'Ordre	LIMITE — jamais au marché sur les options
Limit Price	2,20 $ (le point milieu)
Time in Force	DAY
Total Debit	220 $ (votre risque maximum — confirmé)

Lisez le ticket d'ordre à haute voix une fois avant de cliquer sur Transmettre : « Achat de 1 Call MU 105 $ expirant dans 38 jours à un prix limite de 2,20 $. Risque maximal de 220 $. Confirmé. » Cliquez sur Transmettre. L'ordre est maintenant EN ATTENTE sur le marché.

Une fois l'ordre exécuté : configurez immédiatement votre gestion post-exécution. Objectif de cours : un gain de 50–80 %, ce qui signifie dénouer la position lorsque l'option atteint 3,30 $–3,96 $. Perte maximale : l'intégralité de la prime payée, soit 220 $ — déjà définie. Aucun stop-loss n'est requis pour un debit spread. Marquez la date T-21 dans votre calendrier.

QUE FAIRE APRÈS L'EXÉCUTION

Fermez votre plateforme. Ne surveillez pas la position à chaque tick. Vérifiez la position une fois par jour à la clôture du marché — pas pendant la séance. Une surveillance constante n'améliore pas les résultats ; elle multiplie les interférences émotionnelles. La position n'a pas besoin de vos yeux pour vivre. Fixez votre point de contrôle quotidien à 16 h 00 et respectez-le.

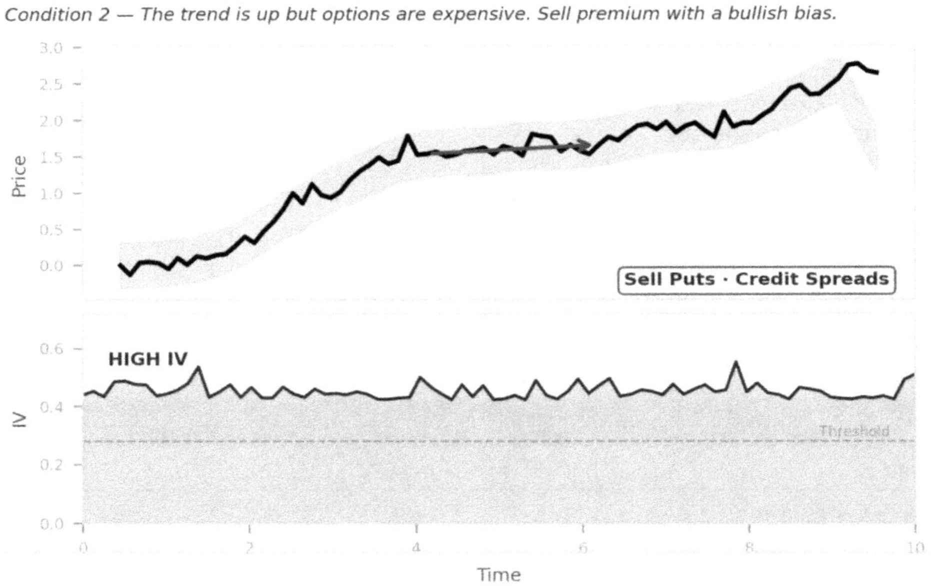

Figure 2. C2 — Bullish + High IV: Recommended strategy — Sell Puts · Credit Spreads

Figure C2.1. C2 — Haussier + VI Élevée : Stratégie recommandée — Vendre des Puts · Spreads à Crédit

Déroulement 2 : Put Sécurisé en Espèces — Condition 2 (Haussier, VI Élevée)

Configuration : Apple (AAPL) a validé l'ensemble des Dix Indicateurs. Tendance haussière hebdomadaire intacte. Le VIX est à 28 — volatilité implicite élevée, Condition 2. Stratégie : vente d'un cash-secured put pour encaisser une prime gonflée, avec la tendance haussière comme vent arrière et l'environnement d'IV qui joue en notre faveur en tant que vendeurs.

Changement d'état d'esprit fondamental : dans la Démonstration 1, nous étions ACHETEURS en espérant un mouvement directionnel. Ici, nous sommes VENDEURS — nous encaissons la prime immédiatement et dégageons un profit si l'action reste au-dessus de notre strike, progresse, OU même baisse légèrement. Trois scénarios de gain contre un seul.

CSP Étape A — Confirmer la Trésorerie et Sélectionner le Prix d'Exercice

Un Put Sécurisé en Espèces nécessite des liquidités é. Lisez le ticket à haute voix une fois avant de cliquer sur Envoyer : 'Achat de 1 MU $105 Call expirant dans 38 jours pour un prix limite de $2.20. Risque maximum $220. Confirmé.' Cliquez sur Envoyer. L'ordre est maintenant EN ATTENTE sur le marché.

- Vérifiez le calendrier des résultats EN PREMIER : pas de résultats dans la fenêtre d'expiration. C'est obligatoire, non négociable.
- Cible delta pour les CSP de revenus : 0,25 à 0,35. C'est la zone optimale entre une prime significative et une distance adéquate.

Strike	Bid	Ask	Volume	OI	Delta
190	3.80	3.95	4,210	38,900	-0.38
185	2.10	2.25	6,840	55,200	-0.28
180	1.05	1.15	8,120	71,300	-0.18

Chaîne d'Options Put AAPL — 38 JAE. AAPL à 193 $. Prix à titre indicatif.

CSP Étape B — Calculer les Métriques du Trade Avant de Soumettre

Ce calcul prend 30 secondes et doit être fait avant toute entrée CSP. Aucune exception.

Metric	AAPL Put 185 $ @ 2,20 $ Crédit
Prime Collectée	2,20 $ x 100 = 220 $ reçus d'avance
Capital Réservé	185 $ x 100 = 18 500 $ (réservé pour une assignation potentielle)
Rendement si Expiré Sans Valeur	220 $ / 18 500 $ = 1,19 % en 38 jours
Rendement Annualisé	1,19 % x (365 / 38) = ~11,4 % annualisé
Seuil de Rentabilité à l'Expiration	185 $ - 2,20 $ = 182,80 $
Tampon jusqu'au Seuil de Rentabilité	193 $ - 182,80 $ = 10,20 $ ou 5,3 % de baisse
Objectif de Profit (50 %)	Fermer quand la valeur du put tombe à 1,10 $
Date de Gestion T-21	17 jours après la date d'entrée

Ticket d'ordre : VENDRE POUR OUVRIR, 1 contrat, Put AAPL 185 $, mensuel 38 JAE, Limite à. 1.19% x (365 / 38) = ~11.4% annualisé

LE TEST DE PROPRIÉTÉ CSP

Avant de transmettre un cash-secured put, posez-vous cette question à haute voix : Si AAPL tombait à 182,30 $ demain et que je subissais une assignation de 100 actions, serais-je à l'aise à l'idée de les détenir à ce prix ? Si oui, transmettez l'ordre. La moindre hésitation signifie qu'il faut trouver un autre sous-jacent ou un strike plus bas. La prime ne vaut jamais le coup de détenir une action dont vous ne voulez pas.

Cet exemple reflète un trade réel exécuté et enregistré en temps réel. Le dimensionnement des positions présenté ici reflète les paramètres de mon propre compte et peut ne pas être adapté à tous les traders.

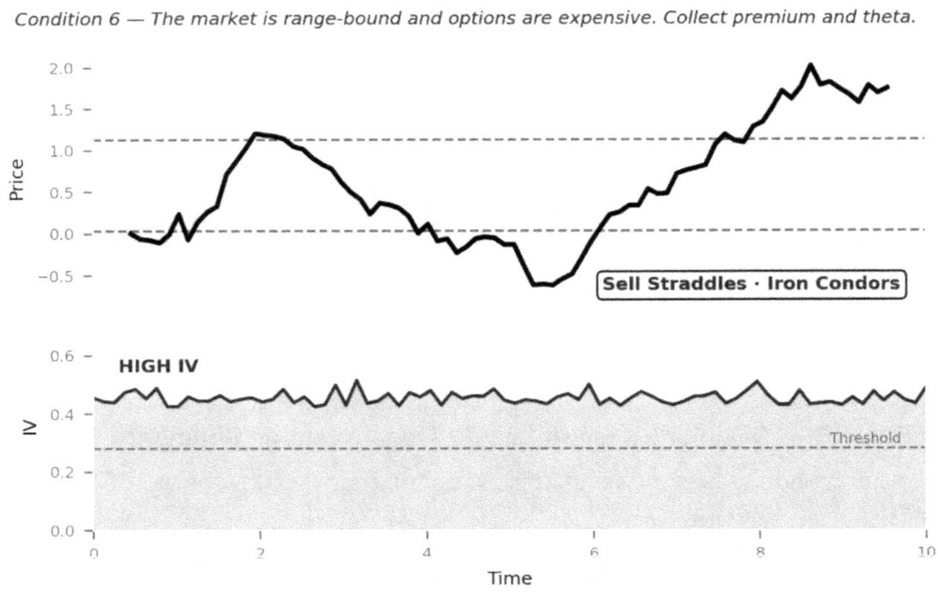

Figure 6. C6 — Neutral + High IV: Recommended strategy — Sell Straddles · Iron Condors

Figure C4.1 — Condition 4 : Baissier + VI Élevée → Vendre des Calls / Spreads à Crédit

Déroulement 3 : Bear Put Spread — Condition 3 (Baissier, VI Basse)

Une tendance baissière confirmée accompagnée d'une faible volatilité implicite appelle un debit spread — vous achetez de la prime plutôt que de la vendre, car l'IV est suffisamment bon marché pour justifier l'achat et la direction est clairement définie. Le bear put spread est l'instrument de la Condition 3 : achetez un put ATM ou légèrement OTM, vendez un put plus lointain OTM pour compenser le coût, et définissez votre perte maximale comme étant le débit payé.

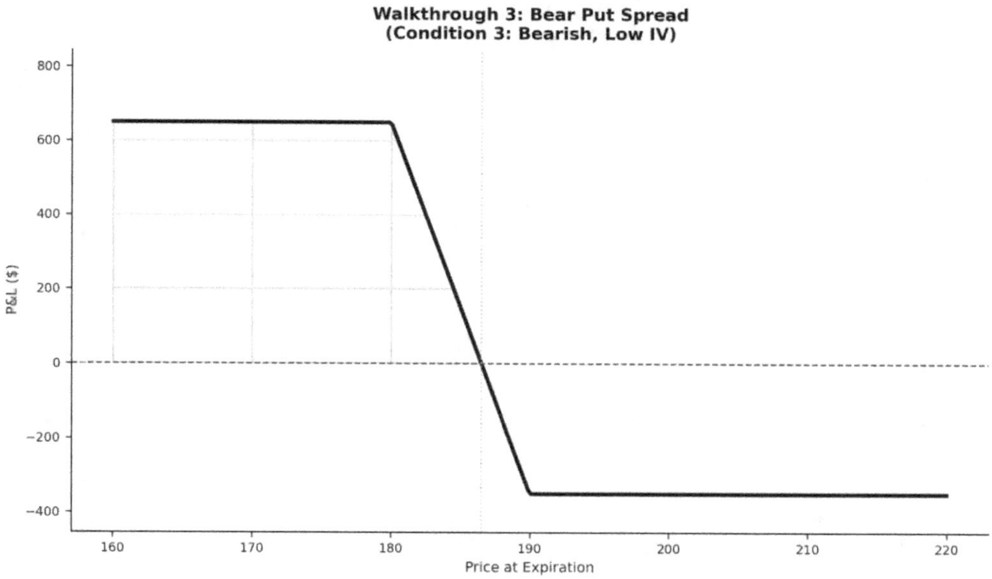

Figure 11.4 — Déroulement Bear Put Spread. Trade baissier Condition 3 avec des prix d'exercice réels.

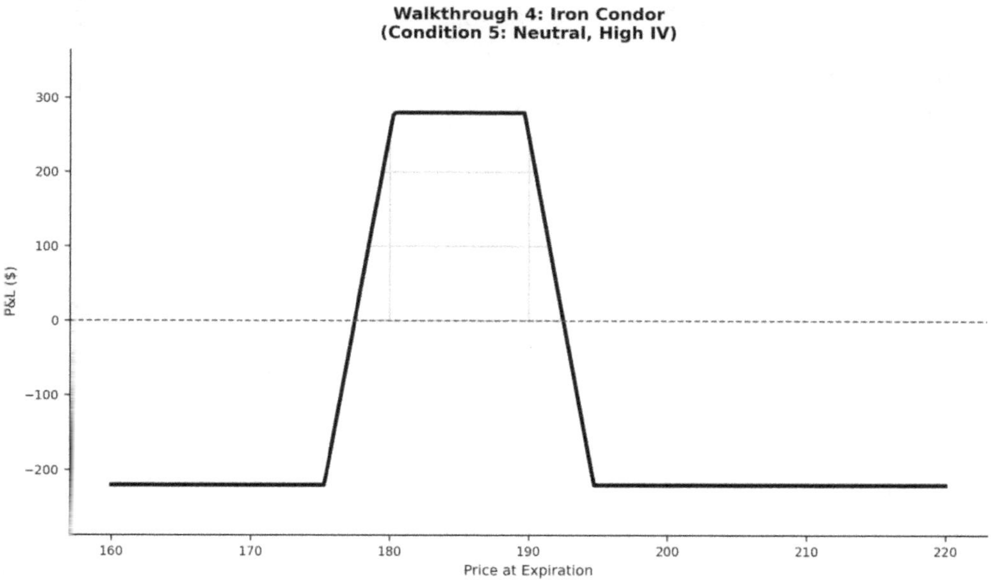

Figure 11.5 — Déroulement Iron Condor. Trade neutre Condition 5 avec zone de profit illustrée.

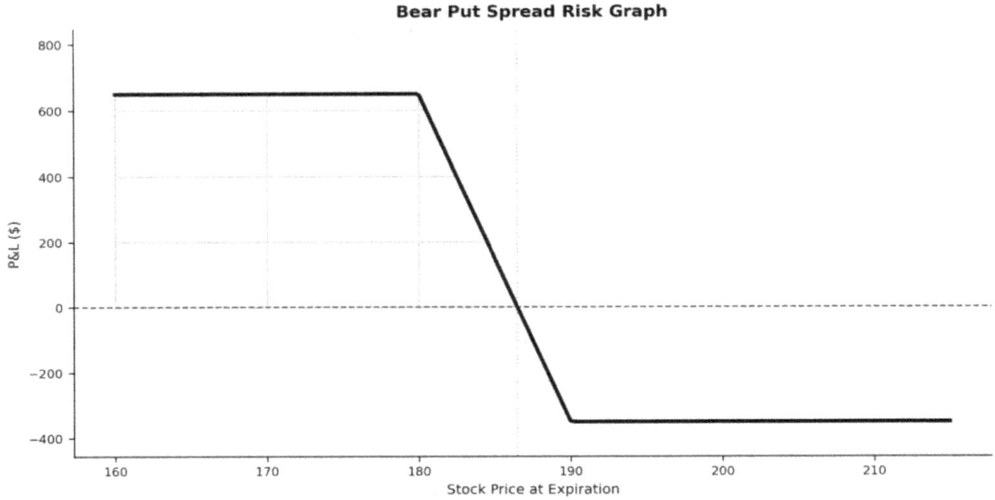

Figure 11.6 — Graphique de Risque Bear Put Spread. Risque défini, récompense définie, position baissière.

Exemple : Le QQQ est sous sa moyenne mobile EMA à 200 jours, le MACD est négatif, le VIX est à 16 (IV basse). Achetez le put 380 $ pour 6,20 $, vendez le put 370 $ pour 3,00 $. Débit net : 3,20 $. Profit maximal : 6,80 $ (si le QQQ clôture sous 370 $ à l'échéance). Point mort : 376,80 $. Perte maximale : 3,20 $ (le débit payé). Ce trade ne présente aucun risque d'assignation, une perte entièrement définie, et devient bénéficiaire sur tout mouvement durable sous 376,80 $ au cours des 30–45 prochains jours.

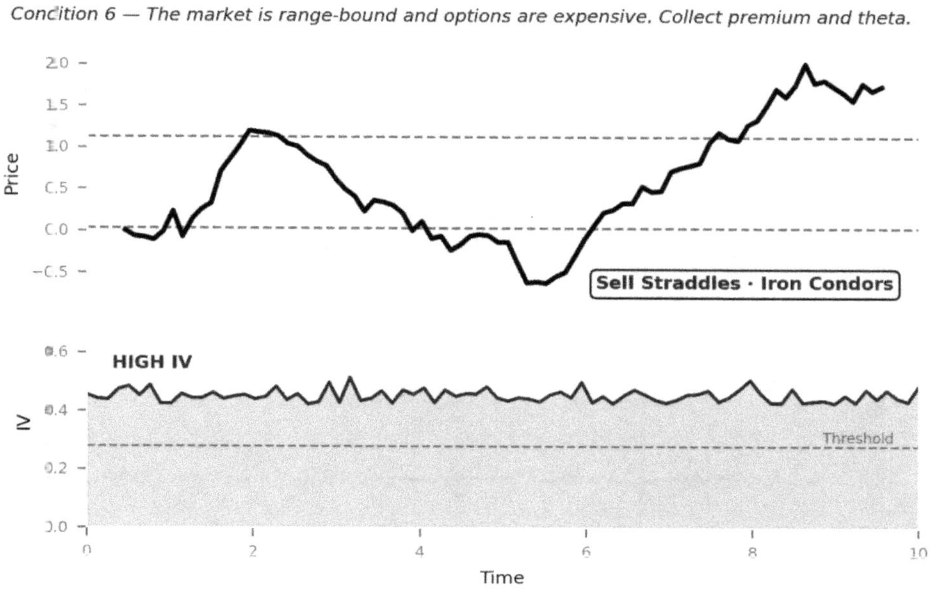

Figure 6. C6 — Neutral + High IV: Recommended strategy — Sell Straddles · Iron Condors

Figure C4.1. C4 — Baissier + VI Élevée : Stratégie recommandée — Vendre des Calls · Spreads à Crédit

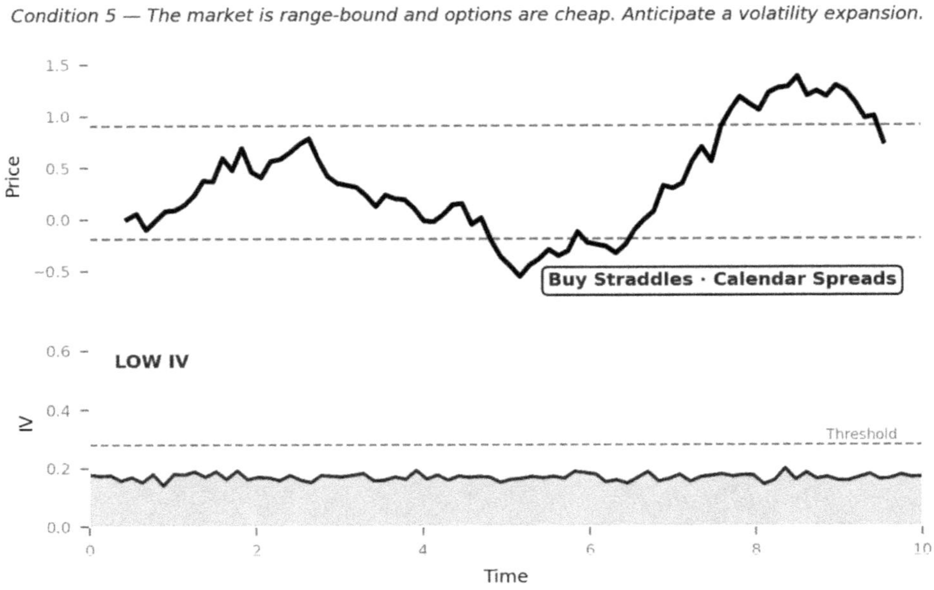

Figure 5. C5 — Neutral + Low IV: Recommended strategy — Buy Straddles · Calendar Spreads

Figure C5.1. C5 — Neutre + VI Basse : Stratégie recommandée — Acheter des Straddles · Calendar Spreads

Condition 4 — The trend is down and options are expensive. Sell premium with a bearish bias.

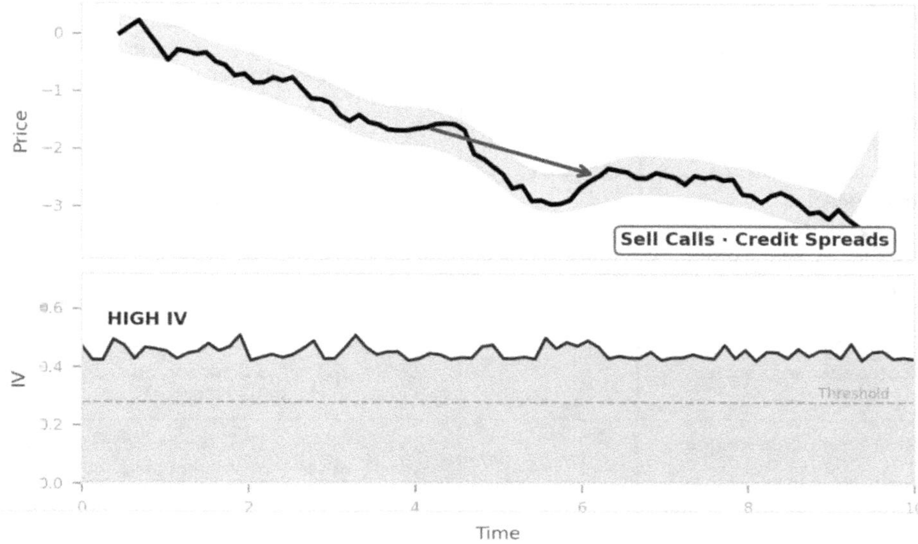

Figure 4. C4 — Bearish + High IV: Recommended strategy — Sell Calls · Credit Spreads

Figure C6.1. C6 — Neutre + VI Élevée : Stratégie recommandée — Vendre des Straddles · Iron Condors

Déroulement 4 : Bear Call Spread — Condition 4 (Baissier, VI Élevée)

Une tendance baissière confirmée avec une volatilité implicite élevée appelle un credit spread du côté short — vous vendez de la prime plutôt que de l'acheter, car l'IV est suffisamment chère pour faire de la vente la meilleure option ajustée du risque. Le bear call spread est l'instrument de la Condition 4 : vendez un call OTM près d'une résistance, achetez un call plus lointain OTM pour plafonner votre risque, et encaissez un crédit net. Le trade dégage un profit si l'action reste sous le strike de votre call court jusqu'à l'échéance.

Configuration : Le QQQ se situe sous ses moyennes EMA à 50 et 200 jours, inscrivant des sommets descendants depuis 4 semaines consécutives. Le MACD est négatif. Le VIX est à 28 — volatilité implicite élevée. L'IVR est à 72. Condition 4 confirmée : Baissier + IV élevée. Le récent rebond a ramené le QQQ sur une résistance à 390 $ — le niveau même sur lequel il a échoué à deux reprises au cours du mois écoulé.

Point de Décision	Action
Vérification de la condition	VIX : 28. IVR : 72 (ÉLEVÉ). QQQ en dessous des MM50 et MM200, plus hauts plus bas confirmés. → Condition 4 ✓
Vérification du calendrier des résultats	Aucun composant QQQ ne publie ses résultats dans la fenêtre JAE. L'ETF n'a aucun risque lié aux résultats. ✓

Point de Décision	Action
Sélection du prix d'exercice court	390 $ — niveau de résistance actuel. Deux tentatives de cassure échouées. Delta : 0,28. VI : 31 %.
Prix d'exercice long (couverture)	395 $ — 5 $ au-dessus du prix d'exercice court. Plafonne la perte maximale. Delta : 0,18.
DTE	35 jours — dans la fenêtre JAE de 30 à 45 jours. ✓
Prime collectée	Vendre Call 390 $ à 2,15 $. Acheter Call 395 $ à 1,10 $. Crédit net : 1,05 $ par action = 105 $ par spread.
Maximum risk	(395 $ − 390 $ − 1,05 $) × 100 = 395 $ par spread. Défini. ✓
Récompense maximale	1,05 $ × 100 = 105 $ par spread si QQQ reste en dessous de 390 $ à l'expiration.
Ratio récompense/risque	105 $ / 395 $ = 0,27:1. Nécessite un taux de réussite élevé — approprié pour C4 où la tendance est votre alliée.
Breakeven	390 $ + 1,05 $ = 391,05 $. QQQ doit clôturer au-dessus de 391,05 $ pour produire une perte.
Ticket d'ordre	VENDRE POUR OUVRIR 1 Call QQQ 390 $ / ACHETER POUR OUVRIR 1 Call QQQ 395 $. Même expiration. Crédit net.t limit: $1.05. GTC.
Gestion post-exécution	Objectif de profit : fermer à 50 % du crédit (0,525 $ achat pour fermer). Stop : fermer si le spread s'élargit à 2× le crédit.

RÈGLE CRITIQUE DE LA CONDITION 4

Dans un environnement baissier à forte IV, le trade le plus intuitif consiste à acheter des puts — le marché baisse, donc on achète une protection contre la baisse. Mais une IV élevée rend ces puts très chers, et même si vous avez raison sur la direction, la contraction de l'IV après le mouvement peut détruire votre profit. Le bear call spread résout ces deux problèmes : vous encaissez la prime liée à l'IV élevée sur le call court, définissez votre risque avec le call long, et profitez à la fois du mouvement directionnel ET de la contraction de l'IV. Contre-intuitif. Mais correct.

Condition 4 — The trend is down and options are expensive. Sell premium with a bearish bias.

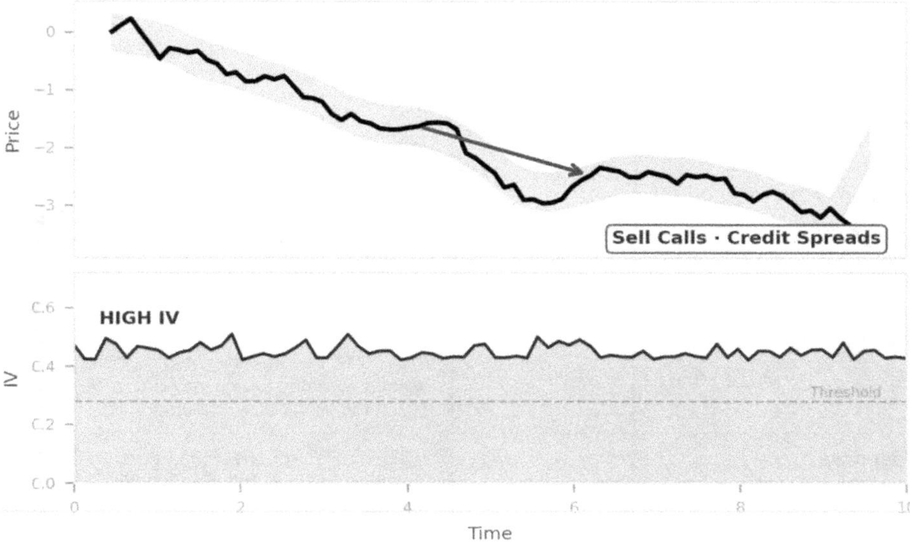

Figure 4. C4 — Bearish + High IV: Recommended strategy — Sell Calls · Credit Spreads

Figure C6.1 — Condition 6 : Neutre + VI Élevée → Vendre des Straddles / Iron Condors

Déroulement 5 : Calendar Spread — Condition 6 (Neutre, VI Basse)

Lorsque le marché est bloqué dans un canal horizontal et que la volatilité implicite est basse, le calendar spread est l'instrument de précision. Vous vendez une option à court terme au prix d'exercice (strike) dont vous estimez que le cours de l'action va rester proche, et vous achetez simultanément une option à échéance plus lointaine au même strike. L'option à court terme s'érode plus vite que celle à long terme — vous encaissez ce différentiel d'érosion (decay) sous forme de revenu tant que l'action reste dans son canal. Contrairement à l'iron condor, le calendar profite d'une hausse de l'IV — ce qui en fait la structure idéale en Condition 6 lorsque l'IV est bon marché et qu'une expansion est anticipée.

Configuration : Le SPY évolue dans une fourchette étroite de 8 points entre 490 $ et 498 $ depuis trois semaines. Aucun événement macroéconomique majeur n'est attendu dans les 30 prochains jours. Le VIX est à 14 — écrasé. L'IVR est à 18. Les options à court terme sont bon marché. Condition 6 confirmée : Neutre + IV basse. Le strike ATM est à 494 $.

Decision Point	Action
Condition verification	VIX : 14. IVR : 18 (BAS). SPY plat, oscillant entre 490 $ et 498 $, pas de confirmation directionnelle. → Condition 6 ✓✓
Strike selection	Call 494 $ ATM — centre du range de trading actuel. Décroissance theta maximale ATM.

Decision Point	Action
Jambe courte (vendre)	Vendre 1 Call SPY 494 $, 30 JAE. Prime reçue : 3,80 $. Cette jambe se déprécie le plus vite.
Jambe longue (acheter)	Acheter 1 Call SPY 494 $, 60 JAE. Prime payée : 6,10 $. Cette jambe se déprécie plus lentement — c'est notre protection.
Net debit	6,10 $ − 3,80 $ = 2,30 $ par action = 230 $ total. C'est votre risque maximum.
Potentiel de profit	Le profit maximum se produit si SPY est exactement à 494 $ à l'expiration de 30 jours. Le call à court terme expire sans valeur.ss ($380 received), long-term call retains significant value. Est. max profit: $180–$220.
Avantage Vega	Le calendar est long vega : si l'IV passe de 14 % à 18 %, la jambe longue gagne plus que ce que la jambe courte ne perd. L'expansion de l'IV est votre alliée en Condition 6.
Order ticket	ACHETER CALENDAR : Vendre 1 Call SPY 494 $ 30 JAE / Acheter 1 Call SPY 494 $ 60 JAE. Limite débit net : 2,30 $. GTC.
Post-fill management	Objectif de cours : dénouez la position lorsque la valeur du spread atteint 3,80 $ (65 % de rendement sur le débit). Stop : fermez si le SPY sort de la zone 488 $–500 $. Règle T-21 : à 21 DTE sur la jambe courte, évaluez l'opportunité d'un rolling sur le mois suivant.
Ce qui tue ce trade	Le SPY sort de manière décisive de son canal — peu importe la direction. Un fort mouvement directionnel nuit au calendar. La position repose sur l'hypothèse d'une consolidation continue. Si la situation évolue vers une condition C1, C2, C3 ou C4 — sortez.

L'INSIGHT DU CALENDAR SPREAD

Le calendar spread est la seule stratégie de ce livre qui tire profit de trois facteurs simultanés : (1) le maintien de l'action à proximité du strike — différentiel de l'érosion temporelle (time decay), (2) une hausse de l'IV — position long vega, (3) le passage du temps — la jambe courte à court terme s'érode chaque jour plus vite que la jambe longue. Lorsque ces trois éléments s'alignent — comme c'est le cas en Condition 6 — le calendar figure parmi les structures de rendement à plus haute probabilité. Dès que l'un de ces trois facteurs est invalidé — en particulier lors d'une cassure directionnelle —, sortez immédiatement.

Déroulement 6 : Iron Condor — Condition 5 (Range, VI Élevée)

Lorsque le marché est dans un canal horizontal et que la volatilité implicite est élevée, l'iron condor est la structure optimale. Vous encaissez de la prime des deux côtés du canal simultanément, avec un risque défini sur les deux ailes (wings). Le trade profite de l'érosion temporelle et de la contraction de la volatilité — vous n'avez pas besoin d'un mouvement directionnel. Vous avez besoin que l'action reste confinée entre vos strikes courts.

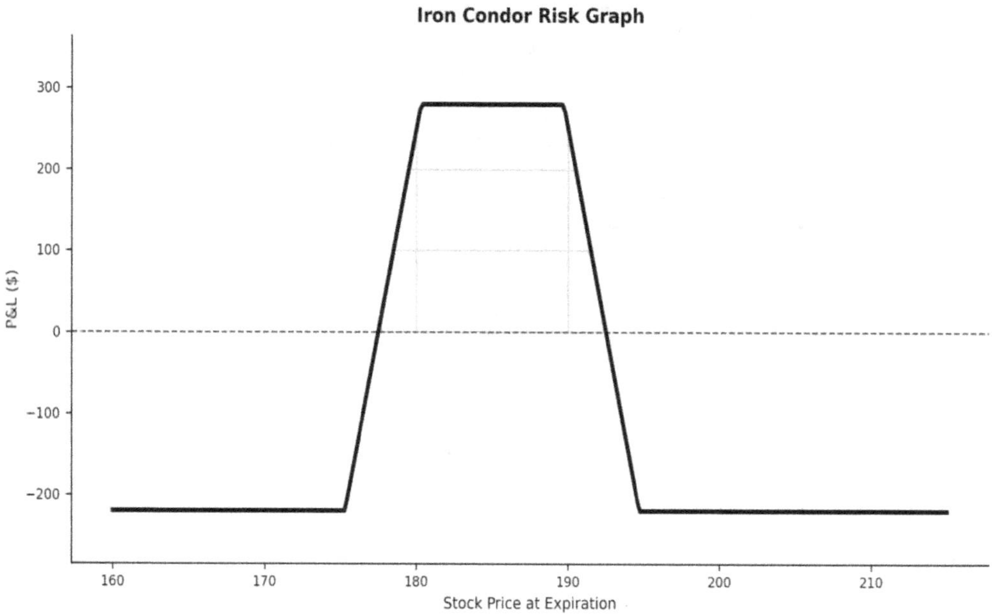

Figure 11.7 — Graphique de Risque Iron Condor. Prime collectée d'avance, profit si l'action reste dans la zone de profit.one.

Les Sept Erreurs les Plus Courantes du Premier Trade

Mistake	Ce À Quoi Cela Ressemble	Prevention
Utiliser un ordre au marché	Exécution au prix ASK ou pire sur une option à spread large, perdant immédiatement 5 à 10 % du profit potentiel	Définir le défaut de la plateforme à Ordre Limite. Ne jamais remplacer pour les options.
Mauvaise expiration sélectionnée	Vous sélectionnez la plus proche semaine au lieu du mensuel prévu	Lisez la date d'expiration à voix haute avant de confirmer : « 21 juin, 38 JAE — confirmé. »
Confusion bid/ask	Vous essayez d'acheter au bid (pas d'exécution) ou le point milieu est exécuté défavorablement	Achat : limite commence au milieu, se déplace vers le ask. Vente : limite commence au milieu, se déplace vers le bid.
Mauvaise quantité	Vous entrez 10 contrats en pensant que cela représente 10 actions d'exposition	Toujours calculer l'exposition en dollars réelle : contrats x 100 x prime. Pour tout premier trade : 1 contrat maximum.tract maximum.
Pas de plan de sortie à l'entrée	La position est exécutée, vous n'avez pas d'objectif de profit ni de stop défini	Définir un ordre GTC de sortie immédiatement après chaque exécution. Avant de fermer la plateforme.
Surveillance constante des positions	Vous vérifiez le P&L toutes les 20 minutes et remplacez votre plan sur des mouvements défavorables temporaires	Vérifier une fois à la clôture du marché à 16 h. Supprimer l'application de votre téléphone si nécessaire les 30 premiers jours.

Mistake	Ce À Quoi Cela Ressemble	Prevention
Vendre avant les résultats	AAPL publie ses résultats dans 12 jours, vous vendez un put à 30 JAE à travers l'annonce	Vérification du calendrier des résultats avant tout CSP et covered call. Cette règle n'a pas d'exceptions.

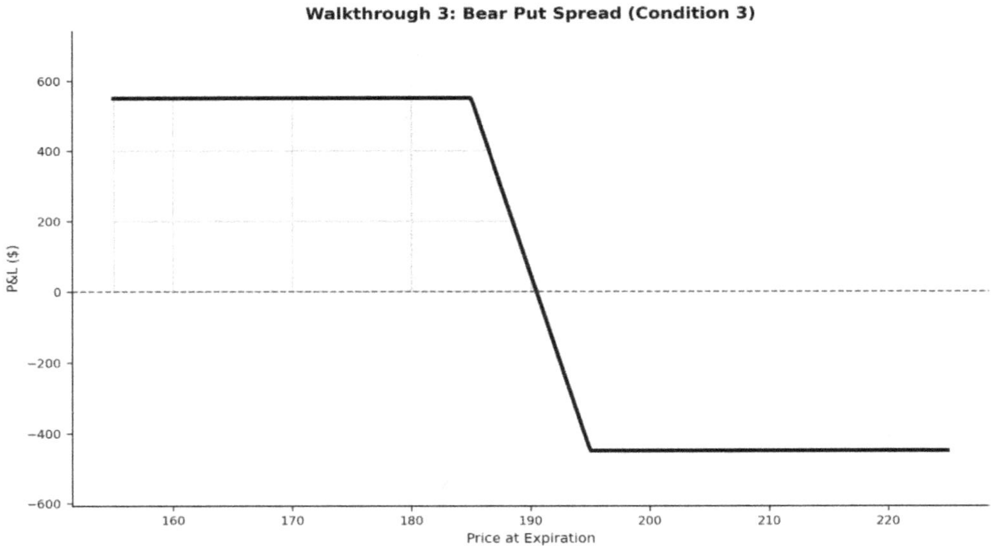

Figure 11.2 — Déroulements de Trades Baissiers et Neutres — Bear Put Spread (Condition 3) et Iron Condor. (Condition 5) execution.

Déroulements de Trades Baissiers et Neutres — Exécution étape par étape des trades bear put et iron condor.

Condition 1 — The trend is up and options are cheap. Buy directional exposure.

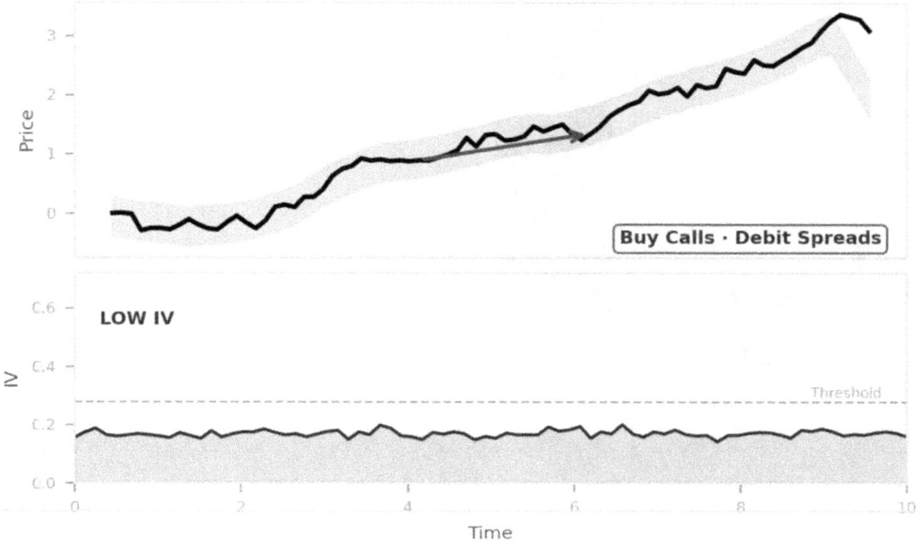

Figure 1. C1 — Bullish + Low IV: Recommended strategy — Buy Calls · Debit Spreads

Figure C3.1. C3 — Baissier + VI Basse : Stratégie recommandée — Acheter des Puts · Spreads à Débit

Le Système en Action — Registre de Trades Vérifiés

Les trades suivants ont été exécutés en réel en utilisant le cadre des Six Conditions, le filtrage des Dix Indicateurs et la Règle T-21. Chaque entrée et sortie est vérifiée par les relevés de courtage.

Trade	Strike	Prix d'Entrée	Prix de Sortie	Return %	P&L
MU Long Call #1	$185 Call	$4.80	$7.28	+51.78%	+$248
MU Long Call #2	$310 Call	$3.85	$13.02	+238.44%	+$1,007
MU Long Call #3	$340 Call	$5.60	$7.05	+25.89%	+$145
MU Long Call #4	$420 Call	$6.15	$6.99	+13.66%	+$84
TOTAL SERIES	4 trades	—	—	+79.6% avg	+$22,829

Figure 11.8 — Série Call MU Vérifiée. Quatre trades vérifiés par courtier avec entrée, sortie et rendement.

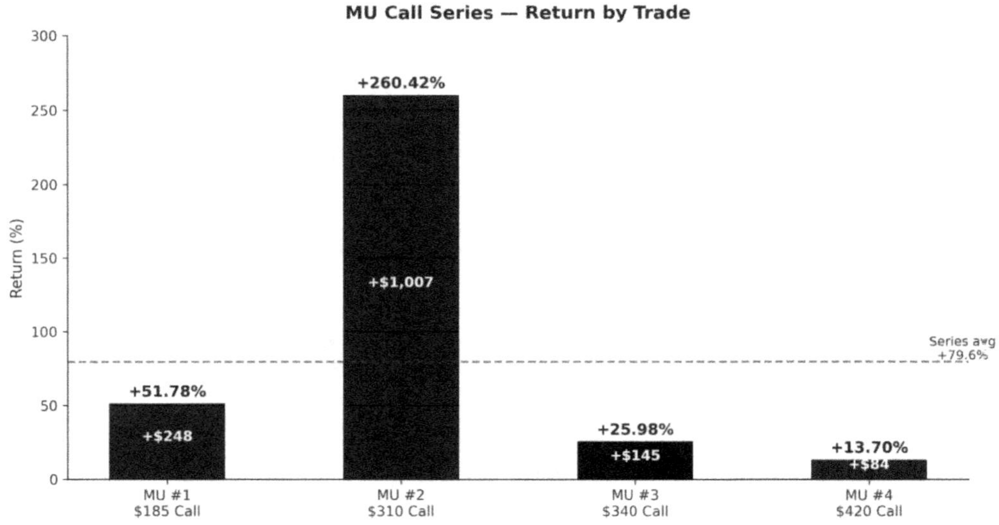

Figure 11.9 — Rendements de la Série MU. +260,42 % au pic / +22 829 $ P&L total fermé.

Les trades suivants ont été exécutés en réel en utilisant le cadre des Six Conditions, le filtrage des Dix Indicateurs et la Règle T-21. Chaque entrée et sortie est vérifiée par les relevés de courtage.

Exemple : Le SPY oscille entre un support à 490 $ et une résistance à 510 $. Le VIX est à 24 (Condition 5 : canal horizontal, IV élevée). Vendez le spread call 510 $/call 515 $ pour 1,40 $. Vendez le spread put 490 $/put 485 $ pour 1,40 $. Crédit total : 2,80 $. Profit maximal : 280 $ par iron condor (si le SPY reste entre 490 $ et 510 $ à l'échéance). Perte maximale de chaque côté : 220 $ (largeur du spread de 5,00 $ moins le crédit de 2,80 $). Niveaux de point mort : 487,20 $ à la baisse, 512,80 $ à la hausse.

LA RÈGLE D'ENTRÉE DE L'IRON CONDOR

L'iron condor est un trade de rendement basé sur la volatilité — si la volatilité n'est pas élevée, le rendement ne justifie pas le risque défini. Attendez un IVR supérieur à 40, idéalement supérieur à 50, avant de déployer le condor.

Le Ticket d'Ordre : Mécanique de Soumission de Votre Premier Trade

Connaître la stratégie ne suffit pas. Vous devez savoir exactement comment traduire un plan de trade en un ordre de bourse chez votre courtier. Toutes les plateformes d'options partagent les mêmes champs essentiels, et chaque champ possède une réponse correcte avant toute validation.

Order Field	Ce Que Vous Sélectionnez	Pourquoi C'est Important
Action	Acheter pour Ouvrir / Vendre pour Ouvrir	Acheter = payer un débit. Vendre = collecter un crédit. Ne jamais confondre avec les ordres de fermeture.
Sous-jacent	Symbole ticker (ex. AAPL)	Confirmer le sous-jacent exact. Les options sur des tickers similaires peuvent différer en liquidité.
Expiration	Sélectionner la date (ex. 17 janv.)	Correspondre à votre JAE prévu. Éviter la semaine la plus proche sauf si intentionnel.

Order Field	Ce Que Vous Sélectionnez	Pourquoi C'est Important
Strike	Le prix d'exercice spécifique	Vérifier deux fois. Un clic sélectionne le mauvais prix d'exercice sur les marchés rapides.
Option Type	Call or Put	Vérifiez que cela correspond à la direction de votre stratégie avant de soumettre.
Quantity	Nombre de contrats	Commencer avec 1 contrat pour les premiers trades. Chaque contrat = 100 actions.
Type d'Ordre	Ordre limite (toujours)	Ne jamais soumettre un ordre au marché sur les options. Le spread vous exécutera mal.
Limit Price	Prix milieu bid/ask	Commencer au milieu. Déplacer de 0,05 $ vers le ask si non exécuté après 2 minutes.
Time in Force	Day or GTC	Utiliser Jour pour les entrées. Utiliser GTC uniquement pour les ordres de fermeture à objectif de profit.

LA RÈGLE DE L'ORDRE LIMITE

Les traders d'options qui transmettent des ordres au marché (market orders) obtiennent systématiquement de mauvaises exécutions. L'écart bid-ask sur les options peut être large — parfois de 0,20 $ à 0,50 $ par contrat. Un ordre au marché vous garantit d'être exécuté sur le pire côté de cette fourchette. Un ordre limite au prix médian (mid-price) ne demande aucun délai supplémentaire (la plupart des options liquides sont exécutées au prix médian en l'espace de 30 à 60 secondes) et vous fait économiser de l'argent réel sur chaque trade, cumulé sur des centaines de positions chaque année. Utilisez toujours des ordres limites.

Liste de Contrôle du Premier Trade

Avant de soumettre tout ordre d'options, exécutez cette liste de contrôle. Chaque élément doit être confirmé.

	Vérification Pré-Trade	Status
1	Le sous-jacent a passé le filtre des Dix Indicateurs (Chapitre 9)	☐ Confirmed
2	Condition de marché identifiée en utilisant le cadre des Six Conditions	☐ Confirmed
3	La stratégie correspond à la condition identifiée	☐ Confirmed
4	Aucune annonce de résultats dans la fenêtre JAE de l'option	☐ Confirmed
5	Expiration sélectionnée dans la fenêtre 30 à 45 JAE (vendeurs de revenus)	☐ Confirmed
6	Prix d'exercice et delta confirmés selon les règles de la stratégie	☐ Confirmed
7	Ordre limite défini — PAS d'ordre au marché	☐ Confirmed
8	Taille de position dans la règle de risque de compte de 2 % (Chapitre 1)	☐ Confirmed
9	Date de gestion T-21 notée dans le journal de trading	☐ Confirmed
10	Objectif de sortie et perte maximale définis avant l'entrée	☐ Confirmed
11	Ordre GTC de sortie mis en file pour soumission immédiate après l'exécution	☐ Confirmed

	Vérification Pré-Trade	Status
12	Vérification à trois niveaux de temps : hebdomadaire / journalier / intrajournalier alignés	☐ Confirmed

LA RÈGLE DE QUALITÉ D'EXÉCUTION

Votre avantage théorique est calculé au prix médian. Chaque centime payé au-dessus du prix médian à l'entrée, ou reçu en dessous à la sortie, constitue un frottement qui vient grignoter votre avantage statistique. Sur un trade à crédit de 2,00 $ avec un écart de 0,20 $, être exécuté au prix bid plutôt qu'au prix médian vous coûte 0,10 $ — soit 5 % du profit maximum avant même que la position n'ait commencé à vivre. Faire preuve de patience avec les ordres limites relève de la gestion des risques.

> **CADRE DES SIX CONDITIONS ▸ CONDITIONS 2, 4, 5, 6 — structures multi-jambes pour les marchés non directionnels markets**
> Les positions à une seule jambe (single-leg) répondent aux conditions 1 et 3. Les combinaisons multi-jambes répondent à toutes les autres conditions. Les spreads plafonnent le risque sur les stratégies à crédit des conditions 2 et 4. Les structures complexes servent les conditions de canal horizontal 5 et 6.

Les positions multi-jambes vous permettent de définir simultanément votre risque maximum et votre gain maximum, d'exprimer des perspectives de marché nuancées qu'un contrat unique ne peut capturer, et de générer des revenus dans des marchés latéraux où les trades directionnels ne mènent nulle part.

Ce chapitre traite de l'architecture des positions combinées : comment elles sont construites, comment leur profil est établi, et aborde le graphique de risque — l'outil visuel qui vous montre précisément le comportement d'une position combinée pour chaque prix possible de l'action à l'échéance.

Le Cadre de Construction A-B-C — Comment Toutes les Combinaisons sont Assemblées

Chaque position d'options multi-jambes — quelle que soit sa complexité apparente — est assemblée à partir des quatre mêmes briques de base présentées au Chapitre 10 : Buy Call, Buy Put, Sell Call, Sell Put. Le cadre A-B-C vous offre une méthode systématique pour bâtir n'importe quelle combinaison en superposant ces actions dans l'ordre :

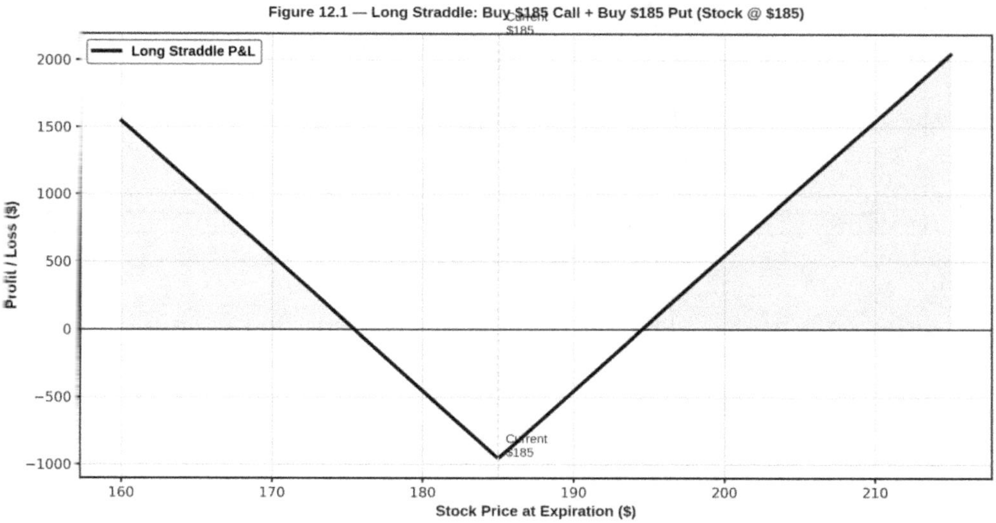

Figure 12.1 — Long Straddle. Profit sur un grand mouvement dans l'une ou l'autre direction.

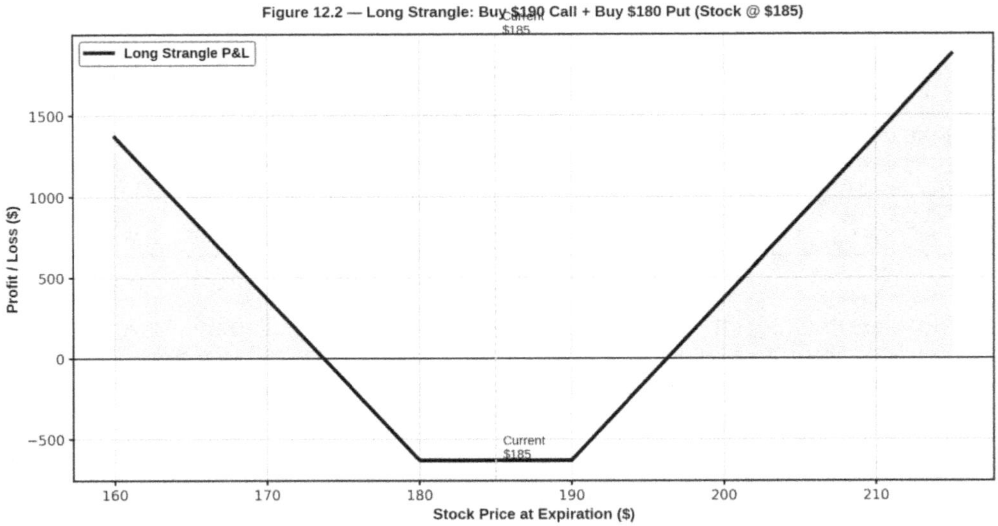

Figure 12.2 — Long Strangle. Coût inférieur, seuils de rentabilité plus larges que le straddle.

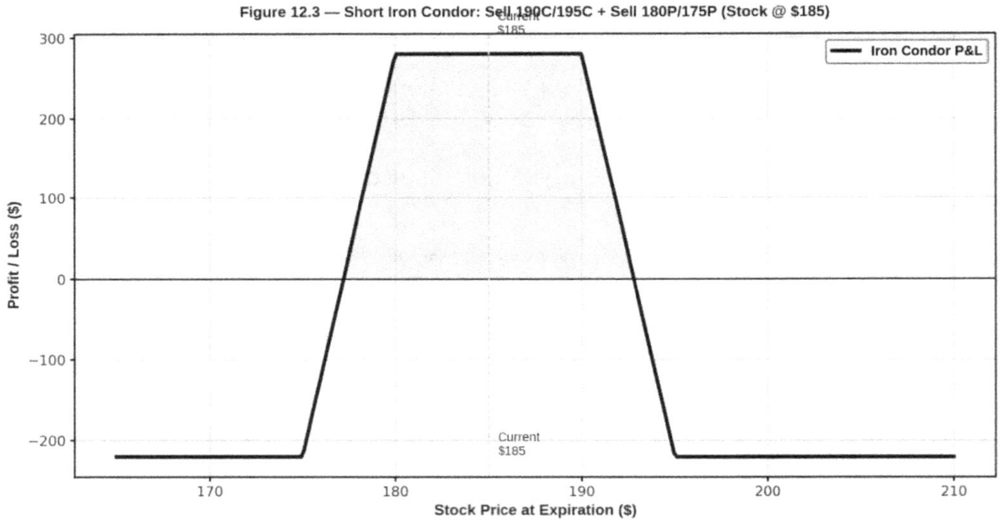

Figure 12.3 — Iron Condor Court. Profit si l'action reste dans la zone de profit.

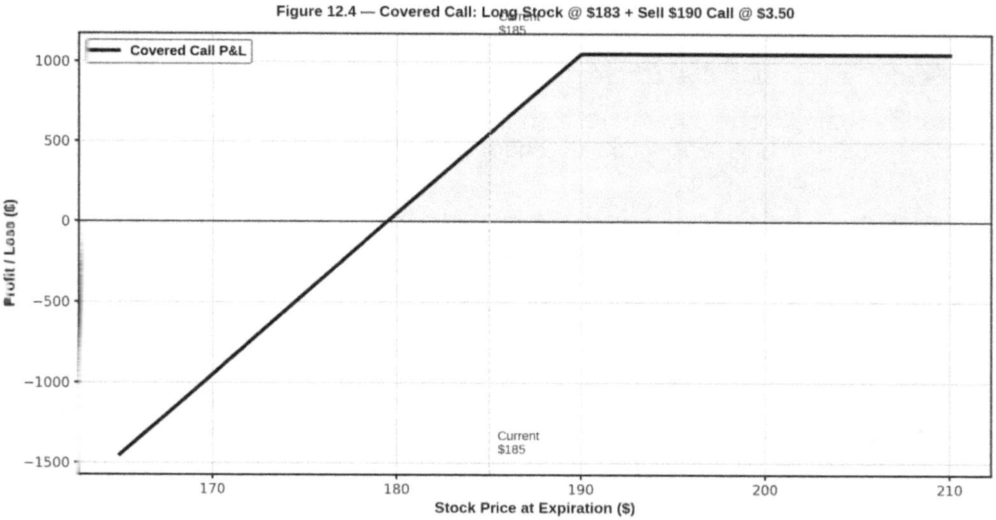

Figure 12.4 — Covered Call. Actions longues plus call OTM court — superposition de revenus.

Leg	Action	Purpose	Exemple
A	La jambe PRIMAIRE — votre noyau directionnel ou de revenus	Établit la thèse du trade. Long call = haussier. Short put = revenu. C'est la raison d'être du trade.	Vendre 1 Put OTM au prix d'exercice 90 $ → thèse du trade de revenus, haussier-neutre
B	La jambe SECONDAIRE — modifie le coût ou le risque de A	Finance la jambe primaire, ajoute une couverture ou crée un spread. Réduit le coût de base ou plafonne le risque.sk.	Acheter 1 Put OTM au prix d'exercice 85 $ → plafonne la perte maximale sur A. Crée un bull put spread.
C	La jambe TERTIAIRE — ajoute une troisième dimension	Ajoute de la directionalité, génère des revenus supplémentaires ou crée une structure de paiement plus complexe.re.	Vendre 1 Call OTM au prix d'exercice 100 $ → ajoute des revenus de covered call à la position.

Le cadre de travail A-B-C révèle un élément crucial : une position à deux jambes (A+B) constitue un spread. Une position à trois jambes (A+B+C) est une combinaison ou un collar. Une position à quatre jambes (deux spreads combinés) correspond à un iron condor ou à un iron butterfly. Chaque nom de stratégie que vous rencontrerez se ramène à ces briques de base. Une fois que vous comprenez le rôle de chaque jambe, vous pouvez décoder n'importe quelle position multi-jambes — et concevoir des positions sur mesure qui épousent parfaitement votre profil de risque.

CONSTRUIRE DE L'INTÉRIEUR VERS L'EXTÉRIEUR

Construisez toujours vos combinaisons en commençant par la jambe principale (A). Demandez-vous : quelle est ma thèse centrale ? Ajoutez ensuite B pour définir votre limite de risque. Enfin, et seulement si cela est pertinent, ajoutez C pour affiner le profil de gain. Ajouter des jambes sans but précis est la raison pour laquelle les traders conçoivent des positions qu'ils ne comprennent pas — et se retrouvent incapables de gérer lorsque le marché se retourne contre eux.

Les Deux Dimensions des Stratégies de Combinaison

Toutes les stratégies de combinaison sont construites selon deux axes. Comprendre ces axes vous indique la fonction de chaque position multi-jambes avant même de regarder le moindre chiffre.

- Biais Directionnel — La stratégie est-elle conçue pour tirer profit d'un mouvement de l'action à la hausse, à la baisse ou de manière latérale ? Chaque combinaison intègre une hypothèse directionnelle. Faire correspondre cette hypothèse à votre thèse de marché constitue la première décision de conception ;
- Biais de Volatilité — La stratégie est-elle conçue pour tirer profit d'une volatilité en expansion (long vol) ou en contraction (short vol) ? Les positions sur options longues (long) bénéficient d'une expansion de l'IV. Les positions courtes (short) bénéficient d'une contraction de l'IV. Votre perspective sur l'IV constitue la seconde décision de conception.

Les stratégies de combinaison sont des outils pour neutraliser un biais directionnel, réduire la base de coût, générer des revenus ou couvrir une exposition existante. Le gestionnaire des risques ne les utilise pas pour maximiser la taille d'un pari — mais pour calibrer précisément le profil de risque recherché.

Combinaisons Actions + Options

Les positions multi-jambes les plus simples associent une détention d'actions à un ou plusieurs contrats d'options. Ce sont des stratégies fondamentales que tout trader d'options devrait maîteriser avant de passer aux combinaisons d'options pures.

Strategy	Composantes	Perspective de Marché	Profil de Risque
Covered Call	100 actions longues + 1 Call OTM court	Neutre à légèrement haussier	Revenu de la prime. Hausse plafonnée au prix d'exercice. La baisse est la perte des actions moins la prime reçue.
Married Put	100 actions longues + 1 Put OTM long	Haussier avec assurance baissière	Hausse illimitée. Baisse planchée au prix d'exercice du put moins la prime payée. Meilleure couverture pour une position en actions.k position.
Put Protecteur	Position en actions existante + Put long	Haussier mais couvert	Identique au married put mais appliqué à une position existante. Verrouille un prix de vente quel que soit le niveau de baisse de l'action.
Collar	Actions longues + Put OTM long + Call OTM court	Neutre — préservation du capital	Le put finance le call (ou vice versa). Hausse plafonnée, baisse planchée. Idéal pour les

Strategy	Composantes	Perspective de Marché	Profil de Risque
			positions en fin de cycle.oldings.

Combinaisons d'Options Pures

Les combinaisons d'options pures utilisent exclusivement des contrats — sans détention d'actions. Elles vous permettent d'exprimer des visions directionnelles et de volatilité précises avec un risque entièrement défini des deux côtés, sans posséder les actions sous-jacentes. Elles constituent la boîte à outils centrale du trader d'options actif.

Strategy	Composantes	Perspective de Marché	Risk Profile
Long Straddle	Call ATM long + Put ATM long (même prix d'exercice, même exp.)	Grand mouvement attendu — direction inconnue	Profit si l'action bouge significativement dans les deux sens. Perte si l'action reste plate — les deux primes se déprécient.
Long Strangle	Call OTM long + Put OTM long (prix d'exercice différents)	Grand mouvement attendu — moins cher que le straddle	Identique au straddle mais nécessite un plus grand mouvement pour être profitable. Coût inférieur, probabilité inférieure.
Short Straddle	Call ATM court + Put ATM court (même prix d'exercice)	L'action reste plate — contraction de VI attendue	Collecter les deux primes. Risque illimité dans les deux directions. Environnement de VI élevée uniquement.
Short Strangle	Call OTM court + Put OTM court (prix d'exercice différents)	L'action reste dans un range — VI élevée	Zone de profit plus large que le straddle. Comporte toujours un risque illimité — utiliser uniquement avec des ailes de couverture. wrapper.
Bull Call Spread	Call à prix d'exercice inférieur long + Call à prix d'exercice supérieur court	Modérément haussier	Risque défini (débit payé). Récompense définie (largeur du spread − débit). Meilleur quand la VI est modérée..
Bear Put Spread	Put à prix d'exercice supérieur long + Put à prix d'exercice inférieur court	Modérément baissier	Risque défini (débit payé). Récompense définie (largeur du spread − débit). Meilleur dans un environnement de VI élevée.
Iron Condor	Call OTM court + Call OTM plus lointain long + Put OTM court + Put OTM plus lointain long	Range, faible mouvement	Collecter la prime des deux côtés. Zone de profit entre les prix d'exercice courts. Risque défini par la largeur des ailes.th.

La Matrice de Combinaison de Positions des Six Conditions

Chaque position combinée de ce chapitre est associée à au moins une des six conditions. Avant de construire une structure multi-jambes, confirmez dans que le condition vous vous situez — puis sélectionnez uniquement la combinaison conçue pour cette condition. Utiliser un strangle en condition 1 (haussier, IV basse) n'est pas un trade géré en bon gestionnaire de risques ; c'est une inadéquation entre la structure et l'environnement. La matrice ci-dessous vous présente les associations approuvées.

#	Condition	IV	Structure Multi-Jambes Approuvée	Pourquoi Cette Structure Correspond à Cette Condition
1	**Bullish ↑**	LOW	**Bull Call Spread (debit)**	Une IV basse rend les debit spreads bon marché. Payez un faible débit pour une participation définie à la hausse. La jambe du call court finance le call long — elle réduit le coût sans éliminer le potentiel de gain.
2	**Bullish ↑**	HIGH	**Bull Put Spread (credit)**	Une IV élevée gonfle les primes des puts. La vente d'un put spread OTM permet d'encaisser un crédit élevé avec la tendance en soutien. Vous profitez du maintien de l'action au-dessus du strike de votre put court ET de la contraction de l'IV après l'entrée.
3	**Bearish ↓**	LOW	**Bear Put Spread (debit)**	Une IV basse rend les put debit spreads abordables. La tendance confirme la direction. La jambe du put court réduit le coût. Le risque maximum est limité au débit payé — entièrement défini dès l'entrée.
4	**Bearish ↓**	HIGH	**Bear Call Spread (credit)**	Une IV élevée rend la prime des calls attractive. Vendez un call spread OTM pour encaisser un crédit sur le côté baissier. La tendance soutient la position. Vous profitez du maintien de l'action sous le strike de votre call court ET de la contraction de l'IV.
5	**Range ↔**	LOW	**Long Butterfly / Iron Condor (debit or net credit)**	Environnement d'IV basse avec un prix contenu dans un canal horizontal. Le butterfly concentre le gain sur un prix cible unique. L'iron condor encaisse des primes des deux côtés du canal. Les deux profitent de l'ABSENCE de mouvement de l'action — à l'inverse des trades débiteurs directionnels.
6	**Range ↔**	HIGH	**Calendar Spread / Diagonal Spread**	IV élevée sur la jambe à court terme, IV normale sur la jambe à long terme. Vendez l'IV chère à court terme. Achetez l'IV comparativement moins chère à long terme. Profitez de l'effondrement du différentiel d'IV à mesure que l'option à court terme s'érode plus rapidement.

Notez la symétrie : chaque condition possède exactement une structure multi-jambes principale. Ce n'est pas arbitraire — c'est le résultat de l'alignement de la structure sur les deux forces de marché qui dictent cette condition. Les conditions 1 et 3 sont des structures débitrices car l'IV est basse et vous avez besoin du mouvement pour gagner. Les conditions 2 et 4 sont des structures créditrices car l'IV est élevée et le vendeur de prime détient l'avantage statistique. Les conditions 5 et 6 sont des structures de canal car aucun mouvement directionnel n'est attendu.

LA RÈGLE DE COMBINAISON

Ne combinez jamais des jambes d'options dans une structure sans avoir préalablement identifié la condition dans laquelle vous vous trouvez. Un straddle en condition 2 (haussier, IV élevée) n'est pas une couverture — c'est un ticket de loterie coûteux sur l'IV de la jambe courte. Un bull call spread en condition 4 (baissier, IV élevée) est un trade débiteur qui combat la tendance. Associez la structure à la condition. À chaque fois.

La Combinaison Achat-Call : Un Exemple Travaillé

Voici un exemple concret et complet de la stratégie de combinaison Buy Call Combination — une structure à trois jambes qui associe un long call, un short call et un long put. C'est l'une des combinaisons institutionnelles fondamentales, parfois appelée trade A-B-C.

- A — Acheter pour Ouvrir 1 Call XYZ au prix actuel (call long, participation directionnelle) ;
- B — Vendre pour Ouvrir 1 Call XYZ à un prix d'exercice plus élevé (call court, plafonne la hausse, collecte la prime) ;to offset cost);
- C — Acheter pour Ouvrir 1 Put XYZ à ou en dessous du prix actuel (put long, jambe d'assurance — protection contre) ;ainst adverse move);

Le résultat : si l'action progresse modérément, le long call s'apprécie tandis que le short call limite mais définit le potentiel haussier. Le long put fait office d'assurance contre une baisse brutale. Si le marché réagit de manière inattendue, le contrat put gagne de l'argent à la baisse, compensant partiellement les pertes subies du côté du call. Il ne s'agit pas d'une spéculation — c'est une position structurée avec une assurance intégrée dès le départ.

Exemple avec XYZ à 80 $:

- Acheter 5 Calls XYZ, exp X-date, Prix d'exercice 60 $ @ 5 $ Prime : 5 contrats × 500 $ = 2 500 $ payés ;
- Vendre 5 Calls XYZ, exp X-date, Prix d'exercice 75 $ @ 5 $ Prime : 5 contrats × 500 $ = 2 500 $ collectés ;
- Acheter 1 Put XYZ, exp X-date, Prix d'exercice 60 $ @ 5 $ Prime : 1 contrat × 500 $ = 500 $ payés — la jambe d'assurance.insurance leg.

Position nette : 2 500 $ payés − 2 500 $ encaissés + 500 $ d'assurance = 500 $ de coût net pour la structure complète. Votre potentiel haussier réside dans l'écart entre les strikes 60 $ et 75 $ sur 5 contrats, le put protégeant votre risque baissier. C'est ainsi que les traders professionnels construisent des positions rentables et couvertes — et non en achetant des calls nus en espérant que le cours monte.

Profils P&L Multi-Jambes : Visualiser les Positions Combinées

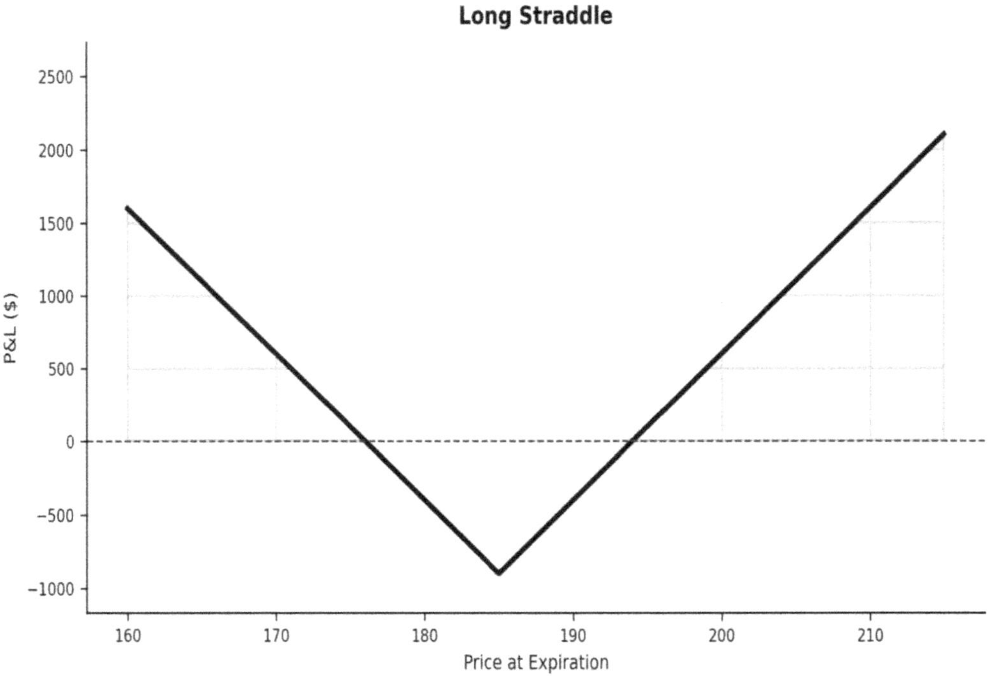

Figure 12.1 — Aperçu des positions combinées — Comment les positions multi-jambes créent des profils de risque et de rendement différents de ceux des trades à jambe unique.

Aperçu des Positions Combinées — Comment les positions multi-jambes créent des profils de risque/récompense différents.

Lorsque vous combinez des positions d'options, le profil de P&L qui en résulte est la somme mathématique du profil individuel de chaque jambe. Comprendre ces formes combinées vous permet de reconnaître instantanément l'architecture de risque et de rendement de n'importe quelle position multi-jambes avant même de l'ouvrir — sans avoir besoin d'en voir les chiffres exacts.

Combination	Forme du P&L	Max Profit	Max Loss
Long Call + Long Put (Straddle)	Forme en V (profit dans les deux directions depuis le centre)	Hausse illimitée, fort profit à la baisse	Prime totale payée — se produit si l'action reste exactement au prix d'exercice à l'expiration
Bull Call Spread (Long lower call + Short higher call)	Rampe haussière plafonnée	Largeur du spread moins le débit payé	Débit payé — se produit si l'action clôture sous le strike inférieur
Bear Put Spread (Long higher put + Short lower put)	Rampe baissière plafonnée	Spread width minus debit paid	Débit payé — se produit si l'action termine au-dessus du prix d'exercice supérieur

Combination	Forme du P&L	Max Profit	Max Loss
Bull Put Spread (Short higher put + Long lower put)	Plateau de revenus plafonné	Crédit reçu — collecté si l'action reste au-dessus du prix d'exercice court	Largeur du spread moins le crédit — si l'action tombe en dessous du prix d'exercice long
Iron Condor (Bull put + Bear call (déjà termes français) spread)	Plateau au centre, pertes sur les deux ailes	Crédit net reçu — si l'action reste entre les prix d'exercice courts	Largeur de l'aile la plus large moins le crédit — si l'action dépasse significativement l'un des prix d'exercice courts
Long Call Butterfly (Buy 1 low call, sell 2 mid calls, buy 1 high call)	Forme de tente, culmine au prix d'exercice du milieu	Largeur du spread moins le débit, réalisé au prix d'exercice du milieu à l'expiration	Débit payé — si l'action termine à l'un ou l'autre prix d'exercice extrême

Tableaux de Risque de Combinaison : Chiffres Réels pour les Structures Courantes

Voici trois tableaux complets de combinaisons de risques utilisant des prix d'actions réels et des primes de marché actuelles, montrant exactement ce que chaque position multi-jambes coûte, rapporte et risque.

IRON CONDOR — SPY 520 $ (Condition 5 : Range, VI Basse)

Vendre Call 530 $ / Acheter Call 535 $ + Vendre Put 510 $ / Acheter Put 505 $ | JAE : 30 | IVR : 22.

Crédit reçu : 1,85 $ (185 $/spread). Profit max : 185 $ si SPY reste entre 510 $ et 530 $ à l'expiration.xpiry.

Perte max : 315 $ (largeur du spread 500 $ − crédit 185 $) par côté si SPY clôture au-delà de 505 $ ou 535 $.5.

Probabilité de profit max (action reste dans le range) : ~62 %. Cible : fermer à 50 % du crédit (92,50 $).0) after ~14–16 days.

Vérification six conditions : Range (graphique oscillant 510 $–530 $) + VI Basse (IVR=22) = Condition 5 ✓Condition 5. Iron Condor approved.

LA RÈGLE DE POSITION DE COMBINAISON

Connaissez toujours la perte maximale avant de connaître le profit maximal. L'architecture d'une position multi-jambes est conçue pour plafonner votre perte — mais seulement si toutes les jambes sont placées et gérées correctement. Une jambe mal positionnée, une seconde jambe non exécutée ou un condor mal dimensionné peuvent vous exposer à des pertes bien au-delà du maximum prévu. Utilisez le ticket d'ordre combiné (spread) du courtier, vérifiez que toutes les jambes sont exécutées et connaissez précisément vos limites de P&L avant que la position ne soit active.

Penser Multi-Jambes : Comment les Professionnels Construisent des Positions

Voici les six structures de base :

Structure	Blocks	Max Profit	Max Loss	View
Bull Put Spread	Put court + Put long (inférieur)	Credit	Largeur - crédit	Haussier/neutre
Bear Call Spread	Call court + Call long (supérieur)	Credit	Width - credit	Baissier/neutre
Iron Condor	Bull put + Bear call	Total credit	Côté le plus large - crédit	Range-bound
Straddle	Call ATM long + Put ATM long	Unlimited	Prime paid	Grand mouvement, directicn inconnue
Strangle	Call OTM long + Put OTM long	Unlimited	Prime paid	Grand mouvement, entrée moins chère
Collar	Actions + Put long + Call court	Prix d'exercice call - actions	Actions - prix d'exercice put	Protéger les actions existantes

Les trois premières (bull put, bear call, iron condor) sont des stratégies à crédit — vous êtes payé à l'entrée. Les trois dernières sont au débit ou mixtes. Pour le trading de rendement (income trading), vous utiliserez principalement les trois premières.

SÉLECTION DE STRUCTURE

Avant de construire une position multi-jambes, répondez à ces questions : (1) Haussier, baissier ou neutre ? (2) Suis-je disposé à payer ou est-ce que je souhaite être payé ? Vos réponses vous orientent directement vers les six structures ci-dessus.

6-CONDITION FRAMEWORK ▸ CONDITIONS 2 (bull put spread), 4 (bear call spread), 5 & 6 (iron condor, calendar)

Les structures avancées ne sont pas de la complexité pour le plaisir — chacune d'elles est un outil de précision conçu pour une condition spécifique. Maîtrisez d'abord la condition. Maîtrisez ensuite la structure conçue pour elle.

Les spreads sont le véhicule de trading principal du gestionnaire des risques. Ils remplacent les positions nues à risque illimité par des structures à risque défini qui vous permettent d'exprimer des visions de marché précises — haussières, baissières ou neutres — tout en plafonnant votre perte maximale à un montant connu dès le moment où vous entrez sur le marché. S'il y a un chapitre dans ce livre capable de transformer votre approche de chaque trade, c'est celui-ci.

Un spread est créé en combinant une option longue (long) et une option courte (short) du même type (soit deux calls, soit deux puts) sur le même sous-jacent, avec des strikes différents, des échéances différentes, ou les deux. La jambe courte réduit — ou élimine — le coût de la jambe longue. En contrepartie, elle plafonne le profit maximal. Cet arbitrage est l'essence même de la gestion des risques professionnelle.

Spreads Verticaux : Risque Défini, Récompense Définie

Les spreads verticaux (vertical spreads) utilisent la même échéance mais des prix d'exercice (strikes) différents. Ce sont les structures de spread les plus couramment utilisées car elles sont simples, liquides et créent un profil de P&L net à risque défini. Tout trader d'options doit être capable de construire et de gérer des spreads verticaux de manière instinctive.

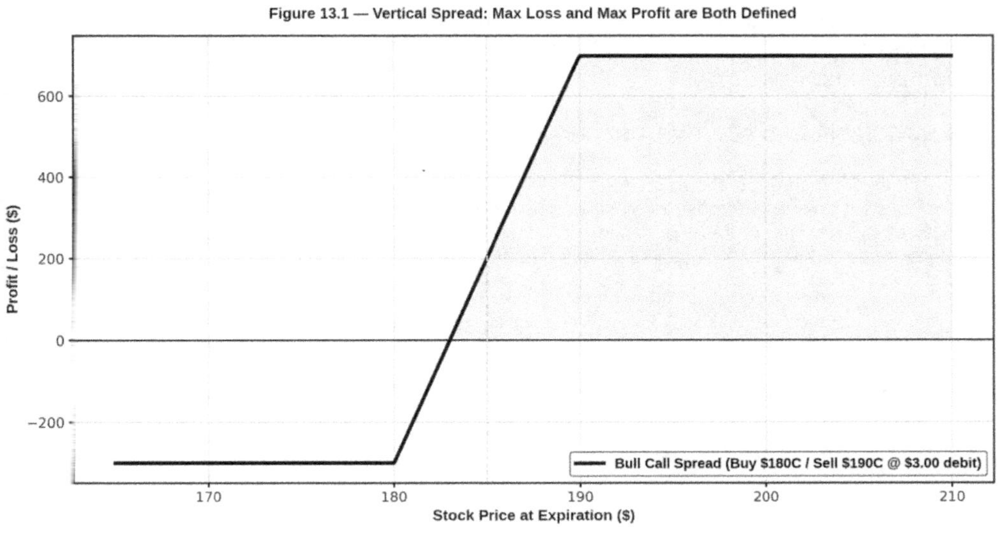

Figure 13.1 — Graphique de Risque du Spread Vertical. Perte maximum et gain maximum tous deux plafonnés.

→ Voir Figure 11.7 — Graphique de Risque Iron Condor (Chapitre 11 — Votre Première Opération sur Options Pas à Pas)

Spread	Construction	Outlook	Risque Max	Gain Max
Bull Call Spread	Acheter call à prix d'exercice inférieur + Vendre call à prix d'exercice supérieur (même exp.)	Bullish	Net debit paid	Spread width − net debit
Bear Put Spread	Acheter put à prix d'exercice supérieur + Vendre put à prix d'exercice inférieur (même exp.)	Bearish	Net debit paid	Spread width − net debit
Bull Put Spread	Vendre put à prix d'exercice supérieur + Acheter put à prix d'exercice inférieur (même exp.)	Bullish	Largeur du spread − crédit reçu	Net credit received
Bear Call Spread	Vendre call à prix d'exercice inférieur + Acheter call à prix d'exercice supérieur (même exp.)	Bearish	Spread width − credit received	Net credit received

Les debit spreads (bull call, bear put) sont payés d'avance — vous payez un débit net et votre risque maximal est limité à ce débit. Les credit spreads (bull put, bear call) encaissent la prime d'avance — vous recevez un crédit net et votre risque maximal est égal à la largeur du spread moins ce que vous avez encaissé. Les deux sont entièrement définis à l'entrée. C'est ce qui en fait les véhicules privilégiés du gestionnaire des risques.

SÉLECTION SPREAD DÉBIT VS. CRÉDIT

Utilisez des debit spreads lorsque l'IV est basse — vous payez pour le spread, des primes bon marché jouent donc en votre faveur. Utilisez des credit spreads lorsque l'IV est élevée — vous encaissez de la prime, une IV élevée signifie donc plus de revenus. Adaptez le type de spread à l'environnement d'IV, et non à la seule thèse directionnelle.

Exemples de Trades de Spread — Vrais Prix d'Exercice, Vrais Chiffres

Figure 13.1 — Spread Examples: Debit vs. Credit Spreads Side-by-Side

Component	Bull Call Spread (Debit)	Bull Put Spread (Credit)
Direction	Bullish	Bullish
IV Preference	Low IV (buy cheap)	High IV (sell expensive)
Entry	Net debit paid	Net credit received
Max Profit	Spread width - debit	Credit received
Max Loss	Debit paid	Spread width - credit
Breakeven	Lower strike + debit	Short strike - credit
Best Condition	Condition 1	Condition 2

Figure 13.1 — Spread Examples — Comparaison côte à côte des structures de debit et credit spreads à travers des conditions haussières, baissières et neutres.

Les structures présentées dans les figures ci-dessus deviennent intuitives lorsque l'on travaille sur des exemples réels. Voici des trades concrets pour chaque type de spread avec des prix d'entrée précis :

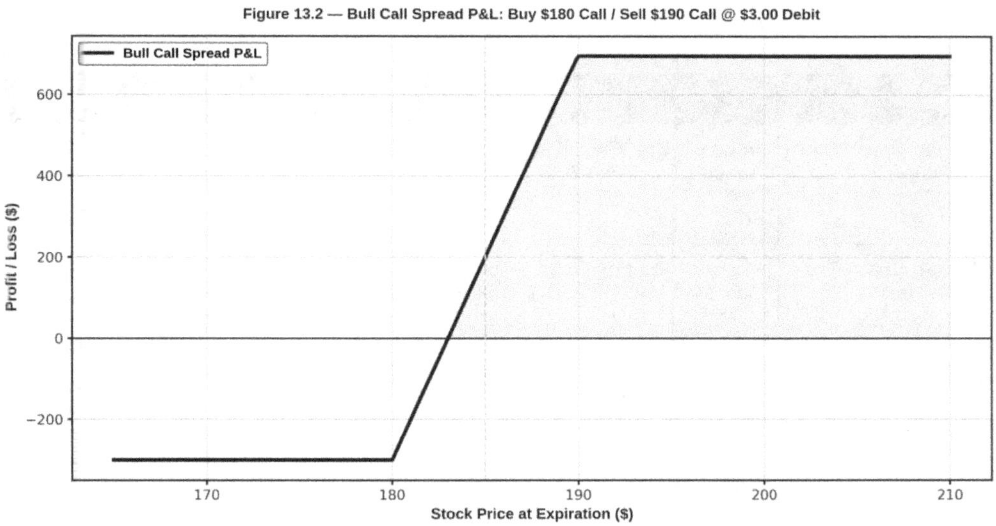

Figure 13.2 — P&L Bull Call Spread. Acheter prix d'exercice inférieur, vendre prix d'exercice supérieur — risque défini.k bullish.

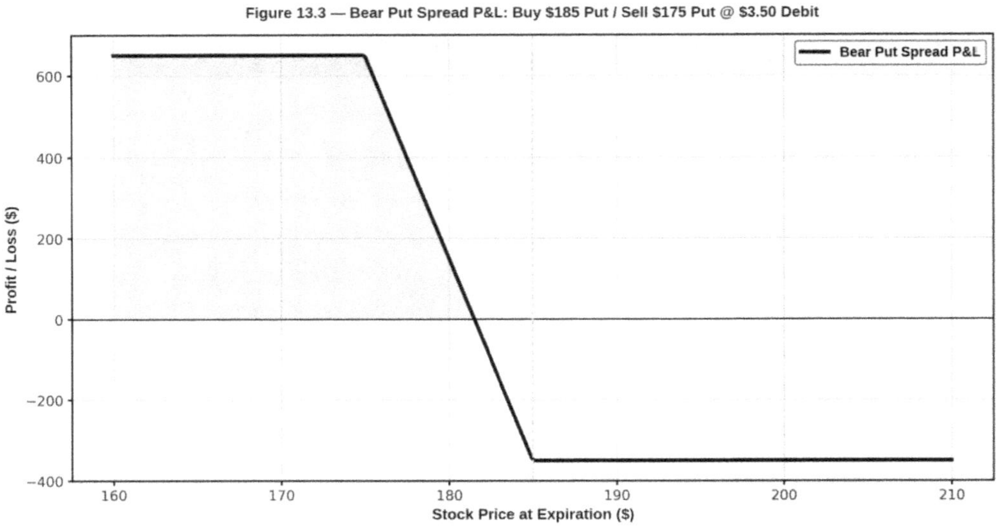

Figure 13.3 — P&L Bear Put Spread. Acheter prix d'exercice supérieur, vendre prix d'exercice inférieur — risque défini. bearish.

Spread Type	Entry (Buy + Sell)	Débit Net / Crédit	Outlook
Spread Crédit Call (Baissier)	Vendre 1 Call Fév 55 $ @ 3,25 $ Acheter 1 Call Fév 60 $ @ 0,85 $	Crédit Net : 2,40 $ (240 $ par contrat)	Baissier — garder le crédit si l'action reste en dessous de 55 $
Spread Crédit Put (Haussier)	Vendre 1 Put Fév 35 $ @ 4,60 $ Acheter 1 Put Fév 25 $ @ 1,90 $	Crédit Net : 2,70 $ (270 $ par contrat)	Haussier — garder le crédit si l'action reste au-dessus de 35 $
Call Calendar	Vendre 1 Call Jan 135 $ Acheter 1 Call Mar 135 $	Débit Net (Mar coûte plus)	Neutre à court terme — l'action reste près de 135 $ jusqu'à l'exp. Jan
Put Calendar	Vendre 1 Put Jan 150 $ Acheter 1 Put Mar 150 $	Net Debit (Mar costs more)	Neutre à court terme — l'action reste près de 150 $ jusqu'à l'exp. Jan
Call Diagonal	Vendre 1 Call Jan 130 $ Acheter 1 Call Mar 150 $	Débit Net (prix d'exercice différents)	Légèrement haussier — capturer la dérive haussière avec le Theta sur la jambe courte
Put Diagonal	Vendre 1 Put Jan 155 $ Acheter 1 Put Mar 155 $	Débit Net (expirations différentes)	Légèrement baissier — utiliser quand on s'attend à un déclin progressif

Notez que les credit spreads vous indiquent immédiatement la direction — le spread qui reçoit un crédit net est celui pour lequel votre thèse directionnelle suppose que l'action va rester à l'écart du strike vendu. Le spread qui implique un débit est celui où vous avez besoin d'un mouvement. En cas de doute : credit spreads = revenus générés en restant sur place. Debit spreads = revenus générés par le mouvement.

Un calendar spread (également appelé spread temporel ou spread horizontal) utilise le même prix d'exercice (strike) mais des dates d'échéance différentes. Vous vendez l'option à court terme et achetez l'option à plus long terme. Le trade tire profit du différentiel d'érosion temporelle — l'option à court terme s'érode plus vite que l'option à long terme, générant un gain net au fil du temps.

- Construction : Vendre l'option du mois proche (même prix d'exercice que la jambe longue) + Acheter l'option du mois lointain.th calls OR both puts;
- Perspective de marché : Neutre à légèrement directionnelle. L'action doit rester proche du strike jusqu'à l'échéance du mois le plus proche ;
- Risque max : Limité au débit net payé pour le spread. La jambe longue coûte toujours plus cher que ce que la jambe courte rapporte ;
- Récompense max : Se produit quand l'action est exactement au prix d'exercice à la date d'expiration du mois proche.
- Mécanique de roulement (roll) : Lorsque la jambe courte expire, vendez l'option du mois suivant au même strike. Cela génère un revenu supplémentaire et prolonge le trade.

Les calendar spreads sont particulièrement efficaces lorsque l'IV est basse à l'entrée — vous souhaitez que l'IV s'expanse pendant la durée du trade, ce qui augmente la valeur de votre option longue plus rapidement que celle de la courte. Si l'IV est déjà élevée à l'entrée, la jambe longue est chère et le trade est moins attractif.

Spreads Diagonaux : La Structure Hybride

Un diagonal spread combine les caractéristiques des spreads verticaux et des calendar spreads — des strikes différents ET des échéances différentes. C'est la structure de spread la plus flexible, elle permet au trader d'ajuster simultanément la dimension directionnelle et temporelle d'une position.

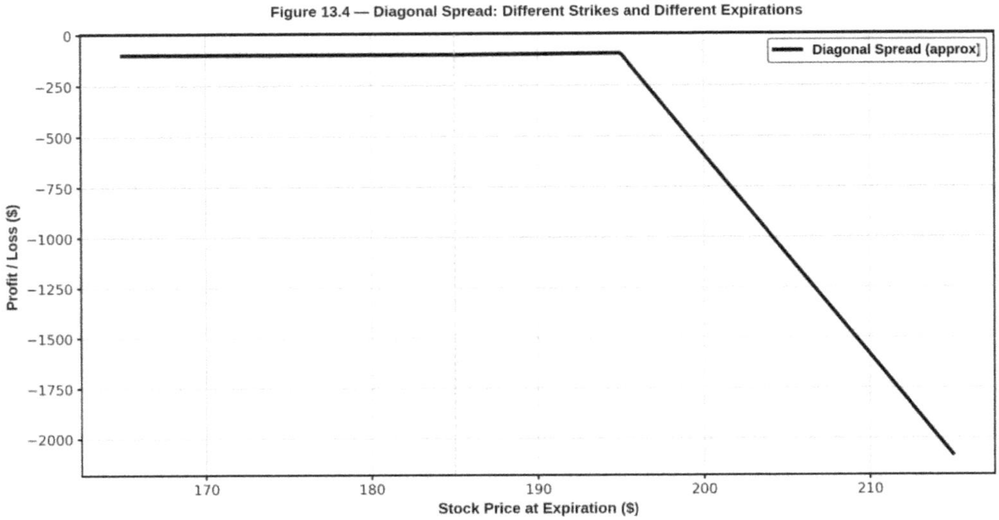

Figure 13.4 — Structure du Spread Diagonal. Prix d'exercice et expirations différents en une seule position.e position.

- Construction : Acheter une option à plus long terme à un prix d'exercice + Vendre une option à plus court terme à un prix d'exercice différent.
- La jambe longue est généralement à 60–90 JAE ; la jambe courte est généralement à 30 JAE ou moins ;
- Quand la jambe courte expire, la rouler au mois suivant — en collectant une prime supplémentaire à chaque cycle ;h cycle;
- Meilleur environnement : Tendance directionnelle confirmée avec un mouvement modéré et régulier — pas explosif.ve volatile moves; and
- Application à la rotation sectorielle : Les diagonal spreads sur les ETF sectoriels leaders en phase d'accélération permettent de capter une dérive rotationnelle lente pendant que le Theta joue en votre faveur sur la jambe courte.

La beauté du diagonal réside dans le fait qu'on peut l'exploiter comme une machine à revenus récurrents — achetez un call à long terme sur un ETF sectoriel dans une tendance haussière confirmée, puis vendez des calls mensuels contre lui à des strikes successivement plus élevés à mesure que l'ETF progresse. Le call court de chaque mois réduit un peu plus votre base de coût. C'est la stratégie décrite comme la Stratégie 5 dans le Carnet de Route de la Rotation Sectorielle du Chapitre 7.

Ventes : Collecter la Prime comme Stratégie Principale

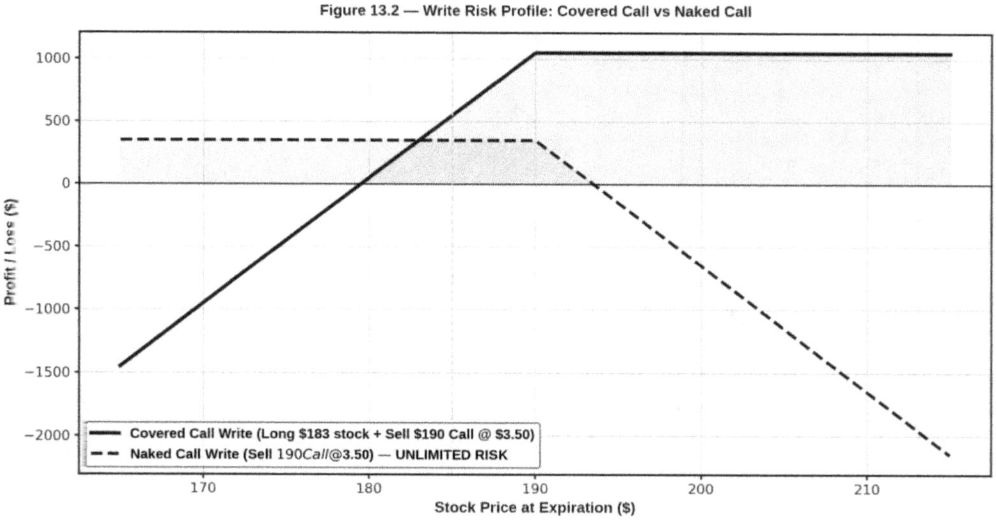

Figure 13.2 — Profil de Risque de Vente — La courbe de risque et de récompense pour une vente de covered call.arious expiration prices.

Les ventes (writes) sont le fondement des stratégies de revenus de primes et le cœur de ce que le Chapitre 15 couvre en détail. Ici, nous définissons les structures de base :

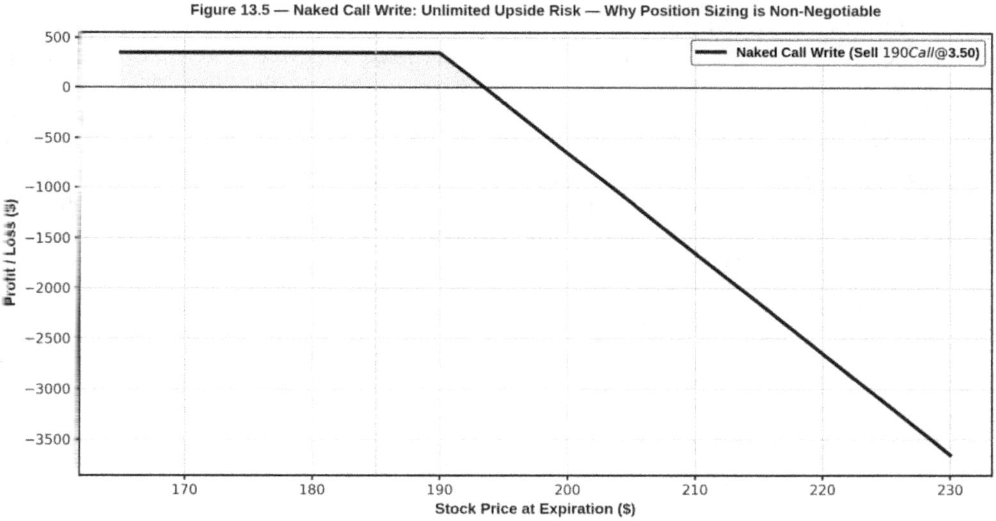

Figure 13.5 — Vente de Call Nu. Risque haussier illimité — pourquoi le dimensionnement de position est non négociable.

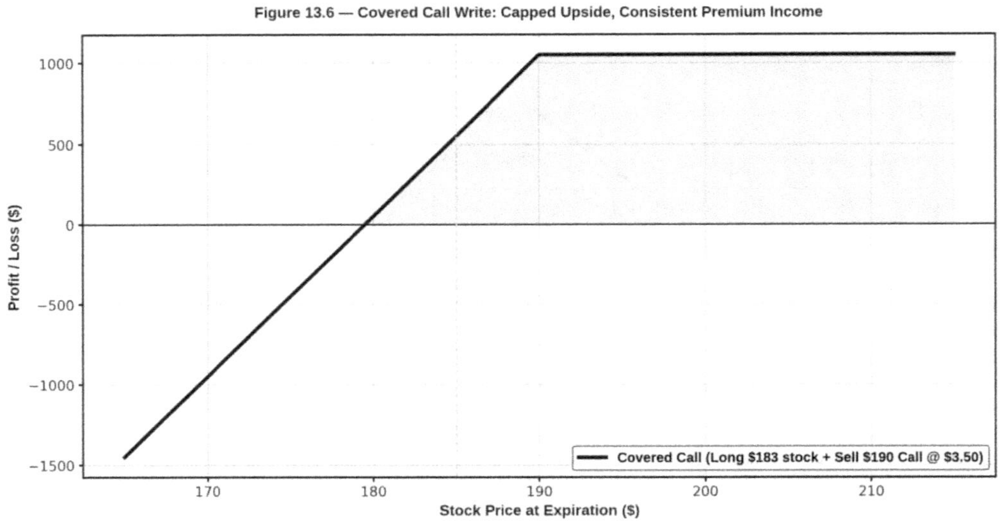

Figure 13.6 — Vente de Covered Call. Hausse plafonnée mais revenus de prime réguliers.

- Vente de Call Couvert (Covered Call Write) : Vendez un call contre 100 actions que vous possédez déjà. Les actions servent de collatéral. Génère un revenu. Plafonne le potentiel haussier au niveau du strike. Idéal dans les environnements neutres à légèrement haussiers ;
- Vente de Put Couvert par le Cash (Cash-Secured Put Write) : Vendez un put avec suffisamment de liquidités sur votre compte pour acheter 100 actions au strike en cas d'assignation. Génère un revenu. Vous voulez que l'action reste au-dessus du strike. Idéal sur des valeurs de qualité dans des environnements à IV élevée ; et
- Vente de Call Nu (Naked Call Write — Niveau 3 uniquement) : Vendez un call sans actions en collatéral. Génère la prime la plus élevée. Comporte un risque haussier illimité. Réservé aux traders expérimentés disposant de plans de gestion de position définis.

LA RÈGLE DE VENTE

Chaque fois que vous vendez une option nue — une vente sans couverture à risque défini —, vous acceptez un risque illimité ou très important en échange d'une prime fixe. La prime reçue est certaine. Le risque que vous acceptez ne l'est pas. Sachez toujours de quel côté de ce trade votre compte peut se permettre de se situer.

Étaler le Temps avec les Calendars : Le Cadre Complet

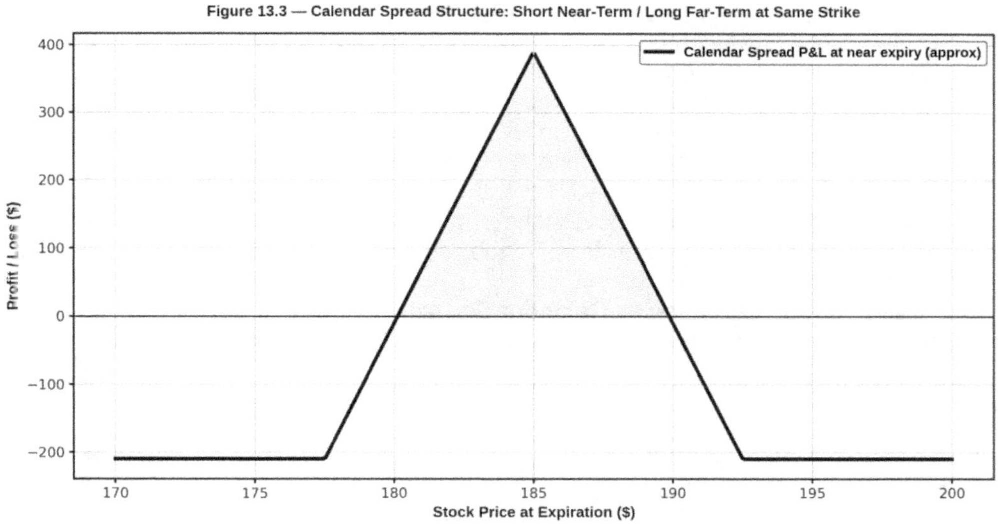

Figure 13.3 — Structure d'un Calendar Spread — Jambes longue et courte à des échéances différentes sur le même strike. L'érosion à court terme finance la jambe longue.

Structure du Calendar Spread — Jambes longues et courtes à des expirations différentes sur le même prix d'exercice.e.

Les calendar spreads et les diagonal spreads s'accompagnent d'un avertissement critique que la plupart des livres dissimulent en petits caractères : un Calendar Spread ou un Diagonal Spread qui utilise une option longue pour le mois le plus éloigné et une option courte pour le mois le plus proche équivaut à prendre une position short nue sur la seule jambe du mois frontal — et n'est pas cohérent avec une bonne gestion des risques si le spread n'est pas correctement structuré.

Meilleure pratique : les calendar spreads et les diagonal spreads qui utilisent une option longue pour la jambe de l'échéance la plus lointaine sont des positions à risque limité. L'option longue constitue toujours votre protection. Vous ne devriez jamais laisser la jambe courte expirer tout en conservant la jambe longue sans un plan de roulement (roll).

- Les calendar spreads et spreads diagonaux sur calls ont un potentiel de récompense illimité après l'expiration de l'option courte.expires — but require active management;
- Les calendar et diagonal spreads sur les puts présentent un potentiel de gain limité mais élevé après l'expiration de l'option courte ;
- La beauté des spreads : vous pouvez, en fonction de votre profil de risque, du niveau d'expiration et de vos objectifs de trade, combiner et associer les composants de chaque jambe pour répondre à vos besoins ;

Combiner et associer : Construire votre Spread selon le Marché

Vous pouvez créer des spreads verticaux pour un débit ou un crédit. Pour vous aider à garder les résultats et le rapport risque/rendement clairs : considérez la perspective de l'option la plus chère. Un Short Call dans une perspective baissière maintient un crédit sur votre compte. L'option Short Call dans un Bear Spread est plus chère — il s'agit donc d'un credit spread. L'implication pratique :

- Thèse haussière + VI élevée → Bull Put Spread (crédit) — collecter la prime, l'action reste au-dessus du prix d'exercice court.hort strike;
- Thèse haussière + VI basse → Bull Call Spread (débit) — payer un petit débit, participer à la hausse.ide movement;
- Thèse baissière + VI élevée → Bear Call Spread (crédit) — collecter la prime, l'action reste en dessous du prix d'exercice court.short strike;
- Thèse baissière + VI basse → Bear Put Spread (débit) — payer un petit débit, participer à la baisse.side movement;
- Thèse neutre + VI élevée → Iron Condor ou Short Strangle avec ailes à risque défini — collecter la prime.
- Thèse neutre + VI basse → Calendar Spread — vendre la décroissance temporelle à court terme, tenir la position à plus long terme.osition.

LE SÉLECTEUR DE SPREAD

Adaptez votre type de spread à DEUX paramètres : (1) votre thèse directionnelle (haussière / baissière / neutre) et (2) l'environnement d'IV actuel (élevé / bas). Ces deux paramètres combinés déterminent la structure de spread qui vous procurera le meilleur avantage. Ne sélectionnez jamais un spread sur la seule base de la direction.

Déroulement Complet du Trade : Bull Put Spread (Condition 2)

Figure 13.4 — Bull Put Spread Walkthrough: Entry, Management, and Exit

Step	Action	Rule
1 — Screen	Confirm Condition 2: Bullish + High IV	IVR > 50, stock above 50-day EMA
2 — Select	Sell OTM put, buy lower put	Short strike 0.25-0.30 delta, 10pt spread
3 — Entry	Sell $185P / Buy $175P at $3.20 credit	Net credit = $320 per contract
4 — Manage	T-21: evaluate roll or close	If untested: close at 50% profit = $160
5 — Exit	Close spread by buying it back	Never hold to expiration on credit spreads

Figure 13.4 — Déroulement Bull Put Spread — Séquence d'entrée, gestion et sortie pour un Spread Crédit Condition 2.dition 2 credit spread.

La théorie se concrétise lorsque l'on voit les chiffres. Voici un bull put spread complet construit en condition 2 — tendance haussière, IV élevée. Chaque chiffre découle de la lecture des six conditions. Il ne s'agit pas d'un exercice hypothétique : c'est le processus exact que vous exécutez sur votre plateforme de courtage chaque fois que la condition 2 est confirmée.

Condition de Marché	Stratégie Principale	Alternative	Avancée
Haussier + VI Basse	Long Call	Bull Call Spread	Call Diagonal
Haussier + VI Élevée	CSP	Bull Put Spread	Covered Call
Baissier + VI Basse	Long Put	Bear Put Spread	Put Diagonal

Bearish + High IV	Bear Call Spread	Bear Put Spread	Short Calls
Neutre + VI Élevée	Iron Condor	Short Strangle	Iron Butterfly
Neutral + Low IV	Calendar Spread	Long Straddle	Butterfly

Figure 13.7 — Sélecteur de Spread.

Parameter	Value	Notes
Sous-jacent	XYZ @ 190 $	Condition 2 : Haussier, VI Élevée.
Put Court (Vendre)	$185 Put	OTM — 7 points en dessous de l'action.
Put Long (Acheter)	$175 Put	Aile de protection — spread de 10 pts.
Crédit Net	3,20 $ par contrat	32 % de la largeur du spread collectée.
Max Profit	+320 $ par contrat	Si l'action reste au-dessus de 185 $.
Max Loss	-680 $ par contrat	Si l'action tombe en dessous de 175 $.
Breakeven	181,80 $	Prix d'exercice court − Crédit net.
DTE	35 days	Cible d'entrée 30 à 45 JAE.
Probabilité de Profit	~68 %	Basé sur le delta du put court.

Figure 13.8 — Paramètres du Trade Bull Put Spread. Configuration complète du trade avec toutes les métriques clés.

Figure 13.9 — Bull Put Spread P&L: Credit Spread Profiting from Bullish Price Action

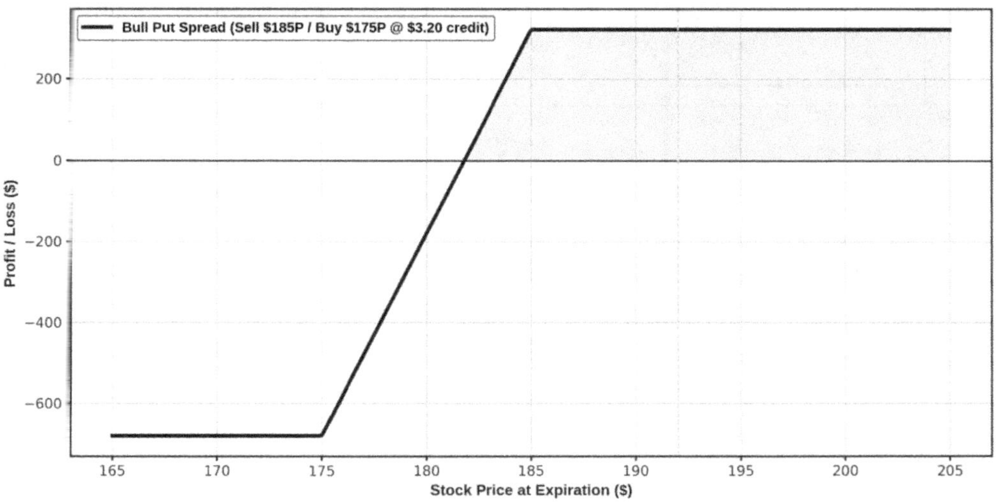

Figure 13.9 — P&L Bull Put Spread. Spread à crédit profitant de l'action restant au-dessus du prix d'exercice court.ort strike.

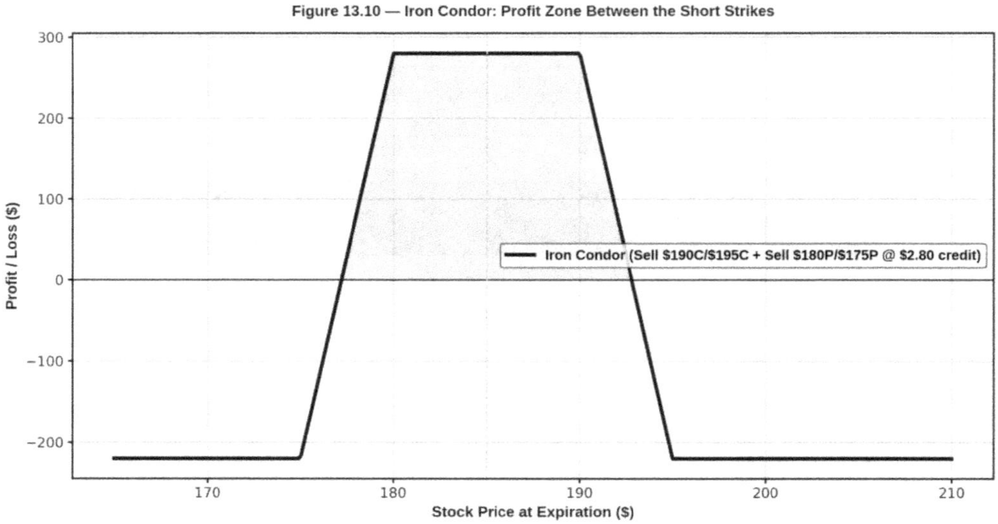

Figure 13.10 — Plongée Profonde dans l'Iron Condor.

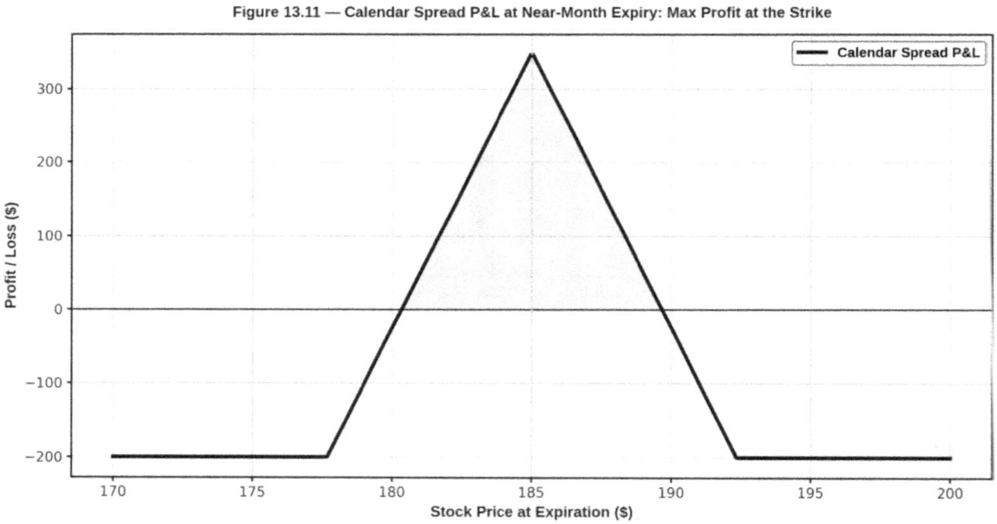

Figure 13.11 — P&L Calendar Spread à l'Expiration du Mois Proche. Profit maximum près de l'ATM.

Figure 13.12 — Calendar Spread: Short Leg Decays Faster than Long Leg

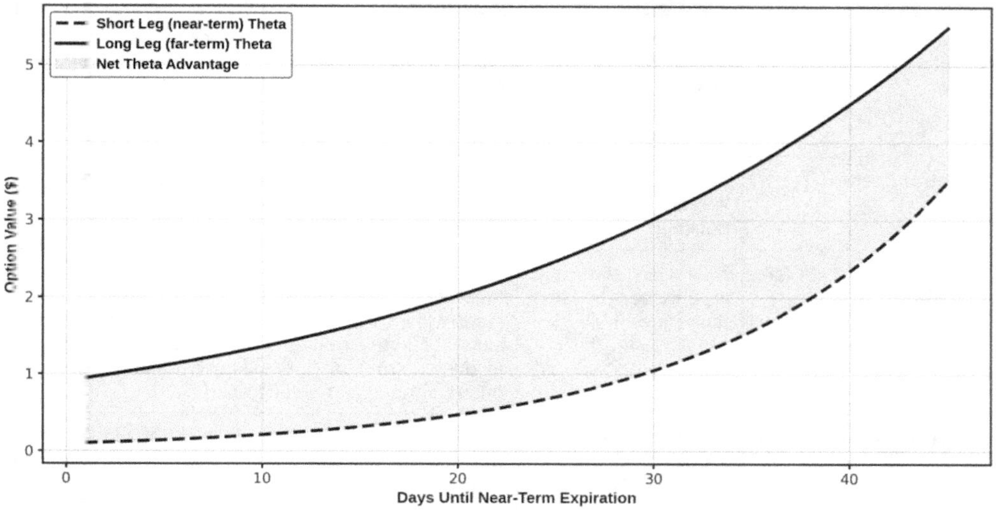

Calendar Spread ATM | Diagonal Spread

Sous-jacent : SPY (ETF S&P 500) se négociant actuellement à. Cible d'entrée à 30–45 DTE.

Étape	Action	Numbers
1. Confirmer la condition	Vérification VIX + direction du graphique	VIX : 22,4. IVR : 68 (ÉLEVÉ). SPY au-dessus des MM50 + MM200, plus hauts plus élevés. → Condition 2. ✓
2. Sélectionner l'emplacement du prix d'exercice	Prix d'exercice put OTM 5–8 % en dessous du prix actuel, 30–45 JAE	SPY à 520 $. Put court à 490 $ (~5,8 % OTM). 35 JAE (prochaine expiration mensuelle). Delta du put courtut: 0.22.
3. Construire le spread	Vendre le put 490 $. Acheter le put 480 $ (jambe de protection)	Vendre put SPY 490 $ → recevoir 1,25 $ de crédit. Acheter put SPY 480 $ → payer 1,60 $ de débit. Crédit net :$1.25 per share ($125 per contract).
4. Calculer le risque/récompense	Risque max = largeur du spread − crédit. Récompense max = crédit collecté.	Gain max : 125 $ (si le SPY reste au-dessus de 490 $ à l'échéance). Risque max : (spread de 10 $ − crédit de 1,25 $) × 100 = 875 $ par contrat. Rapport risque/rendement : 1 : 0,14 (typique pour les spreads OTM — compensé par une probabilité élevée).
5. Vérification de probabilité	Delta du prix d'exercice court ≈ probabilité d'être testé	Delta 0,22 → ~22 % de chances que l'action clôture sous 490 $ à l'échéance. Probabilité de profit total : ~78 %. C'est l'avantage statistique de la vente de spreads OTM dans des environnements à IV élevée.
6. Dimensionnement de position	Règle de risque de compte maximum de 2 %	Compte : 50 000 $. 2 % = 1 000 $ de risque max. Risque max par contrat : 875 $. → 1 contrat est dans les limites.n limits. ($875 < $1,000).

Étape	Action	Numbers
7. Définir l'objectif de profit et le stop	50 % du crédit = fermer tôt. 200 % du crédit = stop loss.	Objectif de profit : dénouez la position lorsque la valeur du spread tombe à 0,62 $ (gain encaissé de 0,63 $ = 50 % de 1,25 $). Stop loss : dénouez si le spread s'écarte jusqu'à 3,75 $ (2,50 $ payés en plus du crédit = 200 % de perte).
8. Entrer l'ordre	Ordre limite pour le spread en un seul package	Entrer comme un ordre limite de spread à crédit à 1,25 $ de crédit net. NE PAS entrer les jambes séparément.
9. Vérification T-21 (si maintenu)	À 21 JAE : évaluer le roulement ou la fermeture	Si la position est toujours ouverte à T-21 et affiche un profit : dénouez pour un gain de 50 %+ ou roulez sur le mois suivant pour un crédit supplémentaire. Si elle est en perte et que le prix est proche du strike : évaluez un roulement à la baisse (roll down) pour un encaissement de crédit défensif.
10. Enregistrer le trade	Entrée dans le journal avant la soumission de l'ordre	Condition : 2. Sous-jacent : SPY. Stratégie : Bull Put Spread. Prix d'exercice court : 490 $. Prix d'exercice long: $480. DTE: 35. Credit: $1.25. Max risk: $875. Thesis: SPY uptrend, VIX elevated, IVR 68. Profit target: $0.62 remaining value. Stop: $3.75 spread value.

RÉSULTAT DU SPREAD

Le SPY a clôturé à 508 $ le jour de l'expiration — bien au-dessus du short put 490 $. Le spread a expiré sans valeur. Le crédit total de 125 $ est empoché. Risque du compte : 0. Le processus en dix étapes s'est déroulé en moins de 5 minutes. C'est la condition 2 exécutée avec discipline.

Iron Condor : La Puissance des Conditions 5 & 6

L'iron condor est la structure de référence pour les conditions 5 et 6 — lorsque le marché est confiné dans un canal horizontal. Il s'agit simplement de deux spreads verticaux à crédit placés simultanément : un bull put spread sous le cours du marché et un bear call spread au-dessus. Vous encaissez de la prime des deux côtés. Vous gagnez si l'action reste confinée entre vos deux strikes courts jusqu'à l'échéance.

L'iron condor génère son profit maximal lorsque l'action se maintient entre les deux strikes courts à l'échéance. La structure comporte quatre jambes, mais elle est initiée via un ordre unique et gérée comme une seule position. Votre perte maximale est plafonnée des deux côtés par les ailes (wings) — les options longues que vous achetez pour protéger chaque option courte.

Composante	Action	Strike	Purpose
Aile Put — Longue	Buy put	$475	Protection si l'action casse brusquement à la baisse. Plafonne la perte max à la baisse.
Aile Put — Courte	Sell put	$490	Génère du crédit. Définit la limite inférieure de la zone de profit.

Composante	Action	Strike	Purpose
Aile Call — Courte	Sell call	$550	Génère du crédit. Définit la limite supérieure de la zone de profit.
Aile Call — Longue	Buy call	$565	Protection si l'action casse brusquement à la hausse. Plafonne la perte max à la hausse.
Résultat Net	Collecter le crédit net des quatre jambes. Profit si SPY reste entre 490 $ et 550 $. Profit max = crédit net.it = total net credit. Max loss = spread width on either side minus total credit. Profit zone: $60 wide ($550 − $490).		

La gestion de l'iron condor repose sur les ailes. Si un côté du condor est testé — c'est-à-dire si l'action se déplace vers l'un de vos strikes courts —, l'aile menacée doit être gérée en priorité. Ajustements courants : fermer l'aile menacée et la remplacer à un nouveau strike (rouler l'aile) ; fermer l'intégralité du condor pour une perte partielle ; ou ajouter une couverture directionnelle pour compenser le côté testé.

La largeur des ailes (la distance entre vos strikes courts et longs) détermine votre risque max par côté. Des ailes plus larges = plus de prime encaissée + plus de risque max. Des ailes plus étroites = moins de crédit + moins de risque max. L'approche professionnelle : maintenez des ailes de largeur égale des deux côtés et ajustez cette largeur en fonction de la tolérance au risque de votre compte, et non de la prime disponible.

RÈGLE DE L'IRON CONDOR

N'ajustez jamais un condor en « coupant le côté gagnant ». Si votre put spread est pleinement bénéficiaire parce que l'action a monté, ne fermez pas les puts pour libérer de la marge — ces puts sont votre filet de sécurité si l'action se retourne. Fermez l'ensemble du condor d'un coup, ou roulez le côté call testé. Gérer les deux côtés de façon indépendante crée un risque déséquilibré.

La Plongée Profonde dans l'Iron Condor : Construire et Gérer le Trade de Range des Six Conditions

L'iron condor est la structure emblématique de la condition 5 (canal horizontal, IV basse) et l'une des stratégies de rendement à plus haute probabilité de la boîte à outils des options. Il tire profit de l'érosion temporelle lorsqu'une action reste dans une fourchette définie. Comprendre sa construction, ses déclencheurs d'ajustement et ses règles de sortie est essentiel pour tout trader opérant sur des marchés sans tendance nette.

Étape	Action	Detail
1	Confirmer la Condition 5	VIX < 20 (IVR < 30). Graphique oscillant dans un range défini. Bandes de Bollinger se comprimant.. BPI flat. No binary events within DTE window.
2	Sélectionner le sous-jacent	Grandes capitalisations ou méga-caps uniquement. OI > 1 000 sur les strikes cibles. Chaîne liquide confirmée. Les ETF (SPY, QQQ, IWM) sont idéaux — la diversification au niveau de l'indice élimine le risque lié aux événements spécifiques sur actions individuelles.

Étape	Action	Detail
3	Choisir l'expiration	30–45 JAE. Assez long pour que le theta fonctionne, assez court pour que les hypothèses de range restent
4	Sélectionner les prix d'exercice courts	Vendez le call au strike le plus proche du sommet de la fourchette récente, à 1 écart-type au-dessus du prix actuel. Vendez le put au strike le plus proche du bas de la fourchette, à 1 écart-type en dessous. Cible : delta de 15–20 sur chaque strike court.
5	Sélectionner les prix d'exercice longs	Achetez le call 5 points au-dessus du short call. Achetez le put 5 points en dessous du short put. Cela définit votre perte maximale et l'exigence de marge. Des ailes plus larges = plus de crédit mais plus de marge. Des ailes plus étroites = moins de crédit mais moins de capital à risque.
6	Vérifier le crédit reçu	Crédit minimal acceptable : 25 % de la largeur de l'aile. Un condor de 5 points doit collecter au moins 1,25 $ de crédit (125 $/spread). En dessous, le rapport risque/rendement ne justifie pas le trade.
7	Définir l'objectif de profit	Fermez l'intégralité du condor à 50 % du crédit reçu — n'attendez pas l'expiration. Sur un condor à 1,85 $ de crédit, dénouez lorsque la valeur tombe à 0,92 $. Cette fermeture défensive sécurise le profit avant que le risque gamma ne s'accélère dans les dernières semaines. Cela se produit généralement en 14–20 jours sur un condor bien construit.
8	Définir les déclencheurs d'ajustement	Si l'un des strikes courts est testé (l'action s'approche à moins de 2 $ du short call ou du short put) : roulez ce côté vers l'extérieur pour recentrer la fourchette, OU fermez le côté testé et encaissez la perte partielle. Ne négligez jamais un strike testé en espérant que la situation s'arrange d'elle-même.

Le Butterfly à Aile Brisée : Risque Asymétrique pour un Biais Directionnel

Figure 13.5 — Broken Wing Butterfly: Asymmetric Structure with No Downside Risk

Component	Standard Butterfly	Broken Wing Butterfly
Structure	Buy 1 lower / Sell 2 middle / Buy 1 upper (equal width)	Buy 1 lower / Sell 2 middle / Buy 1 wider upper
Max Profit	At middle strike	At middle strike (same)
Downside Risk	Limited loss	Zero or credit received
Upside Risk	Limited loss	Slightly higher
Best Use	Very low IV, pinning	High conviction + income

Figure 13.5 — Broken Wing Butterfly — Structure de butterfly asymétrique qui permet de collecter un crédit net avec un risque défini sur un seul côté.

Le butterfly standard est symétrique — des largeurs d'ailes égales de part et d'autre du strike central (le corps). Le broken wing butterfly (BWB) élargit délibérément une aile, orientant la structure pour refléter un léger biais directionnel tout en conservant l'architecture de rendement propre aux marchés sans tendance. C'est un hybride entre un butterfly et un credit spread directionnel.

Figure 13.14 — Standard Butterfly: Symmetric Profit Tent Centered at Middle Strike

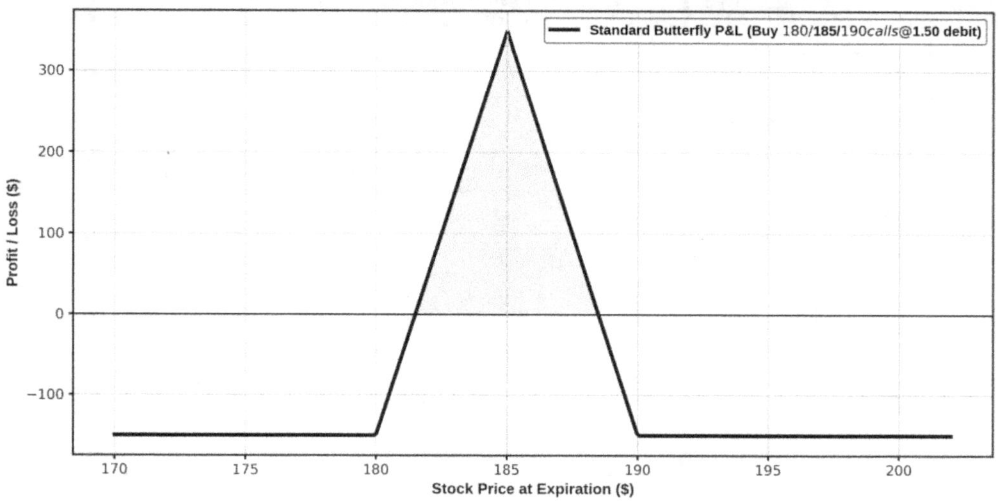

Figure 13.14 — Butterfly Standard. Tente de profit symétrique centrée sur le prix d'exercice ATM.

Figure 13.15 — Broken Wing Butterfly: Asymmetric Structure with No Downside Risk

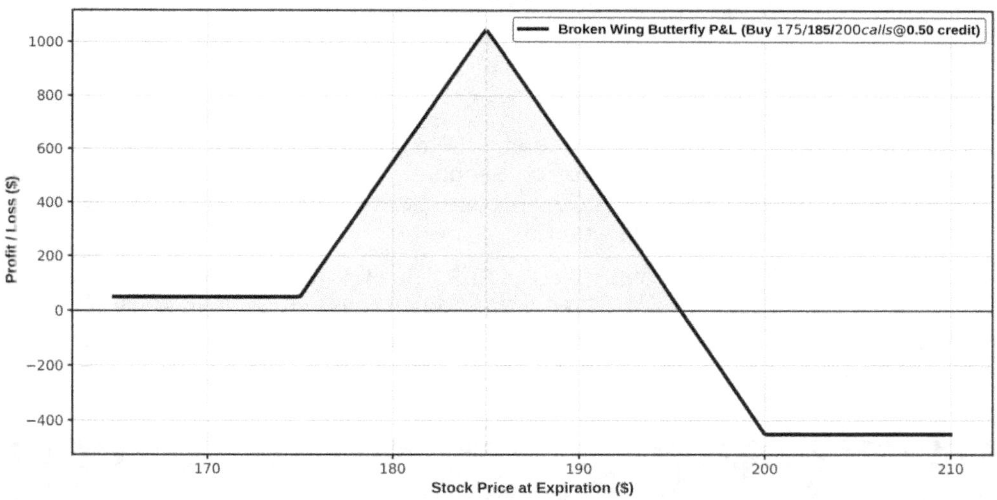

Figure 13.15 — Butterfly à Aile Brisée. Structure asymétrique avec crédit net à l'entrée.

	Butterfly Standard	Butterfly à Aile Brisée (Biais haussier)
Structure	Acheter call 195 $ + Vendre 2× calls 200 $ + Acheter call 205 $ (ailes de 5 points de chaque côté)	Acheter call 195 $ + Vendre 2× calls 200 $ + Acheter call 207 $ (aile inférieure de 5 pts, aile supérieure de 7 pts))
Cost	Débit de 0,80 $ (80 $)	Crédit de 0,15 $ (15 $) — la structure vous PAIE pour entrer
Max profit	4,20 $ à 200 $ à l'expiration	4,35 $ à 200 $ à l'expiration (légèrement plus élevé en raison de l'aile supérieure plus large)

	Butterfly Standard	Butterfly à Aile Brisée (Biais haussier)
Perte max à la baisse	0,80 $ (débit payé)	0,15 $ crédit reçu — pas de perte si l'action tombe en dessous de 195 $
Perte max à la hausse	$0.80 (debit paid)	1,85 $ si l'action clôture au-dessus de 207 $ (l'aile supérieure plus large crée un risque haussier plus grand)
Six-condition use	Condition 5 — range parfait, biais neutre	Condition 5 avec un léger biais haussier — vous pensez que le canal va tenir mais pencher légèrement vers le haut. L'entrée à crédit réduit la base de coût à un niveau proche de zéro à la baisse.

LES STRUCTURES AVANCÉES EXISTENT POUR SERVIR LA CONDITION — PAS L'INVERSE

Le broken wing butterfly, le ratio spread, le diagonal — ce sont des instruments de précision. Ils ne constituent pas des versions plus sophistiquées d'un même trade. Ce sont des outils différents pour des conditions différentes et des biais différents au sein de ces conditions. Ne déployez jamais une structure avancée parce qu'elle est intéressante. Déployez-la parce que la condition l'exige et que le rapport risque/rendement le justifie. Le cadre des six conditions vous indique quand chaque outil doit être entre vos mains.

Calendar Spreads : Profiter du Temps Sans Direction

Un calendar spread vend à court terme et achète à plus long terme au même strike. Le profit provient du différentiel d'érosion temporelle — l'option courte s'érodant plus vite. Si l'action reste proche du strike, l'option courte perd sa valeur tandis que la longue conserve l'essentiel de la sienne.

Exemple — MSFT à 410 $: Vente du call 410 $ à 30 DTE (8,50 $). Achat du call 410 $ à 60 DTE (14,00 $). Débit net : 5,50 $ (550 $). Risque max : 550 $. Profit max : ~5,00 $–6,00 $ si MSFT est à 410 $ à l'échéance à court terme. Zone de profit : ~400 $–420 $.

MSFT à Proximité de l'Expiration	Short Call	Call Long (est.)	P&L Net
$395 (-3.7%)	$0.10	$5.20	-0,40 $ perte
$400 (-2.4%)	$0.30	$7.00	+1,20 $ profit
$405 (-1.2%)	$1.50	$8.80	+1,80 $ profit
$410 (flat)	$3.00	$10.50	+2,00 $ MAX
$415 (+1.2%)	$5.50	$11.80	+0,80 $ profit
$420 (+2.4%)	$10.00	$13.00	-2,50 $ perte

Il est profitable lorsque l'action ne va nulle part — l'opposé d'un trade directionnel. Un complément parfait à vos stratégies directionnelles.

CADRE DES SIX CONDITIONS ▸ TOUTES LES SIX CONDITIONS — les ETF comme véhicule le plus efficace pour chacune
Les ETF offrent une diversification au niveau de l'indice, une liquidité élevée et un comportement prévisible dans chacune des six conditions. Le SPY, le QQQ et les ETF sectoriels sont les sous-jacents de référence pour appliquer le système des six conditions à grande échelle.

Les Exchange-Traded Funds sont l'un des outils les plus puissants à la disposition du trader d options — et l'un des plus mal compris. Un ETF n'est pas seulement un panier d'actions. Dans le contexte du trading d'options, les ETF sont des instruments de précision : ils vous offrent une exposition définie et liquide à l'ensemble d'un secteur, d'un indice ou d'une classe d'actifs, avec des chaînes d'options suffisamment profondes pour supporter toutes les stratégies de ce livre.

Pour le trader à risque prioritaire, les ETF résolvent un problème que les actions individuelles ne peuvent pas : ils éliminent

Qu'est-ce qu'un ETF ?

Un ETF est un fonds qui s'échange sur une bourse de valeurs exactement comme une action individuelle — vous pouvez l'acheter, le vendre et trader des options dessus en utilisant le même processus de saisie d'ordres que pour une action. Contrairement à un fonds commun de placement, les ETF affichent des prix en continu tout au long de la journée de trading et peuvent être achetés ou vendus à tout moment lorsque le marché est ouvert.

La plupart des ETF sont conçus pour répliquer un indice ou un secteur spécifique. Lorsque vous achetez du SPY, vous achetez une exposition aux 500 actions de l'indice S&P 500 en un seul instrument. Lorsque vous achetez du XLF, vous achetez une exposition à l'ensemble du secteur financier. C'est l'utilité fondamentale pour les traders d'options : un instrument unique, liquide et optionnable qui matérialise une thèse de marché globale.

- Les ETF ne sont pas des produits dérivés — ce ne sont pas des contrats à terme (futures), pas des options, pas des swaps. Ce sont des titres enregistrés qui possèdent les actifs sous-jacents qu'ils répliquent ;
- Les ETF se négocient sur les principales bourses américaines. L'achat et la vente utilisent le même processus d'ordre que les actions.same order types, same brokers, same margin rules;
- Les options sur ETF fonctionnent de manière identique aux options sur actions individuelles — même structure de contrat (100 parts), same Greeks, same expiration cycles; and
- Les ETF les plus populaires offrent des options hebdomadaires — SPY, QQQ, IWM et tous les ETF sectoriels SPDR ont des expirations hebdomadaires.pirations available.

ETF vs ETF Sectoriels vs. ETF Thématiques

Tous les ETF ne se valent pas pour le trading d'options. Les trois catégories diffèrent considérablement en termes de liquidité, de profondeur de la chaîne d'options et de qualité des écarts bid/ask.

Factor	ETF	Individual Stock
Earnings Risk	Aucun — pas d'événements binaires.	Élevé — la VI monte en flèche aux résultats.
Risque d'Action Sociale	Aucun — pas d'options ajustées.	Les fractionnements, fusions peuvent ajuster les contrats.
Diversification	Intégrée — panier d'actions.	Concentration sur une seule entreprise.
Liquidité	Très élevée (SPY, QQQ, IWM).	Variable — vérifier l'intérêt ouvert.
Niveau VI	Généralement plus basse, plus stable.	VI plus élevée = plus de prime mais plus de risque.
Options Chain	Hebdomadaire + mensuel disponibles.	Variable selon le ticker.
Best Use	Stratégies de revenus basées sur les conditions.	Uniquement les configurations Dix Indicateurs vérifiées.

Figure 14.1 — ETF vs. Action Individuelle. Comparaison de liquidité, volatilité et prime.

Category	Exemples	Options Quality	Best Use
ETF de Marché Large	SPY, QQQ, IWM, DIA	Les meilleurs du marché — spreads les plus étroits, chaînes les plus profondes, options hebdomadaires, volume élevé	Jeux directionnels macro, couverture de portefeuilles entiers, stratégies de revenus sur le marché large
ETF Sectoriels GICS	XLK, XLF, XLE, XLV, XLY, XLP, XLI, XLB, XLRE, XLU, XLC	Excellent — la série SPDR a une liquidité de niveau institutionnel dans les 11 secteurs	Jeux de rotation sectorielle, trades directionnels alignés sur le cycle, stratégies de revenus par secteur
ETF Sous-Sectoriels	SOXX (semiconductors), XBI (biotech), KRE (regional banks), JETS (airlines)	Bon — chaînes décentes sur les grands noms, surveiller le bid/ask sur les sous-secteurs plus petits	Thèse de sous-secteur ciblée, jeux sur événements de résultats sur une exposition industrielle concentrée
ETF Thématiques / de Niche	ARK funds, commodity ETFs, international ETFs	Moyen à Faible — les chaînes peuvent être minces, spreads larges, intérêt ouvert faible	Utiliser avec prudence. Toujours vérifier l'OI avant de trader. Éviter totalement les ordres au marché.

Risques Spécifiques aux ETF que les Traders d'Options Doivent Connaître

Les ETF présentent un profil de risque distinct de celui des actions individuelles. Pour le trader d'options, ces différences affectent concrètement la manière dont vous dimensionnez vos positions, sélectionnez vos stratégies et gérez vos trades.

- Erreur de réplication (Tracking Error) — Un ETF peut ne pas répliquer parfaitement son indice en raison des frais, du calendrier de rééquilibrage et de la traîne de liquidité (cash drag). Pour les options, l'impact est mineur sur les ETF majeurs mais peut devenir significatif sur les produits à effet de levier ou inverses ;
- Érosion des ETF à effet de levier (Leveraged ETF Decay) — Les ETF à effet de levier 2x et 3x (par exemple TQQQ, SOXL) subissent une érosion liée à la volatilité au fil du temps — ils sont conçus pour des détentions sur une seule journée, et non pour des trades d'options sur plusieurs semaines. Les options sur ces instruments sont hautement complexes et comportent un risque Gamma extrême. À éviter tant que vous n'avez pas une solide expérience ;
- Événements de rééquilibrage de l'indice — Les ETF qui répliquent des indices pondérés par la capitalisation (SPY, QQQ) rééquilibrent périodiquement leurs positions. Cela crée des flux mécaniques d'achat et de vente qui peuvent temporairement fausser les cours et l'IV — en particulier sur les composants à méga-capitalisation ;
- Risque de Dividende — De nombreux ETF versent des dividendes trimestriels. Détenir des calls courts jusqu'à la date ex-dividende peut créer une assignation anticipée.
- Compression des primes — Les ETF indiciels larges comme le SPY affichent une volatilité implicite plus faible que les actions individuelles, ce qui se traduit par des primes plus basses par contrat. Vous aurez besoin de plus de contrats pour générer le même revenu qu'un trade sur action individuelle — ce qui signifie plus de capital à risque.

LA RÈGLE ETF

Pour les trades de rotation sectorielle : utilisez les ETF sectoriels SPDR (série XL). Pour le rendement sur marché large : utilisez le SPY ou le QQQ. Pour une thèse sous-sectorielle : vérifiez l'OI et le bid/ask avant de trader. Pour les ETF à effet de levier : traitez-les comme un instrument distinct et avancé nécessitant sa propre étude. Ne présumez jamais que ETF = sûr.

Stratégies d'Options sur ETF : Le Cadre Pratique

Les stratégies ci-dessous représentent les applications spécifiques aux ETF les plus efficaces pour les traders d'options. Chacune correspond directement à une condition de marché et à une catégorie d'ETF spécifique.

Figure 14.2 — ETF Strategy Matrix: Strategy Selection by ETF Type and Six-Condition Environment

Strategy	ETF Type	Market Condition	Notes
Bull Call Spread	Sector ETF (XLF, XLE)	Condition 1 — Bullish Low IV	Sector rotation entry; 30-60 DTE, defined risk
Bear Put Spread	Sector ETF (XLU, XLP)	Condition 3 — Bearish Low IV	Defensive rotation; buy puts on weak sectors
Cash-Secured Put	Broad Index (SPY, QQQ)	Condition 2 — Bullish High IV	Market pullback dip: sell OTM put for income
Covered Call	Broad Index or Sector	Condition 2 — Sideways mildly bullish	Income on existing ETF; cap upside at strike
Iron Condor	SPY, QQQ	Condition 5/6 — Neutral	Low vol range-bound; collect both sides
Protective Put	Any held ETF	Condition 4 — Late cycle macro risk	Floor downside; partial hedge on portfolio

Figure 14.2 — Matrice de Stratégie ETF. Sélection de stratégie par type d'ETF et environnement des Six Conditions..

Strategy	Type d'ETF	Condition de Marché	Notes
Bull Call Spread	ETF Sectoriel (XLF, XLE, XLK)	Entrée de rotation sectorielle confirmée	30 à 60 JAE. Capturer la hausse sectorielle avec risque défini. Sortir à 50 à 75 % du profit max.
Bear Put Spread	ETF Sectoriel (XLU, XLP)	Rotation défensive — signaux de récession	30 à 45 JAE. Baisse directionnelle sur le secteur sortant. Surveiller la confirmation de VI.
Put Sécurisé en Espèces	ETF Large (SPY, QQQ)	Repli du marché dans une tendance haussière	Vendre un put OTM lors d'un repli du marché. Collecter la prime ; prêt à posséder des parts au prix d'exercice.
Covered Call	ETF Large ou Sectoriel	Latéral à légèrement haussier	Générer des revenus sur une position longue ETF existante. Meilleur dans les marchés calmes à VI basse.
Iron Condor	SPY, QQQ	Marché à faible volatilité, en range	Vendre un spread call + spread put sur SPY ou QQQ. Collecter un crédit des deux côtés. Profit si l'indice reste dans le range.ays range-bound.
Put Protecteur	Toute position ETF détenue	Fin de cycle ou risque macro élevé	Acheter un put OTM pour plancher la baisse sur une détention ETF existante. Coût de couverture partiel vs. sortie totale.

Ressources de Recherche sur les ETF

Éviter la paralysie par l'analyse est essentiel compte tenu de la large gamme d'ETF disponibles. Identifiez d'abord votre objectif, puis trouvez l'ETF qui y répond le mieux. Ces ressources vous fournissent des données indépendantes et fiables sur les ETF :

Resource	Website	Idéal Pour
Nasdaq	www.nasdaq.com/etfs	Excellent résumé d'informations et d'analyses de performance sur les ETF
ETF Database	www.etfdb.com	Outil complet de filtrage des ETF — filtrer par secteur, volume, disponibilité des options
State Street Global Advisors	www.sectorspdr.com	Source définitive pour les 11 ETF sectoriels SPDR — données, graphiques et analyse sectorielle
BlackRock iShares	www.ishares.com	Liste des produits ETF BlackRock largement détenus — solide pour les revenus fixes et l'international

---

Système de Rotation des ETF Sectoriels : Trader les Six Conditions au Niveau Sectoriel

Les ETF individuels répliquent des secteurs. Les secteurs tournent tout au long du cycle économique. La combinaison de ces deux faits crée un système puissant : vous pouvez appliquer le cadre des six conditions non seulement au marché large (SPY, QQQ) mais aussi aux secteurs individuels au fur et à mesure qu'ils entrent et sortent de leurs phases de cycle favorables. C'est la rotation des ETF sectoriels — et c'est l'un des moyens les plus propres d'exploiter les six conditions avec un risque minimal sur les actions individuelles.

Sector ETF	Ticker	Phase du Cycle Favorisée	Application des Six Conditions
Tech	**XLK**	Expansion (mi à tardive)	Conditions 1 et 2. La VI élevée pendant les saisons de résultats rend la condition 2 (CSP, covered call) idéale.. Sells on strength in expansion. Condition 4 (bear call spread) during contraction.
Health Care	**XLV**	Récession / Défensif	Conditions 2 et 5. Payeurs de dividendes stables — revenu de covered call (condition 2). Comportement range à faible bêta.
Financials	**XLF**	Expansion précoce	Conditions 1 et 2. Les banques profitent d'un environnement de hausse des taux en début d'expansion. Forte opportunité de vente de rendement au plus bas du cycle avec une IV élevée.
Energy	**XLE**	Milieu d'expansion / Sommet	Conditions 1 et 2 lors des hausses de matières premières. Condition 4 (bear call spread) quand le pétrole atteint un sommet.le turns. Highly volatile — condition 3 available on confirmed downtrends.

Sector ETF	Ticker	Phase du Cycle Favorisée	Application des Six Conditions
Utilities	**XLU**	Récession / Fin de cycle	Les calendar spreads (condition 6) sur XLU sont l'un des trades de récolte de thêta les plus propres dans un environnement défensif à forte IV.
Consumer Discretionary	**XLY**	Milieu d'expansion	Conditions 1 et 2. Corrélation forte avec le cycle des dépenses de consommation. Excellent rendement via call couvert lorsque la confiance des consommateurs plafonne. Condition 3 disponible lorsque les données des ventes au détail se retournent.
Consumer Staples	**XLP**	Recession / Defensive	Conditions 2 et 5. Flux de trésorerie prévisibles et croissance des dividendes — le véhicule de rendement idéal par call couvert dans n'importe quelle condition de marché. Le bêta bas réduit le risque de tests de strike soudains.
Industrials	**XLI**	Début à milieu d'expansion	Conditions 1 et 2. Dépenses d'infrastructure et reprise manufacturière. Bull put spreads (condition 2) alors que le secteur entame sa phase de hausse cyclique.

Trades d'Options Multi-Sectoriels : Le Système Appliqué à Travers les Industries

L'une des démonstrations les plus puissantes du Cadre des Six Conditions est sa nature agnostique face aux secteurs. Le cadre ne se soucie pas de savoir si vous tradez les semi-conducteurs, l'énergie, les mines ou la biotech. Il lit la condition, identifie la configuration et sélectionne la stratégie. Les trois trades suivants ont été exécutés dans la même fenêtre de deux semaines à travers trois secteurs complètement différents — en utilisant tous le même système.

Sortie

Trois secteurs. Trois configurations. Même système. Tous confirmés par le courtier.

Sortie

Sortie

Sortie

TRADE 1: CVE (Cenovus Energy — Oil & Gas) Bought Jan 14, 2026 • $16 Call Feb 20 • Entry: $2.45 Sold Jan 28, 2026 • Exit: $3.70 Hold: 14 days • P&L: +$125 • Return: +51.02% TRADE 2: CDE (Coeur Mining — Silver/Gold) Bought Jan 14, 2026 • $19.5 Call Jan 30 • Entry: $2.75 Sold Jan 21, 2026 • Exit: $3.10 Hold: 7 days • P&L: +$35 • Return: +12.73% TRADE 3: IBRX (ImmunityBio — Biotech) Bought Jan 20, 2026 • $4.5 Call Feb 20 • Entry: $3.30 Position moved against — ROLLED to Mar 20 at $1.78 Closed Mar 19, 2026 • Exit: $4.10 on roll leg Roll leg return: +130.3% • Net position: Profitable Three sectors. Three setups. Same system. All brokerage-confirmed.

Notez ce que le trade sur IBRX démontre au-delà du profit. La jambe de février s'est retournée contre la position. Plutôt que d'accepter la perte totale, la position a été roulée défensivement sur mars à une prime nettement inférieure (1,78 $), la thèse a été maintenue, et l'action s'est reprise. La jambe roulée a été clôturée à 4,10 $ — un rendement de 130,3 % sur la position roulée. La défense par roulement a converti ce qui aurait dû être une perte en un résultat net profitable. C'est le Chapitre 23 appliqué en temps réel.

Le trade CDE a été fermé en 7 jours à un modeste +12,73 %. Ce n'est pas un rendement spectaculaire — c'est un rendement discipliné.

Comme pour tous les exemples de ce livre, ces trades sont tirés de positions réelles et exécutées.

Stratégies ETF Basées sur le VIX : Trader la Volatilité Elle-Même

Au-delà des ETF sectoriels, il existe toute une classe de produits négociés en bourse conçus pour donner une exposition à la volatilité elle-même. Ce sont les ETP liés au VIX — des produits comme UVXY, SVXY, VXX et VIXY. Pour les traders expérimentés, ces produits permettent d'exprimer directement une vision sur le changement de régime de volatilité : le passage d'environnements à faible IV à des environnements à forte IV, et inversement.

Product	Direction	Ce qu'il Suit	Application des Six Conditions + Avertissement Critique
VXX / VIXY	Volatilité longue	Contrats à terme VIX à court terme (roulement 1-2 mois)	Profite quand le VIX monte en flèche (conditions 3/4 — événements de peur). CRITIQUE : ces produits subissent une grave dé. Stratégies d'ETF basées sur le VIX : Trader la volatilité elle-même
UVXY	Volatilité longue 1,5×	Contrats à terme VIX à effet de levier	Version amplifiée du VXX. Réservé uniquement aux traders expérimentés exprimant une vision sur un pic de volatilité imminent. L'effet de levier et le frein du contango accélèrent à la fois les gains et les pertes. Taille de position : maximum 0,5 % du compte.
SVXY	Volatilité courte	Contrats à terme VIX inverses	Profite lorsque le VIX baisse (conditions 1/2 — marchés calmes en expansion). Gains issus du contango à mesure que les contrats à terme courts sur le VIX sont roulés vers l'avant. CRITIQUE : un pic de VIX de 15 à 40 (comme en février 2018) peut faire perdre à SVXY 80–90 % en une seule séance. Exposition à risque défini uniquement — achetez des calls sur SVXY plutôt que de détenir des actions.

LES ETF SONT LE VÉHICULE LE PLUS PROPRE POUR LE SYSTÈME DES SIX CONDITIONS

Chaque stratégie des six conditions fonctionne plus proprement sur les ETF que sur les actions individuelles pour une raison : la diversification élimine le risque lié à un événement unique. Un ETF ne peut pas faire un gap de 30 % à cause d'un manque à gagner sur les résultats, d'une décision de la FDA ou du dépôt d'un investisseur activiste. La zone de variation se maintient de manière plus fiable. L'IV se comporte de façon plus prévisible. Pour les vendeurs de rendement en particulier (conditions 2, 4, 5, 6), les ETF sont les véhicules de la plus haute qualité disponibles. Construisez votre liste de surveillance autour des ETF sectoriels ci-dessus et des ETF de marché large (SPY, QQQ, IWM) — puis appliquez les six conditions à chacun d'eux au fil de l'évolution du cycle.

Spreads Diagonaux : Calendar + Direction

Un diagonal achète légèrement ITM à plus long terme et vend OTM à plus court terme — essentiellement un substitut de covered call.l substitute. Buy 90-DTE $185 AAPL call ($14.50). Sell 30-DTE $200 call ($3.50). Net: $11.00.

Avantage : vous contrôlez 100 actions de AAPL pour 1 100 $ au lieu de 19 000 $. Si AAPL chute de 20 %, la perte max est de 1 100 $ — et non de 3 800 $. Mêmes caractéristiques de rendement qu'un call couvert avec une fraction du capital et une perte max définie.

RÈGLE D'ENTRÉE CALENDAR & DIAGONAL

Entrez sur des calendars lorsque l'IVR est inférieur à 30 (options à long terme bon marché). Entrez sur des diagonals lorsque l'IVR est entre 30–50 (une IV modérée rend la jambe courte attractive). N'entrez jamais sur l'un ou l'autre lorsque l'IVR est supérieur à 60 — une IV élevée gonfle les deux jambes et augmente le risque qu'une contraction de l'IV ne détruise la position.

Stratégies d'Options sur ETF : Mettre les Instruments au Travail

Comprendre ce que sont les ETF n'est que la moitié du travail. L'autre moitié consiste à savoir quelles stratégies d'options fonctionnent le mieux sur quels types d'ETF — et pourquoi. Les caractéristiques structurelles des ETF indiciels, des ETF sectoriels et des ETF sous-sectoriels favorisent chacune des approches différentes.

Stratégie 1 — L'Iron Condor de Rotation Sectorielle

L'iron condor est la stratégie de rendement naturelle pour les ETF sectoriels dans des environnements de range ou de faible conviction. Parce que les ETF sectoriels sont diversifiés à travers des dizaines de participations, ils bougent moins violemment que les actions individuelles — leur action des prix est plus fluide et plus encline au retour à la moyenne sur les extrêmes. Cela les rend idéaux pour les trades de rendement à fourchette définie.

Exemple sur XLF (Financials) se négociant à 42,00 $, 30 JAE :

Leg	Action	Strike	Purpose
Short Call	Sell $44.00 Call	Collecter la prime	Plafond de la zone profitable — XLF doit rester en dessous de 44 $
Long Call	Buy $45.50 Call	Définir le risque max à la hausse	Plafonne la perte si XLF casse au-dessus de 44 $
Short Put	Sell $40.00 Put	Collect premium	Plancher de la zone profitable — XLF doit rester au-dessus de 40 $
Long Put	Buy $38.50 Put	Définir le risque max à la baisse	Plafonne la perte si XLF casse en dessous de 40 $

Crédit net : environ 0,85 $–1,10 $ par paire de spreads. Risque maximum : 1,50 $ par côté moins le crédit reçu. Zone de profit : XLF reste entre 40,00 $ et 44,00 $ jusqu'à l'expiration. La diversification de l'ETF sectoriel est votre avantage structurel — un seul rapport de résultats bancaires médiocre ne fera pas bondir XLF de 15 % de la façon dont cela impacterait une action de banque régionale.

Stratégie 2 — Le CSP Sectoriel pour des Revenus Alignés sur le Cycle

Lorsque le cycle économique et la rotation sectorielle s'alignent — économie en expansion, services financiers en tête, BPI en hausse —, un cash-secured put sur l'ETF sectoriel pertinent capte du rendement avec le vent macroéconomique dans le dos.

- Identifier la phase actuelle du cycle économique en utilisant le BPI et le modèle de rotation sectorielle (Chapitre 7) ;
- Sélectionner l'ETF sectoriel SPDR aligné sur cette phase : XLK en début d'expansion, XLE en fin d'expansion ;on, XLU in contraction;
- Vendre le put delta 0,25 à 0,30 à 30 à 35 JAE — c'est votre position de revenus alignée sur le cycle ; et
- Fermer à 50 % de profit ou rouler à T-21 — mêmes règles de gestion que les CSP sur actions individuelles.

Le CSP sur ETF sectoriel présente un avantage structurel par rapport au CSP sur action individuelle : aucun risque d'événement binaire. Pas de résultats, pas d'approbation de la FDA, pas de démission du PDG. Le risque est macro — des mouvements au niveau du secteur ou du marché — qui sont plus prévisibles, plus lents à se déplacer et plus faciles à récupérer que les explosions d'actions individuelles.

Stratégie 3 — La Couverture pour la Protection du Portefeuille

Pour les traders qui détiennent un portefeuille de positions longues (actions, assignations CSP, positions de covered call),ions), index ETF puts provide cost-effective portfolio-level protection. Rather than buying puts on every individual holding, a single long put position on SPY or QQQ provides broad downside coverage.

Vous avez besoin d'un put qui génère environ 10 000 $ de profit si le marché chute de 20 %. Un put SPY à 10 % hors de la monnaie (lorsque le SPY est à 500 $) contrôle 50 000 $ de valeur notionnelle et progresse fortement lors d'une correction. Le coût : environ 0,5 à 1,0 % de la valeur du portefeuille par trimestre — une prime d'assurance définie.

RÈGLE DE LIQUIDITÉ ETF

Avant de trader des options sur n'importe quel ETF : (1) l'intérêt ouvert sur votre strike cible doit dépasser 1 000 contrats, (2) l'écart acheteur/vendeur (bid/ask) doit être inférieur à 0,20 $ pour les ETF indiciels liquides ou inférieur à 0,40 $ pour les ETF sectoriels, (3) le volume quotidien moyen des options doit dépasser 10 000 contrats pour les ETF indiciels ou 2 000 pour les ETF sectoriels. Les 11 ETF sectoriels SPDR (XLK, XLF, XLE, XLV, XLY, XLP, XLI, XLB, XLRE, XLU, XLC) passent tous le test. La plupart des ETF thématiques échouent.

Le Guide Complet des Options sur ETF Sectoriels

Tous les ETF sectoriels ne sont pas également négociables pour les stratégies d'options. Certains ont une excellente liquidité d'options avec des spreads serrés et un intérêt ouvert profond. D'autres ont des spreads larges qui rendent les stratégies de rendement non profitables après slippage. Voici le guide définitif pour savoir quels ETF sectoriels fonctionnent pour le trading d'options et lesquels éviter.

Tier 1 — Excellente liquidité des options (utiliser pour toutes les stratégies, y compris la vente de rendement) : SPY (S&P 500), QQQ (Nasdaq 100), IWM (Russell 2000), XLF (Financials), XLK (Technology), XLE (Energy), XLV (Healthcare). Ces ETF ont des options hebdomadaires, des écarts acheteur-vendeur inférieurs à 0,05 $ pour les options ATM, et un intérêt ouvert dépassant 50 000 contrats sur les strikes populaires. Vous pouvez entrer et sortir de position à tout moment sans slippage significatif.

Tier 2 — Bonne liquidité des options (utiliser pour les CSP, les spreads et les iron condors) : XLY (Consumer Discretionary), XLP (Consumer Staples), XLI (Industrials), XLB (Materials), XLU (Utilities), XLC (Communication Services). Options mensuelles liquides avec des spreads inférieurs à 0,15 $. Suffisant pour les stratégies de rendement mais utilisez toujours des ordres à cours limité — les ordres au marché sur les ETF de Tier 2 peuvent vous coûter 0,05 $–0,10 $ de slippage par contrat.

Tier 3 — Liquidité des options limitée (utiliser pour les trades directionnels uniquement, pas pour le rendement) : XLRE (Real Estate), ETF thématiques spécifiques (ARKK, TAN, KWEB). Spreads plus larges (0,20 $–0,50 $), intérêt ouvert plus faible, parfois seules des échéances mensuelles sont disponibles. Les stratégies de rendement perdent leur avantage une fois le slippage acheteur-vendeur pris en compte. Utilisez-les uniquement pour des trades directionnels à risque défini.

Tier 4 — À éviter pour le trading d'options : La plupart des ETF à effet de levier (TQQQ, SOXL), la plupart des ETF spécifiques à un pays (EWJ, FXI), la plupart des ETF sur matières premières (GLD, SLV — exceptions pour les noms liquides de niveau SPY/QQQ). Spreads extrêmement larges, intérêt ouvert faible et tarification complexe qui ne s'aligne pas avec les modèles d'options standards. La prime semble attractive mais le coût d'exécution détruit l'avantage.

Le Livre de Jeu ETF des Six Conditions

Les ETF sont le véhicule le plus propre pour exécuter le système des six conditions à grande échelle. Contrairement aux actions individuelles, les ETF ne comportent aucun risque binaire de résultats, aucun risque fondamental lié à une seule entreprise et aucun risque d'options ajustées suite à des opérations sur titres. Ils sont le sous-jacent préféré des professionnels pour les stratégies de rendement — et le meilleur point de départ pour les débutants pour apprendre l'exécution spécifique aux conditions.

Le guide stratégique suivant associe les six conditions aux ETF les plus liquides et les plus appropriés pour chaque stratégie. Utilisez ceci comme votre menu de départ — les ETF qui ont réussi tous les tests de liquidité et d'adéquation pour chaque condition.

#	Condition	Strategy	Meilleur(s) ETF	Pourquoi Cet ETF Correspond à Cette Condition
1	**Bullish / Low IV**	Long call / bull call spread	**SPY, QQQ, XLK**	#
2	**Bullish / High IV**	CSP / bull put spread	**SPY, QQQ, XLF, XLV**	Stratégies de rendement sur les ETF les plus liquides et les plus enclins à la reprise. XLF (Financials) et XLV (Healthcare) offrent une IV plus élevée pendant l'incertitude macroéconomique tout en restant fondamentalement résilients. Tous deux disposent d'options hebdomadaires pour un cycle à 52 chèques de paie.
3	**Bearish / Low IV**	Long put / bear put spread	**QQQ, XLK, XLY**	Les secteurs à bêta élevé chutent plus vite et plus loin dans les tendances baissières. QQQ et XLK mènent le marché dans les rallyes et les corrections. Les bear put spreads sur ces ETF dans des tendances baissières confirmées capturent le mouvement directionnel maximum pour le débit payé.
4	**Bearish / High IV**	Bear call spread (credit)	**SPY, QQQ, IWM**	Bear call spreads sur des ETF indiciels larges pendant les phases baissières à forte IV. IWM (Russell 2000) affiche un bêta plus élevé dans les corrections et une IV élevée. Les bear call spreads sur

#	Condition	Strategy	Meilleur(s) ETF	Pourquoi Cet ETF Correspond à Cette Condition
				IWM pendant les marchés baissiers collectent un excellent crédit avec une large protection issue de la tendance baissière.
5	Range / Low IV	Iron condor / butterfly	**SPY, QQQ**	Le range défini peut souvent être lu directement à partir des supports/résistances sur le graphique hebdomadaire.
6	Range / High IV	Calendar / diagonal	**SPY, QQQ, GLD, SLV**	5

L'AVANTAGE ETF DANS LE SYSTÈME DES SIX CONDITIONS

Pour le trader qui donne la priorité au risque, les ETF résolvent un problème que les actions individuelles ne peuvent pas résoudre : ils éliminent le risque binaire lié à une seule action. Une action pharmaceutique peut faire un gap baissier de 40 % suite à un rejet de la FDA. L'ETF sectoriel de la santé — XLV — absorbera ce mouvement à travers plus de 60 participations. Vous participez à la thèse au niveau sectoriel sans parier sur le sort d'une seule entreprise.

ETF de Volatilité : Trader le VIX Lui-Même

L'un des outils les plus puissants — et les plus mal compris — de l'univers des ETF est la famille des ETF et ETN de volatilité qui suivent ou répondent aux indices liés au VIX. Ces instruments permettent aux traders d'options d'exprimer une vision directe sur la volatilité elle-même, indépendamment de la direction. Dans le système des six conditions, les ETF de volatilité sont des outils spécialisés pour les conditions 2, 4 et 6 — où une IV élevée est la caractéristique déterminante.

Comprendre comment ces produits fonctionnent — et plus important encore, comment ils s'érodent — est essentiel avant de les trader. Les ETF de volatilité ne sont pas des instruments d'achat et de conservation (buy-and-hold). Ce sont des outils tactiques avec des conditions d'entrée et de sortie spécifiques directement liées au cycle du VIX.

Ticker	Type	Direction	Comment les Traders d'Options l'Utilisent
VXX	ETN	VIX Long (contrats à terme à court terme)	Achète des contrats à terme sur le VIX du premier mois et du deuxième mois. Subit une érosion sévère liée au contango dans les marchés calmes — perd de la valeur chaque jour où le VIX est stable ou en baisse. À utiliser uniquement comme couverture à court terme dans les Conditions 3 et 4 lorsque le VIX augmente. Ne jamais détenir à long terme.
UVXY	ETF	1.5× Long VIX	Exposition longue à effet de levier sur le VIX. Amplifie à la fois les gains pendant les pics et l'érosion pendant les périodes calmes. Convient uniquement pour des couvertures de courte durée pendant les Conditions 3 ou 4 — mesurées en jours, non en semaines. Érosion quotidienne extrêmement élevée en situation de contango.
SVXY	ETF	−0,5× VIX Court	VIX inverse à demi-effet de levier. Profite lorsque le VIX diminue depuis des niveaux élevés — un instrument de Condition 2 ou 6. Entrez après un pic de VIX lorsqu'un retour à la moyenne est attendu. Sortez avant le prochain événement de peur. Ne pas détenir pendant le FOMC ou la saison des résultats.
VIXY	ETF	Long VIX (short-term futures)	Similaire au VXX. Suit l'indice S&P 500 VIX Short-Term Futures. Même problème d'érosion liée au contango. À utiliser comme couverture à risque

Ticker	Type	Direction	Comment les Traders d'Options l'Utilisent
			défini en achetant des puts sur VIXY — et non comme une position longue sur actions.
VIXM	ETF	VIX Long (contrats à terme à moyen terme)	Suit les contrats à terme VIX à moyen terme (4 à 7 mois). Moins de décroissance par contango que VXX. Plus adapté aux vues multi-semaines.-week volatility hedges in Condition 4 portfolios. Lower response to acute VIX spikes.

LE PIÈGE DU CONTANGO

Les ETF basés sur les contrats à terme VIX comme VXX et UVXY perdent de la valeur chaque jour par un coût structurel appelé

Les Cas d'Usage des ETF VIX dans les Six Conditions

Cond.	Le VIX est...	Action ETF de Volatilité
3 or 4	En Hausse / Élevé	Achetez des calls VXX ou des calls UVXY comme couverture à risque défini contre un portefeuille court. Dimensionnez à 2–5 % de la valeur du portefeuille au maximum. Sortez lorsque le VIX atteint votre objectif ou après que l'événement catalyseur est passé.
2 or 6	En Baisse depuis un Pic	Vendez VXX ou achetez des calls SVXY — profitez du retour à la moyenne de la volatilité. Entrez uniquement après que le VIX a déjà plafonné et commencé à baisser. La meilleure entrée se situe 24–48 heures après le pic de peur, pas pendant celui-ci.
1 or 5	Basse / Stable	Pas de positions sur les ETF de volatilité. L'érosion liée au contango détruira les positions longues sur le VIX. SVXY est également dangereux ici — un pic soudain à partir d'un VIX bas peut provoquer des pertes nettes sur les instruments inverses.

Les ETF de volatilité sont un outil avancé. Ils récompensent les traders qui comprennent le cycle du VIX et punissent les traders qui les traitent comme des actions ou des ETF ordinaires. Maîtrisez d'abord le cadre des six conditions, tradez des options SPY et QQQ pendant au moins six mois, et seulement après, envisagez d'ajouter des instruments liés au VIX à votre boîte à outils.

La Stratégie La Roue : Conditions 1 et 2 en Séquence

Le Wheel (la Roue) n'est pas une stratégie unique — ce sont deux des stratégies des six conditions exécutées en séquence, liées par l'événement d'assignation entre elles. Comprendre le Wheel comme un flux de six conditions (et non comme une stratégie autonome) est ce qui sépare les traders de Wheel disciplinés de ceux qui se font assigner sur de mauvais sous-jacents et les détiennent pour toujours.

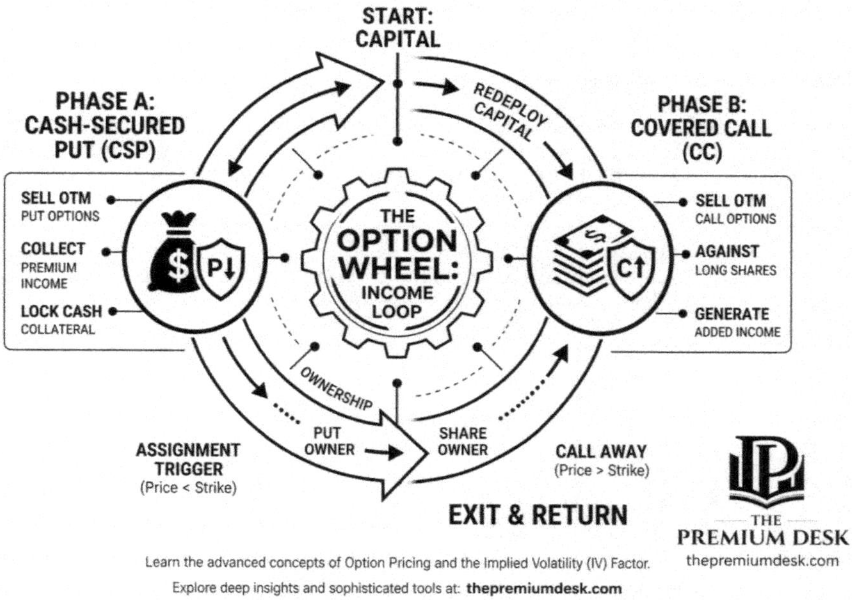

Figure 13.13 — La Roue des Options : Boucle de Rendement. Phase A : Put Sécurisé en Espèces (CSP) → Déclencheur d'Assignation (Prix < Strike) → Phase B : Call Couvert (CC) → Levée du Call (Prix > Strike) → Sortie et Réinitialisation. Le cycle complet de rendement en deux phases.

COMMENT UTILISER CE CHAPITRE

Le chapitre 15 comporte 34 sections couvrant l'ensemble du système de trading de rendement, du débutant à l'avancé. Votre progression recommandée : débutez avec le cadre des six conditions, la mécanique de base, le journal BPJ et les règles du CSP/call couvert, puis passez à la Stratégie de Rendement de Base jusqu'à La Roue sur ETF.

6-CONDITION FRAMEWORK ▸ CONDITIONS 2 & 4 — les conditions natales du vendeur de prime

Le Wheel, le CSP et le call couvert sont des stratégies de condition 2 et de condition 4. Lorsque le marché est directionnel et que l'IV est élevée, le vendeur dispose de tous les avantages structurels : probabilité de tendance, prime élevée et le temps qui travaille comme un revenu.

« Le Vendeur n'espère pas. Le Vendeur se prépare. »

— The Premium Desk

Ce chapitre est écrit pour une personne : le trader qui a décidé d'arrêter de demander ce que le marché va lui donner et de commencer à dire au marché ce dont il a besoin. C'est l'état d'esprit du Vendeur. Et au moment où ce changement se produit — au moment où un trader s'assied, définit son objectif de revenu annuel, le divise par 260 — le nombre de jours de trading dans une année — et inscrit un chiffre quotidien — il est passé de spéculateur à opérateur de rendement professionnel.

Ce chiffre quotidien est votre PPD : Profit Par Jour (Profit Per Day). C'est le principe directeur de tout ce qui suit dans ce chapitre. Pas une mesure. Pas un outil de comparaison. Un objectif — votre objectif — que votre portefeuille doit s'employer à gagner chaque jour.

La Décision qui Change Tout : Définir Votre BPJ

Avant de discuter d'une seule stratégie, avant de filtrer une seule action, avant de sélectionner un seul strike — vous devez répondre à une question : qu'est-ce que ce portefeuille doit générer chaque jour pour que votre vie fonctionne ?

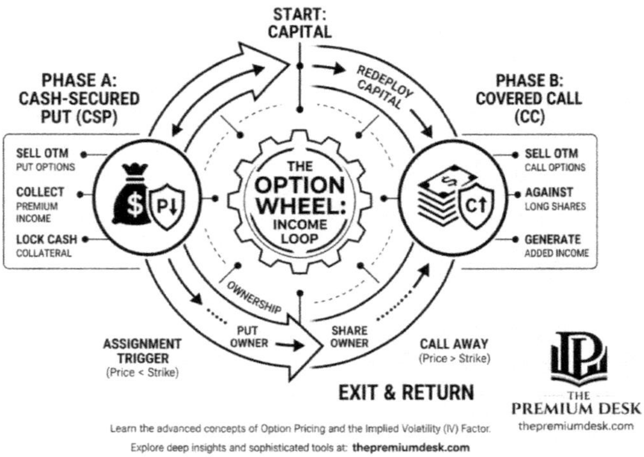

Figure 15.1 — Les Quatre Blocs Fondamentaux du Trading de Revenus.

Ce n'est pas une question de trading. C'est une question de planification financière. Répondez-y honnêtement et spécifiquement.

Objectif de Revenu Annuel	÷ 260 Jours de Trading	= Votre Objectif BPJ
$36,500 / year	÷ 260	**$140/day**
$60,000 / year	÷ 260	**$231/day**
$100,000 / year	÷ 260	**$385/day**
$150,000 / year	÷ 260	**$577/day**
$200,000 / year	÷ 260	**$769/day**

Notez votre chiffre de PPD. Ce chiffre est désormais la mission. Chaque position que vous ouvrez, chaque strike que vous sélectionnez, chaque décision de dimensionnement que vous prenez sera évaluée face à une question : est-ce que cela m'aide à atteindre mon PPD ? Le portefeuille du Vendeur n'est pas une collection de trades — c'est une machine conçue pour produire un chiffre, chaque jour, de manière fiable.

LA DÉCISION BPJ

Votre PPD n'est pas une aspiration. Il est opérationnel. Une fois que vous le définissez, il devient la contrainte fixe autour de laquelle chaque autre décision de ce chapitre — exigences de capital, dimensionnement des positions, sélection des actions, DTE, delta — est calibrée. Le Vendeur ne trade pas pour gagner le plus possible. Le Vendeur trade pour gagner exactement ce qu'il a prévu. Cette précision est l'avantage.

L'Acheteur vs. Le Vendeur : Deux Jeux Complètement Différents

Chaque dollar perçu par le Vendeur est un dollar que l'Acheteur a payé et ne peut pas récupérer, quel que soit le résultat.

	L'Acheteur	Le Vendeur
Capital de Départ	Petit compte — 5 000 $ à 20 000 $ typique. L'effet de levier est l'attrait.	Minimum 200 000 $. Dimensionné pour absorber une assignation complète sur toute position sans difficulté.
Prime	Le paie. Disparu dès que le trade est placé — gagner ou perdre.	Le collecte. Appartient définitivement au Vendeur dès que le trade est placé.
Obligation	Aucune — l'Acheteur possède un droit, pas une obligation.	Définie — le Vendeur a accepté d'acheter l'action au prix d'exercice si assigné.
Time	L'ennemi. Chaque jour que l'action ne bouge pas coûte de l'argent à l'Acheteur.	L'allié. Chaque jour qui passe, le theta travaille pour le Vendeur. Le temps, c'est des revenus.
Expiration Préférée	Le trade : Acheter 1 MU Call 105 $, 38 jours avant l'expiration, à 2,20 $.	Hebdomadaire — 7 jours ou moins. Le Theta brûle le plus vite dans les

	L'Acheteur	Le Vendeur
	Perte maximale : 220 $ — la prime payée. Pas de marge. Pas de risque d'assignation. Dimensionné à 2 % du compte.	7 derniers jours. Le Vendeur consomme toute la bouteille de soda en une semaine, encaisse la prime et ouvre un nouveau trade. 52 chèques de paie par an.
Motivation	Maximiser le rendement. Chasser le grand mouvement. Accepter un risque élevé pour une récompense élevée.	Atteindre l'objectif BPJ. Collecter la prime de manière cohérente. La Roue s'occupe du reste.
Ce dont ils ont besoin pour gagner	L'action doit se déplacer significativement dans la bonne direction avant l'expiration.	L'action ne doit tout simplement pas s'effondrer sous le strike. Un mouvement latéral est une victoire. Une hausse est une victoire. Une baisse modérée reste souvent une victoire.
Réalité d'Exercice	Environ 50 % des Acheteurs manquent statistiquement de capital ou de marge pour exercer, même lorsqu'ils ont raison. Ils ont acheté un droit qu'ils ne pourront jamais utiliser.	Collecte la totalité de la prime auprès de chaque Acheteur — y compris les environ 50 % qui n'exerceront jamais. Le Vendeur gagne contre eux par défaut.
Taux d'Assignation	N/A	~10 % des positions se terminent par une assignation réelle. 90 % des trades expirent simplement ou sont fermés pour profit.t — no stock changes hands.

The Soda Battle

Trading Options Like a Risk Manager

The bottle of soda is theta. It was paid for by the Buyer. It is drunk by the Seller. Every single day. Which side are you on?

La bouteille de soda est le theta. Elle a été payée par l'Acheteur. Elle est bue par le Vendeur. Chaque jour. De quel côté êtes-vous ?

L'Acheteur	**Le Vendeur**
😟	😎

L'Acheteur a payé pour une bouteille de soda pleine. Chaque jour qui passe sans grand mouvement, quelqu'un prend une gorgée. L'Acheteur regarde la bouteille se vider à chaque heure qui passe — le theta drainant ce qu'il a payé, implacablement, que le marché soit ouvert ou fermé. **L'action doit se déplacer loin et vite — avant que la bouteille ne soit vide.**	Le Vendeur récupère cette même bouteille de soda au moment même où le trade est placé. Chaque jour qui passe, il la boit — le theta remplissant son verre, une gorgée à la fois, que l'action bouge ou non. Marché latéral ? Une autre gorgée. Vendredi calme ? Une autre gorgée. **Le temps ne coûte pas au Vendeur. Le temps paie le Vendeur.**

Chaque jour.

De quel côté êtes-vous ?

52 Salaires par Année : Pourquoi le Vendeur Vend en Hebdomadaire

L'échéance préférée du Vendeur est hebdomadaire — 7 jours ou moins. Ce n'est pas de l'impatience. Ce sont des mathématiques. L'érosion liée au theta n'est pas linéaire. Elle s'accélère fortement dans les 7 derniers jours avant l'expiration, ce qui signifie que le Vendeur qui collecte une prime hebdomadaire capture la partie la plus raide et la plus rapide de la courbe d'érosion sur chaque trade. Au lieu d'attendre 30 jours pour collecter une seule prime complète, le Vendeur ouvre et clôture des positions chaque semaine — consommant le theta rapidement, encaissant la prime et redéployant immédiatement.

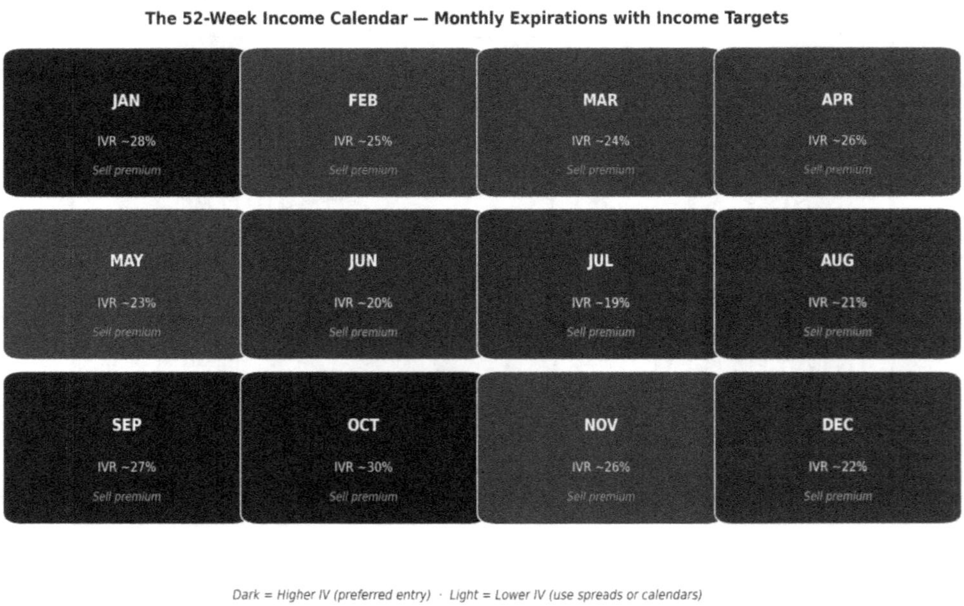

Figure 15.2 — Le Calendrier de Revenus de 52 Semaines. Expirations mensuelles avec suivi de l'objectif de revenus.

Trades Sectoriels Vérifiés — Le Cadre Appliqué

Au-delà de la série sur MU, le même système des Six Conditions a produit des gains vérifiés sur des noms sectoriels — confirmant que le cadre fonctionne également sur les actions individuelles et les ETF sectoriels.

L'échéance préférée de l'Acheteur est l'opposé : mensuelle ou plus longue. L'Acheteur a besoin de temps — du temps pour que l'action bouge suffisamment pour surmonter la prime payée, du temps pour se rétablir si le mouvement initial va dans le mauvais sens, du temps pour avoir raison. Un Acheteur qui achète un call à 7 jours a besoin que l'action bouge immédiatement et de façon significative. Un Acheteur avec 60 jours peut absorber un démarrage lent, un repli, et tout de régulariser. L'échéance plus longue est le filet de sécurité de l'Acheteur. Pour le Vendeur, ce même temps est un manque à gagner — chaque jour de piste supplémentaire est un jour dont le Vendeur n'a pas besoin et que l'Acheteur paie.

Expiration	La Perspective de l'Acheteur	La Perspective du Vendeur
Hebdomadaire (0–7 DTE)	Extrêmement risqué — nécessite un mouvement immédiat et important. La prime est moins chère mais il n'y a presque pas de temps pour se récupérer en cas d'erreur. Seuls les traders directionnels expérimentés utilisent les options hebdomadaires en tant qu'acheteurs.	Idéal. Le Theta brûle à vitesse maximale. Ouvert le lundi, collecte de la prime, clôture le vendredi. 52 opportunités par an sur le même sous-jacent. Rapide, propre, reproductible.
Mensuel (30–45 DTE)	Entrée standard. Suffisamment de temps pour que la thèse se développe. Le coût du theta est gérable par rapport au gain potentiel. La plupart des Acheteurs particuliers opèrent ici.	Également viable — la fenêtre de 30–45 DTE est la zone idéale de rendement où le theta accélère mais le risque gamma reste gérable. Clôturez à T-21 ou à 50 % de profit. Le Vendeur capture la meilleure partie de la courbe d'érosion et sort avant que le gamma ne domine.
60–90 DTE	Préféré par les traders qui veulent plus de temps et un coût theta quotidien plus faible. Plus cher en termes absolus.premium but buys significant runway.	Moins efficace pour le Vendeur — le capital est immobilisé plus longtemps pour proportionnellement moins de theta quotidien. Préférable pour les spreads diagonaux adossés à des LEAPS plutôt que pour les purs CSP de rendement.
LEAPS (180+ DTE)	L'avantage temporel maximal de l'Acheteur — utilisé pour des jeux directionnels à long terme où l'Acheteur attend un mouvement soutenu sur plusieurs mois.	Le Vendeur ne vend pas de LEAPS comme véhicules de rendement. Trop de temps, trop peu de theta par jour, trop d'exposition au vega. Les LEAPS appartiennent à la boîte à outils de l'Acheteur.

LE RYTHME HEBDOMADAIRE DU VENDEUR

Le calendrier du Vendeur est simple : chaque semaine est un chèque de paie. Ouvrez un CSP le lundi ou le mardi sur une action de qualité sans résultats avant le vendredi. Collectez la prime. Gérez si nécessaire. Clôturez à 50 % de profit ou laissez expirer sans valeur d'ici vendredi. Déployez le capital libéré dans le trade de la semaine suivante. Cinquante-deux fois par an, le Vendeur se situe du bon côté de l'érosion liée au theta — buvant la bouteille de soda pendant que l'Acheteur la regarde se vider. L'Acheteur espère un mouvement. Le Vendeur a juste besoin qu'une semaine de plus passe.

LA PRIME EST À VOUS

Dès le moment où un Acheteur paie pour un contrat d'options, cette prime appartient au Vendeur — de façon permanente, inconditionnelle, peu importe ce qui se passe ensuite. Le Vendeur n'a aucune obligation de la restituer. L'Acheteur peut réaliser un profit si l'action évolue en sa faveur, mais il doit gagner suffisamment pour surmonter la prime qu'il a déjà abandonnée. Le Vendeur commence chaque trade en avance. Ce n'est pas un petit avantage. C'est tout le modèle d'affaires.

L'Acheteur Peut Gagner Plus — Mais Seul le Vendeur Peut Planifier

Voici la vérité honnête à propos de l'Acheteur : il peut réaliser des rendements extraordinaires. Un long call bien synchronisé peut produire 200 %, 500 %, voire 1 000 % en quelques semaines. Le Vendeur n'égalera jamais cela sur un seul trade — et c'est précisément le but. Parce que l'Acheteur ne peut pas planifier. Il ne peut pas s'asseoir en janvier et rédiger un budget pour l'année basé sur les revenus du trading d'options. Il ne peut pas dire à sa famille ce que le portefeuille va générer ce mois-ci. Chaque trade de l'Acheteur est un point d'interrogation — incertain sur la direction, s'érodant contre lui avec le temps, dépendant d'un mouvement qui peut venir ou non.

Le Vendeur peut planifier. Le Vendeur connaîtt son objectif de PPD. Il sait approximativement combien de positions il doit avoir ouvertes pour l'atteindre. Il sait quelles actions il surveille, quels strikes s'alignent avec sa thèse, et à quoi ressemblera son revenu mensuel si le système fonctionne comme prévu. Le Vendeur dirige une entreprise avec un budget, un pipeline et une masse salariale. L'Acheteur gère une série de paris — certains brillants, la plupart oubliés.

L'AVANTAGE DE PLANIFICATION DU VENDEUR

Demandez à n'importe quel Acheteur sérieux ce que son portefeuille générera le mois prochain. Il ne peut pas répondre. Demandez à un Vendeur discipliné qui exécute le système SRC avec un objectif de PPD défini. Il peut répondre dans une fourchette raisonnable — parce que son revenu ne dépend pas des mouvements du marché. Il dépend du temps qui passe. Et le temps passe toujours. Cette prévisibilité — la capacité de planifier, de budgétiser et de construire une vie financière autour d'un revenu de trading — est le plus grand avantage du Vendeur. Pas les statistiques. Pas les mathématiques des primes. La certitude.

Pourquoi 200 000 $ est la Ligne de Départ du Vendeur

Le minimum de 200 000 $ n'est pas une règle de filtrage — c'est une exigence structurelle pour que le modèle du Vendeur fonctionne comme prévu. Voici pourquoi ce chiffre existe :

- Capacité d'assignation : lorsqu'une action à 100 $ vous est assignée au strike 90 $, vous avez besoin de 9 000 $ pour prendre livraison de 100 actions. Gérer 5 à 8 positions CSP simultanées sur des grands noms de qualité nécessite entre 45 000 $ et 80 000 $ de capital réservé juste pour la couverture d'assignation — avant vos autres positions, votre tampon de trésorerie ou votre inventaire de calls couverts.

- Volume des primes : à un rendement mensuel réaliste de 2 à 3 % sur le capital déployé, un compte de 200 000 $ génère 4 000 $–6 000 $/mois. Cela représente 133 $–200 $/jour en PPD — un revenu significatif. Un compte de 25 000 $ avec le même rendement génère 500 $–750 $/mois — soit 17 $–25 $/jour. La stratégie fonctionne, mais le revenu ne remplace pas un salaire.
- Capacité psychologique : l'avantage du Vendeur dépend du fait de ne pas être obligé de prendre des décisions sous pression financière. Un compte de 200 000 $ qui encaisse une assignation de 9 000 $ cille à peine. Un compte de 30 000 $ qui encaisse la même assignation vient de déployer 30 % de son capital sur une seule position boursière. La taille crée le calme. Le calme crée la discipline.
- Le chemin vers 200 000 $: c'est le rôle des stratégies de croissance dans ce livre. Vous construisez le compte avec des trades directionnels à risque défini — bull call spreads, longs calls sur les leaders sectoriels, spreads diagonaux pendant les rotations confirmées. Lorsque vous atteignez 200 000 $, vous effectuez la transition. Pas avant. Essayer de faire tourner le modèle de rendement du Vendeur sur un petit compte produit des résultats décevants qui nourrissent l'impatience et les mauvaises décisions.

La Réalité de 10 % d'Assignation — Pourquoi l'Assignation est le Plan, Pas le Problème

Statistiquement, environ 10 % seulement des positions d'options se traduisent par une assignation réelle. Les 90 % restants expirent sans valeur ou sont clôturés avant l'échéance. Tout le modèle de gestion des risques du Vendeur est construit autour de ce chiffre : 90 % du temps, vous collectez la prime et passez à autre chose. 10 % du temps, vous acquis l'action. Et ces 10 % ne sont pas un échec — c'est la Phase 2 du Wheel.

C'est pourquoi la sélection d'actions de classe A n'est pas négociable. Le Vendeur ne vend pas des puts sur n'importe quoi — il vend des puts sur des entreprises qu'il serait sincèrement fier de posséder. Des entreprises dotées de bilans solides, d'avantages concurrentiels durables, de bénéfices réguliers et d'un soutien institutionnel suffisant pour qu'un déclin temporaire soit récupérable. Lorsque l'on vous assigne 100 actions Apple, Microsoft ou JPMorgan à un prix inférieur de 10 à 15 % à celui auquel elles se négociaient lorsque vous avez vendu le put — vous n'avez pas perdu. Vous avez acquis un actif de classe mondiale à prix réduit, avec une base de coût encore réduite par la prime que vous avez déjà perçue.

LA RÈGLE DE SÉLECTION DU VENDEUR

Ne jamais vendre un put sur une action que vous ne seriez pas sincèrement heureux de posséder au prix d'exercice. Pas « acceptable ». Pas « je pourrais vivre avec ». Sincèrement heureux.

Le Cadre SCR : Comment le Vendeur Atteint le BPJ Chaque Mois

Le PPD définit l'objectif. Le cadre SRC™ — Systématique, Reproductible, Cohérent (Systematic, Repeatable, Consistent) — est le système d'exploitation qui le réalise. Le trading de rendement doit être SRC parce que le PPD ne s'obtient pas par un seul trade exceptionnel. Il s'obtient par des centaines de trades moyens bien exécutés. Le Vendeur qui applique un système propre et discipliné sur trois ans générera plus de revenus que le Vendeur qui court après la prime et enfreint les règles — même si le contrevenant gagne plus sur des trades individuels.

Avant de construire le système SRC, un contraste mérite d'être souligné : le trade chanceux. Pendant la pandémie de COVID-19, Zoom Video Communications a gagné 564 % alors que le monde passait du jour au lendemain au travail à distance. Si vous l'avez attrapé à l'achat, c'était le trade d'une vie. Le Vendeur n'était pas sur ce trade. Le Vendeur collectait 180 $ sur son call couvert MSFT ce mois-là — et 180 $ le mois d'après — et 180 $ encore le mois suivant. Trois ans plus tard, le Vendeur a collecté 6 480 $ de primes systématiques sur cette seule position. Le trader de Zoom a une belle histoire. Le Vendeur a une entreprise.

SRC vs. TRADES CHANCEUX

Le but du trading de rendement n'est pas d'attraper le prochain mouvement de 500 %. Le but est d'obtenir des profits SRC : Systématiques, Reproductibles et Cohérents — le genre de profits qui génèrent un chèque de paie mensuel à partir de votre portefeuille dans les marchés haussiers, les marchés baissiers et tout ce qui se trouve entre les deux. Les trades chanceux sont la cerise sur le gâteau. Ils ne constituent pas la stratégie. L'avantage du Vendeur ne réside pas dans un seul trade. Il réside dans l'accumulation de centaines de trades bien gérés qui, collectivement, atteignent l'objectif de PPD, mois après mois, année après année.

- Systématique — Chaque trade suit les mêmes critères d'entrée : zone de delta cible, fenêtre de DTE, règles de sélection du sous-jacent et formule de dimensionnement des positions calibrée sur votre objectif de PPD. Pas d'improvisation.
- Cohérent — Vous exécutez le système dans chaque environnement de marché éligible. Vous ne sautez pas de cycles parce que vous vous sentez incertain. L'incertitude est la condition de fonctionnement normale. Le système a été conçu pour cela.
- Reproductible — La stratégie doit fonctionner sur des centaines de trades pour exprimer son avantage statistique. Tout trade unique est non significatif. La rentabilité du système — et votre PPD — vit dans l'agrégat.

Le fait de trader au comptant (cash) ou sur marge affectera votre rendement absolu. Un compte sur marge amplifie à la fois les gains et les pertes. Pour le Vendeur, le modèle le plus propre est le compte cash — le rendement du capital réservé est honnête, la capacité d'assignation est réelle, et la pression psychologique des appels de marge n'entre jamais en ligne de compte. Lorsque vous êtes prêt pour la marge, le rendement sur marge (ROM) peut pousser les rendements annuels de 30 % vers 60 % — mais seulement après que le système basé sur le cash a été pleinement éprouvé.

Trouver Vos Trades — La Stratégie d'Actions en 5 Étapes

Avant d'exécuter toute stratégie de rendement, vous avez besoin d'un processus reproductible pour trouver des candidats qualifiés. Ce système en 5 étapes garantit que chaque trade que vous envisagez a déjà passé les filtres les plus importants avant même que vous ne regardiez la chaîne d'options :

- Étape 1 : Trouver des actions SANS annonce de résultats avant votre date d'expiration.
- Étape 2 : Trouvez des actions avec une volatilité implicite (IV) ÉLEVÉE dans la zone des 30–50 % — c'est votre zone idéale pour les primes. Au-dessus de 50 %, cela signifie que l'action fait des mouvements de va-et-vient trop violents. En dessous de 30 %, cela signifie que les primes sont trop minces pour valoir le capital déployé.

- Étape 3 : Trouver des actions en tendance haussière OU se déplaçant latéralement avec un fort support.
- Étape 4 : Vérifier votre profil de risque et votre analyse de protection.
- Étape 5 : Passer le trade — uniquement après que les quatre étapes précédentes sont confirmées

Votre principal outil de filtrage est Barchart.com. Voici la configuration exacte des filtres pour trouver les candidats CSP :cured put candidates:

Filtre Barchart	Setting
Bourse	N'importe laquelle (AMEX, NYSE, NASDAQ toutes cochées)
Strike Volatilité Implicite	30 % à 50 % — c'est votre plage cible de prime
Jours Avant l'Expiration (DTE)	7 à 21 jours
Security Type	Actions uniquement (cocher Actions, décocher ETF pour cet écran)
Option Type	PUT (uniquement — vous cherchez des candidats à la vente de put)
Prix de l'Action Range	$30 to $250
Volume / Open Interest	Définir à 0 — laisser les flipcharts faire le filtrage visuel
Earnings Date	Exclure toute action avec des résultats avant votre expiration
Action	Sélectionner FLIPCHARTS — examiner les actions les mieux classées visuellement, une par une

Le screener d'actions de TradingView peut être utilisé de la même manière — filtrez par Variation % (en dessous de -2 %), Volume (au-dessus de 1 M), Type de symbole (Common Stock) et Prix (30 $–250 $) pour faire surface les mêmes candidats au repli. Le processus est identique à celui de Barchart ; utilisez la plateforme que vous préférez.

Rang VI et Percentile VI : Votre Signal d'Entrée de Précision

Le VIX vous indique le niveau de peur du marché. Mais pour les actions individuelles et les ETF sectoriels, vous avez besoin d'un outil qui mesure la volatilité implicite par rapport à l'historique propre de ce ticker spécifique. C'est là que l'IV Rank et l'IV Percentile deviennent vos principaux filtres d'entrée pour les stratégies de vente de primes.

Rang VI (IVR) : Où est la VI par Rapport à sa Plage de 52 Semaines ?

L'IV Rank répond à une question : la volatilité implicite est-elle actuellement élevée ou basse par rapport à ce qu'elle a été au cours de l'année écoulée ? Formule :

IVR = (Current IV − 52-Week IV Low) ÷ (52-Week IV High − 52-Week IV Low) × 100

Exemple : Plus bas VI 52 semaines = 18 %, plus haut = 72 %, VI actuelle = 54 %. IVR = (54−18)÷(72−18)×100 = 67. Un IVR de 67 signifie que l'IV actuelle se situe dans le 67e percentile de sa propre fourchette de 52 semaines — élevée et favorable à la vente de primes.

IVR	Interpretation	Prime Selling Avantage (Edge)	Strategy Bias
0–25	VI près du plus bas annuel	Faible — primes minces, avantage minimal	Acheter des options, spreads à débit, calendar spreads
25–50	VI en dessous de la moyenne	Modéré — trades de revenus standard acceptables	CSP, covered calls à taille réduite
50–75	VI élevée — au-dessus de la moyenne	Bon — avantage statistique pour les vendeurs de prime	CSP, iron condors, spreads à crédit à taille complète
75–100	VI près du plus haut annuel	Excellent — opportunité de prime maximale	Vente de prime agressive, prix d'exercice plus larges, position complète

Percentile VI : Un Signal Plus Robuste

L'IV Percentile répond à une question différente : sur quel pourcentage de jours de trading au cours de l'année écoulée l'IV a-t-elle été inférieure à ce qu'elle est aujourd'hui ? Contrairement à l'IVR — qui peut être faussé par un seul pic de volatilité exceptionnel —, l'IV Percentile utilise la distribution complète des relevés quotidiens. Il est plus robuste lorsqu'une action a connu un événement de volatilité extrême qui gonfle le plus haut sur 52 semaines.

Exemple : Une action a bondi à 150 % d'IV lors d'un événement de crise unique mais a passé 340 des 365 derniers jours entre 20–45 % d'IV. L'IV actuelle est de 42 %. L'IVR s'affiche très bas (parce que le plus haut sur 52 semaines est de 150 %). L'IV Percentile s'affiche à 90+ (parce que 42 % dépasse le relevé de presque tous les autres jours). L'IV Percentile identifie correctement cela comme un environnement de prime élevée favorable à la vente. L'IVR induit en erreur.

Règle : utilisez l'IVR comme filtre principal, l'IV Percentile comme confirmation. Lorsque les deux affichent un score supérieur à 50, l'environnement est confirmé. S'ils divergent de manière significative, enquêtez — un événement extrême récent déforme peut-être l'IVR.

Trouver l'IVR sur Votre Plateforme

Sur Barchart.com : l'onglet Options Overview affiche les deux indicateurs. Sur TastyTrade : l'IVR est affiché de manière bien visible sur chaque page de ticker. Sur Market Chameleon : historique d'IV gratuit et détaillé et graphiques de percentiles pour n'importe quelle action.

LA RÈGLE D'ENTRÉE IVR

Ne vendez de la prime que lorsque l'IVR est supérieur à 50. Ce simple filtre élimine l'erreur la plus courante en matière de vente de primes : entrer lorsque l'IV est historiquement basse, collecter des primes minces, puis regarder l'IV s'étendre après l'entrée — ce qui nuit à toutes les positions courtes sur primes via la Vega. Un IVR élevé signifie que vous êtes bien payé pour le risque. Un IVR bas signifie que vous ne l'êtes pas. Lorsque l'IVR est inférieur à 50, attendez ou utilisez plutôt des structures à débit.

LA RÈGLE DE PEUR DU VIX

La peur est votre meilleure amie lorsque vous vendez des options. VIX au-dessus de 30 = Forte peur = Primes ÉLEVÉES = collectez PLUS de primes en tant que vendeur. VIX en dessous de 20 = Faible peur = Primes BASSES = moins de revenus par trade. La règle : lorsque le VIX est élevé, vendez des options de manière agressive. Lorsque le VIX est bas, soyez plus sélectif — la prime n'en vaut peut-être pas le risque. Le VIX est traité en détail au Chapitre 9.

Les Seules Deux Stratégies Utilisées par le Vendeur — Et Pourquoi

Avant de présenter toute stratégie dans ce chapitre, une règle doit être énoncée clairement et sans réserve. Ce n'est pas une ligne directrice. Ce n'est pas une suggestion pour les débutants. C'est la limite non négociable qui définit l'ensemble du modèle du Vendeur :

⚠ LA RÈGLE ABSOLUE DU VENDEUR ⚠

Le Vendeur fonctionne selon trois règles — et trois seulement :

1. **Put Sécurisé en Espèces (CSP) — to enter a position**
2. **Covered Call — après assignation, pour faire tourner la Roue**
3. **Ne jamais vendre-pour-ouvrir avant un rapport de résultats**

C'est la liste complète. Rien d'autre.

Pas de calls nus (naked calls). Pas de puts nus (naked puts). Pas de short strangles. Pas de short straddles. Pas de structures à risque indéfini de quelque nature que ce soit. Celles-ci exposent le Vendeur à une perte théoriquement illimitée — une perte qui peut dépasser la totalité du compte lors d'un seul mouvement de gap d'un jour à l'autre. Le modèle du Vendeur est construit sur la certitude : vous connaissez votre risque maximum avant que le trade ne soit placé. Dès que le risque illimité entre dans l'équation, la certitude disparaît — et avec elle, la capacité de planifier, de dimensionner correctement ses positions et de dormir.

Le cash-secured put est à risque défini par construction : votre perte maximale est le prix d'exercice (strike) moins la prime collectée, et vous disposez du cash réservé pour la couvrir. Le call couvert est à risque défini par construction : vous possédez déjà les actions. Il n'y a aucun scénario dans lequel l'une ou l'autre de ces stratégies produit une perte supérieure à ce que le capital engagé peut absorber. Ce n'est pas un choix conservateur — c'est le choix professionnel. Les vendeurs institutionnels expérimentés utilisent des structures à risque défini parce que faire sauter un compte est le seul résultat qui met fin définitivement au jeu.

POURQUOI SEULEMENT CES TROIS RÈGLES

Toute autre stratégie de vente de primes ajoute de la complexité, du risque indéfini, ou les deux. Les iron condors, les short strangles, les calls nus — ils peuvent produire des rendements théoriques plus élevés par dollar dans des conditions idéales. Mais l'avantage du Vendeur ne réside pas dans la maximisation du rendement sur un trade unique. Il réside dans le fait de rester dans le jeu à travers des centaines de trades et des années. Une seule position à risque indéfini qui fait un gap d'un jour à l'autre peut effacer douze mois de revenus constants issus de CSP. Et les résultats (earnings) ? Les résultats sont le seul événement capable de faire faire un gap à n'importe quelle action — y compris à vos meilleurs titres de classe A — de 15, 20, 30 % en une seule séance d'un jour à l'autre. Aucune prime ne justifie ce risque binaire. La règle est absolue : vérifiez le calendrier des résultats avant de placer chaque trade. Si les résultats tombent avant votre expiration, attendez. La prime sera toujours là après le rapport. Votre compte ne le sera peut-être plus si vous n'attendez pas.

Le chapitre 15 comporte 34 sections couvrant l'ensemble du système de trading de rendement, du débutant à l'avancé. Votre progression recommandée : débutez avec le cadre des six conditions, la mécanique de base, le journal BPJ et les règles du CSP/call couvert, puis passez à la Stratégie de Rendement de Base jusqu'à La Roue sur ETF.

→ Voir Figure 6.4 — Échelle de Moneyness : Contrat Put (Chapitre 4 — L'Évaluation des Options)

Figure 15.2 — Échelle de situation monétaire d'un contrat de put (Moneyness Ladder). Le Cash-Secured Put cible des strikes OTM inférieurs au prix de l'action — collectant de la prime tout en restant en dehors de la zone de valeur intrinsèque. L'assignation se produit lorsque l'action descend sous votre strike court.

STRATÉGIE 1 : Put Sécurisé en Espèces (CSP)

Le cash-secured put est la stratégie de rendement fondamentale pour le trader qui donne la priorité au risque. Vous vendez un put OTM sur une action ou un ETF que vous êtes prêt à posséder à un prix inférieur au marché actuel. Vous collectez la prime d'avance. Si l'action reste au-dessus de votre strike jusqu'à l'expiration, le put expire sans valeur et vous gardez la prime. Si l'action descend sous votre strike, vous êtes assigné — vous achetez 100 actions au prix d'exercice que vous avez accepté.

- Configuration : Vendre 1 put OTM, 30 à 45 JAE, à un prix d'exercice 10 à 20 % en dessous du prix actuel.lying
- Exigence de liquidités : Avoir suffisamment de liquidités dans votre compte pour acheter 100 actions au prix d'exercice.
- Règle de sortie : Acheter pour fermer à 50 % de la prime reçue. Ne pas tenir jusqu'à l'expiration.
- Règle de niveau de plafond : Utiliser uniquement sur des noms mega cap et large cap où la chaîne d'options est liquide.
- Timing VI : Vendre des CSP quand la VI est élevée (IVR au-dessus de 30) — vous collectez plus de prime pour le même risque. risk

CRITÈRES DE SÉLECTION CSP

Posez-vous trois questions avant de vendre un CSP : (1) Serais-je heureux de posséder cette action à ce prix d'exercice ? (2) L'entreprise a-t-elle des fondamentaux assez solides pour qu'un déclin temporaire soit récupérable ? (3) Y a-t-il un catalyseur connu (résultats, FDA, événement macro) qui pourrait faire faire un gap à l'action à travers mon strike avant que je puisse la gérer ? Si la réponse à la question 3 est oui — attendez que l'événement soit passé.

STRATÉGIE 2 : Covered Call (CC)

Le call couvert est l'image miroir du CSP en termes de profil de risque. Vous possédez 100 actions (ou un ETF) et vendez un call OTM contre elles. Vous collectez une prime mensuelle. Votre potentiel de hausse est plafonné au strike du call, mais vous réduisez votre prix de revient (cost basis) sur l'action à chaque prime collectée. Au fil du temps, un programme discipliné de calls couverts abaisse considérablement le coût effectif de vos positions sur actions.

- Configuration : Posséder 100 actions + vendre 1 call OTM, 30 à 45 JAE, à un prix d'exercice 5 à 15 % au-dessus du prix actuel.
- La prime collectée réduit le coût de base — après suffisamment de cycles, votre coût effectif peut approcher zéro.
- Règle de sortie : Acheter pour fermer à 50 % de la prime reçue, ou rouler vers le haut et l'extérieur si l'action dépasse le prix d'exercice.
- Collectez plus de primes et préservez votre position.
- Meilleur environnement : Marché latéral à légèrement haussier. Éviter de vendre des covered calls dans des tendances haussières fortes.

STRATÉGIE 3 : La Roue — CSP vers Covered Call

Le Wheel (la Roue) combine le CSP et le call couvert en un seul cycle de rendement continu sur le même sous-jacent. C'est l'expression la plus complète de l'Avantage du Vendeur pour une position ciblée.

- Phase 1 — Vendre des puts sécurisés en espèces sur une action de qualité jusqu'à l'assignation
- Phase 2 — Une fois assigné, commencer immédiatement à vendre des covered calls contre les actions
- Phase 3 — Si le covered call est exercé (actions rappelées), retourner à la Phase 1 et vendre des CSPh-secured puts again
- La Roue fonctionne le mieux sur : les actions que vous voulez sincèrement posséder, avec des chaînes d'options liquides, dans des secteurs alignés.
- La Roue échoue sur : des fondamentaux faibles, des chaînes d'options minces, ou des actions dans des tendances baissières confirmées.

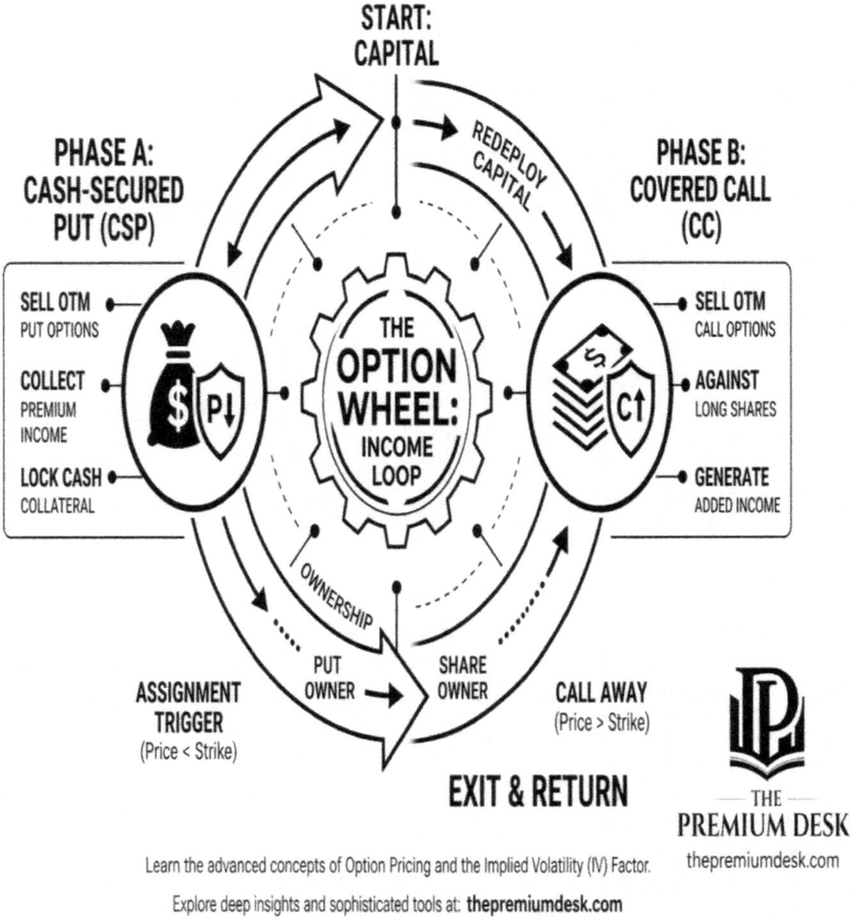

Figure 15.2 — Le Cycle du Wheel — La boucle de rendement complète allant du Cash-Secured Put au Covered Call. Chaque cycle réduit le prix de revient effectif.

LE CREDO DU TRADER DE REVENUS

Le trading nécessite de la discipline.

La bonne stratégie.

La mentalité papier.

Le trader de revenus ne trade pas pour l'excitation. Il trade pour la régularité.

SCR EN ACTION : EXEMPLES TRAVAILLÉS

Comment Trader Comme un Vendeur — Gagner, Perdre, et Toujours Ressortir Gagnant

Les deux exemples suivants utilisent la même action sous-jacente — XYZ Corp, s'échangeant à 100 $ — pour vous montrer à quoi ressemble le cadre SCR dans la vie réelle. Dans l'Exemple A, le trade gagne proprement. Dans l'Exemple B, le trade perd initialement — puis vous regardez le vendeur transformer cette perte en profit en utilisant le Wheel. Les deux sont tout aussi importants. Le trader de rendement doit être à l'aise avec les deux issues car le système est conçu pour profiter de la séquence, et pas seulement du trade individuel.

EXEMPLE A La Victoire Nette — Put Sécurisé en Espèces Expire Sans Valeur	
Sous-jacent	XYZ Corp — action large cap de qualité que vous êtes prêt à posséder
Prix de l'Action	100,00 $ par action à l'entrée du trade
Strategy	Vendre 1 Put Sécurisé en Espèces — 35 JAE
Strike Selected	Put 90 $ (10 % OTM — en dessous d'un niveau de support clair sur le graphique)
Prime Received	2,50 $ par action × 100 actions = 250 $ collectés d'avance
Cash Reserved	9 000 $ mis de côté (assez pour acheter 100 actions à 90 $ si assigné)
IVR at Entry	52 — la VI est dans la moitié supérieure de sa plage annuelle. Favorable pour les vendeurs.
Objectif de Profit	Fermer à 50 % de la prime reçue = racheter à 1,25 $ ou moins

Ce qui Se Passe : XYZ Reste Au-Dessus de 90 $ Jusqu'à l'Expiration

Au cours des 35 jours de vie du trade, XYZ évolue latéralement — elle baisse brièvement à 95 $ lors d'un repli du marché mais ne menace jamais le strike 90 $. Le Theta fait son travail. La prime du put s'érode de 2,50 $ à 1,20 $ au jour 18.

Day	XYZ Price	Prime du Put	P&L Non Réalisé	Action
0	$100.00	$2.50	—	VENDRE POUR OUVRIR 1 $90 Put — collect $250
7	$97.50	$2.10	−$40	Surveillance. Le coût du put a légèrement augmenté. Pas d'action.
14	$95.00	$1.60	+$90	L'action a replié — la prime s'est dépréciée malgré le mouvement. Le theta fonctionne.
18	**$96.00**	**$1.20**	**+$130**	**A 52 % de profit. FERMER — ACHETER POUR FERMER à 1,20 $. ✓ Objectif atteint.**
35	$98.00	$0.00	+$250	(Si tenu jusqu'à l'expiration — le put expire sans valeur. Les

Day	XYZ Price	Prime du Put	P&L Non Réalisé	Action
				250 $ entiers conservés.)

✓ **RÉSULTAT EXEMPLE A — VICTOIRE NETTE**

Prime collectée : 250 $ | Prime payée pour fermer : 120 $ | Profit net : 130 $ en 18 jours

Les liquidités réservées (9 000 $) sont maintenant libres d'être déployées dans le prochain trade.

Rendement annualisé sur le capital réservé : (130 $ ÷ 9 000 $) × (365 ÷ 18) = ~29,3 % annualisé.

EXEMPLE B La Roue en Mouvement — Assignation, Reprise et Profit	
Sous-jacent	XYZ Corp — même action, même thèse : nom de qualité que vous êtes prêt à posséder
Prix de l'Action	$100.00 per share at trade entry
Strategy	Sell 1 Put Sécurisé en Espèces — 35 DTE
Strike Selected	Put 90 $ (10 % OTM)
Prime Received	2,50 $ par action × 100 = 250 $ collectés d'avance
Cash Reserved	9 000 $ mis de côté pour acheter des actions si assigné
IVR at Entry	55 — VI élevée, favorable pour les vendeurs

Phase 1 : Le Marché Chute — Assignation Se Produit

Une vente sectorielle frappe durement XYZ. L'action chute de 100 $ à 84 $ à l'expiration. Le put 90 $ est maintenant à

À l'Assignation	Votre Position	Votre Coût de Base Effectif
XYZ se négocie à 84,00 $ Put assigné au prix d'exercice 90 $	Long 100 actions de XYZ Prix d'achat : 90,00 $/action	**Prix d'exercice 90,00 $ – prime 2,50 $ = 87,50 $ Perte non réalisée vs. marché : 3,50 $/action (350 $ total)**

CE N'EST PAS UNE PERTE — C'EST LA PHASE 2

L'assignation sur une action de qualité à un prix que vous avez accepté à l'avance n'est pas un échec. C'est le plan qui s'exécute correctement. Vous possédez maintenant 100 actions de XYZ à un coût effectif de 87,50 $. Le marché est à 84 $. Votre travail consiste maintenant à vendre des calls couverts contre ces actions chaque mois jusqu'à ce que la position soit profitable. Le Wheel commence.

Phase 2 : La Roue — Trois Cycles de Covered Call

Vous possédez maintenant 100 actions de XYZ à un prix de revient effectif de 87,50 $. XYZ s'échange à 84 $. Chaque mois, vous vendez un call couvert contre vos actions. Chaque prime collectée réduit encore votre prix de revient. Vous ne paniquez pas. Vous ne vendez pas les actions à perte. Vous appliquez le système.

Cycle	XYZ Price	Prix d'Exercice Call	DTE	Prime Collected	Cumulative Prime	Coût de Base Après le Cycle
1	$84.00	$87 Call	35 DTE	$1.80 ($180)	$430 total	87,50 $ - 1,80 $ = 85,70 $
2	$86.50	$89 Call	35 DTE	$1.60 ($160)	$590 total	85,70 $ - 1,60 $ = 84,10 $
3	**$90.00**	**$92 Call**	**35 DTE**	**$1.50 ($150)**	**$740 total**	**84,10 $ - 1,50 $ = 82,60 $**

Détail Cycle par Cycle

Cycle 1 — XYZ à 84 $, Vendre Call 87 $, 35 JAE, Prime 1,80 $

XYZ est toujours en dessous de votre prix de revient. Vous vendez le call 87 $ — légèrement OTM — en collectant 180 $. Si l'action monte au-dessus de 87 $ d'ici l'expiration, vos actions seront rappelées (called away) à 87 $. Si elle reste en dessous, le call expire sans valeur, vous gardez les 180 $ et vous possédez toujours les actions. L'un ou l'autre résultat réduit votre prix de revient effectif.

- Le call expire sans valeur (XYZ reste à 84 $-86 $) : Garder 180 $. Nouveau coût de base : 85,70 $. Essayer à nouveau le mois prochain.t month.
- Call exercé (XYZ monte au-dessus de 87 $) : Actions vendues à 87 $. Résultat net : vente à 87 $ + 180 $ de prime de call + 250 $ de prime de CSP initiale − 9 000 $ d'achat d'actions = vente à 87 $ avec 430 $ de prime totale collectée → sortie effective à 91,30 $. Profit même en étant rappelé en dessous du coût initial.

Cycle 2 — XYZ à 86,50 $, Vendre Call 89 $, 35 JAE, Prime 1,60 $

L'action s'est reprise à 86,50 $. Vous montez votre strike de call à 89 $ — donnant à l'action de l'espace pour courir tout en collectant de la prime. 160 $ collectés. Prix de revient maintenant à 84,10 $. Vous réduisez l'écart entre votre prix de revient et le prix du marché chaque mois — sans que l'action ait besoin de faire quoi que ce soit de spectaculaire.

- Le call expire sans valeur : Garder 160 $. Coût de base maintenant 84,10 $. La position s'améliore à chaque cycle.
- Call exercé à 89 $: Actions vendues à 89 $ + 590 $ de prime totale collectée → prix de sortie effectif = $92.90. Solid profit.

Cycle 3 — XYZ à 90 $, Vendre Call 92 $, 35 JAE, Prime 1,50 $

XYZ s'est reprise à 90 $ — revenant là où vous aviez initialement vendu le put. Vous vendez le call 92 $, collectant 150 $. Le prix de revient est maintenant de 82,60 $. À ce stade, l'action s'échange AU-DESSUS de votre prix de revient effectif. Vous êtes en profit sur la position avant même que ce call ne soit dénoué.

- Le call expire sans valeur : Garder 150 $. Vous possédez XYZ à un coût effectif de 82,60 $ tandis que l'action se négocie à 90 $.rades at $90. Unrealized profit: $7.40/share ($740).
- Call exercé à 92 $: Actions rappelées à 92 $ + 740 $ de prime totale → sortie effective = 99,40 $/action. Récupération complète et profit.

EXEMPLE B — RÉSUMÉ P&L COMPLET

De l'Assignation à la Reprise Complète

Prime CSP originale collectée : **+$250**
Covered Call — Prime Cycle 1 : **+$180**
Covered Call — Prime Cycle 2 : **+$160**
Covered Call — Prime Cycle 3 : **+$150**

Prime totale collectée sur tous les cycles : $740

Coût de base effectif après toute prime : **$82.60/share**
Prix de marché de XYZ à la fin du Cycle 3 : **$90.00/share**

Profit non réalisé si détention des actions : +7,40 $/action = +740 $ total

Si actions rappelées à 92 $ (call Cycle 3 exercé) :
Profit total : 740 $ de prime + (92 $ − 90 $) × 100 = 740 $ + 200 $ = **+$940 net profit**

Un trade qui ressemblait à une perte à l'assignation est devenu un profit de 940 $ en 4 mois.

LA GRILLE DE REPRISE DU VENDEUR

Comment Transformer un Trade Perdant en Trade Gagnant en tant que Vendeur de Prime

Étape	Situation	Action du Vendeur	Pourquoi ça Fonctionne
1	Vous vendez un CSP sur une action de qualité à un prix d'exercice 10 à 15 % en dessous du marché	Le DROIT d'ACHETER 100 actions au prix d'exercice (strike), au plus tard à l'expiration.	Vous êtes payé pour accepter d'acheter quelque chose que vous voulez, à un prix inférieur au marché actuel. La prime vous appartient quel que soit le résultat.
2	Le trade va dans votre sens — le put expire sans valeur	Achat pour clôturer (Buy to close) à 50 % de la prime reçue (ne conservez pas jusqu'à l'expiration pour les derniers dollars). Libérez du cash. Répétez le cycle.	Vous avez capturé la partie de la prime qui s'érode le plus rapidement. Le Theta a travaillé pour vous. Remettez le capital au travail immédiatement dans le cycle suivant.
3	Le trade va contre vous — l'action	Accepter les actions. Calculer votre coût de base réel (prix d'exercice moins toute prime	L'assignation, c'est le plan qui fonctionne. Vous possédez une action de qualité à un prix

Étape	Situation	Action du Vendeur	Pourquoi ça Fonctionne
	chute, vous êtes assigné	collectée). NE PAS paniquer.panic sell at a loss.	inférieur à celui qu'elle avait lorsque vous avez accepté de l'acheter. Vous n'êtes pas une victime — vous êtes un acheteur discipliné.
4	Vous possédez maintenant les actions en dessous du marché — commencer la Roue	Vendez immédiatement un call couvert OTM contre vos 100 actions. Ciblez un strike au-dessus de votre prix de revient si possible. Collectez la prime.	Chaque dollar de prime de call couvert collecté réduit encore votre prix de revient. L'action n'a pas besoin de monter — le temps à lui seul réduit votre risque à chaque mois qui passe.
5	Le covered call expire sans valeur — l'action est encore en dessous de l'entrée originale	Vendre un autre covered call au même prix d'exercice ou légèrement plus élevé. Collecter un autre mois de prime. Répéter.	Le marché est peut-être bloqué, mais votre prix de revient diminue. Trois mois de primes de calls couverts peuvent réduire votre prix de revient de 4 \$–6 \$/action sur une action à 90 \$ — c'est un coussin significatif.
6	L'action se redresse — le covered call est exercé ou la position est profitable	Si le call est exercé : actions vendues au strike + toutes les primes collectées = récupération complète et profit. Si vous conservez les actions : vendez lorsque le prix de revient effectif est bien en dessous du prix du marché.	Le Wheel a terminé son cycle. Un trade qui affichait une perte latente lors de l'assignation a généré des revenus réels chaque mois et s'est clôturé sur un profit net. C'est le système SCR en action.
7	Retourner à l'Étape 1 — Répéter	Prendre le capital récupéré et commencer le prochain cycle CSP sur le même sous-jacent de qualité ou un nouveau..	La puissance de l'analyse des chandeliers ne réside pas dans les bougies individuelles — elle réside dans la séquence. Une seule bougie vous dit ce qui s'est passé lors d'une séance. Une suite de bougies vous dit qui gagne la bataille entre acheteurs et vendeurs, et à quels niveaux de prix la tendance s'est inversée. Les configurations ci-dessous ne sont pas des exercices de mémorisation. Chacune représente une dynamique d'offre/demande spécifique qui se répète à travers les marchés et les unités de temps.

Mécanique Avancée de la Roue : Sélection du Prix d'Exercice par Phase du Cycle

Le Wheel n'est pas un système statique — il est dynamique. Les meilleurs traders de Wheel calibrent leur sélection de strikes, leur fenêtre de DTE et leur agressivité en fonction de la phase actuelle du cycle économique. Vendre le même delta dans un marché en expansion tardive que dans une phase de reprise précoce revient à laisser de l'argent sur la table dans un environnement et à prendre un risque excessif dans l'autre.

Cycle Phase	Environnement IVR	Delta Prix d'Exercice CSP	Cible JAE	Delta Covered Call	Agressivité de la Roue
Early Expansion	Faible à Modéré (IVR 30–55)	0,25–0,30 — plus proche de l'ATM pour une prime plus élevée	30–35 DTE	0,25–0,30 — donner de l'espace à l'action pour progresser	Modéré — marché en hausse, primes minces, être sélectif
Mid Expansion	Modéré (IVR 40–60)	0,20–0,25 — zone de revenus standard	30–45 DTE	0,20–0,25 — zone standard de covered call	Complet — environnement optimal pour la Roue
Late Expansion / Peak	Modéré à Élevé (IVR 55–75)	0,15–0,20 — coussin plus large à mesure que la volatilité augmente	35–45 JAE — plus long pour absorber la volatilité	0,20–0,25 — plus serré — ne pas plafonner la hausse dans un rallye tardif	Prudent — réduire le nombre de positions de 25 %
Recession / Contraction	Élevé (IVR 70–100)	0,10–0,15 — coussin maximum, loin OTM	45 JAE — tampon de temps maximum	0,15–0,20 uniquement sur mega cap de qualité	Défensif — mega et large cap uniquement, 50 % de la taille normale
Trough / Early Recovery	Très Élevé (IVR 75–100)	0,20–0,25 — VI élevée, même prime plus loin OTM	35–45 DTE	0,20–0,30 — collecter la prime élevée lors de la reprise	Opportuniste — meilleures primes CSP du cycle, augmenter la taille

La phase de creux / reprise précoce mérite une attention particulière. C'est la seule phase où le Wheel est simultanément le plus risqué sur le papier et le plus gratifiant en pratique. Les actions sont au plus bas, l'IV est élevée et la prime est généreuse — mais les nouvelles sont terribles et le sentiment est baissier. L'avantage du trader de rendement est que les nouvelles sont déjà intégrées dans les cours. Vous n'achetez pas de l'espoir ; vous vendez des puts sur des entreprises de qualité à des prix qui reflètent déjà les pires scénarios, en collectant des primes qui intègrent une détresse continue. C'est l'environnement de Wheel offrant le plus fort avantage de tout le cycle.

La Roue sur les ETF : Revenus de Rotation Sectorielle

Stratégies de Skew de Volatilité pour les Options sur Futures et les Options sur Futures de Matières Premières

La Philosophie du Vendeur s'étend naturellement aux options sur contrats à terme (futures) et aux options sur futures de matières premières — où le biais de volatilité (volatility skew) crée des opportunités de vente de primes supplémentaires qui sont structurellement différentes des options sur actions. Sur les marchés de matières premières, le biais est souvent inversé par rapport aux actions : pour les futures sur les grains et les produits agricoles, la volatilité implicite sur les calls OTM peut être nettement supérieure à la volatilité ATM car les chocs d'offre provoquent de violents pics de prix à la hausse. Cela crée des conditions idéales pour les ratio writes de calls OTM — où le vendeur capture la prime du biais en plus de l'érosion standard de la valeur temps.

Pour les options sur futures, la règle de sélection du biais est : identifiez les strikes où la volatilité implicite est la plus élevée par rapport à la volatilité historique, puis construisez le ratio write pour vendre ces strikes surévalués en plus grande quantité tout en achetant moins de contrats à un strike moins surévalué. Le résultat est une structure où vous recevez plus de prime qu'avec un simple naked write — la jambe longue offrant une protection contre les mouvements unidirectionnels violents. Le cadre complet pour la vente d'options sur futures de matières premières et la méthode de timing basée sur le put-call ratio est développé au Chapitre 18.

Les ETF Wheels éliminent le risque binaire lié à une seule action, n'ont jamais d'annonces de résultats et bénéficient directement du cadre de rotation sectorielle du Chapitre 7. Le compromis : des primes plus faibles par contrat par rapport à des titres individuels volatils, mais un comportement plus fluide et plus prévisible qui permet une sélection de prix d'exercice plus agressive.

- Meilleurs ETF pour le Wheel : SPY, QQQ, IWM (indices larges), XLF, XLK, XLV, XLE, XLY (ETF sectoriels avec le plus gros volume d'options). Évitez les ETF thématiques ou à effet de levier — ils échouent aux tests de liquidité et de risque.
- Avantage de La Roue sur ETF : aucun risque lié à un événement sur une action unique. Pas de départ de PDG, pas de rejet de médicament, pas de surprise sur les résultats.
- Sélection des strikes pour La Roue sur ETF : utilisez le calendrier de rotation sectorielle (Chapitre 7) pour planifier les strikes PUT en alignement avec la rotation entrante.

RÈGLE DE LA ROUE ETF

Lorsque vous appliquez La Roue sur un ETF sectoriel, utilisez une règle de sortie par rotation qui ne s'applique pas aux actions individuelles.

Les Spreads à Crédit comme Revenus À Haute Efficacité de Capital

Le cash-secured put exige de mettre de côté 100 % du prix d'achat potentiel en tant que capital réservé — 9 000 $ pour un put au strike 90 $. Pour les traders disposant d'un capital limité ou ceux qui souhaitent gérer plus de positions simultanées, le bull put spread (également appelé put credit spread) offre la même thèse directionnelle pour une fraction du capital requis. Le compromis : un profit maximum plafonné par rapport au profit non plafonné du CSP.

Construction : vendez le put au strike le plus élevé, achetez le put au strike le plus bas sur la même échéance. Le put acheté plafonne votre perte maximale. La différence entre les strikes moins le crédit net reçu constitue votre risque maximum — et ce risque maximum est le seul capital que vous devez réserver.

Structure	CSP (Put Sécurisé en Espèces)	Bull Put Spread ($5 wide)
Trade	Vendre put 90 $ sur action à 100 $	Vendre put 90 $, Acheter put 85 $ sur action à 100 $
Prime collected	2,50 $ (250 $)	1,20 $ (120 $) — crédit net après achat du put 85 $
Capital reserved	9 000 $ (prix d'exercice complet × 100)	380 $ (largeur du spread 500 $ − crédit net 120 $)
Perte maximum	8 750 $ (9 000 $ − prime 250 $)	380 $ (le capital réservé — entièrement défini)
Return on capital	250 $ ÷ 9 000 $ = 2,8 %	120 $ ÷ 380 $ = 31,6 % sur le capital à risque
Perte maximum scenario	L'action va à zéro	L'action tombe en dessous de 85 $ à l'expiration
Assignment risk	Oui — doit posséder 100 actions si assigné	Non — la perte maximale est plafonnée à 380 $
Best use	Quand vous voulez sincèrement posséder l'action au prix d'exercice	Quand vous voulez des revenus de prime sans l'engagement de capital ou l'obligation d'assignation

Le rendement du capital de 31,6 % du credit spread par rapport aux 2,8 % du CSP semble désigner un vainqueur évident — mais ils ne sont pas comparables sur une base ajustée du risque. Le capital du CSP est en grande partie intact lors de l'assignation (vous possédez des actions valant 84 $ sur un titre que vous avez payé 90 $), tandis que le capital du credit spread est entièrement à risque et perdu si l'action enfonce le strike inférieur. Le bon choix dépend de votre situation en capital et de votre volonté d'assumer l'obligation d'assignation. Beaucoup de traders de rendement expérimentés utilisent des CSP sur leurs noms de plus forte conviction et des bull put spreads pour une exposition plus large du portefeuille.

BPJ : Bénéfice Par Jour de trading — Le Vrai Tableau de Bord du Trader de la Roue

La plupart des traders évaluent les trades de Wheel de la mauvaise manière. Ils comparent la prime totale collectée — 300 $ sur un trade contre 250 $ sur un autre — et en concluent que le premier est meilleur. Mais si le trade à 300 $ dure 45 jours et que le trade à 250 $ dure 15 jours, le second trade génère près du double d'efficacité du capital. Le chiffre qui vous dit la vérité est le PPD : Profit Par Jour (Profit Per Day).

Le PPD normalise chaque trade en fonction du temps. Il répond à la seule question qui compte pour un portefeuille de rendement efficace en capital : combien est-ce que je gagne par jour pour chaque dollar que j'ai déployé ?

La Formule BPJ

BPJ = Net Prime Collected ÷ Days Held

BPJ on Reserved Capital = (Net Prime ÷ Capital Reserved) ÷ Days Held × 100.

Deux versions : le PPD brut (dollars par jour) vous indique avec quelle efficacité vous avez extrait de la valeur du trade. Le PPD sur capital réservé (% par jour) normalise les positions de tailles différentes et vous permet de comparer un trade sur une action à 50 $ avec un trade sur une action à 200 $ sur un pied d'égalité.

BPJ en Pratique : Pourquoi la Règle de Fermeture à 50 % de Profit Existe

L'objectif de profit de 50 % n'est pas arbitraire. Il existe en raison du PPD. Voici pourquoi clôturer à 50 % de profit produit presque toujours un meilleur PPD que de maintenir la position jusqu'à l'expiration — même lorsque l'expiration délivrerait plus de prime totale.

Scénario	Prime Collected	Days Held	BPJ	BPJ on $9,000 Capital
Tenir jusqu'à l'expiration (35 JAE)	3,00 $ (300 $ prime complète)	35 days	$8.57/day	0,095 %/jour — s'annualise à ~34,7 %
Fermer à 50 % de profit (jour 18)	1,50 $ (150 $ net)	18 days	$8.33/day	0,093 %/jour — BPJ presque identique
Fermer à 50 % + redéployer (nouveau trade, jour 19–53)	1,50 $ + 1,50 $ = 300 $ total	35 days total	8,57 $/jour sur les deux trades	0,095 %/jour — même rendement annualisé, avec la moitié du risque Gamma
Tenir jusqu'à l'expiration, la position va contre vous (jour 25)	0 $ ou pire — stop déclenché	25 days	$0 or negative	BPJ détruit — illustre l'asymétrie de tenir tardivement

Le tableau révèle l'explication fondamentale : clôturer à 50 % de profit et redéployer immédiatement produit le même PPD que de maintenir jusqu'à l'expiration — mais avec considérablement moins de risque dans le dernier tiers de la vie du trade, lorsque le Gamma accélère et qu'une seule journée défavorable peut effacer des semaines d'érosion. Les derniers 50 % de prime prennent 50–60 % du temps à être collectés, tout en supportant plus de 80 % du risque Gamma. Le PPD expose ce compromis en un seul chiffre.

Utiliser le BPJ pour Comparer et Classer les Candidats au Trade

Avant d'entrer dans un trade de Wheel, calculez le PPD projeté et comparez-le à vos alternatives. C'est la discipline de sélection qui sépare les traders de rendement qui gèrent leur portefeuille comme une entreprise de ceux qui tradent au feeling.

Candidate	Prix de l'Action	Strike	Prime (50% target)	Jours jusqu'à 50 %*	BPJ sur Capital
AAPL CSP	$195	$175 put	$1.60 ($160)	~18 days	$160 ÷ $17,500 ÷ 18 = 0.051%/day
MSFT CSP	$420	$390 put	$3.80 ($380)	~20 days	$380 ÷ $39,000 ÷ 20 = 0.049%/day
XLF CSP	$42	$39 put	$0.55 ($55)	~14 days	$55 ÷ $3,900 ÷ 14 = 0.101%/day
NVDA CSP	$800	$720 put	$8.50 ($850)	~16 days	$850 ÷ $72,000 ÷ 16 = 0.074%/day
SPY CSP	$500	$470 put	$2.20 ($220)	~17 days	$220 ÷ $47,000 ÷ 17 = 0.028%/day

* Jours estimés jusqu'à 50 % de profit basés sur les taux historiques de décroissance theta à 30 à 35 JAE.ts vary.

Dans cet exemple, XLF produit le PPD sur capital le plus élevé (0,101 %/jour) — non pas parce qu'il collecte la plus grande prime en termes absolus, mais parce que le prix d'exercice requiert beaucoup moins de capital réservé tout en délivrant une prime proportionnellement forte par rapport à sa taille. NVDA, malgré une prime absolue de 850 $, immobilise 72 000 $ de capital réservé. SPY, bien qu'étant le trade le « plus sûr », produit le PPD le plus bas parce que le ratio prime/capital est le plus faible.

Le classement par PPD transforme la sélection des trades d'une décision basée sur le ressenti en une décision basée sur les mathématiques. Lancez ce calcul sur chaque candidat avant d'entrer. Le trade au PPD le plus élevé qui passe tous les autres filtres de qualité est celui que vous exécutez.

LA RÈGLE BPJ

N'entrez jamais dans un trade de Wheel sans calculer son PPD projeté sur le capital réservé. Votre seuil de PPD minimum acceptable doit être défini en fonction de votre objectif de revenu mensuel — calculez à l'envers : si vous avez besoin de 3 000 $/mois sur 100 000 $ déployés, vous avez besoin d'un PPD moyen de 0,10 %/jour sur l'ensemble de votre portefeuille (3 000 ÷ 100 000 ÷ 21,7 jours de trading par mois). Tout trade générant moins de la moitié de votre PPD cible doit être écarté au profit d'une meilleure opportunité — ou ne pas être tradé du tout.

RÈGLE DE DÉCISION SPREAD VS. CSP

Utilisez un CSP lorsque : (1) vous voulez sincèrement posséder 100 actions de cette valeur à ce prix, (2) vous avez le capital à réserver sans compromettre d'autres positions, et (3) le sous-jacent est une méga ou grande capitalisation aux fondamentaux solides. Utilisez un bull put spread lorsque : (1) vous voulez du rendement sans obligation d'assignation, (2) vous travaillez avec un plus petit compte et avez besoin d'efficacité du capital, ou (3) vous voulez gérer plus de positions simultanées qu'un portefeuille de CSP ne le permettrait. N'utilisez jamais un spread pour trader un sous-jacent que vous n'utiliseriez pas également pour un CSP — le spread plafonne votre perte mais pas le risque lié à la thèse.

Construire Votre Portefeuille de Revenus : Les Calculs de Dimensionnement

La plupart des traders abordent le trading de rendement comme une série de trades individuels. Les traders de rendement professionnels l'abordent comme un portefeuille — une collection de positions coordonnées et dimensionnées pour générer un revenu mensuel cible avec une exposition maximale définie au drawdown. Voici comment fonctionnent les mathématiques de haut en bas.

Étape 1 — Définissez votre objectif de revenu mensuel. Soyez précis. Pas « gagner de l'argent en tradant » — un montant précis en dollars. Exemple : 2 000 $/mois de revenu net de primes après tous les coûts de transaction.

Étape 2 — Calculez le capital requis. À un rendement mensuel durable de 2 à 3 % sur le capital déployé, 2 000 $/mois nécessite entre 67 000 $ et 100 000 $ de capital déployé. C'est le capital qui travaille activement dans des positions — pas la totalité de votre compte. Gardez 20–30 % en réserve de trésorerie pour les exigences de marge, les assignations et les nouvelles opportunités.

Étape 3 — Déterminez le nombre de positions. Divisez votre capital déployé par votre capital moyen par position. À 9 000 $ par position CSP (strike moyen de 90 $ sur des noms de qualité) avec 70 000 $ déployés : 70 000 ÷ 9 000 = environ 7–8 positions simultanées. C'est votre maximum — pas votre objectif. Commencez avec 3–4 et augmentez à mesure que vos compétences de gestion se développent.

Account Size	Deployed Capital (75%)	Mensuel Target (2.5%)	Avg Position Size	Max Simultaneous Positions
$25,000	$18,750	$469/month	$5,000–$6,000 (lower-priced names)	3–4 positions
$50,000	$37,500	$938/month	$7,000–$9,000	4–5 positions
$100,000	$75,000	$1,875/month	$8,000–$10,000	7–8 positions
$200,000	$150,000	$3,750/month	$9,000–$12,000	12–15 positions
$500,000	$375,000	$9,375/month	$10,000–$15,000	25–35 positions (requires systematic management tools)

Deux règles critiques gouvernent la gestion du capital déployé :

- N'ayez jamais plus de 20 % de votre capital total déployé dans un seul secteur. Si XLF, JPM et BAC sont tous dans votre portefeuille de CSP simultanément, un choc sur le secteur financier frappe les trois en même temps. Diversifiez en permanence sur au moins quatre secteurs.
- Maintenez toujours au minimum 20 % de la valeur totale du compte en cash — c'est votre tampon d'assignation, vos munitions pour les configurations à forte conviction, et votre filet de sécurité psychologique qui empêche les décisions de panique lorsqu'une position se retourne contre vous.

Modes d'Échec de la Roue : Quand le Système Se Brise

Le Wheel est l'une des stratégies de rendement les plus résilientes qui existent — mais il présente des conditions de défaillance spécifiques qui doivent être comprises avant qu'elles ne surviennent. Le trader qui sait quand le Wheel se brise peut sortir proprement. Le trader qui découvre les modes de défaillance par l'expérience en paie le prix fort.

Failure Mode	Pourquoi Ça Détruit la Roue	Signaux d'Alerte Précoces & Action
Détérioration fondamentale — les fondamentaux de l'entreprise se brisent pendant que vous faites tourner la Roue	Le Wheel exige que l'action finisse par se redresser. Si les résultats s'effondrent, que le management est en crise ou que le modèle économique est perturbé, l'action risque de ne jamais revenir à votre prix de revient. La prime du call couvert ne peut à elle seule compenser une action en baisse structurelle.	Avertissement : trois manquements consécutifs aux prévisions de résultats, baisse du chiffre d'affaires, augmentation du ratio d'endettement ou perte du PDG — sortez de La Roue. Les fondamentaux ont changé. La thèse n'est plus valable.
Assignation au sommet d'un cycle sectoriel — acheter quand les vents contraires macro commencent	Être assigné des actions d'une action Énergie au sommet du cycle signifie que vous entrez dans un cycle de covered call juste au moment où. Modes de défaillance du Wheel : Quand le système se brise	Avertissement : le BPI sectoriel se retourne à la baisse, les prix des matières premières s'inversent, la courbe des taux s'aplatit alors que vous détenez des actions d'un secteur cyclique. Action : vendez des calls couverts de manière agressive à des strikes inférieurs pour accélérer la sortie. Acceptez le rappel (call-away) dès que possible — ne vous battez pas contre la macroéconomie.
Surconcentrer la Roue sur un seul sous-jacent ou secteur	Gérer plusieurs positions de CSP sur la même action, ou trois positions de Wheel dans le même secteur, transforme une stratégie de revenu diversifiée en un risque directionnel concentré. Un seul événement sectoriel balaie l'ensemble du portefeuille simultanément.	Avertissement : plus de 20 % du capital déployé dans un seul secteur ou un seul sous-jacent. Action : clôturez ou roulez la position la plus ITM et redéployez le capital dans un secteur différent.
Faire Tourner la Roue sur un Nom qui Échoue aux Dix Indicateurs	L'implication pratique : n'achetez jamais une configuration graphique techniquement parfaite sur une entreprise fondamentalement brisée. Une magnifique figure en tasse avec anse (cup-and-handle) sur une entreprise dont les résultats baissent, la dette augmente et les marges se réduisent est un piège. Les Dix Indicateurs de ce chapitre sont votre filtre fondamental. Les outils techniques du Chapitre 10 sont vos outils de timing. Appliquez d'abord le filtre fondamental. Si l'action échoue, aucune configuration technique ne justifie l'entrée. Si elle réussit, utilisez l'analyse technique pour trouver l'entrée optimale au sein de la tendance confirmée.	Clôturez toute Roue (Wheel) existante sur un titre dont les fondamentaux se sont détériorés pour passer en dessous de 6 depuis l'entrée.
Vendre des covered calls trop loin dans la monnaie après assignation	Après avoir été assigné, la tentation est de vendre un call ITM pour collecter un maximum de prime et s'échapper rapidement de la position. Mais vendre des calls couverts deep ITM fige une perte	Avertissement : vous envisagez un strike de call couvert inférieur à votre prix de revient effectif. Action : ne vendez des calls couverts qu'à des strikes supérieurs à votre prix de revient

Failure Mode	Pourquoi Ça Détruit la Roue	Signaux d'Alerte Précoces & Action
	— vous plafonnez la hausse à un prix inférieur à votre prix de revient et collectez une prime qui ne compense pas la différence.	effectif. Acceptez une reprise plus lente — le revenu de la prime + l'appréciation de l'action doivent vous amener au point mort ou au profit, et non le revenu de la prime seul.

La Psychologie du Trading de Revenus : Gérer les Jours Ordinaires

Le plus grand défi psychologique du trading de rendement n'est pas les trades perdants — ce sont les jours ordinaires. La semaine du trader de rendement est le plus souvent sans histoire : les positions s'érodent, aucun catalyseur ne se déclenche, rien ne nécessite de gestion. C'est cela, la réussite. Mais le cerveau humain est câblé pour la stimulation, la nouveauté et l'action — et l'ennui d'un portefeuille de rendement qui tourne sans accroc est l'une des menaces les plus sous-estimées pour la performance à long terme.

L'ennui crée une fausse urgence. Il pousse les traders à ouvrir de nouvelles positions dont ils n'ont pas besoin, à ajuster des positions qui ne requièrent aucun ajustement et à passer outre des règles qu'ils ont écrites spécifiquement pour empêcher les décisions impulsives. Le trader qui gagne de l'argent de manière constante n'est pas nécessairement le plus habile — c'est celui qui sait rester assis sur ses mains quand il n'y a rien à faire.

- Reconnaître l'ennui comme un facteur de risque, pas un état neutre. Si vous vé. Exécuter le Wheel sur un nom qui échoue aux Dix Indicateurs
- Prévoyez une activité définie en dehors du trading pour les marchés plats. Étudiez une nouvelle stratégie, passez en revue votre journal de trading, lisez le dernier rapport 10-K d'une entreprise, faites des recherches sur un nouveau secteur. L'esprit a besoin d'occupation — donnez-lui quelque chose de productif qui ne consiste pas à ouvrir de nouvelles positions.
- Suivre les « trades fantômes » — les positions que vous avez envisagé d'ouvrir mais n'avez pas ouvert. Une fois par mois, les réviser.

L'AVANTAGE PSYCHOLOGIQUE DU TRADER DE REVENUS

Les jours les plus dangereux dans le trading de rendement ne sont pas les jours de krach boursier. Ces jours-là exigent de l'action et apportent de la clarté. Les jours dangereux sont les mardis de février où rien ne se passe, où le compte est plat et où vous observez les cinq mêmes positions depuis deux semaines. Ces jours-là, l'ennemi est à l'intérieur du compte — pas sur le marché. La discipline lors des jours ordinaires est ce qui sépare les traders de rendement qui font fructifier leur capital pendant des années de ceux qui font sauter leur régularité lors d'un après-midi léthargique.

Reprise Après Assignation : Que Faire Quand la Roue Vous Met dans l'Action

L'assignation n'est pas un échec — c'est le résultat prévu d'un put sécurisé en espèces sur un nom de qualité.

La première règle : ne rien faire pendant 24 heures après l'assignation. Le prix d'ouverture de lundi matin détermineraetermine which recovery path applies.

Scénario	Stock Opens	Covered Call Response	Pourquoi Cela Fonctionne
A — Faible Repli (1-3 %)	Près du coût de base	Vendre CC au coût de base, 30 JAE	Rappelé au seuil de rentabilité + prime = profit complet de la Roue
B — Modéré (3-8 %)	En dessous du coût de base	Vendre CC un prix d'exercice en dessous du coût de base	Accepter une petite perte sur les actions, garder les revenus qui coulent. Deux cycles récupèrent la plupart des positions.
C — Repli Profond (8-15 %)	Bien en dessous du coût de base	Attendre le rebond vers la MME 20 jours, puis vendre le CC	Écrire dans un couteau qui tombe verrouille de terribles prix d'exercice pour 30 jours. La patience sauve des mois.
D — Thèse Brisée (15 %+)	Problème fondamental	Fermer la position en actions. Pas de CC. La Roue s'arrête.	Une chute de 15 %+ sur les résultats ou les révisions de guidance signifie que ce n'est plus un candidat pour la Roue.

La distinction critique se situe entre C et D. Dans le Scénario C, l'action a baissé mais la thèse est intacte — résultats en croissance, bilan solide, des raisons de se redresser. Dans le Scénario D, la thèse elle-même est brisée. Maîtriser cette distinction est la compétence la plus importante dans la gestion du Wheel.

La Double Roue : Accélérer la Reprise avec Deux Flux de Prime

Quand des actions sont assignées en dessous de votre coût de base, vous avez un second accélé. Bien en dessous du prix de base

Exemple : Assigné 100 MSFT à 420 $. L'action est maintenant à 400 $. Coût de base après prime CSP originale :415.

- Couche covered call : Vendre call 415 $ à 30 JAE — collectant ~4,50 $. Si rappelé, sortir au seuil de rentabilité.
- Couche CSP : Vendre put 385 $ à 30 JAE — collectant ~3,20 $. Si assigné à nouveau, le coût moyen baisse.o ~$399.
- Revenu combiné : 7,70 $/action par cycle (~1,9 % du prix de l'action en 30 jours). Deux flux se composent.recovery dramatically.

CAPITAL DE LA DOUBLE ROUE

Le Double Wheel nécessite du pouvoir d'achat pour une seconde assignation. Ne l'appliquez que lorsque vous disposez du capital ET que vous souhaitez réellement obtenir plus d'actions au prix inférieur. Ne doublez jamais la mise sur une thèse brisée.

Gestion Avancée de la Roue : Les Cinq Stades par Lesquels Toute Position Passe

Une position de Wheel n'est pas un trade unique — c'est un cycle de vie. Comprendre où se situe votre position dans ce cycle de vie détermine chaque décision de gestion. La plupart des traders traitent le Wheel comme deux événements distincts (vendre un put, puis vendre un call). Les professionnels le voient comme un cycle en cinq étapes, et ils le gèrent différemment à chaque étape.

Étape 1 — La Récolte de Primes (CSP Actif). Vous avez vendu un cash-secured put sur une action de qualité à 30-35 DTE. La position fonctionne comme prévu : le theta s'érode, l'action est au-dessus de votre strike et vous encaissez des revenus. Votre travail à cette étape consiste à ne rien faire, si ce n'est surveiller votre date T-21 et la relation de l'action par rapport à votre strike. L'erreur la plus courante à l'Étape 1 est d'ajuster une position qui n'a pas besoin de l'être. Si l'action est au-dessus de votre strike et que rien n'a changé sur le plan fondamental, laissez-la tranquille. Le Wheel fonctionne lorsqu'on n'y touche pas.

Étape 2 — Le Point de Décision (Gestion T-21). Votre position a atteint 21 jours avant l'expiration. C'est le moment où la détention passive cède la place à la gestion active. Trois voies sont possibles : (a) si la position affiche un profit égal ou supérieur à 50 %, clôturez-la — vous avez capturé la majeure partie du theta disponible avec un risque résiduel minimal. (b) Si la position est profitable mais en dessous de 50 %, évaluez s'il faut la maintenir jusqu'à 50 % ou la rouler sur le cycle suivant pour obtenir un crédit supplémentaire. (c) Si la position est perdante, exécutez votre protocole de stop-loss — clôturez si l'action a cassé son support, ou roulez défensivement si la thèse reste intacte et que vous pouvez collecter un crédit net.

Stade 3 — Transition d'Assignation. Vous avez été assigné des actions. L'action a clôturé

Étape 4 — La Récolte de Calls Couverts. Vous êtes maintenant dans la seconde moitié du Wheel : vous vendez des calls couverts contre vos actions assignées. Les règles de gestion sont les mêmes qu'à l'Étape 1 (surveillance T-21, objectif de profit de 50 %), mais la psychologie est différente. Beaucoup de traders écrivent des calls couverts de manière trop agressive (trop près du prix actuel) parce qu'ils veulent « se débarrasser des actions » — c'est de l'aversion à la perte déguisée en stratégie. Écrivez des calls à des strikes qui ont un sens mathématique par rapport à votre prix de revient, et non à des strikes dictés par l'urgence émotionnelle de sortir.

Étape 5 — La Réinitialisation du Cycle. Votre call couvert expire dans la monnaie, vos actions sont rappelées et vous recevez le prix d'exercice en cash. Le Wheel est terminé. Vous revenez maintenant à l'Étape 1 avec la même action (si la thèse reste valide) ou avec une nouvelle action de votre liste de surveillance. Avant de rentrer à nouveau, mettez à jour votre journal : total des primes collectées sur toutes les étapes, temps total passé dans le cycle du Wheel, rendement annualisé effectif et leçons apprises. Ces données se capitalisent pour devenir votre actif de trading le plus précieux au fil du temps.

Le cycle complet — entrée CSP jusqu'au rappel — prend généralement 60 à 120 jours selon les conditions de marché.

Le Calendrier Annuel du Trader de Revenus

Le trading de rendement n'est pas aléatoire. Il suit un rythme annuel prévisible dicté par les saisons des résultats, les cycles de volatilité et les calendriers d'expiration. Le trader de rendement professionnel cartographie son année entière autour de ce rythme.

Janvier : La saison des résultats commence (les banques reportent en premier). Ré. Une position de Wheel n'est pas un trade unique — c'est un cycle de vie. Comprendre où se situe votre position dans ce cycle de vie détermine chaque décision de gestion. La plupart des traders traitent le Wheel comme deux événements distincts (vendre un put, puis vendre un call). Les professionnels le voient comme un cycle à cinq étapes, et ils gèrent différemment à chaque étape.

Février–Mars : Fenêtre de rendement post-résultats. Le VIX est généralement en baisse. C'est la période de rendement de La Roue offrant le meilleur rapport risque/rendement de l'année.

Avril : Début des résultats du premier trimestre (Q1). Même protocole qu'en janvier : défendre d'abord, puis entrer après les résultats. Date limite de déclaration de revenus (15 avril) — assurez-vous que vos registres de trading de l'année précédente sont complets et déposés. La rotation sectorielle printanière commence souvent ici, à mesure que les fonds se rééquilibrent pour le deuxième trimestre (Q2).

Mai-Juin : Fenêtre de revenus post-résultats T1. Période historiquement à VIX plus bas (le sché. Étape 3 — Transition d'assignation. Vous avez été assigné sur les actions. L'action a clôturé en dessous de votre strike à l'expiration, et 100 actions apparaissent désormais sur votre compte le lundi matin. Ce n'est pas une urgence. C'est le résultat alternatif prévu. Votre protocole de 24 heures s'active : ne tradez pas les actions et n'écrivez pas de covered call avant d'avoir évalué les conditions d'ouverture (reportez-vous à la section Recouvrement d'Assignation plus haut dans ce chapitre). Le premier covered call que vous écrivez après l'assignation fixe la trajectoire de l'ensemble de votre recouvrement — se tromper ici signifie des mois de positionnement sous-optimal.

Juillet : Résultats du deuxième trimestre (Q2). La liquidité au milieu de l'été peut être plus faible — spreads bid-ask plus larges sur certains titres. Soyez sélectif : concentrez-vous sur les méga-capitalisations où la liquidité reste forte, même en juillet. Ce n'est pas le moment de trader des options sur petites ou moyennes capitalisations.

Août-Septembre : Fenê. Étape 5 — La réinitialisation du cycle. Votre covered call expire dans la monnaie, vos actions sont rappelées et vous recevez le prix de strike en espèces. Le Wheel est terminé. Vous revenez maintenant à l'Étape 1 avec la même action (si la thèse reste valide) ou avec une nouvelle action de votre liste de surveillance. Avant d'entrer à nouveau, mettez à jour votre journal : total des primes collectées à travers toutes les étapes, temps total passé dans le cycle du Wheel, rendement annualisé effectif et toutes les leçons apprises. Ces données se capitalisent pour devenir votre actif de trading le plus précieux au fil du temps.

Octobre : Résultats du troisième trimestre (Q3). Le mois d'octobre est historiquement volatil, mais il marque également le début de la configuration saisonnière des « six meilleurs mois » (de novembre à avril). C'est là que les traders de rendement agressifs commencent à augmenter la taille de leurs positions pour la période saisonnière forte à venir.

Novembre–Décembre : Fenêtre de rendement post-Q3 complétée par la période de rallye de fin d'année. Le VIX baisse souvent après les résultats de novembre. Entrées idéales de La Roue sur des actions stables de qualité.

Le Journal d'Assignation : Suivre la Reprise

Field	Ce qu'il Faut Enregistrer	Pourquoi It Matters
Date d'Assignation	Date + cycle d'expiration	Suit la durée de reprise — utile pour les décisions de dimensionnement futur

Field	Ce qu'il Faut Enregistrer	Pourquoi It Matters
Prix d'Exercice CSP Original	Le prix d'exercice du put que vous avez vendu	Le coût de base réel commence ici, moins la prime reçue
Coût de Base Ajusté	Prix d'exercice moins toutes les primes (CSP + CC)	Devrait diminuer à chaque cycle. Sinon, les prix d'exercice CC sont incorrects.
Prix Actuel de l'Action	Mis à jour hebdomadairement	Détermine quel scénario de reprise (A-D) s'applique
Recovery %	(Coût de base original - Coût de base ajusté) / (Coût de base original - Prix actuel)	Cible : 100 % dans 3-4 cycles via les revenus de prime
Thesis Check	Encore intact ? O/N + une phrase expliquant pourquoi	Impose une ré-évaluation à chaque cycle. Dès que c'est N — fermer.

Le journal convertit un événement

L'AVANTAGE DU VENDEUR EN UNE PHRASE

En tant que vendeur de primes, vous n'avez pas besoin d'avoir raison sur la direction. Vous devez avoir raison sur la qualité de l'action — car si vous êtes prêt à la détenir à votre strike, aucune baisse du marché ne peut vous nuire de manière permanente. Le temps, la prime et le Wheel font le reste.

PARTIE III

MAÎTRISE : RISQUE, IA & L'AVANTAGE PROFESSIONNEL

LA TRANSITION DE LA STRATÉGIE À LA MAÎTRISE

Les Parties I et II vous ont fourni le système. La Partie III développe le jugement nécessaire pour l'appliquer dans des conditions réelles que les manuels ne peuvent pas pleinement anticiper : les événements de volatilité extrême, les marchés algorithmiques qui se comportent différemment de ceux gérés par des humains, la psychologie des séries de pertes prolongées et la discipline requise pour adapter une stratégie à votre propre personnalité et tolérance au risque. Le trader qui maîtrise la Partie III ne se contente pas de suivre des règles — il comprend pourquoi ces règles existent, ce qui est le seul fondement permettant de savoir quand une règle doit s'assouplir et quand elle doit s'appliquer strictement.

La maîtrise n'est pas plus de stratégies — c'est exécuter la bonne des six avec une précision croissante..

6-CONDITION FRAMEWORK ▸ IDENTIFIE LA VOLATILITÉ — le deuxième axe de la lecture des six conditions

La volatilité est l'axe qui sépare chaque direction en deux stratégies possibles. Une IV élevée ou basse détermine si vous achetez ou vendez de la prime. Le VIX est le principal signal de volatilité. Ce chapitre vous apprend à le lire avec précision.

Le prix est visible. La volatilité est cachée. Tout trader d'options qui se focalise uniquement sur le prix trade avec un œil fermé. La volatilité — la vitesse et l'ampleur du changement de prix — est la variable qui détermine si vous payez trop cher pour une protection, si vous encaissez trop peu de revenus ou si vous abordez un trade de résultats parfaitement positionné. Elle est le moteur sous-jacent de chaque prime d'option et doit être comprise avant que toute stratégie de ce livre puisse être appliquée avec une totale compétence.

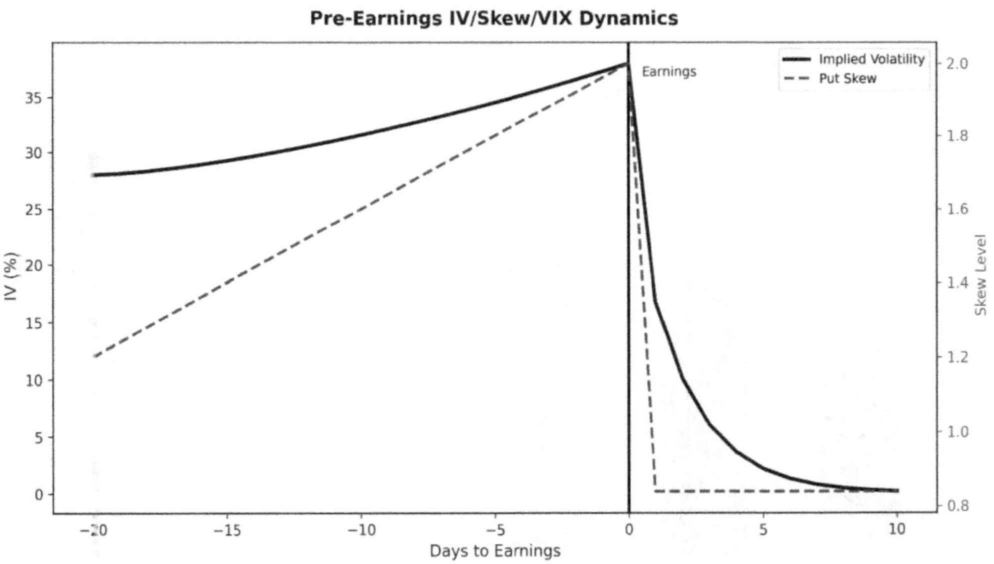

Figure 16 1 — IV Skew and VIX Relationship — Comment volatilité implicite skew shifts across strikes as market fear rises.

IV Skew and VIX Relationship — Comment volatilité implicite skew shifts as market fear rises.

Volatilité Historique vs. Volatilité Implicite

C'est le concept le plus important de tout le chapitre. L'acheteur et le vendeur d'un contrat d'option ont des rôles fondamentalement différents — des droits différents, des obligations différentes et des profils de risque différents. Les confondre est l'une des erreurs les plus dangereuses pour un nouveau trader.

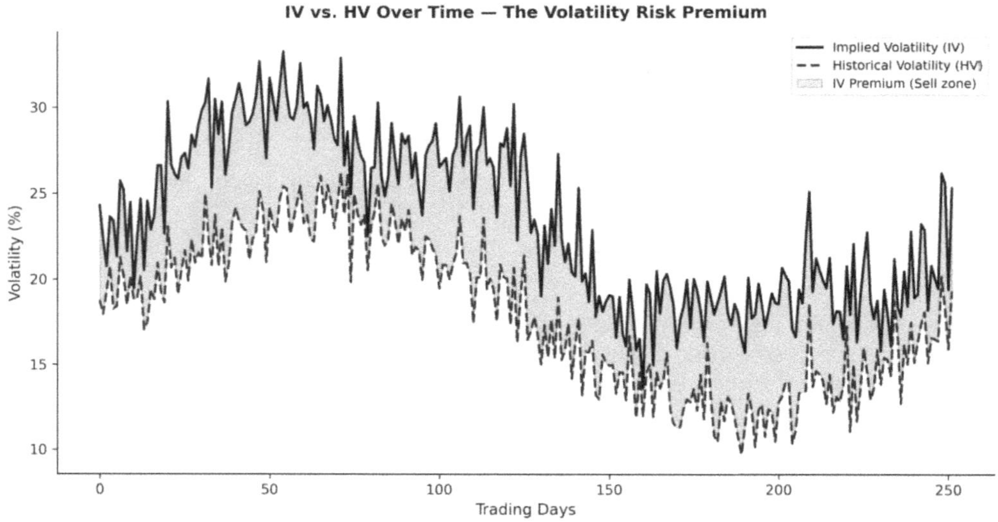

Figure 16.1 — IV vs. HV Over Time. The persistent volatility risk premium — sell when IV spikes above HV.

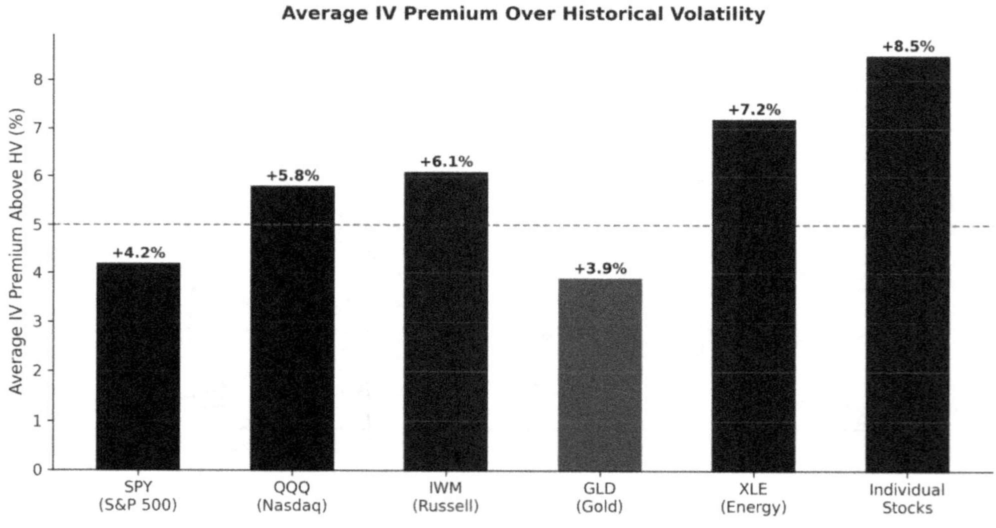

Figure 16.3 — Average IV Prime by Asset. Options consistently overprice realized volatility.

	Volatilité Historique (VH)	Volatilité Implicite (IV)
Ce qu'elle mesure	Combien l'action A bougé — rétrospective, statistique	Combien le marché S'ATTEND à ce que l'action bouge — prospective, dérivée du marché
Source	Calculée à partir des données de prix réelles sur une période historique définie	Extraite des primes d'options actuelles en utilisant un modèle de valorisation d'options (Black-Scholes)

	Volatilité Historique (VH)	Volatilité Implicite (IV)
Direction	Rétrospective — vous dit ce qui s'est passé	Prospective — vous dit ce que le marché valorise
Utilisation pour les traders	Référence — comparer la VI actuelle à la VH pour évaluer si les options sont bon marché ou chères	Signal de trading principal — VI haute = vendre de la prime, VI basse = acheter de la prime ou des spreads
Indicateur clé	VH 20 jours, VH 30 jours, VH 60 jours sont les périodes les plus couramment référencées	Rang VI (IVR) et Percentile VI mesurent la VI par rapport à sa propre plage historique

La relation entre VH et VI est le signal clé : quand la VI est significativement au-dessus de la VH, le marché surestime la volatilité.

Le VIX : Le Baromètre de Peur du Marché

Le CBOE Volatility Index (VIX) mesure la volatilité implicite à 30 jours des options sur l'indice S&P 500. C'est l'indicateur de volatilité le plus suivi au monde, et il constitue un contexte essentiel pour chaque trade d'options que vous effectuez — car il vous indique le niveau global de peur et d'incertitude du marché.

Niveau VIX	État du Marché	Implication pour le Trading d'Options
Below 15	Marché calme, complaisant	Primes bon marché. Éviter la vente intensive de prime — faible récompense pour le risque. Favorable pour les spreads à débit.
15 – 20	Conditions normales de marché	Environnement équilibré. Stratégies de revenus standard (CSP, covered calls, spreads de cré. Le CBOE Volatility Index (VIX) mesure la volatilité implicite à 30 jours des options S&P 500. C'est l'indicateur de volatilité le plus largement surveillé au monde, et c'est un contexte essentiel pour chaque trade d'options que vous effectuez — car il vous indique la température globale de la peur et de l'incertitude du marché.
20 – 30	Incertitude élevée	La vente de prime devient plus attractive. Spreads de crédit plus larges, primes CSP plus élevées. Réduire légè. Implication pour le trading d'options
30 – 40	Peur élevée — stress du marché	Environnement de prime riche pour les vendeurs. Utiliser uniquement des structures à risque défini. Excellent moment pour les iron condors. condors, cash-secured puts on quality names during panic.
Above 40	Peur extrême / mode crise	Prime maximum — mais risque maximum. Très petite taille. Utiliser des spreads, jamais nus. Attendre que le VIX se stabilise.begin declining before deploying heavily.

- Le VIX et le S&P 500 ont une relation inverse — lorsque le marché baisse, le VIX monte généralement. Lorsque le marché progresse, le VIX baisse généralement ;

- Les pics du VIX sont généralement plus brusques et plus rapides que les baisses — la peur arrive vite, la complaisance s'installe lentement. returns slowly;
- Un pic du VIX dans la zone des 30–40 qui ne s'accompagne pas d'une rupture fondamentale du marché est souvent une opportunité de retour à la moyenne (mean reversion) — les vendeurs de primes profitent historiquement d'un déploiement pendant la panique et d'une clôture lorsque le VIX revient à la normale ;

Rang VI et Percentile VI : Volatilité Relative

Connaître le niveau actuel de VI ne suffit pas. Vous devez savoir si cette VI est haute ou basse relativement à

- Rang VI (IVR) = (VI Actuelle − Plus bas VI 52 sem.) ÷ (Plus haut VI 52 sem. − Plus bas VI 52 sem.) × 100.
- IVR au-dessus de 50 → VI dans la moitié supérieure de sa plage annuelle → la vente de prime a un avantage statistique.ge;
- IVR en dessous de 25 → VI près de son plus bas annuel → prime bon marché → favoriser les spreads à débit, calendar spreads.eads, or no trade; and
- L'IV Percentile mesure le pourcentage de jours de l'année écoulée où l'IV était inférieure à celle d'aujourd'hui — un calcul légèrement différent mais utilisé de la même manière que l'IVR.

LA RÈGLE VI

Ne vendez jamais de prime sans avoir vérifié l'IVR au préalable. Vendre un cash-secured put lorsque l'IVR est à 15 signifie que vous collectez une fraction de ce que vous pourriez obtenir en attendant. La vente de primes dans des environnements de faible IV génère de faibles revenus par rapport au risque pris. Attendez un IVR supérieur à 30 au minimum — un niveau supérieur à 50 est idéal.

Skew de Volatilité : Ce que le Marché Valorise Réellement

Le biais de volatilité (volatility skew) fait référence au fait que des options à des strikes différents ont des volatilités implicites différentes — elles ne partagent pas toutes la même IV. Ce phénomène existe parce que le marché valorise le risque de baisse (options de put) plus cher que le risque de hausse (options de call), reflétant l'asymétrie réelle entre les krachs et les rallyes.

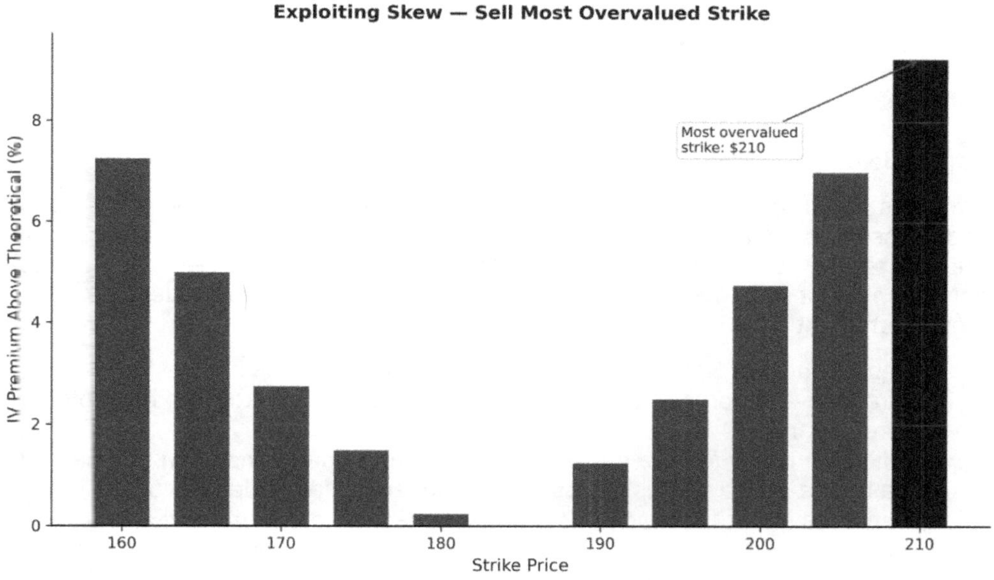

Figure 16.4 — Sell Most Overvalued Strike. Identifying the highest IV premium strike to sell.

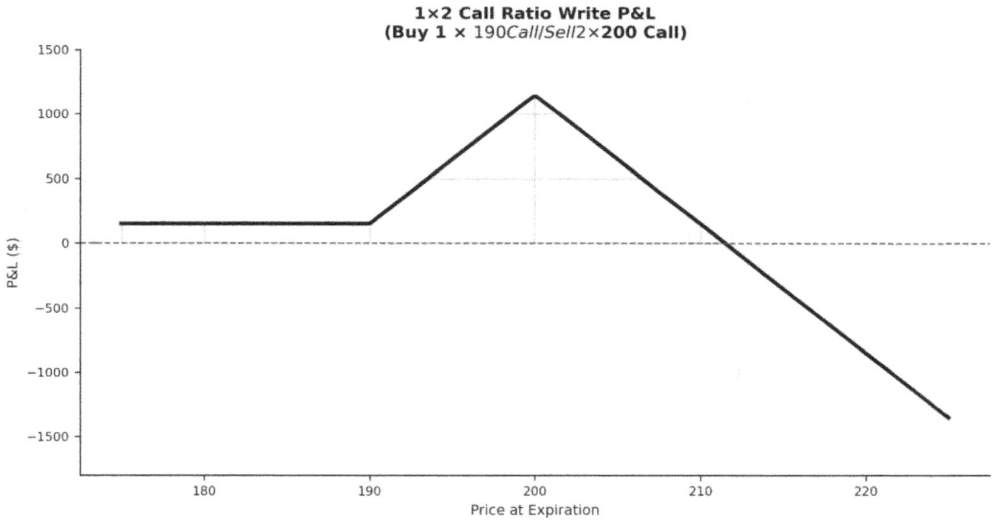

Figure 16.5 — 1×2 Call Ratio Write P&L. Skew exploitation with net credit entry.

- Biais sur les puts (normal) — les puts OTM ont une IV plus élevée que les calls OTM situés à la même distance de la monnaie. Le marché paie plus cher pour s'assurer contre les krachs que pour spéculer sur les rallyes ;
- Pour les vendeurs de prime : cela signifie que les puts OTM génèrent plus de prime par unité de delta que les calls OTM équivalents.
- Biais de structure par terme (term structure skew) — les options à échéance rapprochée ont souvent une IV plus élevée que les options à échéance éloignée lors d'événements de stress. Une fois l'événement passé, l'IV à court terme s'effondre plus rapidement — les spreads calendaires (calendar spreads) profitent de cette dynamique ;

- Profil en sourire (smile pattern) — sur certains sous-jacents (particulièrement les options sur indices), les puts OTM ET les calls OTM présentent une IV élevée par rapport aux options ATM — créant une forme de « sourire ». Cela reflète la demande de protection dans les deux directions ;

Les Bandes de Bollinger comme Outil de Volatilité

Introduites au Chapitre 14 en tant qu'outil de prix, les Bandes de Bollinger sont tout aussi puissantes en tant qu'instrument de visualisation de la volatilité. La largeur des bandes reflète directement la volatilité réalisée actuelle — et le cycle contraction/expansion crée des signaux exploitables pour les traders d'options, indépendamment de la direction du prix.

- Compression des Bandes de Bollinger (bandes se rétrécissant) → VH contractant → VI probablement basse → fenêtre favorable.dow to buy options before expansion;
- L'indicateur de largeur de bande mesure la largeur des bandes en pourcentage de la bande médiane. Les extrêmes historiques signalent des ruptures imminentes.ly low bandwidth historically precedes significant moves;
- Expansion des bandes après une contraction → expansion de la volatilité en cours → passez du statut d'acheteur à celui de vendeur à mesure que l'IV monte et que la prime s'élargit ;
- Le prix touche la bande extérieure à plusieurs reprises sans que la bande ne s'élargisse → la tendance est réelle et durable → ne tentez pas de trades de retour à la moyenne ;

La Volatilité à Travers le Cycle Économique

La volatilité n'est pas constante — elle suit des cycles économiques tout comme les secteurs pivotent. Comprendre où se situe généralement la volatilité dans chaque phase du cycle économique permet au trader d'options d'aligner sa sélection de stratégie avec l'environnement macroéconomique.

- Expansion précoce — VIX en baisse depuis les sommets récessionnaires. VI se comprimant. Transition de la vente de prime vers l'achat.elling toward directional debit trades as premiums become less rich;
- Stratégies de rendement sur marché borné
- Fin d'expansion / Sommet — VIX commençant à monter avec l'incertitude croissante.
- Récession / Contraction — VIX élevé, VI élevée, primes riches. Meilleur environnement pour les structures à risque défini.

LA VOLATILITÉ EST LA VARIABLE

Le prix vous dit où est l'action. La volatilité vous dit de combien elle est censée bouger. La sé. Expansion des bandes après une compression → expansion de la volatilité en cours → passer de l'état d'acheteur à celui de vendeur à mesure que l'IV augmente et que la prime s'élargit ;

Le VIX comme Axe de Décision des Six Conditions

Voici l'application pratique la plus importante de tout ce chapitre : le VIX détermine quel côté des six conditions vous êtes.

Mais lire correctement le VIX exige plus qu'un simple coup d'œil au chiffre. Cela nécessite de comprendre où se situe le VIX par rapport à sa fourchette récente — et pas seulement son niveau absolu. Un VIX à 20 signifie quelque chose de très différent après une période prolongée de lectures au niveau 12 qu'après un reflux depuis un pic à 35. C'est pourquoi l'IV Rank (IVR) est l'outil opérationnel, et non le chiffre brut du VIX seul.

VIX Niveau	Lecture IVR	Évaluation de la Volatilité	Implication des Six Conditions — Votre Niveau de Stratégie
VIX < 15	IVR < 25	BASSE — prime bon marché. Marché calme et complaisant. Options à décote par rapport à la valeur.realized movement.	ACHETER de la prime. Conditions 1, 3, 5. Long calls (condition 1), long puts (condition 3), butterfly/calendar (condition 5).
VIX 15–20	IVR 25–50	TRANSITIONNELLE — volatilité se normalisant. Ni fortement bon marché ni chère. Être sélectif.	Évaluez la tendance avec soin. Si la direction est claire et confirmée, penchez vers une structure à débit. Si la direction n'est pas claire, attendez que le VIX se stabilise à la hausse ou à la baisse avant de vous engager dans un niveau de stratégie.
VIX 20–30	IVR 50–75	ÉLEVÉE — prime élevée. Marché valorisant une incertitude significative. Options chères par rapport à la valeur.ative to historical norms.	VENDRE de la prime. Conditions 2, 4, 6. CSP/covered call/bull put spread (condition 2), bear call spread (condition 4).ead (condition 4), calendar/diagonal (condition 6). Collect elevated credit.
VIX > 30	IVR > 75	TRÈS ÉLEVÉE — pic de peur. Marché en mode crise ou quasi-crise. Prime à des niveaux maximaux.	VENDEZ de la prime avec une discipline maximale. Risque défini uniquement. Taille à 25–50 % de la normale. Conditions 2, 4 (rendement/crédit baissier). Laissez passer la première vague de volatilité avant de vous déployer. Les meilleurs crédits sont payés au plus fort de la peur.
VIX > 40	IVR > 90	EXTRÊM — peur systémique. Les corrélations montent à 1. Chaque action bouge avec l'indice.	Pause. Observer. Déployer uniquement sur les sous-jacents de la plus haute qualité. ÉLEVÉE — la prime est haute. Le marché intègre une incertitude significative. Les options sont chères par rapport aux normes historiques.

La Lecture de Condition en Deux Étapes : Graphique + VIX

À chaque séance de trading, avant de regarder les actions individuelles ou les stratégies, lancez la Lecture des Conditions en Deux Étapes. Cela prend moins de deux minutes. Cela vous indique laquelle des six conditions est active. Ce sont les deux minutes les plus importantes de votre journée de trading.

Étape	Action	Ce que Vous Identifiez
1	Vérifier le VIX (chiffre brut et IVR)	La volatilité du marché est-elle haute ou basse en ce moment — par rapport à son historique récent ? C'est votre axe VI. column selector: HIGH (conditions 2, 4, 6) or LOW (conditions 1, 3, 5).
2	Regarder le graphique journalier SPY/QQQ	Le prix fait-il des plus hauts et des plus bas croissants (tendance haussière → conditions 1-2), ou descendant → conditions 3-4 ?lows (downtrend → conditions 3-4), or oscillating in a defined range (sideways → conditions 5-6)?
3	Croiser les deux lectures	VIX bas + tendance haussière = Condition 1. VIX haut + tendance haussière = Condition 2. VIX bas + tendance baissière = Condition 3.ion 3. VIX high + downtrend = Condition 4. VIX low + sideways = Condition 5. VIX high + sideways = Condition 6.
4	Ouvrir le tableau des six conditions	Trouver votre numéro de condition. Lire la stratégie approuvée. C'est votre straté. La volatilité du marché est-elle haute ou basse en ce moment — par rapport à son histoire récente ? C'est votre sélecteur de colonne : ÉLEVÉE (conditions 2, 4, 6) ou BASSE (conditions 1, 3, 5).

L'AVANTAGE DES DEUX MINUTES

La plupart des traders particuliers passent une heure à lire les actualités financières avant de trader. Les professionnels passent deux minutes sur le VIX et le graphique. L'actualité raconte des histoires. Le VIX et le graphique révèlent la condition. La condition dicte la stratégie. Les histoires sont un divertissement. Les lectures de conditions rapportent de l'argent.

Rang VI vs. Percentile VI : Lequel Utiliser et Quand

L'IV Rank (IVR) et l'IV Percentile mesurent tous deux la volatilité implicite par rapport à sa fourchette historique — mais ils mesurent des éléments différents et peuvent donner des signaux différents sur un même sous-jacent au même moment. Comprendre cette différence vous garantit de corriger la lecture de votre outil de volatilité.

	IV Rank (IVR)	IV Percentile
Formula	(VI Actuelle − Plus bas VI 52 semaines) ÷ (Plus haut VI 52 semaines − Plus bas VI 52 semaines) × 100	Pourcentage de jours au cours de l'année passée où la VI était EN DESSOUS de la VI actuelle
Range	0–100 (0 = au plus bas 52 semaines, 100 = au plus haut 52 semaines)	0–100 (50 = VI plus haute qu'exactement la moitié de tous les jours cette année)
Ce à quoi elle répond	Où se situe la VI actuelle par rapport aux extrêmes de l'année passée ?	Combien de fois la VI était-elle plus basse qu'en ce moment ?
Idéal pour	Filtrage rapide — « La VI est-elle élevée ou supprimée en ce moment ? »	Précision — « Ce niveau de VI est-il historiquement inhabituel ? »
Limitation	Distorc i s'il y a eu un pic extrême dans la fenêtre des 52 semaines. Un seul	Nécessite un calcul sur la VI de clôture quotidienne pour l'année complète —

	IV Rank (IVR)	IV Percentile
	jour avec un VIX à 40 maintient l'IVR écrasé pendant des mois par la suite.	pas toujours affiché sur toutes les plateformes.rms.
Préférence The Premium Desk	Utiliser IVR > 50 comme signal principal pour vendre de la prime. IVR < 25 comme signal principal pour acheter de la prime.r buying premium.	Utiliser le Percentile VI comme vérification de confirmation quand l'IVR donne une lecture ambiguë entre 35 et 50.

Règle pratique : vérifiez d'abord l'IVR sur chaque position que vous envisagez. Si l'IVR est supérieur à 50, vous êtes en territoire de vente de prime (conditions 2, 4, 6). Si l'IVR est inférieur à 25, vous êtes en territoire d'achat de prime (conditions 1, 3, 5). Si l'IVR est entre 25 et 50, utilisez l'IV Percentile pour confirmer — et si les deux sont ambigus, attendez une séance supplémentaire pour que la lecture se clarifie avant d'engager du capital.

Calendrier des Événements de Volatilité : Pré-planifier vos Lectures des Six Conditions

Certains événements du calendrier provoquent de manière fiable un pic d'IV avant leur occurrence et un effondrement immédiat après. Connaître ces événements à l'avance vous permet de planifier vos lectures de volatilité et de vous positionner en fonction du comportement de l'IV plutôt que de le subir. Construisez ce calendrier au début de chaque mois.

Événement	Fréquence (Expiration)	Schéma de Volatilité + Réponse des Six Conditions
Annonce de Résultats	**Chaque trimestre par action**	L'IV grimpe 5–10 jours avant, puis s'effondre le lendemain matin. AVANT : straddle/strangle pour la condition 5 ou 6 (IV élevée sur marché borné). Le lendemain de l'effondrement de l'IV (IV crush) : vendez de la prime sur l'IV résiduelle encore élevée. Ne détenez jamais de prime courte pendant l'annonce.
FOMC Meeting	**8 fois par an**	Le VIX monte 1 à 3 jours avant que les traders se couvrent. Le VIX chute brusquement après l'annonce quel que soit le résultat. of content. BEFORE: avoid opening new short premium in index positions. AFTER: conditions 2 or 4 available as IV normalizes.
Données IPC/IPP	**Mensuel**	Les publications de données macroéconomiques peuvent faire faire un gap aux ETF indiciels de 1–2 % dans un sens ou dans l'autre. L'IV est élevée la veille. Évitez de vendre des iron condors ou des strangles sur indices dans les 48 heures précédant l'IPC (CPI). Ouvrez après.
OpEx (Expiration Mensuelle des Options)	**Troisième vendredi de chaque mois**	La gravité du Max Pain et la couverture des teneurs de marché (dealer hedging) créent des mouvements intrajournaliers inhabituels. N'ouvrez pas de nouvelles positions le vendredi de l'expiration. Utilisez le lundi suivant l'expiration, caractérisé par une faible IV, pour ouvrir de nouvelles positions de rendement à 30–45 DTE.

Événement	Fréquence (Expiration)	Schéma de Volatilité + Réponse des Six Conditions
Saison des Résultats Trimestrielle	**4× par an (janv., avr., juil., oct.)**	L'IV globale augmente au début de la saison et se comprime à la fin. Les deux premières semaines de la saison des résultats (publications des méga-capitalisations) présentent l'IV la plus élevée. Les dernières semaines de la saison présentent l'IV la plus basse — idéale pour acheter de la prime sur des configurations du trimestre suivant.
Expiration du VIX	**Chaque mois (mercredi avant le troisième vendredi)**	Les futures VIX se règlent le mercredi matin avant l'OpEx mensuelle. Le positionnement professionnel sur le VIX peut cré. Les publications de données macroéconomiques peuvent provoquer un gap sur les ETF d'indices de 1–2% dans l'une ou l'autre direction. IV élevée la veille. Évitez de vendre des iron condor ou des strangle sur indices dans les 48 heures précédant l'IPC. Ouvrez après.

Skew de Volatilité : Anatomie du Prix Incorrect du Marché

Le biais de volatilité (volatility skew) est le concept structurel le plus important à maîtriser pour le vendeur de primes — plus important que n'importe quelle stratégie individuelle, car il détermine quels strikes valent la peine d'être vendus et lesquels ne le valent pas. Le biais fait référence au fait que la volatilité implicite n'est pas uniforme sur tous les prix d'exercice. Les options à des strikes différents sur un même sous-jacent et une même échéance affichent des niveaux de volatilité implicite distincts. La courbe qui en résulte, lorsqu'elle est tracée par strike, n'est jamais plate. Elle s'incline, penche et sourit parfois — et chaque forme vous indique quelque chose de différent sur la manière dont le marché évalue mal le risque.

Pour les options sur actions, le biais est presque toujours descendant de gauche à droite : les puts OTM affichent une volatilité implicite nettement plus élevée que les options ATM, qui à leur tour affichent une IV plus élevée que les calls OTM. Cela n'est pas aléatoire. Cela reflète la demande structurelle des investisseurs institutionnels qui achètent des options de put comme assurance de portefeuille. Lorsque les grandes institutions soutiennent perpétuellement la demande sur les puts OTM, la volatilité implicite de ces puts est continuellement gonflée par rapport à ce que la volatilité réalisée justifierait. C'est le biais sur les puts (put skew) — et c'est l'une des anomalies de prix les plus persistantes sur les marchés financiers.

Sur les options sur contrats à terme de matières premières (commodity futures), le biais peut être inversé. Pour les marchés des grains (maïs, soja, blé), les calls OTM affichent fréquemment une volatilité implicite plus élevée que les puts — un biais sur les calls (call skew) dicté par le risque permanent de perturbations de l'offre, de sécheresse, de gel et de surprises dans les rapports de l'USDA. Les marchés de l'énergie présentent des biais bidirectionnels complexes selon les conditions géopolitiques. Le biais des métaux peut aller dans un sens ou dans l'autre selon le régime macroéconomique. Comprendre dans quel sens va le biais sur votre marché spécifique n'est pas théorique — cela détermine quel côté de la chaîne d'options il faut vendre.

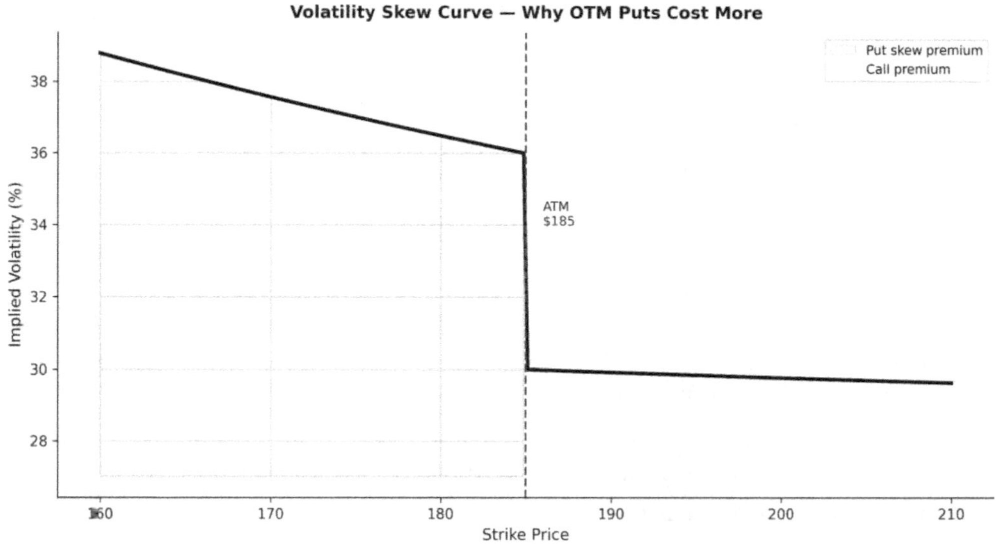

Figure 16.2 — Courbe du Biais de Volatilité (Volatility Skew Curve) — Pourquoi les puts OTM affichent une IV plus élevée que les calls OTM dans les options sur actions. La prime du biais.

Courbe de Skew de Volatilité — Pourquoi les puts OTM portent plus de VI que les calls OTM dans les options sur actions.ty options.

L'AVANTAGE DU SKEW POUR LES VENDEURS

Lorsque la volatilité implicite de votre strike court est supérieure à la volatilité implicite de l'option ATM, vous vendez la partie la plus surévaluée de la chaîne. C'est l'avantage du biais (skew edge). Les vendeurs expérimentés ne vendent pas mécaniquement à un delta fixe à chaque cycle — ils identifient l'endroit où le biais est le plus élevé, vérifient que l'IV est supérieure à l'HV, et vendent à cette intersection. Le biais vous indique où le marché paie le plus cher pour se protéger. Votre travail consiste à fournir cette protection à profit.

LE PROTOCOLE DE RÉPONSE À L'EXPANSION VI

Lorsque votre position courte sur prime perd de la valeur en raison de l'expansion de l'IV : (1) Vérifiez si l'action a franchi votre strike — si ce n'est PAS le cas, l'expansion de l'IV crée une variation de valeur comptable (mark-to-market), pas une perte réelle. (2) Vérifiez si la tendance sous-jacente est toujours intacte — si OUI, la position fonctionne comme prévu. (3) Vérifiez si un événement de résultats ou macroéconomique en est la cause — si OUI, évaluez s'il faut clôturer avant l'événement ou maintenir la position à travers celui-ci. (4) Ne clôturez à perte que si : le strike a été franchi ET la tendance s'est inversée. L'expansion de l'IV seule n'est pas une raison pour clôturer.

Skew de Volatilité : Pourquoi les Puts Coûtent Plus que les Calls

Si la volatilité implicite était uniforme sur tous les strikes, l'IV d'un put 190 $ et d'un call 210 $ — tous deux équidistants d'une action à 200 $ — serait identique. En réalité, elles ne le sont pas. Les puts OTM ont presque toujours une IV plus élevée que les calls OTM équidistants. Cette asymétrie s'appelle le biais de volatilité, et la comprendre vous donne un avantage dans la sélection des strikes et la construction des stratégies.

Le biais existe parce que les gestionnaires de portefeuilles institutionnels achètent des puts OTM comme assurance contre les krachs boursiers. Cette demande persistante gonfle les primes des puts par rapport aux calls à des strikes équivalents. Les effets pratiques pour les traders d'options :

- Vendre des puts OTM (CSP) collecte plus de prime par unité de risque que de vendre des calls OTM à un delta équivalent — parce que le biais gonfle les primes des puts. C'est un avantage structurel pour les vendeurs de rendement qui exploitent les CSP et les bull put spreads ;
- Acheter des calls OTM pour des jeux directionnels est généralement moins cher qu'acheter des puts OTM à distance équivalente — parce que les puts portent la prime du biais. Les trades à débit en Condition 1 (bull call spreads) bénéficient de cette asymétrie ;
- Iron condors : le côté spread put collecte typiquement plus de crédit que le côté spread call à des distances équivalentes.
- Le biais se redresse (devient plus pentu) lors des événements de peur (pics du VIX, selloffs du marché) et s'aplatit pendant les marchés haussiers calmes. Un biais très prononcé signale une activité de couverture institutionnelle — l'argent intelligent (smart money) achète de la protection à la baisse. Prenez-en note.

LIRE LE SKEW SUR VOTRE PLATEFORME

La plupart des plateformes d'options affichent l'IV par strike dans la chaîne d'options. Regardez la colonne IV du côté des puts : remarquez comment l'IV augmente à mesure que vous vous éloignez de la monnaie (ATM) vers les puts OTM (strikes inférieurs). Cette augmentation de l'IV à mesure que les strikes baissent constitue le biais de volatilité. Lorsque vous voyez le biais se redresser soudainement — l'IV des puts OTM grimpant nettement plus haut que l'ATM —, la peur institutionnelle entre sur le marché. C'est souvent un indicateur avancé d'une faiblesse plus large du marché. Surveillez-le chaque semaine.

Le Ratio Write : Vendre la Partie la Plus Abrupte du Skew

Le ratio write est l'expression structurelle de l'exploitation du skew.

Plutôt que vendre une option au prix d'exercice le plus survaluaté, le ratio write vend un plus grand nombre de contrats à. Le skew existe parce que les gestionnaires de portefeuilles institutionnels achètent des puts OTM comme assurance contre les krachs boursiers. Cette demande persistante gonfle les primes des puts par rapport aux calls à des strikes équivalents. Les effets pratiques pour les traders d'options :

Le résultat : vous capturez simultanément la prime de skew et la prime VI brute, avec la jambe longue définissant le risque maximum.eg providing partial protection against a violent directional move.

Tout d'abord, identifiez le strike présentant la volatilité implicite la plus élevée par rapport à la volatilité historique — c'est votre jambe courte. Identifiez ensuite le strike le plus proche présentant une IV nettement inférieure — c'est votre jambe longue.

Vendez deux (ou trois) contrats du strike à IV élevée pour chaque contrat de la jambe longue que vous achetez. Si le biais est assez prononcé, vous collecterez soit un crédit net immédiatement, soit vous construirez la position à coût zéro, le biais fournissant un avantage intégré.

Dans les deux cas, votre zone de profit maximal est centrée sur le strike court — le point le plus surévalué de la chaîne d'options.

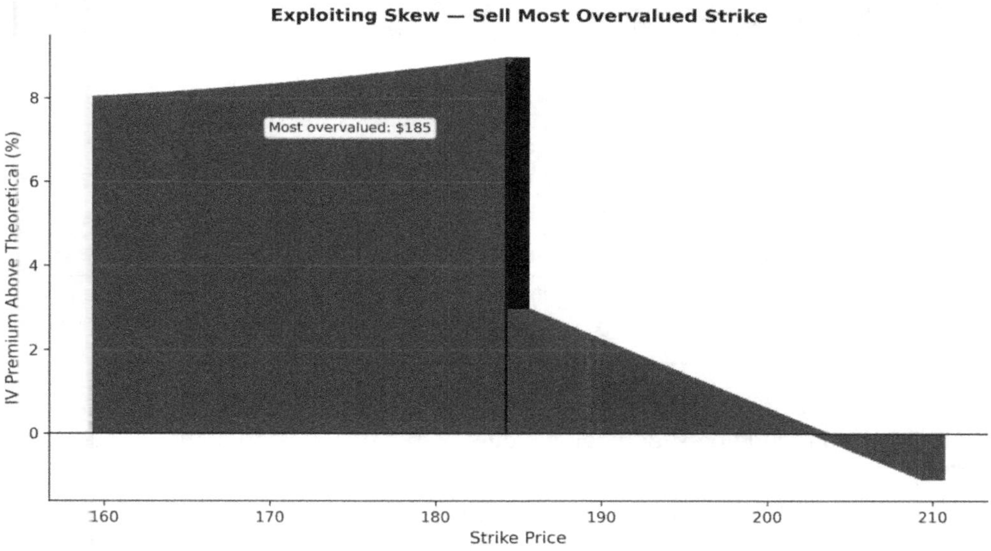

Figure 16.3 — Skew Ratio Write Strategy — Exploiting the volatility skew differential by selling the overpriced wing at a higher ratio.

Strategie Ratio Write de Skew — Exploiter le différentiel de skew de volatilité avec un ratio write..

CRITÈRES DE SÉLECTION DU RATIO WRITE

Trois conditions doivent être réunies avant d'entrer dans un ratio write : (1) L'IV actuelle se situe au moins dans le 40e percentile supérieur de sa fourchette de 52 semaines. (2) L'IV actuelle est supérieure d'au moins 20–30 % à la volatilité historique récente. (3) Le strike OTM porte une IV nettement plus élevée que l'option ATM — le biais est bien présent et mesurable. Si seulement deux des trois conditions sont remplies, utilisez un simple credit spread à la place. La réunion des trois conditions constitue le signal du ratio write.

Différentiel VH vs. VI : Le Déséquilibre de Marché qui Crée les Profits du Vendeur

Différentiel VI vs. VH — La prime de risque de volatilité persistante : où les vendeurs de prime trouvent leur avantage.nd their edge.

La configuration la plus puissante pour les vendeurs de primes n'est pas simplement une volatilité implicite élevée — c'est la condition où la volatilité implicite est nettement supérieure à la volatilité historique. Lorsque l'IV est bien au-dessus de l'HV, le marché paie les options plus cher que ne le justifie le mouvement réel réalisé. Cet écart entre l'IV et l'HV constitue votre avantage structurel — et c'est là que le vendeur de primes opère de la manière la plus profitable.

Le cadre est simple : la volatilité implicite est votre revenu, la volatilité historique est votre risque. Lorsque l'IV Rank (IVR) est supérieur au 50e percentile de sa fourchette historique et que l'IV est au moins 1,3 fois supérieure à l'HV, vous vous trouvez dans un environnement de vente favorable. Lorsque l'IVR tombe en dessous de 30 ou que l'IV passe sous l'HV, l'environnement de primes s'est comprimé et les positions courtes n'offrent plus de rendements ajustés au risque favorables.

IVR Niveau	HV Niveau	Condition de Skew	Action du Vendeur
>70e pct	Faible à Modéré	Large différentiel VI/VH — survaluation maximale	Vendre agressivement : CSP, covered calls, ratio writes
50e–70e	Moderate	Skew modéré — environnement de prime normal	Vendre sélectivement : positions de revenus standard
30e–50e	Modéré à Élevé	VI compressée — prime mince	Réduire la taille ; favoriser les spreads à risque défini
<30e	High	VI sous VH — marché sous-valorisant le risque	Éviter la prime courte ; favoriser les setups de prime longue

La vérification pratique pré-trade : avant toute entrée de vente de prime, calculer deux chiffres :

- Quel est l'IVR actuel pour ce sous-jacent ? ;
- Comment la VI actuelle se compare-t-elle à la volatilité historique sur 20 jours ?

Si IVR > 50 et VI est au moins 1,3× VH, les conditions favorisent la vente. Si IVR < 30 et VI < VH, les conditions favorisent l'achat.

LE DÉSÉQUILIBRE EST VOTRE REVENU

Lorsque la volatilité implicite se situe dans le quart supérieur de sa fourchette historique alors que la volatilité historique est dans le quart inférieur, l'écart entre les deux constitue votre opportunité de profit. Le marché vous paie plus que ne le justifie le risque réalisé. Ce déséquilibre se corrige par un retour à la moyenne au fil du temps — et la prime que vous avez collectée pendant la période de surévaluation vous reste acquise.

Trader le VIX : L'Indice de Peur comme Instrument de Profit

Le VIX n'est pas seulement une lecture de la volatilité — c'est l'un des instruments de timing les plus puissants dont dispose le vendeur de primes. Le CBOE Volatility Index mesure la volatilité implicite à 30 jours des options sur l'indice S&P 500. Il est calculé en temps réel à partir d'une moyenne pondérée des prix des options SPX sur une large gamme de strikes, conçue pour refléter l'attente consensuelle du marché concernant la volatilité à court terme. Parce qu'il est dérivé de la volatilité implicite — elle-même dictée par la peur, l'incertitude et la demande de protection —, le VIX est largement connu comme l'indice de la peur du marché. Sa corrélation inverse avec le S&P 500 est d'environ −0,39 sur de longues périodes, ce qui signifie que lorsque les actions baissent, le VIX monte généralement, et vice versa.

Pour le vendeur de prime, cette relation inverse n'est pas seulement intéressante — c'est la tactique fondamentale. Lorsque le VIX dépasse 25 ou 30, cela signifie que les investisseurs institutionnels achètent agressivement des puts de protection, faisant monter la volatilité implicite bien au-delà de la volatilité historique. C'est le signal le plus fiable pour vendre de la prime.

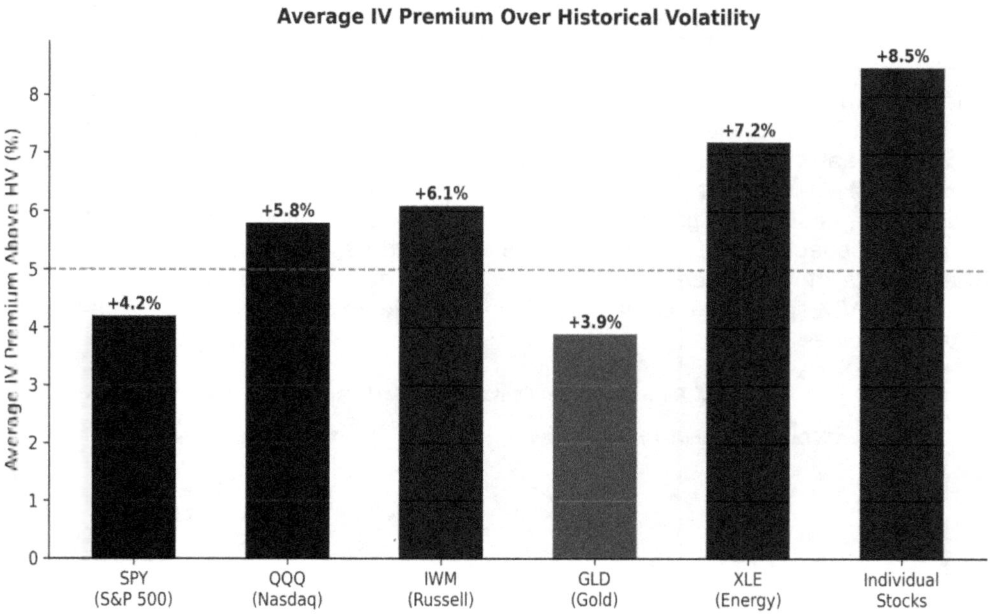

Figure 16.5 — VIX and Fear Correlation — Comment the VIX moves with market stress and what levels signal premium-selling opportunity.

VIX and Fear Correlation — Comment le VIX évolue avec le stress du marché et quels niveaux signalent des opportunités.

L'INDICE DE PEUR EST VOTRE SIGNAL DE REVENU

Lorsque le VIX dépasse 25 et que l'IVR sur votre sous-jacent cible grimpe au-dessus de 60, le marché vous paie une prime importante pour assumer un risque qui, statistiquement, surestime ce qui va réellement se produire. Vous ne prédisez pas la direction. Vous identifiez l'écart entre la volatilité redoutée et la volatilité réalisée probable — et vous la vendez. C'est, énoncé précisément, tout le modèle économique du vendeur de primes professionnel.

Futures VIX et Structure des Termes : Contango, Backwardation et Ce qu'ils Vous Disent

Le CBOE a introduit les contrats à terme sur le VIX en 2004 (ticker UX). Les futures VIX permettent aux traders de prendre une position directe sur les niveaux de volatilité implicite futurs — non pas sur l'indice S&P 500 sous-jacent, mais sur la volatilité elle-même. Cette distinction est essentielle : un contrat à terme VIX se dénoue sur la valeur de l'indice VIX à l'échéance, et non sur une action ou un panier livrable. Comprendre comment les futures VIX sont cotés par rapport à l'indice VIX au comptant (spot) est indispensable pour quiconque utilise le VIX comme instrument de trading ou de timing.

Contrairement aux contrats à terme sur indices boursiers, les prix des futures VIX ne suivent pas nécessairement de près l'indice VIX au comptant au jour le jour. L'indice VIX lui-même ne pouvant être facilement répliqué par l'achat de ses composants — vous ne pouvez pas acheter le VIX directement —, il n'existe pas de mécanisme d'arbitrage simple obligeant les futures VIX à refléter l'indice spot. Le prix du contrat à terme reflète ce que le marché anticipe pour la volatilité à la date d'échéance du future, et non son niveau d'aujourd'hui. Cela crée la structure par terme (term structure) : une courbe montrant le prix des contrats à terme VIX pour les mois d'échéance successifs.

La structure par terme prend deux formes principales. Dans les marchés calmes et normaux, les contrats à terme VIX se négocient en contango — les contrats du premier mois (front-month) se négocient près du VIX au comptant (spot), et les contrats à échéance plus lointaine se négocient à des prix progressivement plus élevés. Cette pente ascendante reflète l'attente du marché selon laquelle la volatilité va retourner vers des niveaux de long terme plus élevés par rapport à la faible lecture actuelle. Le contango est l'état typique pendant les marchés haussiers. Lors d'événements de peur ou de crises, la structure par terme s'inverse en backwardation — le VIX spot grimpe de manière spectaculaire, mais les traders de futures s'attendent à ce que ce pic revienne à la moyenne, de sorte que les contrats du premier mois se négocient en dessous du VIX spot élevé. La backwardation signale une peur extrême que le marché s'attend à voir se dissiper.

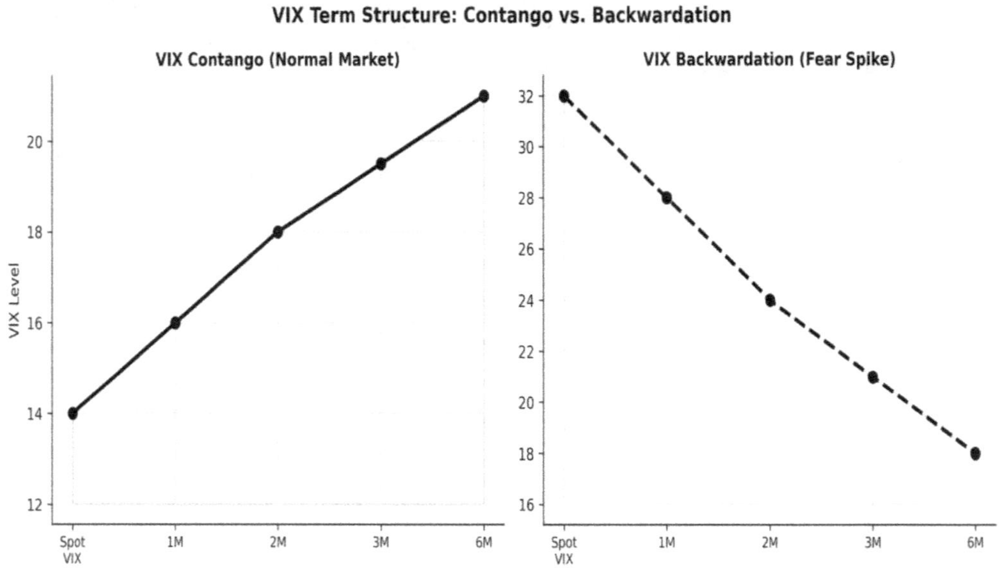

Figure 16.6 — VIX Term Structure — Contango vs. backwardation and what each signals about near-term market expectations.

VIX Term Structure — Contango vs. backwardation et ce que chacun signale concernant les attentes du marché.

Quatre règles gouvernent le comportement des futures VIX que tout trader les utilisant doit intérioriser :

- Érosion temporelle en contango : lorsque la structure par terme du VIX est en contango, les prix des contrats à terme VIX vont inévitablement baisser vers le prix au comptant à mesure que le temps passe. C'est pourquoi des produits comme VXX et UVXY ont historiquement baissé au fil du temps — ils détiennent des contrats à terme VIX à court terme qui glissent chaque jour le long de la courbe de contango ;
- Pic en backwardation : lorsque le VIX grimpe en backwardation (les contrats à terme à court terme étant au-dessus de ceux à long terme), les prix des contrats à terme vont baisser même si le VIX reste élevé — parce que la backwardation n'est pas un état stable ;

- Les futures VIX ne sont pas le VIX : les prix des futures VIX convergent vers le VIX spot uniquement à l'expiration. Entre-temps, ils peuvent diverger considérablement.
- Le règlement se fait uniquement en espèces : les contrats à terme VIX sont réglés en cash sur la Special Opening Quotation (SOQ) — une valeur calculée basée sur les ouvertures des options SPX le matin de l'expiration. Ce règlement peut être radicalement différent du cours de clôture du VIX de la veille au soir.

LES QUATRE RÈGLES DES FUTURES VIX (SOURCE : CBOE)

1. En contango, les prix des contrats à terme VIX baissent au fil du temps, même si l'indice ne change pas. 2. Les prix des contrats à terme VIX ne changent presque jamais aussi rapidement que l'indice VIX au comptant. 3. Les prix des futures et de l'indice convergent à l'expiration. 4. Les contrats à terme VIX doivent être évalués indépendamment de l'indice au comptant. Ces quatre règles régissent chaque décision de trading liée au VIX. Un trader qui ignore la règle 2 sera perpétuellement surpris qu'un violent pic du VIX n'ait pas produit le profit escompté sur les futures.

Lire le VIX pour la Vente de Prime : Un Cadre Pratique

En tant que vendeur de prime, votre relation avec le VIX n'est pas celle d'un trader de produits VIX — c'est celle d'un opérateur qui utilise le VIX comme boussole de volatilité.

Lorsque le VIX est inférieur à 15, le marché est complaisant. Les primes d'options sur l'ensemble des sous-jacents se compressent. Le rapport risque/rendement de la vente de primes devient défavorable : vous collectez peu de crédit tout en acceptant le plein risque d'assignation et de gestion d'une position courte. Ce n'est pas un environnement pour vendre agressivement de la prime. Lorsque le VIX évolue dans la zone des 20–30, l'environnement se normalise et la vente sélective de primes devient attractive. Lorsque le VIX dépasse 30 — particulièrement avec un mouvement haussier rapide —, vous êtes dans l'environnement idéal : les primes sont riches, la volatilité implicite dépasse largement ce que la volatilité réalisée va probablement donner, et le biais (skew) est au plus fort. C'est le moment d'être vendeur. La peur est à son niveau le plus surévalué.

La structure par terme du VIX fournit une dimension de timing supplémentaire. Lorsque la structure par terme est en fort contango — les contrats à terme du mois le plus proche étant bien en dessous des mois suivants —, le marché est calme et la complaisance est élevée. Cela renforce le signal de prudence. Lorsque la structure par terme s'aplatit ou s'inverse en backwardation, la peur est arrivée. Mais la leçon clé tirée du comportement des contrats à terme VIX est la suivante : au pic d'un événement de peur, lorsque le VIX au comptant est à 35 ou 40, le marché des futures intègre déjà un retour à la moyenne. La peur est vendue par les traders de futures qui savent qu'elle va se dissiper. Le vendeur de primes devrait faire exactement la même chose sur le marché des options — vendre la prime de peur surévaluée à la foule paniquant qui achète de la protection à n'importe quel prix.

VIX Niveau	Régime de Marché	Stratégie de Prime	Avoid	Notes
VIX < 15	Faible volatilité / Complaisance	Long calls ; Calendar spreads.	Puts nus ; iron condors.	VI trop bon marché pour vendre ; acheter de la prime à la place.

VIX 15–20	Plage normale / Équilibré	CSP ; Covered calls ; Bull put spreads.	Short straddles.	Zone optimale pour les stratégies de revenus.
VIX 20–30	Élevé / Peur croissante	Iron condors ; Spreads à crédit.	Calls nus.	Strikes plus larges ; collecter une prime riche.
VIX 30–40	Peur élevée / Volatile	Puts OTM (CSP) ; Risque défini uniquement.	Positions à risque indéfini.	Réduire de 50 % ; court terme uniquement.
VIX > 40	Panique/Crise / Peur extrême	Puts protecteurs ; espèces uniquement.	Toutes les stratégies de prime courte.	Se mettre à l'écart ou acheter une protection.

VIX Strategy Selection Table — Quelle stratégie de vente de prime déployer à chaque niveau de VIX.

Figure 16.7 — VIX Strategy Selection Table — Quelle stratégie de vente de prime déployer à chaque niveau de VIX.

LE TRADE DU DÉSÉQUILIBRE VIX

L'expression unique la plus puissante de la philosophie du déséquilibre HV/IV est la suivante : lorsque le VIX grimpe de manière spectaculaire au-dessus de sa fourchette historique récente, et que la volatilité réalisée au cours des 20–30 derniers jours a été modérée, l'écart entre ce que le marché évalue (implicite) et ce qu'il a réellement produit (historique/réalisée) est à son maximum. Cet écart constitue votre revenu. Vendez des bull put spreads deep OTM sur SPY ou SPX. Collectez la prime élevée. Maintenez la position à travers le retour à la moyenne. La foule achète de la protection avec une surprime de 40 % par rapport à ce que le risque justifie réellement. Vous êtes la contrepartie. Il ne s'agit pas d'une spéculation sur la direction. C'est un arbitrage statistique de la prime de peur.

LE CALENDRIER DE VOLATILITÉ FAIT PARTIE DE VOTRE PLAN DE TRADING

Au début de chaque mois, cartographiez chaque date de la FOMC, chaque publication de l'IPC (CPI) et chaque vendredi d'OpEx sur votre calendrier. Marquez chaque date de résultats pour chaque sous-jacent de votre liste d'actions approuvées. Ces dates sont vos repères de volatilité. Elles déterminent quand ouvrir, quand maintenir, quand clôturer et quand simplement attendre. Un trader sans ce calendrier navigue à vue dans le brouillard. Construisez-le en trente minutes au début de chaque mois.

Les Quatre Régimes de Volatilité : Adapter Votre Stratégie à l'Environnement

Les marchés n'ont pas simplement une volatilité « haute » ou « basse ». Ils évoluent à travers quatre régimes distincts, chacun nécessitant une réponse stratégique différente. Identifier le régime actuel avant d'entrer dans un trade est aussi important que d'identifier les six conditions de marché.

Regime	VIX Range	IVR Signal	Best Stratégies	Pires Stratégies
Basse & Stable	VIX 12-16	IVR < 20	Calendars, diagonaux, options longues pour la direction. Primes bon marché — acheter du temps.	Iron condors (prime trop basse pour justifier le risque). CSP (revenus couvrent à peine les commissions).

Regime	VIX Range	IVR Signal	Best Stratégies	Pires Stratégies
Croissante / En expansion	VIX 16-25	IVR 30-60	CSP sur des noms de qualité (la prime devient riche). Commencez à construire des positions de rendement. Spreads verticaux pour la direction.	Long straddles (la VI se développe mais peut ne pas continuer). Short strangles nus (le risque augmente).
Élevé / Crise	VIX 25-40	IVR > 60	Vente de prime maximale : iron condors, CSP, covered calls. Chaque option courte béné. Iron condor (prime trop basse pour justifier le risque). CSP (les revenus couvrent à peine les commissions).	Acheter des options directement (l'écrasement VI détruira votre position même si la direction est correcte). Ne pas ajouter de longs.emoving hedges.
Pic Extrême	VIX 40+	IVR > 90	Cash. Réduisez toutes les tailles de position de 50 %. Ne vendez de la prime qu'avec des ailes très larges et des tailles réduites. C'est le mode survie.	Augmenter les tailles de position. Supprimer les stops. Supposer que le pic est « le bas ». Les pics VIX peuvent se prolonger.

Le régime détermine la taille de vos positions, et pas seulement votre stratégie. En régime Bas & Stable, vous pouvez gérer confortablement 6–8 positions simultanées. En régime Haussier, réduisez à 4–5. En régime Élevé, réduisez à 3–4 avec des ailes plus larges. En régime Pic Extrême, réduisez à 1–2 ou passez entièrement en cash. Le régime n'est pas une suggestion — c'est un régulateur pour votre moteur de risque.

Structure des Termes VIX : Lire la Chronologie de Peur du Marché

Le VIX lui-même n'est que la lecture à 30 jours. Les traders professionnels surveillent également la structure par terme du VIX — la courbe de la volatilité implicite sur plusieurs horizons temporels (VIX, VIX3M, VIX6M). La forme de cette courbe vous indique si le marché s'attend à ce que la volatilité augmente, diminue ou reste constante.

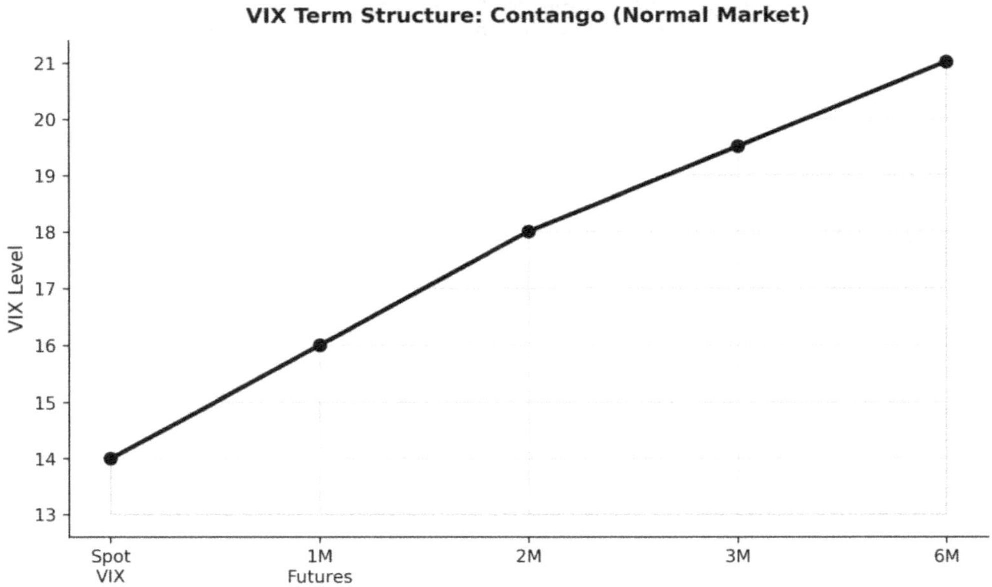

Figure 16.7 — VIX Term Structure: Contango. Normal market — sell options, futures overpriced.

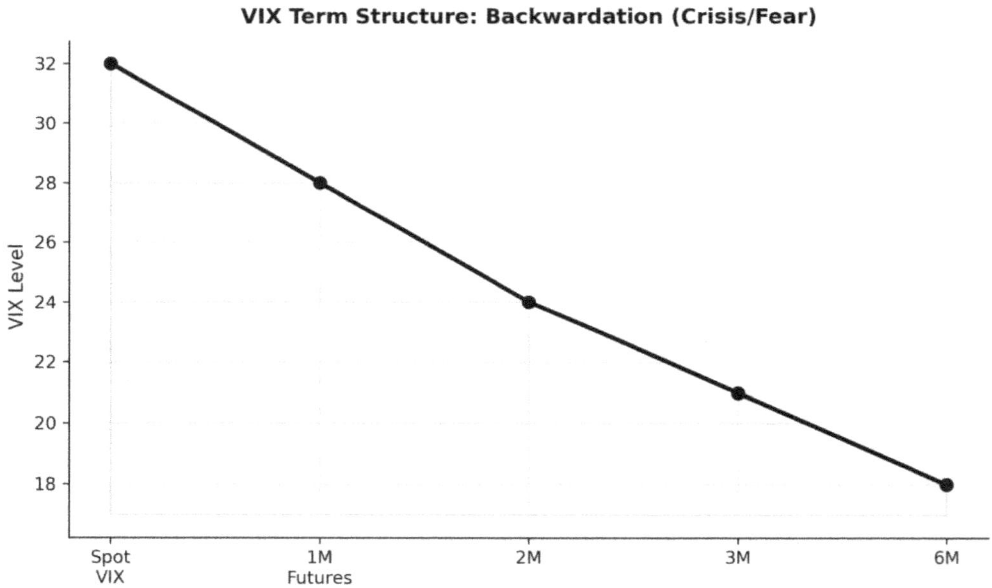

Figure 16.8 — VIX Term Structure: Backwardation. Fear spike — consider buying options.

- Contango Normal (VIX < VIX3M < VIX6M) : Le marché s'attend à ce que la volatilité à court terme soit INFÉRIEURE à celle à long terme. C'est l'état par défaut — présent environ 80 % du temps. Les stratégies de rendement fonctionnent bien. Les spreads calendaires bénéficient du différentiel ;
- Backwardation (VIX > VIX3M) : Le marché s'attend à ce que la volatilité à court terme soit PLUS HAUTE que la volatilité à long terme.

- Courbe plate (VIX ≈ VIX3M) : État de transition. Le marché est incertain quant à la direction de la volatilité elle-même. Se produit souvent avant un changement de régime. Réduisez les nouvelles entrées et attendez que la courbe se dessine.

RÈGLE DE STRUCTURE DES TERMES VIX

Vérifiez la structure par terme du VIX chaque lundi matin. Si elle est en contango — poursuivez votre stratégie de rendement normale. Si elle bascule en backwardation — activez votre protocole défensif : clôturez immédiatement toute position affichant un profit de 75 %+, ajoutez une couverture par put SPY si vous n'en avez pas, et n'ouvrez aucune nouvelle position courte sur prime jusqu'à la reprise du contango. La backwardation a précédé chaque baisse majeure du marché au cours des 20 dernières années.

Contraction et Expansion de VI : Performance des Stratégies à Travers le Cycle de Volatilité

La compétence pratique la plus importante dans l'analyse de la volatilité consiste à savoir précisément comment chaque stratégie se comporte pendant l'expansion de l'IV par rapport à la contraction de l'IV — et comment exploiter cette différence. Le cycle de volatilité est prévisible : l'incertitude s'installe, l'IV prend de l'expansion, l'événement se résout, l'IV s'effondre. Votre travail consiste à être positionné du bon côté de ce cycle pour chaque trade que vous détenez.

Strategy	VI en Expansion	VI en Contraction	Meilleur Moment d'Entrée	Pire Moment d'Entrée
Long Call / Long Put	Profits — le Véga aide	Perd — l'écrasement VI blesse même si la direction est correcte	IVR < 20, avant catalyseur	Vers les résultats ou pic VIX
Put Sécurisé en Espèces (CSP)	Perd — position marquée à la baisse quand la VI monte	Profits — la contraction VI effondre la valeur du put = profit pour le vendeur	IVR 40-70, après le pic initial	Au pic VI (peur survente)
Bull/Bear Call Spread	Neutre à légère perte (Véga net proche de zéro)	Léger profit de la contraction VI sur la prime du spread	Tout IVR, direction confirmée	Contre la tendance hebdomadaire
Iron Condor	Perd — l'expansion brise les strikes courts	Profits — la contraction effondre les deux ailes vers zéro	IVR > 50, marché en range	Pendant une tendance ou une crise
Calendar Spread	Profits — la VI à court terme monte plus vite qu'à long terme	Neutre à légère perte	IVR 40-60, pré-événement	Post-événement après l'écrasement VI
Long Straddle	Profits — les deux jambes augmentent en valeur	Perd — l'écrasement VI détruit les deux jambes	IVR < 30, pré-résultats si bon marché	Au pic VI avant l'événement
Covered Call	Perd — l'action peut être rappelée + perte marquée au marché	Profits — le call court se déprécie rapidement quand la VI s'effondre	IVR > 40, action à la résistance	Pendant une rupture / momentum

La leçon la plus puissante de ce tableau : les stratégies qui souffrent le plus pendant l'expansion de l'IV (CSP, iron condor, call couvert) sont exactement les stratégies qui profitent le plus pendant la contraction de l'IV. Cela signifie que si vous êtes contraint de subir un événement d'expansion de l'IV sur une position courte sur prime, la bonne réponse n'est presque jamais de clôturer à perte — c'est d'évaluer si la direction du sous-jacent est toujours intacte, de tenir à travers l'expansion si c'est le cas, et de laisser la contraction inévitable restaurer la valeur de votre position. Clôturer par panique pendant les pics de VIX est l'une des erreurs récurrentes les plus coûteuses dans le trading d'options.

Tableau de Bord Pratique de Volatilité : Votre Liste de Vérification Hebdomadaire Pré-Trade

Ces cinq vérifications de volatilité doivent être effectuées chaque semaine avant d'ouvrir de nouvelles positions. Elles prennent moins de 10 minutes et évitent les erreurs les plus courantes liées à la volatilité.

#	Check	Signal Haussier / Procéder	Signal Baissier / Pause
1	VIX Niveau	VIX sous 20 (marché calme, conditions d'achat de prime). VIX 20-30 (élevé — zone des vendeurs de revenus).ndow). Note: above 30 = crisis mode.	VIX au-dessus de 40 (peur extrême). Réduire toutes les tailles de 50 %. Pas de nouvelles positions sans couvertures.
2	VIX Term Structure	VIX < VIX3M (contango — conditions normales et stables). Stratégies de revenus fonctionnant.	VIX > VIX3M (backwardation — peur à court terme dépasse le long terme). Protocole défensif activé..
3	IVR du Sous-jacent Cible	IVR 40-70 pour les stratégies de revenus. IVR < 25 pour le débit/directionnel.	IVR > 80 (peur extrême sur cette action — vérifiez s'il y a des actualités spécifiques). IVR < 10 (primes trop bon marché pour du rendement).
4	Comparaison VH vs. VI	VI > VH de 20 %+ = options chères = vendre de la prime. VI près de VH = juste valorisé.	VI < VH = options bon marché par rapport aux mouvements réels = acheter de la prime, pas vendre.
5	Événements de Volatilité à Venir	Pas de FOMC, IPC, OpEx ou résultats dans votre fenêtre d'expiration. Piste claire pour les stratégies de revenus.es.	FOMC, IPC (CPI) ou résultats prévus pendant la durée de vie de l'option (DTE). Évitez les nouvelles positions courtes sur prime à moins que l'expiration ne se situe spécifiquement avant l'événement.

LA VOLATILITÉ EST L'AXE, PAS LE SIGNAL

La volatilité ne vous dit pas dans quelle direction le marché va bouger — elle vous dit de combien il est censé

Layer	Who	Speed	Strategy	Options Impact
Layer 1 — HFT	Market makers; prop firms.	Microseconds.	Market making; arbitrage.	Sets bid/ask spreads; affects fill quality.
Layer 2 — Stat Arb	Quant/hedge funds.	Milliseconds.	Pairs trading;	Creates S/R levels; drives IV

			mean reversion.	mean reversion.
Layer 3 — Portefeuille	Institutions; mutual funds.	Seconds to minutes.	Rebalancing; hedging.	Moves underlying; creates options flow.
Layer 4 — Retail AI	Individual traders.	Minutes to hours.	Sentiment; momentum.	Follows others; least market impact.

CADRE DES SIX CONDITIONS ▸ TOUTES LES SIX CONDITIONS — le comportement algo change l'exécution, pas les conditionson

Les algorithmes ne changent pas dans laquelle des six conditions vous êtes — ils changent la rapidité avec laquelle les conditions se déroulent.

Les marchés sur lesquels vous tradez aujourd'hui ne sont pas les marchés d'il y a vingt ans — ni même d'il y a dix ans. Plus de 80 % de tout le volume de trading sur les bourses d'actions et d'options américaines, un jour donné, est désormais généré non pas par des humains prenant des décisions délibérées, mais par des systèmes algorithmiques s'exécutant en microsecondes, réagissant aux configurations de prix, aux flux d'ordres, au sentiment de l'actualité et les uns par rapport aux autres. L'intelligence artificielle a accéléré cette transformation. Comprendre le paysage dans lequel vous opérez n'est pas optionnel — cela fait partie de votre cadre de gestion des risques.

Ce chapitre ne vous apprend pas à construire des algorithmes. Il vous apprend à reconnaître leur comportement, à anticiper leurs configurations et à structurer vos trades de manière à ce que la volatilité algorithmique travaille pour vous plutôt que contre vous.

LA STATISTIQUE QUI CHANGE TOUT

Les systèmes algorithmiques et pilotés par l'IA représentent plus de 80 % de tout le volume de trading quotidien. Cela signifie que pour 10 trades placés sur le marché, 8 sont placés par des machines — pas par des humains. Elles n'ont pas d'émotions, elles n'ont pas d'opinions et elles se moquent de votre thèse. Elles réagissent à des signaux, à des configurations et les unes par rapport aux autres. L'avantage du trader humain n'est pas la vitesse — c'est le jugement, la patience et la capacité de maintenir une position à travers le bruit généré par les algorithmes qui n'a aucune signification fondamentale.

Les Trois Couches de l'Activité Algorithmique

Tout le trading algorithmique n'est pas identique. Il existe trois couches distinctes opérant simultanément sur le marché, chacune ayant des horizons temporels, des objectifs et des effets différents sur les prix.

Figure 17.1 — The Three Layers of Algorithmic Activity

Layer	Who	Speed	Strategy	Options Impact
Layer 1 **HFT**	Market makers Prop firms	Microseconds	Market making Arbitrage	Sets bid-ask spreads; affects fill quality
Layer 2 **Stat Arb**	Quant hedge funds	Milliseconds	Pairs trading Mean reversion	Creates S/R levels; drives IV mean reversion
Layer 3 **Portfolio**	Institutions Mutual funds	Seconds to minutes	Rebalancing Hedging	Moves underlying; creates options flow
Layer 4 **Retail AI**	Individual traders	Minutes to hours	Sentiment Momentum	Follows others; least market impact

Figure 17.1 — The Three Layers of Algorithmic Activity. HFT, statistical arbitrage, and portfolio rebalancing.

Layer	Qui l'Opère	Horizon Temporel	Impact sur le Trader d'Options
HFT — Trading à Haute Fréquence	Sociétés prop spécialisées (Citadel Securities, Virtu, Jane Street)	Microsecondes à millisecondes	Définit les spreads bid/ask, fournit des liquidités, crée des micro-mouvements soudains qui déclenchent des ordres stop et des chasses aux liquidités.
Fonds Systématiques / Quant	Hedge funds exécutant des stratégies d'arbitrage statistique, momentum et retour à la moyenne	Minutes à semaines	Pilote les tendances et les retournements au niveau jour/semaine. Quand les fonds quant se dé-risquent simultanément, la VI monte brusquement.y create correlated selloffs across unrelated assets.
Systèmes de Portefeuille Pilotés par IA	Grands gestionnaires d'actifs et banques utilisant des modèles ML pour l'allocation et la couverture	Jours à mois	Crée une pression directionnelle persistante. Le rééquilibrage IA autour des événements d'indice (expirations d'options) est prévisible., quarterly rebalancing) produces predictable flow patterns.

Reconnaître les Schémas Algo dans le Marché

Les systèmes algorithmiques laissent des empreintes. Une fois que vous saurez quoi chercher, vous commencerez à en voir partout — et plus important encore, vous cesserez d'être surpris par des mouvements qui semblaient auparavant aléatoires.

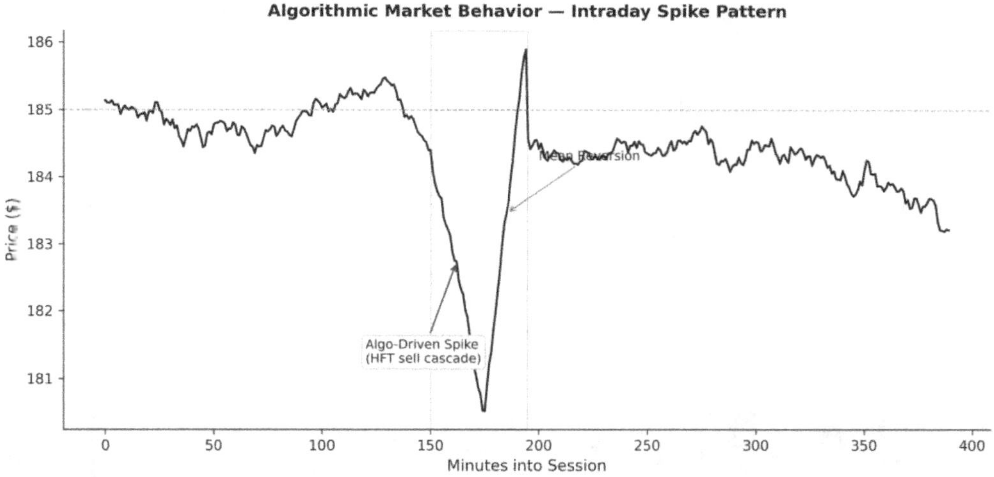

Figure 17.2 — Algo-Driven Intraday Spike. HFT cascade and mean reversion — how to read it.

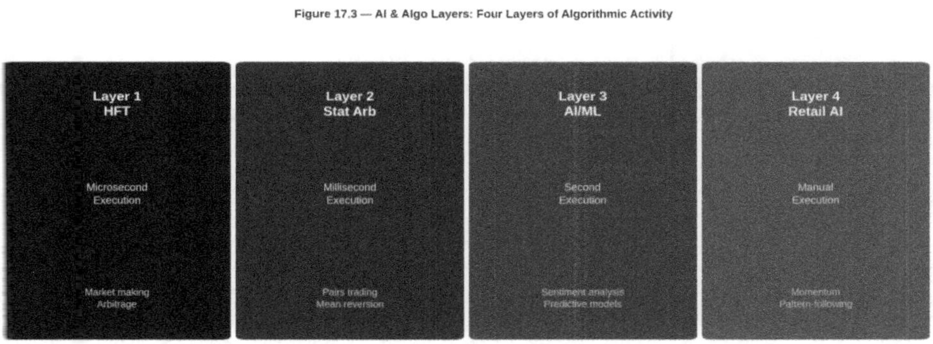

Figure 17.3 — AI & Algo Layers. Four layers of algorithmic activity and their market signatures.

- Chasses aux stops (Stop hunts) — Un mouvement soudain et violent à travers un niveau de support ou de résistance bien connu qui s'inverse immédiatement. Les algos sont programmés pour balayer les ordres de stop regroupés à des niveaux évidents. Le retournement n'est pas une coïncidence — une fois les stops déclenchés et la liquidité absorbée, le prix revient en arrière. Leçon : ne placez pas d'ordres de stop sur des chiffres ronds évidents ou sur des sommets/creux précédents exacts ;
- Aimants VWAP — Le Prix Moyen Pondéré par le Volume (VWAP) agit comme un centre gravitationnel pour les actions intrajournalières piloté. Systèmes de portefeuille pilotés par l'IA
- Risque d'ancrage à l'expiration des options (Pin risk) — À l'approche des grandes expirations (particulièrement mensuelles et trimestrielles), les teneurs de marché et les courtiers couvrent leur exposition au gamma en achetant et en vendant le sous-jacent. Cela crée une attraction gravitationnelle vers le prix d'exercice ayant le plus grand intérêt ouvert (open interest) — le niveau du « Max Pain ». Comprendre où se situe le Max Pain la semaine de l'expiration vous donne un avantage dans la sélection des strikes ;

- Ignition de momentum — Un algo achète ou vend rapidement une grande quantité pour déclencher d'autres algos momentum.
- Délevierager corrélé — Quand les conditions de refus du risque se déclenchent simultanément sur plusieurs fonds quant, le marché

Pics de Volatilité Pilotés par IA : Ce Qui Est Différent Maintenant

L'intelligence artificielle a modifié la vitesse et le caractère des événements de volatilité. Les systèmes de trading modernes basés sur le machine learning peuvent traiter le sentiment de l'actualité, les transcriptions des résultats, le langage des déclarations de la Fed et même les réseaux sociaux en temps réel — réagissant aux informations avant même que les traders humains n'aient fini de lire le titre. Cela crée une nouvelle catégorie de risque de volatilité qui n'existait pas dans les époques boursières précédentes.

Cas d'Utilisation	Modèle de Prompt	Ce que l'IA Retourne
Filtrage Pré-Trade	Analyser [TICKER] pour un setup de trade d'options. Vérifier la tendance, le rang VI, les niveaux S/R clés.	Lecture de condition ; environnement VI ; stratégie suggérée ; niveaux clés à surveiller.
Risk Calculation	Étant donné ce trade : [DÉTAILS]. Calculer la perte max, la taille de position pour le compte, la probabilité. Pics de volatilité pilotés par l'IA : Ce qui change maintenant	Mathématiques de risque complètes ; taille de position pour le compte ; estimation de la probabilité de profit.
Gestion du Trade	Mon [STRATÉGIE] sur [TICKER] est à [P&L]. Dois-je fermer, rouler ou tenir ? T-[JAE] restant.	Recommandation de gestion basée sur la règle T-21 ; taille de position ; et conditions de marché.
Revue Post-Trade	Revoir ce trade fermé : [DÉTAILS]. Qu'ai-je fait de bien/mal ? Leçons clés ?	Analyse objective du trade ; vérification de l'adhérence aux règles ; suggestions d'amélioration.

Figure 17.4 — AI Prompt Framework for Traders.

- Pics d'IV dictés par le sentiment — Les systèmes d'IA lisant le sentiment de l'actualité peuvent faire grimper l'IV d'un sous-jacent en quelques secondes après la publication d'une information, avant même que le prix ne bouge de manière significative. Au moment où les traders particuliers remarquent l'expansion de l'IV, la prime a déjà été réévaluée ;
- Amplification des surprises de résultats — Les modèles d'IA prédisent de plus en plus les surprises de résultats et se pré-positionnent sur les marchés d'options. Cela pousse l'IV plus haut lors des événements de résultats que ne le justifieraient les configurations historiques — et l'effondrement de l'IV (IV crush) qui s'ensuit est plus sévère lorsque la surprise attendue ne se matérialise pas ;
- Flash crashes et reprise — Les systèmes d'IA qui partagent des modèles de risque similaires peuvent tous se dé-risquer simultanément, créant des flash crashes soudains.
- Bruit généré par les machines vs signaux réels — Tous les mouvements intrajournaliers brusques ne sont pas significatifs. Le bruit généré par l'IA constitue une part importante de la volatilité intrajournalière. Les traders d'options ayant des horizons temporels plus longs (30–45 DTE) sont

naturellement protégés contre ce bruit — un avantage structurel clé par rapport aux day traders.

L'AVANTAGE ALGO

Vous ne pouvez pas battre les algorithmes HFT à leur propre jeu — l'exécution en microsecondes n'est pas accessible aux traders particuliers. Mais vous n'en avez pas besoin. Votre avantage n'est pas la vitesse. C'est la patience, l'horizon temporel et la gestion des risques. Voici comment utiliser l'environnement algorithmique à votre avantage.

Zéro Jours Avant l'Expiration (0JAE) — La Nouvelle Force du Marché

Aucun développement n'a peut-être remodulé le marché des options de manière aussi spectaculaire que l'explosion des options à zéro jour avant l'expiration (0DTE) — des contrats qui expirent le jour même où ils sont négociés. En 2025, les options 0DTE représentaient 24 % de tout le volume des options cotées aux États-Unis, les options SPX 0DTE affichant à elles seules une moyenne de 2,3 millions de contrats par jour — représentant 59 % du volume total des options SPX. Les jours les plus actifs, les traders particuliers représentent la moitié de tous les flux d'options.

Pour le trader gestionnaire de risque, l'activité 0JAE compte de trois manières spécifiques :

- Le risque gamma est amplifié près de l'expiration — les teneurs de marché qui couvrent le delta (delta-hedging) de millions de contrats proches de l'échéance créent des mouvements intrajournaliers soudains et violents sur le sous-jacent ;
- La Règle T-21 devient encore plus importante : les 21 derniers jours de toute position sont maintenant encombrés de traders 0JAE et d'une activité Gamma amplifiée.
- Les fenêtres de liquidité se déplacent — les meilleurs spreads bid-ask sur les options non-0DTE se produisent désormais lors de la séance du matin, avant que le volume des 0DTE ne domine le flux.

LA RÈGLE 0JAE POUR LES TRADERS DE REVENUS

Ne pas concourir avec les traders 0JAE le jour d'expiration. Si vous détenez une position de prime courte jusqu'au jour d'expiration, vous êtes exposé à une amplification extrême du Gamma.he final trading day, the gamma environment is not yours to control. The Règle

Options IEX : Ce que l'Approbation SEC Signifie pour les Traders

Le 18 septembre 2025, la SEC a approuvé la demande de l'IEX d'exploiter une nouvelle bourse d'options — mettant fin à une bataille réglementaire acharnée qui opposait l'IEX et de plus petits teneurs de marché à Citadel Securities et aux bourses déjà établies. IEX Options devrait être lancée en 2026 comme la 18e bourse d'options américaine.

La caractéristique phare de cette bourse est un ralentisseur (speed bump) de 350 microsecondes — un délai symétrique sur tous les ordres entrants. C'est la même technologie que l'IEX utilise sur sa bourse d'actions, conçue pour empêcher les traders à haute fréquence de devancer les cotations (front-running) avant que les teneurs de marché ne puissent mettre à jour leurs prix. Citadel a soutenu que cela permettrait l'effacement des cotations (quote fading) et nuirait aux investisseurs particuliers. La

SEC n'a pas été de cet avis, rejoignant l'analyse selon laquelle le ralentisseur réduit l'arbitrage de latence et améliore la liquidité affichée.

CE QUE LES OPTIONS IEX SIGNIFIENT POUR LES TRADERS DE DÉTAIL

Pour les traders de rendement sur options utilisant le cadre de ce livre, IEX Options représente un élément positif à long terme. Des spreads plus serrés — qui résultent de marchés plus compétitifs avec des cotations mieux protégées — signifient des coûts d'entrée et de sortie plus bas sur chaque trade de spread. Plus de bourses signifie plus de concurrence pour l'exécution de vos ordres, que votre courtier devrait acheminer vers la bourse offrant le meilleur prix. En pratique : vérifiez que votre courtier propose un routage d'ordres intelligent (smart order routing) à travers l'ensemble des 17+ bourses, et pas seulement les trois principales. La différence de qualité d'exécution sur un iron condor de 10 contrats peut facilement dépasser le coût d'un abonnement mensuel à n'importe quel service de données.

Le Calendrier d'Expiration des Options : Événements de Flux Prédictibles par Algo

Le calendrier d'expiration des options crée des événements de flux récurrents et prévisibles, dictés par l'activité de couverture des courtiers. Ils ne sont pas aléatoires — ils se produisent chaque mois, chaque trimestre, avec une régularité structurelle. Comprendre le calendrier vous donne un avantage de timing.

- Expiration mensuelle (troisième vendredi de chaque mois) — Le plus grand événement d'expiration unique. L'attraction gravitationnelle du Max Pain y est la plus forte. Évitez d'ouvrir de nouvelles positions le vendredi de l'expiration — le risque Gamma est extrême et les flux de couverture des algos créent des mouvements intrajournaliers imprévisibles ;
- Expiration trimestrielle — L'OpEx combinée au rééquilibrage des indices. Les flux institutionnels les plus importants du trimestre. Le SPY, le QQQ et les composants des méga-capitalisations peuvent afficher une action des prix inhabituelle au cours de la dernière semaine ;
- 0JAE (Zéro Jours Avant l'Expiration) — L'explosion du trading d'options le même jour, piloté en grande partie par les plateformes retail.
- Dates des réunions FOMC — Les jours d'annonce de la Fed créent des pics VI brusques avant l'annonce et des effondrements après.

Adapter Votre Stratégie à l'Environnement Algo

La présence du trading algorithmique ne change pas les fondamentaux de la stratégie d'options — elle modifie l'environnement d'exécution. Voici comment s'adapter :

Adaptation	Pourquoi C'est Important à l'Ère Algo
Utiliser des ordres limités exclusivement	Les ordres au marché sont la proie des HFT. Un ordre limité au point médian vous protège d'un remplissage au pire prix possible. a disadvantaged price during a momentary algo-driven spike.
Éviter les stops aux niveaux évidents	Les chiffres ronds, les plus hauts/bas précédents et les croisements de MME sont les niveaux de stop les plus communis chassent par les HFT.y swept stop locations. Place stops at less obvious structural levels or use mental stops managed actively.
Adopter des JAE plus longs pour les trades de revenus	Les positions à 30–45 DTE sont structurellement protégées du bruit algorithmique intrajournalier. Un krach éclair (flash crash) qui s'inverse en une heure ne déclenche pas de perte significative sur un spread expirant dans 35 jours.

Adaptation	Pourquoi C'est Important à l'Ère Algo
Trader pendant les heures de marché régulières	Les sessions pré-marché et après-marché ont une liquidité minimale et sont dominées par le flux d'ordres algo. Les spreads bid-ask s'élargissent considé. Adaptation
Surveiller l'intérêt ouvert sur vos prix d'exercice	Un intérêt ouvert important à votre strike court crée une pression de couverture pour le courtier à mesure que l'expiration approche — cela peut fonctionner pour ou contre vous. Sachez quel est le niveau du Max Pain à votre date d'expiration.
Respecter les expansions VI autour des événements	Les systèmes d'IA évaluent les événements avant que les humains ne les traitent. Lorsque l'IV grimpe soudainement sans actualité évidente, les algos savent quelque chose. Ne vendez pas face à un pic de volatilité sans en comprendre la source — attendez que la situation se clarifie.

L'AVANTAGE STRUCTUREL DU TRADER DE DÉTAIL

Les firmes de HFT dépensent des centaines de millions de dollars pour gagner des microsecondes sur la vitesse d'exécution. Vous ne pouvez pas rivaliser sur ce terrain — et vous n'en avez pas besoin. Votre avantage réside dans la patience, le risque défini et un horizon temporel qui se mesure en semaines plutôt qu'en microsecondes. Le bruit à court terme de l'algo est votre opportunité à long terme. Laissez-les créer la volatilité. Vous en collectez la prime.

Filtrage des Signaux IA : Séparer l'Avantage du Bruit

L'intelligence artificielle et le machine learning sont désormais intégrés à chaque couche de la structure du marché — des algorithmes qui fixent les cotations des teneurs de marché aux processeurs de langage naturel qui scannent les transcriptions des conférences téléphoniques de résultats à la recherche de signaux de sentiment. En tant que trader d'options particulier, vous ne rivalisez pas directement avec ces systèmes. Mais vous pouvez apprendre à reconnaître leurs empreintes et filtrer vos entrées en conséquence.

Comportement IA/Algo	Comment le Reconnaître	Réponse des Six Conditions
Ignition de momentum	L'action progresse ou baisse brusquement sans actualité. Le volume explose. Un retournement suit dans les 30–90 minutes à mesure que l'algo prend ses profits et se rééquilibre.	Ne chassez pas le mouvement. Attendez le retournement et le re-test du niveau précédant le mouvement. Si la condition a été préalablement confirmée (par exemple, condition 2), le pic algorithmique peut créer une meilleure entrée lors du re-test.
Ancrage VWAP	Le prix de l'action gravite vers le Prix Moyen Pondéré par le Volume répétitivement tout au long de la journée. L'intraday est choppy.raday moves fail to hold.	C'est un comportement de retour à la moyenne algorithmique. Il confirme les conditions de marché borné (5 ou 6). Ne tradez pas les cassures (breakouts) qui refluent à plusieurs reprises vers le VWAP — la fourchette est défendue par les algos.
Front-running du flux d'options	Volume d'options inhabituel à un prix	Soyez prudent avant de vendre de la prime sur des strikes où des flux inhabituels sont apparus.

Comportement IA/Algo	Comment le Reconnaître	Réponse des Six Conditions
	d'exercice spécifique apparaît avant un événement d'actualité. Impliqué par de grands changements d'OI du jour au lendemain.anges in short-dated OTM options.	Le flux peut indiquer un positionnement informé — institutionnel ou algorithmique — dont vous ne voyez pas encore la raison.
Dynamiques de gamma squeeze	L'action monte fortement à l'approche d'un grand regroupement d'intérêts ouverts (OI) sur des calls à court terme. Les teneurs de marché qui achètent des actions pour couvrir le delta à mesure que les calls passent ITM accélèrent le mouvement.	Identifier les prix d'exercice call à haut intérê. Ne courez pas après le mouvement. Attendez le retournement et le re-test du niveau d'avant le mouvement. Si la condition était préalablement confirmée (ex. : condition 2), le pic piloté par l'algorithme peut créer une meilleure entrée lors du re-test.
Inversion de momentum de fin de journée	Les actions qui ont affiché une forte tendance toute la journée se retournent souvent dans les 30–60 dernières minutes, les algos prenant leurs profits et se rééquilibrant pour le positionnement du lendemain.	N'ouvrez pas de nouvelles positions directionnelles au cours de la dernière heure de trading. Attendez l'ouverture du lendemain matin pour confirmer si le mouvement intrajournalier s'est maintenu ou s'est inversé. La séance de nuit valide ou invalide souvent la tendance intrajournalière.

Comment le Comportement Algo Interagit avec les Six Conditions

Le cadre des six conditions a été construit sur le principe que la direction du prix et le niveau de volatilité déterminent la stratégie. Les algorithmes ne changent pas ce principe — ils modifient la vitesse à laquelle les conditions de transition s'opèrent et la fiabilité des signaux techniques au sein de chaque condition. Les ajustements pratiques sont directs :

Condition	Ajustement Conscient des Algos
1 & 3	Utilisez des graphiques journaliers ou hebdomadaires pour la confirmation des conditions — pas l'intrajournalier. Les algos créent de fausses cassures et de faux retournements intrajournaliers qui ne reflètent pas de réels changements de tendance. Un signal de condition 1 ou 3 nécessite au minimum une confirmation sur le graphique journalier.
2 & 4	Évitez de vendre de la prime à des strikes qui coïncident avec de grands regroupements de gamma (intérêt ouvert élevé sur des strikes proches). Ces strikes sont défendus par les algos et peuvent être franchis rapidement lors de mouvements de momentum.
5 & 6	Les limites de la fourchette dans les conditions 5 et 6 sont souvent renforcées par le comportement algorithmique de retour au VWAP. Cela peut en réalité améliorer la fiabilité des iron condors et des calendars — mais vérifiez que la fourchette est technique, et pas seulement algorithmique. Les vraies conditions de marché borné tiennent sur plusieurs séances et face à plusieurs événements d'actualité.

L'AVANTAGE ALGO POUR LE TRADER PATIENT

Les algorithmes créent un bruit à court terme qui punit les traders impatients et récompense les traders patients. Les secousses de prix algorithmiques — la fausse cassure, le retournement de momentum, le retour au VWAP — créent systématiquement de meilleurs prix d'entrée pour les traders qui attendent une confirmation. Votre avantage face aux marchés dominés par les algos est la patience. La machine ne peut pas attendre. Elle s'exécute sur son signal programmé. Vous pouvez observer le faux signal, le laisser se résoudre et entrer après confirmation à un prix que la sortie impatiente de l'algo a créé pour vous.

Mettre l'IA au Travail dans Votre Flux de Trading

Comprendre l'activité algorithmique constitue la couche défensive de ce chapitre — un savoir qui vous protège contre les erreurs de positionnement induites par les mouvements de machines. La couche offensive consiste à utiliser directement les outils d'IA dans votre propre processus de trading. Les grands modèles de langage comme ChatGPT, Claude et Gemini peuvent effectuer des calculs financiers, analyser les données d'une entreprise, générer des scénarios stratégiques et passer en revue votre journal de trading — en langage clair, en quelques secondes.

L'IA Peut Aider Avec	L'IA Ne Peut Pas Remplacer
Expliquer les Grecs, le skew et la convexité en langage clair	Données de marché en temps réel — l'IA a des dates limites de connaissance, ne peut pas donner des prix en direct ou la VI actuelle
Calculer le seuil de rentabilité, risque max, récompense max, R/R pour toute position décrite	Calculs précis garantis — toujours vérifier les sorties sur des structures complexes multi-jambes
Filtrer une action contre les Dix Indicateurs — vous fournissez les données, l'IA les analyse	Conseils financiers personnalisés — l'IA fournit des cadres, pas des recommandations d'investissement agréées
Générer des idées de stratégie pour un contexte de marché, JAE et environnement VI donnés	Votre jugement — l'IA est un assistant de recherche, pas un système de trading. Vous décidez.
Revoir votre journal de trading et identifier les schémas comportementaux	Accéder à votre courtage ou exécuter des trades — pas de connexion aux plateformes de trading

La Bibliothèque de Prompts IA pour les Traders d'Options

Utiliser l'IA efficacement est une compétence, pas un raccourci. La différence entre un trader qui utilise bien l'IA et un autre ne réside pas dans l'IA qu'il choisit — elle réside dans la qualité des données d'entrée (inputs) qu'il fournit et dans la manière dont il interprète les résultats (outputs). Chaque prompt ci-dessous suit une structure standard en trois parties : le contexte (ce que vous donnez à l'IA), le résultat (ce qu'elle vous renvoie) et l'interprétation (ce que vous faites du résultat). Maîtrisez l'étape d'interprétation. Le résultat de l'IA est un second avis, pas une directive.

COMMENT LIRE LA SORTIE IA

Les réponses de l'IA pour l'analyse de trading doivent toujours être vérifiées par rapport à votre propre observation du marché en direct. Si l'IA identifie un environnement de Condition 2 mais que votre lecture en deux étapes (graphique + VIX) indique une Condition 5, faites confiance à votre lecture. L'IA synthétise ce que vous lui avez fourni — votre observation en direct synthétise ce que le marché fait réellement. Utilisez l'IA pour confirmer et challenger votre réflexion, pas pour la remplacer.

Ces prompts sont structurés pour une qualité de résultat maximale. Copiez-les directement, remplacez les variables entre crochets par vos données spécifiques, et collez-les dans n'importe quel LLM majeur. La qualité du résultat dépend de la qualité de l'entrée — plus vos données sont spécifiques, plus la réponse sera utile.

Prompt 1 — Analyse du Setup de Trade

"I am considering selling a cash-secured put on [TICKER]. Stock is at $[PRICE]. Target strike: $[STRIKE] put, [DTE] days to expiration. Current premium: $[AMOUNT]. IV Rank: [IVR]. Stock is above its 200-day EMA. No earnings within 35 days. Please: (1) calculate breakeven, maximum risk, and annualized return on reserved capital; (2) evaluate whether this is a favorable setup given the IV environment; (3) suggest the T-21 management plan for this specific trade."

Prompt 2 — Filtrage d'Actions Dix Indicateurs

"Evaluate [COMPANY / TICKER] for a cash-secured put strategy using the Dix Indicateurs: [paste EPS trend, revenue trend, P/E, PEG, dividend history, debt-to-equity, short interest, market size, barrier to entry, political profile, optionable status, megatrend alignment]. Score each indicator 1 (favorable) or 0 (unfavorable). Total out of 10. Rationale for each score. Recommend: High Conviction / Reduce Size / Avoid."

Prompt 3 — Calcul des Grecs pour une Position Multi-Jambes

"I have this options position: [describe each leg — buy/sell, call/put, strike, expiration, quantity, current premium]. Calculate: (1) total position Delta, (2) total position Theta, (3) total position Vega, (4) maximum profit, maximum loss, and breakevens. Then identify: what market scenario causes maximum loss, and what adjustment reduces my Delta exposure by 50%?"

Prompt 4 — Analyse des Schémas du Journal de Trading

"Here are my last 20 options trades: [paste journal — entry date, ticker, strategy, entry price, exit price, P&L, outcome]. Analyze: (1) win rate by strategy type; (2) average win vs. average loss ratio; (3) behavioral patterns in my losing trades; (4) three specific adjustments that would most improve my edge based on this data."

Prompt 5 — Sélection de Stratégie pour les Conditions de Marché Actuelles

"Current conditions: SPY is [above/below] its 200-day EMA. VIX is at [LEVEL]. BPI for [SECTOR] is [LEVEL] and [rising/falling]. Target stock [TICKER] has IVR of [IVR] and is [above/below] its 50-day EMA. No earnings for [DAYS] days. Recommend the three most appropriate options strategies, ranked by expected risk-adjusted return, with entry parameters (strike delta, DTE, target premium) for each."

Prompt 6 — Sélection de Prix d'Exercice Iron Condor

"I want an iron condor on [TICKER / ETF] at $[PRICE], [DTE] days to expiration. I want: short strikes at approximately 0.16 delta each side; long strikes providing $1.50 of protection per side; net credit of at least $0.80. Give me specific strike prices to check, expected probability of profit, and breakeven prices on each side."

Prompt 7 — Analyse de Décision de Roulement

"Short put position: [TICKER] $[STRIKE] put, originally sold for $[CREDIT], currently worth $[CURRENT PRICE], [DTE] days remaining. Stock at $[STOCK PRICE]. I have captured [X]% of original premium. T-21 review triggered. Analyze: (1) close, roll out, or roll out-and-down? (2) if rolling, optimal next strike and expiration? (3) what new credit should I target to justify the roll?"

Prompt 8 — Vérification Pré-Trade du Risque de Résultats

> "I am considering a [STRATEGY] on [TICKER] with [DTE] days to expiration. Next earnings date: [DATE]. Last four earnings moves: [+X%, -Y%, +Z%, -W%]. Analyze: (1) does my expiration overlap with earnings? (2) what is the average expected move? (3) is my short strike far enough from the stock price to survive the average historical earnings move? (4) if not, what adjustment — different strike, earlier expiration, or defined-risk spread — protects me?"

RÈGLE DE FLUX DE TRAVAIL IA

Utilisez l'IA comme votre check-list avant-trade, pas comme votre décideur. Lancez le Prompt 1 (analyse de configuration) avant chaque nouveau trade de rendement. Lancez le Prompt 4 (revue de journal) une fois par mois. Lancez le Prompt 5 (sélection de stratégie) lorsque vous hésitez sur la structure qui convient aux conditions actuelles. L'IA élimine les erreurs de calcul évitables. Elle ne remplace pas le jugement, la discipline ou le cadre de gestion des risques de ce livre.

Prompt 9 — La Lecture Quotidienne des Six Conditions (Votre Prompt IA le Plus Important)

Le prompt d'IA le plus puissant de ce livre est celui que vous lancez avant l'ouverture du marché, chaque jour. Cela prend 60 secondes et vous donne une lecture systématique des six conditions avec confirmation de la stratégie. Faites-en votre rituel d'avant-bourse.

> "Today's market data: SPY is at $[PRICE] and is [above/below] its 50-day EMA and [above/below] its 200-day EMA. Over the past 10 trading sessions, SPY has made [higher highs and higher lows / lower highs and lower lows / oscillated between $X and $Y support/resistance]. VIX is at [LEVEL]. IVR on SPY options is [IVR LEVEL]. Based on the six-condition framework — where direction has three states (bullish, bearish, range-bound) and volatility has two states (high IV above 20 / low IV below 20) — which of the six conditions is currently active? Confirm with one sentence of supporting evidence for each axis. Then state the approved strategy for that condition and what I should NOT be doing today."

Lancez ce prompt chaque matin. Recoupez le résultat de l'IA avec votre propre lecture des conditions en deux étapes (Chapitre 15). Si elles concordent — confiance élevée. Si elles divergent — étudiez l'écart avant d'ouvrir la moindre position. L'IA ne supplante pas votre jugement. Elle fournit une seconde lecture sur les mêmes données.

Comment l'IA Change le Marché des Options — Et Ce que Cela Signifie pour Vous

Le trading algorithmique représente désormais plus de 80 % du volume quotidien des actions américaines. Pour le trader d'options, cela crée à la fois des risques et des opportunités. Les risques : des mouvements de prix soudains, violents et apparemment irrationnels qui sont en réalité des réponses systématiques d'algorithmes à des niveaux techniques, des flux d'options ou au sentiment de l'actualité. Les opportunités : ces mouvements reviennent souvent à la moyenne, présentent des configurations prévisibles (sinon dans leur timing, du moins dans leur forme) et créent fréquemment des anomalies de prix temporaires sur le marché des options que les vendeurs disciplinés peuvent exploiter.

Les trois configurations algorithmiques les plus pertinentes pour les vendeurs de primes sont : le pic de volume sans suivi (les algorithmes achètent ou vendent agressivement sur un signal, le prix flambe, puis reflue en quelques minutes — ne chassez pas), la manipulation de la volatilité implicite près de l'expiration (les teneurs de marché et les algos poussent l'IV plus haut sur de grosses positions proches de l'échéance — reconnaissez-y un phénomène lié au gamma et non un signal directionnel), et le trade sur les rumeurs de résultats (earnings whisper trade) (les algorithmes achètent des options dans les jours précédant les résultats lorsqu'ils détectent des flux institutionnels, gonflant l'IV au-dessus des niveaux fondamentaux — c'est cette rampe que les vendeurs de primes exploitent en entrant sur des spreads calendaires 10–14 jours avant l'annonce).

La démocratisation des outils d'IA a modifié la dynamique du marché des options d'une manière qui touche directement les traders particuliers. Voici ce qui se passe et comment l'utiliser à votre avantage plutôt que d'en devenir une victime.

Développement IA/Algo	Effet sur les Marchés	Your Response
Les grands modèles de langage interprètent désormais les déclarations de la Fed en quelques millisecondes. Au moment où vous lisez le titre de la FOMC, les traders algorithmiques ont déjà intégré le mouvement dans les prix.	Les marchés réévaluent les événements macroéconomiques plus vite que jamais. Les 30 premières secondes suivant la publication d'une donnée sont chaotiques et dominées par les algos.	Ne tradez jamais la réaction initiale. Attendez 5–15 minutes que le prix se stabilise et que les flux d'ordres algorithmiques se calment avant d'évaluer la nouvelle condition. Le second mouvement est bien plus exploitable que le premier.
Les outils d'analyse de résultats dopés à l'IA lisent instantanément les transcriptions des résultats et les notes des analystes. Un « dépassement avec relèvement des prévisions » (beat and raise) ou un « manquement avec abaissement des prévisions » (miss and lower) est intégré dans les cours avant que les traders particuliers n'aient fini de lire le titre.	L'effondrement de l'IV post-résultats (IV crush) est plus net et plus rapide qu'il y a dix ans. La prime des options s'évapore en quelques minutes, pas en quelques heures.	Votre protection : ne détenez jamais de prime courte à travers les résultats. L'effondrement de l'IV qui se déroulait autrefois sur toute une journée de trading se produit désormais en 10 minutes — et le risque de se retrouver du mauvais côté est plus élevé que jamais.
Les IA d'analyse de sentiment scannent des millions de publications sur les réseaux sociaux, d'articles de presse et de données de flux d'options en temps réel, identifiant le positionnement de la foule avant que la foule elle-même ne s'en rende compte.	Les anomalies de flux d'options — de gros achats inhabituels de puts ou de calls — sont détectées et amplifiées plus rapidement. L'activité inhabituelle sur les options est moins « inhabituelle » et s'intègre plus vite dans les prix.	N'utilisez l'activité inhabituelle sur les options que comme un signal secondaire — jamais comme un déclencheur principal. Au moment où vous voyez l'alerte, les institutions et leurs IA sont déjà au courant. L'avantage provient du système des six conditions, et non du suivi de l'argent intelligent (smart money) qui a déjà bougé.
Les algorithmes de tenue de marché ajustent maintenant les spreads bid/ask dynamiquement en temps réel basés sur le flux d'ordres, la volatilité. Les grands modèles de langage interprètent désormais les déclarations de la Fed en quelques millisecondes. Au moment où vous lisez le titre de la FOMC, les traders algorithmiques ont déjà intégré le mouvement dans les prix.	La qualité d'exécution est plus dynamique. Le prix médian (midpoint) peut se décaler de manière significative dans les quelques secondes qui s'écoulent entre le moment où vous évaluez un spread et celui où vous soumettez l'ordre.	Utilisez toujours des ordres à cours limité (limit orders). Ne courez jamais après un spread. Si le prix a bougé avant votre exécution, annulez et réévaluez. Le trade qui s'exécute au-dessus de votre limite est souvent celui dans lequel l'algo voulait que vous soyez — pas le trade que vous aviez prévu.

L'AVANTAGE PERMANENT DU TRADER DE DÉTAIL

Les algorithmes rivalisent sur les millisecondes. Les institutions rivalisent sur le capital. Ni les uns ni les autres ne rivalisent sur la patience, la discipline et le risque défini — les trois éléments qu'un trader particulier déploie comme avantage dans le système des six conditions. Vous n'avez pas besoin d'être plus rapide qu'un algo. Vous devez être dans la bonne condition, dans la bonne structure, à la bonne taille — et laisser les mathématiques faire leur œuvre. Ce n'est pas un avantage que les algorithmes peuvent vous enlever.

Reconnaître les Schémas de Manipulation Algorithmique

Toute l'activité algorithmique n'est pas de la tenue de marché légitime ou de l'exécution institutionnelle. Un sous-ensemble de comportements algorithmiques est conçu pour créer des conditions artificielles qui déclenchent les stop-loss des particuliers, éliminent les mains faibles ou fabriquent l'apparence d'un momentum qui n'existe pas. Reconnaître ces configurations protège vos positions — et vous évite d'être la liquidité que les algos chassent.

Pattern	Ce à quoi Ça Ressemble sur le Graphique	Comment Protéger Vos Positions
Chasse aux Stops / Balayage de Liquidité	Le prix chute brusquement sous un niveau de support bien connu ou grimpe au-dessus d'un niveau de résistance bien connu — balayant les stops regroupés à cet endroit — puis s'inverse immédiatement. La bougie présente une mèche allongée avec un petit corps. Le volume culmine sur la mèche.	Ne jamais placer de stops aux chiffres ronds évidents ou exactement au plus bas/haut précédent. Utiliser des décalages — mettre le stop 50 à 75 cents au-delà. L'AVANTAGE PERMANENT DU TRADER PARTICULIER
Spoofing / Manipulation du Carnet d'Ordres	Identifiez les prix d'exercice (strikes) des calls à fort intérêt ouvert (open interest) sur des plateformes comme les calculateurs de Max Pain. Lorsque le prix s'approche de ces strikes, la condition peut basculer rapidement de 5 à 1. Évitez de vendre des calls sur des strikes à fort OI dans des environnements de momentum.	Ignorez les données de Niveau 2 (Level 2) en tant que signal principal. Les ordres usurpés (spoofed) sont annulés en quelques millisecondes. Tradez ce que le graphique confirme sur plusieurs bougies — pas ce que le carnet d'ordres montre à un instant T.
Momentum Ignition	Une rafale rapide de petits ordres crée un momentum artificiel pour attirer les algos de suivi de tendance et les traders particuliers. Le prix s'accélère au-delà de toute justification fondamentale. Une fois que les particuliers et les algos de momentum s'accumulent, l'algo initiateur sort du marché en profitant du mouvement qu'il a fabriqué.	Si vous voyez le prix bouger de 2–3 % en moins de 5 minutes sans aucune actualité, traitez cela comme une potentielle activation de momentum algorithmique. Attendez que le mouvement se termine et se consolide avant d'évaluer la nouvelle condition. Ne courez pas après le mouvement initial.
Ingénierie du Gamma Squeeze	Sur les actions à fort intérêt ouvert sur les calls, les gros acheteurs poussent le prix à la hausse à travers des strikes clés, contraignant les teneurs de marché à acheter des actions pour couvrir leur delta à mesure que les calls passent ITM. Le mouvement s'accélère de manière mécanique, et non fondamentale.	Surveiller les niveaux d'intérêt ouvert au-dessus du prix actuel sur les actions à VI élevée et fortement à découvert. Si vous êtes vendeur de calls, é. Ne placez jamais de stop-loss sur un chiffre rond évident ou sur le plus bas/plus haut précédent exact. Utilisez des décalages — 1–2% au-delà du niveau évident. Mieux : utilisez des stops mentaux et gérez manuellement, ou utilisez des structures d'options à risque défini qui n'ont pas besoin d'ordres stop.

Pattern	Ce à quoi Ça Ressemble sur le Graphique	Comment Protéger Vos Positions
Mark Painting de Fin de Journée	Dans les dernières minutes de la séance, des ordres importants poussent les prix vers des niveaux spécifiques — soit au-dessus d'un niveau clé pour la clôture hebdomadaire, soit en dessous d'un niveau pour déclencher des stop-loss après la clôture.	Évitez de placer des ordres au marché (market orders) dans les 5 dernières minutes de la séance. Utilisez des ordres à cours limité. Ne prenez pas de décisions de position basées uniquement sur l'action des prix à la clôture — évaluez le contexte de l'ensemble de la journée.

LE SYSTÈME DES SIX CONDITIONS EST RÉSISTANT À LA MANIPULATION

Le cadre des six conditions analyse le VIX et le graphique journalier — deux données d'entrée qu'il est extrêmement difficile de manipuler de manière durable. Une chasse aux stops dure quelques minutes. La tendance journalière dure des jours ou des semaines. Le niveau du VIX reflète la tarification globale de milliers de contrats d'options — pas un ordre unique. En opérant sur l'horizon temporel journalier avec des lectures de conditions clairement définies, vous vous situez au-dessus de la couche du marché où s'opère la majeure partie de la manipulation algorithmique. Le système n'est pas parfait — mais son horizon temporel est sa protection.

Votre Flux de Trading Hebdomadaire Assisté par IA

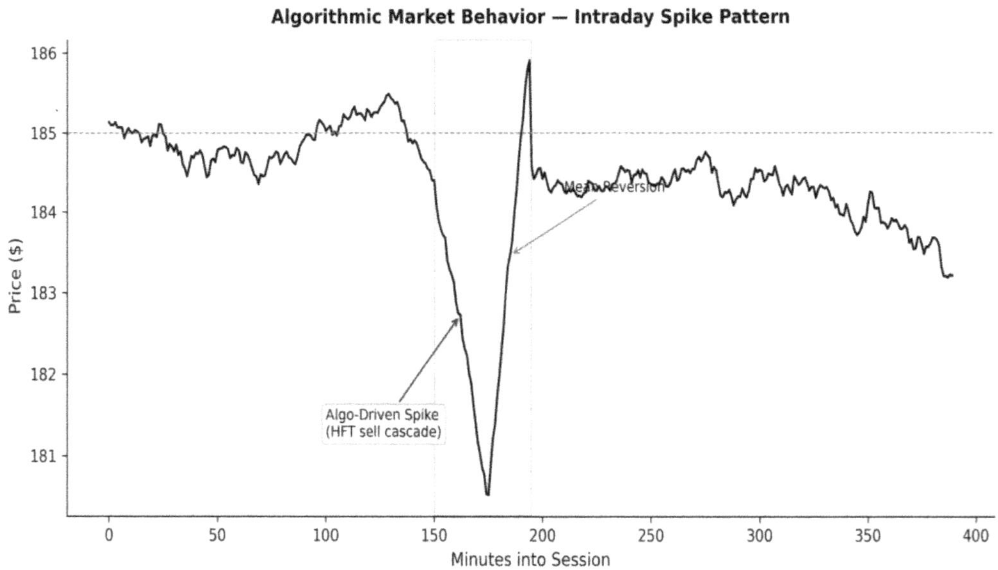

Figure 17.1 — AI-Assisted Hebdomadaire Trading Workflow — Comment to integrate AI tools into your pre-market routine for faster condition reads.

AI-Assisted Hebdomadaire Trading Workflow — Comment intégrer les outils d'IA dans votre routine de pré-marché.

Le trader d'options qui utilise l'IA remplacera celui qui ne l'utilise pas. Voici un flux de travail hebdomadaire pratique pour intégrer l'IA.

Dimanche soir (10 minutes) : Intégrez vos positions ouvertes dans un outil d'IA et demandez-lui de calculer les Grecs actuels, d'identifier les dates de gestion T-21, de signaler les événements de résultats (earnings) sous 14 jours, et de recommander de maintenir/clôturer/rouler pour chaque position avec une argumentation explicite. L'IA fait en 30 secondes ce qui prend 15 minutes manuellement. C'est toujours vous qui prenez la décision — mais avec de meilleures données.

Lundi matin (5 minutes) : Demandez à l'IA d'évaluer la condition actuelle du marché en se basant sur le niveau du VIX et la position du SPY par rapport à sa moyenne mobile exponentielle (EMA) à 50 jours. Cela vous donne un second avis sur votre évaluation de la condition — non pas pour remplacer votre jugement, mais pour le vérifier par rapport à une analyse systématique.

Avant toute nouvelle entrée (2 minutes) : Demandez à l'IA de calculer la perte maximale, le point mort (breakeven), la probabilité de profit, le rendement annualisé, et si l'action présente des résultats prévus dans votre fenêtre de DTE. Cette vérification avant-trade élimine les erreurs et garantit que vous n'avez pas manqué une date de résultats — l'erreur la plus courante chez les traders de rendement.

Après chaque trade perdant (3 minutes) : Décrivez le trade à l'IA et demandez-lui d'analyser quelles règles ont été suivies et lesquelles ont été transgressées. Cela transforme chaque perte en une leçon documentée, sans le biais émotionnel qui fausse l'auto-analyse.

Revue mensuelle (15 minutes) : Intégrez l'ensemble de vos trades du mois dans l'IA et demandez-lui le taux de réussite (win rate), le gain/perte moyen, le profit factor, le P&L total, et le PPD réalisé par rapport à l'objectif. L'IA génère votre tableau de bord mensuel en une fraction du temps — vous permettant de consacrer votre énergie à l'analyse plutôt qu'à l'arithmétique.

Temps hebdomadaire total consacré à l'IA : environ 35 minutes. Équivalent manuel : 2–3 heures. Le gain de temps est précieux, mais le véritable avantage réside dans la régularité — l'IA ne saute jamais une étape, n'oublie jamais de vérifier les résultats, et ne laisse jamais le biais émotionnel teinter l'analyse. Vous apportez le jugement et l'expérience. L'IA apporte la vitesse et la rigueur. Ensemble, vous opérez à un niveau qu'aucun des deux ne pourrait atteindre seul.

LA RÈGLE LIMITE IA

Ne laissez jamais l'IA prendre une décision de trading à votre place. Laissez toujours l'IA faire les calculs pour vous. L'IA gère les mathématiques, la recherche de données et l'identification des configurations. Vous gérez le développement de la thèse, l'évaluation des risques et le feu vert ou rouge final. Lorsque l'IA indique qu'un trade présente une probabilité de profit de 72 %, votre travail consiste à décider si 72 % est suffisant compte tenu de l'exposition de votre portefeuille, de la condition du marché et de votre expérience avec cette action.

NEW TO FUTURES? START HERE

Un contrat à terme (futures) est un accord pour acheter ou vendre un actif à un prix prédéterminé à une date future spécifique. Contrairement aux actions — où vous possédez une fraction d'une entreprise —, un contrat à terme est une obligation de transaction. Les contrats à terme S&P 500 (/ES) vous offrent une exposition à effet de levier sur le S&P 500 sans acheter d'actions. Les options sur futures sont des contrats d'options dont le sous-jacent est un contrat à terme. La mécanique — calls, puts, strikes, expirations, Grecs — est identique à celle des options sur actions. Les différences résident dans la taille du contrat, le règlement, la marge et le traitement fiscal. Si vous êtes à l'aise avec les options sur actions des chapitres 2 à 15, vous êtes prêt pour ce chapitre. Si vous débutez totalement dans les options, terminez d'abord ces chapitres.

OPTIONS SUR FUTURES ▸ L'arène institutionnelle — où les revenus d'indice, les matières premières et les stratégies de volatilité convergentity converge

Options on futures étendent la Philosophie du Vendeur aux marchés les plus profonds, les plus liquides et les plus fiscalement avantageux au monde.

La plupart des traders d'options s'arrêtent aux options sur actions. Ils vendent des cash-secured puts sur Apple, appliquent la stratégie de la Roue (Wheel) sur NVDA, et gèrent des iron condors sur SPY. C'est un système de rendement complet et légitime — et tout ce qui figure dans ce livre jusqu'ici s'y applique sans modification. Mais il existe un univers parallèle de liquidité d'options, d'efficacité de l'effet de levier et d'avantages fiscaux dans lequel la plupart des traders particuliers n'entrent jamais : les options sur futures.

Les options sur futures ne sont pas plus complexes que les options sur actions de manière significative. La mécanique — prime, strike, expiration, Grecs, l'avantage du vendeur — est identique. Ce qui change, c'est le sous-jacent, la structure de l'effet de levier, les heures de trading, les règles de règlement et, dans de nombreux cas, le traitement fiscal. Chacune de ces différences peut jouer puissamment en votre faveur dès lors que vous les comprenez.

Ce chapitre n'est pas une introduction au trading de futures. C'est un prolongement professionnel du cadre de vente de primes que vous avez déjà construit — appliqué aux instruments sur lesquels le capital institutionnel opère à grande échelle.

1. Pourquoi Trade Options on Futures?

L'argument pour vendre des options sur futures repose sur cinq avantages structurels que les options sur actions ne peuvent pas égaler.

Advantage	Ce que Cela Signifie in Practice
Section 1256 Tax Treatment	60 % de tous les gains taxés comme plus-values à long terme, 40 % comme à court terme — quelle que soit la durée de détention.
24-Hour Market Access	Les marchés à terme (futures) cotent presque 24 heures sur 24 — du dimanche 18h00 ET au vendredi 17h00 ET, avec une seule pause quotidienne d'une heure.
Cash Settlement (Futures)	Les futures S&P 500 et les options sur indices se règlent en espèces (cash settled). Il n'y a aucun risque de se voir assigner des actions que vous ne pouvez pas vous offrir. Aucune action ne change de main. Vous clôturez les positions en dollars. Pour le vendeur de primes, cela élimine le risque opérationnel le plus complexe du monde des options sur actions.

Advantage	Ce que Cela Signifie in Practice
Unmatched Liquidité	L'E-mini S&P 500 (/ES) est l'un des instruments les plus liquides de la planète. Les spreads bid-ask sur les options à la monnaie (at-the-money) figurent parmi les plus serrés accessibles aux traders particuliers. Le volume institutionnel garantit des exécutions propres et un slippage minimal — un avantage critique pour les traders de spreads.
Leverage Efficiency via SPAN Marge	Les options sur futures utilisent la marge SPAN (Standard Portefeuille Analysis of Risk) plutôt que la marge Reg-T. SPAN compense les positions corrélées.

Il existe également des risques structurels qui doivent être énoncés clairement. Les futures comportent un effet de levier inhérent — un faible mouvement adverse du sous-jacent peut générer des pertes importantes sur la position de futures elle-même. Les appels de marge (margin calls) sur les futures peuvent être immédiats. Les futures sur matières premières comportent un risque de livraison physique si les positions sont maintenues au-delà du First Notice Day. Ce sont des risques gérables avec une éducation appropriée et un dimensionnement correct des positions, mais ce ne sont pas les risques d'un compte d'options sur actions, et ils imposent le respect.

LA RÈGLE DE THE PREMIUM DESK SUR LES OPTIONS SUR FUTURES

Appliquer ici le même cadre de risque prioritaire qui régit toute autre straté. Les marchés à terme se négocient presque 24 heures sur 24 — du dimanche 18h00 ET au vendredi 17h00 ET, avec seulement une heure de pause quotidienne. Les options sur actions clôturent à 16h15. Les événements nocturnes — décisions de la Fed, actualités géopolitiques, mouvements des marchés étrangers — peuvent être gérés en temps réel, plutôt que de subir des réactions le lendemain matin.

Les Données Derrière l'Avantage du Vendeur : Ce que la Propre Recherche du CME Révèle

La Philosophie du Vendeur ne repose pas sur l'intuition ou le folklore du trading. Elle repose sur un fait de marché structurel et documenté.

Figure 18.2 — OTM Commodity Options Expiry Reference: Key Dates and Delta Ranges by Commodity

Commodity	Symbol	Expiry Style	Last Trading Day	Delta Target	Notes
Crude Oil (WTI)	CL	American	3rd business day before 25th	0.20–0.30	High IV; avoid earnings periods
Natural Gas	NG	American	3–4 business days before last day	0.15–0.25	Seasonal IV spikes; winter/summer
Corn	ZC	American	Last Friday of month prior	0.20–0.30	Harvest season IV elevated May-Jul
Gold	GC	American	4 business days before last day	0.15–0.25	Flight-to-safety spikes on VIX moves
S&P 500 (/ES)	ES	European	3rd Friday of month	0.20–0.25	Index options; no physical delivery

Figure 18.2 — OTM Commodity Options Expiry Reference. Key dates and delta ranges by commodity.

Figure 18.3 — /ES Futures Contract Specifications: Full vs. Micro Contract Comparison with SPY Options

Spec	E-mini S&P 500 (/ES)	Micro E-mini (/MES)	SPY Options
Multiplier	$50 × index	$5 × index	$100 × SPY price
Notional Value (SPX @ 5,000)	$250,000	$25,000	~$500,000 (100 sh)
Tick Size	0.25 points = $12.50	0.25 points = $1.25	0.01 = 1.00
Margin Required	~$12,000 (SPAN)	~$1,200 (SPAN)	Premium paid or collateral
Settlement	Cash — no delivery risk	Cash — no delivery risk	Cash (SPY) or physical
Tax Treatment	60/40 rule (Section 1256)	60/40 rule (Section 1256)	Short-term or long-term

Figure 18.3 — /ES Futures Contract Specifications. Full vs. Micro contract comparison with SPY options.

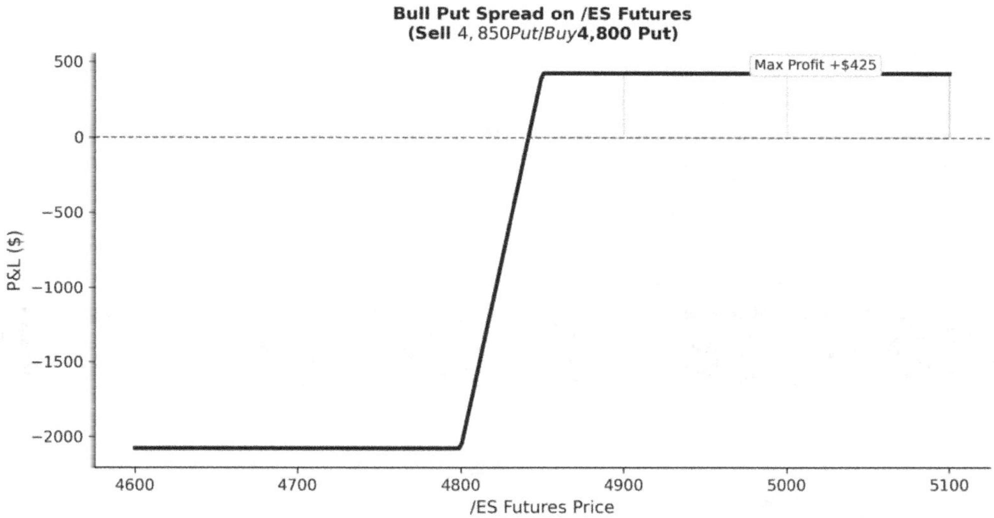

Figure 18.4 — Bull Put Spread on /ES Futures. Credit spread mechanics with $50 multiplier.

En l'an 2000, le Chicago Mercantile Exchange a publié une analyse historique couvrant la période de janvier 1997 à décembre 1999 — examinant plus de 83 000 contrats d'options sur futures S&P 500 détenus jusqu'à l'expiration. L'étude est apparue dans Options on Futures: New Trading Strategies (Wiley & Sons, co-écrit par Lawrence McMillan), et elle reste la ventilation publique la plus précisément sourceée des taux d'expiration des options par produit et par côté — puts contre calls — que le CME ait jamais publiée.

Les conclusions de l'étude sont sans ambiguïté : sur trois années consécutives, plus de 94 pour cent des options de vente sur futures S&P 500 détenues jusqu'à l'expiration ont expiré sans valeur. Au total, environ 83 pour cent de toutes les options S&P 500 ont expiré hors de la monnaie — et environ 77 pour cent de toutes les options CME sur l'ensemble du complexe des futures ont fait de même. Pour la ventilation précise année par année, les lecteurs sont renvoyés à la source originale : Options on Futures: New Trading Strategies,

L'asymétrie entre les puts et les calls dans cette étude constitue l'enseignement clé : les puts S&P 500 ont expiré sans valeur dans 94 pour cent des cas. Les calls S&P 500 ont expiré sans valeur dans environ 55 pour cent des cas. Les deux représentent des avantages pour le vendeur — mais le côté put était résolument plus favorable, et la raison en est structurelle : les marchés d'actions ont un biais haussier à long terme. Une option put est un pari sur une baisse marquée des prix. Chaque année où l'indice ne subit pas de correction significative, l'acheteur de put perd. Le vendeur encaisse. L'étude du CME a quantifié ce que les praticiens avaient toujours compris comme vrai.

Ce que la Période 2020–2024 Confirme

En 2026, le CME n'a pas publié d'étude équivalente actualisée. L'explosion des options à expiration quotidienne (les contrats 0-DTE représentent désormais près de la moitié de l'ensemble du volume hebdomadaire du SPX), la sensibilité commerciale des données d'expiration granulaires et la croissance pure du volume — le volume total des options américaines a dépassé 15 milliards de contrats en 2025, en hausse de 26 % par rapport à 2024 — ont rendu une réplication directe de la méthodologie d'origine difficile à produire et commercialement sensible à diffuser. Le CME ne publie plus cette ventilation publiquement.

Cependant, l'équipe de recherche interne de The Premium Desk a construit des estimations indirectes (proxy estimates) pour la période 2020–2024 en utilisant trois flux de données faisant autorité : les configurations de règlement de l'intérêt ouvert du marché global de l'OCC, la performance des indices de stratégie du CBOE (le PUT Index, BXM, et WPUT), et les recherches sur l'intérêt ouvert de Lawrence McMillan (Option Strategist) concernant les configurations d'expiration des futures S&P 500 du CME. Les résultats, assortis des intervalles de confiance appropriés pour refléter la méthodologie indirecte, sont présentés ci-dessous.

Année	All CME Options OTM à l'Expiration (Est.)	S&P Options (Proxy %)	S&P PUTS Expiring OTM (Proxy %)	S&P 500 Market Direction
2020	~70–76%	~78–83%	~80–88%	+16.3% (Bull)
2021	~72–78%	~80–85%	~87–92%	+26.9% (Bull)
2022	~65–73%	~70–78%	~60–70%	−19.4% (BEAR)
2023	~72–78%	~80–86%	~87–92%	+24.2% (Bull)
2024	~73–79%	~81–87%	~88–93%	+23.3% (Bull)
Avg 2020–24	**~70–76%**	**~78–84%**	**~80–91% avg**	**Net Bull (4/5 years)**

* Les conclusions de l'étude du CME sont citées de Options on Futures: New Trading Strategies (CME Group / Wiley & Sons, 2000, Exhibit 1.1). Les données d'année en année ne sont pas reproduites — voir la source originale.

Source : Mémorandum de Recherche The Premium Desk n°12, Mars 2026. Méthodologie proxy : données OCC sur le marché large. market settlement patterns + CBOE PUT/BXM/WPUT performance + Lawrence McMillan / Option Strategist CME open interest research. No official CME annual breakdown has been publicly released for 2020–2024. 2022 figures highlighted reflect bear-market compression of put-worthless rates.

Quatre années de cette période de cinq ans s'alignent sur la référence d'origine du CME. En 2020, 2021, 2023 et 2024 — toutes des années de marché haussier, affichant chacune un rendement compris entre 16 % et 27 % —, les estimations indirectes situent les taux d'expiration sans valeur des puts S&P 500 dans une fourchette allant de la tranche supérieure des 80 % à la tranche inférieure des 90 %. Les vendeurs qui ont systématiquement vendu de la prime sur les puts au cours de ces quatre années ont conservé la majeure partie de la prime reçue. L'indice CBOE PUT — qui vend systématiquement des cash-secured puts à la monnaie à un mois —

a enregistré des rendements respectifs de +2,1 %, +21,8 %, +14,3 % et +17,8 % au cours de ces quatre années, confirmant la rentabilité réalisée de la stratégie.

2022 : L'année baissière — Ce qu'elle enseigne

L'exception est l'année 2022. Le S&P 500 a chuté d'environ 19,4 % alors que la Réserve fédérale mettait en œuvre son cycle de hausse des taux d'intérêt le plus rapide en quatre décennies. Cette année-là, les taux de puts expirant sans valeur se sont compressés pour atteindre une valeur estimée à 60–70 % — toujours une majorité, mais nettement en dessous de la référence historique. Les vendeurs de puts ont subi des pertes. L'indice CBOE PUT a baissé de 7,7 %.

Voici ce que les données de 2022 nous enseignent réellement, et ce n'est pas que la Philosophie du Vendeur a échoué. C'est que la gestion des risques a échoué.

Il y a également un second enseignement issu de 2022 que les données rendent explicite : lorsque les puts ont cessé d'expirer sans valeur à des taux élevés, les calls ont pris le relais. En 2022, les taux de calls expirant sans valeur sont estimés à environ 70–80 % — soit nettement au-dessus de la moyenne historique des calls de 55,3 % issue de la référence du CME. La direction du marché détermine quel côté du marché des options détient l'avantage structurel. Dans les marchés haussiers, les vendeurs de puts l'emportent. Dans les marchés baissiers, les vendeurs de calls l'emportent. Dans les deux cas, le vendeur — le collecteur de primes discipliné et respectueux de la gestion des risques — gagne le plus souvent.

Metric	CME Study Finding (1997–99)*	Proxy Estimate (2020–24)
Toutes les Options CME Expirant Sans Valeur	76.6%	~70–76% (est.)
Options S&P 500 (Tous Côtés)	83.3%	~78–84% (est.)
S&P 500 PUTS Expiring Worthless	94.0%	~80–91% avg (bear year: ~60–70%)
S&P 500 CALLS Expiring Worthless	55.3%	~50–62% avg (bear year: ~70–80%)
Market Trend During Period	Strong Bull (dot-com run-up)	Mixed: 4 bull years + 1 bear year (2022)

Les propres données publiées par le CME — couvrant plus de 83 000 options sur futures S&P 500 sur trois ans — ont confirmé que plus de 94 pour cent de toutes les options put détenues jusqu'à l'expiration ont expiré sans valeur. Ce n'est pas une légende de trading. Ce sont des données de la bourse. Aucune étude comparable n'a été officiellement mise à jour pour les années 2020 ; le CME ne publie plus cette ventilation publiquement, et l'explosion des options à expiration quotidienne a rendu la méthodologie d'origine plus difficile à répliquer proprement. Mais la dynamique structurelle qu'elle a révélée n'a pas changé. Au cours des quatre années de marché haussier entre 2020 et 2024 — lorsque le S&P affichait un rendement annuel compris entre 16 % et 27 % —, l'analyse indirecte suggère de manière cohérente que les options put S&P 500 expirant sans valeur sont restées dans une fourchette allant de la tranche supérieure des 80 % à la tranche inférieure des 90 %. L'avantage structurel du vendeur est bel et bien intact. Et en 2022, la seule année baissière de la période, ce sont les calls qui ont expiré sans valeur à un taux élevé — confirmant l'autre face d'une même pièce : la direction du marché n'est pas l'ennemie du vendeur. La volatilité, comme toujours, tourne à l'avantage du vendeur.

★ **LE CHIFFRE QUE TOUT VENDEUR DE PRIME DEVRAIT CONNAÎTRE PAR CŒUR**

94 % — le pourcentage d'options put sur futures S&P 500 signalées comme ayant expiré sans valeur dans l'étude publiée par le CME, telle que citée dans Options on Futures: New Trading Strategies (CME Group / Wiley & Sons, 2000). Sur quatre des cinq années de la période 2020–2024, l'analyse indirecte à partir des indices de stratégie du CBOE et des données de règlement de l'OCC suggère que ce chiffre s'est maintenu dans la fourchette des 80–92 %. Le vendeur n'a pas besoin d'avoir raison à chaque trade. Le vendeur doit être discipliné, calibrer correctement sa taille de position et se positionner systématiquement du bon côté de l'avantage structurel que les propres recherches de la bourse confirment.

2. S&P 500 Futures Basics

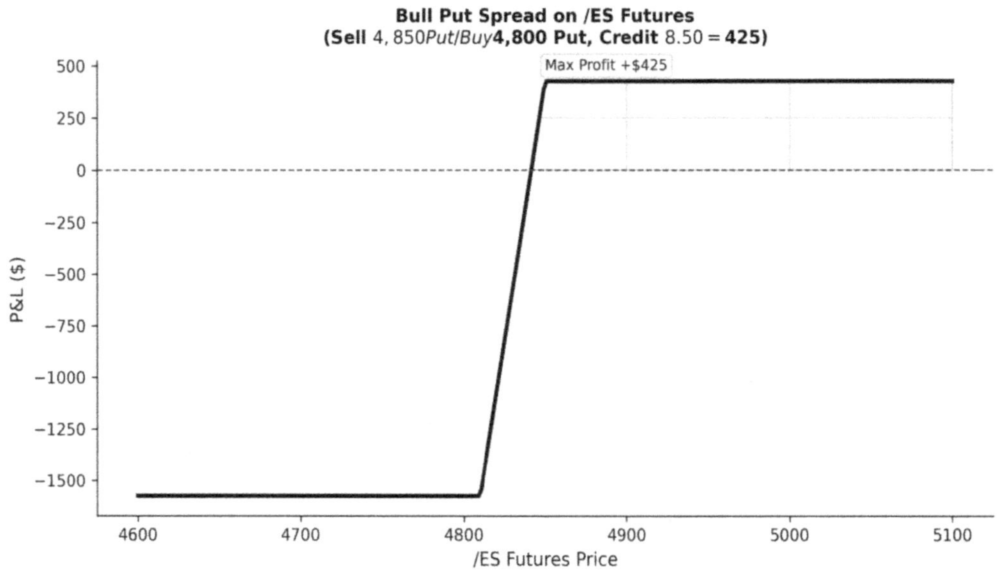

Figure 18.1 — Futures Credit Spread — Applying bull put spreads to ES futures with defined risk and no assignment exposure.

Futures Credit Spread — Appliquer les bull put spreads aux contrats à terme (futures) ES avec un risque défini.

L'ensemble des futures S&P 500 est la référence professionnelle pour comprendre le fonctionnement des options sur futures sur indices. Avant de négocier des options sur ces instruments, vous devez comprendre précisément les contrats sous-jacents.

Contract	Ticker	Multiplier	Key Facts
E-mini S&P 500	/ES	$50 × index	Le standard institutionnel. À un indice = 5 000, un contrat = 250 000 $ de valeur notionnelle. Écart minimal (minimum tick) = 0,25 pt = 12,50 $. Expiration trimestrielle (mars/juin/septembre/décembre). Le contrat à terme le plus liquide au monde.
Micro E-mini S&P 500	/MES	$5 × index	1/10e de la taille de /ES. À un indice = 5 000, un contrat = 25 000 $ de valeur notionnelle. Tick = 1,25 $. Idéal pour les petits comptes et un dimensionnement précis des positions. Même calendrier d'expiration que le /ES.
S&P 500 (Standard)	/SP	$250 × index	Le contrat complet d'origine (full-size). Rarement négocié par les particuliers ; les spreads bid-ask sont larges. Mentionné pour référence uniquement — les traders particuliers utilisent exclusivement le /ES ou le /MES.

Mécanique du Contrat que Vous Devez Connaître

Les contrats à terme ont des dates d'expiration. Le contrat du premier mois (front-month) est l'échéance la plus proche et comporte le volume le plus élevé ainsi que les spreads les plus serrés. À l'approche de l'échéance, les traders « roulent » leur position sur le trimestre suivant — clôturant le contrat expirant et ouvrant le suivant. La différence de prix entre les deux mois de contrat est appelée l'« écart de roulement » (roll spread) et reflète le coût de portage (coût d'intérêt moins les dividendes).

Les futures S&P 500 sont réglés en espèces — à l'expiration, le prix de règlement final est calculé à partir des cours d'ouverture de l'ensemble des 500 actions composantes (la « Special Opening Quotation » ou SOQ les vendredis d'expiration trimestrielle). Aucune action n'est livrée. Votre profit ou perte est crédité ou débité en espèces. C'est la caractéristique structurelle essentielle qui rend les futures sur indices idéaux pour les vendeurs de primes.

Term	Définition — Master These Before Trading
Notional Value	La valeur marchande totale contrôlée par un contrat à terme. /ES à 5 000 = 250 000 $ de notionnel. Un contrat contrôle ce montant indépendamment de la marge requise pour le détenir.
Initial Margin	Le dépôt requis pour ouvrir une position sur futures. Fixé par la bourse (CME Group) et typiquement bien inférieur à
Maintenance Margin	Le solde de compte minimum requis pour maintenir la position. Si votre compte descend sous ce niveau, vous recevez un appel de marge exigeant un dépôt immédiat ou la clôture de la position.
Mark-to-Market (Daily Settlement)	Les positions sur futures sont réglées en espèces à la fin de chaque jour de trading. Les profits sont crédités, les pertes débitées immédiatement.
Contango	Lorsque les prix des futures des mois éloignés sont plus élevés que les prix des mois proches. Normal pour les futures sur indices boursiers (coût de portage > dividendes). Présente des implications importantes pour les produits à terme sur le VIX.
Backwardation	Lorsque les prix des futures des mois proches sont plus élevés que les prix des mois éloignés. Signale des tensions à court terme sur l'offre de matières premières, ou de la peur et une demande de protection immédiate sur les futures VIX.
Rollover Date	La date précédant l'expiration à laquelle la plupart des traders passent du premier mois au contrat suivant. Pour /ES : environ 8 jours avant l'expiration (le jeudi précédant la semaine d'expiration).

3. Understanding S&P 500 Options

L'univers des options sur le S&P 500 offre aux traders trois instruments distincts — les options SPY, SPX et /ES — qui suivent le même indice sous-jacent mais diffèrent fondamentalement par leur structure, leur règlement, leur traitement fiscal et leur application stratégique. Choisir le bon instrument n'est pas une décision anodine. Cela détermine vos exigences en capital, votre efficacité fiscale et votre profil de risque d'assignation.

Feature	SPY Options	SPX Options	/ES Futures Options
Sous-jacent	S&P 500 ETF (shares)	S&P 500 Cash	/ES E-mini Futures Contract
Multiplier	$100 per contract	$100 per contract	$50 per contract

Feature	SPY Options	SPX Options	/ES Futures Options
Settlement	American-style / Shares	European / Cash (no early exercise)	American / Delivers /ES position
Assignment Risk	Yes — assigned 100 SPY shares	No — cash settled at expiration	Yes — assigned /ES futures contract
Tax Treatment	Standard short/long term	Section 1256 (60/40)	Section 1256 (60/40)
Trading Hours	9:30 AM – 4:15 PM ET	9:30 AM – 4:15 PM ET (standard)	Nearly 24 hours (Sun 6 PM – Fri 5 PM ET)
Expirations	Daily, weekly, monthly	Daily (XSP), weekly (SPXW), monthly	Hebdomadaire (/EW), monthly (/ES)
Typical Spread	1–2 cents ATM	$0.10–$0.25 ATM	$0.10–$0.25 ATM
Idéal Pour	Small accounts, defined-risk, familiar structure	Income selling, spreads, tax efficiency	Largest accounts, overnight exposure, SPAN margin efficiency

Pour la plupart des vendeurs de primes, les options SPX représentent le point de départ optimal dans l'univers des options sur indices. La combinaison du règlement en espèces (éliminant le risque d'assignation d'une séance à l'autre), du traitement fiscal de la Section 1256, et de l'exercice de style européen (aucune assignation anticipée possible) crée un instrument structurellement propre. La Philosophie du Vendeur appliquée aux credit spreads SPX est l'un des cadres de rendement les plus reproductibles disponibles — et elle ne requiert aucun compte de contrats à terme.

La voie des options /ES ajoute les avantages de la marge SPAN et de l'accès quasi-24h, mais introduit la complexité

CRITIQUE : LE MINI-SPX (XSP)

Pour les traders avec des comptes sous 50 000 $, les options SPX peuvent être prohibitivement grandes — un spread de 50 de large coûte

4. L'Essentiel d'un Spread de Crédit S&P 500

Un credit spread sur le S&P 500 est la Philosophie du Vendeur appliquée au pool de liquidité le plus profond du marché des options. La structure est identique aux credit spreads sur actions — vendre une option en dehors de la monnaie, acheter une option encore plus en dehors de la monnaie pour se protéger. Les différences résident dans l'échelle, le règlement et l'efficacité fiscale.

Element	Bull Put Spread (Bullish / Neutral)	Bear Call Spread (Bearish / Neutral)
Structure	Sell OTM put + Buy lower-strike put	Sell OTM call + Buy higher-strike call
Market View	Bullish to neutral — index stays above short put	Bearish to neutral — index stays below short call
Max Profit	Net credit received × $100 (SPX) or $50 (/ES)	Net credit received × $100 (SPX) or $50 (/ES)
Max Loss	(Width of spread – credit) × multiplier	(Width of spread – credit) × multiplier
Break-Even	Short put strike – net credit received	Short call strike + net credit received
Quand l'Utiliser	Conditions 1 (Haussier Faible VI) et 2 (Haussier Haute VI). Après des replis. Quand le VIX dépasse 20..	Conditions 3 (Baissier Faible VI) et 4 (Baissier Haute VI). Quand l'indice est

Element	Bull Put Spread (Bullish / Neutral)	Bear Call Spread (Bearish / Neutral)
		étendu au-dessus de la résistance avec un VIX élevé.
SPX Example	SPX at 5,000. Sell 4,850 put / Buy 4,800 put for $2.50 credit. Max profit: $250. Max loss: $2,750. Break-even: 4,847.50.	SPX at 5,000. Sell 5,150 call / Buy 5,200 call for $2.00 credit. Max profit: $200. Max loss: $2,800. Break-even: 5,152.
Close Rule	Close at 50% of max profit (T-21 or time target)	Close at 50% of max profit (T-21 or time target)

Dimensionnement des Positions pour les Spreads S&P 500

Le multiplicateur d'indice et la largeur du spread déterminent votre risque en dollars. Les spreads SPX de 25, 50 et 100 de large sont les tailles standard.nd 100 points are common — each representing $2,500, $5,000, and $10,000 of maximum risk per spread respectively (before credit received). The Premium Desk 2% Rule applies here identically: risk no more than 2% of your account on any single spread trade. An account of $50,000 allows a maximum of $1,000 at risk — a 25-wide SPX spread at full width is therefore your ceiling, and you should be collecting enough credit to close at 50%, reducing realized risk further.

Account Size	2% Risk Limit	Spread Width	Typical Credit	Risque Max
$25,000	$500	25-wide SPX	~$1.50–$2.50	$2,500 gross / ~$2,000 after credit
$50,000	$1,000	25-wide SPX	~$1.50–$2.50	$2,500 gross / ~$2,000 after credit
$100,000	$2,000	50-wide SPX	~$2.50–$4.50	$5,000 gross / ~$4,500 after credit
$250,000	$5,000	50-wide SPX × 2	~$2.50–$4.50	$5,000 × 2 gross / ~$4,000 net each

L'iron condor — la vente simultanée d'un bull put spread et d'un bear call spread — en est le prolongement naturel sur le S&P 500. Dans des conditions de faible volatilité et de marché borné (Condition 5 ou 6), l'indice a tendance à osciller au sein d'une bande définie. Un iron condor sur SPX collecte du crédit des deux côtés, le risque de perte maximale étant limité à un seul côté du spread. Le cadre des six conditions vous indique précisément quand un iron condor est approprié et quand il ne l'est pas — n'entrez jamais dans un condor sur un marché en tendance confirmée.

5. Caractéristiques des Futures et Options sur Matières Premières

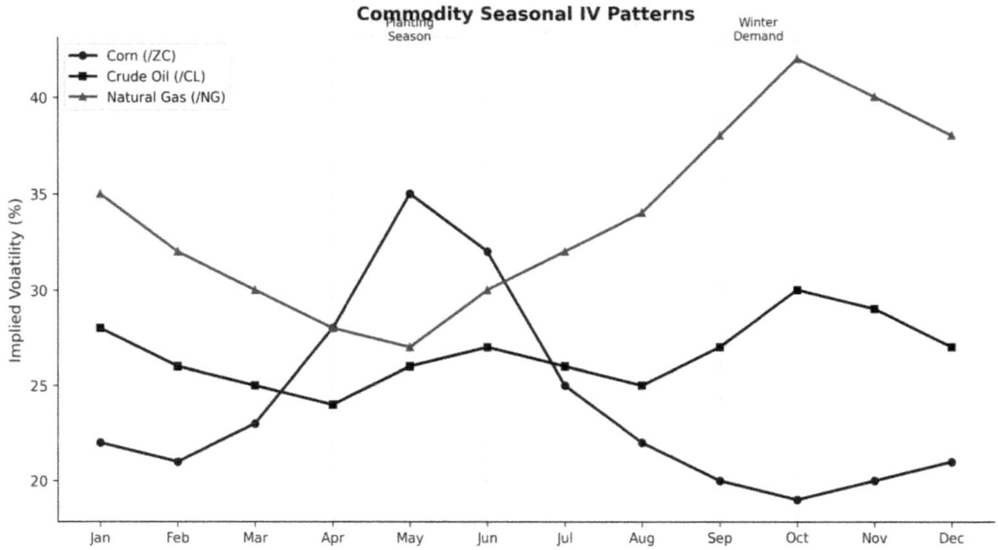

Figure 18.2 — Schémas de Saisonnalité des Matières Premières — Cycles VI historiques sur les principaux marchés de matières premières par trimestre.arter.

Commodity Seasonality Patterns — Cycles historiques de l'IV sur les principaux marchés de matières premières par trimestre.

Les futures sur matières premières présentent un comportement fondamentalement différent de celui des futures sur indices boursiers. Là où le S&P 500 possède un biais haussier structurel à long terme (les bénéfices des entreprises se capitalisent au fil du temps), les matières premières sont des actifs de retour à la moyenne régis par des cycles d'offre et de demande, des configurations saisonnières, des événements climatiques, des perturbations géopolitiques et la dynamique des devises. Chacun de ces facteurs génère des pics de volatilité — et les pics de volatilité constituent des opportunités pour les vendeurs de primes.

Avant de négocier des options sur futures sur matières premières, vous devez comprendre le mécanisme de livraison physique qui les régit. Contrairement aux futures sur indices, la plupart des contrats à terme sur matières premières peuvent donner lieu à la livraison de la marchandise réelle — barils de pétrole brut, boisseaux de maïs, onces troy d'or — s'ils sont maintenus jusqu'à l'expiration. Le First Notice Day (FND) est la date précédant l'expiration à laquelle le vendeur d'un contrat à terme peut signifier son intention de livrer. Maintenir une position d'options sur futures au-delà du FND peut entraîner une assignation sur un contrat à terme qui se trouve à quelques jours de la livraison physique. Ce n'est pas un risque théorique — cela est arrivé à des traders particuliers non informés.

Commodity	Symbol	Bourse	Multiplier	Settlement	Prime Seller's Notes
Crude Oil (WTI)	**/CL**	CME/NYMEX	$1,000/pt ($10/tick)	Physical	Plus haute volatilité des principales matières premières. La VI monte lors des décisions de l'OPEP, d'événements géopolitiques. Vendre des puts OTM profonds après des pics. events, inventory reports. Sell credit spreads after volatility spikes. Never hold through FND — exit positions 2–3 weeks before expiration.

Commodity	Symbol	Bourse	Multiplier	Settlement	Prime Seller's Notes
Gold	**/GC**	CME/COMEX	$100/troy oz	Physical	Retour à la moyenne sur le moyen terme. Fort schéma saisonnier (T4 généralement le plus fort). La VI monte lors de la crise de l'or / inflation / défense.
Natural Gas	**/NG**	CME/NYMEX	$10,000/MMBtu	Physical	Extrêmement volatil — les fluctuations saisonnières peuvent être massives (demande de chauffage/climatisation). L'IV dépasse régulièrement les 50–80 %. Les spreads sont larges. Convient uniquement aux traders d'options sur matières premières expérimentés, avec des structures à risque défini uniquement.
Corn	**/ZC**	CME/CBOT	$50/bushel	Physical	CME/NYMEX
Soybeans	**/ZS**	CME/CBOT	$50/bushel	Physical	Configuration saisonnière similaire à celle du maïs. Surveillez les rapports sur les cultures de l'USDA (superficies ensemencées, rapports WASDE) — ce sont des événements planifiés qui fonctionnent comme des publications de résultats pour les matières premières agricoles.
Silver	**/SI**	CME/COMEX	$5,000/oz	Physical	Volatilité plus élevée que celle de l'or ; la composante de la demande industrielle ajoute une sensibilité aux cycles économiques. Plus difficile à négocier pour le rendement que l'or. Utilisez des structures à risque défini uniquement.
Copper	**/HG**	CME/COMEX	$250/lb	Physical	Considéré comme un indicateur avancé de la santé économique mondiale (« Dr. Copper »). Évolue avec les données PMI et la demande de la Chine. Utile pour les stratégies d'options basées sur la macroéconomie dans l'exposition au secteur des Matériaux.

Les Micro contrats — /MCL (Micro Pétrole Brut), /MGC (Micro Or), /MHG (Micro Cuivre) — offrent accès aux matières premières sans l'exigence de capital élevé.

6. Stratégies de vente pour les options sur matières premières

La Philosophie du Vendeur se transpose directement sur les marchés d'options sur matières premières avec une modification essentielle : la saisonnalité remplace le cycle économique en tant que cadre principal de timing. La rotation sectorielle des actions suit le cycle économique. Les options sur matières premières suivent les cycles de récolte, les configurations climatiques, les calendriers des réunions de l'OPEP et les perturbations géopolitiques de l'offre. La structure est la même — identifier une IV élevée, vendre de la prime sur des strikes à haute probabilité, gérer avec discipline —, mais le calendrier est différent.

Strategy	Best Commodity	Optimal Season	Execution Notes
Selling OTM Puts (Fear Spike)	Gold (/GC, /MGC)	Q3–Q4, Fed decisions, geopolitical events	L'or subit de brusques pics VI lors d'événements de refus du risque. Vendre des puts OTM à 1-2 écarts-types de distance après
Short Strangle (Seasonal Range)	Corn (/ZC)	June–August (post-planting / pre-harvest)	Une fois que les rapports sur les semis de printemps sont intégrés et avant que ne commence l'incertitude liée aux récoltes d'automne, le maïs entre souvent dans une période de volatilité réduite et de fourchette définie. Vendez des strangles OTM sur /OZC à 45 DTE. Il s'agit d'un jeu à saisonnalité définie — à éviter autour des dates de rapports WASDE de l'USDA.
Iron Condor (Post-Événement Calm)	Crude Oil (/CL)	2–3 weeks after OPEC decision	Les annonces de l'OPEP créent de vifs pics d'IV sur le pétrole brut. Après l'annonce, lorsque l'incertitude sur l'offre est levée, l'IV s'effondre souvent rapidement. Entrez sur des iron condors sur /LO (options sur pétrole brut) 2–3 jours après l'événement de l'OPEP. Ciblez 21–30 DTE. Utilisez des ailes plus larges que pour les condors sur actions — le pétrole brut peut faire des gaps.
Covered Call Equivalent (Contango Harvest)	Crude Oil (/CL) in contango	Quand les futures du premier mois se tradent à décompte par rapport au deuxième mois	Quand la courbe des futures pétrole est en contango (mois éloignés > mois proches), vendre des calls contre des positions longues génère
Selling Puts After Demand Shock	Natural Gas (/NG)	Post-winter spike (Feb–March), post-summer spike	2–3 semaines après la décision de l'OPEP

LA RÈGLE DE SURVIE DES OPTIONS SUR MATIÈRES PREMIÈRES

Chaque position d'options sur matières premières doit avoir une date de sortie ferme située au plus tard 21 jours avant l'expiration — et pour les matières premières livrées physiquement comme le pétrole brut et les grains, vous devriez viser une sortie au plus tard 30 jours avant l'expiration. Intégrez cette date dans la configuration de votre trade avant d'entrer. Programmez une alerte calendrier le jour où vous placez le trade. Manquer cette date sur une position d'options sur matières premières n'est pas un défaut de gestion — c'est une erreur structurelle.

7. Utiliser l'Analyse du Ratio Put-Call (P:C) pour Trouver des Entrées Intemporelles

À la base, il mesure combien d'options de vente (puts) sont négociées par rapport aux options d'achat (calls). Lorsque plus de puts sont achetés que de calls, le marché se couvre et exprime de la peur. Lorsque plus de calls sont achetés, le marché exprime de l'avidité et de la complaisance. Historiquement, ces deux extrêmes précèdent ces retournements — et tous deux créent des opportunités d'entrée définies pour le vendeur de primes discipliné.

L'Equity Ratio (options sur actions uniquement) et l'Index Ratio (options sur indices incluant le SPX et l'OEX). Chacun dispose d'une lecture de référence et d'une interprétation différentes. L'Index Ratio est structurellement plus élevé que l'Equity Ratio car les investisseurs institutionnels utilisent les options sur indices pour la protection de leur portefeuille — il s'agit d'un achat de put normal à des fins de couverture, et non d'une spéculation dictée par la peur.

Ratio	Ticker (CBOE)	Baseline Reading	Comment to Use It
CBOE Total P/C Ratio	$CPC	~0.85–0.95 (neutral)	Mesure la plus large. Inclut toutes les options listées. Les pics au-dessus de 1,20 signalent

Ratio	Ticker (CBOE)	Baseline Reading	Comment to Use It
			historiquement la capitulation de la peur — une opportunité. Le Put-Call Ratio (PCR) est l'un des indicateurs de sentiment les plus anciens et les plus régulièrement fiables dans l'analyse des options. À la base, il mesure combien d'options de put sont négociées par rapport aux options de call. Lorsque plus de puts sont achetés que de calls, le marché se couvre et exprime de la peur. Lorsque plus de calls sont achetés, le marché exprime de l'avidité et de la complaisance. Les deux extrêmes précèdent historiquement des retournements — et les deux créent des opportunités d'entrée définies pour le vendeur de prime discipliné.
CBOE Equity P/C Ratio	$CPCE	~0.55–0.65 (neutral)	Le meilleur indicateur de sentiment pur — il élimine la couverture institutionnelle des indices. Un pic au-dessus de 0,80 = peur extrême chez les particuliers/traders d'actions = signal d'achat à contre-courant pour les CSP et les bull put spreads. Une baisse sous 0,45 = spéculation haussière excessive = resserrez les positions et remontez les stops.
CBOE P/C Ratio	$CPCI	~1.30–1.50 (neutral)	Structurally elevated due to institutional hedging. Extrêmes are less informative for timing entries. Most useful for understanding the general institutional hedging level — a collapsing index P/C into 1.0 signals institutions removing protection, which often precedes complacency-driven selloffs.

Le Cadre d'Entrée PCR du Vendeur de Prime

Le put-call ratio ne vous dit pas où ira le marché. Il vous dit ce que les traders parient qu'il va faire — et dans les lectures extrêmes, il vous dit que ces paris deviennent surpeupls. Les positions surpeupls se dénouent violemment. L'avantage du vendeur de primes est que ces dénouements constituent précisément les conditions dans lesquelles la vente d'options devient la plus rentable : l'IV culmine, la foule fait machine arrière et la prime dégonfle rapidement.

Equity P/C Signal	Market Sentiment	Prime Seller's Action
$CPCE > 0.80 (single day)	Acute fear spike	ALERTE — conditions propices pour la vente de puts. Confirmez avec un VIX > 20. Envisagez d'entrer sur des bull put spreads ou des cash-secured puts sur des grands noms. La prime est élevée ; la foule se trompe dans les extrêmes.
$CPCE 21-day EMA crosses above 0.70	Sustained fear / defensive positioning	ZONE D'ENTRÉE À HAUTE CONVICTION — le signal de timing le plus constant pour déployer le capital de vente de primes. Historiquement, les marchés touchent un point bas dans les 1 à 3 semaines suivant ce signal.
$CPCE 0.55–0.65	Neutral / balanced	Conditions d'exploitation standard. Exécuter le plan normal de vente de prime. Pas d'avantage de sentiment dans les deux sens.ither direction.
$CPCE < 0.50	Elevated greed / complacency	ATTENTION — resserrez les positions. Évitez d'ajouter de la nouvelle prime haussière. Envisagez de prendre des bénéfices de manière anticipée sur les positions existantes. La foule achète des calls ; lorsqu'elle s'inversera, ce sera brutal.
$CPCE < 0.45 (sustained)	Extrême complacency / speculative excess	RÉDUIRE L'EXPOSITION — prenez des bénéfices, élargissez les distances de stop, couvrez-vous avec une modeste exposition aux puts sur SPX. Cette lecture a précédé les corrections de 2000, 2007 et du quatrième trimestre 2021.

Note pratique sur l'accès aux données : le CBOE publie les données

8. Utiliser le VIX et les Options sur Futures

Le VIX est le chiffre unique le plus important dans le trading d'options. Vous l'avez déjà rencontré tout au long de ce livre comme le principal signal de volatilité pour le cadre des six conditions. Cette section va plus loin — dans ce que le VIX mesure réellement, comment la structure par terme des futures VIX éclaire votre stratégie, ce que fournissent les options sur futures VIX, et comment la Prime de Risque de Volatilité (Volatility Risk Premium ou VRP) explique la rentabilité à long terme de la Philosophie du Vendeur à un niveau structurel.

Ce qu'est Réellement le VIX

L'indice de volatilité CBOE (VIX) mesure l'attente du marché concernant la volatilité à 30 jours du S&P 500, calculée à partir des prix en temps réel des options SPX sur une gamme de strikes et d'expirations. Il n'est pas dérivé des mouvements de prix historiques — il est prospectif, évalué par le marché et mis à jour toutes les 15 secondes pendant les heures de cotation. Le VIX représente l'écart-type annualisé des rendements attendus du S&P 500 sur les 30 prochains jours, exprimé en pourcentage. Un VIX de 20 implique que le marché s'attend à ce que le S&P 500 évolue d'environ ±20 % au cours de l'année à venir — ou environ ±5,8 % sur les 30 prochains jours.

VIX Niveau	Market Regime	Prime Seller's Strategic Position
< 13	Extrême complacency	La prime est mince — le marché n'évalue presque aucun risque. Les spreads sont étroits. Envisagez de réduire le nombre de positions et d'attendre de meilleures conditions d'entrée. Il s'agit de la Condition 5 ou 6 sur le cadre des six conditions. Ne forcez pas les trades.
13–17	Low volatility / calm	Conditions standard de vente de revenus. Niveaux de prime normaux. Exécuter le plan standard — CSP, covered calls, spreads de cré. Le CBOE Volatility Index (VIX) mesure l'attente du marché concernant la volatilité à 30 jours pour le S&P 500, dérivée des prix en temps réel des options SPX à travers une gamme de strikes et d'échéances. Il n'est pas dérivé des mouvements de prix historiques — il est tourné vers l'avenir, évalué par le marché et mis à jour toutes les 15 secondes pendant les heures de marché. Le VIX représente l'écart-type annualisé des rendements attendus du S&P 500 au cours des 30 prochains jours, exprimé en pourcentage. Un VIX de 20 implique que le marché s'attend à ce que le S&P 500 bouge d'environ ±20% au cours de la prochaine année — ou environ ±5.8% au cours des 30 prochains jours.
17–25	Normal / elevated	Fourchette d'exploitation privilégiée pour les vendeurs de rendement. La prime est significative sans être extrême. Le cadre des six conditions est le plus fiable dans cette zone. C'est votre zone de rendement récurrente optimale.
25–35	Elevated fear	Commencez à vendre de la prime agressivement. L'IV est élevée ; le marché des options paie une surprime pour une protection que l'histoire suggère ne pas être entièrement nécessaire. Les bull put spreads SPX à 1–2 écarts-types OTM constituent le véhicule principal. Échelonnez vos entrées — ne déployez pas tout votre capital en une seule fois.
35–50	High fear / near panic	Opportunité maximale pour la vente de primes. Déployez la pleine allocation sur des bull put spreads et des CSP sur des grands noms. Cette fourchette a historiquement produit les rendements les plus élevés pour les vendeurs de primes. Restez exclusivement sur du risque défini — la volatilité peut rester élevée pendant des semaines.
> 50	Crisis / capitulation	L'environnement de prime le plus élevé possible — et le risque le plus élevé. Les options sur les grands noms et les indices intègrent des scénarios extrêmes. Risque défini uniquement. Réduisez la taille à 50 % de la normale. L'histoire montre que ces extrêmes du VIX se résolvent en faveur des

VIX Niveau	Market Regime	Prime Seller's Strategic Position
		vendeurs de primes — mais la situation peut empirer avant de s'améliorer. Patience et discipline plutôt qu'agressivité.

La Structure des Termes des Futures VIX

Le VIX lui-même mesure la volatilité implicite au comptant (spot) à 30 jours. Les futures VIX (/VX) permettent aux traders d'exprimer une opinion sur ce que sera le VIX à une date future spécifique. La structure par terme — la courbe des prix des futures VIX à travers différents mois d'expiration — constitue l'un des signaux les plus informatifs accessibles à un trader d'options chevronné.

Term Structure Shape	Ce que Cela Signifie	Strategic Implication
Contango (Normal) Near-month < Far-month	Le marché s'attend à ce que le calme actuel se poursuive mais intègre de l'incertitude plus loin dans le temps. Les futures VIX du premier mois sont moins chers que ceux à échéance plus lointaine. C'est l'état normal — observé environ 75–80 % du temps.	Favorable à la vente de prime. Faible risque réalisé à court terme. Les produits comme SVXY (volatilité courte) bénéficient du contango.enefit. VXX/UVXY holders lose money daily through roll costs. Continue normal income-selling plan.
Backwardation (Fear Regime) Near-month > Far-month	Le danger immédiat est valoarisé plus haut que l'incertitude future. Le marché paie une prime pour la protection à court terme.r protection right now. Occurs during crises, major news events, or acute market stress.	Opportunité de vente de prime à forte IV — mais à aborder avec prudence. La backwardation persiste souvent lors des détériorations authentiques. Spreads à risque défini uniquement. Commencez à vous positionner progressivement sur des bull put spreads. Ne vendez pas de positions nues (naked).
Flat Curve Near-month ≈ Far-month	Le marché n'a pas de point de vue fort sur la persistance ou la normalisation de la volatilité. Ce que cela signifie	Neutre — réduire l'exposition, resserrer les spreads, relever les normes de sélection des prix d'exercice. Attendre que la courbe choisisse une direction. to develop a clear shape before deploying full capital.

La Prime de Risque de Volatilité — Le Fondement Structurel de l'Avantage du Vendeur

Derrière chaque principe de ce livre — chaque cash-secured put, chaque iron condor, chaque règle T-21 — se cache un phénomène de marché structurel unique : la Prime de Risque de Volatilité (VRP). Comprendre la VRP, c'est comprendre pourquoi la vente de primes fonctionne à travers les décennies, à travers les instruments et à travers les régimes de marché. Ce n'est pas une stratégie. C'est une caractéristique structurelle de la manière dont les options sont évaluées.

La prime de risque de volatilité (Volatility Risk Premium ou VRP) est l'écart persistant et mesurable entre la volatilité implicite (ce que le marché intègre dans le prix des options) et la volatilité réalisée (ce que le marché fait réellement). La volatilité implicite — telle que mesurée par le VIX pour le S&P 500 — a historiquement dépassé la volatilité réalisée de 3 à 5 points de pourcentage en moyenne sur des périodes glissantes de 30 jours. Cela signifie que les options ont été, en moyenne, surévaluées par rapport à ce qui s'est réellement passé. Le vendeur de primes qui collecte régulièrement cette prime surévaluée récolte la VRP — capturant la différence entre ce que le marché craignait de voir se produire et ce qui s'est réellement passé.

Metric	Historical Average (1990–2024)	Ce que Cela Signifie
VIX (30-day Implied Vol)	~20.0%	Ce que les acheteurs d'options ont payé — l'attente prospective du marché concernant la volatilité S&P 500.
30-day Realized Volatility	~15.5%	Ce qui s'est réellement passé — l'amplitude réelle du mouvement de prix S&P 500 sur la même période.
Volatility Risk Prime (Gap)	~4–5 pts	Le surpaiement structurel par les acheteurs d'options — récolté par les vendeurs d'options. Cet écart a été positif dans 85 % de toutes les périodes de 30 jours depuis 1990.en positive in approximately 75–80% of all rolling 30-day periods since 1990.

La VRP n'est pas une garantie. Elle s'est fortement comprimée en 2008, en 2020 et lors de périodes de crise prolongées où la volatilité réalisée a dépassé la volatilité implicite. Dans ces fenêtres de temps, les vendeurs de primes subissent des pertes. Les règles de gestion des risques tout au long de ce livre — la règle des 2 %, la règle T-21, les structures à risque défini, le dimensionnement des positions et les disciplines de stop — existent précisément pour garantir que vous surviviez à ces fenêtres et que vous restiez positionné pour récolter la VRP lorsqu'elle se normalisera.

Options sur Futures de Matières Premières : L'Avantage du Vendeur

Les options sur futures sur matières premières offrent un avantage structurel que les traders d'options sur actions rencontrent rarement : des primes de volatilité profondément ancrées, alimentées par des chocs d'offre, l'incertitude saisonnière, des événements climatiques et des perturbations géopolitiques. Contrairement aux options sur actions, où la peur est le principal moteur d'une volatilité implicite élevée, les options sur matières premières peuvent afficher une IV élevée simplement parce que l'éventail des trajectoires de prix possibles est réellement large. Les grains, l'énergie, les métaux et les matières premières agricoles traversent tous des périodes d'inflation extrême des primes — et lorsque ces périodes coïncident avec des lectures de centile d'IV élevées par rapport à la volatilité historique, les conditions pour la vente d'options sont exceptionnelles.

Biais du Vendeur : Calls vs. Puts par Classe de Matières Premières

L'un des principes de gestion du risque les plus importants pour les vendeurs d'options sur matières premières est que le biais de skew varie selon la classe de matières premières.

Commodity Class	Primary Risk Direction	Preferred Write Structure	Volatility Profile
Grains (Corn, Soybeans, Wheat)	Hausse (pics de choc d'offre)	Ratio Write call OTM (1×2 ou 1×3)	Pics de VI saisonniers aux semis/récoltes ; pics lors des rapports USDA
Agricultural Softs (Coffee, Cocoa, OJ)	Hausse (météo, maladie)	Put OTM nu (plus sûr) ou spread ratio call	VI structurellement élevée ; excellents candidats au ratio write

Commodity Class	Primary Risk Direction	Preferred Write Structure	Volatility Profile
Energy (Crude Oil, Natural Gas)	Les deux directions ; piloté par les macro	Ratio Write avec gestion delta-neutre	VI élevée par rapport à VH lors d'événements géopolitiques
Metals (Gold, Silver, Copper)	Les deux directions modérées	Spreads de crédit ou ratio write quand le différentiel VI/VH est large	Skew plus faible que les céréales ; le différentiel VI/VH est le filtre principal

Skew de Volatilité dans les Options sur Matières Premières : L'Avantage du Ratio Writer

De nombreuses chaînes d'options sur matières premières présentent un biais de volatilité (skew) prononcé : la volatilité implicite augmente à mesure que l'on s'éloigne en dehors de la monnaie (OTM). Ce skew n'est pas aléatoire — il reflète le risque asymétrique ancré dans les marchés physiques. Pour le vendeur de ratios (ratio writer), ce skew crée un avantage systématique : en vendant un plus grand nombre d'options plus profondément OTM (qui affichent une IV plus élevée) contre un nombre plus restreint d'options longues plus proches de la monnaie, le trader vend la partie la plus surévaluée de la chaîne tout en se couvrant partiellement avec des strikes longs moins surévalués.

Le critère de sélection : identifier les prix d'exercice où la volatilité implicite est la plus élevée par rapport à la volatilité

LA RÈGLE DE SÉLECTION DU RATIO WRITE

Recherchez des marchés de matières premières où : (1) L'IV actuelle se situe dans le quart supérieur de sa fourchette historique (2) L'IV actuelle est supérieure d'au moins 30 % à la volatilité historique récente. (3) Les options OTM affichent une IV nettement supérieure aux options ATM (le skew est présent). Lorsque ces trois conditions sont réunies, vous disposez du candidat idéal pour une vente de ratio — un marché où vous collectez simultanément la prime surévaluée et la prime de skew.

Analyse du Ratio Put-Call : Synchroniser vos Entrées

Le put-call ratio est l'un des outils de timing à contre-courant les plus fiables pour les vendeurs de primes — en particulier pour les entrées sur futures S&P 500 et options sur indices. Le principe fondamental est le sentiment contrarien : lorsque la foule devient excessivement baissière (trop de puts), le marché est probablement proche d'un point bas intermédiaire. Lorsque la foule devient excessivement haussière (trop de calls), le marché est probablement proche d'un sommet intermédiaire. Ces extrêmes sont précisément les zones où les entrées en credit spread et en ratio write offrent le meilleur avantage statistique.

L'application la plus efficace utilise une MME de 10 jours du ratio put-call actions pour lisser le bruit quotidien.

L'oscillateur put-call pondéré. Skew plus faible que sur les matières premières agricoles ; l'écart IV/HV est le filtre principal

Indicator	Threshold	Signal	Action pour le Vendeur de Prime
10DEMA Put-Call Ratio	> 0.47	Pessimisme excessif	Envisager un bull put spread OTM ou un put sécurisé en espèces

Indicator	Threshold	Signal	Action pour le Vendeur de Prime
10DEMA Put-Call Ratio	< 0.39	Optimisme excessif	Envisager un bear call spread OTM ou un ratio write call
P/C Oscillator	> +100 (two spikes)	Peur de la foule à l'extrême	Entrée à haute probabilité pour un spread de crédit put OTM profond
P/C Oscillator	< −100 (two spikes)	Avidité de la foule à l'extrême	Entrée à haute probabilité pour un spread de crédit call OTM profond
Dual Confirmation	10DEMA + Oscillator aligned	Fenêtre de probabilité la plus élevée	Entrer à la taille maximale approuvée dans la règle des 2 %

LE PRINCIPE DU RATIO PUT-CALL

Le put-call ratio ne vous dit pas exactement quand entrer — il vous indique les zones où le sentiment s'est tellement tendu qu'il justifie une entrée en vente d'options. La foule se trompe systématiquement dans les extrêmes. Lorsque le volume d'achat de puts submerge le volume d'achat de calls à un degré inhabituel, la peur est devenue l'émotion dominante — et la peur est systématiquement surévaluée sur le marché des options. Le signal de double confirmation (10DEMA + pic d'oscillateur) fournit le cadre statistique permettant d'identifier les moments où la tarification de la peur a atteint des niveaux qui ont historiquement produit un retour à la moyenne.

LA THÈSE UNIFIÉE

Un vega de −280 $ signifie que si la volatilité implicite sur l'ensemble de vos positions augmente de 1 point de pourcentage, votre portefeuille perdra environ 280 $. Vous êtes court vega — ce qui signifie que vous bénéficiez de la contraction de l'IV et que vous êtes pénalisé par l'expansion de l'IV. Si le VIX est à 14 et que la structure par terme du VIX est en contango, cette position courte vega est favorable — l'IV est plus susceptible de rester basse ou de se contracter davantage. Mais si le VIX est à 22 et que la structure par terme s'est aplatie, votre position courte vega est exposée à un pic potentiel. Action dans le second scénario : ajoutez une position longue vega (achetez un put OTM bon marché sur SPY) pour réduire votre exposition au vega.

Section 4 — Comprendre les Options Nasdaq 100

Le Nasdaq 100 (NDX) est la référence technologique et de croissance, regroupant les 100 plus grandes entreprises non financières cotées sur la bourse du Nasdaq. Pour les traders d'options, le Nasdaq représente une volatilité plus élevée, des cycles d'effondrement de l'IV (IV crush) plus prononcés et une corrélation plus forte avec les résultats des entreprises technologiques à méga-capitalisation — Apple, Microsoft, Meta, Alphabet, Amazon et Nvidia représentant collectivement plus de 40 % de la pondération de l'indice.

Le Nasdaq se négocie sous deux formes de contrats. Le NDX correspond aux options sur indice de taille réelle (full-size) — de style européen, réglées en espèces, avec une valeur notionnelle d'environ 500 000 $ aux prix actuels. Le QQQ est l'alternative basée sur l'ETF qui suit le même indice à environ 1/40e de la valeur notionnelle, avec un exercice de style américain et une liquidité plus élevée pour les stratégies de spreads. Pour les traders particuliers, le QQQ est le véhicule principal.

La prime de volatilité du Nasdaq est structurellement plus élevée que celle du S&P 500. Le VXN (Indice de Volatilité Nasdaq) se trade généralement 2 à

Dimensionnement des Positions pour les Spreads Nasdaq

Étant donné que le QQQ se négocie aux alentours de 480 $–500 $, un put spread d'une largeur de 5 points (par exemple, vendre le put 490, acheter le put 485) nécessite une réduction du pouvoir d'achat de 500 $ et génère environ 80 $–120 $ de crédit selon le rang d'IV. Pour les options sur futures NQ (E-mini Nasdaq), un seul contrat contrôle 100 $ × prix du NQ ≈ 190 000 $ de notionnel aux niveaux actuels. Le MNQ (Micro E-mini Nasdaq) représente 1/10e de cette taille, soit environ 19 000 $ de notionnel — le véhicule privilégié pour les comptes de moins de 50 000 $ négociant les futures Nasdaq.

Instrument	Ticker	Multiplier	Typical Margin/BPR	Spread Type	Spread Credit	Risque Max	Contracts per $10K Block	Account Min.
QQQ ETF Options	QQQ	$100 per point	$400–$600 (5-wide spread)	Bull Put Spread (5-wide)	$90–$140 credit	$360–$410 max risk	2–4 spreads	$10,000
Instrument	**Ticker**	**Multiplier**	**Typical Margin/BPR**	**Spread Type**	**Spread Credit**	**Risque Max**	**Contracts per $10K Block**	**Account Min.**
E-mini Nasdaq (NQ) Futures Options	/NQ	$20 per point	$3,000–$5,000	Bull Put Spread (10-wide)	$400–$600 credit	$1,400–$1,600 max risk	1 spread	$25,000
Instrument	**Ticker**	**Multiplier**	**Typical Margin/BPR**	**Spread Type**	**Spread Credit**	**Risque Max**	**Contracts per $10K Block**	**Account Min.**
Micro E-mini Nasdaq (MNQ) Futures Options	/MNQ	$2 per point	$300–$500	Bull Put Spread (10-wide)	$40–$60 credit	$140–$160 max risk	3–5 spreads	$5,000

Section 5 — Comprendre les Options Dow Jones

La Moyenne Industrielle Dow Jones (DJIA) est le plus ancien indice boursier américain, comprenant 30 grandes sociétés

Pour les traders d'options, le Dow est accessible principalement via le DIA (l'ETF SPDR Dow Jones, qui suit 1/100e de l'indice) ou via les options sur futures /YM (E-mini Dow, 5 $ par point) et /MYM (Micro E-mini Dow, 0,50 $ par point). La volatilité implicite du Dow est généralement inférieure à celle du Nasdaq et comparable à celle du S&P 500. Il est parfaitement adapté aux stratégies de rendement dans les Conditions 2, 5 et 6 — où sa composition en valeurs de premier ordre (blue-chips) offre de la stabilité et une baisse prévisible de la prime.

La composition du Dow en fait un excellent indicateur sectoriel : sa forte exposition aux valeurs financières, industrielles, de la santé et des biens de consommation de base en fait un indicateur avancé de la santé de l'économie globale au-delà du secteur technologique. Lorsque le Dow diverge du Nasdaq — progressant alors que la technologie se replie —, cela signale une rotation vers les valeurs défensives et cycliques, ce qui modifie considérablement le paysage des stratégies de primes.

Dimensionnement des Positions pour les Spreads Dow Jones

DIA se trade à environ 1/100e du niveau DJIA. À un Dow de 42 000, DIA se trade près de 420 $, ce qui le rend similaire à

Instrument	Ticker	Multiplier	Typical Margin/BPR	Spread Type	Spread Credit	Risque Max	Contracts per $10K Block	Account Min.

DIA ETF Options	DIA	$100 per point	$350–$550 (5-wide spread)	Bull Put Spread (5-wide)	$70–$110 credit	$390–$430 max risk	2–4 spreads	$10,000
Instrument	**Ticker**	**Multiplier**	**Typical Margin/BPR**	**Spread Type**	**Spread Credit**	**Max Risk**	**Contracts per $10K Block**	**Account Min.**
E-mini Dow (/YM) Futures Options	/YM	$5 per point	$2,500–$4,000	Bull Put Spread (100-wide)	$350–$500 credit	$1,500–$2,000 max risk	1 spread	$20,000
Instrument	**Ticker**	**Multiplier**	**Typical Margin/BPR**	**Spread Type**	**Spread Credit**	**Max Risk**	**Contracts per $10K Block**	**Account Min.**
Micro E-mini Dow (/MYM) Futures Options	/MYM	$0.50 per point	$250–$400	Bull Put Spread (100-wide)	$35–$50 credit	$150–$200 max risk	3–5 spreads	$5,000

Section 6 — Comprendre les Options Russell 2000

Le Russell 2000 (RUT / futures /RTY / micro futures /M2K) regroupe 2 000 petites capitalisations américaines et constitue la principale référence pour l'exposition aux small-caps. Le Russell se comporte différemment des indices de grandes capitalisations : il est plus sensible aux conditions économiques domestiques, aux variations de taux d'intérêt et à l'accès au crédit. Les petites entreprises ont moins accès aux revenus internationaux et dépendent davantage du financement bancaire, ce qui fait du Russell un indicateur économique avancé lors des cycles de resserrement monétaire.

Pour les traders d'options, le Russell offre des primes de volatilité parmi les plus riches du marché des options sur indices. L'RVX (l'indice de volatilité du Russell) s'échange systématiquement au-dessus du VIX, souvent de 4 à 8 points. Cette surprime existe parce que les actions de petites capitalisations sont plus volatiles individuellement et que l'indice est moins diversifié par secteur. L'implication pratique : les iron condors et les credit spreads sur RUT ou IWM (l'ETF iShares Russell 2000) génèrent des primes plus élevées, pour une même allocation de capital, que les stratégies comparables sur le S&P 500.

Le Russell est particulièrement efficace pour la vente de rendement pendant les Conditions 5 et 6 (marchés sans tendance). Les petites capitalisations ont tendance à se consolider pendant les périodes d'incertitude macroéconomique lorsque la croissance des grandes capitalisations mène le marché. Les spreads bid-ask plus larges sur les options RUT imposent l'utilisation d'ordres à cours limité placés au cours médian ou à proximité. L'IWM est préféré au RUT pour les traders disposant de moins de 100 000 $ — offrant une meilleure liquidité, des spreads plus serrés et une plus grande granularité dans les strikes.

Dimensionnement des Positions pour les Spreads Russell 2000

IWM se trade à environ 1/10e du niveau Russell 2000. À un niveau d'indice de 2 100, IWM se trade près de 210 $, ce qui le rend accessible à tous les comptes.WM trades near $210. A 5-wide put spread on IWM generates approximately $60–$100 in credit with $400–$440 of buying power reduction — a slightly higher premium-to-risk ratio than comparable SPY spreads due to elevated volatility. RUT options (full index, cash-settled) require larger accounts but offer Section 1256 tax treatment (60% long-term / 40% short-term capital gains) like other broad-based index options.

Instrument	Ticker	Multiplier	Typical Margin/BPR	Spread Type	Spread Credit	Max Risk	Contracts per $10K Block	Account Min.
IWM ETF Options	IWM	$100 per point	$400–$450 (5-wide spread)	Bull Put Spread (5-wide)	$60–$100 credit	$400–$440 max risk	2–4 spreads	$10,000
Russell 2000 Options (RUT)	RUT	$100 per point (cash-settled)	$4,000–$6,000 (50-wide spread)	Iron Condor (50-wide)	$600–$900 credit	$4,100–$4,400 max risk	1 spread	$50,000

> **6-CONDITION FRAMEWORK ▸ CONDITIONS 1 & 3 — stratégies à débit directionnel pour les tendances confirmées**
> Le swing trading avec des options est une discipline relevant de la condition 1 (haussière, faible IV) ou de la condition 3 (baissière, faible IV). Vous achetez de la prime lorsque l'IV est bon marché et que la tendance est confirmée. Ce chapitre vous donne le protocole d'entrée pour ces deux cas.

Le swing trading occupe l'espace intermédiaire entre le day trading et l'investissement à long terme — des positions détenues de quelques jours à quelques semaines, capturant des mouvements directionnels au sein d'une tendance plus large. Pour le trader d'options, le swing trading ne consiste pas à accompagner l'intégralité des tendances. Il s'agit d'identifier une fenêtre spécifique de mouvement de prix, d'entrer avec une position à risque défini dimensionnée pour cette fenêtre, et de sortir lorsque le mouvement se réalise — ou lorsqu'il s'avère invalidé.

La structure des options donne au swing trader un avantage fondamental sur les swing traders d'actions : un risque défini.

Les Trois Environnements Fondamentaux du Swing Trading

Chaque marché — et chaque action individuelle — passe du temps dans l'une de ces trois conditions. Votre stratégie doit correspondre à cette condition. Appliquer une stratégie de tendance dans un marché borné, ou une stratégie de range dans un marché en tendance, est la manière la plus courante pour les swing traders de perdre de l'argent.

Condition	Comment to Identify It	Best Options Strategy	Avoid
Trending Up	Plus hauts et plus bas croissants. Prix au-dessus de la MME 50 jours. MACD positif. BPI croissant.	Bull call spreads, long calls (LEAPS), diagonal spreads on sector ETFs	Calls courts, bear spreads — combattre la tendance coûte cher
Trending Down	Plus hauts et plus bas décroissants. Prix en dessous de la MME 50 jours. MACD négatif. BPI en baisse.	Bear put spreads, long puts, short call spreads on weak sectors	Cash-secured puts sur des couteaux qui tombent — attendez d'abord une stabilisation
Range-Bound	Prix oscillant entre support et résistance définis. Compression des Bandes de Bollinger. Faible mouvement du BPI.movement.	Iron condors, short strangles (à risque défini), calendar spreads, spreads de crédit dans le rangerange	Positions directionnelles longues — vous payez de la prime pour un mouvement qui ne vient pas
Volatile / Choppy	VIX elevated. Large daily candles in both directions. No clear trend. IV high.	Short premium strategies (spreads, iron condors) to capture IV contraction. Defined risk only.	Positions nues de tout type. Effet de levier. Chasser les mouvements intrajournaliers.

Le protocole d'entrée en 5 étapes sur repli (Pullback)

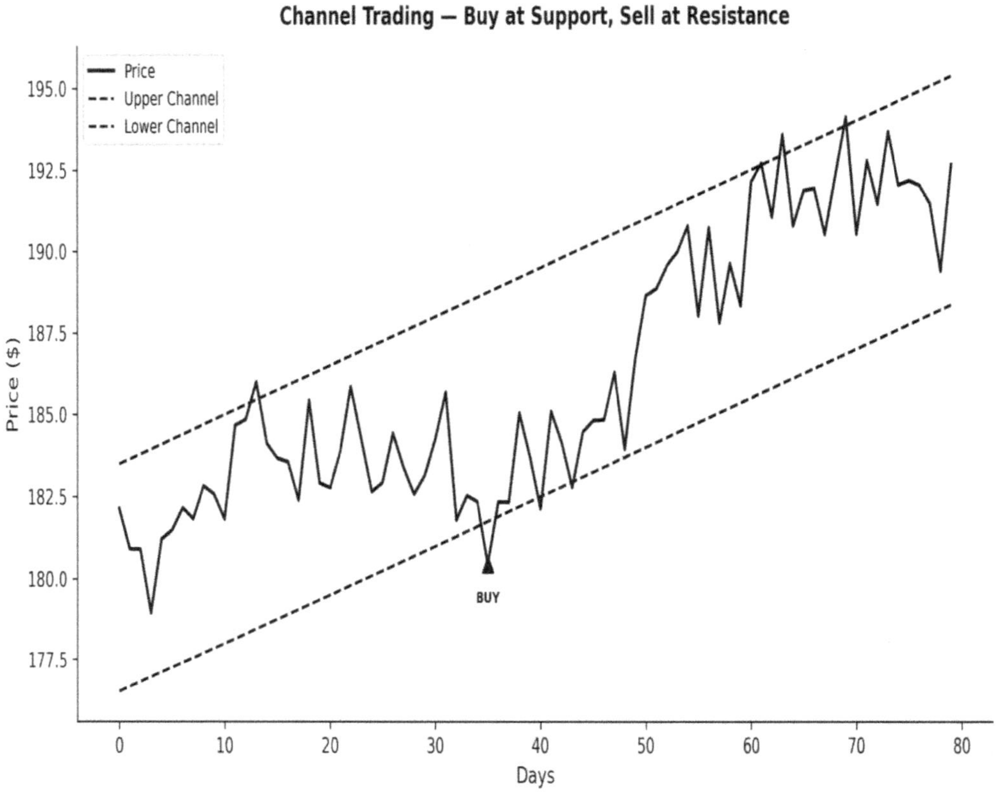

Figure 19.1 — Protocole de Repli — Critères d'entrée pour acheter le repli au sein d'une tendance hausse confirmée en utilisant la confluence des EMA.

Le trading sur repli — qui consiste à entrer sur une action en tendance après une brève consolidation — est la technique de suivi de tendance la plus fiable pour les swing traders. L'entrée suit un processus itératif précis en 5 étapes :

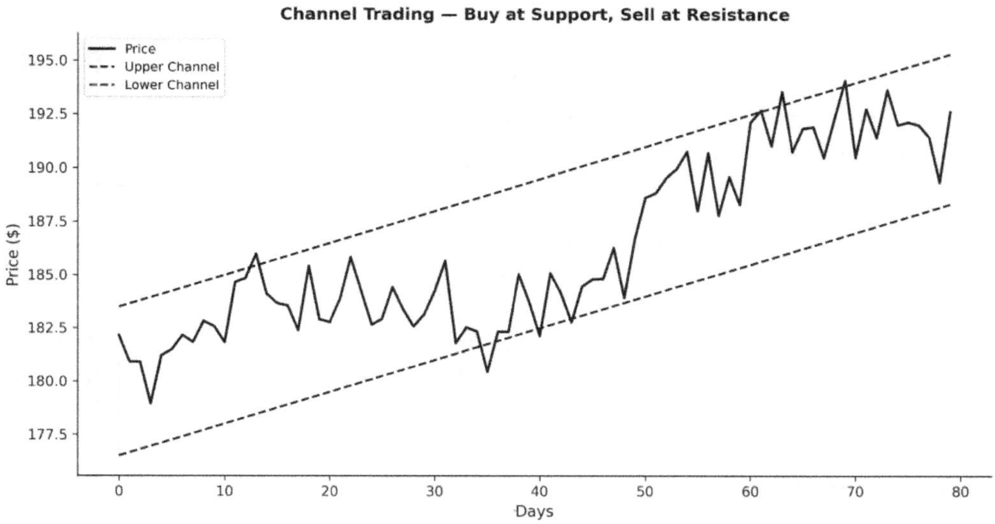

Figure 19.1 — Signal d'entrée en 5 étapes sur repli. Entrée, placement du stop-loss et protocole de stop suiveur pour les trades sur repli au sein d'une tendance haussière confirmée. [Graphique à insérer]

- É. Positions longues directionnelles — vous payez de la prime pour un mouvement qui ne se produit pas
- Étape 2 : Fixez le prix de votre ordre buy stop juste au-dessus du plus haut de la séance de la bougie la plus récente du repli. Si le prix dépasse ce niveau, la tendance reprend ;
- Étape 3 : Si l'action s'échange au-dessus de votre buy stop → l'ordre s'exécute. Sinon → l'ordre est annulé en fin de journée. Ajustez le niveau sur le plus haut de la nouvelle bougie et réitérez. Répétez chaque jour jusqu'au déclenchement ;
- Étape 4:
- Étape 5 : Au fur et à mesure que le trade progresse, remontez quotidiennement votre stop-loss juste en dessous du plus bas de la séance de la bougie la plus récente. Cela permet de verrouiller les gains à mesure que la tendance se poursuit.

Exemple réel : Une action inscrit un nouveau plus haut à 30,44 $. Un repli se produit. L'ordre buy stop est déclenché à 29,44 $ lorsque le prix casse le plus haut du repli. Le stop-loss est positionné à 28,74 $. Si la tendance se poursuit pendant 10 jours, le stop suiveur verrouille les gains tout au long du parcours. Si le trade s'inverse immédiatement, le stop à 28,74 $ limite la perte à 0,70 $/action. C'est le swing trading à risque défini en pratique.

LE SWING TRADING EST RISQUÉ

Le swing trading exige un temps considérable — vous devez surveiller activement le marché. Les profits sont souvent modestes par rapport au capital déployé, et le slippage est bien réel. L'avantage provient de la régularité sur un grand nombre de trades, et non d'un unique gain massif. Certains affirment que le swing trading combine le pire du position trading (risque de nuit) et du day trading (faibles profits). Soyez-en conscient dès le départ.

Trading de Canal : Le Swing Structuré

Un canal de prix est défini par deux lignes de tendance parallèles — l'une reliant une série de sommets de plus en plus hauts (la ligne de résistance), l'autre reliant une série de creux de plus en plus hauts (la ligne de support). Dans un canal haussier, la ligne de support est la zone d'achat et la ligne de résistance est l'objectif de profit. L'expression de cette configuration avec des options consiste en un long call initié lorsque le prix touche la ligne de support, ciblant un mouvement vers la résistance. Le mouvement attendu définit la sélection de votre strike : achetez le call au prix actuel ou juste en dessous (delta 0,45–0,55), avec une échéance qui vous donne 2 à 3 fois le temps estimé pour que le mouvement se réalise.

Règle de cassure de canal : si le prix clôture en dessous de la ligne de support de plus de 0,5 ATR, sortez immédiatement de la position. Le canal est rompu. Ne moyennez pas à la baisse. N'attendez pas un rebond. La thèse est invalidée dès l'instant où le canal échoue.

CHANNEL TRADING ENTRY PRECISION

L'entrée pour un trade de canal se fait sur la ligne de support, pas à proximité. Un prix situé 2 % au-dessus de la ligne de support n'est pas une entrée de canal — c'est une course après le cours. Attendez la ligne. Si l'action rebondit sur le support avant que vous ne puissiez entrer, l'opportunité est passée. Il y aura un autre contact avec le canal. La patience au point d'entrée est la compétence la moins développée en swing trading.

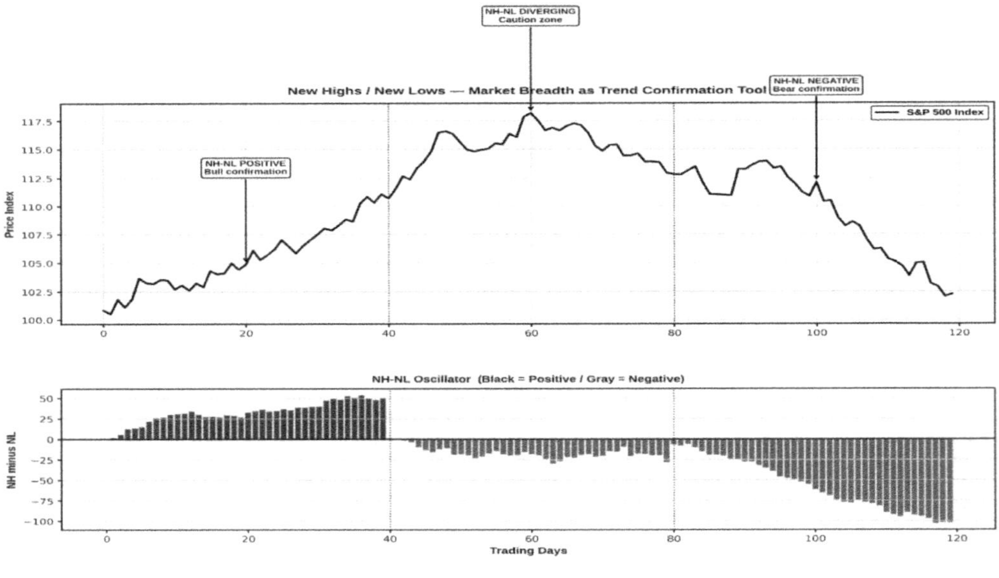

Figure 19.2 — Configurations de Swing Trading — Critères d'entrée et schémas graphiques pour des positions d'options sur plusieurs jours à travers l'ensemble des six conditions.

Setups de Swing Trading — Critères d'entrée et schémas de graphiques pour les positions d'options multi-jours.

Un canal de prix se forme lorsqu'une action inscrit des plus hauts et des plus bas réguliers au sein d'une bande définie. La borne supérieure est la résistance, la borne inférieure est le support. Le trading de canal vous donne des niveaux précis d'entrée, de sortie et de stop — rendant la gestion de position mécanique plutôt qu'émotionnelle.

Protocole d'entrée et de sortie du canal :

- Entrée (long) : À mesure que l'action approche de la ligne de canal INFÉRIEURE/SUPPORT, prenez une position longue. Stop-loss juste en dessous de la ligne de support ;
- Sortie (long) : Quand l'action approche la ligne de canal HAUT/RÉ. Un canal de prix est défini par deux lignes de tendance parallèles — une reliant une série de plus hauts de plus en plus hauts (la ligne de résistance), une reliant une série de plus bas de plus en plus hauts (la ligne de support). Dans un canal haussier, la ligne de support est la zone d'achat et la ligne de résistance est l'objectif de profit. L'expression de cette configuration en options est un call long initié lorsque le prix touche la ligne de support, visant un mouvement vers la résistance. Le mouvement attendu définit la sélection de votre strike : achetez le call au prix actuel ou juste en dessous (delta 0.45–0.55), avec une échéance qui vous donne 2–3 fois le temps attendu pour que le mouvement se réalise.
- Canal ascendant — Achetez le support, ciblez la résistance. Bull call spreads avec le strike court proche de la ligne de canal supérieure ;
- Canal horizontal — Vendez des iron condors ancrés aux parois du canal. Les deux strikes courts à l'intérieur de la fourchette, les ailes juste à l'extérieur ;
- Cassure de canal — Lorsque le prix clôture en dehors du canal avec du volume, le canal est rompu. Clôturez immédiatement les trades de range de canal et suivez la direction de la cassure ;
- Dimensionnement des options : Ciblez 30–45 DTE, positionnez les strikes juste à l'extérieur des limites du canal pour les credit spreads. Les parois du canal gèrent le risque pour vous ;

Range-Bound Stratégies: Making Money in Sideways Markets

La plupart des traders considèrent les marchés sans tendance comme de l'argent mort — rien à faire, nulle part où aller. Le vendeur de primes voit les choses différemment. Un marché borné est une machine à générer des revenus. Chaque semaine où l'action reste dans sa fourchette, le thêta se dégrade en faveur du vendeur. La fourchette est la zone de profit.

- Iron Condor — Vendez simultanément un call spread OTM et un put spread OTM sur le même sous-jacent. Collectez de la prime des deux côtés. Profit maximal si l'action reste entre les strikes courts jusqu'à l'expiration. À déployer de préférence lorsque le VIX est supérieur à 20 et que l'action présente des limites techniques claires ;
- Short Strangle (à risque défini) — Vendre un call OTM et un put OTM. Acheter des options OTM plus éloignées comme ailes pour définir le risque.
- Double diagonal — Vendre un strangle à court terme, acheter un strangle à plus long terme avec des prix d'exercice plus larges. Combine l'avantage de la baisse de la valeur temps avec la gestion de l'exposition à la volatilité. Avancé mais hautement efficace dans les marchés en range persistants.

LA RÈGLE DU TRADER DE RANGE

Avant de vendre une structure de range (iron condor, short strangle), demandez-vous : y a-t-il un catalyseur connu à l'intérieur de cette fenêtre d'échéance ? Les publications de résultats, les décisions de la FDA, les réunions du FOMC et les événements de repondération des indices peuvent tous détruire un trade de range en une seule séance. Vérifiez le calendrier avant de vendre le range.

Setups de Volatilité : Trader le Cycle d'Expansion et de Contraction

Le squeeze de volatilité est l'une des configurations de swing à plus haute probabilité accessibles au trader d'options. Il se produit lorsque les bandes de Bollinger se contractent pour atteindre leur fourchette la plus étroite en 20 à 30 séances — une condition indiquant que le marché a condensé sa fourchette jusqu'à un point de décision. L'énergie s'accumule. La cassure, lorsqu'elle survient, est souvent vive et soutenue. Le jeu d'options : achetez un straddle ou un strangle lorsque les bandes sont au plus étroit (straddle ATM lorsque vous n'avez pas de biais directionnel, ou spread directionnel si la tendance précédente vous donne un biais), ciblez un gain de 100–150 % sur l'option longue à mesure que la cassure se prolonge, et sortez immédiatement du côté perdant dès que la direction est confirmée.

Figure 19.2 — Compression de Volatilité → Cassure. La compression des Bandes de Bollinger précède la cassure directionnelle.

La règle d'entrée en squeeze : la largeur des bandes de Bollinger (BB width) doit se situer à sa lecture la plus basse depuis au moins 20 séances. N'entrez pas sur un straddle lors d'une consolidation normale. La configuration exige une authentique compression de volatilité, pas simplement une journée calme. Utilisez l'indicateur TTM Squeeze ou la métrique BB width de votre plateforme pour filtrer cette condition.

La volatilité elle-même est un phénomène négociable. L'IV ne reste pas élevée indéfiniment — elle retourne à la moyenne. Et elle ne reste pas écrasée pour toujours — elle finit par s'étendre. Le trader qui comprend ce cycle peut se positionner pour l'expansion avant qu'elle n'arrive et profiter de la contraction après son pic.

- Configuration longue volatilité pré-événement — Avant un catalyseur connu (bénéfices, FDA, données macro), l'IV augmente à mesure que le marché intègre l'incertitude. Achetez un straddle ou un strangle 7 à 10 jours avant l'événement, lorsque l'IV est encore en hausse. Vendez avant l'événement — capturez l'expansion de l'IV, évitez l'effondrement de l'IV (IV crush) ;
- Setup de volatilité courte post-événement — Après la survenue d'un événement catalyseur, la VI s'effondre quel que soit le ré. Double diagonal — Vendre un strangle à court terme, acheter un strangle à plus long terme à des strikes plus larges. Combine l'avantage du déclin temporel avec la gestion de l'exposition à la volatilité. Avancé mais hautement efficace dans les marchés à range persistant.
- Cassure de squeeze des bandes de Bollinger — Lorsque les bandes se compressent à des niveaux historiquement étroits, une expansion de la volatilité est imminente. La direction est inconnue. Achetez un straddle sur le squeeze. Laissez la cassure déterminer votre jambe directionnelle gagnante et clôturez rapidement le côté perdant pour récolter le gain sur la jambe gagnante ;
- Inversion de pic de VIX — Lorsque le VIX grimpe au-dessus de 30 lors d'un selloff du marché, les vendeurs de primes qui déploient des structures à risque défini pendant la panique profitent historiquement du retour du VIX vers sa moyenne au cours des semaines suivantes. Calibrez de petites tailles, sur risque défini uniquement, et ne précipitez pas l'entrée — laissez le pic se développer pleinement avant de vendre en face ;

Gestion du Swing Trade : Les Trois Règles de Sortie

Ouvrir le trade correctement est la moitié du travail. Le gérer et le fermer correctement est l'autre moitié.

- Sortie sur objectif de profit — Pour les credit spreads et les trades de rendement (iron condors, CSP, covered calls) : clôturez à 50 % du profit maximal. Ne conservez pas la position pour les derniers 50 % — le gamma s'accélère et un seul mouvement adverse peut effacer des semaines de dégradation temporelle. Pour les positions directionnelles longues (calls longs, puts longs, debit spreads avec des thèses à haute conviction) : laissez la position courir vers le profit maximal, en utilisant un stop suiveur dès que la position dépasse 50 % de gain. Encaissez la partie efficiente sur les trades de rendement et redéployez ; laissez courir les gagnants directionnels ;
- Sortie sur stop loss — Définir une perte maximale avant l'entrée. Pour les spreads à débit : ne perdre pas plus de 100 % du débit payé.
- Sortie temporelle — Si une position n'a pas atteint son objectif de profit et n'a pas touché son stop-loss mais a consommé 50–60 % de son temps jusqu'à l'expiration sans aucun mouvement, clôturez-la. Le temps travaille désormais contre vous sur les positions longues et la thèse ne s'est pas matérialisée. Libérez le capital.

La Liste de Vérification du Signal d'Entrée du Swing Trader

Les swing traders discrétionnaires perdent de l'argent lorsqu'ils tradent au sentiment. Le swing trader professionnel utilise une liste de contrôle structurée — chaque entrée doit valider chaque élément avant qu'une position ne soit ouverte. Si une seule case n'est pas cochée, le trade n'a pas lieu. La configuration suivante finit toujours par arriver.

	Signal	Comment to Verify	Ce que l'Échec Signifie
✓	Tendance confirmée sur le graphique journalier	Ci-dessous pour baissier.	Pas de tendance = pas d'entrée de swing trade. Stratégies de range uniquement.
✓	Le repli est superficiel — moins de 38,2 % du swing précédent	Mesurer le retracement du plus haut du swing au plus bas du repli. Le maintenir au-dessus du niveau de Fibonacci 38,2 %. level.	Les retracements profonds signalent un retournement de tendance potentiel — attendre la formation d'une nouvelle base.
✓	Le volume s'est contracté pendant le repli	Pullback on declining volume = healthy consolidation. Volume surge on pullback = distribution.	La vente sur volume élevé signifie que les institutions sortent. Ne pas acheter lors de la vente institutionnelle.ng.
✓	Le MACD est positif (haussier) ou négatif (baissier) et ne diverge pas	Ligne MACD au-dessus de la ligne de signal pour un swing haussier. Pas de divergence négative entre le prix et le MACD.CD.	La divergence MACD précède souvent le retournement. Divergence = passer le trade.
✓	Le Rang VI est en dessous de 50 pour les stratégies à débit	Vérifiez l'IVR sur votre plateforme. Moins de 50 = acheter des options. Plus de 50 = vendre des options ou utiliser des spreads.	Un IVR élevé rend les options achetées surestimées. Vous payez trop et le theta travaille contre vous plus vite.ter.

	Signal	Comment to Verify	Ce que l'Échec Signifie
✓	Pas de résultats dans la fenêtre de trade	Vérifiez le calendrier des résultats sur la plateforme de votre courtier ou sur earningswhispers.com. Confirmez qu'il n'y a aucun rapport avant l'expiration.	Les résultats peuvent faire écarter l'action dans n'importe quelle direction. Ne jamais conserver un swing trade directionnel à travers les résultats.
✓	Le Risque/Récompense est d'au moins 2:1	Calculer : (Cible − Entrée) ÷ (Entrée − Stop). Doit être 2,0 ou plus avant de placer le trade.de.	En dessous de 2:1 signifie que vous avez besoin d'un taux de réussite de 67 %+ juste pour atteindre le seuil de rentabilité. Ce n'est pas un avantage durable.e.
✓	La taille de position respecte la règle de risque de 2 %	Calculer : (Entrée − Stop) × contrats × 100. Doit être ≤ 2 % du compte total.	Le surdimensionnement est la première cause de destruction de compte des swing traders. Pas d'exceptions.

Options Structures Mapped to Swing Setups

L'environnement de swing trading ne détermine pas seulement la direction — il détermine quelle structure d'options offre le meilleur ratio risque/rendement pour cette configuration spécifique. Acheter la mauvaise structure pour le bon choix directionnel fait tout de même perdre de l'argent. Voici la cartographie complète.

Market Condition	Direction	Best Structure	Pourquoi ça Convient	Real Exemple
Tendance Haussière Forte	Bullish	Bull Call Spread	Achetez le call ATM, vendez le call OTM. Réduit le coût par rapport à un call long sec. Profite d'un mouvement modéré — n'a pas besoin d'un rallye d'enfer.	AAPL at $190. Buy $190 call, sell $200 call, 35 DTE. Cost: $3.00 debit. Max profit: $7.00 (133%). Max loss: $3.00. Target: 50–75% of max profit.
Strong Uptrend — High Conviction	Bullish	Long Call (ATM or slightly ITM)	Pleine participation à un mouvement haussier d'envergure. Coût plus élevé mais potentiel de hausse illimité au-dessus du point mort. À utiliser lorsque le BPI et le MACD sont tous deux puissants et l'IV inférieure à 30.	NVDA à 480 $. Achetez le call 475 $, 45 DTE. Prime 18,00 $. Point mort 493 $. Objectif : 510 $+ en 3 semaines pour un gain de 100 %+ sur l'option.
Tendance Baissière Forte	Bearish	Bear Put Spread	Acheter un put ATM, vendre un put OTM. Réduit le coût vs. un long put direct. Profite d'une baisse modérée.	SPY à 450 $. Acheter put 450 $, vendre put 440 $, 30 JAE. Coût : 3,50 $ dé. Forte tendance haussière — Forte conviction

Market Condition	Direction	Best Structure	Pourquoi ça Convient	Real Exemple
Weak Stock in Strong Market	Bearish	Long Put or Bear Put Spread	Un put à courte durée capture la divergence.	XYZ à 85 $, ETF sectoriel au plus haut historique mais XYZ sous la MME 50 jours. Acheter put 82,50 $, 21 JAE. Jeu de force relative pure.Pure bearish thesis on relative weakness.
Range-Bound	Neutral	Iron Condor	Vendez simultanément un call spread OTM + un put spread OTM. Profit si l'action reste dans la fourchette. Idéal lorsque l'IV est élevée et le BPI plat.	Encaissez un crédit net de 1,80 $. Profit max si AMZN reste dans le range.
Pre-Breakout Squeeze	Directional (unknown)	Long Straddle or Strangle	Achetez simultanément un call ATM et un put ATM avant une expansion de volatilité attendue. Profitez de la cassure dans l'une ou l'autre direction.	Nécessite un mouvement de 8,50 $ dans l'une ou l'autre direction pour réaliser un profit — clôturez le côté perdant après la cassure.
Post-Earnings IV Crush	Neutral	Short Iron Condor	Après les résultats, la VI s'effondre. Vendre de la prime pendant que la VI est encore élevée. L'action a déjà bougé.	GOOG annonce les résultats, l'action écarte de 4 % à la hausse, la VI baisse de 40 % de 65 à 38. Vendre iron condor au nouveau post-résultats.

Un Déroulement Complet de Swing Trade : Spread Call Haussier AAPL

Ce qui suit est un trade complet, de l'identification à la sortie — chaque étape étant documentée. C'est ainsi qu'un swing trader professionnel réfléchit à une configuration. Lisez-le une fois. Utilisez-le ensuite comme modèle pour documenter vos propres trades dans votre journal.

Stage	Detail
Market Context	Le S&P 500 est en tendance haussière confirmée. Le BPI est à 68 (zone haussière). Le VIX est à 16 (calme). Le secteur technologique (XLK) mène le marché. Contexte macroéconomique favorable pour des swing trades haussiers sur la tech à grande capitalisation.
Stock Selection	AAPL à 192 $. 3 battements consécutifs de ré. Après les résultats, l'IV s'effondre. Vendez de la prime pendant que l'IV est encore élevée. L'action a déjà bougé — maintenant, elle a tendance à se consolider.
Checklist	Tendance confirmée ✓ | Repli superficiel ✓ | Volume déclinant sur le repli ✓ | MACD positif, pas de divergence ✓o divergence ✓ | IVR below 50 ✓ | No earnings within 35 days ✓ | R/R target ≥ 2:1 ✓ | Position size within 2% rule ✓

Stage	Detail
Structure Selected	Bull call spread : Acheter call 192,50 $ / Vendre call 202,50 $. 35 JAE (expiration mensuelle). Largeur du spread 10 $. width: $10.00. Cost: $3.40 debit. Max profit: $6.60. Max loss: $3.40. R/R: $6.60 ÷ $3.40 = 1.94:1 — slightly below target. Adjust.
Adjusted Structure	Bull call spread : Achat call 190 $ / Vente call 200 $. 35 DTE. Coût : débit de 4,20 $. Profit max : 5,80 $. Perte max : 4,20 $. R/R : 5,80 $ ÷ 4,20 $ = 1,38 :1 — trop bas. Utilisez une largeur de spread de 10 $ et soyez plus exigeant sur le coût.
Final Structure	Acheter call 192,50 $ / Vendre call 205 $. 35 JAE. Coût : 3,00 $ dé. Sélection des actions
Marge de Portefeuille	Un système de calcul de marge pour les comptes d'options qui détermine les exigences de garantie en fonction du risque réel du portefeuille évalué sur 10 intervalles de prix — et non de la perte maximale théorique par position. Disponible pour les comptes approuvés pour le trading d'options nues avec un minimum de 100 000 $ à 150 000 $. Génère des exigences de marge nettement inférieures pour les positions couvertes (collars, iron condors, covered calls) par rapport à la marge standard Reg-T. Géré par l'OCC et le CBOE. Pertinent lors de la gestion simultanée d'un carnet complet multi-conditions. Voir Annexe E.
Position Sizing	Compte : 100 000 $. Règle de risque 2 % : perte max par trade = 2 000 $. À 3,00 $ débit × 100 actions × 1 contrat = 300 $ de risque. 1 contract = $300 per contract. 2,000 ÷ 300 = 6 contracts maximum. Choose 5 contracts = $1,500 max loss = 1.5 % du compte.
Entry	Ouverture du lundi. Passer un ordre limité à 3,00 $ débit (point médian de 2,80 $ bid / 3,20 $ ask). Rempli à 2,95 $.t $3.05 — slightly above mid on open. Acceptable. 5 contracts × $3.05 × 100 = $1,525 total cost.
Management Plan	Objectif de profit : 50 % du profit max = 4,75 $/spread. Déclenchement à une valeur du spread de 7,00 $. Stop : spread tombe sous 1,50 $.ad drops to $1.50 (50% loss of debit). Time stop: close at T-14 regardless of outcome. T-21 reminder set.
Trade Outcome	Jour 18 : AAPL monte à 199,40 $ après des nouvelles positives sur les produits. Le spread vaut maintenant 6,40 $. C'est 115 % du débit payé.
Post-Trade Review	Ce qui a fonctionné : entrée sur repli avec liste de contrôle, structure correcte pour l'environnement d'IV, sortie disciplinée sur objectif de profit. Ce qu'il faut améliorer : le calcul initial de la structure a nécessité deux ajustements avant que le R/R ne soit satisfaisant — créez un tableur pour cela. Prochaine étape : trouver la configuration suivante dans la rotation du secteur technologique.

DOCUMENTER CHAQUE TRADE DE CETTE FAÇON

L'analyse ci-dessus n'est pas seulement un exemple — c'est le modèle. Chaque swing trade que vous placez devrait avoir ses onze étapes documentées dans votre journal avant et après. Les traders qui documentent cela de manière approfondie bâtissent une base de données personnelle de leur avantage. Après 50 trades, des configurations émergent : quelles configurations fonctionnent pour vous, quels éléments de la liste de contrôle vous omettez et qui vous coûtent cher, et quelles sorties vous prenez trop tôt ou trop tard. Le journal est l'endroit où l'avantage se capitalise.

Dimensionnement des Positions de Swing Trading : Le Cadre 2 % Ajusté Kelly

Le dimensionnement des positions est la variable unique la moins abordée dans l'éducation des traders particuliers et la plus responsable de la différence entre les traders qui survivent et ceux qui sautent. La règle des 2 % est votre plancher — ne risquez jamais plus de 2 % de votre compte sur un seul swing trade. Mais à l'intérieur de ce plafond, vous pouvez augmenter ou réduire la taille de la position en fonction de la qualité de la configuration.

Setup Quality Score	Risk Allocation	Exemple ($100K account)	Qualifying Critères
A+ Setup (8/8 checklist)	2.0% of account	$2,000 max loss	Les 8 éléments de la liste passent. R/R ≥ 3:1. Fort vent favorable sectoriel. Sous-jacent à haute liquidité. Dimensionnement de position en swing trading : Le cadre des 2% ajusté par Kelly
A Setup (7/8 checklist)	1.5 % du compte	$1,500 max loss	Sept éléments passent. R/R ≥ 2,5:1. Bonne liquidité. Réserve mineure sur un élément (ex. IVR légèrement élevé).., IVR slightly elevated at 35 or MACD borderline).
B Setup (6/8 checklist)	1.0% of account	$1,000 max loss	Six éléments sont validés. R/R ≥ 2 :1. Liquidité acceptable. Deux éléments nécessitent des arbitrages discrétionnaires. Utilisez la plus petite taille de position autorisée dans cette catégorie.
Below B (5 or fewer)	Do not trade	$0	1. En contango, les prix des futures VIX diminuent avec le temps, même sans modification de l'indice sous-jacent. 2. Les prix des futures VIX ne changent presque jamais aussi rapidement que l'indice VIX au comptant (spot). 3. Les prix des futures et de l'indice convergent à l'expiration. 4. Les futures VIX doivent être évalués indépendamment de l'indice au comptant. Ces quatre règles régissent chaque décision de trading liée au VIX. Un trader qui ignore la règle 2 sera perpétuellement surpris de voir qu'un violent pic du VIX n'a pas produit le profit escompté sur les futures.

Pour un compte de 100 000 $ sur une configuration A+ avec un debit spread de 3,00 $: (100 000 $ × 2 %) ÷ (3,00 $ × 100) = 2 000 $ ÷ 300 $ = 6,67 → arrondir à l'inférieur à 6 contrats. Arrondissez toujours à l'inférieur. Ne jamais arrondir au supérieur sur la taille de position.

CREDO DU SWING TRADER

Un swing trade est une thèse assortie d'une limite de temps. Vous n'êtes pas marié à la position. Vous louez le mouvement directionnel pour 30 à 45 jours. Si le mouvement ne se produit pas dans cette fenêtre, clôturez le trade, acceptez votre perte définie et trouvez la configuration suivante. Le marché vous donnera toujours une autre opportunité. Votre capital ne se régénérera pas tout seul si vous le grillez en attendant qu'un trade obsolète finisse par fonctionner.

Synchronisation de l'Entrée et de la Sortie : Le Protocole de Swing Trade SPY

Le swing trading d'options ne consiste pas à conserver une position pendant des jours en espérant que l'action bouge. Il s'agit d'identifier des configurations confirmées en condition 1 ou condition 3, d'entrer au point optimal du cycle de momentum et de sortir avec discipline avant que le mouvement ne s'épuise. Le protocole ci-dessous vous donne une séquence de timing reproductible pour les deux conditions.

ENTRÉE SWING CONDITION 1 — Exemple Fanion Haussier QQQ

QQQ à 445 $. Tendance haussière confirmée (prix > MA50 > MA200). Fanion haussier en formation — consolidation de 3 jours sur volume déclinant.

VIX = 14. IVR = 19. Faible volatilité confirmée. Lecture des six conditions : Haussier + VI Basse = Condition 1. Acheter la prime.ion 1. Buy premium approved.

Entrée : Acheter Call QQQ 450 $, 21 JAE. Prime : 2,85 $. Delta : 0,44. Cible : gain de 50 % (4,27 $). Stop : perte de 40 % (1,71 $).p: 40% loss ($1.71).

Stop temporel : fermer si 50 % des JAE s'écoulent sans gain de 25 %. Ne pas laisser le theta éroder une position non performante.rming position.

Jour 8 : Le QQQ casse les 450 $, remonte à 456 $. Le call vaut 6,10 $. Gain : +3,25 $ (+114 %). Sortez sur l'objectif — n'attendez pas les 4,27 $ exacts. Verrouillez le gain.

Timing Rule	Condition 1 (Bullish, Low IV)	Condition 3 (Bearish, Low IV)
Optimal entry window	Premier repli vers la MME 20 jours croissante après une rupture confirmée au-dessus de la résistance précédente	Premier rebond mort vers la MME 20 jours déclinante après une rupture confirmée en dessous du support précédentt
Ideal DTE	21–35 JAE — assez de temps pour le mouvement, pas trop que le theta soit sans importance pour le dimensionnement	21–35 JAE — même logique. Éviter les swings < 14 JAE : le risque gamma et la pression temporelle forcent de mauvaises décisions.
Strike selection	Call 5 à 7 % OTM. Delta 0,35 à 0,45. Delta suffisamment élevé pour participer significativement. Assez bas pour garder le coût raisonnable.eep cost manageable.	Put 5 à 7 % OTM. Delta 0,35 à 0,45. Miroir de la logique de sélection de la condition 1.
Profit target	50–75 % de la prime payée. Sortir avant que le mouvement devienne la nouvelle.	50–75 % de la prime payée. Les mouvements baissiers sont plus rapides et plus violents — prendre les profits plus tôt plutôt que tard.han later.
Stop loss	40–50 % de la prime payée. Ne jamais laisser une position de swing perdre plus de la moitié de son coût.	40–50 % de la prime payée. Même règle. Si le rebond est plus fort qu'attendu, la thèse baissière est peut-ê. 21–35 DTE — même logique. Évitez les trades de swing à < 14 DTE : le risque

Timing Rule	Condition 1 (Bullish, Low IV)	Condition 3 (Bearish, Low IV)
		gamma et la pression du temps imposent de mauvaises décisions
Time stop	Fermer à 50 % des JAE écoulés si aucun gain de 25 % ne s'est matérialisé. Le theta s'accélère.	Fermer à 50 % des JAE écoulés. Les mouvements baissiers qui ne se développent pas rapidement s'inversent souvent — sortir avant.ore time decay compounds.

LA DISCIPLINE DU SWING TRADER

Un swing trade comporte trois sorties définies avant l'entrée : (1) l'objectif de profit, (2) le stop-loss, (3) le stop temporel. Tous trois doivent être paramétrés sous forme d'ordres GTC dès que la position est exécutée. Le trader qui fixe ses sorties dès l'entrée et laisse travailler les ordres s'exécute comme un professionnel. Le trader qui surveille sa position et décide quand sortir au sentiment joue avec une prime de temps par-dessus le marché.

Déroulement Complet de Swing Trade : Entrée sur Repli NVDA

Les règles de swing abstraites deviennent concrètes grâce à une démonstration pas à pas. Cet exemple suit un trade sur repli sur NVDA, de l'identification jusqu'à la sortie — en appliquant chaque règle de ce chapitre dans l'ordre.

Étape 1 — Identifier la tendance : NVDA s'échange à 870 $, au-dessus de sa moyenne mobile exponentielle (EMA) à 50 jours (820 $) et de son EMA à 200 jours (740 $). Le MACD est positif. L'RSI est à 58 — non suracheté. La tendance principale est confirmée haussière. Condition : Tendance haussière (Condition 1).

Étape 2 — Attendre le repli : En quatre jours, NVDA se replie à 835 $, touchant l'EMA à 50 jours. Le volume sur le repli est inférieur de 30 % à la moyenne — il s'agit d'un retracement à faible volume, et non d'un retournement de tendance. L'RSI descend à 42 — approchant de la zone de survente sans y être encore.

Étape 3 — Confirmer le rebond : Au jour 5, NVDA inscrit une bougie d'avalement haussier (bullish engulfing) à 838 $ avec un volume supérieur de 20 % à la moyenne. L'EMA à 50 jours tient comme support. C'est le signal d'entrée.

Étape 4 — Construire la position : Achat du bull call spread 850 $/880 $ à 35 DTE. Coût : 12,00 $ par spread (1 200 $ pour 1 contrat). Profit maximum : 18,00 $ (1 800 $) si NVDA est au-dessus de 880 $ à l'échéance. Risque maximum : 12,00 $ (1 200 $). Ratio R/R : 1,5 :1 — supérieur au minimum de 1 :1.

Étape 5 — Set Règle de Gestions Before Entry:

- Objectif de profit : Clôturer à 50 % du profit max (gain de 900 $) ou si NVDA atteint 870 $ (le niveau d'avant le repli) ;
- Stop loss : Clôturer si NVDA clôture sous l'EMA à 50 jours (820 $) sur une base quotidienne — cela invalide la thèse du repli ; et
- Stop temporel : Si la position n'a pas atteint 50 % de profit à T-21, clôturer indépendamment du P&L. Ne conservez pas un trade directionnel face à l'accélération de la baisse du thêta.

Étape 6 — Le résultat : Au cours des 8 séances de bourse suivantes, NVDA remonte de 838 $ à 875 $. Le bull call spread vaut désormais 18,50 $ — soit 54 % du profit max. Clôturez la position pour un gain de 650 $.

Day	NVDA Price	Spread Value	P&L	Action
Entry	$838	$12.00	$0	Acheter 1x BCS 850 $/880 $
Day 2	$845	$13.40	+$140	Conserver — tendance intacte
Day 4	$855	$15.20	+$320	Conserver — approchant le plus haut pré-repli
Day 6	$862	$16.80	+$480	Conserver — momentum croissant
Day 8	$875	$18.50	+$650	FERMER — 54 % du profit max atteint

Temps total passé en position : 8 jours. Rendement sur risque : 54 % (650 $ / 1 200 $). Le trade a fonctionné parce que chaque étape du protocole a été respectée : tendance confirmée, repli attendu, rebond confirmé, position correctement dimensionnée, règles de gestion rédigées avant l'entrée et profit pris sur objectif sans cupidité.

Trois Environnements de Swing et Leurs Stratégies Optimales

Tous les environnements de marché ne se prêtent pas au swing trading. Forcer des trades de swing dans un environnement inadapté est l'une des erreurs les plus courantes commises par les traders intermédiaires.

Environment	Swing Strategy	What to Avoid
Trending (clear direction, VIX 12-18)	Entrées sur repli dans le sens de la tendance. Bull call spreads dans les tendances haussières, bear put spreads dans les tendances baissières. 30–45 DTE. C'est l'environnement de swing idéal.	Éviter les trades contre-tendance. Essayer de choisir les sommets dans une tendance haussière ou les creux dans une tendance baissière.
Choppy (no clear trend, VIX 18-25)	Stratégies de marché borné : iron condors, calendars. Évitez complètement les swing trades directionnels. Attendez que le range se résolve.	Éviter les swings directionnels — ils seront arrêtés répétitivement quand le marché fait des faux mouvements.p destroys directional traders.
Volatile crisis (VIX 25+)	Réduisez la taille du swing de 50 % ou restez complètement à l'écart. Si vous tradez : utilisez des stops plus larges, des positions plus petites et attendez-vous à des mouvements adverses plus importants avant que votre thèse ne se réalise.	Positions de taille normale. Largeurs de stops standards. Dans les environnements à forte volatilité, votre stop normal de 5 % se déclenchera systématiquement sur le simple bruit du marché.

LA VÉRIFICATION DE L'ENVIRONNEMENT SWING

Avant d'entrer sur un swing trade, vérifiez deux choses : (1) L'environnement du VIX est-il adapté ? (En dessous de 25 de préférence, en dessous de 20 idéalement.) (2) L'action est-elle en tendance ou en mode d'hésitation (choppy) ? Utilisez une moyenne mobile exponentielle à 20 jours — si le prix croise l'EMA à 20 jours de manière répétée sur une période de 2 semaines, l'action oscille sans direction et vous ne devriez pas la swing trader. Attendez qu'une tendance claire se dégage.

Trading de Canal avec des Options : Capturer les Revenus en Range

Lorsqu'une action s'échange dans un canal défini (rebondissant entre support et résistance pendant des semaines ou des mois), les swing traders disposent d'un avantage unique : le canal lui-même vous indique exactement où entrer, où sortir et où placer vos stops. Les options rendent cette configuration encore plus puissante car vous pouvez vendre de la prime aux deux bornes du canal simultanément.

Identification de la configuration : Un canal exploitable nécessite au moins trois contacts sur le support et trois contacts sur la résistance sur une période minimale de 30 jours. La largeur du canal doit être d'au moins 8 % de bas en haut — des canaux plus étroits ne génèrent pas assez de prime pour justifier le trade. Tracez les lignes sur votre graphique et vérifiez que les contacts récents ont été nets (l'action a atteint la borne et s'est retournée, plutôt que de dériver à travers elle).

La stratégie d'options sur canal : Vendez un bull put spread lorsque l'action touche le support du canal. Vendez un bear call spread lorsque l'action touche la résistance du canal. Si l'action se trouve au milieu du canal — ne faites rien. Attendez un contact sur une borne. La patience constitue l'intégralité de l'avantage.

Entrée au support (bas du canal) : Lorsque l'action touche la borne inférieure et présente une bougie de retournement haussier (marteau, avalement haussier ou étoile du matin), vendez un bull put spread avec le strike court situé au niveau ou juste en dessous du support du canal. DTE : 30–35 jours. Largeur : 3 $–5 $. Le support du canal fait office de thèse — si l'action rebondit (comme elle l'a fait trois fois auparavant), le spread profite de la dégradation temporelle (thêta) tandis que l'action s'éloigne de votre strike court.

Entrée à la résistance (haut du canal) : Lorsque l'action touche la borne supérieure et présente une bougie de retournement baissier, vendez un bear call spread avec le strike court situé au niveau ou juste au-dessus de la résistance du canal. Mêmes paramètres de DTE et de largeur. La résistance du canal fait office de plafond — la dégradation de la prime joue en votre faveur tant que l'action reste en dessous de votre strike court.

Gestion : Clôturez l'un ou l'autre spread à 50 % de profit ou à T-21, selon la première occurrence. Si l'action casse l'une des bornes avec un volume important (clôture au-dessus de la résistance ou clôture en dessous du support avec un volume supérieur de 50 %+ à la moyenne), clôturez immédiatement le spread perdant — le canal est rompu et votre thèse est invalidée. Les ruptures de canal ne sont pas des situations ajustables par roulement (roll). Clôturez, réévaluez et attendez qu'une nouvelle configuration se forme.

L'approche à double entrée (vendre aux deux bornes sur plusieurs cycles) peut générer 4–6 entrées de rendement par trimestre sur une seule action — chacune avec un risque défini et chacune avec l'avantage structurel de la borne du canal servant de thèse. Sur une année de trading discipliné sur canal sur 3–4 actions, cette stratégie contribue de manière significative à votre revenu PPD total.

> **CADRE DES SIX CONDITIONS ▸ TOUTES LES SIX CONDITIONS — les options ajustées peuvent corrompre toute stratégie**
> La vérification des options ajustées fait partie du filtre universel pré-trade — elle s'exécute avant le déploiement de toute condition.

Les options ajustées représentent l'une des surprises les plus dangereuses dans le trading d'options — et l'une des plus faciles à éviter. Une option ajustée est un contrat qui a été modifié par rapport à ses conditions standardisées initiales en raison d'une opération sur titre : une division d'actions (split), un regroupement d'actions (reverse split), une fusion, une acquisition, un dividende exceptionnel ou une scission (spinoff). Lorsque ces événements se produisent, l'OCC ajuste les conditions des contrats d'options existants. Le résultat est un contrat non standard qui peut s'avérer illiquide, difficile à évaluer et presque impossible à gérer efficacement.

Ce chapitre vous donne les règles pour identifier, éviter et gérer le risque lié aux options ajustées avant qu'il ne vous coûte de l'argent.

Qu'est-ce qui Cause l'Ajustement des Options ?

Corporate Action	Ce qui Arrive à l'Option	Risque pour le Trader
Stock Split (e.g., 2-for-1)	Contrat ajusté pour refléter les nouvelles actions : 1 contrat = 200 actions à la moitié du prix d'exercice. Toujours un contrat mais non standard. one contract, different deliverable.	Les options deviennent non standards. Les teneurs de marché élargissent considérablement les spreads. La liquidité s'effondre sur le contrat ajusté.
Reverse Split (e.g., 1-for-10)	Contract adjusted to reflect fewer shares at higher strike. Often signals company distress.	Extrêmement illiquide. Spreads larges. Peut devenir impossible à négocier à mesure que l'intérêt ouvert (open interest) s'effondre. Le sous-jacent peut continuer à se détériorer.
Merger / Acquisition	Options de la société cible ajustées pour refléter les conditions de l'acquisition — liquidités, actions ou une combinaison des deux. Le strike et le livrable (deliverable) changent tous deux.	Les options deviennent réglées en espèces ou refléter les actions de l'acquéreur. La découverte de prix devient complexe. Sortir immédiatement.
Special Dividend	Les prix d'exercice réduits du montant du dividende à la date ex. Change les calculs P&L de toutes les positions ouvertes.pen positions.	Impact subtil mais significatif sur les calculs de rentabilité. Particulièrement dangereux pour les vendeurs de calls couverts proches de la monnaie.rt call holders facing early assignment risk.
Spin-off	Les actions de la société mère et de la nouvelle société scindée font toutes deux partie du livrable du contrat.	Un contrat livre désormais deux titres différents. L'évaluation et la couverture deviennent complexes.

Corporate Action	Ce qui Arrive à l'Option	Risque pour le Trader
		La liquidité se détériore de manière significative.

Pourquoi les Ajustements Se Produisent : Le Cadre à Deux Raisons

L'OCC n'ajuste pas les options de manière arbitraire. Chaque ajustement lié à une opération sur titre est guidé par exactement deux objectifs — et le fait de les comprendre rend l'ensemble du système logique plutôt que mystérieux.

Corporate Action	Quand Ça Se Produit	Options Impact	Action Required
Stock Split (2:1, 3:2, etc.)	Record date announced.	Strike halved; shares doubled — non-standard.	Review contract terms; consider closing before.
Special Dividend	Ex-dividend date.	Prix d'exercice réduit du montant du dividende.	Monitor OCC adjustment; check new deliverable.
Merger / Acquisition	Deal close date.	Contract converts to cash or acquirer shares.	Close position before deal close — high risk.
Spinoff	Distribution date.	Deliverable changes to parent + spinoff.	Extrêmely complex; close before ex-date.
Bankruptcy	Filing date.	Options may become worthless immediately.	Fermer immédiatement ; ne pas maintenir.

Figure 20.1 — Calendrier de Risque des Options Ajustées. Dates clés des opérations sur titres et leurs déclencheurs d'ajustement d'options.

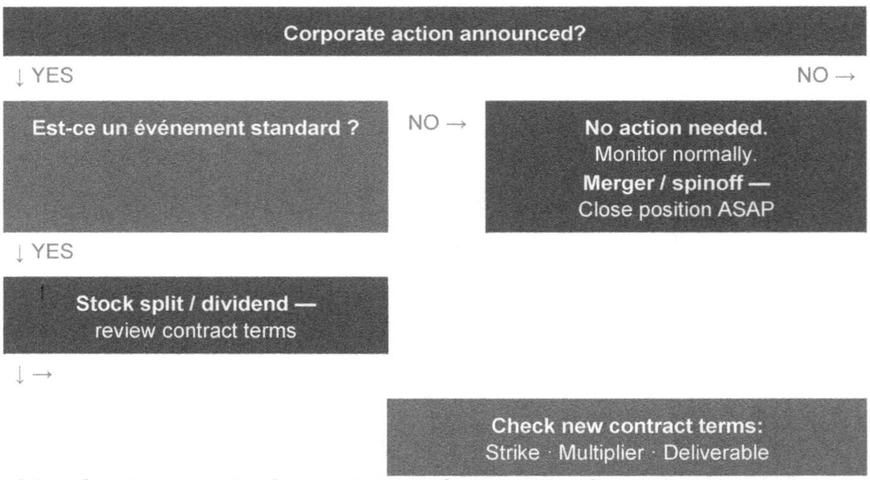

Figure 20.2 — Organigramme des Options Ajustées. Comment identifier et gérer un contrat non standard.

Objective	Ce que Cela Signifie in Practice
S'assurer que les contrats existants conservent leur valeur économique appropriée	Si une action fait l'objet d'une division par 2 (split 2-for-1) et que le contrat d'option n'était PAS ajusté, le call au strike 100 $ deviendrait immédiatement sans valeur sur une action valant désormais 50 $ — alors que rien n'a fondamentalement changé. L'ajustement préserve la juste valeur du contrat à travers l'opération sur titre.
S'assurer que le contrat reflète le package livrable correct	Les options sont des contrats pour acheter ou vendre le sous-jacent. Lorsque le sous-jacent change — à la suite d'une fusion, d'une scission ou d'une division —, le livrable change également. L'ajustement permet au contrat de représenter fidèlement ce que le détenteur reçoit ou livre réellement lors de l'exercice ou de l'assignation.

Sans ces ajustements, chaque grand événement corporate créerait des aubaines instantanées pour un côté

La Mécanique des Ajustements de Fractionnement d'Actions

Les ajustements de fractionnement d'actions sont le type le plus courant et le plus facile à comprendre — mais les mathématiques

Split Type	Contracts Held	Shares per Contract	Prix d'Exercice	Ce qui Change
2:1 Standard Split	Doubles (1 → 2 contracts)	Stays at 100 (standard)	Halved ($100 → $50)	Le nombre de contrats double, le prix d'exercice est divisé par deux. La valeur économique est préservée. C'est un contrat standard et propre.tandard adjustment — liquidity remains intact.
3:2 Non-Standard Split	Reste identique (1 contrat)	Increases to 150 shares	Multiplié par ⅔ (100 $ → 66,67 $)	Le multiplicateur passe de 100 à 150. Le contrat est MAINTENANT NON STANDARD. C'est là que le problème commence pour les traders naïfs.
3:1 Standard Split	Triples (1 → 3 contracts)	Stays at 100 (standard)	Divisé par 3 (90 $ → 30 $)	Le nombre de contrats triple, le prix d'exercice est divisé par trois. Toujours un contrat standard — toujours liquide. Gérable.
Reverse 1:10	Reste identique (1 contrat)	Decreases to 10 shares	Multiplié par 10 (5 $ → 50 $)	Non-standard contract on a stock already in distress. Liquidité collapses. Exit immediately.

LE DANGER DU FRACTIONNEMENT NON STANDARD

Un split 2 :1 crée des contrats standards. Votre unique contrat devient 2 contrats — tous deux portant sur 100 actions à la moitié du prix d'exercice. Les teneurs de marché affichent des cours normalement. La liquidité est maintenue. Un split 3 :2 est différent : votre unique contrat comporte désormais 150 actions dans le livrable. Le multiplicateur n'est plus de 100 — il est de 150. Les teneurs de marché sont moins à l'aise pour coter des livrables non standards. Les spreads s'élargissent. La liquidité se détériore. Vos calculs de Grecs — qui supposent 100 actions — sont désormais faux. Sortez avant la date d'effet de la division chaque fois que le ratio n'est pas standard.

Comment to Value a Split-Adjusted Non-Standard Contract

Si vous vous retrouvez à détenir un contrat non standard après un split atypique — par exemple, une division 3 :2 créant un livrable de 150 actions —, le processus d'évaluation nécessite quatre étapes spécifiques. Suivez-les avant de tenter de clôturer, de rouler ou d'exercer la position.

Étape	Action	Exemple (3:2 Split — XYX 60 Call, 150-share contract)
1	Calculer la valeur d'exercice en utilisant le prix d'exercice ajusté et le multiplicateur	Prix d'Exercice × new multiplier: $60 strike × 150 shares = $9,000 exercise value
2	Determine deliverable value using current market price	150 shares × current stock price of $62 = $9,300 deliverable value
3	Soustraire la valeur d'exercice de la valeur livrable pour trouver la valeur intrinsèque	$9,300 − $9,000 = $300 intrinsic value
4	Si la prime d'option actuelle est 3,00 $, calculer la valeur extrinsèque en appliquant le multiplicateur non standard : 3,00 $ × 150 = 450 $.dard multiplier	$3.00 × 150 = $450 total option value. Extrinsic = $450 − $300 intrinsic = $150 time value remaining

L'élément clé à retenir : dès lors que le livrable n'est pas standard, les calculs automatiques des Grecs et du P&L de votre plateforme peuvent être peu fiables — ils se basent souvent par défaut sur le multiplicateur de 100 actions. Calculez toujours manuellement en utilisant le multiplicateur ajusté lorsque vous gérez un contrat non standard. Contactez votre courtier pour confirmer les spécifications exactes du livrable avant de prendre toute décision.

Merger, Spinoff & Dividend Deliverable Changes

Les fusions, les scissions et les dividendes exceptionnels importants ne modifient pas seulement le nombre d'actions dans le livrable — ils changent complètement la nature de ce qui est livré. Lorsqu'une société est acquise, scindée ou verse un dividende exceptionnel important, la composition du livrable du contrat d'option est modifiée par l'OCC pour refléter la nouvelle réalité économique. Comprendre les quatre issues possibles est essentiel pour gérer toute position dans une entreprise qui traverse un événement d'entreprise.

Corporate Événement	New Deliverable Package	Action de Gestion
Merger (Stock Deal)	100 actions de la société d'origine + actions de la société acquise, selon le ratio de fusion. Exemple : si XYZ est acquis par ABC à 0,5 action ABC pour 1 action XYZ.emple: 100 shares ABC + 0.75 shares XYZ per share acquired.	Sortez avant la finalisation de la fusion. Dès que le livrable inclut les actions de l'acquéreur, l'évaluation de l'option nécessite de modéliser simultanément deux actions différentes. Les teneurs de marché élargissent les spreads de manière agressive. La sortie est souvent la seule option pratique.
Merger (Cash Deal)	Pas d'action originale + Montant en espèces égal au prix d'acquisition. Les options deviennent effectivement fixées à la valeur de l'accord. cash-settled.	La valeur intrinsèque est figée au prix d'acquisition. Il n'y a plus de mouvement. L'option devient un instrument binaire — s'exerce si elle est ITM, expire si elle est OTM. Clôturez à la juste valeur et redéployez le capital.
Spinoff	100 actions de la société d'origine + actions allouées de la nouvelle entité scindée. Les deux titres inclus dans le livrable.ies in one contract.	Les actions de la société scindée peuvent ne pas avoir de chaîne d'options et présenter une liquidité limitée. Le livrable combiné est difficile à évaluer. Clôturez avant la date d'effet de la scission.
Special Dividend	100 actions de la société d'origine + le montant du dividende en espèces (ou le prix d'exercice est réduit du montant du dividende). dividend amount on ex-date).	Pour les vendeurs de calls : surveillez le risque d'assignation anticipée. Si le dividende dépasse la valeur temps restante dans un call ITM, attendez-vous à un exercice anticipé de la part de l'acheteur du call. Clôturez ou roulez le call ITM avant la date d'ex-dividende.

La règle critique pour toutes les situations de fusions et acquisitions : dès qu'une annonce est faite, la relation normale entre le prix du sous-jacent et les Grecs de votre option s'effondre. L'action gravite autour du prix de la transaction. Le comportement de l'IV devient irrationnel. N'appliquez pas les règles de gestion standard à une position engagée dans une transaction annoncée. Sortez de la position, encaissez votre P&L et passez à autre chose.

Comment Détecter une Option Ajustée : L'Outil CBOE

Les options ajustées ne semblent pas toujours différentes à première vue — le même ticker, le même strike, la même expiration peuvent s'afficher sur votre compte. Pourtant, le contrat sous-jacent a changé. Le moyen le plus rapide de vérifier si une option que vous détenez ou envisagez a été ajustée consiste à consulter les avis d'ajustement quotidiens du CBOE.

Detection Method	Comment to Use It
CBOE Adjustment Memos (www.cboe.com)	Le CBOE publie des mémos quotidiens répertoriant chaque série d'options ajustée — y compris les changements précis de symboles, le nombre d'actions par contrat, les multiplicateurs et les prix d'exercice. Si vous détenez une position dans une entreprise qui fait l'objet d'un événement d'entreprise, consultez immédiatement CBOE.com. Recherchez le ticker du sous-jacent dans la base de données des ajustements. Le mémo vous indiquera exactement ce qui a changé et la date d'entrée en vigueur de l'ajustement.
Changement de symbole dans votre compte	Un call XYZ standard devient XYZ1 ou XYZW ou une variante dotée d'un suffixe numérique après ajustement. Si vous voyez un suffixe apparaître sur une position du jour au lendemain, une opération sur titre a eu lieu. Ne tradez pas le contrat ajusté sans avoir d'abord lu le mémo d'ajustement du CBOE pour ce symbole.
Unusual Bid/Ask Spreads	Un contrat ajusté qui se négociait auparavant avec un spread de 0,05 $ peut soudainement afficher un spread de 0,50 $–2,00 $. Les teneurs de marché intègrent la complexité du livrable non standard. Des spreads élargis sur un contrat que vous n'anticipiez pas voir changer constituent un signal d'alarme — enquêtez avant d'agir.
Open Interest Collapse	Lorsqu'un contrat est ajusté, les nouveaux traders cessent d'y ouvrir des positions — ils négocient à la place la nouvelle série standardisée. Si vous remarquez que l'intérêt ouvert sur votre contrat chute de manière significative alors que l'intérêt ouvert sur les strikes voisins augmente, un ajustement a probablement eu lieu. Le marché a migré vers la nouvelle série ; votre contrat est désormais la version ajustée héritée (legacy).
Avis d'opérations sur titres de votre courtier	La plupart des courtiers envoient des notifications de compte lorsque des positions sont affectées par des opérations sur titre. Celles-ci arrivent par e-mail ou via des notifications intégrées à l'application. Ne les ignorez pas. Lisez chaque avis d'opération sur titre dès qu'il arrive — il décrit exactement comment votre position a été modifiée.

NE JAMAIS OUVRIR UNE NOUVELLE POSITION DANS UN CONTRAT AJUSTÉ

Les traders expérimentés — et les systèmes algorithmiques — sont extrêmement familiers avec l'évaluation des contrats ajustés.

La Règle des Résultats : La Discipline d'Évitement la Plus Importante

Les annonces de résultats constituent la principale source d'IV ajustée et d'écarts de cours (gaps) inattendus sur le marché des options. La protection essentielle du trader d'options contre une catastrophe liée aux résultats repose sur une règle simple et non négociable : ne conservez pas de positions courtes sur prime à travers les résultats, à moins que la position ne soit spécifiquement structurée comme un jeu sur résultats à risque défini.

- Les positions courtes sur prime (CSP, covered calls, iron condors) conservées à travers les résultats font face à un écrasement de l'IV (IV crush) d'un côté, mais à des mouvements directionnels catastrophiques de l'autre. Une action qui ouvre en gap baissier de 20 % à travers le strike de votre put court peut générer en une seule séance des pertes qui dépassent des semaines de primes collectées ;
- La règle des résultats : clôturez ou roulez les positions courtes sur prime au moins 5 jours de bourse avant la date de l'annonce des résultats. Ne vous laissez pas surprendre par le risque lié aux résultats — notez-le dans votre calendrier dès l'ouverture du trade ;
- Exception pour le jeu de résultats : si vous tradez spécifiquement les résultats, utiliser des structures à risque défini comme les iron condors avec des ailes larges.
- Vérifiez le calendrier des résultats sur la plateforme de votre courtier ou sur earningswhispers.com. Confirmez qu'aucune publication n'est prévue avant l'échéance.

LE CALENDRIER DES RÉSULTATS EST VOTRE CALENDRIER DE RISQUE

Chaque trade d'options que vous ouvrez doit être confronté au calendrier des résultats. Si une annonce de résultats tombe dans votre fenêtre d'échéance, vous avez trois options : (1) clôturer avant les résultats, (2) rouler vers une échéance postérieure aux résultats, ou (3) structurer le trade spécifiquement pour l'événement des résultats avec un risque défini. Il n'y a pas de quatrième option.

Support, Resistance & Regression Channels as Risk Filters

La structure technique n'identifie pas seulement les opportunité. La règle des résultats : La discipline d'évitement la plus importante

- Ne jamais placer votre prix d'exercice court à l'intérieur d'un cluster de support ou de résistance connu. Si le niveau casse, votre position est immédiatement menacée.
- Les canaux de régression linéaire définissent la fourchette de prix statistiquement normale d'une action sur une période donnée. Un prix s'échangeant à la borne extérieure d'un canal de régression est statistiquement en extension — un retour à la moyenne est plus probable qu'une continuation. Évitez de vendre des options dans le sens de l'extension ;
- Support dynamique : les moyennes mobiles à 50 et 200 jours agissent comme un support dynamique dans les tendances haussières et comme une résistance dynamique dans les tendances baissières. Les strikes des puts courts situés sous l'EMA à 200 jours dans une tendance baissière ne sont pas protégés par un plancher technique — l'EMA est déjà enfoncée ;
- La Roue requiert une action qui se redresse. Une action dans une tendance baissière structurelle pourrait ne jamais vous offrir ce redressement — votre base de coût continue d'augmenter tandis que l'action continue de baisser.

Additional Risk Avoidance Rules

- Pas de résultats dans la fenêtre d'expiration — couvert ci-dessus. Non négociable ;
- Pas d'actions avec des événements binaires à venir (décisions FDA, arrêts DOJ, votes de fusion) dans la fenê. Chaque trade d'options que vous ouvrez doit être vérifié par rapport au calendrier des résultats. Si une annonce de

résultats tombe dans votre fenêtre d'échéance, vous avez trois choix : (1) clôturer avant les résultats, (2) rouler vers une échéance après les résultats, ou (3) structurer le trade spécifiquement pour l'événement des résultats avec un risque défini. Il n'y a pas de quatrième option.

- Éviter les actions à très faible flottant ou à fort intérêt à découvert pour les stratégies de revenus. Un gamma squeeze peut dé. Canaux de support, de résistance et de régression comme filtres de risque
- Vérifier les ajouts et suppressions d'indice à venir — quand une action est ajoutée au S&P 500, un flux institutionnel forcé peut créer des mouvements de prix brusques.
- Éviter les options sur actions sous 15 $ par action pour les stratégies

Risque de Dividende : Le Piège d'Assignation Silencieux

Les dividendes créent un risque spécifique et prévisible pour les vendeurs de calls : l'assignation anticipée. Lorsque vous vendez un covered call ou un call spread sur une action qui verse des dividendes, vous vous exposez au risque que l'acheteur du call exerce ses options par anticipation pour capturer le dividende — vous laissant court d'actions du jour au lendemain.

Si vous avez vendu un call qui est dans la monnaie de 2,00 $ avec seulement 0,30 $ de valeur extrinsèque restante, et que le dividende à venir est de 0,50 $, l'acheteur du call dispose d'un intérêt financier à exercer — capturant 0,50 $ de dividende tout en abandonnant seulement 0,30 $ de valeur temps, soit un gain net de 0,20 $ par action. Vous êtes assigné pendant la nuit et contraint de livrer les actions.

Dividend Situation	Votre risque en tant que vendeur de call	Action Required
Call ITM avec valeur extrinsèque < dividende	High early assignment probability before ex-dividend date	Fermer le call court avant la date ex ou accepter l'assignation et livrer les actions
ATM call approaching ex-date	Moderate risk — extrinsic erodes quickly as ex-date nears	Surveiller l'extrinsèque quotidiennement dans la semaine avant la date ex. Fermer si extrinsèque < 0,5× dividende
OTM call on dividend stock	Faible risque — la valeur extrinsèque est élevée par rapport au dividende	No action needed — maintain normal T-21 management

Merger & Acquisition Risk: Exit on Announcement

Lorsqu'une entreprise annonce qu'elle fait l'objet d'une acquisition, les chaînes d'options se figent, les spreads s'élargissent considérablement et la relation normale entre les Grecs et le prix s'effondre. L'action de la société cible réalise un gap pour s'aligner à un niveau proche du prix d'acquisition. La règle est absolue : sortez de toutes les positions d'options sur la société cible à l'instant même où une fusion ou une acquisition est annoncée — avant que le marché ne s'ajuste pleinement.

Clôturez l'intégralité du condor à 50 % du crédit reçu — n'attendez pas l'échéance. Sur un condor au crédit de 1,85 $, clôturez lorsque sa valeur tombe à 0,92 $. Cette clôture défensive sécurise le profit avant que le risque de gamma ne s'accélère dans les dernières semaines. Cela se produit généralement en 14–20 jours sur un condor bien construit.

Règles de Support/Résistance et de Niveau Technique

Votre strike court ne devrait jamais être placé sur un niveau technique reconnu. Il doit être placé au-delà du niveau technique — le support ou la résistance devant servir de tampon, et non de ligne de démarcation.

- Puts courts : placez le strike au moins 5 % en dessous du niveau de support le plus proche. Si le support est à 95 $ et l'action à 100 $, votre strike doit se situer à 88 $–90 $, pas à 95 $;
- Calls courts : placer le prix d'exercice au moins 3 à 5 % au-dessus du niveau de résistance le plus proche. Si la résistance est à 105 $, votre strike doit être à 108 $+.
- Canaux de régression : ne vendez pas de puts à la borne inférieure du canal. Les canaux cèdent — et lorsqu'ils le font, le mouvement représente généralement 1,5 à 2 fois la largeur du canal. Votre strike doit être capable de survivre à une rupture de canal, pas seulement à une oscillation normale.

La Liste de Vérification Complète d'Évitement des Options Ajustées

✓	Check	Action Required
☐	Earnings announcement within 35 days?	Fermer ou rouler toutes les positions de prime courte au moins 5 jours avant l'événement
☐	Ex-dividend date within 14 days?	Vérifier l'extrinsèque sur tous les calls ITM courts. Fermer si extrinsèque < montant du dividende
☐	Merger, acquisition, or buyout rumored or announced?	Sortir de toutes les positions immédiatement — ne pas attendre la confirmation
☐	Stock split or reverse split announced?	Sortir avant la date effective — les contrats ajustés sont illiquides
☐	Short strike placed at a recognized support/resistance level?	Déplacer le prix d'exercice d'au moins 5 % au-delà du niveau technique, pas dessus
☐	FDA, FOMC, or CPI report within 7 days on a macro-sensitive name?	Fermer ou se couvrir avant que le catalyseur se déclenche
☐	Intérêt à découvert au-dessus de 15 % sur le sous-jacent ?	Avoid short calls — high short interest creates violent squeeze risk

LA RÈGLE D'ÉVITEMENT

Le coût de la sortie anticipée d'un bon trade en raison de l'approche d'un catalyseur équivaut à un cycle de prime perdu. Le coût du maintien d'une position à travers un catalyseur imprévu s'élève souvent à 5–10 cycles de primes perdus. Le calcul est sans appel. En cas de doute, débouclez la position.

LA LISTE DE VÉRIFICATION D'ÉVITEMENT DU RISQUE

☐

Three Adjusted Options Disasters: Real-World Cases

Ces composites de situations de trading réelles montrent ce qui se passe quand les traders ignorent les signaux d'avertissement.ing signs.

Cas 1 : Le Piège du Dividende

Un trader vend un covered call sur une action à 75 $ au strike 80 $ pour une prime de 2,10 $. L'action passe ex-dividende avec un coupon de 1,50 $ trois jours avant l'échéance. À 80,50 $, l'acheteur du call exerce par anticipation pour capter le dividende. Le trader perd ses actions à 80 $ ET manque le dividende de 1,50 $ — empochant finalement moins que s'il s'était contenté de conserver l'action.

La règle : Ne jamais vendre des covered calls avec moins de 21 JAE sur des actions avec une date ex-dividende dans cette période. Le risque d'assignation est réel.

Cas 2 : La Surprise F&A

Un trader vend un CSP sur une action à 45 $ au strike 40 $ pour 1,80 $. Deux semaines plus tard, l'entreprise est acquise pour 38 $ en numéraire. Le put est profondément ITM. Le contrat d'options est ajusté en un livrable non standard — 3 800 $ en espèces au lieu de 100 actions. Le contrat ne présente aucune liquidité, affiche des spreads massifs et ne peut pas être roulé.

La règle : Dès que des rumeurs de F&A apparaissent — pas confirmé. LA LISTE DE CONTRÔLE D'ÉVITEMENT DES RISQUES

Cas 3 : La Confusion du Fractionnement

Un trader détient un bull call spread sur une action à 700 $. La société annonce un split de 20 :1. Après la division, chaque contrat livre désormais 5 actions à des strikes ajustés. L'intérêt ouvert s'évapore. Le bid-ask s'élargit, passant de 0,30 $ à 2,50 $. Le trader ne peut pas clôturer sans abandonner la majeure partie de ses bénéfices au teneur de marché.

La règle : Fermer toutes les positions d'options avant la date effective de tout fractionnement. Re-entrer aprè. Ces synthèses de situations de trading réelles montrent ce qui se passe lorsque les traders ignorent les signaux d'alarme.

> **SURVIE DES OPTIONS AJUSTÉES**
>
> Trois situations nécessitent une fermeture immédiate indépendamment du P&L : (1) résultats dans votre fenê. Un trader vend un covered call sur une action à $75 au strike $80 pour une prime de $2.10. L'action passe ex-dividende avec un dividende de $1.50 trois jours avant l'expiration. À $80.50, l'acheteur du call exerce par anticipation pour capturer le dividende. Le trader perd les actions à $80 ET manque le dividende de $1.50 — dégageant un bénéfice net inférieur à celui qu'il aurait obtenu s'il avait simplement conservé l'action.

CADRE DES SIX CONDITIONS ▸ TOUTES LES SIX CONDITIONS — valider chaque stratégie avant de la déployer en directlive
Le backtesting confirme que votre réponse aux six conditions donne des résultats réels sur les données historiques avant de risquer du vrai capital. Chaque condition doit être backtestedée indépendamment — ce qui fonctionne en condition 2 peut échouer en condition 4.

En stratégie, ce qui n'a pas été testé n'est pas une stratégie — c'est une hypothèse. Le backtesting est le processus d'application d'une stratégie de trading à des données historiques afin d'évaluer ses performances passées. Le paper trading est le processus d'exécution d'une stratégie dans des conditions de marché réelles sans capital réel à risque. Ensemble, ils forment le laboratoire où vous validez votre avantage avant de mettre de l'argent réel sur la table.

La plupart des traders particuliers font l'impasse sur cette étape. Ils entendent parler d'une stratégie, alimentent un compte et commencent à trader. Le premier drawdown les surprend. Le deuxième met leur discipline à l'épreuve. Le troisième met souvent fin à leur parcours de trading. Le backtesting et le paper trading ne garantissent pas les profits futurs — mais ils forgent la conviction et la fluidité opérationnelle nécessaires pour survivre sur les marchés réels.

Understanding Trading System Types

Avant de procéder à un backtest, vous devez savoir quel type de système vous testez. Les systèmes de trading se divisent en deux grandes catégories selon leur mode d'interaction avec le trader — et en deux sous-catégories selon la manière dont ils traitent les tendances du marché. Déterminer le type de système que vous construisez dicte la conception de vos tests :

System Type	Définition	Idéal Pour
Discretionary System	Présente des candidats au trading mais laisse la décision finale d'exécution au trader. Le jugement humain détermine l'entrée ultime.	Traders expérimentés qui peuvent lire le contexte et contourner les règles basées sur des facteurs qualitatifs
Mechanical System	Informatique — génère automatiquement des signaux d'achat et de vente qui sont toujours exécutés sans intervention humaine. La règle EST le trade.	Traders systématiques qui veulent supprimer entièrement l'émotion et tester l'avantage statistique pur
Trend-Following System	Identifie les points d'entrée et de sortie de trade pour les tendances nouvelles ou existantes. Utilise les moyennes mobiles, MACD, BPI.ACD, ROC as primary signals.	Bull markets, sector rotation plays, momentum strategies
Countertrend System	Identifie les entrées et sorties en trouvant les sommets et les creux — trade contre le mouvement prédominant. Stratégies de retour à la moyenne.. Mean reversion logic.	Range-bound markets, IV-elevated environments, oversold bounce setups

AUCUN SYSTÈME NE FONCTIONNE DANS TOUTES LES SITUATIONS

Gardez ce fait à l'esprit lors du développement de votre système de trading personnel. Votre objectif est de concevoir un système qui vous soit utile sur un grand nombre d'actions et dans un grand nombre de situations — et non un système qui fonctionne parfaitement pour une seule action dans une seule condition de marché. Chaque fois que vous tentez de calibrer un système de manière trop étroite, vous vous exposez à des problèmes. Assurez-vous que votre système fonctionne sur de longues périodes de temps et dans de multiples conditions de marché.

Pourquoi le Backtesting des Options est Différent

Le backtesting des stratégies d'options est plus complexe que celui des stratégies sur actions, car l'évaluation des options dépend de multiples variables qui évoluent au fil du temps — et pas seulement du prix du sous-jacent. Un backtest d'options complet doit prendre en compte tous les éléments suivants :

Metric	Minimum Threshold	Target	Ce Qu'Il Mesure
Win Rate	> 55%	65–75%	Percentage of trades closed profitably.
Espérance	> $0.50 per 1 risked	> $1.00	Average $ earned per dollar risked.
Profit Factor	> 1.3	> 1.6	Gross profit ÷ gross loss ratio.
Max Drawdown	< 20% of account	< 12%	Largest peak-to-trough equity drop.
Sharpe Ratio	> 0.8	> 1.2	Return per unit of volatility (risk-adjusted).
Walk-Forward Efficiency	> 60%	> 75%	Out-of-sample ÷ in-sample performance ratio.

Figure 21.1 — Backtesting Validation Metrics. Taux de réussite, espérance de gain, ratio de Sharpe et efficacité walk-forward.

Stage	Name	Ce que Vous Faites	Output
1	Data Collection	Rassembler les données historiques de prix, VI et chaîne d'options pour le ticker cible.	Historique OHLCV + VI propre sur 2+ ans.
2	Rule Définition	Écrire les règles d'entrée, de sortie et de taille exactement comme vous les traderiez en direct.	Written strategy rules; no discretion allowed.
3	In-Sample Testing	Appliquer les règles aux 70 % premiers des données. Optimiser les paramètres si nécessaire.	Baseline win rate, expectancy, Sharpe.

4	Out-of-Sample Validation	Apply rules to held-out 30%. No re-optimization allowed.	Estimation de performance réelle — le vrai test.
5	Walk-Forward Analysis	Faire avancer la fenêtre de test trimestriellement. Re-optimiser chaque période.	Robustness score; confirm edge persists.

Figure 21.2 — Cadre de Backtesting des Options. Le processus en cinq étapes allant des données jusqu'à la validation prospective (walk-forward).

- La volatilité implicite historique — pas seulement le prix, mais le niveau de l'IV au moment de l'entrée. Vendre de la prime lorsque l'IVR est à 15 par rapport à 65 produit des résultats radicalement différents pour une même stratégie ;
- Spreads bid/ask au moment de l'entrée et de la sortie — les données historiques d'options doivent inclure des coûts d'exécution réalistes.
- Dates de dividende et ex-dividende — affectent les positions de calls courts et les calculs de risque d'assignation.ons;
- Actions corporate — les fractionnements, fusions et scissions dans les données historiques peuvent fausser les résultats de backtesting si non traités.
- Les Grecs à l'entrée — le delta, le thêta et le vega au moment de l'entrée affectent le comportement attendu et le profil de risque de la position tout au long de sa durée de vie.

La meilleure ressource gratuite de backtesting d'options pour les traders particuliers est la plateforme TastyTrade, qui propose des données historiques sur les options et des outils de backtesting intégrés. OptionAlpha et Tradier fournissent également des environnements de backtesting. Pour une validation de stratégie plus pousssée, un abonnement à ORATS (Options Research and Technology Services) donne accès à des données historiques sur les options de qualité institutionnelle.

Quoi Tester : Les Indicateurs de Validation Fondamentaux

Metric	Ce Qu'll Mesure	Target / Benchmark
Win Rate	Pourcentage de trades qui ont atteint l'objectif de profit avant d'atteindre le stop	Vendeurs de prime : cible 65 à 80 %. Acheteurs de spreads à débit : 40 à 55 % est acceptable avec un fort R/R.
Average Winner	Average profit on winning trades	Devrait être au moins 50 % du profit potentiel maximum sur chaque stratégie.
Average Loser	Average loss on losing trades	Ne devrait pas dépasser 2× le gagnant moyen. Si les perdants dominent les gagnants, la stratégie n'a pas d'avantage..
Espérance	(Win Rate × Avg Win) − (Loss Rate × Avg Loss)	Doit être positif. Même une petite espérance positive composée sur des centaines de trades construit de la richesse.ds wealth.
Max Drawdown	La plus grande baisse creux-à-sommet de l'équité du compte pendant la période de test	Ne devrait pas dépasser 20 à 25 % du capital de départ. Au-delà, la récupération exige des rendements disproportionnés.

Metric	Ce Qu'Il Mesure	Target / Benchmark
Max Adverse Excursion (MAE)	La pire perte intra-trade sur toute position unique avant qu'elle ne se récupère ou soit fermée	Aide à fixer des niveaux de stop réalistes. Si le MAE dépasse constamment votre stop prévu, votre stop est trop serré.
Sharpe Ratio	Risk-adjusted return: (strategy return − risk-free rate) ÷ standard deviation of returns	Au-dessus de 1,0 est acceptable. Au-dessus de 1,5 est bien. Au-dessus de 2,0 est excellent pour une stratégie d'options..

Trading sur Papier : Le Laboratoire en Direct

Le trading sur papier — trading simulé dans des conditions réelles de marché sans capital réel à risque — est l'étape

Les Plateformes de Trading sur Papier : Où S'Entraîner

Platform	URL	Ce qu'Elle Offre
Investopedia Stock Simulator	www.investopedia.com/simulator	Le simulateur gratuit le plus largement utilisé dans l'apprentissage du trading pour les particuliers. Il fournit 100 000 $ en argent virtuel, des cotations en temps réel sur actions et ETF, ainsi qu'une interface de trading complète. Idéal pour les nouveaux traders qui s'initient à la saisie d'ordres, au dimensionnement des positions et au suivi de portefeuille avant de toucher au capital réel. Pas de trading d'options dans la version gratuite — utilisez-le d'abord pour assimiler les mécanismes des actions et des ETF, puis passez à une plateforme compatible avec les options.
MarketWatch Virtual Stock Bourse	www.marketwatch.com/game	Le simulateur gratuit de MarketWatch prend en charge les actions, les ETF et les fonds communs de placement avec des prix en temps réel. Sa particularité : vous pouvez créer des parties privées avec des règles personnalisées — définir votre propre capital de départ, vos limites d'effet de levier et vos paramètres de score. Idéal pour les défis de groupe (clubs de trading, cohortes, groupes d'étude) où vous affrontez d'autres personnes sous des règles identiques. L'élément compétitif ajoute un réalisme psychologique qui fait défaut aux simulateurs en solo.
ThinkOrSwim Paper Trading (Schwab)	Télécharger la plateforme ThinkorSwim	L'étalon-or pour le trading d'options sur papier. Accès complet à la chaîne d'options, Grecs en temps réel,

Platform	URL	Ce qu'Elle Offre
TastyTrade Paper Trading	TastyTrade.com	Le paper trading de TastyTrade est conçu spécifiquement pour les traders de rendement sur options. La plateforme est orientée prioritairement vers les options — l'interface s'articule autour de la vente de primes, des Grecs de position et du suivi des gains. Si votre stratégie principale est la Roue (Wheel : CSP → Covered Call), l'environnement de paper trading de TastyTrade est la simulation la plus fidèle de la manière dont vous opérerez réellement. Gratuit à la création d'un compte.
IBKR Paper Trading (Interactive Courtiers)	interactivebrokers.com	Interactive Brokers propose un compte de paper trading autonome avec accès aux marchés mondiaux, des chaînes d'options complètes et des outils d'analyse professionnels. C'est l'option gratuite la plus sophistiquée — recommandée pour les traders qui prévoient de gérer un portefeuille plus large et multi-positions. La courbe d'apprentissage de la plateforme est plus raide, mais la fidélité de la simulation est la plus élevée accessible aux particuliers.

QUEL SIMULATEUR UTILISER POUR COMMENCER

Si vous débutez totalement dans le trading : commencez par www.investopedia.com/simulator pour vous familiariser avec la saisie d'ordres de base et le suivi de portefeuille sans complexité. Une fois que vous avez compris comment acheter et vendre des positions, rendez-vous sur www.marketwatch.com/game pour ajouter une dimension compétitive et vous exercer face à d'autres traders. Lorsque vous êtes prêt à pratiquer spécifiquement les options — qui constituent le cœur de ce livre —, ouvrez un compte de paper trading sur ThinkOrSwim ou TastyTrade et commencez à appliquer la stratégie complète : entrées en CSP, gestion à T-21, suivi en covered call. Enchaînez ces trois étapes dans l'ordre. Chaque niveau vous prépare au suivant.

Le Trading sur Papier accomplit des choses que le backtesting ne peut pas :

- Expérience d'exécution en temps réel — vous vous entraînez à saisir des ordres multi-jambes (multi-leg), à gérer des positions et à déboucler des trades dans des conditions de marché réelles avec des spreads bid/ask en direct ;
- Répétition émotionnelle — même sans argent réel en jeu, voir une position virtuelle évoluer contre vous génère un retour psychologique précieux. Notez les moments où vous êtes tenté d'enfreindre vos règles. Prenez conscience de l'impulsion de courir après le marché. Le paper trading révèle vos tendances comportementales avant qu'elles ne vous coûtent de l'argent réel ;
- Aisance avec la plateforme — vous apprenez où se trouve chaque bouton, comment entrer des ordres de spread, comment lire la chaîne d'options.
- Affinement de la stratégie — les conditions réelles du marché révèlent souvent des cas limites et des scénarios que votre backtest n'avait pas anticipés. Le paper trading vous offre un environnement à faibles enjeux pour faire face à ces cas particuliers et les résoudre.

LA RÈGLE DU TRADING SUR PAPIER

Testez une nouvelle stratégie en paper trading sur un minimum de 30 trades — pas 30 jours, 30 trades — avant d'y engager du capital réel. Trente trades fournissent un échantillon suffisant pour observer le taux de réussite de la stratégie, le gain/perte moyen et les caractéristiques de drawdown dans les conditions de marché actuelles. Moins de 30 trades ne constituent pas un échantillon représentatif.

→ *Voir aussi : Le Protocole du Nouveau Trader sur 90 Jours (Chapitre 22, page 389) — une rampe structurée de trading en réel allant de positions uniques à la gestion complète de portefeuille.*

Utiliser les Systèmes de Trading pour une Exécution Cohérente

Clôturez à 50 % de profit ou roulez à T-21 — mêmes règles de gestion que pour les CSP sur actions individuelles.

- Système d'entrée : Définir exactement quelles conditions doivent être
- Système de dimensionnement : Définissez la taille de la position en termes de risque financier maximal (en dollars), et non en nombre de contrats. Pour un compte de 50 000 $: risque max de 5 % par trade = 2 500 $. Pour un CSP à 90 $, cela équivaut à un maximum de 2 contrats (9 000 $ de liquidités bloquées par contrat = 18 000 $ au total sur 2 contrats — ce qui reste dans le cadre du risque de 5 % sur la prime elle-même) ;
- Système de gestion : Définissez les conditions exactes qui déclenchent les actions de gestion. Clôturez à 50 % de profit. Roulez si la position est testée à moins de 21 DTE. Clôturez si la perte dépasse 2 fois le crédit reçu. Pas de place au jugement subjectif — c'est le système qui décide ;
- Système de sortie : Définissez les trois sorties avant l'entrée — objectif de profit, stop-loss et sortie temporelle. Consignez-les par écrit pour chaque trade dans votre journal de trading ;

Drawdown : Comprendre et Survivre

Le drawdown n'est pas un échec. C'est le rythme inévitable de tout système de trading. Aucune stratégie — aussi bien testée soit-elle — ne gagne à chaque trade. Les périodes de drawdown sont le moment où la discipline est mise à l'épreuve et où les traders sous-capitalisés ou émotionnellement mal préparés quittent le marché.

- Le drawdown maximum (maximum drawdown) est la plus forte baisse historique, du sommet au creux, enregistrée par votre compte sur une période donnée. Si votre compte passe de 50 000 $ à 60 000 $ puis retombe à 48 000 $, votre drawdown s'élève à 12 000 $ — soit 20 % depuis le sommet ;
- Logique mathématique de la récupération : un drawdown de 20 % nécessite un gain de 25 % pour retrouver le niveau initial. Un drawdown de 33 % exige un gain de 50 %. Un drawdown de 50 % impose un gain de 100 %. Cette asymétrie explique pourquoi la règle du drawdown maximal de 20–25 % n'est pas arbitraire — elle est mathématiquement protectrice ;
- Règle comportementale pendant le drawdown : ré. Un système de trading est un ensemble complet de règles qui définit chaque aspect d'un trade : critères d'entrée, dimensionnement de la position, règles de gestion et conditions de sortie. C'est l'expression écrite de votre stratégie, suffisamment spécifique pour que deux personnes différentes la suivant prennent les mêmes décisions. Les systèmes empêchent l'émotion de contaminer l'exécution.

- Le drawdown statistique est prévisible : une stratégie avec un taux de réussite de 70 % produira régulièrement, par le simple effet du hasard, des séries de 4 à 5 trades perdants consécutifs. C'est tout à fait normal. L'avantage du système réside dans sa performance globale — et non dans une suite de trades individuels.

LE DRAWDOWN EST UNE DONNÉE

Chaque drawdown vous en apprend beaucoup sur votre stratégie et sur vous-même. Suivez chaque trade, chaque période de baisse et chaque phase de récupération dans votre journal de trading. Les schémas que vous découvrirez dans vos propres données — les conditions de marché où votre stratégie piétine, les déclencheurs émotionnels qui vous incitent à enfreindre vos règles — constituent les informations les plus précieuses que vous collecterez en tant que trader.

Excursion Défavorable Maximum (MAE) : Ajouter la Gestion du Risque à Votre Backtest

La Maximum Adverse Excursion — MAE — est l'une des métriques les plus puissantes et les plus négligées dans le backtesting d'options. La MAE mesure la plus grande perte latente qu'un trade a subie à un moment quelconque de sa durée de vie, même si le trade s'est finalement soldé par un profit. C'est la réponse à la question que tout gestionnaire de risques doit poser : « Quel niveau de douleur ai-je dû endurer pour encaisser ce profit ? »

Une stratégie qui gagne 70 % du temps semble excellente. Mais si le trade gagnant moyen a subi une perte latente de 35 % à un moment donné avant de se redresser, le trader qui détient cette position à travers le drawdown a dû faire preuve d'une discipline extraordinaire — et beaucoup en seraient incapables. La MAE révèle le coût psychologique caché derrière les statistiques.

MAE Metric	Ce Qu'Il Mesure	Comment to Use It
MAE (per trade)	La perte latente maximale à n'importe quel moment de la vie du trade — le niveau le plus bas atteint par le P&L avant la clôture du trade.	Tracez la MAE pour chaque trade de votre backtest. Si vos trades gagnants affichent régulièrement une MAE de 50 %+ du profit max, votre seuil de stop-loss doit peut-être être plus large — ou la stratégie génère une pression psychologique inutile.
Average MAE (winners)	L'excursion défavorable maximum moyenne sur tous les trades gagnants.	Si les gagnants affichent une MAE moyenne de 20 %, vous pouvez calibrer votre stop-loss réel pour qu'il se déclenche à 25–30 % — assez serré pour protéger, mais assez large pour ne pas stopper des trades qui se seraient redressés.
Average MAE (losers)	L'excursion défavorable maximum moyenne sur tous les trades perdants.	Comparez à la MAE des trades gagnants. Si les trades perdants affichent une MAE considérablement plus élevée avant la clôture, vous conservez probablement vos perdants trop longtemps. Les données vous

MAE Metric	Ce Qu'Il Mesure	Comment to Use It
		indiqueront où se situe le point d'inflexion.
MAE % of Max Profit	(Excursion défavorable maximum) ÷ (profit potentiel maximum sur le trade).	Un ratio au-dessus de 100 % signifie que le trade est allé. Tracez l'MAE pour chaque trade dans votre backtest. Si vos trades gagnants affichent régulièrement une MAE de 50%+ du profit maximum, votre seuil de stop-loss doit peut-être être plus large — ou la stratégie crée une pression psychologique inutile.
Reasonable Stop Calculation	Utiliser le MAE moyen des trades perdants pour fixer un stop-loss qui coupe les perdants avant qu'ils n'atteignent leur pire.ir worst point.	Si les trades perdants affichent une MAE moyenne de 45 %, fixez votre stop à 40 % de la perte max — vous clôturez avant que le trade perdant moyen n'atteigne son pire drawdown. Cela réduit la perte moyenne sans éliminer les trades récupérables.

LA RÈGLE DE CALIBRATION DU STOP-LOSS MAE

Ne fixez pas vos stop-losses sur la base de chiffres ronds ou à l'instinct. Fixez-les en fonction des données de MAE de votre backtest. Lancez 50–100 trades rétrospectifs. Tracez la MAE de chaque trade gagnant et de chaque trade perdant. Le stop-loss qui maximise votre taux de réussite sans couper prématurément les gagnants se trouvera dans ces données — pas dans un manuel. Votre MAE moyenne pour les trades perdants est le chiffre le plus important pour calibrer vos stops.

Backtesting à Travers les Six Conditions : Validation Spécifique aux Conditions

Le principe de backtesting le plus important dans le système à six conditions est le suivant : testez chaque stratégie séparément dans la condition pour laquelle elle a été conçue. Une stratégie qui fonctionne brillamment en condition 2 (haussière, IV élevée) peut s'avérer catastrophique en condition 1 (haussière, IV basse) — parce qu'en condition 1, vous devriez acheter de la prime, et non en vendre. Si vous backtestez une stratégie de CSP sur l'ensemble des conditions de marché confondues, vous obtiendrez un résultat mélangé qui masquera à la fois ses forces et ses faiblesses.

#	Condition	Strategy to Backtest	Key Metrics to Validate
1	**Bullish, Low IV**	Long calls, bull call spreads	Taux de réussite, taille du gagnant moyen, MAE moyen sur les gagnants, niveau VI à l'entrée
2	**Bullish, High IV**	CSP, covered call, bull put spread	Prime collectée, taux de réussite, jours moyens jusqu'à 50 % de profit, MAE sur les trades perdants
3	**Bearish, Low IV**	Long puts, bear put spreads	Taux de réussite dans une tendance baissière confirmée,

#	Condition	Strategy to Backtest	Key Metrics to Validate
			mouvement moyen capturé, temps jusqu'à l'objectif
4	**Bearish, High IV**	Bear call spreads only	Crédit collecté, taux de réussite, MAE moyen, fréquence de la perte max
5	**Range-bound, Low IV**	Butterfly, iron condor	Pourcentage de temps où l'action est restée dans le range, prime moyenne par jour, fréquence MAE
6	**Range-bound, High IV**	Calendar spread, diagonal	P&L du calendar à l'expiration vs. au point médian, différentiel VI capturé, théta quotidien moyen

Le backtesting spécifique aux conditions est ce qui sépare une stratégie validée d'une stratégie espérée. Si la condition 4 (baissière, IV élevée) produit toujours vos pires résultats en backtesting, vous avez deux options : affiner la stratégie jusqu'à ce que les chiffres s'améliorent, ou accepter que la condition 4 soit votre zone la plus faible et y déployer une taille de position minimale. Les données vous indiquent où votre avantage est le plus fort. Écoutez-les.

Déroulement de Backtesting : Stratégie CSP sur 12 Mois sur AAPL

Le déroulement couvre janvier à décembre d'une année civile, tradant des puts sécurisés en espèces sur AAPL à

Résultats sur 24 trades : taux de réussite 79,2 %, profit factor 2,31, drawdown maximum 2,8 %, rendement annuel de 29,7 % sur le capital déployé. Les deux mois perdants (mai et septembre) ont tous deux impliqué des roulements (rolls) défensifs qui ont réduit la perte de la perte max complète à environ 1,5 fois le crédit. Les trois assignations ont été gérées via la Roue (Wheel) — chacune a généré des revenus supplémentaires via des covered calls qui ont réduit le coût de revient effectif avant le redressement de l'action.

Ce que le backtest valide : la règle de clôture à 50 % de profit pour les trades de rendement (CSPs, credit spreads, iron condors) a été la règle unique ayant le plus d'impact dans le système. Les trades clôturés à 50 % de profit avaient une durée de détention moyenne de 18 jours, libérant le capital pour la position suivante. Les trades conservés au-delà de l'objectif de 50 % (dans un test mené sans cette règle) ont montré une baisse du taux de réussite de 79 % à 61 % et ont doublé la durée de détention moyenne. La règle n'est pas arbitraire — elle est mathématiquement optimale pour cette structure.

Ce que le backtest ne valide PAS : les rendements futurs. Un backtest prouve que les règles ont produit un résultat historique spécifique sur un sous-jacent spécifique au cours d'une année spécifique. Il ne garantit pas le même résultat pour une année différente, un sous-jacent différent ou un autre régime de marché. Le backtest est le point de départ de la conviction, non le point d'arrivée. Pratiquez le paper trading sur le système validé pendant 90 jours sur plusieurs sous-jacents avant de passer au réel.

LES TROIS PIÈGES DU BACKTESTING

Ajustement de courbe (curve fitting) : l'optimisation des paramètres pour coller aux données historiques produit des règles qui échouent dans le futur. Évitez toute règle ajoutée spécifiquement pour empêcher une perte passée bien précise. Biais de survie : le backtesting uniquement sur les actions existant aujourd'hui ignore les entreprises qui ont fait faillite pendant la période de test. Utilisez des ETF d'indices (SPY, QQQ) comme principaux outils de backtest — ils ne peuvent pas tomber à zéro. Sur-optimisation à un seul régime de marché : une stratégie qui a fonctionné exclusivement dans un marché haussier ou uniquement dans des environnements d'IV élevée n'est pas validée — elle est dépendante du régime. Testez sur au moins une année baissière et une année à faible IV avant de qualifier une stratégie de validée.

Tableau de bord des résultats du backtest — Courbe d'équité, taux de réussite et métriques de validation clés issues des tests de stratégie.

Configuration : Compte 50 000 $. Vendre 1 CSP mensuel à delta 0,25, 30-35 JAE. Fermer à 50 % de profit ou gérer à T-21.age at T-21. Skip earnings weeks.

Month	AAPL	Strike	Prime	Days	Résultat	Cumul. P&L
Jan	$182	$170 P	$3.20	14	50% profit	$160
Feb	$186	$174 P	$2.90	18	50% profit	$305
Mar	$178	$166 P	$3.50	12	50% profit	$480
Apr	$185	$173 P	$2.80	—	Skip: earnings	$480
May	$190	$178 P	$3.10	16	50% profit	$635
Jun	$195	$183 P	$2.60	21	T-21 close	$726
Jul	$188	$176 P	$3.40	—	Skip: earnings	$726
Aug	$192	$180 P	$2.90	15	50% profit	$871
Sep	$185	$173 P	$3.60	28	Rolled at T-21	$871
Oct	$178	$166 P	$4.20	—	Skip: earnings	$871
Nov	$180	$168 P	$3.00	22	Assigned	$871+shares
Dec	$175	CC $180	$2.50	—	Wheel: sold CC	$871+shares

Résultats : 8 entrées / 12 mois (3 exclusions pour résultats, 1 roulement). Taux de réussite : 75 %. Prime totale : 871 $ sur un capital d'environ 17 000 $ = 5,1 % de rendement annuel provenant de la prime seule. Une assignation a basculé sur la Roue (Wheel). L'enseignement clé : éviter les périodes de résultats a réduit les revenus de 25 % mais a éliminé les entrées au risque le plus élevé.

Comparaison des Stratégies : Quelle Approche Convient à Quel Marché ?

Après avoir testé les stratégies individuelles, le niveau suivant consiste à comparer les stratégies entre elles dans différents environnements de marché. Ce tableau de comparaison synthétise les performances backtestedées à travers les six conditions — montrant quelles stratégies prospèrent et lesquelles souffrent dans chaque environnement.

Strategy	Cond 1: Bull Trend	Cond 2: Bull Vol	Cond 3: Neutral	Cond 4: Bear Vol	Cond 5: Bear Trend	Cond 6: High IV
CSP (0.25 delta)	Strong	Good	Strong	Poor	Very Poor	Excellent
Covered Call	Good	Poor	Strong	Fair	Fair	Good

Strategy	Cond 1: Bull Trend	Cond 2: Bull Vol	Cond 3: Neutral	Cond 4: Bear Vol	Cond 5: Bear Trend	Cond 6: High IV
Iron Condor	Poor	Poor	Excellent	Poor	Poor	Good
Bull Call Spread	Excellent	Good	Poor	Very Poor	Very Poor	Fair
Bear Put Spread	Very Poor	Poor	Poor	Good	Excellent	Fair
Calendar Spread	Fair	Poor	Excellent	Poor	Fair	Very Poor
Long Straddle	Poor	Excellent	Very Poor	Excellent	Poor	Good
Collar	Good	Good	Fair	Good	Good	Good

Deux enseignements tirés de la comparaison : (1) Aucune stratégie unique ne fonctionne dans les six conditions. Le trader qui ne connaît que les CSPs souffrira dans les Conditions 4 et 5. Le trader qui ne connaît que les iron condors souffrira dans les Conditions 1, 2, 4 et 5. Vous avez besoin d'au moins 3–4 stratégies pour couvrir tous les environnements. (2) Le Collar est la seule stratégie notée « Bonne » ou mieux dans les six conditions — mais son rendement est modéré dans chacune d'elles. C'est l'arbitrage risque/rendement : la polyvalence se paye au détriment de la performance. Le spécialiste surperforme dans sa condition mais échoue en dehors. Le généraliste survit partout mais ne domine nulle part.

Votre sélection de stratégie doit correspondre à votre évaluation de la condition actuelle du marché. Suivre ce processus en trois étapes.

- Étape 1 — Identifier la condition : effectuez votre lecture des six conditions (Chapitre 1) ;
- Étape 2 — Look up approved strategies:
- Étape 3 — Sélectionner et dimensionner : choisissez la stratégie qui correspond à la taille de votre compte et à votre tolérance au risque.

Ce processus en trois étapes élimine entièrement les suppositions dans la sélection de stratégie.

Le Protocole de Trading sur Papier : Avant de Risquer un Capital Réel

Le paper trading n'est pas optionnel pour les nouveaux traders — c'est le prérequis obligatoire avant de passer au réel. Mais la plupart des traders s'y prennent mal : ils placent des trades sans conséquences, font l'impasse sur la discipline de gestion sous prétexte que « ce n'est pas du vrai argent », et se déclarent prêts après deux ou trois trades gagnants. Ce n'est pas du paper trading — c'est répéter un excès de confiance.

Un paper trading efficace imite chaque aspect du trading réel, à l'exception du transfert de fonds. Vous appliquez les mêmes règles de gestion, la même discipline de journal de bord le même processus de révision mensuelle. Vous mesurez les mêmes métriques. La seule chose que vous testez est la stratégie — pas votre tolérance au risque, qui ne peut être calibrée qu'avec de l'argent réel.

Phase	Duration	Ce que Vous Testez — Passer au Direct Quand
Phase 1 — Mechanics	30 days minimum	Vous savez identifier, évaluer, entrer, gérer et clôturer un CSP sans avoir à chercher comment faire chaque étape. Vous savez lire un graphique de risque, calculer le point mort

Phase	Duration	Ce que Vous Testez — Passer au Direct Quand
		et la perte max, et identifier votre date T-21 dès l'entrée. Passez au réel lorsque tous les mécanismes deviennent automatiques.
Phase 2 — System Discipline	60 days, minimum 20 paper trades	Vous avez fermé 100 % des positions à l'objectif de profit de 50 % sans maintenir davantage. Vous avez déclenché. Un paper trading efficace imite chaque aspect du trading réel, à l'exception du transfert d'argent. Vous exécutez les mêmes règles de gestion, la même discipline de journal, le même processus de révision mensuelle. Vous mesurez les mêmes indicateurs. La seule chose que vous testez est la stratégie — pas votre tolérance au risque, qui ne peut être calibrée qu'avec de l'argent réel.
Phase 3 — Drawdown Behavior	Jusqu'à ce que vous viviez un mois perdant dans le trading sur papier	Vous avez géré un trade qui allait contre vous sans enfreindre les règles. Vous avez exécuté un roulement dé. Ce que vous testez — Quand passer au réel

Le paper trading ne vous prépare pas à l'intensité émotionnelle de l'argent réel. Il vous prépare aux mécanismes et à la discipline. Ces deux éléments — mécanismes et discipline — sont les variables contrôlables. Le calibrage émotionnel viendra des six premiers mois de trading réel avec une taille de position minimale.

LA RÈGLE DU PAPER TRADING

Pratiquez le paper trading pendant un minimum de 90 jours avant de passer au réel. Mais ne faites pas du paper trading indéfiniment pour éviter l'inconf ort de l'argent réel. Le 91e jour est fait pour le trading réel à taille minimale. Les leçons que vous ne pouvez pas apprendre avec le paper trading — ce que vous ressentez en regardant une position évoluer contre vous avec du vrai capital — ne s'acquièrent pas autrement. Le paper trading construit le système. Le trading réel construit le trader.

> 6-CONDITION FRAMEWORK ▸ **TOUTES LES SIX — construire votre système de réponse personnel complet pour chaque condition**
> La maîtrise ne consiste pas à connaître plus de stratégies. Elle consiste à avoir une réponse testée, écrite et intériorisée pour chacune des six conditions — et à exécuter cette réponse sans hésitation dès que la condition est identifiée.

Chaque trader dans ce livre a appris les mêmes outils. Les mêmes Grecs, les mêmes stratégies, le même cadre de gestion des risques. Mais le trader qui maîtrise cette matière n'est pas celui qui en sait le plus — c'est celui qui se connaît le mieux lui-même. La maîtrise est l'intersection de la connaissance, de la discipline et de la conscience de soi appliquées de manière cohérente à travers les conditions de marché.

Ce dernier chapitre vous donne le cadre pour construire et exploiter votre stratégie personnelle — le système spécifique, écrit et testé qui reflète votre capital, votre tolérance au risque, votre disponibilité de temps et votre profil psychologique. Il n'existe pas de stratégie universelle qui fonctionne pour tout le monde. Il existe un processus universel pour trouver la stratégie qui fonctionne pour vous.

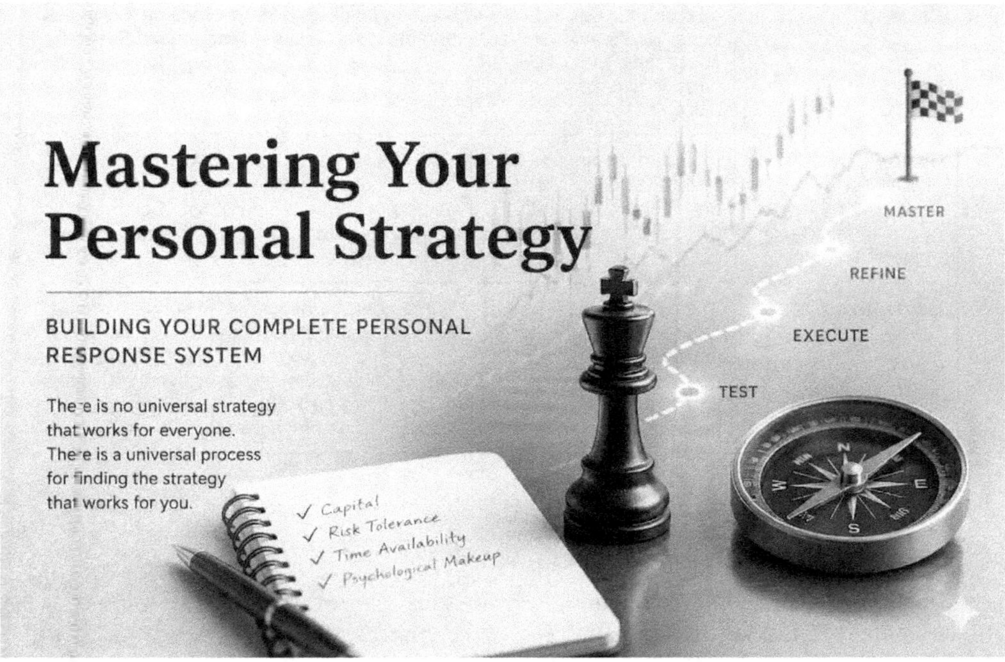

→ See Figure 2.1 — Moneyness Ladder — Call Options (Chapitre 2 — Les Contrats d'Options Expliqués)

Les Cadres des Six Conditions de Marché

Les marchés se présentent sous six conditions distinctes. Un maîtré trader possède une réponse définie pour chacune d'elles. Avant de trader une séance, identifiez dans quelle condition se trouve le marché — et assurez-vous que vos positions ouvertes et vos trades prévus sont alignés avec cette condition, sans la combattre.

#	Condition	Key Signals	Strategy Alignment
1	**Strong Uptrend**	Prix au-dessus des MME 50/200 jours. MACD positif. BPI croissant. VIX bas.	Long calls, bull call spreads, spreads diagonaux sur les secteurs leaders. Covered calls pour les revenus sur les actions existantes détenues.
2	**Tendance Haussière Faible / Choppy**	Prix au-dessus de la MME 200 jours mais en dessous de la MME 50 jours. Bougies en fouet. MACD mixte.	Réduisez la taille des positions. Spreads calendaires (calendar spreads) et iron condors dans le canal. Attendez une clarté de tendance avant d'ajouter des trades de débit directionnels. La patience est la stratégie.
3	**Latéral / En Range**	Prix oscillant dans une plage de 5 à 8 %. Compression des Bandes de Bollinger. Faible mouvement du BPI.	Iron condors, credit spreads ancrés sur le support/résistance. Cash-secured puts sur des supports solides. Le thêta constitue votre revenu. N'achetez pas de prime — elle se dégrade sans mouvement.
4	**Tendance Baissière Faible / Choppy**	Prix en dessous de la MME 50 jours mais au-dessus de la MME 200 jours. Nouveaux bas successifs. MACD négatif mais pas extrême.	Réduire l'exposition longue. Bear call spreads sur les secteurs faibles. Protégerive puts on existing holdings. No new income strategies on individual stocks — use index ETFs only.
5	**Strong Downtrend**	Prix en dessous de la MME 200 jours. MACD profondément négatif. BPI sous 30. VIX élevé.	Bear put spreads, long puts sur les secteurs faibles. put sécurisé en espè. Prix oscillant dans une fourchette de 5–8%. Compression des bandes de Bollinger. Faible mouvement du BPI.
6	**Haute Volatilité / Crise**	VIX au-dessus de 30. Grandes bougies journalières. Les corrélations montent à 1. Écarts pilotés par les nouvelles.	Prime courte à risque défini sur des grands noms de qualité uniquement. Dimensionnez à 25–50 % de la normale. Laissez la première vague de volatilité s'épuiser avant de vous déployer. La patience en temps de crise paye les primes les plus élevées.

Le Cadre des Six Stratégies The Premium Desk

Les six conditions de marché décrites ci-dessus se rattachent directement à six familles de stratégies spécifiques — une approche approuvée pour chaque combinaison de biais directionnel et d'environnement de volatilité. C'est le cœur de la méthode The Premium Desk : vous ne devinez pas quelle stratégie utiliser. Vous lisez la condition. Vous exécutez la stratégie attribuée. Vous évitez tout le reste.

Condition	IV Environment	Stratégie Principale	IVR Target	DTE Target

C1 — Bullish / Low IV	IVR < 30	Long Call / Bull Call Spread	< 30	30–45 DTE
C2 — Bullish / High IV	IVR > 50	CSP / Bull Put Spread	> 50	30–45 DTE
C3 — Bearish / Low IV	IVR < 30	Long Put / Bear Put Spread	< 30	30–45 DTE
C4 — Bearish / High IV	IVR > 50	Bear Call Spread	> 50	21–35 DTE
C5 — Neutral / High IV	IVR > 50	Iron Condor / Short Strangle	> 50	30–45 DTE
C6 — Neutral / Low IV	IVR < 30	Calendar Spread / Long Straddle	< 30	45–60 DTE

Figure 22.3 — Matrice de Correspondance des Stratégies. Six conditions associées à six stratégies avec des paramètres IVR et DTE.

La plus grande influence sur le choix de votre stratégie est votre objectif financier — certaines stratégies sont conçues pour les gains en capital, d'autres pour le revenu, et d'autres pour la couverture. Mais quel que soit votre objectif, la condition passe en premier. La stratégie doit correspondre au marché dans lequel vous êtes réellement, pas au marché dans lequel vous aimeriez être.

#	Condition	IV Niveau	Approved Stratégies	Pourquoi Celle-ci — Pas une Autre
1	**BULLISH**	LOW VOLATILITY	Long Call | Bull Call Spread (debit spread)	Une IV basse signifie que les options sont bon marché — c'est le moment d'ACHETER de la prime, pas d'en vendre. Un long call vous donne un effet de levier à la hausse avec un coût de revient bas. Un bull call spread réduit le coût tout en définissant le risque maximum — idéal lorsque le mouvement est anticipé mais que la conviction est modérée. Ne vendez pas de covered calls en Condition 1 — vous plafonnez votre potentiel de hausse exactement au moment où la tendance est votre meilleur allié.
2	**BULLISH**	HIGH VOLATILITY	Covered call (on existing long stock) | Bull put spread / put sécurisé en espèces (credit)	Une IV élevée signifie que les options sont chères — c'est le moment de VENDRE de la prime. Un covered call génère des revenus sur des actions que vous détenez déjà pendant que l'IV est élevée. Un bull put spread ou un CSP collecte un crédit maximum dans une direction haussière.

#	Condition	IV Niveau	Approved Stratégies	Pourquoi Celle-ci — Pas une Autre
				N'achetez pas de calls ici — vous surpayerez une prime qui subira un écrasement d'IV (IV crush) contre vous.
3	**BEARISH**	LOW VOLATILITY	Basic long put | Bear put spread (debit)	Une IV basse signifie que les puts sont abordables — achetez-les pour capter la baisse. Un long put donne une exposition à effet de levier au repli. Un bear put spread réduit le coût tout en participant à un mouvement baissier modéré. Ne vendez pas de puts dans un environnement baissier — vous collectez un faible crédit et acceptez un risque directionnel important contre vous.
4	**BEARISH**	**HIGH VOLATILITY**	**Bear call spread ONLY — sell OTM call / buy further OTM call (credit received)**	**IV élevée + direction baissière = vendez des credit spreads du côté CALL. Vous collectez une prime élevée pour la thèse baissière. Le spread plafonne votre risque. N'utilisez PAS de longs puts ici — une IV élevée les rend chers et l'IV crush les détruit après le déclenchement du catalyseur. N'utilisez PAS de short calls nus — risque indéfini. Credit spreads uniquement.**
5	**RANGE-BOUND**	LOW VOLATILITY	Butterfly Spread | Iron condor (defined-risk)	Une IV basse dans un canal signifie que les options sont bon marché — mais le canal lui-même constitue l'avantage. Un butterfly concentre le profit sur un prix cible unique. Un iron condor capture la prime des deux côtés du canal. N'achetez pas de prime directionnelle — il n'y a pas de tendance dont tirer profit, et la dégradation du thêta va la ronger.
6	**RANGE-BOUND**	HIGH VOLATILITY	ATM calendar spread | Diagonal spread	Une IV élevée dans un canal crée une opportunité de revenus grâce aux différentiels de dégradation temporelle. Un spread calendaire (calendar spread) vend de l'IV élevée à court terme et achète de l'IV à plus long terme avec une décote relative. Un diagonal ajoute une inclinaison directionnelle tout en

#	Condition	IV Niveau	Approved Stratégies	Pourquoi Celle-ci — Pas une Autre
				préservant l'avantage de la dégradation temporelle. Ne vendez pas d'iron condors avec des ailes larges en période d'IV élevée — les ailes peuvent se retrouver trop près de la monnaie après un pic de volatilité.

⚠ STRATEGY #4 VERIFIED: BEARISH + HIGH VOLATILITY = CREDIT SPREADS ONLY

Lorsque vous êtes baissier ET que la volatilité est élevée, la seule structure approuvée est le bear call spread — un spread de crédit sur le côté call.

Vendre un call OTM à votre prix d'exercice cible • Acheter un call plus éloigné OTM comme plafond de risque défini • Encaisser le crédit net.

Pourquoi pas des longs puts ? Une IV élevée gonfle les primes des puts — vous surpayez et l'IV crush vous détruit après le catalyseur. Pourquoi pas des short calls nus ? Risque illimité. Il n'y a aucun scénario dans lequel une position baissière à risque indéfini est acceptable dans ce système.

Adjusted Options Filter: Applied to All Six Stratégies

Avant d'exécuter l'une des six stratégies ci-dessus, une règle transversale s'applique sans exception : confirmez que le sous-jacent ne fait pas l'objet d'une opération sur titre en attente ou annoncée qui créerait un contrat ajusté. Cette vérification prend trente secondes et vous protège de l'une des pertes les plus faciles à éviter dans le trading d'options.

#	Strategy	Specific Adjusted Options Risk	Pre-Trade Confirmation Required
1	**Bullish Low IV — Long Call / Bull Call Spread**	Une fusion ou une acquisition en attente peut figer la valeur intrinsèque du call au prix de la transaction, éliminant tout potentiel de hausse. Une division d'actions (split) ajuste le contrat de manière non standard si le ratio n'est pas de 2 :1 ou 3 :1.	Consultez CBOE.com pour vérifier les ajustements en attente sur le ticker. Confirmez l'absence de rumeur ou d'annonce de fusion. Confirmez l'absence d'annonce de split dans la fenêtre d'échéance de l'option.
2	**Bullish High IV — Covered Call / CSP**	Un dividende exceptionnel réduit le prix d'exercice à la date d'ex-dividende, modifiant le calcul de votre P&L. Un covered call ITM fait face à un risque d'assignation anticipée si le dividende dépasse la valeur extrinsèque restante.	Vérifier la date ex-dividende. Si le dividende est à venir et que le call est ITM, calculer : la valeur extrinsèque est-elle infé. Risque spécifique des options ajusté

#	Strategy	Specific Adjusted Options Risk	Pre-Trade Confirmation Required
3	**Bearish Low IV — Long Put / Bear Put Spread**	Une fusion en espèces fixe un prix plancher sur le sous-jacent — l'action ne tombera pas en dessous du prix d'acquisition. Votre put ou put spread perd sa valeur si l'action est acquise à un prix supérieur à votre strike.	Avant d'acheter des puts sur un sous-jacent, confirmez qu'aucune acquisition n'est en attente à un prix supérieur à votre strike de put. Une action acquise à 95 $ signifie qu'un put à 90 $ est définitivement sans valeur — l'action n'ira pas là-bas.
4	**Bearish High IV — Bear Call Spread ONLY**	Une acquisition inattendue à un prix supérieur à votre strike de call court propulse votre spread à sa perte maximale. Après l'annonce, l'action ne retrace pas — elle reste bloquée au prix de la transaction.	C'est le risque le plus élevé lié aux options ajustées pour cette stratégie. Filtrez toujours les rumeurs de fusions et acquisitions avant de vendre un bear call spread. Si une acquisition est annoncée après l'ouverture du spread et que l'action réalise un gap au-dessus de votre strike court, clôturez immédiatement — le spread ne se redressera pas.
5	**Range-bound Low IV — Butterfly / Iron Condor**	Un split d'actions sur l'une ou l'autre des bornes de votre condor modifie simultanément les valeurs de strike de tous les contrats. Les splits non standards (3 :2) rendent les Grecs sur vos ailes (wings) peu fiables.	Confirmez l'absence d'annonce de split dans la fenêtre d'échéance. Sur un split 2 :1, le condor s'ajuste proprement. Sur un split 3 :2, les contrats deviennent non standards et le profil de risque du condor doit être recalculé manuellement.
6	**Range-bound High IV — Calendar / Diagonal**	Une fusion ou une acquisition élimine le mouvement de prix dont dépend le spread calendaire. Une action bloquée au prix de la transaction n'a plus d'IV, plus de mouvement, et plus de différentiel de thêta entre les jambes (legs).	Les spreads calendaires et diagonaux nécessitent un mouvement de prix continu pour générer du profit. Une entreprise engagée dans une transaction annoncée devient un prix statique. Clôturez immédiatement tous les spreads calendaires et diagonaux lors de toute annonce de fusion.

Scénarios de Scission : La Quatrième Catégorie de Risque des Options Ajustées

Une scission d'entreprise (spinoff) se produit lorsqu'une société mère sépare une filiale pour en faire une entité indépendante cotée en bourse, distribuant des actions de la nouvelle société aux actionnaires existants à une date d'enregistrement définie. Du point de vue des options, les spinoffs sont l'un des événements d'entreprise les plus perturbateurs : les contrats d'options existants sur l'action mère peuvent être ajustés pour livrer une combinaison d'actions de la société mère ET d'actions de la société scindée, modifiant fondamentalement le profil de risque de la position. Les Grecs deviennent peu fiables, les spreads bid-ask s'élargissent considérablement et les calculs de risque automatiques de votre courtier peuvent se baser sur des hypothèses erronées.

Les quatre catégories de risque lié aux options ajustées que chaque liste de contrôle pré-trade doit couvrir sont désormais : (1) Les événements de résultats — des dénouements binaires qui peuvent provoquer un gap de l'action bien au-delà de tout strike court ; (2) L'activité de fusion et acquisition — qui peut entraîner une mauvaise évaluation instantanée des options dès l'annonce ; (3) Les dates d'ex-dividende — où le risque d'assignation anticipée sur les short calls ITM détruit le trade de rendement ; et (4) Les événements de scission (spinoff) — où le livrable change et la position devient ingérable. Ces quatre éléments doivent être vérifiés avant chaque nouvelle entrée. Pas trois. Quatre.

RÈGLE D'ÉVITEMENT DES SCISSIONS

Si une société que vous tradez annonce une scission avec une date d'enregistrement dans votre fenêtre d'options actuelle, fermer immédiatement.

LA VÉRIFICATION DES OPTIONS AJUSTÉES PRÉ-TRADE — 30 SECONDES

Avant d'ouvrir une position sur l'une des six stratégies : (1) Allez sur www.cboe.com et vérifiez la note d'ajustement pour le ticker. (2) Vérifiez auprès de votre courtier les avis d'opérations sur titre pour le sous-jacent. (3) Confirmez que le symbole de l'option n'a pas de suffixe (XYZ1, XYZW = ajusté — ne tradez pas). Si une alerte apparaît, trouvez un autre sous-jacent. La vérification pré-trade vous coûte trente secondes. La découverte d'une option ajustée une fois que vous êtes déjà en position peut vous coûter des semaines de revenus de primes.

Élaboration de votre document de stratégie personnelle

Votre document de stratégie personnelle n'est pas un plan de trading au sens générique. C'est un instrument de précision — spécifique à la taille de votre compte, à votre niveau d'options approuvé, à vos heures de trading disponibles et à votre profil psychologique. Il répond aux questions que le marché vous posera chaque jour.

- Quelle est ma stratégie principale ? (ex. : rendement par CSP sur des actions à grande capitalisation avec un IVR > 40, 30–45 DTE, 0,20 delta — c'est le moteur de mon compte) ;
- Quelle est ma stratégie secondaire ? (ex. : bull call spreads sur les leaders sectoriels d'ETF en rotation confirmée — c'est ainsi que je déploie l'excédent de capital dans les conditions tendancielles) ;
- Dans quelles conditions de marché NE TRADERAI-JE PAS ? (ex. Je n'ouvre pas de nouvelles positions dans les 5 jours d'une annonce de résultats)ys of FOMC meetings or earnings announcements on any position in my account);
- Quel est mon nombre maximum de positions ouvertes à tout moment ? (ex. : maximum 5 positions simultanées — la concentration protège mon attention et mon capital) ;
- Quel est mon objectif de revenu hebdomadaire et mensuel ? (ex. 2 à 3 % mensuel sur le capital déployé — réaliste, pas aspirationnel)listic, sustainable, compounding); and
- Quel est mon drawdown mensuel maximum avant d'arrêter de trader et de faire le point ? (ex. : si je perds plus de 8 % sur un seul mois, j'arrête de trader, je passe en revue chaque position ouverte et je n'ouvre pas de nouveaux trades tant que je n'ai pas compris ce qui s'est passé).

L'Avantage Professionnel : Ce qui Sépare les Traders Durables

Après tout ce qui a été vu dans ce livre — les Grecs, les stratégies, les cadres de travail, le système SCR, la Roue —, les traders qui durent partagent tous les mêmes habitudes non négociables. Ce ne sont pas des stratégies. Ce sont des principes de fonctionnement.

Principle	Ce à quoi Ça Ressemble en Pratique
Protéger capital above all else	Ne jamais risquer d'argent que vous ne pouvez pas vous permettre de perdre. La première règle à chaque session. La dernière règle avant de sortir de la position.fore every trade.
Tradez avec un plan écrit	Chaque trade fait l'objet d'une thèse d'entrée écrite, d'un objectif de profit, d'un stop loss et d'une taille de position avant que l'ordre ne soit soumis. Aucune exception.
Gérez avec discipline	Rien de tout cela n'est de la faiblesse. C'est de la biologie. Le travail du gestionnaire de risques est de construire un système qui outrepasse ces impulsions grâce à des règles — des règles écrites lorsque vous étiez calme, rationnel et que vous pensiez clairement, pour régir votre comportement lorsque vous ne le serez pas.
Journaliser chaque trade	Entrée, sortie, thèse, Grecs à l'entrée, résultat, leçon. Le journal est là où les traders médiocres deviennent bons et les bons deviennent excellents.rs become excellent ones.
Review weekly	Chaque dimanche : passez en revue les positions ouvertes, les catalyseurs à venir, l'environnement de l'IVR, le cadre des conditions de marché. Vous dirigez une entreprise — comportez-vous comme son PDG.
Learn continuously	Les marchés évoluent. Le comportement algo change. Les régimes de volatilité se déplacent. Le trader qui cesse d'apprendre se déplace vers la médiocrité.
Séparer le trading de l'identité	Une semaine perdante ne fait pas de vous un mauvais trader. Une semaine gagnante ne fait pas de vous un génie. Les résultats du système sur des centaines de trades sont la seule mesure de performance valable.
Aimer le jeu	Les traders qui durent sont ceux qui aiment sincèrement le défi intellectuel du marché. Pas seulement les profits — le processus. Si vous aimez le processus, les profits suivent.

Vous disposez maintenant du cadre complet. Les marchés sont ouverts chaque jour de la semaine. Les opportunités sont accessibles à quiconque possède les connaissances, la discipline et le capital pour les saisir. L'avantage ne réside pas dans les outils — il est en vous. Appliquez le système. Protégez le capital. Faites confiance au processus.

L'Auto-Évaluation du Trader : Se Connaître Avant de Trader

Avant de sélectionner des stratégies, évaluer honnêtement quatre dimensions de votre profil de trading. Chacune détermine ce qui est réellement exé. Chaque dimanche : passez en revue les positions ouvertes, les catalyseurs à venir, l'environnement de l'IVR, le cadre de la condition de marché. Vous dirigez une entreprise — comportez-vous comme son PDG.

Dimension	Score 1 (Low)	Score 2-3	Score 4-5 (High)	Determines
Capital	Under $10K — spreads only	$10K-$50K — 3-5 positions, some CSPs	$50K+ — full toolkit including Wheel, Long/Short	Quelles stratégies vous pouvez physiquement exécuter
Time	Under 30 min/day — set-and-forget	30-60 min/day — manage income positions	2+ hours/day — active scanning, swing trading	Combien de positions vous pouvez gérer
Risk Tolerance	5% loss causes stress	Peut tolérer des drawdowns de 10-15 %	À l'aise avec 20 %+ si la thèse est intacte	Dimensionnement des positions et allocation de couverture
Experience	Under 50 live trades	50-200 trades, refining	200+ trades, survived a drawdown	Quelles stratégies sont sûres pour vous

La Matrice de Correspondance des Stratégies

Figure 22.3 – Strategy Matching Matrix: Six Conditions Mapped to Six Strategies

Condition	IV Environment	Primary Strategy	IVR Target	DTE Target
C1 – Bullish Low IV	IVR < 30	Long Call / Bull Call Spread	< 30	30-45 DTE
C2 – Bullish High IV	IVR > 50	CSP / Bull Put Spread	> 50	30-45 DTE
C3 – Bearish Low IV	IVR < 30	Long Put / Bear Put Spread	< 30	30-45 DTE
C4 – Bearish High IV	IVR > 50	Bear Call Spread	> 50	21-35 DTE
C5 – Neutral High IV	IVR > 50	Iron Condor / Short Strangle	> 50	30-45 DTE
C6 – Neutral Low IV	IVR < 30	Calendar Spread / Long Straddle	< 30	45-60 DTE

Figure 22.1 — Matrice de Correspondance des Stratégies — Quelle stratégie déployer pour chacune des six conditions de marché à chaque niveau de compte.

Matrice de Correspondance des Stratégies — Quelle stratégie déployer pour chacune des six conditions de marché.

Vos scores d'auto-évaluation correspondent à des stratégies compatibles. Si UNE SEULE dimension est inférieure au minimum requis, cette stratégie n'est pas encore appropriée.

Strategy	Capital	Time	Risk	Experience
Vertical Spreads	1 — Any	1 — Minimal	1 — Any	1 — Beginner OK

Strategy	Capital	Time	Risk	Experience
Iron Condors	2 — $10K+	2 — 30 min	2 — Medium	2 — 50+ trades
Put Sécurisé en Espècess	3 — $15K+	2 — 30 min	2 — Medium	2 — 50+ trades
La Roue (CSP+CC)	3 — $20K+	2 — 30 min	3 — Med-High	3 — 100+ trades
Swing Trading	2 — $10K+	4 — 1-2 hrs	4 — High	3 — 100+ trades
Calendar / Diagonal	3 — $15K+	3 — 60 min	3 — Med-High	4 — 200+ trades
Long/Short Portfolio	5 — $50K+	5 — 2+ hrs	5 — High	5 — 200+ trades

Votre dimension la plus faible est votre contrainte absolue. Un trader disposant d'un capital de 100 000 $ mais de seulement 30 trades d'expérience ne devrait PAS pratiquer le Long/Short — le capital est là, mais pas l'expérience.

VOTRE ÉNONCÉ DE STRATÉGIE

Écrivez ceci : « Je suis un trader de niveau [Score Capital] / [Score Temps] / [Score Risque] / [Score Expérience]. Mes stratégies compatibles sont [liste de la matrice]. Je ne traderai pas au-dessus de mon niveau tant que je n'aurai pas prouvé ma régularité pendant 90 jours consécutifs. » Cela empêche l'ambition de l'emporter sur la capacité.

Le Protocole de Drawdown à Cinq Niveaux : Réponse Systématique aux Périodes Perdantes

Chaque trader subit des drawdowns. La différence entre y survivre et être détruit n'est pas une question de chance — c'est le fait de disposer d'un protocole écrit à l'avance et répété, qui s'active automatiquement lorsque les pertes atteignent des seuils spécifiques. Ce protocole élimine la prise de décision dans les moments les plus chargés d'émotion de votre carrière de trader.

Un drawdown hebdomadaire de 3 % doit être consigné dans votre journal avec une brève note sur la cause — était-ce dû aux conditions de marché, à la sélection de la stratégie ou à une erreur d'exécution ? La réponse détermine si un ajustement est nécessaire.

Niveau 2 — Drawdown Élevé (3-5 % du compte en 30 jours). Quelque chose ne fonctionne pas. Le marché a peut-être changé de conditions sans que vous ne vous en rendiez compte, ou vos entrées récentes ont peut-être violé vos critères. Action : passez en revue les 10 derniers trades au regard de votre liste de contrôle d'entrée. Si plus de 2 ont violé les critères, le problème est la discipline — activez le protocole comportemental. Si tous ont suivi les critères, le problème est l'adéquation au marché — vérifiez si le cadre des six conditions soutient toujours vos stratégies ouvertes. Réduisez les nouvelles entrées de position de 50 % jusqu'à ce que le drawdown se stabilise.

Palier 3 — Drawdown préoccupant (5–8 % du compte en 30 jours). Ce n'est plus de la routine. Action : clôturez immédiatement vos deux positions les plus faibles (plus faible conviction, risque le plus élevé). Augmentez votre allocation de couverture de 50 %. Réduisez la taille des positions sur tous les trades restants de 25 %. Planifiez un examen complet du portefeuille — pas une vérification rapide, mais une analyse de deux heures de chaque position ouverte, de chaque position clôturée au cours des 30 derniers jours et de votre évaluation des conditions de marché. Quelque chose ne va pas structurellement et vous devez le trouver.

Niveau 4 — Drawdown Sérieux (8-12 % du compte en 60 jours). C'est une crise. Action : clôturez toutes les positions directionnelles. Ne conservez que vos positions de rendement à plus forte conviction (max 2) avec une taille réduite. Passez à 50 % de liquidités. Aucune nouvelle position pendant 2 semaines minimum. Durant ces 2 semaines, menez un audit complet du système : votre stratégie est-elle toujours valide pour les conditions de marché actuelles ? La taille de vos positions est-elle cohérente avec la règle des 2 % ? Vos critères d'entrée fonctionnent-ils ou la dynamique du marché a-t-elle changé ? Ne revenez au trading qu'après avoir terminé l'audit et élaboré un plan de redressement écrit.

Palier 5 — Drawdown critique (12 %+ du compte, quel que soit l'horizon de temps). Arrêt complet. Clôturez TOUTES les positions. Passez à 100 % en liquidités. Prenez une semaine complète de pause — pas d'accès à la plateforme, pas de suivi du marché, pas de médias financiers. Après une semaine, analysez l'ensemble de vos données de trading de l'année. Ce niveau de drawdown indique soit une défaillance fondamentale du système, soit une rupture majeure de discipline, soit un événement de marché extraordinaire. Avant de reprendre le trading réel, pratiquez le paper trading pendant 2–4 semaines pour recalibrer votre exécution et reconstruire votre confiance.

Le protocole fonctionne parce que chaque palier est prédéterminé. Lorsque vous êtes dans un drawdown de 10 %, vous ne prenez pas de décisions — vous exécutez un plan que vous avez écrit lorsque vous étiez calme, rationnel et que vous ne perdiez pas d'argent. Le plan ne semble pas adéquat sur le moment. C'est toujours le cas. C'est exactement pour cela qu'il doit être écrit à l'avance et suivi sans négociation.

LA VÉRITÉ DU DRAWDOWN

Un drawdown de 10 % nécessite un gain de 11,1 % pour récupérer. Un drawdown de 20 % nécessite 25 %. Un drawdown de 30 % nécessite 42,9 %. Un drawdown de 50 % impose 100 %. Les mathématiques sont impitoyables et asymétriques — les pertes sont toujours plus faciles à générer qu'à récupérer. C'est pourquoi le protocole de drawdown s'active tôt (à 3 %) plutôt que tard (à 15 %). Au moment où un drawdown commence à sembler sérieux, la dynamique mathématique de récupération s'est déjà retournée contre vous. Protégez le capital. Les profits suivront.

Gérer le Risque d'Abord. Les Profits Suivront.

Le Protocole du Nouveau Trader sur 90 Jours

Les 90 premiers jours de trading réel sont les plus importants et les plus dangereux de votre carrière. Le compte est petit, les erreurs sont peu coûteuses, mais les habitudes formées durant cette période définiront votre psychologie de trading pour des années. Voici le protocole spécifique qui donne aux nouveaux traders réels les meilleures bases.

- Jours 1–30 : Une seule position à la fois, maximum. Ouvrez un unique CSP sur votre sous-jacent le plus liquide et sur lequel votre conviction est la plus forte. Gérez-le selon les règles. Clôturez-le. Rédigez l'entrée dans le journal de bord. Ouvrez le suivant. Ne diversifiez pas avant d'avoir démontré que vous savez gérer correctement une position unique ;
- Jours 31–60 : Maximum deux positions simultanées, dans des secteurs différents. Votre seul objectif est l'exécution parfaite du système.

- Jours 61–90 : Maximum trois positions simultanées. Commencer à exécuter le cadre de revue mensuelle décrit au Chapitre 25.
- Objectif de revenus pour le passage au réel en Année 1 : pas un montant en dollars. Votre objectif en Année 1 est une espérance de gain positive et un taux de conformité aux règles supérieur à 85 %. Le revenu en dollars n'a pas d'importance — la validation du système est tout ce qui compte.

Le Protocole de Drawdown : Étapes d'Action Spécifiques à Chaque Seuil

Chaque trader doit disposer d'un protocole de drawdown écrit avant que son compte ne subisse le moindre centime de perte. Sans protocole, les décisions prises pendant les drawdowns le sont par le cerveau émotionnel — la partie spécialisée dans la panique, la rationalisation et le revenge trading. Le protocole de drawdown est votre dispositif de pré-engagement : des instructions écrites par votre moi rationnel pour votre futur moi émotionnel.

Drawdown Niveau	Label	Mandatory Actions — Non-Negotiable
−3% in a month	Yellow Alert	Passez en revue toutes les positions ouvertes. Vérifiez les violations de règles — un trade a-t-il dévié de vos critères d'entrée écrits ? Aucune action requise sur les positions conformes. Enregistrez la revue dans votre journal.
−5% in a month	Orange Alert	Réduisez le nombre maximum de positions de un. N'ouvrez aucune nouvelle position tant qu'au moins une position actuelle n'est pas clôturée avec profit ou au stop prévu. Examinez l'environnement de l'IVR — si l'IV du marché large a grimpé, élargissez tous les strikes courts sur les positions ouvertes.
−8% in a month	Red Alert — Pause	Arrêtez complètement d'ouvrir de nouvelles positions. Gérez les positions existantes jusqu'à leur clôture — prenez 40 % de profit au lieu de 50 % pour accélérer les sorties. Une fois toutes les positions clôturées, menez une revue médico-légale complète : chaque trade perdant, quelle règle a été transgressée ou quel facteur environnemental a été mal évalué. Ne rouvrez pas de positions tant que la revue n'est pas terminée.
−12% in a month	Full Stop	Clôturez immédiatement toutes les positions, quel que soit le statut du P&L. Ne tradez pas pendant 30 jours calendaires. Utilisez ces 30 jours pour faire du paper trading sur la même stratégie et vérifier que le système est intact. Si le paper trading confirme que la stratégie est saine, reprenez le trading réel à 50 % de la taille des positions précédentes.
−20 % sommet à creux (toute période)	Capital Protégerion Protocol	Ce niveau de drawdown indique soit un échec fondamental de la stratégie, soit un événement de marché extrême (de type 2020 ou 2008). Contactez votre courtier, passez en revue le niveau de votre compte et les exigences de marge, et ne revenez pas sur le marché tant que vous n'avez pas une évaluation écrite de ce qui s'est passé et un changement spécifique pour éviter toute récidive.

De la Croissance aux Revenus : Le Plan de Transition du Capital

De nombreux traders passent du trading de croissance (growth trading) au trading de rendement (income trading) — ils ont géré des stratégies de débit directionnelles, construit leur compte avec des bull et bear spreads à risque défini, et souhaitent maintenant opérer une transition vers un modèle de rendement plus régulier. Cette transition comporte un risque spécifique : appliquer la psychologie du trader de croissance (tolérance aux grands écarts, recherche d'excitation, dimensionnement des positions dicté par la conviction) à des stratégies de rendement qui exigent tout l'inverse — patience, régularité et indifférence face aux résultats individuels.

Milestone	Growth Strategy Focus	Income Strategy Transition Signal
Capital: $5K–$20K	Long calls, long puts, spreads à débit. Apprendre la mé. −20% du sommet au creux (toute période)	Pas encore prêt pour les stratégies de revenus à échelle significative. Continuer le trading de croissance. Commencer le trading sur papier de revenus.per trading CSPs.
Capital: $20K–$50K	Directional debit spreads as primary. Begin small CSP income positions (1–2 at a time) to build income trading experience alongside growth positions.	Allouer maximum 30 % du capital aux stratégies de revenus. Vos rendements primaires viennent encore des straté. De nombreux traders passent du trading de croissance au trading de rendement — ils ont géré des stratégies de débit directionnelles, construit leur compte avec des bull et bear put/call spreads à risque défini, et souhaitent maintenant effectuer la transition vers le modèle de rendement plus régulier. Cette transition présente un risque spécifique : appliquer la psychologie du trader de croissance (tolérance aux grands écarts, recherche d'émotions fortes, dimensionnement des positions dicté par la conviction) à des stratégies de rendement qui exigent tout l'inverse — de la patience, de la régularité et une indifférence aux résultats individuels.
Capita : $50K–$100K	Portefeuille équilibré : 50 % stratégies de revenus, 50 % directionnel. La base de revenus fournit de la cohérence pendant que les trades directionnels capturent les grands mouvements.stency while directional trades provide growth.	Commencez à traiter les stratégies de rendement comme le cœur de votre portefeuille, et non comme une expérimentation. Fixez un objectif de rendement mensuel et suivez-le sérieusement.
Capital: $100K+	Income strategies as primary engine (70–80% of capital). Directional trades as secondary, sized at maximum 5 % du compte per position.	Transition complète terminée. Vous êtes un trader de rendement. Les trades de croissance sont des compléments, pas la stratégie. La mission de votre compte est de générer un rendement mensuel — pas de trouver le prochain grand gagnant.

Références de Performance : Ce à Quoi Ça Ressemble Bien

La plupart des traders n'ont pas de référence objective pour mesurer s'ils sont performants ou non. Ils comparent les trades individuels à des résultats parfaits — la prime laissée sur la table en clôturant trop tôt, le gain manqué en ne conservant pas la position plus longtemps. Ce ne sont pas les bonnes références. Les bonnes références mesurent la performance du système sur des centaines de trades et à travers de multiples conditions de marché.

Metric	Année 1 (Learning)	Année 2 (Developing)	Année 3+ (Proficient)
Win Rate	55–65% — learning to select quality setups	65–75% — consistent setup quality, better entries	70–80% — systematic approach producing repeatable results
Mensuel Return on Capital	0,5–1,5 % — pertes précoces et coûts d'apprentissage	1.5–2.5% — system becoming reliable	2–3 %+ — maturité complète du système avec efficacité du capital
Rule Compliance	70–80% — occasional emotional overrides	85–90 % — discipline solide avec rares écarts	95 %+ — les règles sont des habitudes, pas des rappels
Largest Single-Month Loss	Acceptable up to −8%	Acceptable up to −5%	Target max −3%; Red Alert at −5%
Average Win vs. Average Loss	Win = 2× loss — basic positive expectancy	Win = 2.5× loss — improving expectancy	Win = 3×+ loss — mature positive expectancy
Positions Closed at 50% Target	50–60% — learning to close early	70–80% — discipline developing	85 %+ — la prise de profit systématique est réflexe

Le Jeu Mental : Gérer les Séries de Pertes Sans Abandonner le Système

Chaque trader de rendement connaître une série de pertes. Trois, quatre, cinq trades perdants d'affilée — ou un mois complet où chaque position semble mener au seul résultat que la stratégie était censée éviter. Ce n'est pas la preuve que le système est défaillant. C'est la réalité statistique de tout avantage probabiliste : même une stratégie qui gagne 75 % du temps produira régulièrement des séries de 4 à 5 pertes consécutives.

Le jeu mental pendant une série de pertes a trois phases, et chacune nécessite une réponse différente.

- Après chaque trade perdant (3 minutes) : décrivez le trade à l'IA et demandez-lui d'analyser quelles règles ont été suivies et lesquelles ont été violées. Cela transforme chaque perte en une leçon documentée, sans le biais émotionnel qui fausse l'auto-analyse.
- Phase 2 — Deux ou Trois Pertes Consécutives : Revoir chaque trade individuellement pour la conformité aux règles et les violations comportementales. Réduire la taille de position de 25 %.
- Phase 3 — Quatre pertes consécutives ou plus, ou drawdown mensuel atteignant l'alerte orange : activez le protocole de drawdown. Examinez si les conditions de marché ont changé (VIX élevé, changement de phase de cycle, catalyseur macroéconomique introduisant une pression directionnelle

persistante). Déterminez si la stratégie nécessite une adaptation temporaire ou si vous devez réduire votre exposition jusqu'à ce que les conditions se normalisent.

La réponse la plus dangereuse à une série de pertes est celle qui semble la plus intuitive : changer de stratégie. Les traders qui modifient leurs critères d'entrée, leurs règles de gestion ou leur sélection de sous-jacents après une série de pertes ajustent le système aux résultats récents — et non à un avantage statistique à long terme. Le système a été testé à travers de nombreuses conditions de marché. Une série de quatre trades perdants n'est pas une preuve suffisante pour invalider ces tests.

LA RÈGLE DE SÉRIE DE PERTES

Lorsque vous êtes dans une série de pertes, faites moins — ne faites pas différemment. Réduisez la taille des positions. Augmentez la sélectivité. Resserrez temporairement les critères d'entrée. Mais ne modifiez pas la structure fondamentale de la stratégie qui a été construite et validée avant que la série ne commence. Le trader qui reconstruit l'ensemble de son approche après chaque période difficile n'accumule jamais les séries de trades consécutifs qui permettent de capitaliser. Les systèmes ont besoin de temps pour exprimer leur avantage. Donnez au vôtre le temps qu'il a mérité.

Les Six Conditions dans les Marchés Réels

Comment chacune des six conditions est apparu dans l'histoire réelle du marché — et ce que les traders qui les ont reconnues ont gagné.

Le cadre des six conditions n'est pas théorique. Chaque condition s'est manifestée à plusieurs reprises dans l'histoire réelle du marché — parfois plusieurs fois au cours d'une même année. Apprendre à les identifier rétrospectivement entraîne votre œil à les reconnaître en temps réel. Les études de cas suivantes retracent chaque condition à travers des événements de marché réels, en détaillant le niveau du VIX, la structure du graphique, la stratégie approuvée et le résultat pour les traders qui l'ont exécutée correctement.

Ces exemples utilisent SPY et QQQ comme principaux sous-jacents car ils offrent la liquidité la plus profonde, le comportement le plus prévisible et l'expression la plus pure de chaque condition. Les actions individuelles afficheront les mêmes conditions — mais les ETF d'indices sont les supports parfaits pour apprendre la reconnaissance des configurations avant de l'appliquer aux titres vifs.

CONDITION 1 — BULLISH + LOW IV

Strategy: Long Call / Bull Call Spread | Case Study: S&P 500 Recovery, November 2020 – December 2021

Après les points bas du krach de la COVID en mars 2020, les marchés sont entrés dans l'un des environnements de condition 1 les plus durables de l'histoire moderne du trading d'options. Le SPY est grimpé de la zone des 220 $ à 470 $ en 21 mois. Le VIX — qui avait culminé à 82 pendant le krach — a chuté régulièrement tout au long de l'année 2021 et s'est échangé sous les 20 pendant une grande partie de la reprise, plongeant souvent entre 12 et 15 pendant les phases de tendance haussière les plus fortes.

La lecture du graphique était sans ambiguïté : le SPY a inscrit des plus hauts et des plus bas plus élevés chaque mois pendant 14 mois consécutifs, de novembre 2020 à décembre 2021. La MA50 a croisé bien au-dessus de la MA200 (un Golden Cross) en juin 2020 et y est restée tout au long de l'année 2021. Tout trader effectuant la lecture des conditions en deux étapes chaque matin aurait vu la même chose jour après jour : direction HAUSSIÈRE, VIX BAS = Condition 1.

Ce que la lecture de condition a montré	Approved strategy	Ce qu'elle a produit
VIX : 16–19. SPY au-dessus des MA50 et MA200. Plus hauts plus élevés chaque semaine. IVR : 18–25. Condition 1 confirmée chaque matin pendant des mois.	Long calls SPY (3–5 % OTM, 30–45 DTE) ou bull call spreads (achat 5–10 $ OTM, vente 10–15 $ OTM). Entrée sur chaque repli vers l'EMA à 21 jours.	Un bull call spread SPY 370 $/380 $ de décembre 2020 (SPY à 366 $) acheté pour 3,20 $ aurait valu 10,00 $ à l'échéance de janvier — soit un rendement de 212 % sur un trade à risque défini. Chaque mois offrait des configurations similaires à mesure que la tendance se poursuivait sans interruption.

CONDITION 1 LESSON

Il n'est pas nécessaire de prédire la Condition 1. Il suffit de la reconnaître et de l'exécuter chaque jour où elle persiste. Les traders qui ont eu la discipline d'effectuer la lecture de la condition chaque matin tout au long de l'année 2021 ont placé 12 à 15 trades mensuels de bull call spreads dans une tendance haussière rectiligne — et n'ont pas été tentés de vendre de la prime dans un marché haussier à faible IV. Ils connaissaient la condition. Ils ont appliqué la stratégie approuvée. La tendance a fait le reste.

CONDITION 2 — BULLISH + HIGH IV

Strategy: Put Sécurisé en Espèces / Bull Put Spread | Case Study: Post-Election Uncertainty, November 2016

Novembre 2016 a présenté un environnement de condition 2 de manuel. À la suite de l'élection présidentielle américaine, le SPY était déjà dans une tendance haussière confirmée depuis des mois — mais l'incertitude liée à l'élection a provoqué un pic du VIX à 22–25 dans la semaine précédant le jour du vote, propulsant l'IVR à 65–75 sur la plupart des ETF d'actions. Le graphique montrait toujours le SPY au-dessus de sa MA200. La direction était haussière. La volatilité était élevée.

Condition 2 confirmed: bullish trend + high IV. Approved strategy: put sécurisé en espèces

Condition read	Approved strategy	Outcome
VIX: 22–25. IVR on SPY options: 68. SPY above 200MA. Uptrend intact. No earnings. Condition 2.	SPY $205 CSP (SPY at $213, 5.5% OTM), 30 DTE. Credit collected: $1.85 ($185/contract). Reserved capital: $20,500.	Le SPY a rallisé jusqu'à 220 $ à l'échéance. Le put a expiré sans valeur. La totalité des 185 $ a été collectée. PPD : 6,17 $/jour. L'IV crush a accéléré l'effondrement de la prime — le put a perdu de la valeur plus rapidement que par le seul effet du thêta. Objectif de 50 % de profit atteint en 11 jours.

CONDITION 2 LESSON

Les événements d'incertitude — élections, réunions de la Fed, saisons des résultats — ne sont pas des dangers pour les vendeurs de primes. Ce sont des cadeaux. Un VIX élevé signifie des primes gonflées. La lecture de la condition vous indique si l'incertitude se produit sur un fond haussier ou baissier. Lorsque le contexte est haussier et l'IV élevée, la condition 2 vous offre la meilleure configuration risque/rendement du trading d'options : vendre des puts dans le sens de la tendance avec des niveaux de primes maximisés.

CONDITION 3 — BEARISH + LOW IV

Strategy: Long Put / Bear Put Spread | Case Study: Tech Sector Correction, September 2020

Septembre 2020 a vu une correction brutale sur l'ETF QQQ, très technologique — passant de 303 \$ à 258 \$ en 28 jours, soit une baisse de 15 %. Point crucial, cette correction s'est produite avec un VIX resté relativement contenu sous les 30 (il a débuté à 26 et n'a touché brièvement les 38 qu'au plus bas avant de se redresser). L'IVR est resté dans la zone des 30–40 tout au long — élevé mais pas extrême. Le graphique se dégradait clairement : le QQQ inscrivait des plus hauts et des plus bas plus bas chaque semaine de la correction. Sous la MA50. La tendance baissière était confirmee.

La lecture de la condition : Direction BAISSIÈRE + VIX dans la zone des 30–40. Il s'agissait d'un environnement de transition condition 3/4 — assez proche de la condition 3 (baissière, IV plus basse) pour justifier des stratégies de puts de débit, en particulier des bear put spreads pour réduire le coût. La stratégie approuvée était le bear put spread : acheter un put à la monnaie ou proche de la monnaie, vendre un put plus bas pour compenser le coût.

Condition read	Trade structure	Outcome
VIX: 28–32. IVR: 35. QQQ below 50MA. Lower lows confirmed. Bearish thesis: tech rotation selling underway. Condition 3.	Bear put spread QQQ : Acheter put 285 \$ / Vendre put 270 \$. JAE 30. Débit net : 4,20 \$ (420 \$ par contrat). Max profit : 11,30 \$ = 268 %.ract). Max profit: \$10.80 (\$1,080 per contract) if QQQ below \$270 at expiry.	QQQ a clôturé à 262 \$ à l'échéance — sous le short put 270 \$. Profit maximum atteint : 1 080 \$ pour un débit de 420 \$. Rendement de 157 % sur un risque défini. La thèse baissière a été confirmée par la lecture de la condition. La direction a payé la totalité de la largeur du spread.

CONDITION 4 — BEARISH + HIGH IV

Strategy: Bear Call Spread ONLY | Case Study: Rate Hike Cycle, January–March 2022

Le premier trimestre de 2022 constitue l'un des environnements de condition 4 les plus nets de l'histoire récente du marché. La Fed a commencé à signaler des hausses de taux agressives. Le SPY est passé de 477 \$ à 428 \$, puis à 416 \$, inscrivant des plus hauts et des plus bas plus bas tout au long du trimestre. Le VIX s'est échangé entre 25 et 38 pendant toute la période — constamment élevé, sans jamais vraiment exploser dans la panique mais sans jamais revenir au calme. L'IVR est resté supérieur à 60 tout au long des mois de janvier et février 2022.

C'était la condition 4 — tendance baissière, IV élevée. L'analyse critique : ce n'était PAS une condition pour acheter des puts. Un VIX à 25–38 signifiait que les primes des puts étaient chères. Acheter des puts chers dans un marché en baisse semble intuitif — mais c'est la mauvaise stratégie. Le mouvement approuvé consistait en des bear call spreads : vendre de la prime de call élevée au-dessus du marché, acheter une protection plus loin OTM, et collecter le crédit. La tendance maintient l'action sous votre strike court. L'IV élevée délivre un crédit maximum à l'entrée.

Condition read	Trade structure	Outcome
VIX : 28–35. IVR : 65. SPY sous MA50, sous MA200. Nouveaux bas successifs toutes les deux semaines. Tendance baissière confirmée.	SPY bear call spread: Sell $460 call / Buy $470 call. DTE 35. SPY at $437. Credit: $1.45 ($145). Max risk: $855. Short strike 5.3% OTM.	SPY a continué de baisser — clôturé à 428 $ à l'expiration. Call court jamais menacé. 145 $ complets collecté. CONDITION 4 — BAISSIER + IV ÉLEVÉE

LEÇON CONDITION 4 — LA PLUS IMPORTANTE

La Condition 4 est celle qui sépare les traders disciplinés du système des six conditions de tous les autres. Dans un marché en baisse avec un VIX élevé, le trade le plus tentant est d'acheter des puts. Cela semble correct. Le marché baisse — achetez de la protection à la baisse. Mais une IV élevée rend les puts chers, et acheter des options chères dans un marché baissier signifie que l'IV crush détruit votre profit même si vous avez raison sur la direction. Le trade approuvé — le bear call spread — tire profit à la fois de la tendance ET de la contraction de l'IV. La discipline l'emporte sur l'instinct, à chaque fois.

CONDITIONS 5 & 6 — RANGE-BOUND MARKETS

Iron Condor (Condition 5) / Calendar Spread (Condition 6) | Case Study: Mid-2023 S&P 500 Consolidation

Après le fort rallye de reprise du début de l'année 2023, le SPY est entré dans une phase de consolidation prolongée de fin juillet à octobre 2023. Durant cette période, le SPY a oscillé entre environ 420 $ et 450 $ — une fourchette de 30 points (30 $) — pendant près de 3 mois. La MA50 s'est aplatie. La MA200 a rattrapé son retard. Pas de nouveaux plus hauts. Pas de nouveaux plus bas. Un marché en canal (range-bound) de manuel.

Le VIX durant cette période a oscillé entre 13 et 20 — brièvement élevé en août (touchant 18) mais globalement calme. La Condition 5 (canal + IV basse) a été la condition dominante en juillet et début août. Lorsque le VIX a brièvement dépassé 18 avec un IVR poussant vers 50, la condition 6 (canal + IV modérée à élevée) est apparue sur de courtes fenêtres.

Condition	Trade Structure	Key Numbers	Outcome

Condition 5 Low IV / Range	SPY Iron Condor: Short $415 put / Long $410 put + Short $450 call / Long $455 call. DTE 30.	Net credit: $0.95. Range between $415–$450. VIX: 14. IVR: 22.	SPY est resté entre 430 $ et 445 $ jusqu'à l'expiration. Les quatre jambes ont expiré sans valeur. Crédit de 95 $ collecté.
Condition 6 High IV / Range (brief window)	SPY Calendar Spread: Sell 30-DTE $438 call. Buy 60-DTE $438 call. Net debit: $2.10.	VIX spiked to 18. IVR hit 52 briefly in August. Near-term IV elevated vs. far-term.	Le call à court terme s'est dégradé de 65 % en 20 jours alors que le VIX s'est contracté de 18 → 14. Clôture du calendar pour un profit de 1,65 $ sur un débit de 2,10 $. Rendement de 78 % en 20 jours sur le différentiel d'IV.

CONDITIONS 5 & 6 LESSON

Les marchés en range semblent ennuyeux. Ils ne le sont pas. Ce sont les vacances du vendeur de revenus — des revenus cohérents

La condition est toujours là. La question est de savoir si vous la lisez.

Pratiquez la lecture de la condition en deux étapes chaque matin jusqu'à ce qu'elle devienne automatique. Le marché vous indique laquelle des six conditions est active chaque jour.

PART IV

L'AVANTAGE COMPLET DU TRADER

DU TRADER AU GESTIONNAIRE DE PORTEFEUILLE
Les Parties I, II et III ont construit un trader. La Partie IV construit un gestionnaire de portefeuille. La distinction compte. Quelle condition est active ? C'est l'avantage complet du trader.

L'avantage n'est pas la complexité. C'est identifier la condition et exécuter la seule réponse correcte avec une précision croissante.ct response — every time.

6-CONDITION FRAMEWORK ▸ **CONDITIONS 2 & 4 — active management of short premium positions**
Les roulements (rolls) sont l'outil de gestion pour les conditions 2 et 4. Lorsqu'une position de vente de prime doit être prolongée ou ajustée, le protocole de roulement — centré sur la règle T-21 — maintient le moteur de rendement en marche sans rompre la discipline des six conditions.

Rouler une position est l'un des outils les plus puissants — et les plus mal compris — de la boîte à outils du trader d'options. La plupart des traders découvrent le roulement par accident : une position évolue contre eux, l'échéance approche, et ils se précipitent pour prolonger le trade. Effectué de manière réactive, le roulement est une béquille. Effectué de manière proactive, comme une stratégie planifiée, le roulement est la méthode par laquelle les traders de rendement professionnels restent plus longtemps dans les positions gagnantes, ajustent leur profil de risque sans clôturer de trades et extraient la valeur maximale de chaque position ouverte.

Ce chapitre définit chaque type de roulement, établit les règles pour savoir quand rouler vs. quand sortir, et introduit le cadre T-21 — l'approche systématique du roulement qui vous permet de devancer le risque de Gamma et de garder le contrôle de chaque position.

La Règle T-21 : Le Déclencheur du Roulement

T-21 signifie 21 jours avant l'échéance. C'est la date unique la plus importante de chaque position de vente de prime que vous aurez à gérer. Pas la date d'entrée. Pas l'échéance. T-21. C'est là que se prend la décision du Vendeur — et comprendre exactement pourquoi cette date a été choisie, et pas une autre, fait la différence entre un trader qui suit une règle et un trader qui la maîtrise.

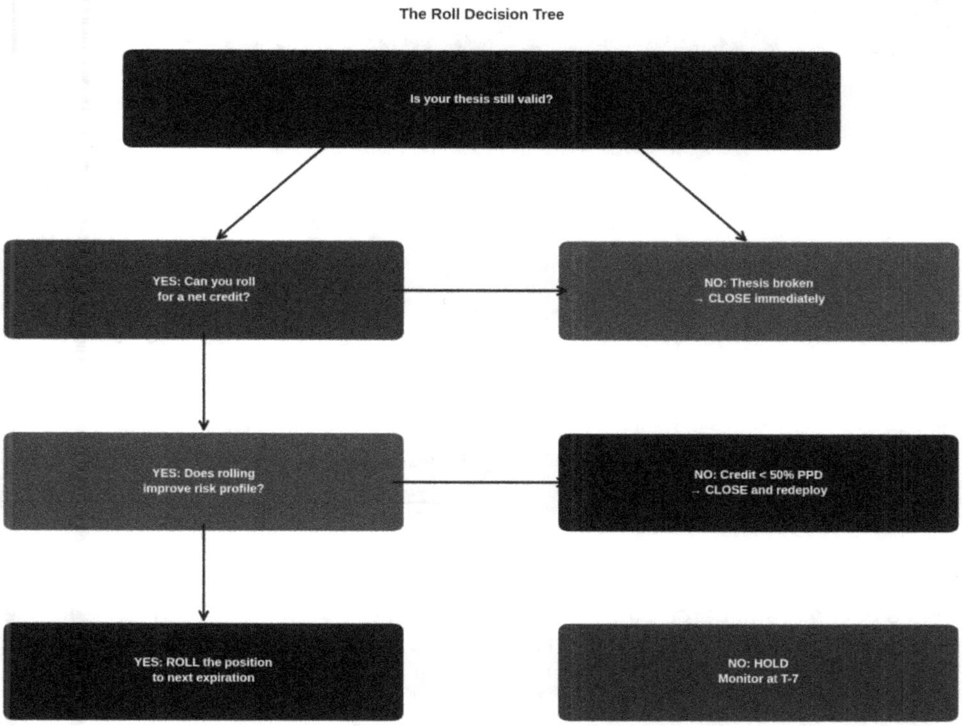

Figure 23.1 — La Chronologie de Roulement T-21. Entrée, fenêtres de gestion, déclencheur T-21.

D'abord : Comprendre ce que la Courbe Theta Fait Réellement

La dégradation du thêta — l'érosion quotidienne de la valeur temps du prix d'une option — n'est pas une ligne droite. C'est une courbe. Et cette courbe comporte trois phases distinctes que chaque vendeur de rendement doit comprendre avant de pouvoir pleinement apprécier pourquoi la fenêtre T-21 est la zone idéale (Goldilocks).

Phase	Plage de JAE	Ce que le Theta Fait	Daily Decay Rate	Ce que Cela Signifie pour le Vendeur
Phase 1 — Lente Burn	45 DTE to 30 DTE	Theta se dépréciant lentement. La prime est encore largement intacte. La bouteille de soda est à peine touchée.	$0.05–$0.08/day on a $3.00 premium	Vous avez ouvert ici. La position fonctionne, mais le véritable rendement n'est pas encore arrivé. C'est la phase de mise en place, pas celle de la récolte.
Phase 2 — Acceleration	30 DTE to 21 DTE	Theta s'accélérant. Chaque jour enlève plus de valeur que le jour précédent. La bouteille est bue	0,10–0,18 $/jour — doublement par rapport à la Phase 1	C'est la zone de récolte du Vendeur. La position ouverte à 45 DTE paie maintenant son rendement quotidien le plus rapide. C'est la

Phase	Plage de JAE	Ce que le Theta Fait	Daily Decay Rate	Ce que Cela Signifie pour le Vendeur
		à la vitesse la plus rapide.runk steadily now.		raison pour laquelle vous avez ouvert ici.
Phase 3 — Gamma Danger	21 DTE to 0	Le thêta accélère encore — mais le Gamma augmente désormais tout aussi vite. Un petit mouvement de l'action peut générer une perte de position importante, balayant la prime restante et bien plus encore.	Theta: $0.20+/day — but Gamma risk now rivals theta income	La prime restante est un piège. Le rendement quotidien semble attractif. Le risque ne l'est pas. Passé T-21, vous n'êtes plus dans le secteur du thêta — vous êtes dans le casino du Gamma.

Relisez ce tableau. La Phase 2 est en vert parce que c'est là que vit le Vendeur. La Phase 3 est en rouge parce que c'est là que le Vendeur se fait mal. T-21 est la frontière exacte entre les deux — le dernier moment où le Vendeur travaille dans le secteur du thêta avant que le secteur du Gamma ne s'invite de force.

Les Trois Fenêtres : Trop Tôt, Trop Tard et Juste Bien

Les jeunes traders demandent souvent : pourquoi ne pas rouler à T-30 ? Pourquoi ne pas attendre T-10 ? La réponse réside dans les mathématiques de chaque fenêtre. Chaque choix a un coût réel — et un seul d'entre eux place le Vendeur dans la position optimale des deux côtés du roulement simultanément.

Roll Window	Ce que Vous Gagnez	Ce que Vous Perdez	Verdict
Too Early — Roll at T-35 or T-30	Vous entrez dans la prochaine expiration tôt. La prime du mois prochain est fraîche et complète.	Vous abandonnez la Phase 2 — la partie à la dégradation la plus rapide de votre position actuelle. Vous laissez 30–40 % de votre profit maximum non collecté. Le rachat de clôture est cher car la position actuelle conserve encore une valeur temps significative.	✕ Inefficient. Vous payez le prix fort pour sortir d'une position qui avait encore à donner. Votre crédit net sur le roulement est compressé car le rachat est coûteux.
Too Late — Roll at T-10 or T-7	Prime maximale capturée de la position actuelle. Les 10 derniers % de décroissance vous appartiennent.	Le Gamma est désormais dominant. Un mouvement de 2 % sur le sous-jacent peut entraîner une variation de 15–20 % de la valeur de votre position du jour au lendemain. La prime de l'échéance suivante a également diminué — vous roulez	✕ Dangereux. La prime restante ne compense pas l'exposition au Gamma. C'est là que les traders de rendement se font surprendre par de lourdes pertes au cours de la dernière semaine.

Roll Window	Ce que Vous Gagnez	Ce que Vous Perdez	Verdict
		sur une position qui n'a plus que 3–4 semaines à courir, au lieu de 4–5. Et si l'action est proche de votre strike, vous risquez de ne pas pouvoir rouler pour un crédit du tout.	
Juste Bien — Rouler à T-21	Vous avez capturé 50–65 % de la prime initiale — la récolte complète des Phases 1 et 2. Le rachat de clôture est peu coûteux car la majeure partie de la valeur s'est déjà dégradée.	Les derniers 35–50 % de la prime. Mais cette dernière partie est la plus longue à collecter et présente le risque le plus élevé. Elle n'est pas abandonnée — elle est délibérément laissée sur la table comme le prix de la protection contre le Gamma.	☑ Optimal. Votre position actuelle a fait son travail. L'échéance suivante est à 30–35 DTE — valorisée à plein prix, entrant dans sa propre fenêtre de Phase 2. Vous collectez un nouveau crédit et réinitialisez l'horloge au moment exact où le rapport risque/rendement bascule.

Ce à quoi un Roulement T-21 Ressemble Réellement : La Marche Complète des Chiffres

Les concepts abstraits deviennent concrets lorsque l'on voit les dollars. Voici le cycle de vie complet d'un CSP à 3,00 $ de prime ouvert à 45 DTE — montrant exactement ce que vaut la position à chaque date clé, pourquoi T-21 est le bon moment pour agir, et ce qui arrive au Vendeur qui attend.

Day	DTE Left	Prime Left	Profit Captured	Daily Theta	Gamma Niveau	Ce que le Vendeur Devrait Penser
0 — Entry	45 DTE	$3.00 (100%)	$0 (0%)	~$0.04/day	Low	Position ouverte. Rappel T-21 défini dans le calendrier pour le Jour 24. Mission : collecter la prime, gérer l'exposition.anage at T-21.
Jour 10	35 DTE	$2.55	$0.45 (15%)	~$0.05/day	Low	Position fonctionnant. Theta lent mais cohérent. Aucune action. La bouteille de soda commence tout juste à être vidée.
Day 17	28 DTE	$2.00	$1.00 (33%)	~$0.08/day	Low-Moderate	Theta s'accélérant. Un tiers de la prime capturé. Toujours dans la queue de Phase 1 / entrée Phase 2. Ne rien faire.ry. No action.
Day 24 — T-21	**21 DTE**	**$1.35**	**$1.65 (55%)**	**~$0.12/day**	**Moderate — rising**	**Le rappel T-21 se déclenche. 55 % du profit est capturé. C'est le point de décision.**

Day	DTE Left	Prime Left	Profit Captured	Daily Theta	Gamma Niveau	Ce que le Vendeur Devrait Penser
						Évaluez : clôturer pour profit ou rouler au mois suivant pour un nouveau crédit ? La position a fait son travail.
Day 31	14 DTE	$0.90	$2.10 (70%)	~$0.15/day	High	Si encore en position : Gamma montant fortement. Un mouvement défavorable de 1,5 % de l'action produit un mouvement de 0,25 $+ dans la position..25+ position swing — erasing two days of theta in one session.
Day 38	7 DTE	$0.45	$2.55 (85%)	~$0.18/day	Very High	Si encore en position : Le Gamma est maintenant dominant. Le revenu theta quotidien (0,18 $) est maintenant plus petit que le risque Gamma sur n'importe quel petit mouvement. Les mathématiques ont basculé contre le Vendeur.
Day 45 — Expiry	0 DTE	$0.00	$3.00 (100%)	$0	Maximum	Prime totale collectée — SI l'action est restée au-dessus du strike pendant 45 jours sans une seule mauvaise séance au cours de la dernière semaine. Les derniers 0,45 $ ont nécessité 7 jours de risque Gamma maximum pour être collectés.

La ligne verte correspond à T-21. Les lignes rouges montrent ce qui arrive aux vendeurs qui attendent. Notez que pour collecter les derniers 1,35 $ — de T-21 à l'échéance —, il faut rester en position pendant la période de risque Gamma le plus élevé, la période où une seule journée de mauvaises nouvelles sur le sous-jacent peut effacer ces 1,35 $ et ajouter une perte par-dessus. Le Vendeur à T-21 a capturé 1,65 $ en 24 jours. Pour collecter les 1,35 $ suivants, le Vendeur qui attend a besoin de 21 jours supplémentaires d'une action coopérative — et accepte un risque Gamma qui grandit chaque jour.

LES MATHÉMATIQUES T-21

À T-21 sur une position standard à 45 DTE, le Vendeur a capturé environ 50–60 % de la prime maximale au cours des premiers 55 % de la vie du trade — pendant la phase au risque le plus bas. Les 40–50 % de prime restants exigent les derniers 45 % de la vie du trade — pendant la phase au risque le plus élevé. Le Vendeur qui clôture à T-21 ne laisse pas d'argent sur la table. Il prend une décision explicite et rationnelle : le risque des 21 derniers jours ne vaut pas la prime restante. Ce n'est pas de la timidité. C'est le calcul du gestionnaire de risques.

Pourquoi T-21 est Aussi le Meilleur Moment pour Rouler dans la Prochaine Expiration

T-21 n'est pas seulement le bon moment pour sortir — c'est simultanément le meilleur moment pour entrer dans la position suivante. C'est cette analyse qui rend le roulement T-21 si puissant : les deux côtés de la transaction sont optimisés en même temps.

- Le rachat de clôture de votre position actuelle est bon marché — avec 55–60 % de la prime déjà dégradée, le coût du rachat pour clôture est de 1,20 $–1,40 $ sur une prime initiale de 3,00 $. Vous ne payez pas le prix fort pour sortir ;
- L'échéance suivante à 30–35 DTE est valorisée à plein prix — elle entre en Phase 2, la zone d'accélération, avec sa valeur temps intacte au maximum. Vous vendez dans la partie la plus généreuse du cycle suivant ;
- Votre crédit net de roulement est réel — la différence entre un rachat bon marché et une ouverture à pleine prime produit un crédit net significatif, et non marginal. C'est le Vendeur qui perçoit un rendement sur les deux côtés d'une seule et même transaction ; et
- Votre capital reste productif — il n'y a pas d'interruption entre la clôture d'une position et l'ouverture de la suivante. Le roulement est simultané. L'horloge du PPD ne s'arrête jamais.

Comparez cela à un roulement à T-10 : le rachat de clôture est alors coûteux (seulement 30 % de la prime s'est dégradée), et l'échéance suivante n'a plus que 25–28 DTE — déjà passée sous son point d'entrée idéal. Le crédit net sur ce roulement est mince, la nouvelle position commence avec moins de temps pour travailler, et l'efficacité du capital est dégradée des deux côtés. T-21 est le seul moment où les deux côtés du roulement sont simultanément à leur tarification optimale.

L'INSIGHT DU ROULEMENT T-21

Rouler à T-21 n'est pas une seule décision — ce sont deux décisions qui s'exécutent parfaitement en même temps. Décision 1 : clôturer la position actuelle tant que le rachat est encore bon marché, après avoir capturé la meilleure partie de la courbe de dégradation. Décision 2 : ouvrir la position suivante pendant que la prime de la prochaine échéance est au plus haut, en entrant dans une nouvelle fenêtre de Phase 2. Tout autre timing de roulement optimise un côté au détriment de l'autre. T-21 optimise les deux. C'est pour cela que c'est la règle.

Le Cadre de Décision T-21 : Fermer, Rouler ou Sortir ?

Quand votre rappel de calendrier T-21 se déclenche, la décision n'est pas automatique — elle est systématique. Exécuter

#	Question at T-21	Si Oui	Si Non
1	Ma thèse originale est-elle encore valide ? L'action est-elle fondamentalement solide, au-dessus du support clé et se comportant comme prévu	Passer à la Question 2. Le trade a une raison valide de continuer.	Clôturez la position immédiatement. Ne roulez pas une thèse invalidée. Prenez le profit ou la perte qui existe aujourd'hui et redéployez le capital dans un trade doté d'une thèse valide.

#	Question at T-21	Si Oui	Si Non
	?d behaving as expected?		
2	Ai-je capturé au moins 50 % de la prime originale ?	Soit clôturer pour profit, soit rouler au mois suivant pour un nouveau crédit — les deux options sont correctes. Votre choix dépend des conditions de marché et de la comparaison du PPD.	Roulez immédiatement vers la prochaine échéance — strike identique ou inférieur — pour un crédit net. Vous avez besoin de plus de temps pour que cette position devienne profitable. Le roulement achète ce temps tout en s'ajoutant au crédit total de votre chaîne de contrats.
3	Puis-je rouler pour un crédit net d'au moins 0,25 $ après tous les coûts de transaction ?	Exécuter le roulement. Fermer la position actuelle et ouvrir la position du mois prochain simultanément.	Clôturez la position indépendamment du profit ou de la perte. Un roulement qui ne génère aucun crédit signifie que le marché ne vous paie pas pour prolonger le trade. Sortez et redéployez.

- À T-21, évaluer chaque position courte : Combien de la prime avez-vous capturé ? (Cible : 50 %+)get: 50% minimum);
- Si le profit est inférieur à 50 % : roulez immédiatement vers le cycle suivant — collectez une nouvelle prime et réinitialisez l'horloge ;
- Si 50 à 75 % de profit : fermer la position et redéployer dans un nouveau trade dans l'environnement actuel du marché.
- Si au-dessus de 75 % de profit : fermer immédiatement — les 25 derniers % ne valent pas le risque Gamma dans les deux dernières semaines.inal 21 days; and
- T-21 est une règle, pas une suggestion. Le marché ne se soucie pas de votre envie de maintenir pour les derniers quelques dollars.ast few dollars.

RÈGLE DE GESTION T-21

Chaque position de vente de prime devrait faire l'objet d'un rappel calendrier T-21 programmé dès l'entrée — au moment où le trade est placé, avant même de confirmer l'ordre. Lorsque ce rappel se déclenche, vous arrêtez ce que vous faites et vous évaluez la situation. Pas après le déjeuner. Pas demain matin. Maintenant. La fenêtre T-21 est l'endroit où vit la discipline du Vendeur. Manquez-la régulièrement et vous vous retrouverez à gérer des positions dans la zone de danger du Gamma, à réagir au lieu de décider, et à vous demander pourquoi vos résultats ne correspondent pas à votre système. Programmez le rappel. Honorez le rappel. C'est l'intégralité de la règle.

Les Six Types de Roulements

Roll Type	Ce qui Change	Quand l'Utiliser	Net Effet
Roll Out	Expiration only — same strike, move to next month	À T-21, position profitable, thèse toujours valide. Prolonger le trade sans changer le prix d'exercice. strike.	Collect additional credit. Reset theta decay clock. Same directional risk.

Roll Type	Ce qui Change	Quand l'Utiliser	Net Effet
Roll Up	Strike only — higher strike (calls), same expiration	Position de call court — l'action a monté au-dessus ou près de votre prix d'exercice court. Ajuster vers le haut pour rester OTM.ay OTM.	Peut être fait pour un débit ou un petit crédit. Réduit le risque d'assignation. Donne plus d'espace à l'action.
Roll Down	Strike only — lower strike (puts), same expiration	Position de put court — l'action est tombée vers votre prix d'exercice court. Rouler plus bas pour élargir votre coussin.ushion.	Généralement fait pour un crédit. Augmente les liquidités requises. Accepte plus de risque de baisse pour plus de prime.emium.
Rouler Vers le Haut et l'Extérieur	Les deux prix d'exercice et expiration — prix d'exercice plus élevé, mois suivant	Covered call : action montant au-dessus de votre call court. Capturer une partie de la hausse ET collecter plus de prime temps.me premium.	Collecte un crédit. Maintient la position. Vous permet de participer davantage au rallye.
Rouler Vers le Bas et l'Extérieur	Les deux prix d'exercice et expiration — prix d'exercice plus bas, mois suivant	Put court près de la rupture : l'action est tombée vers le prix d'exercice avec du temps restant. Acheter pour fermer et ouvrir le mois suivant. next month at lower strike.	Collecter un crédit supplémentaire. Prix d'exercice plus bas = plus de marge de sécurité. Réinitialise l'horloge T-21.
Roulement pour Débit	Moves to a significantly better position at a net cost	Rarement utilisé dans le trading de revenus. Justifié quand le prix d'exercice menacé est critique pour éviter l'assignation sur un titre.void assignment.	Payez un débit net pour améliorer la position. Cela n'a de sens que si l'amélioration du profil de risque justifie le coût.

Roulement as a Strategy vs. an Afterthought

Il existe une distinction fondamentale entre rouler dans le cadre d'une stratégie proactive et rouler comme une réponse de panique. Lorsque le roulement est planifié — lorsque vous définissez vos critères de roulement au moment de l'entrée, au même titre que votre objectif de profit et votre stop loss —, il devient une extension légitime de votre système de gestion de trade. Lorsque le roulement est réactif — lorsque vous roulez pour éviter de prendre une perte —, il ne fait souvent qu'aggraver le problème.

- Roulement proactif (stratégie) : À l'entrée, vous écrivez : 'Si cette position atteint T-21 avec moins de 50 % de profit, je roulerai au mois suivant au même strike ou plus bas pour un crédit.' C'est un résultat planifié ;
- Roulement réactif (après-coup) : La position a significativement évolué contre vous. Vous êtes sous-marin et roulez pour éviter de réaliser
- Le test du roulement : avant de rouler une position perdante, demandez-vous : 'Si je partais de zéro aujourd'hui sans aucune position, ouvrirais-je ce trade à

ce strike ?' Si la réponse est non, ne roulez pas. Clôturez et redéployez le capital plus efficacement ;

- Roulements maximums : ne roulez pas la même position plus de deux fois. Trois roulements sur le même sous-jacent signalent que la thèse était fausse dès le départ. Clôturez-la.

Deep ITM → ATM Double Quantity: Putting Profits to Work

Il s'agit d'une technique de roulement avancée pour les situations où vous avez accumulé un profit important sur une position longue profondément dans la monnaie (ITM) et que vous souhaitez extraire du capital tout en augmentant le potentiel de rendement de votre position. Le mécanisme : clôturer un long call profondément ITM (qui est désormais composé essentiellement de valeur intrinsèque, avec très peu de valeur temps), extraire le profit de la valeur intrinsèque, et le redéployer dans une quantité plus importante de calls à la monnaie (ATM) sur la même échéance ou une échéance ultérieure.

- Exemple : Vous détenez 2 calls profondément ITM sur XYZ avec 15 $ de valeur intrinsèque chacun = 3 000 $ de valeur totale. Vous les clôturez et ouvrez 4 calls ATM à 8 $ de prime chacun = 3 200 $ de coût. Vous détenez désormais 4× l'exposition directionnelle pour à peu près le même capital ;
- Pourquoi ATM vs. ITM : Les calls ATM ont un gamma maximum — ils ré. Le roulement comme stratégie par opposition à une réaction tardive
- Extraction de capital : si votre position originale a grandi à 3× son coût, vous pouvez vendre la moitié et utiliser les bénéfices pour financer les nouveaux calls ATM.
- Risque : Les calls ATM ont une valeur purement extrinsèque — ils tombent à zéro si l'action ne continue pas à progresser. Il s'agit d'un trade de continuation à forte conviction, et non d'une amélioration sans risque.

Roulement par Stratégie : CSP vs. Covered Call vs. Iron Condor

Tous les roulements ne se valent pas. La mécanique — et les règles régissant le moment de rouler — diffèrent considérablement selon le type de stratégie. Appliquer la même logique de roulement à chaque position est l'une des habitudes les plus coûteuses dans le trading de rendement sur options.

Rolling a Put Sécurisé en Espèces

Le CSP est la position la plus tolérante à rouler car elle repose sur une thèse directionnelle définie : vous êtes haussier ou neutre avec la volonté de posséder l'action. En roulant un CSP, vous prolongez cette thèse — la première question est donc toujours de savoir si la thèse est toujours valide.

Situation	Roll Type	Exact Mechanic & Credit Target
T-21, 30–45% profit, thesis intact	Roll Out (same strike, next month)	Buy to close current put. Sell next month's same strike. Target: new credit ≥ 50% of original premium collected.
T-21, 15–30% profit, stock drifted lower	Rouler Vers le Bas et l'Extérieur	Racheter pour clôturer (Buy to close). Vendre le mois suivant à un strike inférieur de 2 $–5 $. Objectif : un crédit net d'au moins 0,25 $ après le

Situation	Roll Type	Exact Mechanic & Credit Target
		débit de clôture. Un coussin de sécurité plus large.
Stock within 3% of short strike, 10- DTE remaining	Rouler Vers le Bas et l'Extérieur immédiatement — ne pas attendre T-21	Exécutez avant que l'action n'atteigne votre strike. Chaque jour d'attente augmente le risque de Gamma et dégrade le crédit de roulement disponible.
L'action a dépassé votre prix d'exercice — vous êtes ITM	Rouler Vers le Bas et l'Extérieur pour crédit si disponible ; accepter l'assignation sinon	Si un roulement pour crédit est possible : prenez-le. Sinon, comparez le coût d'un roulement pour débit avec la perte latente liée à l'acceptation de l'assignation. Faites les calculs — ne devinez pas.
Déjà roulé une fois et toujours menacé	Fermer et redéployer — ne pas rouler à nouveau	Deux roulements sur la même position constituent le maximum. Le troisième roulement n'est que de l'espoir déguisé en stratégie. Clôturez. Retenez la leçon. Redéployez le capital.

Rolling a Covered Call

Le roulement de covered call présente un défi unique : votre action peut s'emballer à la hausse. Lorsque l'action dépasse le strike de votre call court, vous devez choisir entre accepter l'assignation (vendre l'action à votre strike) ou rouler le call plus haut pour continuer à participer au rallye. C'est la décision où les traders laissent le plus souvent les émotions l'emporter sur la discipline.

- L'assignation n'est pas une perte. Si votre covered call est assigné au strike, vous encaissez la prime ET l'appréciation de l'action jusqu'à ce strike. C'est un résultat réussi — pas une erreur à corriger ;
- Rouler vers le haut et l'extérieur seulement quand : (a) le roulement génère un crédit net après le débit de fermeture, ET (b) vous êtes heureux de conserver les actions.
- Le calcul du coût d'un roulement vers le haut (roll up) : si passer d'un strike de 50 $ à 55 $ coûte 0,50 $ de débit net, vous payez 50 $ par contrat pour 5,00 $ de potentiel de hausse supplémentaire. Ce pari ne paie que si l'action atteint réellement 55 $. Si elle se retourne, vous avez payé le débit et vous serez tout de même assigné en dessous de ce niveau.

RÈGLE DE ROULEMENT DU COVERED CALL

Ne roulez jamais un covered call pour un débit net à moins que l'action n'ait cassé une base de plusieurs mois avec un volume élevé et que la thèse fondamentale ne se soit significativement renforcée. Rouler pour un débit parce qu'on 'ne veut pas rater le rall ye' est l'un des moyens les plus courants par lesquels les traders érodent l'avantage de rendement de la vente de covered calls. En cas de doute — laissez l'action être assignée. Le capital vous appartient pour être redéployé immédiatement.

Rolling an Iron Condor

Le roulement d'iron condor est le plus complexe car vous avez deux strikes courts à gérer simultanément. Lorsque l'action évolue fortement dans une direction, un côté se retrouve menacé tandis que l'autre est profondément OTM. L'ajustement de l'aile (wing adjustment) — qui consiste à rouler uniquement le côté menacé — est la compétence clé de la gestion de condor.

Condor Situation	Ce qu'il Faut Rouler	Exact Action
Short call threatened — delta above 0.30	Rouler le côté call vers le haut et l'extérieur. Laisser le côté put seul.	Racheter pour clôturer l'intégralité du call spread (les deux jambes). Vendre pour ouvrir un nouveau call spread à des strikes plus élevés sur le mois suivant. Objectif : la nouvelle prime sur le call spread compense le débit de clôture.
Short put threatened — delta above 0.30	Rouler le côté put vers le bas et l'extérieur. Laisser le côté call seul.	Acheter pour fermer l'intégralité du spread put (les deux jambes). Vendre pour ouvrir un nouveau spread put à des prix d'exercice plus bas dans le mois suivant.es in next month. Same credit-targeting logic.
Threatened side approaching 2× original credit collected	Fermer l'intégralité du condor. Ne pas rouler.	Lorsque l'un des côtés atteint sa perte maximale, le roulement ne fait que prolonger une mauvaise exposition. Clôturez la position complète, acceptez la perte et réévaluez lorsque la volatilité se normalisera.
Both sides threatened simultaneously — breakout move	Fermer l'intégralité du condor immédiatement.	Un condor contesté des deux côtés signifie que la volatilité a explosé bien au-delà de votre thèse initiale de marché en canal. Il s'agit d'une situation de clôture et de réévaluation — pas d'une situation de roulement.

La Chaîne de Roulement : Suivre les Crédits Nets sur Plusieurs Roulements

Les traders de rendement professionnels n'évaluent pas chaque roulement de manière isolée. Ils suivent le crédit net total collecté sur l'ensemble des roulements d'une même position — la chaîne de roulement (roll chain). La chaîne de roulement vous indique si vous êtes réellement rentable lorsque vous comptabilisez chaque débit payé et chaque crédit reçu tout au long de la vie d'un trade.

Roll #	Action	Strike / Expiry	Credit/(Debit)	Running Net	Status
0 — Open	Sell CSP	$175 put / Jan 17	+$3.20	$3.20	Entry. AAPL at $195. IVR 64.
—	AAPL dips to $182. T-21 reached. 38% profit captured.				Roll triggered.
1	Buy Jan $175, Sell Feb $172	$172 put / Feb 21	+$0.65 net	$3.85	Roll Down + Out. Wider cushion. Fresh 35-day clock.
—	AAPL stabilizes at $186. Feb				Target hit.

Roll #	Action	Strike / Expiry	Credit/(Debit)	Running Net	Status
	position reaches 55% profit.				
— Close	Buy to close Feb $172 put	At $0.80	(−$0.80)	$3.05 final P&L	+$305 on $17,200 reserved. 1.8% return, ~55 days.

Le roulement individuel ressemblait à un modeste crédit de 0,65 $ — valant à peine les commissions. Remis dans le contexte de la chaîne complète, il a transformé un gagnant partiel de 38 % en une clôture complète à 55 % de profit sur un strike plus conservateur. C'est le pouvoir de capitalisation d'une gestion systématique des roulements.

Regle de journal : consigner chaque roulement comme la continuation de la même ligne de trade, pas comme un nouveau trade. Cela préserve l'intégrité de votre analyse de chaîne.

Three Roll Scénarios — Complete Walk-Throughs

Scénario A — Le Roulement Propre (Proactif, Rentable)

Configuration : MSFT à 430 $. Vous vendez le CSP 400 $, 35 DTE, pour 4,10 $. IVR à 62. L'action dérive vers 415 $ en 14 jours — position à 42 % de profit. T-21 arrive. Thèse intacte : MSFT au-dessus de toutes les moyennes mobiles majeures, pas de résultats (earnings) avant 40 jours.

- Action : Acheter pour fermer le put jan 400 $ à 2,40 $. Vendre le put fév 395 $ à 3,05 $. Crédit net sur le roulement : 0,65 $.roll: +$0.65;
- Nouvelle position : put 395 $ — maintenant 7,5 % OTM au lieu de 6,9 %. Plus de coussin. Horloge 35 jours réinitialisée.
- Outcome: Feb $395 put reaches 50% profit in 18 days. Close at $1.52. Total chain P&L: $4.10 − $2.40 + $3.05 − $1.52 = $3.23 ($323/contract). Clean, systematic, repeatable;

Scénario B — Le Roulement Défensif (L'Action Évolue Contre Vous)

Configuration : ETSY à 70 $. Vous vendez le CSP 60 $, 30 DTE, pour 2,20 $. L'action chute à 64 $ en 12 jours — le delta s'est élargi à 0,28. Vous êtes maintenant à 12 DTE — T-21 est déjà passé. Ce roulement est défensif, pas proactif.

- La position vaut maintenant 1,85 $ — seulement 16 % de la prime a été capturée. La fenêtre T-21 a été manquée lorsque l'action était à 67 $, moment où le roulement aurait été beaucoup plus propre ;
- Best available roll: close $60 put at $1.85, sell $55 put next month at $2.10. Net credit: $0.25. Marginal — barely covers transaction costs;
- Mais : conserver la position pendant les 12 derniers jours avec un delta qui s'élargit vers un strike menacé expose à une perte bien plus importante. Le roulement marginal reste la bonne décision ;
- The lesson in Scénario

Scénario C — La Clôture Sans Roulement (Quand Rouler Est Une Erreur)

Configuration : RIVN à 16 $. Vous vendez le CSP 12 $, 35 JAE, à 1,80 $. RIVN baisse de 22 % à. Nouvelle position : put $395 — maintenant à 7.5% OTM au lieu de 6.9%. Plus de coussin de sécurité. Horloge de 35 jours réinitialisée ;

- Tentation : rouler vers le bas et l'extérieur sur le put 10 $ le mois prochain pour un petit crédit et espérer une reprise.recovery;
- Le test du roulement appliqué : Si vous n'aviez aucune position en ce moment même, ouvririez-vous un nouveau CSP sur RIVN — une entreprise qui vient de rater ses résultats, a réduit ses prévisions de production et a cassé un support technique majeur ? Non ;
- Action correcte : Fermer à 2,40 $. Perte nette : 0,60 $ par action (60 $/contrat). Finie et connue. Redéployer dans un trade plus propre.ble; and
- Pourquoi le roulement est une erreur : rouler prolonge l'exposition sur une action dont la thèse fondamentale a changé. La thèse initiale était que RIVN resterait stable au-dessus de 16 $. Ce n'est plus le cas. Rouler à 10 $ revient à parier sur la stabilisation plus bas d'une entreprise en difficulté — avec plus de capital immobilisé, plus de temps à risque et des fondamentaux plus faibles qu'au moment de votre entrée.

Deux Exemples de Roulement en Direct : Offensif et Défensif

Les deux roulements suivants ont été exécutés sur un compte réel au cours du même mois. L'un est un roulement offensif — verrouiller un profit tout en restant dans une tendance gagnante. L'autre est un roulement défensif — convertir une position perdante en un résultat profitable. Tous deux utilisent la même mécanique de roulement. La différence réside dans la raison du roulement et le choix du strike.

VERIFIED ROLL 1 — MU $310 CALL: OFFENSIVE ROLL (PROFIT EXTRACTION)

- January 5, 2026 — Entry: Buy 2 MU $310 Calls, Feb 20 expiration, at $30.10 avg. Total cost: $6,020. MU trading near $315 — near-the-money entry, Condition 1, AI/HBM momentum confirmed.
- 19 février 2026 — 45 jours plus tard : MU a rallié vers ~420 $. Le Call 310 $ vaut 104,25 $. La position a progressé de +246 % sur la prime.
- Instead of closing — ROLL: Sell $310 Call at $104.25 → +$20,850 credit (2 contracts). Buy $390 Call at $48.70 → −$9,740 cost (2 contracts).
- Net credit extracted: $11,110. Realized profit on $310 leg: +$15,065 (+260.42%).
- Position kept alive: $390 Call Mar 20 now open at a net credit.
- Résultat : Le roulement a extrait 11 110 $ en crédit net tout en maintenant une pleine exposition à la poursuite de la hausse de MU. La thèse était intacte. La position a continué.

VERIFIED ROLL 2 — IBRX: DEFENSIVE ROLL (LOSS CONVERSION)

- January 20, 2026 — Entry: Buy 1 IBRX Feb 20, 2026 $4.5 Call at $3.30. Total cost: $330.
- 6 février 2026 — Position sous pression : IBRX a évolué. ROULEMENT VÉRIFIÉ 1 — MU $310 CALL : ROULEMENT OFFENSIF (EXTRACTION DE PROFIT)
- Defensive Roll: Sell Feb 20 $4.5 Call at $1.47 → +$147 credit. Buy Mar 20 $4.5 Call at $1.78 → −$178 cost. Net roll cost: $31. Position kept alive at dramatically lower premium.
- 19 mars 2026 — Reprise : IBRX s'est redressé. Le Call 4,5 $ du 20 mars vaut 4,10 $. Vendre pour fermer.o close.
- Roll leg P&L: +$232 (+130.3%). Net position after full roll: +$49 — PROFITABLE.
- Une position perdante à −55 %, roulée défensivement, convertie en un résultat net profitable. C'est la défense par le roulement en action.

Ces deux roulements illustrent tout le spectre de la mécanique de roulement. Le roulement sur MU était proactif — retirer des profits exceptionnels de la table, réduire la base de coût à zéro, rester dans la tendance. Le roulement sur IBRX était réactif — stopper l'hémorragie à un niveau gérable, prolonger la durée disponible, attendre que la thèse se réalise. Dans les deux cas, le résultat a été bien supérieur à une simple clôture de position au moment où la pression était maximale.

Cet exemple refléte un trade réel exécuté et enregistré en temps réel.

Le Piège des Résultats : Le Roulement que Vous Ne Devez Jamais Faire

L'une des erreurs de roulement les plus coûteuses dans le trading de rendement est de rouler une position de vente de prime dans une fenêtre d'échéance qui inclut une annonce de résultats (earnings). Les traders le font pour deux raisons : l'IV élevée avant les résultats rend le crédit de roulement attractif, ou ils gèrent une position perdante et la prime plus élevée aide à améliorer les calculs. Ce sont deux pièges.

Quand vous roulez dans une expiration de résultats, vous ne gérez plus une straté. 6 février 2026 — Position sous pression : IBRX a bougé contre la position. Le $4.5 Call ne vaut plus que $1.47 — une perte de −55% sur la prime.

- La règle : ne roulez jamais vers une échéance qui contient une annonce de résultats pour le sous-jacent. Vérifiez la date des résultats avant de sélectionner chaque échéance cible de roulement ;
- La correction : si la prochaine expiration disponible contient des résultats, rouler vers l'expiration après celle des résultats.
- L'exception : si votre intention spécifique est de trader l'événement des résultats avec une structure à risque défini, configurez-le comme un nouveau trade avec des règles de dimensionnement explicites pour les résultats. Ne vous y glissez pas accidentellement par le biais d'un roulement défensif.

LE PIÈGE DU ROULEMENT DES RÉSULTATS

La prime qui rend le roulement dans la fenêtre des résultats attractif est précisément celle qui intègre le grand mouvement attendu — le mouvement qui va se produire. Collecter une IV élevée avant les résultats sur une position courte n'est pas un avantage ; c'est le risque. Vérifiez le calendrier des résultats avant chaque roulement. À chaque fois. Cette règle ne souffre d'aucune exception.

Les Sept Erreurs de Roulement les Plus Courantes

#	Mistake	Pourquoi les Traders la Font	La Solution
1	Waiting until deep ITM before rolling	Évitement — espérant que l'action se renverse	Alerte de calendrier T-21 à l'entrée. Agir sur l'alerte, pas sur la panique.
2	Roulement pour un débit net	La nouvelle position semble meilleure sur le papier	Ne rouler que pour un crédit net minimum de 0,25 $. Les roulements à débit nécessitent une justification explicite.
3	Roulement de la même position trois fois ou plus	Sunk cost fallacy — too much invested to close	Maximum deux roulements par position. Troisième roulement = fermer et redéployer.

#	Mistake	Pourquoi les Traders la Font	La Solution
4	Rolling into an earnings expiration	La VI pré-résultats rend le crédit attrayant	Vérifier le calendrier des résultats avant chaque roulement. Ne jamais rouler dans une fenêtre de résultats.
5	Roulement d'une seule jambe d'un iron condor — laissant l'autre à un JAE différent	La position non correspondante devient ingérable	Lors du roulement d'un IC, fermer l'intégralité du spread et réouvrir les deux côtés simultanément dans la nouvelle expiration.ew expiration.
6	Roulement vers une expiration trop courte — 2 à 3 semaines	Pression de ré-gestion immédiate	Rouler à au moins 30 à 35 JAE sur la nouvelle position. Vous avez besoin de valeur temps pour justifier la réinitialisation.
7	Ne pas suivre le crédit net sur la chaîne de roulement	Chaque roulement semble profitable en isolation ; la chaîne complète ne l'est pas	Maintenir un journal de chaîne de roulement : chaque débit et crédit de l'ouverture à la fermeture finale..

BPJ : Le Véritable Arbitre de la Décision de Roulement

La plupart des décisions de roulement se prennent sur le seul critère du crédit : 'Puis-je collecter au moins 0,25 $ sur ce roulement ?' C'est une condition nécessaire mais pas suffisante. La question qui détermine réellement si un roulement vaut la peine d'être fait est de savoir si le PPD (Profit Par Jour) sur la nouvelle position roulée dépasse le PPD que vous pourriez obtenir en clôturant et en vous redéployant sur un tout nouveau trade.

Stage	DTE Window	Action	Rule
1 — Entry Zone	30–45 DTE	Open position; collect premium.	Entrez uniquement lorsque la condition est confirmée.
2 — Watch Zone	22–30 DTE	Monitor P&L; no action needed.	Let theta work; ignore noise.
3 — T-21 Trigger	21 DTE	Évaluer : à 50 % de profit ? Fermer. Sinon, rouler.	Règle T-21 : à 21 DTE, clôture de la position pour profit ou évaluation du roulement pour crédit.
4 — Final Week	0–7 DTE	Close or let expire. Avoid pin risk.	Ne conservez jamais jusqu'à l'expiration sauf si la position est entièrement OTM sans aucun risque.

Figure 23.2 — The Roll Decision Tree. Close, roll, or exit — a systematic decision framework.

Un roulement qui semble attractif sur la base du crédit peut être un destructeur de PPD — immobilisant du capital dans une position qui génère une fraction de ce qu'un nouveau trade bien sélectionné produirait. Inversement, un roulement avec un crédit modeste sur un strike court à dégradation rapide peut surperformer un redéploiement en termes de PPD car le temps déjà écoulé a 'mûri' la position.

Le Calcul BPJ Roulement vs. Redéploiement

Avant d'exécuter tout roulement, exécuter cette comparaison :

Option A — Rouler la Position	Option B — Fermer et Redéployer
Crédit net reçu sur le roulement : 0,65 $	Prime available on best new trade: $3.20
New position DTE: 35 days	New position DTE: 35 days
BPJ on roll: $0.65 ÷ $17,500 ÷ 35 = 0.011%/day	BPJ on new trade: $1.60 ÷ $17,500 ÷ 18* = 0.051%/day
Capital resté engagé pour 35 jours de plus	Capital freed immediately, redeployed at full BPJ
Le BPJ du roulement est 78 % plus bas que le BPJ du trade frais	Le BPJ du redéploiement est 4,6× meilleur que le roulement

* Jours estimés jusqu'à 50 % de profit sur le nouveau trade.

Dans cet exemple, le roulement produit un PPD de 0,011 %/jour — à peine supérieur à zéro. Clôturer et redéployer produit 0,051 %/jour. Le roulement semble 'gratuit' parce que vous ne collectez que 0,65 $ pour prolonger la position — mais vous bloquez 17 500 $ de capital dans un engagement de 35 jours qui génère une fraction de ce qu'un nouveau trade produirait. Le crédit est réel ; le coût d'opportunité est plus grand.

Quand le roulement est-il le meilleur choix BPJ ? Quand le nouveau prix d'exercice de roulement est significativement plus avantageux que le prix actuel.

LA RÈGLE BPJ DU ROULEMENT

Avant de rouler une position, calculez : le PPD du crédit de roulement par rapport au PPD de votre meilleur nouveau trade disponible. Si le PPD du roulement est plus élevé — roulez. Si le PPD du nouveau trade est plus élevé — clôturez et redéployez. Ce simple calcul évite plus de mauvaise allocation de capital que n'importe quelle autre règle dans la gestion des roulements.

→ See Figure 6.4 — Moneyness Ladder: Put Contract (Chapter 4 — L'Évaluation des Options)

Figure 23.3 — Moneyness Ladder: Put Contract. For puts, the relationship is inverted — strikes above the stock price are ITM, strikes below are OTM.

L'ARBRE DE DÉCISION DU ROULEMENT

Posez les questions dans l'ordre : (1) Ma thèse est-elle toujours valide ? (2) Puis-je rouler pour un crédit net ? (3) Le roulement va-t-il améliorer mon profil de risque ? (4) Ai-je déjà roulé cette position une fois ? Si une réponse est non — clôturez la position. Le roulement est un outil pour prolonger les bons trades, pas pour sauver les mauvais.

CADRE DES SIX CONDITIONS ▸ CONDITIONS 1, 2, 5, 6 — architecture avancée
L'imbrication par strates (layering) et l'ingénierie de la convexité sont disponibles dans toutes les conditions — mais elles sont plus puissantes dans les conditions 1 (hausse amplifiée), 2 (rendement par paliers), 5 et 6 (échelle de dégradation temporelle). Elles magnifient l'avantage de votre lecture de la condition.

L'approche échelonnée et la planification de la convexité représentent le niveau suivant de la stratégie d'options — la diffé. → Voir Figure 6.4 — Échelle de valeur : Contrat de Put (Chapitre 4 — Valorisation des Options)

Vous n'avez pas besoin de maîtriser ces concepts dès le premier jour. Mais une fois que vous aurez l'expérience de 50 à 100 trades avec les stratégies fondamentales, le layering et la convexité sont ce qui sépare un trader de rendement d'un allocateur de capital professionnel. Ils valent la peine d'être étudiés.

Convexité Échelonnée en Escalier — Comment les entrées échelonnées créent une récompense asymétrique à mesure que le trade é. L'ARBRE DE DÉCISION DE ROULEMENT

L'Approche Échelonnée : Construire des Positions Progressivement

L'approche par paliers (stair-layered) consiste à entrer dans une position en plusieurs tranches — à des strikes différents, des échéances différentes, ou les deux — plutôt que d'engager la totalité de la taille de votre position sur un seul point d'entrée. Chaque tranche est une 'marche' de l'escalier, ajoutée à mesure que la thèse du trade se confirme par l'action des prix.

The Conviction Pyramid

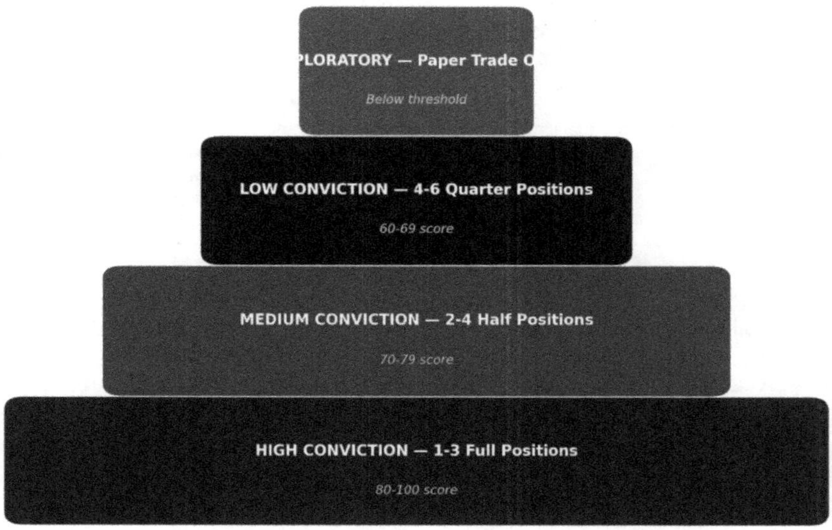

"Size your position to your conviction. Never the reverse."

Figure 24.2 — La Pyramide de Conviction. La taille de position évolue avec le score — jamais l'inverse.erse.

- Strate 1 — Entrée initiale à 25–33 % de la taille totale prévue de votre position. Vous testez la thèse. Si le trade se retourne immédiatement contre vous, votre exposition est faible ;
- Couche 2 — Ajouter 25 à 33 % quand le trade se confirme :
- Strate 3 — Ajout final à 33–50 % lorsque le trade bénéficie d'une forte confirmation : plusieurs signaux s'alignent, la rotation sectorielle est confirmée ou la position est en hausse de 40–50 %. Votre position complète est maintenant en place, mais votre coût moyen est amélioré car vous avez renforcé dans la force.

La règle critique : les strates s'ajoutent uniquement lorsque le trade est gagnant, jamais lorsqu'il est perdant. Renforcer une position perdante — 'moyenner à la baisse' — n'est pas du stair-layering. C'est de l'espoir déguisé en stratégie. L'escalier monte avec le trade, il ne descend pas contre lui.

Strike Laddering: Multiple Strikes, Same Thesis

L'échelonnement des strikes (strike laddering) utilise la même thèse directionnelle mais répartit l'exposition sur plusieurs strikes pour créer une structure de gain progressive. Au lieu de vendre un seul CSP au strike 90 $, vous vendez plusieurs positions à 95 $, 90 $ et 85 $ — chacune générant du rendement, chacune avec un point mort et un profil de probabilité différents.

Layer	Strike	Delta	Prime/Contract	Rôle dans la Structure
Layer 1	$95 Put	0.30 delta	$3.50 ($350)	Plus haute probabilité. Plus proche de la monnaie. Collecte le plus de prime. Première ligne de revenu.
Layer 2	$90 Put	0.20 delta	$2.00 ($200)	Probabilité moyenne. Tampon de 10 % de l'action. Deuxième couche de revenu à un prix d'exercice plus conservateur.ike.
Layer 3	$85 Put	0.12 delta	$1.10 ($110)	Lowest probability. 15% buffer. Speculative income layer — very high chance of expiring worthless.

Prime totale collectée sur 3 strates : 660 $. Si l'action reste au-dessus de 95 $, les trois expirent sans valeur — profit total de 660 $. Si l'action chute à 92 $, seule la Strate 1 est contestée — les Strates 2 et 3 expirent toujours sans valeur. Si l'action chute à 87 $, les Strates 1 et 2 sont assignées — mais la Strate 3 fait tampon au niveau des 85 $. L'escalier offre trois lignes de défense plutôt qu'une.

Convexity: Engineering Asymmetric Payoffs

En français simple d'abord : la convexité signifie que votre position prend de la valeur plus vite qu'elle n'en perd lorsque le sous-jacent évolue. Une position convexe gagne plus par point quand elle a raison qu'elle ne perd par point quand elle a tort. Cette asymétrie — plus de potentiel de hausse par dollar risqué que de baisse — est la propriété mathématique qui sépare les structures professionnelles des structures amateures. Tout dans cette section vous apprend à intégrer délibérément cette propriété dans vos positions.

La convexité dans les options désigne la relation non linéaire entre la valeur de l'option et le mouvement du sous-jacent — spécifiquement, la capacité à structurer une position où les gains sont amplifiés de manière disproportionnée par rapport aux pertes. Une position convexe gagne plus d'argent à mesure que l'action évolue dans votre direction qu'elle n'en perd si l'action évolue contre vous du même montant. Cette asymétrie est le saint graal du trading d'options.

Planifier la convexité signifie concevoir délibérément cette asymétrie dans la structure de votre position dès le départ — et non pas l'espérer par accident.

- Convexité longue (structures à débit) : Long calls, long puts, long straddles, spreads à débit. Ces positions génèrent
- Convexité négative (vente de prime) : Short calls, short puts, iron condors, credit spreads. Ces positions ont des gains limités (la prime collectée) mais des pertes qui peuvent s'accélérer si l'action évolue brutalement. La courbe des gains et pertes (P&L) est concave vers le bas ;
- Couverture convexe : Ajouter une petite position longue convexe à une position de rendement plus large à convexité négative. Exemple : un iron condor avec des strangles longs OTM à des strikes plus larges. Le trade de rendement collecte la prime de la structure interne ; la couverture convexe offre une hausse explosive en cas de grand mouvement inattendu ;

Calculer la Convexité pour le Couple (Torque) vs. la Protection

Le « Couple » (Torque) désigne le degré d'accélération de la valeur de votre position par rapport au mouvement du sous-jacent. Couple maximum = convexité maximale = positions près de l'ATM avec un gamma significatif. Protection. Prime totale collectée sur 3 couches : $660. Si l'action reste au-dessus de $95, les trois expirent sans valeur — profit total de $660. Si l'action baisse à $92, seule la Couche 1 est contestée — les Couches 2 et 3 expirent toujours sans valeur. Si l'action baisse à $87, les Couches 1 et 2 sont assignées — mais la Couche 3 amortit le niveau de $85. L'escalier offre trois lignes de défense plutôt qu'une.

- Pour le Couple (Torque) : concentrez la position près de l'ATM, gamma élevé, DTE plus court. Acceptez un coût de prime plus élevé en échange d'une réactivité explosive au mouvement de l'action. Idéal lorsque vous avez une forte conviction sur la direction ET la magnitude du mouvement ;
- Pour la Protection : utilisez des spreads larges (jambes longues OTM éloignées de la monnaie), des DTE plus longs (gamma plus bas) et plusieurs strates à des strikes différents ;
- Le Ratio de Convexité : calculez le gain maximum divisé par la perte maximum pour n'importe quelle structure. Un ratio supérieur à 2 :1 signifie que la position a une convexité positive — vous gagnez au moins deux fois plus que ce que vous pouvez perdre. En dessous de 1 :1, cela signifie une convexité négative — vous risquez plus que ce que vous pouvez gagner. La plupart des trades de rendement (crédit) ont des ratios de convexité négatifs — c'est pourquoi le taux de réussite et la probabilité de profit sont leurs indicateurs principaux.

La Convexité en Pratique : Un Exemple de Trade Réel

La convexité signifie que votre position gagne de la valeur plus vite qu'elle n'en perd quand le sous-jacent se dé. Convexité longue (structures de débit) : Calls longs, puts longs, straddles longs, spreads de débit. Ces positions gagnent de la valeur plus rapidement lorsque l'action évolue dans votre direction qu'elles n'en perdent lorsqu'elle évolue contre vous. La courbe des P&L par rapport au cours de l'action est concave vers le haut — les gains s'accélèrent, les pertes décélèrent ;

Scénario : vous êtes haussier sur NVDA à 800 $. Au lieu d'acheter un seul call ATM (coût élevé, dégradation rapide du thêta), vous construisez une structure de long call par strates sur trois strikes :

Layer	Action	Strike	Cost	Delta	Rôle
1	Buy 2×	$800 Call	$28.00 ($5,600)	0.50	Ancre ATM — plus haute probabilité de participer à tout mouvement haussier
2	Buy 1×	$850 Call	$14.00 ($1,400)	0.35	Accélération OTM — ajoute du couple si l'action atteint 850 $+
3	Buy 1×	$900 Call	$6.50 ($650)	0.20	Deep OTM — low cost, explosive payoff above $900

Total cost: $7,650 maximum risk. Compare to a simple 4× ATM call purchase at $28 each ($11,200 total cost):

NVDA at Expiry	4× ATM Call P&L	Layered Structure P&L	Advantage	Pourquoi Layering Wins
$780 (−2.5%)	−$11,200 (full loss)	−$7,650 (full loss)	Saves $3,550	Lower max loss — OTM layers reduce total cost basis
$830 (+3.75%)	−$3,200 (loss)	−$1,050 (small loss)	Saves $2,150	ATM layers recover faster on smaller moves
$870 (+8.75%)	$5,600 profit	$9,350 profit	+$3,750 more	$850 layer now in-the-money — acceleration kicks in
$920 (+15%)	$16,800 profit	$28,950 profit	+$12,150 more	Les trois couches entièrement ITM — couple de convexité maximum

La structure convexe fait trois choses simultanément : réduit la perte maximale (coût d'entrée plus faible), accélère les gains sur les mouvements modérés (la strate 850 $

s'active avant que la strate 900 $ ne devienne pertinente) et délivre une hausse explosive sur les grands mouvements (les trois strates se capitalisent au-dessus de 900 $). Le simple trade 4× ATM est linéaire, cher et tout-ou-rien.

CONVSORTIRY RULE

Ne dépensez jamais plus de 60 % du budget de votre structure convexe sur des options ATM ou proches de l'ATM. Allouez les 40 % restants sur des strikes OTM qui ajoutent de l'accélération. Une ancre ATM plus petite avec une accélération OTM est structurellement supérieure à une position ATM plus grande sans convexité. Réduisez la taille de l'ancre — jamais de l'architecture.

CONVSORTIRY IN PRACTICE

Avant d'entrer dans une structure multi-jambes, calculez : (1) Quel est mon gain maximum ? (2) Quelle est ma perte maximum ? (3) À quoi ressemble la courbe de P&L à l'échéance — accélère-t-elle positivement ou négativement à mesure que l'action évolue ? Un graphique de risque répond visuellement à ces trois questions. Analysez-le sur chaque position avant de trader.

La Pyramide de Conviction MU : Un Échelonnement Documenté sur 10 Mois

Ce qui suit n'est pas une hypothèse. Il s'agit d'une série de trades documentés et confirmés par le courtier, exécutés sur dix mois sur un seul sous-jacent — Micron Technology (MU) — alors qu'il passait de 102 $ à plus de 420 $+. Chaque entrée représente une augmentation de la conviction à mesure que la thèse était confirmée par l'action des prix. Chaque roulement représente l'efficacité du capital — extraire du profit tout en restant dans la tendance.

VERIFIED MU STAIR-LAYERED SERIES — JUN 2025 – MAR 2026

STEP 1: Jun 5, 2025 • MU $105 Call • Entry: $2.20 • Cost: $220 Condition 1 entry. MU at $102. Low IV. Clean uptrend. 1 contract.

ÉTAPE 2 : 17 nov. 2025 • MU Call 185 $ 2/20 • Entrée : 72,70 $ • Coût : 7 270 $ Conviction renforcée. MU toujours en Condition 1. Deep ITM pour une exposition delta élevée. Clôturé le 30 déc. 2025 à 110,34 $ • +3 764 $ • +51,78 % • 43 jours

ÉTAPE 3 : 5 janv. 2026 • MU Call 310 $ 2/20 • Entrée : 30,10 $ • Coût : 6 020 $ MU à 315 $. Proche de la monnaie pour un torque maximal. 2 contrats. Roulé le 19 févr. 2026 • 310 $ clôturé à 104,25 $ • +15 065 $ • +260,42 % • 45 jours Roulé vers Call 390 $ 3/20 à 48,70 $ — crédit net extrait : 11 110 $

STEP 4: Jan 23, 2026 • MU $340 Call 3/20 • Entry: $77.00 • Cost: $15,400 MU trending through $340 zone. Deep ITM position, 2 contracts. Closed Feb 25, 2026 at $97.00 • +$4,000 • +25.98% • 33 days

STEP 5: Feb 4, 2026 • MU $420 Call 3/20 • Entry: $42.70 • Cost: $4,270 MU at $420 range. Conviction at maximum. 1 contract. Rolled Mar 18, 2026 to $460 Call Apr 17 • +$584 extracted • +13.7% TOTAL VERIFIED CLOSED PROFIT: +$22,829 TOTAL CAPITAL DEPLOYED: $28,690 BLENDED RETURN: +79.6%

Étudiez la structure de cette série. La première entrée était de 220 $ — la plus petite position possible, testant la thèse avec un capital minimal à risque. À mesure que chaque étape confirmait la tendance, la taille de la position a augmenté : 7 270 $, puis 6 020 $, puis 15 400 $. C'est la pyramide de conviction qui fonctionne exactement comme prévu. Les premières entrées sont petites et exploratoires. Les entrées ultérieures sont plus grandes et plus confiantes car la thèse a déjà été confirmée par l'action des prix.

LA PREUVE DU COUPLE — CALL MU 310 $

Stock move: MU went from ~$315 to ~$420 during the $310 Call hold period.

Stock return: +33.3%.

Option move: $310 Call went from $30.10 to $104.25.

Option return: +246.3%.

Torque ratio: 246.3% ÷ 33.3% = 7.4×.

L'option a délivré 7,4 fois le rendement de l'action sous-jacente sur une position à risque défini. C'est cela la convexité. C'est pourquoi les traders professionnels utilisent les options plutôt que l'action pour une exposition directionnelle lorsque la conviction est élevée et que l'IV est raisonnable. L'action aurait pu tomber à zéro — la perte maximale était de 6 020 $. L'action a gagné 33 % — l'option a gagné 246 %.

Le ratio de couple (torque ratio) de 7,4× n'a pas été conçu à l'avance. Il a émergé naturellement de la structure de la position : un call proche de la monnaie avec 46 jours avant l'échéance sur une action de semi-conducteurs à bêta élevé portée par l'IA dans un environnement de condition 1 confirmé. Le système a créé les conditions du couple. Le marché l'a délivré.

Comme pour tous les exemples de ce livre, ce trade est tiré d'une position réelle et exécutée. Le dimensionnement des positions dans cet exemple reflète la structure de mon compte et ma tolérance au risque et n'est pas destiné à servir de modèle universel.

Échelonnement des Revenus : La Stratégie CSP Échelonnée du Vendeur

Tout ce qui a été vu jusqu'ici s'applique aux trades directionnels. Mais l'approche par paliers (stair-layered) est tout aussi puissante — et sans doute plus importante — pour le vendeur de rendement qui utilise la stratégie de la Roue (Wheel). Au lieu d'engager la totalité de son capital sur un seul CSP à un strike et une échéance uniques, le vendeur de rendement construit une position par strates sur plusieurs échéances hebdomadaires, créant ainsi un moteur de rendement roulant qui génère régulièrement du PPD, quelle que soit la semaine où l'action évolue.

Le concept est simple : au lieu de vendre un grand CSP à 30 DTE, vous vendez des CSP plus petits sur trois échéances hebdomadaires consécutives — chaque marche constituant un échelon de l'échelle de rendement. Chaque semaine, une position expire ou est clôturée, et une nouvelle position est ouverte sur l'échéance suivante. Le capital travaille en permanence. Le rendement ne s'arrête jamais.

Stair	Expiration	Strike	Prime	Capital Reserved	Status on Entry
Stair 1	Ce vendredi (7 JAE)	$190 Put	$0.85 ($85)	$19,000	Actif. Burn theta le plus rapide. Expirera ou fermera d'ici vendredi.

Stair	Expiration	Strike	Prime	Capital Reserved	Status on Entry
					Capital libéré immédiatement après.
Stair 2	Next Friday (14 DTE)	$188 Put	$1.40 ($140)	$18,800	Actif. Revenu moyen terme. Prix d'exercice plus conservateur — coussin légèrement plus profond. Ferme la semaine prochaine.eek.
Stair 3	Two Fridays out (21 DTE)	$185 Put	$1.65 ($165)	$18,500	Actif. Prix d'exercice le plus conservateur. Piste la plus longue. Fournit la couche de base du revenu hebdomadaire..

Prime hebdomadaire totale sur trois échelons : 390 $. Chaque vendredi, l'Échelon 1 ferme et un nouvel Échelon 3 s'ouvre. Le cycle se réinitialise.

LA RÈGLE DE REVENU ÉCHELONNÉ

Ne concentrez jamais la totalité de votre position de rendement sur une seule échéance. Répartissez-la sur au moins deux — de préférence trois — échéances hebdomadaires consécutives. Si un seul vendredi apporte un net mouvement de vente, une seule marche de l'escalier sera contestée au maximum. Les autres marches disposent de plus de temps et de strikes plus profonds pour absorber le mouvement. La continuité du rendement est l'objectif. L'escalier la garantit.

Échelonnement Temporel : L'Échelonnement de Calendar pour le Vendeur de Revenus

L'imbrication temporelle (time layering) consiste à ouvrir des positions au même strike mais sur plusieurs échéances — afin de récolter délibérément le thêta à des vitesses différentes. La position à court terme brûle le thêta le plus rapidement. La position à long terme apporte de la stabilité et une prime plus importante qui se dégrade plus lentement. Toutes deux jouent des rôles différents dans la même architecture de rendement.

Layer Type	DTE	Strike	Prime	Daily Theta	Strategic Rôle
Near-Term Layer	7–14 DTE	$190	$0.85	~$0.12/day	Revenu rapide. Taux de burn theta maximum. Ouvert et fermé toutes les 1 à 2 semaines. Le moteur du revenu hebdomadaire. weekly BPJ.
Mid-Term Layer	21–30 DTE	$187	$1.65	~$0.08/day	Revenu régulier avec plus de coussin. Renouvelé mensuellement. Fournit l'épine dorsale

Layer Type	DTE	Strike	Prime	Daily Theta	Strategic Rôle
					structurelle du système de revenu.income position.
Far-Term Layer	45 DTE	$183	$2.80	~$0.06/day	Dégradation lente. Strike le plus profond. Ouvert une fois par mois pour lancer l'horloge de dégradation sur la meilleure partie de la courbe du thêta.

Thêta quotidien combiné sur les trois strates : 0,26 $/jour par triplet de contrats. Sur une échelle de cinq contrats répartis sur les trois strates : un PPD de 130 $/jour est atteint sur 56 000 $ de capital actif — soit 36 % annualisé. La structure par strates atteint le PPD cible tout en répartissant le risque sur trois fenêtres d'échéance. Aucune mauvaise semaine isolée ne détruit le moteur.

Le Tableau du Ratio de Convexité : Évaluer Toute Structure Avant de Trader

Chaque structure d'options a un ratio de convexité — gain maximum divisé par perte maximum. Calculez-le avant chaque trade. Un ratio de convexité positif (> 1,0) signifie que vous gagnez plus que vous ne perdez sur un mouvement maximal. Un ratio négatif (< 1,0) signifie que vous gagnez moins que ce que vous risquez. Aucun n'est intrinsèquement bon ou mauvais — mais vous devez savoir à quel jeu vous jouez avant que le trade ne commence.

Structure	Max Gain	Max Loss	Convexity Ratio	Best Use Case
Long Call (ATM)	Unlimited	Prime paid	∞ theoretically	High conviction bullish, low IVR. Maximum positive convexity.
Bull Call Spread	Spread width − debit	Debit paid	1.5:1 to 3:1	Haussier modéré. Convexité positive plafonnée — coût inférieur au call direct.
Long Straddle	Unlimited	Both premiums paid	∞ theoretically	Pre-catalyst vol expansion. Positive convexity in both directions.
Put Sécurisé en Espèces	Prime collected	Strike − premium	0.03:1 to 0.06:1	Génération de revenus. Convexité négative — gérée par la sélection de qualité et la discipline T-21.
Covered Call	Prime + upside to strike	Stock decline below breakeven	0.04:1 to 0.08:1	Revenu sur position existante. Convexité négative sur le call — hausse plafonnée.
Iron Condor	Net credit	Spread width − credit	0.20:1 to 0.50:1	Range-bound market. Defined but real loss risk on breach.

Structure	Max Gain	Max Loss	Convexity Ratio	Best Use Case
Layered Call Structure (3 strikes)	Toutes les couches se composent sur un grand mouvement	Total debit paid	2:1 to 5:1+ on large moves	Position directionnelle à forte conviction avec ingénierie de la convexité. Meilleur profil de gain asymétrique.
Stair-Layered CSP (3 expirations)	Somme de toutes les primes	Largest strike − total credit	0.05:1 to 0.08:1	Revenu avec risque distribué. Convexité négative — mais probabilité de profit élevée sur toutes les expirations.s all stairs.

LA DÉCISION DE CONVEXITÉ

Avant tout trade : quel est mon ratio de convexité ? Convexité positive (structures à débit) — assurez-vous que l'IVR est inférieur à 40 et que votre thèse directionnelle est forte. Convexité négative (structures à crédit) — assurez-vous que l'IVR est supérieur à 30, que le sous-jacent est de qualité de classe A et que votre position est dimensionnée pour survivre à l'assignation. Le ratio de convexité vous indique à quel jeu vous jouez. Sachez quel est le jeu avant d'y placer le premier dollar.

Appliquer l'Échelonnement À Travers les Six Conditions

Le stair-layering n'est pas exclusivement un outil de vente de prime. Chaque condition du cadre des six conditions possède une variante par strates — un moyen d'amplifier le rendement ou l'exposition directionnelle en exploitant plusieurs strates simultanément à travers les échéances ou les strikes. L'architecture change selon la condition. Le principe reste le même : ne concentrez jamais toute votre exposition dans une seule fenêtre d'échéance lorsqu'une approche par strates offre une meilleure répartition des risques et un thêta total plus élevé.

#	Condition	Stair-Layering Application
1	**Bullish / Low IV**	Échelonner les bull call spreads sur 3 cycles d'expiration : Ouvrir un spread 15-JAE (gain rapide si mouvement immé. LA DÉCISION DE CONVEXITÉ
2	**Bullish / High IV**	Échelle de revenus CSP classique : puts 7-JAE, 21-JAE et 45-JAE sur le même sous-jacent de qualité. L'Échelon 7-JAE génère
3	**Bearish / Low IV**	Imbriquez des bear put spreads sur 2 fenêtres d'échéance : à court terme (21-DTE) pour le mouvement de baisse immédiat, et à plus long terme (45-DTE) pour la poursuite d'une tendance durable. Si le mouvement de baisse est déjà entamé et que l'IV est encore basse, le spread à court terme offre un profit plus rapide. Si le mouvement ne s'est pas encore matérialisé, le spread à long terme vous donne plus de temps pour que la thèse se développe sans payer une dégradation temporelle excessive.
4	**Bearish / High IV**	Imbriquez des bear call spreads avec des strikes courts échelonnés : à court terme (21-DTE) au premier niveau de résistance, à plus long terme (45-DTE) à un niveau de résistance supérieur. Le spread à court terme rapporte plus vite si l'action reste immédiatement sous la résistance. Le spread à long terme sert d'assurance si l'action rebondit temporairement — vous y collectez également du crédit pendant que la tendance finit par se retourner.
5	**Range / Low IV**	Échelle d'iron condor : exécuter deux iron condors simultanément — un expirant dans 30 JAE et un dans 45 JAE. Le chevauchement lisse les résultats.

#	Condition	Stair-Layering Application
6	**Range / High IV**	Échelle calendaire (calendar ladder) : vendre des options à court terme (7-DTE) contre des options longues à plus longue échéance (45-DTE) chaque semaine. À l'échéance de chaque jambe courte, vendez l'option de la semaine suivante. Cela crée un flux de revenus hebdomadaire basé sur l'écart d'IV — 4 jambes courtes par mois récoltant l'IV élevée à court terme contre une seule ancre à longue échéance que vous roulez une fois par mois.

L'ARCHITECTURE MAÎTRE

Le trader de rendement complet sur six conditions gère les six échelles simultanément — une pour chaque condition active. Dans un mois typique de milieu d'expansion (condition 2 dominante, condition 5 secondaire), vous gérez l'échelle de CSP de condition 2 sur vos grandes capitalisations de la plus haute qualité ET l'échelle d'iron condor de condition 5 sur le SPY pour les périodes de canal. Les deux moteurs génèrent du thêta. Chacun est géré par son propre protocole. La discipline consiste à ne jamais laisser la gestion d'une échelle déborder sur les règles de l'autre.

Convexity Worked Exemples: Building Asymmetric Payoff Profiles

La convexité dans les options signifie structurer les positions de manière à ce que les gains s'accélèrent plus vite que les pertes ne s'accumulent. Une position convexe gagne plus lorsque vous avez raison qu'elle ne perd lorsque vous vous trompez — pour une même ampleur de mouvement. Cette asymétrie est l'expression mathématique d'une bonne gestion des risques, et elle peut être conçue délibérément à l'aide du cadre des six conditions.

CONVSORTIRY EXAMPLE — AAPL Condition 1: 1×3 Call Ratio Backspread

AAPL at $195. Condition 1 confirmed (bullish, low IV). Strong conviction on a move to $210+.

Call standard : Acheter 1× Call 195 $ à 5,20 $. Perte max : 5,20 $. Gain si AAPL → 210 $: ~9,80 $ (rendement 1,9×)..9× return).

Convex structure: Sell 1× $195 Call ($5.20) + Buy 3× $205 Call ($1.60 each = $4.80 total). Net debit: $4.80 − $5.20 = −$0.40 (credit received).

Si AAPL → 210 $: Call court 195 $ vaut 15,00 $ (−15 $). Long 3× calls 205 $ valent 5,00 $ chacun (+15 $). Net : 0 $ environ.

Si AAPL → 220 $: Le call court 195 $ vaut 25,00 $ (−25 $). Les 3 calls longs 205 $ valent 15,00 $ chacun (+45 $). P&L net : +20,40 $. Les 3 contrats longs accélèrent les gains au-dessus de 210 $.

Si AAPL reste à 195 $: Toutes les options expirent sans valeur. P&L net : +0,40 $ (vous gardez le crédit). La perte maximale se produit entre 195 $ et 210 $ — limitée par la structure du spread.

Convexité atteinte : perdre peu au milieu, gagner gros sur un mouvement important. La structure est conçue pour des configurations de condition 1 à forte conviction et à grand mouvement.

Calendar Laddering: Time-Decay Income Across Multiple Expirations

L'échelonnement de calendar est la version de l'approche échelonnée du vendeur de revenus : au lieu d'entrer un grand spread, entrer plusieurs calendars décalé. EXEMPLE DE CONVEXITÉ — AAPL Condition 1 : 1×3 Call Ratio Backspread

Layer	Entry Date	Expiration	Strike	Prime + Target
Layer 1	Week 1	Week 4 (25 DTE)	5% OTM CSP	$1.40 credit. Close at $0.70. Renews immediately — Layer 5 entered.
Layer 2	Week 2	Week 5 (25 DTE)	5% OTM CSP	$1.35 credit. Close at $0.67. Renews — Layer 6 entered.
Layer 3	Week 3	Week 6 (25 DTE)	5% OTM CSP	$1.30 credit. Close at $0.65. Renews — Layer 7 entered.
Layer 4	Week 4	Week 7 (25 DTE)	5% OTM CSP	$1.45 credit. Close at $0.72. Renews — Layer 8 entered.
Résultat	**Ongoing**	**Hebdomadaire income**	**Staggered**	**Average $1.37 credit per layer. Hebdomadaire income: ~$137/layer. 4 active layers = ~$548 weekly gross income on deployed capital.**

L'ÉCHELONNEMENT EST DE LA DISCIPLINE, PAS DE LA COMPLEXITÉ

L'approche par paliers (stair-layered) semble complexe dans un tableau. En pratique, il s'agit de quatre positions simples initiées à une semaine d'intervalle. La complexité réside dans la planification — l'exécution est mécanique. Configurez l'échelle calendaire au début de chaque mois, marquez les dates d'échéance, placez les ordres de clôture GTC à 50 % de profit pour chaque strate, et laissez le système tourner. Un revenu hebdomadaire à partir d'un plan mensuel.

Calendar Spread Layering: Time-Decay Architecture Across Expirations

Le spread calendaire est la plus pure expression de l'ingénierie de la dégradation temporelle : vous vendez du thêta à court terme et achetez du thêta à plus long terme avec un écart. Imbriquer des spreads calendaires sur plusieurs échéances crée un flux de revenus de dégradation temporelle plus stable que n'importe quelle position à échéance unique — car au moins une strate se trouve toujours dans la zone optimale de récolte de thêta à un moment donné.

Cette structure est l'outil le plus sophistiqué du systè. Résultat

Layer	Sell (Near)	Buy (Far)	Net Debit	Daily Theta Collected (Est.)
Layer A	14 DTE ATM Call	45 DTE ATM Call	$1.20 debit	~$0.08/day (near-leg decays faster)
Layer B	21 DTE ATM Call	52 DTE ATM Call	$1.35 debit	~$0.06/day
Layer C	28 DTE ATM Call	59 DTE ATM Call	$1.50 debit	~$0.05/day
Combined	Staggered weekly	Staggered weekly	$4.05 total debit	~$0.19/day combined theta
At Layer A expiry	**Layer A closes at profit**	**Layer A's long leg now becomes Layer D near-leg**	**Cycle renews**	**Le revenu est perpétuel tant que la condition 6 persiste**

L'insight mécanique clé : quand la Couche A expire, la jambe longue 45 JAE que vous avez achetée devient maintenant la Couche D à

Sortir de l'intégralité de l'échelle de calendar quand la condition change — spécifiquement

L'ÉCHELONNEMENT DE CALENDAR EST LE TRADE SIGNATURE DE LA CONDITION 6

Lorsque l'IVR > 50 et que l'action est en canal depuis plus de 10 séances avec des supports et résistances définis — c'est la configuration idéale pour une échelle calendaire à 3 strates. L'IV élevée rend les options à court terme chères à la vente. Le canal maintient les deux jambes près de l'ATM où le thêta est maximal. L'imbrication par strates lisse les revenus pour que vous gagniez chaque semaine, et pas seulement à une seule échéance. C'est le système des six conditions qui fonctionne à son plus haut niveau architectural.

Stair-Layered Income: Building a Three-Tier CSP Position

L'approche échelonnée s'applique à. La Couche A clôture avec profit

Exemple — AAPL at $190. Instead of selling 1× $180 put for $3.50:

Layer	Strike	Prime	Si Assigné	Cost Basis
Top (closest)	$185	$4.20	Assigné en premier si AAPL baisse à 185 $	$180.80 effective
Middle	$180	$2.80	Assigné en deuxième si AAPL baisse davantage	$177.20 effective
Bottom (furthest)	$175	$1.60	Assigned third — only in a significant pullback	$173.40 effective
Les trois assignés	**—**	**$8.60 total**	**300 shares at layered prices**	**$178.13 average**

Comparez avec l'approche d'un CSP unique : vendre 1× put 180 $ vous donne 100 actions à 176,50 $ si vous êtes assigné. L'approche par strates vous donne jusqu'à 300 actions avec un coût moyen de 178,13 $ — légèrement plus élevé, mais avec trois encaissements de prime distincts et la flexibilité de gérer chaque strate indépendamment.

Le véritable avantage apparaît dans la gestion. Si AAPL chute à 183 $ puis rebondit, seule la strate 185 $ est menacée. Les strates 180 $ et 175 $ expirent sans valeur — pur profit. Avec un CSP unique 180 $, l'ensemble de la position gagne ou perd en bloc. La structure par strates vous donne des gains partiels dans des scénarios où une position unique vous offrirait un résultat tout-ou-rien.

Entrées Directionnelles Échelonnées : La Pyramide de Conviction

La pyramide de conviction est l'antidote à deux des comportements de trading les plus coûteux : entrer immédiatement avec une position complète (avant confirmation) et moyenner à la baisse sur une position perdante (courir après une thèse brisée). La pyramide résout ces deux problèmes en liant la taille de la position aux preuves, et non aux émotions.

Entrée de Niveau 1 (25 % de la position prévue) : le signal initial se déclenche. La condition est identifiée, l'action passe les Dix Indicateurs, la configuration technique est présente. Vous entrez avec 25 % de votre taille prévue. À ce stade, vous payez pour de l'optionalité — le droit d'ajouter du capital si vous avez raison, avec des dégâts limités si vous avez tort.

Entrée de Niveau 2 (+50 % de la position prévue) : le trade fonctionne. Le prix a évolué dans la direction prédite d'au moins 0,5 ATR, et la lecture de la condition confirme toujours la thèse. Vous ajoutez maintenant 50 % de la taille prévue. Vous renforcez un gagnant, vous ne courez pas après le prix — le marché valide votre lecture.

Entrée Niveau 3 (+25 % de la position prévue) : fort momentum, tendance s'accélé. $8 60 au total

LA RÈGLE DE LA PYRAMIDE : NE JAMAIS AJOUTER À UN PERDANT

La pyramide de conviction ne fonctionne que dans un sens : ajouter aux positions gagnantes. Ajouter à une position perdante s'appelle « moyenner à la baisse » et c'est l'une des habitudes les plus destructrices en trading. Si le trade va contre vous après le Niveau 1, le marché vous indique que votre thèse est fausse. Clôturez la position de Niveau 1. Prenez la petite perte. N'achetez pas davantage d'un actif que le marché rejette.

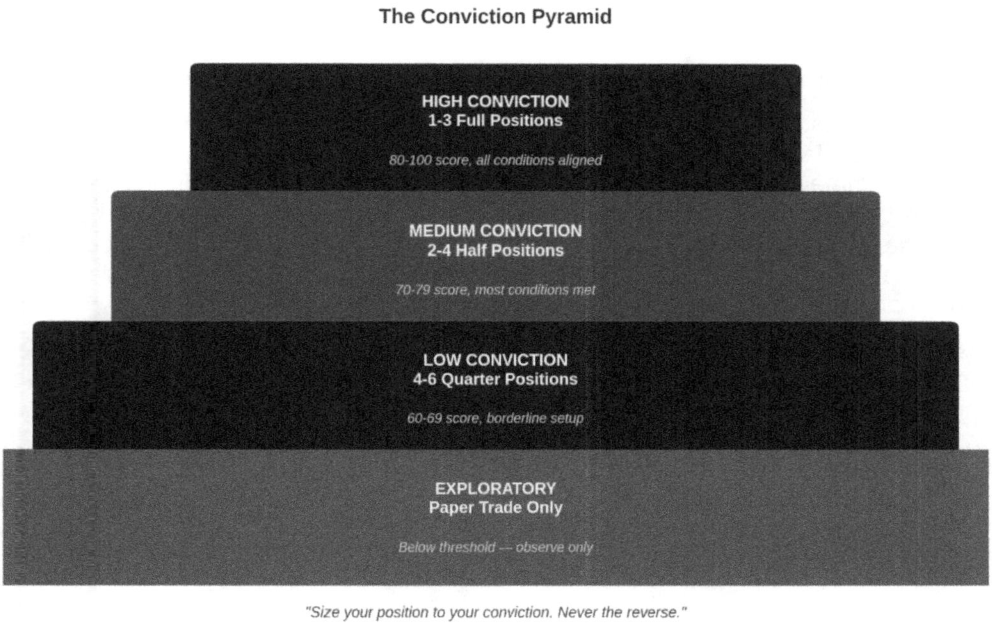

Figure 24 2 — Pyramide de Conviction — Niveaux de dimensionnement des positions basés sur la qualité de la configuration, l'alignement du marché et la séquence de confirmation.

Pyramide de Conviction — Niveaux de dimensionnement des positions basés sur la qualité du setup et l'alignement du marché.

Pour les swing trades directionnels, l'approche par paliers (stair-layered) construit la taille de la position à mesure que la thèse se confirme — et non pas d'un coup en se basant sur l'espoir.

- Strate 1 (50 % de la taille prévue) : Entrez lorsque la configuration initiale se déclenche (repli sur support, contact avec l'EMA 50 jours, confirmation technique). C'est votre position 'test' ;
- Couche 2 (30 % de la taille prévue) : Ajouter quand le prix confirme la direction — se déplace de 2 à 3 % dans votre sens avec du volume.
- Strate 3 (20 % de la taille prévue) : Ajoutez lorsque le trade franchit le niveau de résistance suivant ou atteint votre déclencheur d'accélération. C'est votre strate 'la conviction est confirmée'.

Si le trade échoue à la Strate 1, vous ne perdez que 50 % de ce que vous auriez perdu avec une entrée en taille complète. S'il réussit, vous vous retrouvez avec une taille complète à un coût moyen légèrement plus élevé — un petit prix à payer pour l'assurance de l'entrée progressive. Sur des centaines de trades, les économies réalisées sur les Strates 1 qui échouent dépassent de loin le coût supplémentaire sur les trades réussis.

RÈGLE D'ENTRÉE ÉCHELONNÉE

N'entrez jamais avec la totalité de la taille de votre position prévue sur le premier signal. Réservez toujours au moins 30 % de votre allocation pour les ajouts de confirmation. Le marché récompense la patience et punit l'urgence — en particulier sur les trades directionnels où le premier signal est faux 40 % du temps.

Convexity Thinking: Pourquoi Small Bets on Large Moves Create Wealth

La convexité est la propriété mathématique qui définit la façon dont le profit de votre position s'accélère à mesure que le sous-jacent évolue en votre faveur. Une position linéaire (comme détenir des actions) gagne 1 $ pour chaque hausse de 1 $ de l'action. Une position convexe (comme une structure de calls par strates) peut gagner 1 $ pour le premier mouvement de 1 $, puis 1,50 $ pour le 1 $ suivant, 2,20 $ pour le 1 $ d'après, et 3,50 $ pour le 1 $ suivant. Plus l'action va loin, plus vous gagnez de l'argent rapidement. C'est l'architecture des rendements exceptionnels.

Les stratégies de rendement de ce livre — CSPs, covered calls, iron condors — sont concaves. Elles gagnent de l'argent régulièrement mais avec un potentiel de hausse limité et une baisse exposée. Les stratégies concaves sont le fondement de vos revenus. Les stratégies convexes sont le fondement de votre patrimoine. Un portefeuille complet comprend les deux : la base concave génère des revenus mensuels tandis que la couche convexe capture les mouvements rares mais puissants qui transforment les comptes.

L'application pratique : allouez 80 % de votre capital de trading aux stratégies de rendement (concaves) et 20 % aux opportunités convexes. La couche de rendement paie les factures — couvrant vos dépenses mensuelles, finançant votre style de vie et générant la capitalisation régulière qui bâtit la richesse sur des décennies. La couche convexe capture les 2 à 3 événements par an où une action ou un secteur réalise un mouvement suffisamment important pour générer des rendements de 3×, 5× ou 10× sur la prime investie.

Exemple de l'allocation 80/20 sur un compte de 50 000 $: 40 000 $ alloués aux stratégies de rendement (CSPs, Wheel, iron condors) générant 800 $ à 1 200 $/mois.

10 000 $ alloués aux positions convexes (calls par strates sur les actions de l'IA, straddles longs avant les grands événements, calls LEAPS sur des noms à forte conviction). Dans une année typique, la couche de rendement génère 9 600 $ à 14 400 $ (rendement de 19 à 29 % sur le capital alloué). La couche convexe peut perdre 3 000 $ à 5 000 $ la plupart des mois (le coût des paris asymétriques) mais capturer un ou deux mouvements qui génèrent 8 000 $ à 20 000 $. Résultat net : les gains convexes compensent largement les pertes convexes, et la couche de rendement fournit une base stable, que les paris convexes s'avèrent payants ou non.

La clé psychologique de la convexité : vous devez être à l'aise avec de nombreuses petites pertes en échange de gains importants et occasionnels. La plupart des traders sont psychologiquement programmés pour l'inverse — de nombreux petits gains et des pertes importantes et occasionnelles (ce qui est exactement ce que produisent les stratégies concaves non gérées). Vous entraîner à accepter le profil de gain convexe — perdre peu, perdre souvent, et gagner gros quand cela compte — est l'un des changements psychologiques les plus précieux de ce livre.

6-CONDITION FRAMEWORK ▸ TOUTES LES SIX — les règles de gestion s'adaptent à la condition active

La gestion quotidienne n'est pas la même en condition 2 (rendement, attendre le thêta) qu'en condition 1 (directionnel, suivre le mouvement). Ce chapitre vous montre comment gérer les positions réelles selon la condition qui était active lorsque vous les avez ouvertes.

Ouvrir un trade est le début du travail, pas la fin. Une fois qu'une position est en direct, elle requière une surveillance active selon un calendrier défini.

Ce chapitre vous fournit un cadre structuré de gestion des trades — les indicateurs exacts à vérifier quotidiennement et mensuellement, ainsi que les déclencheurs spécifiques qui exigent une action sur n'importe quelle position ouverte. Vous n'aurez pas à deviner s'il faut agir. Le cadre vous le dit.

La Routine de Gestion Quotidienne

La gestion quotidienne ne signifie pas trader tous les jours. Cela signifie passer en revue chaque position ouverte par rapport à une liste de contrôle définie une fois par jour — idéalement le matin avant l'ouverture du marché, et brièvement à la clôture. La revue d'avant-marché fixe vos décisions avant que l'émotion n'intervienne. La revue de fin de journée confirme si des conditions ont été déclenchées.

Metric	Ce que Vous Suivez	Frequency
Open Positions	Count, delta, days remaining, current P&L.	Daily.
BPJ Tracker	Profit Par Jour (PPD) vs objectif pour chaque position.	Daily.
T-21 Alert	Positions within 21 days of expiration.	Daily.
Win/Loss Rate	Rolling 20-trade win rate vs. 60% target.	Hebdomadaire.
Mensuel P&L	Gross premium, fees, net return on capital.	Mensuel.
Max Drawdown	La plus grande baisse sommet-à-creux ce mois-ci.	Mensuel.
Expectancy	Avg win × win rate − avg loss × loss rate.	Mensuel.

Figure 25.1 — Le Tableau de Bord de Gestion des Trades. Indicateurs quotidiens et mensuels pour un portefeuille multi-positions.osition portfolio.

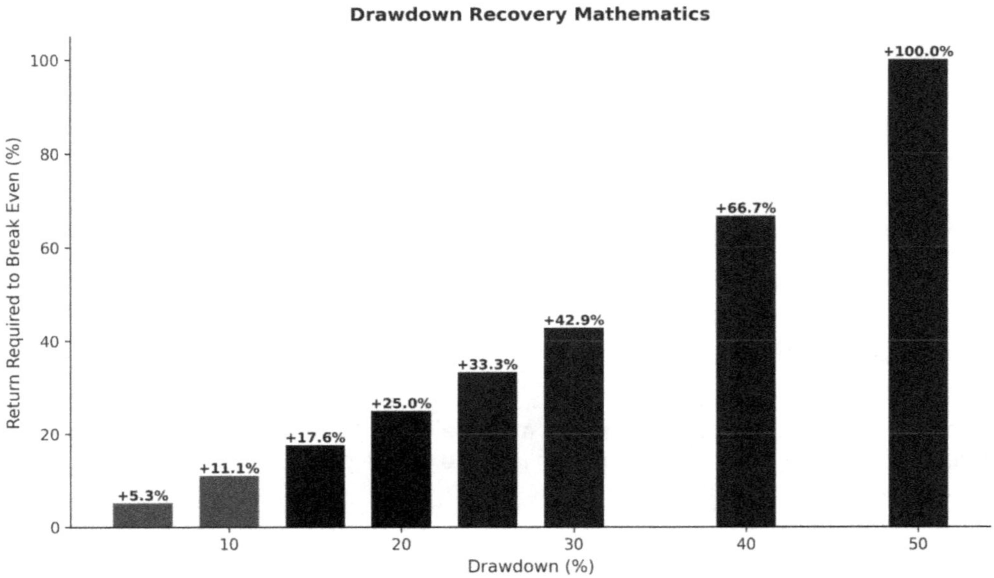

Figure 25.2 — Drawdown Recovery Mathematics. A 50% loss requires a 100% gain to break even.

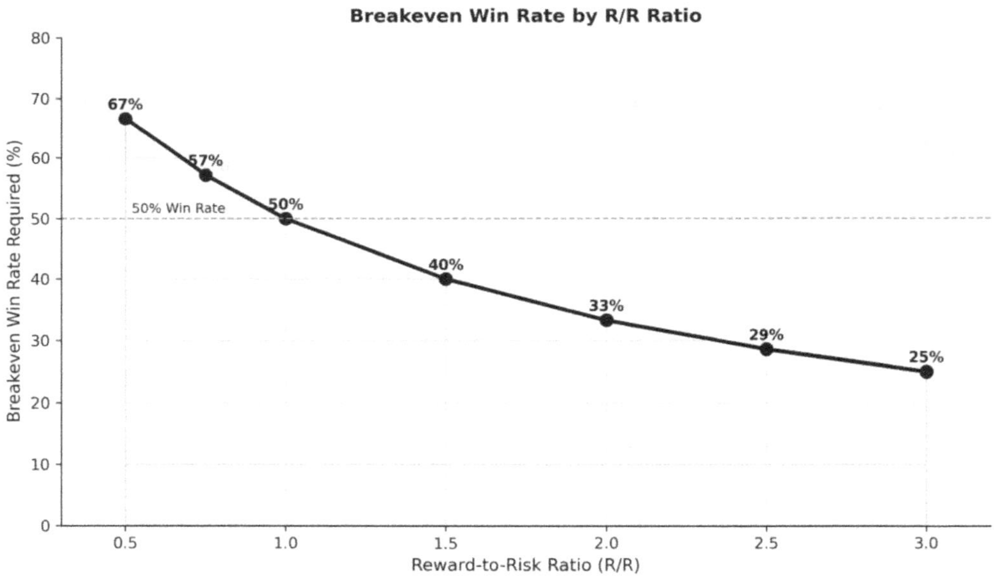

Figure 25.3 — Taux de Réussite Seuil par R/R. Un R/R plus élevé signifie la rentabilité avec moins de victoires.ns.

Daily Metric	Quoi Vérifier	Action Trigger
P&L vs. Target	Current position P&L as % of maximum profit	At 50% profit: prepare to close or set a limit GTC order. At 75%+: close immediately.

Daily Metric	Quoi Vérifier	Action Trigger
Jours Avant l'Expiration	Combien de jours calendaires restent sur chaque position	At T-21: evaluate roll or close. No exceptions — set a calendar alert at entry.
Delta Drift	Le delta du prix d'exercice court a-t-il dépassé 0,35 ?	Delta above 0.35 on a short position means increasing directional risk. Evaluate roll down/up.
Sous-jacent Price vs. Strike	Combien l'action est-elle loin de votre prix d'exercice court ?	Stock within 3–5% of short strike: elevate monitoring. Stock at or through strike: immediate management.
VIX Movement	Le VIX a-t-il bougé de plus de 3 points depuis l'entrée ?	VIX spike: short premium positions face Vega headwinds. Evaluate closing before further IV expansion.
Upcoming Catalyst	Un résultat, FDA, FOMC ou événement macro dans les 7 prochains jours ?	Si oui : fermer ou rouler les positions de prime courte avant l'événement. Ne pas maintenir à travers des catalyseurs binaires. catalysts.
Stop-Loss	La position a-t-elle atteint votre niveau de perte maximum prédéfini ?	Fermer immédiatement. Pas de délibération. Le stop a été fixé quand vous étiez rationnel — le respecter.

LA REVUE QUOTIDIENNE DE 5 MINUTES

Temps total de gestion quotidienne pour un portefeuille de revenus de 3 à 5 positions : 5 minutes. Ouvrir votre plateforme, vé. Le VIX a-t-il bougé de plus de 3 points depuis l'entrée ?

Le Cadre de Revue Mensuelle

Une fois par mois — le dimanche avant l'expiration mensuelle des options — conduire un examen complet du compte.

Mensuel Metric	Ce que Mesurer	Action / Adjustment
Mensuel P&L	Profit/perte net total pour le mois en dollars et % du compte	Comparez à l'objectif mensuel (2–3 % sur le capital déployé). Si vous êtes en dessous de l'objectif : revoyez la sélection de la stratégie et le timing de l'IVR. Si vous êtes au-dessus : vérifiez si les gains exceptionnels proviennent d'un risque excessif.
Win Rate	Trades fermés comme gagnants ÷ total des trades fermés ce mois-ci	Objectif : 65–80 % pour les stratégies de rendement. En dessous de 60 % : revoyez la sélection des strikes et l'exposition aux catalyseurs. Au-dessus de 85 % : vous prenez peut-être trop peu de risques — les primes valent-elles le capital déployé ?

Mensuel Metric	Ce que Mesurer	Action / Adjustment
Average Winner / Loser	Average profit on wins, average loss on losses	Les perdants ne devraient pas dépasser 2× le gagnant moyen. S'ils le font : revoir la discipline du stop et le dimensionnement des positions.n sizing.
Maximum Drawdown	La plus grande baisse sommet-à-creux du compte ce mois-ci	Si le drawdown a dépassé 8 % ce mois-ci : arrêter de trader pendant 2 semaines. Revoir chaque trade perdant. Identifier le schéma.
IVR Environment	IVR moyen à l'entrée sur tous les trades ce mois-ci	Si l'IVR moyen à l'entrée était inférieur à 30 : vous vendiez de la prime dans un environnement de faible IV. Ajustement : attendez un IVR plus élevé, ou passez à des stratégies à débit pendant les mois à faible IV.
Sector/Sous-jacent Mix	Quels sous-jacents ont généré le plus de profit ? Le plus de perte ?	Concentrate future exposure on highest-quality underlyings. Eliminate or reduce exposure to consistently losing underlyings.
Capital Efficiency	Total premium collected ÷ total capital reserved	Cible : rendement mensuel de 2 à 3 % sur le capital réservé. Si en dessous : augmenter le filtre IVR ou sélectionner des prix d'exercice plus élevés.
Open Position Review	Revoir toutes les positions encore ouvertes : JAE, P&L %, distance par rapport aux prix d'exercice, catalyseurs à venir.	Identifiez toutes les positions qui nécessitent une gestion anticipée au cours de la semaine à venir. Configurez vos alertes de gestion pour le cycle suivant.

La revue mensuelle est également le moment où vous prenez des décisions macroéconomiques : La phase actuelle du cycle économique soutient-elle toujours ma combinaison de stratégies ? La rotation sectorielle signale-t-elle un changement qui modifie les sous-jacents que je devrais trader ? L'IVR est-il en train de s'étendre ou de se contracter, et devrais-je basculer entre stratégies de rendement et de débit pour le prochain cycle ? Ce sont les décisions du PDG. Prenez-les mensuellement, par écrit, dans votre journal de trading.

Mensuel P&L Journal Template

Chaque trade clôturé au cours du mois est enregistré avec ces sept champs. La discipline de la tenue du journal impose de la clarté — vous ne pouvez pas écrire 'Je ne sais pas pourquoi j'ai perdu' dans un journal structuré. Vous devez identifier la décision spécifique qui vous a coûté de l'argent, ce qui est le seul moyen d'éviter de la reproduire.

Ticker	Strategy	Entry / Exit	P&L $	IVR	DTE	Leçon
AAPL	CSP $180	$3.20 / $1.55	+$165	68	32	Closed at 51% profit at T-24. Textbook exit.
XLF	Iron Condor	$0.90 / $1.80	−$90	41	28	Entré sous IVR 50. Règle violée. Ne pas entrer dans des iron condors sous IVR 50 indépendamment de la thèse.
MSFT	CSP $400	$4.10 / $1.85	+$225	72	35	Clean. Held to 55% profit, closed 3 days before T-21.

Ajouter le BPJ à Votre Journal : La Fiche de Score du Trade

Le modèle

Ticker	Strategy	Entry/Exit	P&L $	Days	IVR	BPJ $	BPJ %/day
AAPL	CSP $175	$3.20/$1.55	+$165	18	68	$9.17/day	0.052%
XLF	Iron Condor	$0.90/$1.80	−$90	28	41	−$3.21/day	−0.023%
MSFT	CSP $390	$4.10/$1.85	+$225	22	72	$10.23/day	0.058%
NVDA	CSP $720	$8.50/$4.20	+$430	16	84	$26.88/day	0.037%

Les colonnes PPD révèlent ce que le P&L brut dissimule. NVDA affiche le PPD absolu le plus élevé à 26,88 $/jour — mais le PPD sur capital le plus bas à 0,037 %/jour, car il immobilise 72 000 $ de capital réservé. MSFT ne produit que 225 $ de profit absolu mais présente le PPD d'efficacité du capital le plus élevé à 0,058 %/jour. La perte du condor sur XLF est visible dans les deux colonnes, mais le PPD négatif montre exactement combien la position coûtait par jour pendant qu'elle se détériorait.

Indicateur de revue mensuelle : calculez la moyenne du PPD sur capital de votre portefeuille pour tous les trades clôturés. Cela devient votre référence de performance d'un mois sur l'autre — plus significative que le P&L total car elle s'ajuste au montant de capital déployé et à sa durée. Un mois où vous avez géré 3 positions avec un PPD moyen de 0,06 %/jour est objectivement meilleur qu'un mois où vous avez géré 8 positions avec un PPD moyen de 0,03 %/jour, même si le second mois a produit plus de dollars au total.

LA RÈGLE DE REVUE MENSUELLE

Cinq ans de trades sans journal, ce sont cinq ans d'anecdotes. Cinq ans de trades avec une revue mensuelle systématique, c'est une amélioration continue par capitalisation. Les traders qui durent le plus longtemps ne sont pas ceux qui ont les meilleurs instincts — ce sont ceux qui savent exactement pourquoi chaque trade a fonctionné ou échoué, et qui ne commettent jamais la même erreur trois fois. La revue mensuelle est le moyen de bâtir cette discipline.

LA RÈGLE DE REVUE MENSUELLE

L'entrée de votre journal de trading pour chaque revue de fin de mois doit répondre à quatre questions : (1) Ai-je suivi mon système ? (2) Le système a-t-il fonctionné ? (3) Que ferais-je différemment ? (4) Quel est mon plan pour le mois prochain ? Si vous ne pouvez pas répondre aux quatre, votre système n'est pas écrit assez clairement. Écrivez-le.

Règle de Gestion

C'est la section que la plupart des livres sautent : comment la gestion des trades change selon laquelle des six conditions de marché est active.

#	Condition	Strategy In	Primary P&L Driver	Management Rule
1	**Bullish ↑ / Low IV**	Long call / bull call spread	Delta — vous avez besoin que l'action monte	Suivre la position à mesure qu'elle gagne. Déplacer le stop à l'équilibre une fois +30 % de profit. Pour les spreads à débit : fermer à 50 à 75 % de la prime payée.
2	**Bullish ↑ / High IV**	CSP / covered call / bull put spread	Theta — la baisse de la valeur temps génère votre prime	Configurer et surveiller. Clôturer à 50 % de la prime collectée (pas à l'échéance). Vérification T-21 : clôturer ou rouler. Stop à 2× le crédit collecté. Ne pas ajuster à moins que le strike ne soit testé.
3	**Bearish ↓ / Low IV**	Long put / bear put spread	Delta — vous avez besoin que l'action baisse	Pareil que la condition 1 en sens inverse. Suivre le put à mesure que l'action baisse. Déplacer le stop à l'équilibre à +30 %. Sortir sur rebond fort.0%. Exit if stock closes above entry resistance — thesis broken.
4	**Bearish ↓ / High IV**	Bear call spread (credit)	Theta + distance par rapport au prix d'exercice court	Configurer et surveiller. Ne jamais ajuster en vendant des calls supplémentaires. Si l'action ralie vers le strike court, clôturez le spread et acceptez la perte. Ne transformez pas un spread à risque défini en une position à risque indéfini en supprimant le call long.
5	**Range ↔ / Low IV**	Butterfly / iron condor	Theta + stock staying in range	Vérification quotidienne : l'action est-elle toujours dans le canal ? Si l'action s'approche à moins de 2 strikes de l'une des ailes courtes, clôturez cette aile et réévaluez. Ne conservez pas jusqu'à l'échéance en espérant un retournement. Les condors gagnent en se défendant tôt, pas en priant.
6	**Range ↔ / High IV**	Calendar / diagonal spread	IV differential contraction + theta on short leg	5

Quand la Condition Change en Cours de Trade

Vous avez ouvert un bull put spread en condition 2 — haussier, IV élevée. Deux semaines plus tard, le VIX est tombé à 14 et le graphique est devenu latéral. Vous êtes maintenant en condition 5 ou 6. Votre position a été ouverte en condition 2 et la structure est toujours de condition 2. Que faites-vous ?

La réponse dépend entièrement de l'endroit où se trouve votre position dans son cycle de P&L et de temps. Voici les quatre scénarios :

Scénario	Condition Change	Action
Position profitable (>40% of credit collected). Condition changes.	Condition 2 → Condition 5 or 6 (range, lower IV)	Prenez le profit maintenant. La baisse de l'IV signifie que votre prime restante se dégradera plus lentement qu'au moment de votre entrée. L'avantage est réduit. Engrangez le gain et redéployez dans la nouvelle condition.
Position near breakeven. Condition changes to range.	Condition 2 → Condition 5 (range, low IV)	Maintenir si l'action est bien au-dessus de votre prix d'exercice put court et JAE > 21. La baisse de VI nuit aux gains futurs mais la position reste structurellement sûre. Fixer un stop et surveiller.
Position at a loss (<50% of credit remaining, spread widened). Condition turns bearish.	Condition 2 → Condition 3 ou 4 (baissier, toute VI)	Sortez immédiatement. Votre thèse haussière a été invalidée par le changement de condition. Un bull put spread dans une condition baissière est un fardeau, pas une opportunité de reprise. Acceptez la perte. Redéployez en condition 3 ou 4.
Position profitable. Condition shifts bearish. Stock approaching short strike.	Condition 2 → Condition 4 (bearish, high IV)	Sortez du bull put spread et redéployez dans un bear call spread. Vous êtes maintenant en condition 4. Ne conservez pas une structure haussière dans une condition baissière, quel que soit le P&L actuel.

LA RÈGLE DU CHANGEMENT DE CONDITION

Lorsque la lecture des six conditions change, vos positions ouvertes doivent être évaluées immédiatement par rapport à la nouvelle condition. Une position conçue pour la condition 2 dans un marché en condition 4 est désalinée. Les positions désalinées saignent lentement et échouent soudainement. Le marché vous indique la condition chaque jour. Votre travail consiste à écouter — et à gérer votre portefeuille en conséquence.

Le Tableau de Bord de Trading Hebdomadaire : Votre Cycle de Gestion sur 7 Jours

Les traders professionnels ne gèrent pas leurs positions de manière réactive — ils les gèrent selon un calendrier. Le tableau de bord hebdomadaire ci-dessous est le cycle de gestion hebdomadaire exact utilisé par les traders de rendement de The Premium Desk. Il prend environ 45 minutes par semaine et évite à la fois la sur-gestion (la compulsion d'ajuster constamment) et la sous-gestion (le manque de réaction lorsque l'action est requise).

Day	Task	Six-Condition Tie-In
MON	Lecture de condition hebdomadaire : VIX + graphique SPY/QQQ. Identifier la condition active pour la semaine. Revoir toutes les positions ouvertes.	C'est votre verrouillage de condition pour la semaine. Si la condition est la même que la semaine dernière, maintenez la stratégie existante. Si la condition a changé, passez en revue toutes les positions ouvertes par rapport à la nouvelle condition — toutes celles qui ont été ouvertes sous l'ancienne condition peuvent nécessiter d'être gérées ou clôturées.

Day	Task	Six-Condition Tie-In
MON	Revoir toutes les positions ouvertes : vérification JAE, vérification de la dérive du delta, proximité aux prix d'exercice courts.	Toute position avec un DTE < 21 entre dans le protocole de gestion T-21 : rouler ou clôturer. Toute position où le strike court a été testé (action à moins de 2 $) déclenche le protocole d'ajustement en trois questions.
WED	Ouvrir de nouvelles positions pour la semaine : un ou deux positions maximum, dimensionnées selon les règles de niveau de capitalisation.	Utiliser la lecture de condition hebdomadaire du lundi comme base. Exécuter uniquement des stratégies adaptées à
FRI	Revue hebdomadaire du P&L : prime totale collectée, prime totale payée, P&L net pour la semaine, décompte des gains/pertes.	Enregistrer dans le journal de trading (Annexe B). Calculez votre PPD pour la semaine. Comparez à votre objectif annuel. Si vous êtes en dessous de l'objectif, identifiez si l'écart provient de la sélection de la stratégie, du dimensionnement ou des conditions de marché — pas des trois simultanément.
FRI	Mise à jour du calendrier de volatilité : marquer les événements FOMC, IPC, résultats et OpEx de la semaine prochaine sur le tableau de bord de trading.rading calendar.	Identifiez tout événement qui tombe dans la fenêtre de DTE de vos positions ouvertes ou prévues. Pas de nouvelles positions de rendement dans les 48 heures précédant un événement binaire pour ce sous-jacent.

Protocole de Revue P&L Mensuelle : Apprendre de Chaque Cycle

À la fin de chaque mois, avant d'ouvrir de nouvelles positions, lancez la revue mensuelle du P&L. Ce n'est pas un exercice de comptabilité — c'est une session d'intelligence de performance. Les données que vous collectez ici sont ce qui sépare le trader qui s'améliore de celui qui stagne.

Metric to Calculate	Où Trouver les Données	Quoi en Faire
Mensuel win rate (winners ÷ total trades)	Journal SCR — compter les gains et les trades totaux	Sous 60 % : revoir les trades perdants pour un schéma. É. Mise à jour du calendrier de volatilité : marquez les événements de la FOMC, de l'IPC, des résultats et de l'OpEx de la semaine prochaine sur le calendrier de trading.
Average premium per winning trade vs. average loss per losing trade	Journal — compare average credit collected vs. average loss taken	Le ratio devrait être d'au moins 1 :1 (perdre aussi peu que vous gagnez) — idéalement 1,5 :1 ou mieux (gagner plus par gagnant que vous ne perdez par perdant). S'il est inversé, votre discipline de sortie a besoin d'être revue.

Metric to Calculate	Où Trouver les Données	Quoi en Faire
BPJ pour le mois (P&L net total ÷ 22 jours de trading)	Courtierage P&L statement	Comparez à votre objectif de PPD. Si vous avez généré 3 200 $ net et que votre objectif est de 200 $/jour, vous avez tourné à 73 % de l'objectif. Identifiez quelle semaine a sous-performé et pourquoi.
Précision des six conditions (combien de fois avez-vous correctement identifié la condition ?)	Journal — comparez votre lecture de condition du lundi à l'action réelle des prix hebdomadaires	Si vous aviez raison plus de 70 % du temps mais que vous avez quand même perdu de l'argent, le problème vient de l'exécution. Si vous aviez raison en dessous de 60 %, le problème vient de la lecture de la condition elle-même — revoyez le protocole VIX + graphique.
Conformité du dimensionnement (des positions ont-elles été ouvertes au-dessus de la limite de taille du niveau de capitalisation ?)	Journal — vérifier chaque entrée par rapport au tableau des niveaux de capitalisation	Une position au-dessus de la limite de taille qui a produit une perte peut effacer plusieurs trades bien dimensionnés. La conformité. Le ratio devrait être d'au moins 1:1 (perdre aussi peu que vous gagnez) — idéalement 1.5:1 ou mieux (gagner plus par transaction gagnante que vous ne perdez par transaction perdante). S'il est inversé, votre discipline de sortie doit être revue.

GÉRER PAR PLANNING, PAS PAR ÉMOTION

Le trader qui vérifie ses positions toutes les 20 minutes ne gère pas plus efficacement — il crée simplement plus d'opportunités de passer outre son plan. Le tableau de bord hebdomadaire et la revue mensuelle remplacent la surveillance continue par des points de décision structurés. En dehors de ces revues planifiées, votre travail consiste à laisser les positions fonctionner. Les ordres GTC sont placés. Le calendrier T-21 est marqué. Le système tourne. Vous n'avez pas besoin de le regarder toutes les heures pour confirmer qu'il fonctionne.

Le Tableau de Bord Hebdomadaire : Une Page, Chaque Lundi Matin

Le tableau de bord hebdomadaire est votre vue opérationnelle sur une seule page de l'ensemble de votre portefeuille. Il est complété chaque lundi avant l'ouverture du marché — pas pendant. Il remplace la vérification ad hoc des positions par une évaluation structurée et planifiée qui vous donne une image claire de chaque position et une action à prendre (ou ne pas prendre) sur chacune.

Ticker	Strategy	DTE	P&L %	IVR Now	Delta	Action Cette Semaine	Notes
SPY	CSP $510	28	38%	64	−0.18	**Maintenir — en bonne voie pour T-21 dans 7 jours**	IVR healthy. No threat to strike.
AAPL	CC $215	14	62%	58	−0.22	**Close — exceeded 50% target**	Book profit. Reset next cycle.
QQQ	Bull Put Spd	21	22%	71	−0.12	**Hold — early, monitor**	IVR elevated. Let theta work.
MSFT	CSP $400	7	49%	55	−0.25	T-21 cette semaine — évaluer le roulement	Strike $40 OTM. Safe to hold or close.
XLF	Iron Condor	18	−15%	38	+0.05	**Monitor — IVR slipped below 40**	Envisager de fermer si l'IVR baisse davantage. Condor entré près de la limite IVR.

Ce tableau de bord prend 15 minutes à compléter le lundi matin. Il vous donne une action claire par position sans surcharger la décision.

La colonne des six conditions est délibérément absente du tableau de bord hebdomadaire. La lecture de la condition se fait une seule fois — à l'entrée du trade. Si la condition a radicalement changé, vous le saurez grâce à votre revue macro du lundi sur le VIX et le graphique — et vous traiterez les positions concernées sous 'Action de la semaine'. Vous ne réévaluez pas la condition sur chaque position chaque matin. C'est le chemin vers le sur-trading.

LE TABLEAU DE BORD HEBDOMADAIRE EST VOTRE PARE-FEU DE DÉCISION

Chaque action que vous entreprenez sur une position doit apparaître dans la colonne Action avant de la prendre — jamais l'inverse. Si vous vous surprenez à clôturer une position qui indique 'Conserver' (Hold) sur votre tableau de bord, vous prenez une décision émotionnelle. Écrivez pourquoi avant d'agir. Si vous ne pouvez pas rédiger une raison claire de gestion des risques, n'agissez pas. Le tableau de bord n'est pas une suggestion. C'est le système qui parle. Écoutez-le.

La Revue du Dimanche Soir : 15 Minutes qui Changent Tout

L'habitude la plus percutante de ce livre prend 15 minutes chaque dimanche soir. C'est la différence entre un trader qui aborde le lundi en réagissant à tout ce qui se passe et un trader qui y entre avec un plan pour chaque position et chaque scénario. Voici le protocole exact :

Min	Review Item	Ce qu'Écrire
1-3	Open positions status	Pour chaque position : P&L actuel, JAE restants, date T-21, tout résultat ou évé. LE TABLEAU DE BORD HEBDOMADAIRE EST VOTRE PARE-FEU DE DÉCISION
4-5	Greeks snapshot	Delta, thêta et vega totaux du portefeuille. Votre delta est-il dans votre fourchette cible ? Votre thêta génère-t-il suffisamment de revenus quotidiens ? Votre exposition au vega est-elle acceptable pour le VIX actuel ?
6-8	Earnings & events	Quelles actions de votre liste de surveillance publient leurs résultats cette semaine ? Y a-t-il des annonces du FOMC, de

Min	Review Item	Ce qu'Écrire
		l'IPC (CPI) ou du NFP ? Si un événement affecte une position ouverte, écrivez l'action spécifique que vous prendrez.
9-11	Market condition assessment	Vérifier la tendance SPY, le niveau VIX, la structure des termes VIX. Laquelle des six conditions est active ? A-t-elle changé depuis la semaine dernié. Pour chaque position : P&L actuel, DTE restant, date T-21, tous les résultats ou événements de cette semaine. Signalez les positions qui nécessitent une action lundi.
12-14	Entrées Prévues pour la Semaine	Quelles nouvelles positions répondent à vos critères ? Écrire l'entrée exacte : action, stratégie, prix d'exercice, JAE, taille, objectif, stop.E, max risk, profit target, stop loss.
15	Rule commitment	Écrivez votre règle non négociable pour la semaine. Choisissez la règle que vous avez violée le plus récemment. C'est votre priorité.

La revue du dimanche transforme le lundi du jour le plus stressant de la semaine de trading au plus productif.

End-of-Month Performance Scorecard

A la fin de chaque mois, complé. Vérifiez la tendance du SPY, le niveau du VIX, la structure des échéances du VIX. Laquelle des six conditions est active ? A-t-elle changé depuis la semaine dernière ? Si oui, quelles positions nécessitent un ajustement ?

Metric	Ce Mois	3-Month Avg
Total P&L	$_______	$_______
Win Rate (%)	_______%	_______%
Average Winner ($)	$_______	$_______
Average Loser ($)	$_______	$_______
Win/Loss Ratio	_______:1	_______:1
Total Trades Taken	_______	_______
Rule Compliance Rate (%)	_______%	_______%
Largest Single Loss	$_______	$_______
Jours Sans Trading (par choix)	_______	_______
BPJ Achieved vs. Target	$___/$___	$___/$___

Les deux chiffres les plus importants de cette fiche de score sont le Taux de Conformité aux Rè. Plus grande perte unique

CADRE DES SIX CONDITIONS ▸ TOUTES LES SIX — construction de portefeuille dans des conditions simultanéesions

Un portefeuille long/short peut avoir des positions ouvertes dans plusieurs conditions simultanément : des positions longues en condition 1, du rendement en condition 2, des couvertures en condition 4. La gestion de portefeuille consiste à maintenir en équilibre les réponses aux six conditions au niveau global du portefeuille.

Les applications les plus sophistiquées des options combinent thèse directionnelle, analyse fondamentale et gestion de portefeuille en un système unifié. Ce chapitre va au-delà des configurations de transactions individuelles pour aborder une réflexion au niveau du portefeuille : comment construire un ensemble d'idées longues et courtes, comment les aligner avec la rotation sectorielle et le positionnement du cycle économique, et comment gérer l'exposition globale au risque du portefeuille à mesure que les conditions évoluent.

Ces cadres de travail sont utilisés par les gestionnaires professionnels de fonds d'actions long/short. Avec les options, vous pouvez mettre en œuvre les mêmes idées avec un risque défini — sans l'exposition illimitée à la baisse à laquelle font face les vendeurs à découvert d'actions seules.

Le Cadre Long/Short

Un portefeuille long/short détient des positions haussières (calls longs, bull spreads, CSPs sur des noms de qualité) sur des entreprises et des secteurs censés surperformer, et des positions baissières (puts longs, bear spreads, bear call spreads) sur des entreprises et des secteurs censés sous-performer. La combinaison crée un portefeuille capable de générer des rendements tant sur les marchés haussiers que baissiers, avec une corrélation réduite avec l'indice général du marché.

Long Positions (Bullish Exposure)	Neutral Core (Market-Agnostic Income)	Short Positions (Bearish Hedge)
Condition 1 or 2 names.	Iron condors on SPY/QQQ.	Condition 3 or 4 names.
Strong Ten Indicator scores.	Calendar spreads.	Bear call spreads.
CSPs, long calls.	Short premium — Condition 5.	Long puts on laggards.
Sector leaders.		Sector underperformers.
Goal: Positive P&L regardless of market direction through disciplined balanced exposure.		

Figure 26.1 — Structure d'un Portefeuille Long/Short. Les positions haussières et baissières se compensent pour générer du rendement.

Fondamentaux de la rotation : l'horizon temporel de 1 à 3 mois s'aligne parfaitement avec les cycles d'échéance standard des options. Les positions sont initiées avec 30–60 DTE, gérées tout au long du cycle, et clôturées ou roulées en fonction de l'évolution des catalyseurs fondamentaux. La thèse guide l'entrée ; la structure des options définit le risque.

- 90 % d'Analyse Fondamentale avec catalyseur + Analyse Technique et Price Action (TA & PA) : Chaque position doit avoir une thèse fondamentale claire ET une confirmation technique. La thèse fondamentale vous dit POURQUOI l'action devrait bouger. La configuration technique vous dit QUAND et JUSQU'OÙ ;
- Dimensionnement des positions : les idées longues reçoivent un dimensionnement complet quand les signaux fondamentaux et techniques sont alignés.
- Équilibre du portefeuille : visez une répartition brute d'environ 60/40 long/short dans les marchés haussiers, 40/60 dans les marchés baissiers, et 50/50 dans les marchés neutres ou en transition.

Pourquoi les Options L/S Sont Supérieures aux Actions L/S

Les fonds professionnels long/short qui utilisent des actions font face à un désavantage structurel du côté vendeur : risque illimité, coûts d'emprunt, exigences de localisation des titres et rachats forcés (buy-ins). Les options éliminent chacune de ces contraintes tout en préservant la même thèse directionnelle. Comprendre cet avantage explique pourquoi l'argent institutionnel migre du L/S basé sur les actions vers le L/S basé sur les options — et pourquoi vous ne devriez jamais vendre à découvert une action quand vous pouvez acheter un put spread à la place.

Dimension	Stock Short	Options L/S
Maximum Loss on Shorts	Illimitée — l'action peut monter à n'importe quel prix	Définie — plafonnée au débit payé pour les puts
Borrow Cost	0.5%–10%+ annually on hard-to-borrow names	None — no stock borrow required
Forced Buyins	Le courtier peut rappeler les actions à tout moment	Pas de risque de rappel — vous détenez le contrat d'option
Margin Requirement	50% of position value minimum	Option premium only (debit spreads)
Leverage	1:2 maximum on margin	Implicit leverage via delta exposure
Revenus des Positions Courtes	Aucun — vous payez les coûts d'emprunt	Bear call spreads generate premium income
Tail Risk on Shorts	Catastrophique si l'action bondit sur des nouvelles	Contenu — la perte max est le débit payé
Short Squeeze Exposure	Full — unlimited P&L destruction	None — defined risk regardless of squeeze

LA RÈGLE D'IMMUNITÉ AU SHORT SQUEEZE

Dans un fonds L/S uniquement en actions, un short squeeze peut détruire des mois de gains en quelques heures. GameStop 2021 en est l'exemple ultime : des vendeurs à découvert rationnels dotés de thèses fondamentales correctes ont été anéantis par un gamma squeeze coordonné. Dans un portefeuille L/S d'options, votre perte maximale sur n'importe quelle position baissière est le débit payé pour le put ou le put spread — le squeeze ne peut pas dépasser ce montant. Vous êtes toujours long sur la volatilité, short sur la direction. Le squeeze augmente en réalité la valeur de vos puts longs dans les premières phases. Utilisez exclusivement le risque défini du côté short.

Le ratio Long/Short par Cadre des Six Conditions

La décision la plus importante au niveau du portefeuille dans un livre long/short est la proportion d'exposition brute à allouer au côté long par rapport au côté short à un moment donné. Ce ratio ne doit pas être fixe — il doit répondre de manière dynamique à la lecture actuelle du cadre des six conditions. Un ratio long/short de 60/40 dans un marché en Condition 4 (Baissier, IV élevée) n'est pas un portefeuille équilibré — c'est un portefeuille mal géré.

Condition	Direction	IV	Long %	Short %	Stratégie Principale
C1	Bullish	Low	70–80%	20–30%	Maximize long exposure. Small shorts as hedges only. Long calls, bull call spreads dominate.
C2	Bullish	High	60–70%	30–40%	Biais long avec revenu superposé. Les CSP et covered calls sur les longs génèrent des revenus de VI élevée.
C3	Bearish	Low	30–40%	60–70%	Biais court. Long puts et bear spreads. Nouvelles entrées longues minimales — maintenir uniquement les positions de la plus haute conviction.est-conviction positions.
C4	Bearish	High	20–30%	70–80%	Exposition courte maximale. Les bear call spreads permettent d'encaisser des primes.

Condition	Direction	IV	Long %	Short %	Stratégie Principale
					Les positions longues sont couvertes agressivement avec des puts sur indices.
C5	Neutral	Low	45–55%	45–55%	Réduire la taille des positions. Spreads calendaires et iron condors en canal. Attendez la clarté de la tendance avant d'ajouter des transactions directionnelles à débit. La patience est la stratégie.
C6	Neutral	High	45–55%	45–55%	Quasi neutre avec revenu superposé. Les straddles et iron condors profitent de la contraction de VI.ntraction. Hold.

LA RÈGLE DU RATIO

Ne jamais opérer à 80/20 long/short dans aucune condition sauf C1 et C4, et même alors seulement quand la thèse

Long Ideas: Four High-Conviction Templates

LONG IDEA 1 — Classic Sequentially Positive Earnings Growth (Cyclical)

La configuration longue la plus propre : une action cyclique (Consommation Discrétionnaire, Industrie, Technologie, Finance) présentant trois trimestres consécutifs ou plus de croissance séquentielle du BPA (EPS), une croissance du chiffre d'affaires supérieure à la moyenne du secteur et des marges opérationnelles en amélioration. L'action est dans une tendance haussière confirmée au-dessus de ses EMA 50 jours et 200 jours. Le MACD est positif. La rotation sectorielle confirme que le secteur est dans la phase de tête du cycle économique.

- Stratégie d'options : bull call spread, 30–45 DTE, strike long à la monnaie (ATM) ou proche, strike short à 1× le mouvement attendu au-dessus de l'ATM. Objectif de ratio rendement/risque de 2 :1 minimum ;

- Catalyst requirement: upcoming earnings beat expectation, sector ETF BPI rising, or macro data supporting cyclical outperformance;
- Exemple de template : JPMorgan (JPM) en phase d'expansion initiale — marge d'intérêt nette en hausse, dépassements séquentiels des prévisions de BPA, les valeurs financières surperforment.

LONG IDEA 2 — Sequentially Positive Revenue Growth, High R&D Composante (Cyclical)

S'applique aux entreprises de croissance qui investissent massivement en R&D — les revenus augmentent rapidement, les bénéfices sont intentionnellement limités par le réinvestissement. La thèse : les dépenses de R&D bâtissent un fossé économique (moat) qui générera des bénéfices disproportionnés à l'avenir. Utilisé pour la technologie, la biotech (après la phase 3) et les entreprises de mégatendances émergentes. Nécessite une tolérance au risque plus élevée car le BPA peut être négatif — le trade repose purement sur la dynamique des revenus et la compression des multiples futurs.

- Options play: longer-dated bull call spread (60–90 DTE), LEAPS call as stock substitute to limit capital at risk;
- Gestion du risque : utiliser uniquement des structures à risque défini. Ne pas vendre des puts sur des noms à R&D élevée avec des flux de trésorerie négatifs.
- Catalyseur : battement de revenus ou révision de guidance à la hausse est le déclencheur. Surveiller les dé. IDÉE LONGUE 1 — Croissance classique des bénéfices séquentiellement positive (cyclique)

LONG IDEA 3 — EG Positive Above Sector Average (Defensive)

Une action défensive (Santé, Biens de consommation de base, Services publics) dont les bénéfices croissent plus rapidement que ceux de ses pairs du secteur — la meilleure de sa catégorie défensive. Dans un environnement de fin de cycle ou de récession, les flux de rotation défensive se dirigent vers l'ensemble du secteur. Mais au sein de ce secteur, les noms qui affichent la croissance la plus rapide attirent une quantité disproportionnée de capitaux. Cette idée capture l'intersection de la rotation sectorielle et de la force relative sectorielle.

- Stratégie d'options : cash-secured put pour générer des revenus lors de l'entrée en rotation, bull call spread pour une participation directionnelle à mesure que le secteur gagne de la dynamique ;
- La Roue est hautement appropriée ici : des titres défensifs de qualité avec des dividendes croissants sont exactement les sous-jacents que vous recherchez.
- Exemple : UnitedHealth Group (UNH) en phase d'expansion tardive — bénéfices de la santé en hausse au-dessus de la moyenne du secteur, rotation sectorielle défensive.

IDÉE LONGUE 4 — Histoire de retournement crédible avec MOP agressif & catalyseurs (cyclique)

La Gestion des Problèmes (MOP) désigne une société qui a identifié ses problèmes, installé une nouvelle direction et mis en œuvre un plan crédible.

- Exigences : identification claire de ce qui a mal tourné, nouveau plan crédible avec des jalons spécifiques, nouvelle direction avec un historique prouvé.

- Jeu d'options : long calls (LEAPS) pour capturer la re-valorisation avec un downside limité. NE PAS vendre des puts — le risque d'échec est trop élevé.
- Size at 25–50% of normal position size. Two or three sequential quarters of confirming data before adding to position.

Idées Courtes : Quatre Modèles de Conviction Baissière

SHORT IDEA 1 — Classic Sequentially Negative Earnings Growth (Cyclical)

L'image inversée de l'Idée Longue 1 : une action cyclique avec des baisses séquentielles du BPA, une contraction des revenus et une détérioration des marges opérationnelles. Le secteur se trouve dans la phase de sortie du cycle économique. L'argent institutionnel se désengage. L'action est sous son EMA 50 jours et teste l'EMA 200 jours. C'est la configuration de vente à découvert (short) la plus claire — la détérioration fondamentale est confirmée et la toile de fond macroéconomique devient négative.

- Stratégie d'options : bear put spread, 30-45 DTE, long put proche de l'ATM, short put positionné 1× le mouvement attendu en dessous. Ou bear call spread pour encaisser.
- À éviter : initier des positions de vente à découvert sur une action qui a déjà chuté de 30–40 %. L'argent facile a déjà été gagné et le risque de short squeeze est élevé. Vendez à découvert le début de la détérioration, pas les ruines ;

SHORT IDEA 2 — Flat Then Going Negative EG Below Sector Average (Defensive)

Une action défensive dont la croissance était inférieure à la moyenne du secteur (déjà un signal d'alarme) et qui montre aujourd'hui les premiers signes d'une baisse séquentielle des bénéfices. Dans un environnement de fin de cycle où les capitaux affluaient vers les valeurs défensives, ce nom est le maillon faible — le premier à faire face à des sorties de capitaux lorsque le cycle tourne. La configuration : une croissance des bénéfices qui passe de plate à légèrement négative, une croissance des revenus qui décélère et une action qui se traite près du sommet d'un canal pluriannuel.

- Stratégie d'options : bear call spread juste au-dessus de la résistance de la fourchette de prix actuelle. Collectez de la prime alors que l'action échoue à casser à la hausse et commence à s'affaiblir ;
- C'est une configuration à haute probabilité car l'entreprise n'est pas en crise — le marché des options n'a pas encore intégré la détérioration dans les prix. Vous intervenez tôt, ce qui signifie une meilleure tarification du côté de la prime short ;

SHORT IDEA 3 — Negative EG Then Less Negative (Defensive)

Cette configuration apparemment contre-intuitive cible les entreprises qui ont publié de terribles bénéfices — et dont les bénéfices du trimestre suivant, terribles mais légèrement moins terribles, produisent un « dépassement » (beat) des attentes qui avaient été abaisssées. L'action rebondit sur le narratif de « l'amélioration ». Vous utilisez ce rebond pour initier ou renforcer des positions short à de meilleurs prix. La détérioration fondamentale ne s'est pas inversée — elle décélère simplement. La tendance reste baissière.

- Stratégie d'options : vendre le rebond sur la résistance en utilisant des bear call spreads. Ne vendez pas à découvert le gap-up — attendez que l'action teste la résistance supérieure et échoue ;
- Risque : si l'entreprise surprend avec un véritable redressement (voir Idée Longue 4), cette position évoluera brutalement contre vous. Utilisez uniquement le risque défini. Sortez si l'action clôture au-dessus de l'EMA 50 jours avec du volume ;

SHORT IDEA 4 — Early Ex-Growth Cyclical, Large Cap, Negative Momentum (Tail Risk)

Une valeur cyclique sans croissance (ex-growth) est une grande capitalisation qui a atteint sa maturité — elle a connu une croissance explosive dans sa phase initiale, et fait maintenant face à la saturation du marché, à une rupture concurrentielle ou à des pressions réglementaires qui limitent structurellement sa croissance future. L'action peut encore être richement valorisée sur la base de multiples historiques, mais la croissance future ne peut justifier cette valorisation. Le réajustement (re-rating) du multiple d'une « action de croissance » vers une « action de valeur » constitue le trade — cela se produit lentement, puis soudainement.

- Exigences : capitalisation boursière supérieure à 20 milliards de dollars (les petites capitalisations sont plus dures à shorter efficacement), P/E supérieur à 2× celui de ses pairs sectoriels avec des bénéfices en baisse.
- L'exemple de risque de queue Credit Suisse (CS) : une institution avec des problèmes structurels persistants qui finit par s'effondrer.
- Stratégie d'options : puts longs sur des noms à forte visibilité et à prime élevée, exposés à des risques d'événements extrêmes (tail events). Les puts LEAPS permettent de maintenir la position malgré le bruit du marché. Dimensionnez de manière très réduite — il s'agit de structures de type « ticket de loterie » pour un événement à faible probabilité mais à fort impact.

Trading de Paires : Long sur le Fort, Court sur le Faible

Le pairs trading est la plus pure expression de la gestion de portefeuille long/short. Plutôt que de parier sur la direction générale du marché, vous achetez simultanément l'action la plus forte d'un secteur et vendez (via les options) la plus faible — capturant ainsi l'écart entre leurs performances relatives tout en éliminant le risque global du marché. Si le secteur monte, votre position longue surperforme et votre position short sous-performe. Si le secteur baisse, votre position short chute plus vite que votre position longue. La direction du marché n'a pas d'importance — l'écart interne de la paire constitue le trade.

Pour le pairs trading basé sur les options, la mécanique est simple : achetez un bull call spread sur la jambe longue (risque défini, exposition haussière) et achetez un bear put spread ou un bear call spread sur la jambe short (risque défini, exposition baissière). Le débit ou crédit total de la structure combinée définit votre risque maximum. L'écart entre les rendements des deux actions définit votre profit.

Sector	Long Leg (Strong)	Short Leg (Weak)	Pair Rationale	Options Structure
Financials	JPM (expanding margins, sequential EPS beats)	CS-equivalent (persistent structural	Best-in-class vs. structurally impaired within same sector.	Buy JPM 45-DTE ATM call / Bull call spread. Buy bear

Sector	Long Leg (Strong)	Short Leg (Weak)	Pair Rationale	Options Structure
		problems, declining ROE)	Eliminates rate risk — both affected equally.	put spread on weak leg.
Technology	NVDA (AI infrastructure dominance, revenue acceleration)	Legacy chip co. (declining PC cycle, no AI exposure)	Cycle IA vs. cycle matières premières dans la tech. Le spread capture le mégatrend vs. le perturbé.	NVDA : bull call spread 60 JAE. Jambe faible : bear call spread juste au-dessus de la résistance clé.
Energy	XOM (integrated, dividend growing, buybacks accelerating)	Marginal producer (high break-even, leveraged balance sheet)	Qualité vs. exposition à effet de levier au même prix de matière première. La qualité gagne dans tout scénario.	XOM : CSP sous le support pour les revenus. Jambe faible : long puts, 60 JAE, taille limitée.
Healthcare	UNH (earnings consistency, moat, growing membership)	Single-product biotech near patent cliff	Durable compounder vs. binary event risk. Patent cliff = predictable earnings collapse.	UNH : bull call spread ou CSP. Société falaise de brevet : LEAPS puts — le temps est de votre côté.
Consumer	COST (membership model, pricing power, global expansion)	Traditional retailer (declining traffic, margin compression)	Structural winner vs. structural loser in same consumer spending pool.	COST: bull call spread 45 DTE. Retailer: bear call spread above falling 50MA resistance.

Trois règles pour le trading de paires qui protègent l'intégrité de la structure :

- Les deux jambes doivent se trouver dans le même secteur ou sous-secteur. Long NVDA / Short une compagnie aérienne n'est pas une paire — ce sont deux paris directionnels sans rapport. C'est la relation sectorielle qui élimine le risque de marché ;
- Dimensionner les deux jambes également en termes de dollars. Si la jambe longue est un bull call spread de 500 $, la jambe courte devrait ê. Actif à capitalisation durable vs risque d'événement binaire. Falaise des brevets = effondrement prévisible des bénéfices.
- La paire vit et meurt comme une seule unité. Clôturez les deux jambes simultanément lorsque la thèse fondamentale se résout — ne laissez pas une jambe courir pendant que l'autre expire sans valeur.

Gestion du Delta Net : Gérer le Livre comme une Position

Chaque position individuelle de votre portefeuille L/S possède un delta — la variation approximative en dollars de la valeur de la position pour un mouvement d'un point du sous-jacent. Le delta net de l'ensemble de votre portefeuille est la somme de tous les deltas des positions individuelles, pondérée par le nombre de contrats et le cours de chaque sous-jacent. Un gestionnaire de portefeuille professionnel surveille le delta net comme la mesure de risque en temps réel la plus importante de tout son portefeuille.

Le delta net vous indique : si le marché général bouge de un pour cent, de combien mon portefeuille global varie-t-il ? Un delta net de +500 $ signifie que votre portefeuille gagne environ 500 $ pour chaque hausse d'un point du SPY. Un delta net de −800 $ signifie que votre portefeuille gagne 800 $ pour chaque baisse d'un point. Un delta net proche de zéro signifie que votre portefeuille est neutre par rapport au marché — les gains et les pertes dépendent de la performance relative de vos positions longues par rapport à vos positions courtes, et non de la direction générale du marché.

Net Delta Range	Market Exposure	Risk Profile	Action
+500 to +2,000	Bullish tilt	Profits si le marché monte. Pertes si le marché baisse. Approprié pour les Conditions 1 et 2.	Surveiller étroitement. Réduire le delta si les conditions passent à 3 ou 4.
+200 to +500	Mildly bullish	Faible corrélation positive au marché. Bon paramètre par défaut pour les environnements à conditions mixtes.	Acceptable. Review weekly.
-200 to +200	Market neutral	Rendements pilotés par la performance relative des longs vs. courts, pas par la direction.	Idéal pour les marchés incertains ou en transition. Cibler cette plage dans la Condition 5 ou 6.
-200 to -500	Mildly bearish	Faible corrélation négative au marché. Approprié pour la Condition 3 ou 4.	Acceptable. Review weekly.
-500 to -2,000	Bearish tilt	Profits si le marché baisse. Pertes si le marché monte. Approprié pour les Conditions 3 et 4.	Surveiller étroitement. Réduire le delta si les conditions deviennent haussières.

Comment calculer le delta net de votre livre : pour chaque position, multiplier le delta de l'option par le nombre de contrats et par 100.

NET DELTA REBALANCING RULE

Rééquilibrez le delta net lorsqu'il s'écarte au-delà de ±1 000 $ par mouvement de marché de 1 % sur un portefeuille de 50 000 $ (équivalant à ±2 % du compte).

Gestion du Cycle de Vie des Positions : De l'Entrée à la Sortie

Une position long/short ne se gère pas toute seule après son entrée. Chaque modèle — idée longue ou idée courte — a un cycle de vie prévisible : développement de la thèse, entrée, surveillance, ajustement et sortie. Comprendre où se trouve chaque position dans son cycle de vie vous indique quelle action entreprendre aujourd'hui.

L'erreur d'amateur la plus courante consiste à traiter toutes les positions de la même manière, peu importe où elles en sont dans leur cycle de vie — gérer une position à T-21 avec 80 % de profit de la même façon qu'une position à T-40 avec seulement 20 % de profit.

Lifecycle Stage	Chronologie	Position State	Monitoring Focus	Action
Thesis Formation	Pre-entry	Watchlist — monitoring fundamentals	Sequential earnings trend, sector BPI, business cycle phase, short interest direction	Construire la position dans le journal. Définir le déclencheur d'entrée, l'objectif et la perte max avant l'entrée.
Entry	T-45 to T-30	New position — full size or Tier 1	Confirm condition, IV level, technical trigger. Verify earnings calendar — no events within DTE.	Entrer au limité. Enregistrer la lecture des six conditions, le delta, le risque max. Définir une alerte à 50 % de profit et 100 % de perte.nd 100% loss.
Early Stage	T-30 to T-21	Position developing. 0–30% profit or loss.	Fundamental thesis holding? Sector rotating as expected? No adverse news?	Maintenir si la thèse est intacte. Fermer immédiatement si un événement violant les règles survient (surprise de résultats, reconversion, conditions changeant).rprise, restructuring, FDA news).
Active Management	T-21 to T-10	Position in final decay zone. Gamma risk elevated.	Dérive delta, exposition gamma, valeur temps restante. La position est-elle à 50 %+ de profit ?	À 50 % de profit : fermer ou rouler. À T-21 : évaluer le roulement vers la prochaine expiration si la thèse reste valide.ains.
Resolution	T-10 to expiration	End of lifecycle — close, roll, or expire.	Cost of closing vs. remaining time value. Risk of holding into settlement.	Ne pas maintenir jusqu'à l'expiration pour les derniers dollars. Fermer à 75–80 % du profit max ou rouler.roll.
Post-Trade Review	T+1 after close	Position closed — journal entry	La thèse s'est-elle réalisée ? Les règles ont-elles été suivies ? Qu'auriez-vous fait différemment ?	Journaliser le résultat. Mettre à jour votre lecture de condition. La leçon vaut plus que le profit.ofit.

La règle d'invalidation de la thèse régit chaque position indépendamment du stade du cycle de vie : si la thèse est brisée,

Couvrir le Livre avec des Options d'Indice

Les couvertures de positions individuelles sont inefficaces — acheter un put sur chaque position longue multiplie les coûts et crée une structure de couverture fragmentée et difficile à gérer. Les gestionnaires de portefeuille professionnels se couvrent au niveau global du portefeuille en utilisant des options sur indices : un unique put spread sur SPY ou QQQ protège l'exposition longue cumulée de l'ensemble du portefeuille contre une baisse générale du marché. C'est l'outil de couverture le plus efficace en capital mis à la disposition du trader d'options individuel.

Le ratio de couverture détermine la quantité de protection sur indice que vous achetez par rapport à votre delta long cumulé. Un portefeuille avec un delta long net équivalent à 200 actions SPY a besoin d'un put spread qui génère environ 200 $ par point de baisse du SPY pour être pleinement couvert. La plupart des gestionnaires maintiennent une couverture partielle — 50–75 % de couverture — acceptant une part de risque de marché en échange d'un coût de couverture inférieur.

Hedge Type	Quand l'Utiliser	Structure	Cost Profile
SPY ATM Put Spread	Moderate concern about market pullback (C2 shifting toward C3). Hedge against 3–8% decline.	Buy SPY ATM put, sell put 5–8% lower. 30–45 DTE. Cost: $1.50–$3.00 debit.	Haute protection par dollar investi dans la zone des strikes. Valeur nulle sous le put court. Idéal pour des corrections mesurées.
SPY OTM Put Spread	Tail risk hedge. Low-cost protection against 10–15% crash.	Buy SPY 5% OTM put, sell put 10–15% lower. 60 DTE. Cost: $0.50–$1.50 debit.	Very cheap. Only pays off in a significant crash. Good portfolio insurance in C4.
VIX Call Spread	Couverture contre un pic de volatilité plutôt que contre une baisse de prix. VIX et SPY sont fortement inversement corrélés.	Buy VIX call at current level + 5 points, sell call at current + 15 points. 30 DTE.	Bon marché dans les environnements à VIX bas. Rapport très élevé en C4. N'expire pas au spot VIX — utilise les futures VIX.ot — uses settlement value.
QQQ Put Spread	Couverture de portefeuille long à forte composante tech. QQQ plus volatile que SPY — mouvements plus larges, couverture relative moins chère.	Même structure que le spread put SPY mais sur QQQ. Utiliser quand le livre long est surpondéré en technologie.ogy sector.	Beta plus élevé signifie plus de protection par dollar mais aussi plus de bruit. Utiliser quand l'exposition tech dépasse 35 %.ure exceeds 35% of long book.
Collar on Single Name	Single large position that cannot be reduced (tax, concentration). Protéger without selling.	Acheter un put OTM sur la position concentrée, vendre un call OTM pour le financer. Net zéro ou petit crédit. credit.	Financé par la vente du call. Plafonne la hausse mais planchée la baisse. Idéal pour les positions LEAPS

Hedge Type	Quand l'Utiliser	Structure	Cost Profile
			avec de grands profits latents.ith large gains.

LA RÈGLE DE COUVERTURE DE 2 %

Allouez 1–2 % de la valeur totale du portefeuille par mois aux couvertures globales du portefeuille. Pour un compte de 50 000 $, cela représente 500 $ à 1 000 $ par mois de prime de couverture. Considérez cela comme une assurance de portefeuille — pas comme un trade, ni comme un centre de profit. Maintenez la couverture en continu. Les mois où rien ne se passe, la prime expire sans valeur. Le mois où le marché chute de 10 %, la couverture rapporte 5–10× son coût. Les traders qui refusent de payer ces 2 % sous prétexte que « le marché ne va pas se crasher ce mois-ci » sont les mêmes qui n'ont aucune protection lorsque cela se produit.

Fondamentaux de Rotation : Gérer le Portefeuille à 1–3 Mois

L'horizon temporel de 1–3 mois n'est pas arbitraire. Il s'aligne sur le cycle standard des options, sur le décalage typique entre la publication des données économiques et la réaction des prix du marché, et sur la durée de la plupart des mouvements de rotation sectorielle. Au niveau du portefeuille, vous gérez un ensemble d'idées qui vieillit et se renouvelle tous les 30–60 jours.

Rotation Action	Quand et Comment
Add to Longs	Lorsque le BPI sectoriel augmente, que les données fondamentales s'améliorent de manière séquentielle et que les signaux techniques confirment la dynamique. Ajoutez par strates — pas tout d'un coup.
Trim Longs	Quand la position atteint 50 à 75 % du profit maximum, ou quand la thèse fondamentale montre le premier signe de détérioration.
Add to Shorts	Lorsque le secteur est confirmé dans une rotation sortante, que la détérioration fondamentale est évidente sur deux trimestres consécutifs ou plus, et que l'action ne parvient pas à maintenir un niveau technique clé après plusieurs tests.
Cover Shorts	Lorsque l'intérêt court (short interest) chute brutalement (risque de squeeze élevé), lorsque l'entreprise annonce une restructuration crédible avec l'engagement de la direction, ou lorsque la position atteint votre objectif de profit. Ne prolongez pas indûment une position short.
Rebalance	Mensuel — ajuster le ratio long/short basé sur le cadre actuel des conditions de marché (Chapitre 22).. 19). Bull market: increase long exposure. Bear market: increase short exposure. Neutral: 50/50.
Exit All	Lorsqu'un choc macroéconomique modifie entièrement le régime de marché (récession inattendue, crise géopolitique, crise de liquidité). Lors d'un changement de régime, la corrélation passe à 1 — tout baisse. Les positions à risque défini limitent les dégâts ; les positions à risque illimité ne le font pas.

Sample Live L/S Portfolio: A Complete Book Snapshot

Les principes abstraits de construction de portefeuille ne sont utiles que quand vous les voyez appliqués à une situation réelle.

Environnement de marché : le SPY est en tendance au-dessus des moyennes mobiles 50MA et 200MA. Le VIX est à 22 (IVR : 65). Condition 2 confirmée. Cible du ratio long/short : 65/35. Lecture sectorielle : la Technologie et les Financières mènent. L'Énergie et la Consommation Discrétionnaire sont à la traîne.

#	Rôle	Sous-jacent	Position	Delta	Rationale
1	**LONG INCOME**	AAPL	Sell $175 Put / 35 DTE / CSP. Credit: $2.80. Max risk: $17,220.	+42	C2 — Haussier + Forte IV. Apple 9/10 Dix Indicateurs. IVR 68. CSP en dessous des supports clés. Encaissez des primes élevées avec un biais haussier.
2	**LONG DIRECTIONAL**	NVDA	Buy $820/$860 Bull Call Spread / 40 DTE. Debit: $1.85. Max risk: $185.	+28	Momentum C1 dans le livre C2 — NVDA dans un cycle haussier IA confirmé, battements de revenus séquentiels. Faible débit, exposition directionnelle.Low debit cost in high-IV environment via spread structure. Target: $860 by expiration.
3	**LONG PAIRS**	JPM	Buy $195/$210 Bull Call Spread / 35 DTE. Debit: $2.10. Max risk: $210.	+22	Long leg of Financials pair. Rising NIM, sequential EPS beats, sector BPI rising. Mid-expansion phase. Pairs against Short Leg #5.
4	**INCOME / NEUTRAL**	SPY	Sell $530/$520 Bull Put Spread / 30 DTE. Credit: $1.40. Net Max Risk: $860.	+18	Position de revenu C2. SPY au-dessus de toutes les MA clés. Spread put court 3 % OTM — bien en dessous du support S1.pport. Prime income while broad market holds. T-21 rule governs exit.
5	**SHORT PAIRS**	Regional Bank ETF (KRE)	Buy $45/$40 Bear Put Spread / 35 DTE. Debit: $1.20. Max risk: $120.	-18	Short leg of Financials pair. Regional banks facing NIM compression, CRE loan exposure, deposit flight to money market. Pairs against Long #3. Spread captures JPM outperformance vs. regional banks.
6	**BOOK HEDGE**	SPY	Buy $525/$510 Put Spread / 45 DTE. Debit: $1.60. Max risk: $160.	-32	Book-level hedge. Protégers aggregate long delta against 3–5% SPY decline. Cost: $160 per unit. Hedge ratio: covers

#	Rôle	Sous-jacent	Position	Delta	Rationale
					approximately 60% of aggregate long delta. Mensuel renewal as part of 2% hedge budget.

Portfolio Metric	Value	Assessment
Net Delta	+(42+28+22+18)−(18+32) = +60	Légèrement haussier. Approprié pour l'environnement C2. Dans la plage cible de ±200.
Long/Short Ratio	4 long / 2 short = 67/33	Within C2 target range of 60–70% long. ✓
Sector Diversification	Tech (NVDA), Financials (JPM/KRE), Consumer (AAPL), Broad (SPY×2)	Four sectors represented. No single sector >40% of book. ✓
Total Capital at Risk	$185+$210+$120+$860+$160 = $1,535 debit + $17,220 CSP obligation	Le CSP est sécurisé par les espèces détenues. Débit total d'options : 1 535 $ sur un compte de 50 K$ = 3,1 % à risque.risk.
Hedge Coverage	SPY put spread covers 60% of aggregate long delta	Approprié pour C2. Augmenter à 75–80 % si les conditions évoluent vers C3.
Mensuel Theta	Est. +180 $/semaine des revenus CSP et bull put spread	Theta positif — le temps travaille en notre faveur sur les positions de revenus pendant que les positions à dé. Quatre secteurs représentés. Aucun secteur unique >40% du livre. ✓

LIRE LE PORTEFEUILLE COMME UN SYSTÈME

Observez l'instantané des six positions ci-dessus et notez ce qui n'y figure pas : aucun pari sectoriel qui se chevauche, aucune exposition directionnelle non couverte, aucune position sans perte maximale définie, aucun portefeuille long dépourvu de protection. Chaque position a un rôle. Le CSP (Position 1) génère des revenus pendant que le spread directionnel (Position 2) capture la dynamique. La paire (3 et 5) est auto-couverte au sein des Financières. La couverture globale du portefeuille (Position 6) protège l'ensemble. Le spread de rendement (Position 4) rapporte tant que le marché se maintient. C'est de la gestion de portefeuille — pas de la gestion de position.

L'AVANTAGE DU GESTIONNAIRE DE PORTEFEUILLE

La différence

6-CONDITION FRAMEWORK ▸ CONDITIONS 2, 5 — Les résultats créent les événements de plus haute volatilité de l'année

La saison des résultats est la période où la plupart des traders d'options particuliers réalisent leurs gains les plus importants — et leurs pertes les plus dévastatrices. La différence réside dans la préparation. Ce chapitre vous donne le système complet.

Quatre fois par an, le marché entre dans une période de six semaines au cours de laquelle environ 90 % des entreprises du S&P 500 publient leurs résultats trimestriels. Durant ces fenêtres — généralement les deux dernières semaines de janvier, avril, juillet et octobre — la volatilité implicite bondit, les primes des options gonflent de 40–200 %, et les actions décalent de 3–15 % du jour au lendemain à l'annonce des résultats. Pour les traders d'options, la saison des résultats représente à la fois la plus grande opportunité et le plus grand danger de l'année.

Voici ce que nous allons construire ensemble au cours de ces 29 chapitres : un système complet, de niveau professionnel, pour trader les options avec discipline. Pas une collection d'astuces. Pas une newsletter sur la stratégie du mois. Un système — avec des règles, des protocoles de gestion, des cadres psychologiques et un plan de mise en œuvre sur 90 jours. Au moment où vous terminerez ce livre et aurez effectué les exercices, vous posséderez ce que la plupart des traders particuliers ne construisent jamais : un processus reproductible, testé et documenté pour générer des revenus sur le marché des options.

Le Système de Calendrier des Résultats : Votre Préparation Pré-Saison

Avant que la saison des résultats ne commence, vous avez besoin d'un calendrier — pas seulement pour savoir quand les entreprises publient, mais pour comprendre comment ces publications affectent vos positions existantes et vos entrées planifiées. Le système de calendrier comporte trois couches :

Layer	Ce qu'il Faut Suivre	Quand le Faire
Layer 1 — Defense	Chaque action que vous détenez actuellement ou sur laquelle vous avez des options courtes : quand publie-t-elle ? Si les résultats tombent à l'intérieur de votre cycle d'échéance, vous devez agir AVANT la publication.	Le dimanche précédant le début de la saison des résultats. Vérifiez chaque position ouverte. Marquez toute position dont les résultats tombent dans son cycle en vue d'une clôture anticipée ou d'un roulement.
Layer 2 — Offense	Votre watchlist de 10 à 20 noms de qualité : quand chacun rapporte-t-il ? Quelles sont les attentes du marché (consensus EPS, revenus) ?cting (consensus EPS, revenue)? Quel est le mouvement attendu valorisé dans les options ?	Deux semaines avant la date de publication de chaque entreprise. Recherchez les estimations du consensus et calculez le mouvement attendu (expected move) à partir des prix actuels des options.
Layer 3 — Post-Earnings	Les sociétés qui viennent de rapporter : les résultats ont-ils battu, rencontré	Dans les 24 heures de chaque rapport. Consigner le résultat dans

Layer	Ce qu'il Faut Suivre	Quand le Faire
	ou raté ? Quelle a été la ré. Ce qu'il faut suivre	votre journal. Évaluer si une opportunité post-ré. Quand le faire

La couche 1 est non négociable. Chaque trader de The Premium Desk vérifie son exposition aux résultats chaque dimanche pendant la saison des résultats. Une seule position non vérifiée surprise par une publication de résultats peut effacer un mois de revenus.

Stratégies pré-résultats : Profiter de la montée de l'IV (IV Ramp)

Dans les 7–14 jours précédant la publication des résultats d'une entreprise, la volatilité implicite de ses options augmente régulièrement. Le marché intègre l'incertitude liée au rapport à venir. Cette montée de l'IV est prévisible, reproductible et exploitable en trading — si vous en comprenez les mécanismes.

→ See IV Skew & VIX Relationship — Comment volatility skew shifts with market fear (Chapter 16 — La Volatilité : Le Moteur Caché)

Figure 27.1 — Dynamiques VI/Skew/VIX Pré-Résultats. L'interaction entre VI, skew et VIX à l'approche des résultats. heading into earnings.

La montée de l'IV crée une opportunité de profit naturelle pour les traders qui possèdent des options avant le début de la hausse et les revendent après le gonflement de l'IV. La clé est d'entrer assez tôt pour capturer cette hausse, mais de sortir AVANT la publication des résultats — car après les résultats, l'IV s'effondre.

Stratégie Pré-Résultats 1 — Le Jeu du Calendar Spread

Achetez un spread calendaire (vendez l'échéance proche, achetez l'échéance plus lointaine au même strike) 14–21 jours avant les résultats. L'IV de l'option à court terme gonfle plus agressivement que celle de l'option à plus long terme à l'approche des résultats. L'écart s'écarte en votre faveur.

- Entry: 14–21 days before earnings. ATM or slightly OTM calendar spread;
- Sortie : Le jour AVANT les résultats — fermer l'intégralité de la position. Ne PAS maintenir à travers le rapport.port;
- Rendement attendu : 15–30 % sur le débit payé, porté par l'écart de montée de l'IV entre les deux cycles d'échéance ;
- Risque : L'action décale brutalement avant les résultats (fuite d'un catalyseur, événement sectoriel). La perte maximale est le débit payé ;

Stratégie Pré-Résultats 2 — Le Long Straddle (Jeu de Momentum)

Achetez un straddle ATM 10–14 jours avant les résultats sur une action ayant un historique de grands mouvements pré-résultats. La thèse : l'action bougera suffisamment avant les résultats pour compenser la dégradation temporelle, et la montée de l'IV augmentera la valeur des deux jambes.

- Entry: 10–14 days before earnings. ATM straddle;
- Sortie : 1 à 2 jours avant les résultats. Vous vendez la VI gonflée, pas en attendant le résultat.

- Meilleurs candidats : actions avec une dérive historique pré-résultats (TSLA, NVDA, NFLX, META) — vérifier les 4 à 8 derniers trimestres.
- Danger : actions qui se stabilisent vers les résultats. Le straddle saigne du theta sans montée de VI pour compenser.to offset. Only use on historically volatile names.

L'Écrasement VI : Pourquoi la Plupart des Trades de Résultats Perdent de l'Argent

L'IV crush est la source la plus fréquente de pertes sur options pour les traders qui achètent des options à l'approche des résultats. Le schéma est identique sur des centaines d'actions chaque trimestre : dans les 10–14 jours précédant une annonce de résultats, la volatilité implicite sur la chaîne d'options à court terme augmente régulièrement à mesure que les particuliers et les institutions achètent des options pour des paris directionnels et des couvertures. La veille de l'annonce, l'IV peut avoir grimpé de 30–60 % au-dessus de son niveau de référence. Puis l'annonce a lieu. L'événement qui faisait l'objet de cette prime de prix est passé. L'IV s'effondre le lendemain matin — parfois dès les premières minutes de l'ouverture du marché — pour revenir à son niveau de référence ou en dessous.

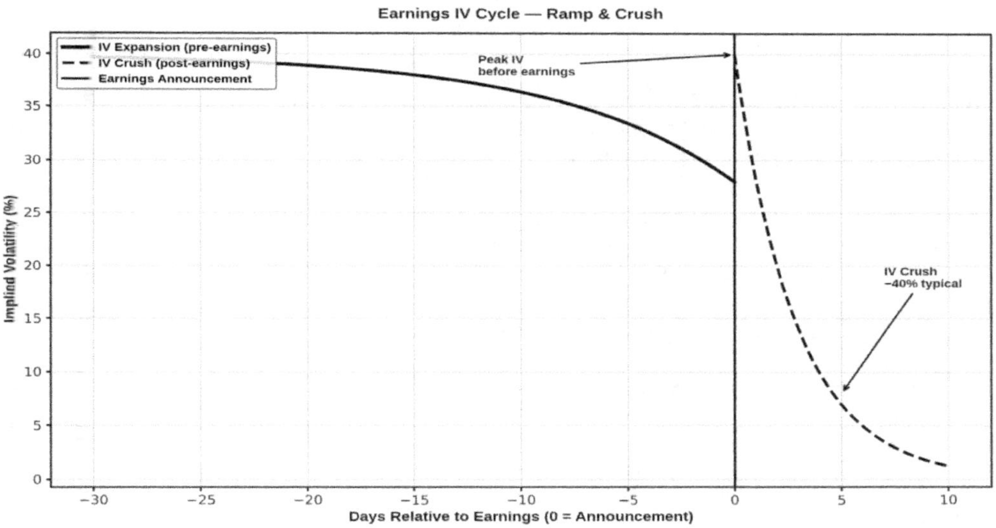

Figure 27.2 — Earnings IV Ramp & Crush. IV expands into earnings, then collapses after announcement.

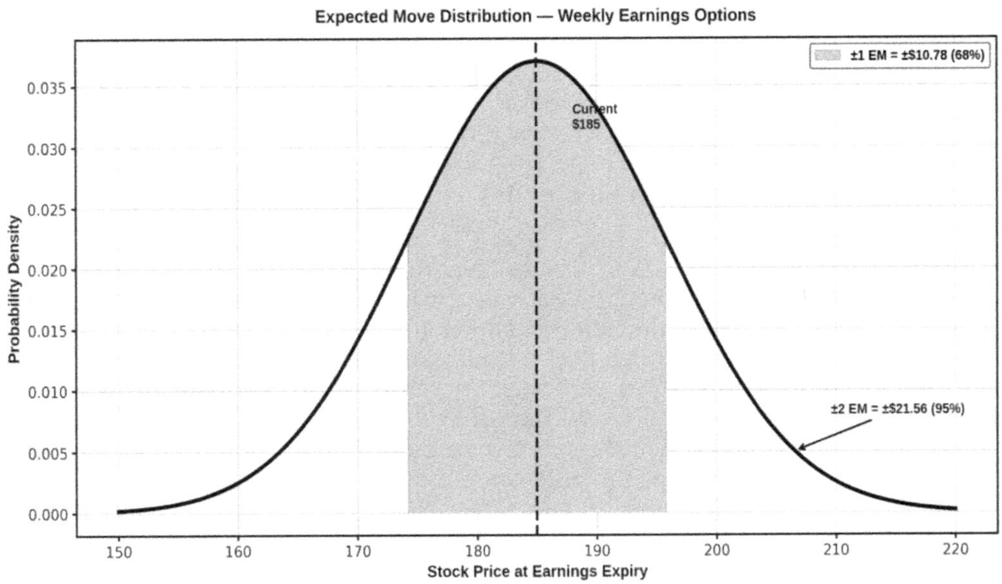

Figure 27.3 — Expected Move Distribution. Probability distribution of outcomes at earnings expiry.

Un trader qui a acheté des calls 3 jours avant les résultats, a eu raison sur la direction (l'action a dépassé les estimations), mais a tout de même perdu de l'argent, a fait l'expérience directe de l'IV crush. L'action a grimpé de 4 $. Le call qu'il détenait a perdu 1,20 $. Comment ? La contraction de l'IV de 62 % à 28 % a détruit plus de prime d'option que la valeur intrinsèque gagnée par le mouvement de l'action. C'est mathématiquement précis : un mouvement de 1 % de l'action ajoute une valeur pondérée par le delta à l'option, mais un effondrement de 34 points de l'IV soustrait une valeur pondérée par le vega. Lorsque la perte sur le vega dépasse le gain sur le delta, l'option perd de la valeur malgré le bon choix directionnel.

LA RÈGLE DE L'IV CRUSH POUR LES ACHETEURS

N'achetez jamais d'options au cours des 5 derniers jours précédant une annonce de résultats dans l'espoir de profiter du mouvement. La prime d'IV que vous payez à l'entrée sera partiellement ou totalement détruite par l'effondrement (crush), peu importe la direction. Si vous voulez un jeu directionnel sur les résultats, entrez 15–20 jours avant l'annonce, lorsque l'IV n'a pas encore pleinement gonflé, et clôturez la position la veille de l'annonce. Prenez le profit de la montée de l'IV avant que le crush n'arrive.

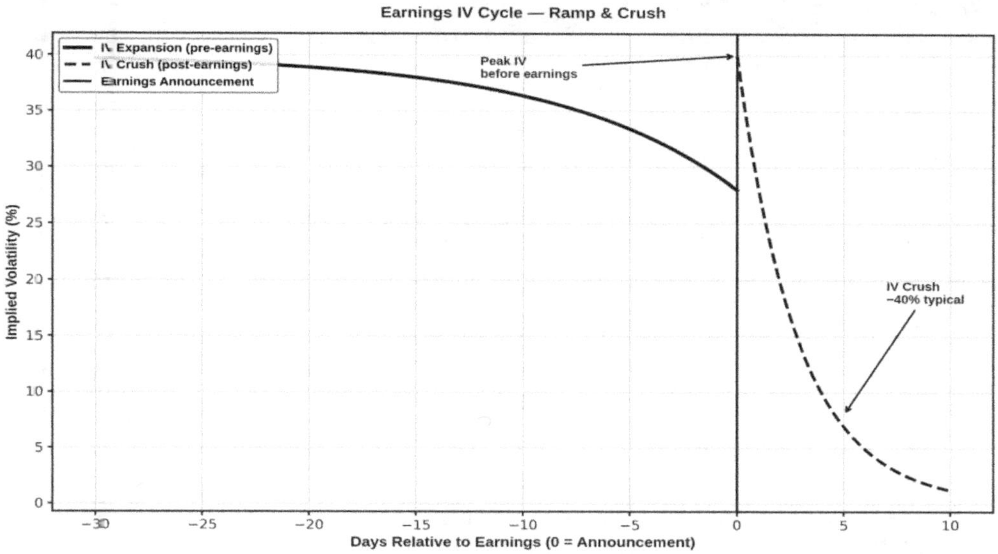

Figure 27.1 — Cycle de l'IV des Résultats — Expansion de l'IV à l'approche des résultats et schéma d'effondrement après l'annonce. L'avantage du vendeur est capturé dans la zone post-annonce.

Cycle VI des Résultats — Expansion de VI avant les résultats et le schéma d'effondrement après l'annonce.ement.

Le concept unique le plus important dans le trading des résultats est l'IV crush — l'effondrement rapide de la volatilité implicite immédiatement après qu'une entreprise a publié ses résultats. Comprendre l'IV crush fait toute la différence entre le trader qui tire profit de la saison des résultats et celui qui perd chaque trimestre en se demandant pourquoi.

Voici ce qui se passe : dans les jours précédant les résultats, l'IV sur les options d'une action peut être de 65 %. Cette IV élevée intègre le mouvement attendu des résultats — par exemple, ±7 %. Dès que l'entreprise publie et que le marché digère les résultats, l'incertitude est levée. L'IV chute de 65 % à 35 % du jour au lendemain. Cet effondrement de 30 points de l'IV détruit la valeur extrinsèque de chaque option sur cette action — les calls COMME les puts.

Le calcul mathématique est dévastateur pour les acheteurs d'options. Même si vous avez RAISON sur la direction — même si l'action progresse de 5 % en votre faveur — l'IV crush peut tout de même rendre votre option perdante. Un mouvement de 5 % en votre faveur moins une chute de 30 points de l'IV peut se traduire par une perte nette sur une position longue sur options.

Scenario	Stock Move	IV Before	IV After	Option P&L
Buy call stock rises 3%	+3%	65%	35%	LOSS — IV crush exceeds directional gain
Buy call stock rises 8%	+8%	65%	35%	SMALL WIN — large move barely offsets crush

Scénario	Stock Move	IV Before	IV After	Option P&L
Buy call, stock rises 15%	+15%	65%	35%	WIN — move large enough to overwhelm crush
Buy put, stock drops 5%	-5%	65%	35%	LOSS — same IV crush destroys put value
Sell iron condor, stock flat	±1%	65%	35%	GRANDE VICTOIRE — vous avez vendu une VI chère, elle s'est effondree
Sell CSP, stock drops 4%	-4%	65%	35%	WIN — premium collected exceeds unrealized loss

Le tableau révèle la vérité structurelle du trading des résultats : les VENDEURS d'options disposent d'un avantage massif sur les ACHETEURS pendant les résultats. Le vendeur collecte une prime gonflée avant le rapport et profite de l'IV crush après. L'acheteur doit surmonter à la fois l'IV crush ET la dégradation temporelle juste pour atteindre le point mort. Cela ne signifie pas qu'il ne faut jamais acheter d'options pour les résultats — cela signifie que si vous le faites, le mouvement attendu doit être assez important pour balayer le crush, et vous devez calibrer la taille de la position en supposant qu'elle sera perdante.

LES MATHÉMATIQUES DE L'ÉCRASEMENT VI

Avant d'acheter une option pour les résultats, calculez le mouvement attendu (expected move) et comparez-le au point mort. Si l'action doit bouger de 8 % pour que vous atteigniez le point mort alors que le mouvement moyen des résultats sur les 8 derniers trimestres est de 5 %, vous faites un pari à espérance mathématique négative. Les mathématiques se moquent de votre conviction. Ne prenez des trades longs sur les résultats que lorsque le mouvement attendu dépasse le point mort d'au moins 1,5×.

Worked Pre-Earnings Trade: NFLX Calendar Spread

NFLX publie ses résultats dans 14 jours. L'action est à 680 $. Vous voulez profiter de la montée de l'IV sans conserver la position pendant la publication des résultats. Voici l'exécution complète :

Jour 1 (14 jours avant les résultats) : Le call NFLX 30-DTE 680 $ se traite à 28,00 $. Le call NFLX 60-DTE 680 $ se traite à 42,00 $. Vous achetez le spread calendaire : vendez le 30-DTE, achetez le 60-DTE. Débit net : 14,00 $ (1 400 $ par contrat). Risque maximum : 1 400 $. IV actuelle sur l'option 30-DTE : 38 %. IV actuelle sur l'option 60-DTE : 32 %.

Jour 5 (9 jours avant les résultats) : L'IV sur l'option 30-DTE est montée à 48 % (la hausse des résultats). L'IV sur le 60-DTE est montée à 36 %. NFLX est toujours à 678 $. Le call 30-DTE vaut maintenant 32,00 $ (en hausse de 4 $ à cause de l'expansion de l'IV). Le call 60-DTE vaut maintenant 45,50 $ (en hausse de 3,50 $). Votre spread vaut maintenant 13,50 $ — encore légèrement perdant car l'IV à court terme a gonflé plus vite que celle à long terme.

Jour 10 (4 jours avant les résultats) : L'IV sur l'option 30-DTE a atteint 58 %. L'IV sur le 60-DTE est à 38 %. NFLX est à 685 $. Le call 30-DTE : 36,00 $. Le call 60-DTE : 48,50 $. Votre spread vaut maintenant 12,50 $ — vous perdez sur le spread lui-même parce que l'IV à court terme augmente plus vite que celle à long terme.

Jour 12 (2 jours avant les résultats — VOTRE SORTIE) : C'est le jour clé. Le call 30-DTE est maintenant coté à 38,00 $ (IV à 62 %). Le call 60-DTE est à 50,00 $ (IV à 40 %). La valeur de votre spread : 12,00 $. Mais voici ce que la plupart des traders manquent — vous pouvez capturer l'écart d'IV en clôturant la jambe SHORT uniquement. Rachetez le call court 30-DTE pour 38,00 $ (perte de 10,00 $ sur cette jambe). Votre call long 60-DTE vaut 50,00 $ (gain de 8,00 $). P&L net : −2,00 $ sur le spread — une petite perte. MAIS : vous détenez toujours le call long 60-DTE, qui bénéficiera de tout mouvement post-résultats tandis que l'IV à court terme écrasera les options que vous avez déjà clôturées.

Sortie alternative (plus simple) : Clôturez l'ensemble du spread 2 jours avant les résultats pour 12,00 $. Perte nette : 2,00 $ (200 $). Cela ressemble à un trade perdant — mais la thèse était incorrecte. NFLX n'a pas bougé suffisamment avant les résultats pour rendre le calendrier profitable. La leçon : les calendriers pré-résultats fonctionnent le mieux sur les actions présentant une dérive historique avant les résultats. NFLX sur ce cycle est resté plat — ce qui n'est pas idéal pour la stratégie. Votre perte a été de 200 $ sur un risque de 1 400 $ — 14 %. Défini, gérable et instructif.

Ce qu'il faut retenir : les spreads calendaires pré-résultats ne sont pas des gagnants garantis. Ce sont des positions à risque défini qui capturent l'écart d'IV lorsque le sous-jacent coopère. Lorsqu'il ne coopère pas, la perte est limitée. Suivez vos transactions pré-résultats par action sur plusieurs trimestres — vous apprendrez rapidement quels noms dérivent systématiquement avant les résultats (candidats idéaux) et lesquels restent plats (à éviter).

Stratégies post-résultats : Trader le contrecoup

Les 3–5 jours de trading suivant une publication de résultats offrent certaines des configurations les plus propres du trimestre. L'IV s'est effondrée, la tarification est redevenue rationnelle et le marché a rendu un verdict clair sur les résultats de l'entreprise. Il y a trois schémas post-résultats à surveiller :

Schéma 1 — Écart de Résultats et Continuation

L'action décale en gap haussier ou baissier sur les résultats et continue de progresser dans le même sens au cours des 3–5 jours suivants. Cela se produit lorsque la surprise des résultats est assez significative pour modifier la thèse fondamentale — les analystes révisent leurs estimations, les fonds rééquilibrent leurs lignes et les traders de momentum s'accumulent.

- Configuration : L'action fait un gap de 5 %+ sur les résultats. Le lendemain, elle se maintient au-dessus du gap (pour les longs) ou sous le gap (pour les shorts). Le volume confirme la direction ;
- IV Rank < 25. Vérification : le débit que vous payez est-il inférieur à 30 % de la distance jusqu'à votre objectif de profit ? Exemple : Bull call spread de 10 $ de large — profit max 10 $. Le débit doit être ≤ 3,00 $. Si l'IV a augmenté récemment, attendez — le coût de la prime ne reflète peut-être pas encore les niveaux bas normaux d'IV.
- Avantage : L'IV est désormais basse (après le crush), les spreads sont donc bon marché. Vous achetez des options à l'IV la plus basse du trimestre ;

Schéma 2 — Écart de Résultats et Estompage (Retour à la Moyenne)

L'action fait un gap sur les résultats mais se retourne dans les 2–3 jours, comblant la majeure partie ou la totalité du gap. Cela se produit lorsque la réaction initiale a été excessive — soit le marché a mal interprété le rapport, soit le trading algorithmique a amplifié le mouvement au-delà de ce que les fondamentaux justifiaient.

- Configuration : L'action fait un gap de 5 %+ mais a retracé 40 %+ du gap dans les 2 jours. Une divergence RSI confirme l'essoufflement (fade) ;
- Jeu d'options : Estomper le mouvement avec un spread vertical dans la direction opposée. 30 JAE, risque défini. defined risk;
- Prudence : NE PAS estomper un écart le premier jour. Attendre le signal de retracement. De nombreux écarts qui semblent extens de rebondissent élément.

Schéma 3 — La Réinitialisation de Volatilité Post-Résultats (Jeu de Revenus)

Après l'événement des résultats, l'IV se réinitialise à son niveau de base et l'action entre dans une période de comportement relativement prévisible de 10–12 semaines (jusqu'à la prochaine publication de résultats). C'est la fenêtre idéale pour les stratégies de rendement — CSPs, covered calls, iron condors — car vous disposez de plus de 10 semaines de piste avant le prochain événement binaire.

- Setup : 3 à 5 jours après les résultats. L'action s'est établie dans son nouveau range. L'IVR est tombé en dessous de 30. below 30;
- Options play: put sécurisé en espèces at 0.20–0.25 delta, 30–35 DTE.
- Avantage : Vous vendez de la prime dans un environnement de faible IV et de faible incertitude. Pas de surprise de résultats pendant 10 + semaines. C'est la zone de confort du trader de rendement.

LA FENÊT-R E POST-RÉSULTATS

Les 10 meilleures semaines de l'année pour le trading de rendement sont les 10 semaines situées entre les publications de résultats. Durant cette fenêtre, vos positions de prime courte ne font face à aucun risque d'événement binaire, l'IV est stable et la dégradation du thêta est prévisible. Structurez votre calendrier de rendement autour de ce rythme : clôturez les positions avant les résultats, attendez 3–5 jours que la poussière retombe, puis entrez à nouveau pour le cycle de rendement suivant de 10 semaines.

La Liste de Vérification des Résultats : Avant Chaque Rapport

Imprimez cette liste de contrôle et complétez-la pour chaque événement de résultats qui affecte votre portefeuille. Pas de raccourcis. Chaque élément de la liste existe parce qu'un trader l'a ignoré et en a payé le prix.

#	Check	Action si Échec
1	Ai-je des positions ouvertes sur cette action ?	Si oui : décider MAINTENANT de fermer, rouler ou maintenir. Ne pas attendre le jour du rapport.
2	Mon cycle d'expiration est-il APRÈS la date de résultats ?	Si oui ET que vous êtes vendeur de prime (short premium) : clôturez la position avant les résultats. Le risque ne vaut pas la prime restante.
3	Quel est le mouvement attendu intégré dans les options ?	Calculer : (prix du straddle ATM ÷ prix de l'action) × 100 = % du mouvement attendu. Comparer à la moyenne historique. stock's average earnings move over 8 quarters.

#	Check	Action si Échec
4	Le mouvement attendu est-il plus grand que la moyenne historique ?	Si oui : les options sont chères. Privilégiez les stratégies de vente (iron condors, CSPs). Si non : les options sont bon marché — opportunité d'achat possible si vous avez une thèse directionnelle.
5	Quels sont l'EPS et les revenus de consensus ?	Connaissez les chiffres attendus par le marché. Un « dépassement » (beat) qui reste inférieur aux rumeurs non officielles (whisper numbers) peut tout de même provoquer une vente massive. Le contexte importe plus que le titre principal.
6	Cette action est-elle dans un secteur qui a déjà rapporté ?	Si les pairs du secteur ont déjà publié et que la tendance est claire (des résultats supérieurs dans tout le secteur), cette action est plus susceptible de suivre le même schéma. Le contexte sectoriel réduit le risque de surprise.
7	Quelle est ma perte maximale acceptable sur cette position ?	Écrire le chiffre. Si la position peut perdre plus de 2 % de votre compte sur un résultat défavorable, réduire la taille.verse earnings move, reduce size or add a protective hedge.
8	Ai-je un plan post-résultats ?	Mettez par écrit votre réponse face à trois scénarios : dépassement (ce que vous faites), manqué (ce que vous faites), conforme (ce que vous faites). Disposer de ce plan avant la publication permet d'éviter les décisions émotionnelles après coup.

Le Calcul du Mouvement Attendu : Votre Avantage en Chiffres

Le mouvement attendu (expected move) est l'estimation consensuelle du marché quant à l'amplitude du mouvement d'une action d'ici son expiration, implicite dans le prix actuel des options. Formule : Expected Move = Prix de l'action × VI × √(DTE/365). Pour une action à 150 $ avec une VI de 45 % et 1 jour avant l'expiration (soir de publication des résultats) : Expected Move = 150 $ × 0,45 × √(1/365) = 3,53 $. Cela signifie que le marché anticipe un mouvement d'environ plus ou moins 3,53 $ d'ici la clôture de demain.

L'application pratique : si le mouvement attendu est de 3,53 $, vendez vos options courtes à des strikes éloignés d'au moins 1,5× le mouvement attendu par rapport au cours actuel de l'action. À 150 $, votre strike de put doit être inférieur à 144,70 $ (150 $ − 5,30 $) et votre strike de call supérieur à 155,30 $. Cela vous positionne en dehors de l'estimation de consensus du marché lui-même quant à la direction de l'action — un avantage statistique en votre faveur.

Le mouvement attendu est également directement visible sur votre chaîne d'options. Regardez le prix du straddle ATM (call ATM + put ATM). La somme de ces deux primes donne une approximation du mouvement attendu. Si le straddle ATM coûte 7,20 $, le marché s'attend à un mouvement d'environ 7,20 $ d'ici l'échéance. Les ailes de votre iron condor doivent dépasser ce chiffre avec une marge de sécurité confortable.

Le mouvement attendu (expected move) est la meilleure estimation du marché quant à la distance qu'une action va parcourir lors de la publication de ses résultats. Il est directement dérivé du prix des options — plus précisément, du prix du straddle ATM pour l'échéance la plus proche suivant les résultats.

La formule : Mouvement Attendu = Prix du Straddle ATM × 0,85. Le multiplicateur 0,85 tient compte de la partie du prix du straddle qui représente la valeur temps hors résultats. Si AAPL est à 190 $ et que le straddle ATM (l'échéance hebdomadaire la plus proche après les résultats) est affiché à 12,00 $, le mouvement attendu est de 12,00 $ × 0,85 = 10,20 $, soit environ ±5,4 %.

Comment l'utiliser : si vous vendez un iron condor à l'approche des résultats, placez vos strikes courts EN DEHORS du mouvement attendu. Si le mouvement attendu est de ±5,4 %, votre call court doit être au moins 6 % au-dessus du cours actuel et votre put court au moins 6 % en dessous. Cela vous donne une marge de sécurité au-delà de ce que le marché intègre dans ses prix.

Comment NE PAS l'utiliser : ne considérez pas le mouvement attendu comme une zone garantie. Les actions sortent du mouvement attendu environ 30 % du temps. Le mouvement attendu est une estimation pondérée par les probabilités, pas un plafond. Calibrez la taille de vos positions en supposant que l'action VA dépasser le mouvement attendu — car cela finira par arriver.

Bâtir votre calendrier pour la saison des résultats

Le cycle trimestriel des résultats suit un rythme prévisible. Aligner votre activité de trading sur ce rythme vous permet de conserver les bonnes stratégies aux bons moments.

Week	Phase	Votre Action	Strategy Focus
Week −3	Pre-Season	Auditer toutes les positions ouvertes pour l'exposition aux résultats. Fermer ou rouler tout ce qui est à	Defense: protect existing positions. Offense: research candidates.
Week −2	IV Ramp Begins	Entrer dans des calendar spreads ou straddles pré-résultats sur les noms de la watchlist. La VI commence à se gonfler.o inflate but hasn't peaked.	Pre-earnings plays only. No income positions on names reporting soon.
Week −1	Peak IV	Sortir de toutes les positions longues pré-résultats le mercredi avant les résultats du vendredi (ou le jeudi avant les résultats du mardi/mercredi). before Tuesday earnings). Maximum IV means maximum exit value.	Fermer les trades pré-résultats. Préparer les plans post-résultats pour chaque nom de la watchlist.
Weeks 1–2	Earnings Peak	Les publications affluent. Exécutez vos plans post-résultats : gap-and-go, gap-and-fade, ou attendez la réinitialisation de la volatilité.	React to results. No new income positions until IV settles (3–5 days post-report).
Weeks 3–4	Post-Earnings Reset	La VI s'est effondree. Les actions sont dans leurs nouveaux ranges. Entrer dans des positions de revenus : CSP, covered calls, iron condors.ed calls, iron condors.	C'est la zone optimale de revenus. Maximum 10 semaines de piste jusqu'aux prochains résultats.

Week	Phase	Votre Action	Strategy Focus
Weeks 5–12	Income Season	Gérer les positions de revenus à travers leurs cycles. Fermer à 50 % de profit. Rouler à T-21. Pas d'événements binaires dans la fenêtre.	Mode revenus pur. La période la plus rentable et la moins stressante du trimestre.

Ce cycle de 12 semaines se répète quatre fois par an. Le trader discipliné cartographie chaque trimestre selon ce rythme et ne se laisse jamais surprendre à détenir une prime courte non protégée pendant une publication de résultats. Le trader indiscipliné traite chaque semaine de la même façon — et finit par apprendre à ses dépens pourquoi les semaines de résultats sont différentes.

LA RÈGLE MAÎTRE DE LA SAISON DES RÉSULTATS

La saison des résultats n'est pas le moment d'être agressif. C'est le moment d'être chirurgical. Le trader qui gagne de l'argent pendant la saison des résultats n'est pas celui qui mise gros sur chaque rapport — c'est celui qui défend d'abord ses positions existantes, capture la montée de l'IV en second lieu, et entre sur des positions de rendement saines une fois la poussière retombée. La défense, puis la précision, puis le rendement. Dans cet ordre, à chaque trimestre, pour le reste de votre carrière de trader.

Schémas de Résultats Sectoriels : Qui Rapporte Quand et Pourquoi C'est Important

La saison des résultats ne touche pas tous les secteurs de la même manière ni simultanément. Comprendre la séquence des publications vous donne un avantage structurel — les premières entreprises à publier dans un secteur donnent le ton pour les autres. Si les trois premières banques dépassent les estimations, la quatrième banque a plus de chances de faire de même. Le sentiment sectoriel se transmet en cascade.

Reporting Week	Sectors	Bellwethers to Watch	What Their Résultats Tell You
Week 1	Financials	JPM, GS, BAC, WFC	Conditions de crédit, demande de prêts, marge nette d'intérêts. Si les banques battent sur NII, l'é. Schémas des résultats sectoriels : Qui publie quand et pourquoi c'est important
Week 2	Healthcare, Transport	UNH, JNJ, UPS, FDX	Demande défensive + volumes d'expédition. UPS/FDX sont des indicateurs avancés — le volume d'expédition prédit l'activité industrielle et de consommation avec 2–3 mois d'avance.
Week 3	Big Tech	MSFT, GOOGL, META, AMZN	Croissance du cloud (MSFT Azure, AMZN AWS), dépenses publicitaires (META, GOOGL), comportement des consommateurs (AMZN retail). Ces quatre entreprises révèlent la santé de l'ensemble de l'économie numérique.
Week 4	Consumer, Industrial	AAPL, MCD, CAT, DE	UNH, JNJ, UPS, FDX

Reporting Week	Sectors	Bellwethers to Watch	What Their Résultats Tell You
Week 5-6	Energy, Small/Mid Cap	XOM, CVX, then broad reporting	Demande de matières premières, confiance des petites entreprises. La fin de la saison des résultats permet de compléter le tableau restant. À la semaine 6, vous devriez disposer d'une vision macroéconomique complète.

L'analyse exploitable : si les banques de la Semaine 1 publient de solides bénéfices et des conditions de crédit saines, vous pouvez accroître votre confiance dans vos positions longues cycliques pour les Semaines 2 à 4. Si les banques font état d'une détérioration de la qualité des prêts, réduisez votre exposition cyclique avant que le reste du secteur ne publie. Le calendrier des résultats est un diagnostic économique en temps réel — utilisez-le.

Le Journal de Trades de Résultats : Suivre Ce qui Fonctionne À Travers les Trimestres

Après chaque saison des résultats, les 30 minutes les plus précieuses que vous puissiez passer consistent à passer en revue vos transactions spécifiques aux résultats. Cela permet de bâtir une base de données sur ce qui fonctionne pour VOTRE style de trading — non pas ce qui fonctionne en théorie, mais ce qui génère de vrais gains et pertes sur votre compte.

Ticker	Strategy	Entry IV	Exit IV	Stock Move	P&L	Leçon
AAPL	Pre-E calendar	42%	28%	+2.1%	+$185	IV ramp captured. Closed day before report. Perfect execution.
TSLA	Long straddle	68%	35%	+8.5%	-$90	L'écrasement VI a détruit les deux jambes malgré un grand mouvement. Le straddle TSLA était surestimé.
MSFT	Post-E CSP	22%	18%	Gap +4%	+$310	Entered 3 days post-report. Low IV, 10-week runway. Ideal income entry.
NFLX	IC into earnings	55%	30%	+12%	-$450	L'action a dépassé le mouvement attendu. Le call court IC a été dépassé. Aurait dû utiliser des ailes plus larges.
JPM	Post-E bull call	24%	20%	Gap +3%	+$220	Sector earnings cascading positive. Entered on WFC beat, rode JPM sympathy.

Après 4 trimestres de tenue de ce journal, des schémas émergent. Vous découvrirez sur quelles actions vos stratégies de résultats fonctionnent, quelles stratégies correspondent à votre tolérance au risque et — plus important encore — quelles transactions de résultats vous devriez cesser de faire parce qu'elles perdent systématiquement de l'argent, même si elles semblaient être de bonnes idées sur le moment.

Le Guide de Décembre — Configurations Saisonnières de Fin d'Année

Décembre est le seul mois où le marché offre aux traders de rendement un net avantage saisonnier — s'ils savent quels avantages exploiter et lesquels laisser de côté. La combinaison d'une volatilité implicite comprimée, d'un biais historique de dérive haussière, de pressions vendeuses pour optimisations fiscales sur des valeurs de qualité, et du plus grand événement OPEX de l'année crée cinq configurations distinctes et reproductibles. Chacune s'aligne sur une entrée en Six Conditions et suit les mêmes règles de gestion des risques que n'importe quel autre trade de ce livre.

Voici comment le Gestionnaire de Risque aborde le mois de décembre — non pas en spectateur de « ce que font les pros », mais en trader systématique qui associe l'environnement saisonnier à une condition définie et l'exécute avec discipline.

Figure 27.5 — The December Options Playbook: Five Risk-Management Rules

Rule	Action	Why
1 — Calendar Check	Run earnings calendar every Sunday in Nov/Dec	One missed earnings report can erase a month of income
2 — Reduce Size	Cut position size by 25–50% during holiday weeks	Lower liquidity = wider spreads and harder exits
3 — Avoid Holiday Week	No new entries Thanksgiving week, Christmas week	Thin markets magnify moves; premium not worth the risk
4 — OPEX Opportunity	Sell premium BEFORE Dec OPEX spike (W1–W2)	Collect elevated IV before the seasonal crush
5 — Year-End Close	Close all open positions by Dec 28–29	Avoid gap risk from year-end rebalancing flows

Figure 27.4 — The December Options Playbook. Five risk-managed setups aligned to the Cadre des Six Conditions. December OPEX week is the only period in the calendar where the standing rule is: reduce size, roll open positions, do not open new ones.

Les Cinq Setups de Décembre

Configuration 1 — Iron Condor (Condition 5 ou 6) : Entre Thanksgiving et la deuxième semaine de décembre, la volatilité implicite sur les grands indices a tendance à se comprimer tandis que le marché dérive latéralement ou affiche une légère hausse. C'est l'environnement à plus forte probabilité de l'année pour un iron condor à prime courte sur SPX ou QQQ. Entrez à 30–45 DTE, vendez les strikes à 20-delta des deux côtés, collectez le crédit et gérez selon la Règle T-21. Le trade bénéficie d'un vent arrière saisonnier : la volatilité réalisée en décembre est structurellement inférieure à la volatilité implicite, ce qui signifie que la prime de risque de volatilité est large.

Configuration 2 — Bull Put Spread ou CSP (Condition 2) : La dérive historique de décembre — ce que l'on appelle le Rallye de Santa — n'est pas un mythe. Les rendements du S&P 500 en décembre ont été positifs dans environ 75 % des années depuis 1950. Ce n'est pas un signal de trading en soi, mais lorsque la Condition 2 (haussier, forte VI) est également active, un bull put spread ou un cash-secured put sur un titre de grande capitalisation de qualité bénéficie à la fois d'un avantage saisonnier et d'un avantage systématique. N'entrez sur le marché que lorsque le Cadre des Six Conditions le confirme.

Configuration 3 — CSP sur Valeurs Liquidées pour Optimisation Fiscale (Condition 2) : Chaque année, fin novembre et début décembre, les fonds institutionnels et les investisseurs particuliers vendent leurs positions perdantes à des fins fiscales. Cette vente mécanique, non fondamentale, fait baisser temporairement des actions de grande qualité qui ont connu une mauvaise année — non pas parce que l'entreprise s'est détériorée, mais parce que le calendrier a imposé une vente. Ces noms obtiennent de bons résultats sur les Dix Indicateurs mais affichent une IV élevée en raison de la faiblesse récente des cours. Un cash-secured put positionné sur ou sous un niveau de support majeur permet de collecter de la prime, tandis que le prix d'assignation représente une véritable entrée de valeur. Lancez d'abord le screening complet des Dix Indicateurs.

Configuration 4 — Spread Calendaire, Vendre Décembre / Acheter Janvier (Condition 1 ou 2) : Les options de décembre expirent plus rapidement que celles de tout autre mois par rapport à janvier, car la jambe courte brûle son thêta à vitesse maximale tandis que la jambe longue conserve une valeur temps significative. Un spread calendaire Déc/Jan proche de la monnaie (ATM) sur un sous-jacent stable et de qualité capture cette dégradation différentielle. La jambe courte de décembre finance la jambe longue de janvier. Utilisez la Règle T-21 : lorsque la jambe courte atteint 21 DTE (début décembre), évaluez l'opportunité d'un roulement vers janvier.

Configuration 5 — OPEX de Décembre : Roulez, n'ouvrez pas. Le troisième vendredi de décembre n'est pas une expiration ordinaire. C'est l'échéance trimestrielle (les quatre sorcières) combinée au rééquilibrage des indices de fin d'année, ce qui crée le plus grand flux de gamma en une seule journée de l'année civile. Les couvertures institutionnelles sont roulées, les gestionnaires de fonds rééquilibrent leurs portefeuilles et les teneurs de marché exécutent de vastes programmes de couverture. Les mouvements en cours de journée peuvent être vifs, directionnels et dénués de cause fondamentale. La règle du Gestionnaire de Risque : durant la semaine de l'OPEX de décembre, réduisez la taille de vos positions, n'ouvrez pas de nouvelles positions, et roulez vers janvier ou mars les positions existantes qui approchent de leur déclencheur de gestion. Ce n'est pas une semaine pour jouer les héros.

Question	YES Path	NO Path

Les résultats sont-ils dans les 5 jours de trading ?	Proceed to next question.	Normal conditions apply. Use Cadre des Six Conditions.
Détenez-vous une position sur ce nom ?	Proceed to next question.	No action needed. Monitor normally.
La position est-elle rentable ?	Envisagez de maintenir la position avec une taille réduite ou une couverture de protection.	Fermer avant les résultats. Ne pas prendre de risque directionnel.
La position est-elle à 50 %+ de profit et à faible risque ?	Maintenir à travers les résultats avec un plan documenté.	Clôturez. Protégez le capital. Entrez à nouveau après la publication.

Figure 27.5 — Schéma Saisonnier de l'IV en Décembre. L'IV se comprime généralement de Thanksgiving jusqu'à mi-décembre (fenêtre d'entrée idéale), grimpe autour de l'OPEX (réduire l'exposition), puis se réinitialise à l'aube de la nouvelle année.

LA LISTE DE VÉRIFICATION DU GESTIONNAIRE DE RISQUE DE DÉCEMBRE

Avant tout trade en décembre : (1) Confirmez le Cadre des Six Conditions — ne tradez pas uniquement sur la saisonnalité. (2) Vérifiez la distance jusqu'à l'OPEX de décembre — s'il reste moins de 5 jours de trading, attendez ou roulez. (3) Vérifiez le Rang de VI — vendez-vous de la prime lorsque la VI est élevée ou simplement normale ? (4) Pour les titres sous pression fiscale (tax-loss), passez-les au crible du filtre des Dix Indicateurs — les ventes temporaires ne créent une opportunité que si l'entreprise est toujours intacte. (5) Appliquez la Règle des 2 % quelle que soit votre conviction saisonnière. Le calendrier est une donnée parmi d'autres. La gestion des risques est non négociable.

L'Arbre de Décision des Résultats : Chaque Situation, Un Cadre

L'arbre de décision des résultats est le seul outil qui remplace toute réflexion ad hoc pendant la saison des résultats.

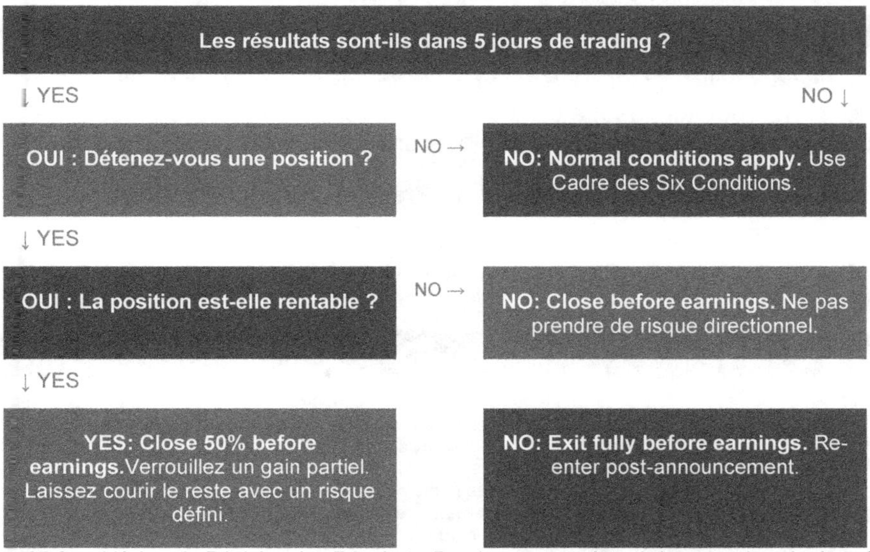

Figure 27.6 — L'Arbre de Décision des Résultats. Devriez-vous maintenir à travers les résultats ? Un cadre systématique.

Utiliser cet arbre chaque dimanche pendant la saison des résultats

Complete Earnings Trade Walkthrough: AAPL Earnings Cycle

Ce qui suit est un parcours complet et en temps réel de la manière dont un trader de rendement de The Premium Desk gère une position sur Apple (AAPL) tout au long d'un cycle de résultats. Il ne s'agit pas de théorie — c'est la séquence exacte des décisions, des calculs et des actions menés du dimanche précédant la publication jusqu'à l'entrée en position de rendement post-résultats. Utilisez ce guide comme modèle pour chaque cycle de résultats que vous traversez.

Scénario : Vous détenez actuellement un short CSP 175 $ sur AAPL, 35 DTE, initié il y a trois semaines avec un crédit de 2,80 $. AAPL s'échange à 189 $. Les résultats sont dans 11 jours. La publication tombe à l'intérieur de votre fenêtre d'échéance.

Phase 1 — La Revue du Dimanche : Identifier le Conflit de Résultats

Vous ouvrez votre calendrier des résultats chaque dimanche pendant la saison des résultats. La vérification du jour révèle : AAPL publie dans 11 jours. Votre Put 175 $ expire dans 35 jours. La publication tombe À L'INTÉRIEUR de votre cycle — il s'agit d'un conflit de résultats.

Premier calcul : Quelle est la valeur actuelle de votre position ? Le Put 175 $ que vous avez vendu pour 2,85 $ est maintenant à. NON : Sortez complètement avant les résultats.

- À 68 % du profit maximum avec 11 jours restants avant les résultats : la décision est évidente. Vous avez capturé la majeure partie de votre avantage. Les 0,90 $ de prime restants ne valent pas le risque binaire de conserver la position pendant une publication de résultats ;
- Les calculs : fermer maintenant verrouille 190 $ de profit par contrat. Maintenir jusqu'à l'expiration risque la prime complète sur un résultat défavorable.
- Décision d'action : CLÔTURER la position avant les résultats. Placez un ordre de rachat (buy-to-close) à 0,90 $ (le cours vendeur actuel) ou légèrement au-dessus du prix médian. Objectif d'exécution : 0,85–$0,95.

Phase 2 — Analyse Pré-Résultats : Se Préparer pour le Rapport

Votre position existante est en cours de clôture. Passez maintenant à l'offensive : à quoi ressemble la configuration des résultats pour AAPL ? Lancez la liste de contrôle d'analyse pré-résultats.

Pre-Earnings Check	AAPL Finding
Current IVR	Le standard minimal du gestionnaire de risques : ne prenez jamais un trade où le gain potentiel est inférieur au risque potentiel — un ratio de 1 :1 est le plancher, 2 :1 ou mieux est la cible pour les transactions directionnelles. Les stratégies de vente de primes inversent cela — elles collectent des gains plus modestes mais plus fréquents — mais les calculs mathématiques doivent tout de même jouer en votre faveur sur un échantillon suffisant de transactions.
Expected Move	ATM weekly straddle (expiring 2 days post-earnings) = $9.50. Mouvement Attendu = $9.50 x 0.85 = $8.08, or ±4.3% on a $189 stock.

Pre-Earnings Check	AAPL Finding
Historical Average Move	Mouvement moyen d'AAPL lors des résultats sur les 8 derniers trimestres : ±3,8 %. Le mouvement attendu (8,08 $) dépasse légèrement la moyenne historique — les options sont à leur juste prix, elles ne sont pas bon marché.
Consensus EPS	Consensus Wall Street : 1,43 $ EPS. Revenus : 89,5 milliards $. Chiffre murmuré (d'earningswhispers.com) : 1,47 $ — légèrement au-dessus du consensus.perers): slightly above consensus, $1.46 EPS.
Sector Context	Alphabet (GOOGL) reported last week: beat on revenue, strong AI monetization. Meta beat. Positive sector tone heading into AAPL.
Pre-Earnings Strategy Eligibility	IVR 58 % + résultats dans 11 jours = spread calendaire ou attendre. PAS de straddle (les options sont à leur juste prix, pas bon marché pour un pari directionnel). Possible : vendre un iron condor avec des ailes au-delà du mouvement attendu.

Décision pré-résultats : Le contexte sectoriel est positif et l'IVR est élevé — les conditions favorisent un iron condor. Cependant, AAPL est connu pour ses mouvements de résultats imprévisibles et le mouvement attendu se situe déjà légèrement au-dessus de la moyenne historique. Décision : aucune position pré-résultats ce trimestre. Attendre la réinitialisation post-résultats. Manquer un trade n'est pas une perte.

Phase 3 — Le Rapport de Résultats : Réagir Sans Émotion

AAPL reports after the close. Ré. Le mouvement moyen d'AAPL lors des résultats sur les 8 derniers trimestres : ±3.8%. Le mouvement attendu ($8.08) dépasse légèrement la moyenne historique — les options sont à leur juste prix, pas bon marché.

Votre réponse face au gap : RIEN. Vous n'avez pas de position. Vous avez rédigé un plan post-résultats avant la publication (Phase 2). À présent, vous attendez. Ne courez pas après le mouvement en marge du marché (after-hours). N'achetez pas de calls sous prétexte que « ça va continuer à monter ». Le plan est le suivant : attendre 3–5 jours que l'IV s'effondre et que l'action trouve sa nouvelle fourchette, puis évaluer une entrée de rendement post-résultats.

- Jour 1 post-résultats : AAPL ouvre à 199 $, clôture à 197 $. Volume important. L'IVR a chuté de 58 % à 24 % en une seule séance — l'IV crush est terminé ;
- Day 2-3: AAPL consolidates between $195 and $200. Volume declining. No new catalysts. IV continues to settle lower; and
- Jour 4 : AAPL se trade à 197 $. IVR à 18 %. Graphique hebdomadaire : tendance haussiè. Alphabet (GOOGL) a publié la semaine dernière : dépassement sur le chiffre d'affaires, forte monétisation de l'IA. Meta a dépassé les attentes. Ton sectoriel positif avant AAPL.

Phase 4 — Entrée Post-Résultats : Reconstruire la Position de Revenus

Jour 4 post-résultats. AAPL à 197 $. Condition 1 confirmée (haussier / faible IV). Dix Indicateurs : AAPL obtient la note de 9/10 — Classe A. À présent, construisez la position de rendement post-résultats.

Sélection de la stratégie : Condition 1 avec une action de forte qualité — CSP ou bull call spread. L'IVR étant faible (18 %), la prime du CSP sera modeste. Le bull call spread offre un meilleur effet de levier dans un environnement de faible IV. Stratégie : bull call spread 30 DTE ciblant la poursuite de la dynamique post-résultats.

Trade Parameter	Specification
Sous-jacent	AAPL at $197
Strategy	Bull Call Spread (Condition 1 — Bullish / Low IV)
Strikes	Buy $195 Call / Sell $205 Call (width = $10)
Expiration	32 DTE monthly expiration — well clear of next earnings
Debit Paid	$3.80 (entering at near mid-price)
Maximum Profit	$10 - $3.80 = $6.20 per share = $620 per contract
Maximum Risk	3,80 $ par action = 380 $ par contrat (le débit)
Objectif de Profit	Fermer quand la valeur du spread atteint 7,60 $ (80 % de largeur = 8 $ moins débit ~50 % de gain sur le débit)it)
Thesis	AAPL confirmed beat, stock in new range above $195, low IV makes debit spread superior to CSP
T-21 Date	Marquer le calendrier : si le spread n'a pas atteint l'objectif en 21 jours, évaluer la fermeture

Résultat (21 jours plus tard) : AAPL a rebondi à 204 $ grâce à la croissance continue des services d'IA. Le spread 195 $/205 $ vaut 7,20 $ — soit un gain de 3,40 $ sur le débit de 3,80 $, ou un rendement de 89 % en 21 jours. Clôturez le spread pour un gain de 340 $ par contrat. Total pour le cycle complet des résultats : 190 $ de profit en clôturant le CSP avant les résultats + 340 $ de profit sur le bull call spread post-résultats = 530 $ par contrat sur l'ensemble du cycle.

RÉSUMÉ DU CYCLE DES RÉSULTATS

Le cycle complet des résultats de The Premium Desk pour toute action de qualité : (1) Clôturer ou protéger toute prime courte à l'intérieur du cycle d'échéance — 7–10 jours avant la publication. (2) Évaluer l'opportunité pré-résultats — uniquement si l'IV et le profil rendement-risque sont incitatifs. (3) Ne rien faire pendant la publication. (4) Attendre 3–5 jours que l'IV se normalise et que l'action trouve sa fourchette de prix. (5) Entrer en position de rendement post-résultats pour profiter pleinement des 10 semaines de piste. Répéter à chaque trimestre. Cette séquence génère des revenus à partir de deux sources — le profit de la clôture anticipée et la position de rendement post-résultats — tout en éliminant le risque binaire lié au maintien de la position pendant la publication elle-même.

CADRE DES SIX CONDITIONS ▸ TOUTES LES SIX — votre psychologie est testée différemment dans chaque conditiondition

Toutes les stratégies de ce livre peuvent être apprises en quelques semaines. La psychologie requise pour exécuter ces stratégies de manière constante prend des mois ou des années. Ce chapitre accélère ce processus.

Vous disposez désormais de chaque stratégie, de chaque cadre de travail et de chaque règle de gestion nécessaires pour trader les options avec profit pour le reste de votre carrière. Mais voici la vérité inconfortable : les stratégies ne constituent pas la partie difficile. La partie difficile consiste à les exécuter lorsque vos émotions hurlent de faire tout autre chose.

Chaque trader qui a fait sauter un compte vous dira la même chose : il connaissait les règles. Il avait le plan. Il ne l'a simplement pas suivi — une seule fois — et cette fois unique a suffi. Ce chapitre traite de l'espace qui sépare la connaissance des règles de leur mise en pratique. C'est le chapitre le plus important du livre.

> Le marché ne récompense pas l'intelligence. Il ne récompense pas la bravoure. Il récompense la discipline — l'exécution ennuyeuse, ingrate, jour après jour, d'un plan éprouvé, indépendamment de ce que vous ressentez.

Les Cinq Pièges Psychologiques qui Détruisent les Traders d'Options

Trap	Comment It Feels	Ce que Ça Vous Pousse à Faire	L'Antidote
Revenge Trading	Colère après une perte. Urgence de récupérer l'argent immédiatement.	Ouvrir une position plus grande que prévu, souvent dans la même action qui vient de vous blesser. Ignorer la liste de vérification.	Après toute perte qui dépasse votre moyenne normale, fermez votre plateforme pendant 24 heures. Ne placez aucun autre trade avant le jour de bourse suivant. Le marché sera encore là demain.
Overconfidence	Une série de victoires vous donne un sentiment d'invincibilité. Les règles semblent superflues parce que vous « lisez le marché à la perfection ».	Augmenter la taille des positions au-delà de votre règle des 2 %. Ignorer la liste de contrôle sous prétexte que « je connais déjà celle-ci par cœur ». Entrer dans des transactions sans plan écrit.	Suivre la série de victoires dans le journal. Quand vous atteignez 5 victoires consécutives, RÉ. Ce que cela vous pousse à faire
Loss Aversion	Une position perd de l'argent et vous ne supportez pas de la fermer parce que fermer rend la perte réelle.	Éloigner votre stop loss. Supprimer complètement votre stop. Pratiquer la méthode des moyennes à la baisse sur une position perdante sans confirmation de la thèse. Conserver un trade perdant pendant des semaines en espérant qu'il se redresse.	Inscrivez le prix de votre stop loss dans votre journal avant d'entrer en position. Lorsque le cours touche votre stop, clôturez la position dans les 5 minutes. Ne la regardez plus pendant 48 heures. La perte était réelle dès l'instant où l'action a franchi votre stop — clôturer la position ne fait qu'acter la réalité.
Le Piège de l'Ennui	Il ne se passe rien. Vos positions sont plates. Le marché est calme. Vous vous sentez agité et improductif.	Ouvrir de nouvelles positions dont vous n'avez pas besoin. Ajuster des positions qui ne nécessitent aucun ajustement. Vérifier votre compte 15 fois par jour en cherchant quelque chose à faire.	Planifiez une activité hors trading pour les jours de marché calme : passez en revue votre journal, étudiez un nouveau secteur, analysez votre prochain calendrier de résultats. La chose la plus dangereuse

Trap	Comment It Feels	Ce que Ça Vous Pousse à Faire	L'Antidote
			qu'un trader de rendement puisse faire est de trader par ennui.
FOMO (Fear of Missing Out)	Une action que vous surveilliez effectue un mouvement massif sans vous. D'autres traders affichent des gains. Vous vous sentez laissé de côté.	Entrer en position alors que le mouvement a déjà eu lieu, en courant après la dynamique au pire point d'entrée possible. Acheter des calls au sommet d'un rallye sous prétexte que « ça pourrait continuer à monter ».	Inscrivez le ticker et la date dans votre journal sous la mention « Trades Manqués ». Passez en revue chaque mois. Vous constaterez que la plupart des entrées dictées par le FOMO auraient été perdantes. Le mouvement a déjà eu lieu — votre avantage réside dans la configuration suivante, pas dans la poursuite de celle-ci.

Chacun de ces pièges présente un point commun : il semble rationnel sur le moment. Le trading de revanche ressemble à de la détermination. L'excès de confiance ressemble à du talent. L'aversion à la perte ressemble à de la patience. Le trading par ennui ressemble à de l'initiative. Le FOMO ressemble à une opportunité. La capacité à reconnaître ces déguisements — en temps réel, sous pression — est ce qui sépare le trader qui survit de celui qui échoue.

Le Journal Comportemental : Suivre votre psychologie

Votre journal de trading suit déjà les entré. Il ne se passe rien. Vos positions sont plates. Le marché est calme. Vous vous sentez agité et improductif.

Trade	Résultat	Rule Followed?	Si Non — Quelle Émotion ?	Correction pour la Prochaine Fois
AAPL CSP	+$180	Yes	—	—
TSLA Bull Call	-$420	No	FOMO — entré après un rallye de 8 %, chassé le mouvement	Attendre un repli vers la MME 20 jours avant d'entrer dans des trades directionnels
MSFT IC	+$95	Yes	—	—
SPY Put buy	-$310	No	Revanche — ouvert 2 heures après une perte sur TSLA pour « se refaire »	Règle 24 heures : pas de trades pendant 24 heures après une perte dépassant 300 $
AMZN CSP	+$210	Yes	—	—

Dans cet exemple, les trois transactions gagnantes ont toutes suivi les règles. Les deux transactions perdantes ont toutes deux impliqué un contournement émotionnel. Le schéma est évident après cinq transactions — il serait invisible sans la colonne comportementale. Après 50 transactions, vous saurez exactement quelles émotions vous coûtent de l'argent, combien elles vous coûtent et ce qui les déclenche. Ces données ont plus de valeur que n'importe quelle stratégie.

Construire la Résilience Émotionnelle : Le Protocole de Discipline sur 90 Jours

La discipline n'est pas une question de volonté — c'est une habitude. Vous ne pouvez pas vous forcer à suivre des règles sous pression si vous n'avez pas construit les voies neuronales par la répétition. Le protocole de discipline de 90 jours entraîne votre psychologie de trading de la même manière que votre paper trading a entraîné l'exécution de votre stratégie :

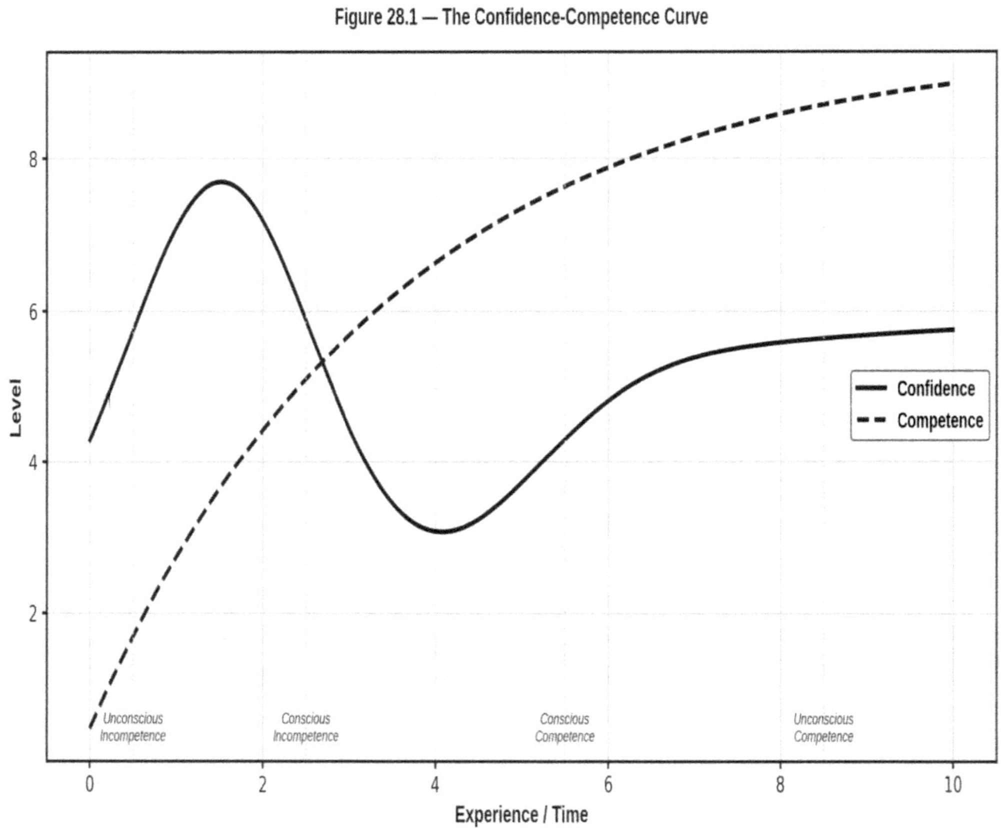

Figure 28.1 — La Courbe Confiance-Compétence. De l'incompétence inconsciente à la compétence inconsciente.conscious mastery.

- Jours 1 à 30 : Rédigez chaque soir votre plan de trading pour le lendemain. Incluez les entrées spécifiques que vous surveillez, la taille des positions et les niveaux de stop. Le matin, exécutez UNIQUEMENT ce qui figure sur le plan. Rien d'autre. Consignez chaque écart ;
- Jours 31–60 : Ajouter la règle des 24 heures après toute perte dépassant 1 % du compte.

- Jours 61–90 : Ajouter la revue comportementale hebdomadaire. Chaque dimanche, revoir le journal comportemental. Identifier les schémas.

Aversion aux Pertes : L'Émotion la Plus Coûteuse dans le Trading

L'aversion à la perte est la tendance psychologique à ressentir la douleur d'une perte avec une intensité environ deux fois supérieure au plaisir d'un gain équivalent. En trading, cette asymétrie produit un schéma spécifique et dévastateur : les traders conservent leurs positions perdantes bien plus longtemps que ne l'autorisent leurs règles, et clôturent leurs positions gagnantes bien trop tôt. La position perdante est conservée parce que sa clôture matérialise la perte. La position gagnante est clôturée parce que la prise de profit élimine l'anxiété de la voir disparaître. Ces deux comportements détruisent la performance à long terme, même lorsque le trader a raison sur la direction plus de 50 % du temps.

Psychological Trap	Ce que Ça Produit	System Override
Fear of Loss	Undersizing; closing too early.	2% Rule enforces correct sizing.
FOMO	Chasing trades; ignoring conditions.	Six-Condition check prevents FOMO entries.
Overconfidence	Oversizing after wins.	Taille de position liée au compte, pas aux sentiments.
Revenge Trading	Doubling down on losers.	Stop-loss orders enforce exits mechanically.
Analysis Paralysis	Missing entries; over-researching.	Pre-flight check provides clear go/no-go.
Boredom Trading	Trader quand aucune condition n'est active.	Rule: No condition, no trade. Period.

Figure 28.2 — Le Cadre Psychologie-Discipline. Comment les déclencheurs émotionnels s'associent aux erreurs de trading et aux contre-systèmes.

L'antidote réside dans des règles écrites appliquées avant que l'émotion n'intervienne. Avant d'entrer dans une position, notez trois chiffres : votre objectif de profit (généralement 50 % du profit max pour les transactions à crédit), votre niveau de stop (généralement 2× le crédit reçu), et votre période de détention maximale. Lorsque l'un de ces chiffres est atteint, clôturez la position dans les cinq minutes. Ne la regardez plus. La perte était réelle dès que le stop a été déclenché. Clôturer ne fait qu'acter la réalité.

LE DISJONCTEUR D'AVERSION AUX PERTES

Chaque fois que vous déplacez un stop loss pour donner plus d'espace à une position, vous laissez l'aversion à la perte dicter vos décisions de trading. Rédigez votre stop avant d'entrer. Respectez-le au prix de déclenchement. Si vous vous surprenez à négocier avec votre stop — « juste un peu plus d'espace » — clôturez la position immédiatement. La négociation est le signal que l'émotion a pris le dessus.

La Routine Matinale Pré-Marché : Définir Votre État Psychologique

Les traders professionnels n'ouvrent pas leurs plateformes à froid. Avant tout temps d'écran, le trader discipliné fait une révision

Disjoncteurs Émotionnels : Règles Strictes pour Quand Vous N'êtes Pas en État

Chaque trader connaît des jours où il n'est pas dans l'état psychologique adéquat pour prendre de bonnes décisions. Une série de pertes, une crise personnelle, un manque de sommeil ou une simple frustration peuvent altérer le jugement de manière invisible pour la personne qui les subit. Les disjoncteurs sont des règles préétablies qui retirent la décision de vos mains lorsque votre jugement est le plus susceptible d'être altéré.

Trigger	Coupe-Circuit Rule	Duration
Loss > 2x average daily loss	Close platform. No new trades.	24 hours minimum
3 consecutive losing trades	Arrêter de trader pour la journée.	Rest of session
Hit monthly drawdown limit	Arrêter de trader pour le mois.	Until next month 1
Personal crisis or stress event	Reduce to half size or stop.	Until resolved
Sentiment d'urgence / doit trader	Ne pas trader aujourd'hui.	Until urge passes

Le Protocole de Discipline sur 90 Jours

Les 90 premiers jours de trading en réel sont les plus importants de la carrière d'un trader. Non pas en raison des sommes en jeu — la taille des comptes à ce stade est trop modeste pour que les gains et pertes importent — mais parce que les habitudes formées au cours de ces 90 premiers jours deviennent les comportements par défaut sous la pression. Chaque écart par rapport à vos règles écrites au cours des 90 premiers jours facilite l'écart suivant. Chaque fois que vous respectez une règle sous la pression, vous renforcez le chemin neuronal de la discipline.

Le protocole est simple. Pour les 30 premiers jours : un maximum d'une seule position ouverte à la fois. Pas d'exception. Clôturez-la avant d'en ouvrir une autre. Pour les jours 31 à 60 : maximum deux positions simultanées. Liste de contrôle pré-trade complète obligatoire pour chaque entrée. Pour les jours 61 à 90 : maximum trois positions. Commencez à suivre les schémas comportementaux dans votre journal. Au jour 90, vous devriez disposer d'un profil comportemental clair : quelles émotions vous coûtent de l'argent, ce qui les déclenche et quel est votre taux de réussite par condition. Ces données ont plus de valeur que n'importe quelle stratégie.

Le Protocole de Reprise Après Série de Pertes

Une série de pertes n'est pas le signe que votre stratégie est défaillante. C'est un événement statistique normal dans tout système de trading dont le taux de réussite est inférieur à 100 %. Un système avec un taux de réussite de 70 % produira des séries de 3 pertes consécutives environ 2,7 % du temps, et des séries de 4 pertes consécutives environ 0,8 % du temps. Ces séries sont inévitables. Ce qui n'est pas inévitable, c'est la façon dont vous y réagissez.

Le protocole de recouvrement après une série de pertes comporte quatre étapes. Chaque étape se déclenche à un seuil spécifique et impose une réponse précise. Ces étapes ne sont pas facultatives — ce sont les disjoncteurs qui protègent votre capital et votre psychologie avant qu'une série de pertes ne se transforme en une crise de baisse de capital (drawdown).

Stage 1 — Two Consecutive Losses

Examinez chaque trade au regard de vos règles. Les règles ont-elles été suivies ? Si oui : les pertes relèvent du bruit statistique. Réduisez la taille des positions de 25 % pour les trois prochains trades et continuez à trader. Si non : identifiez la règle transgressée. Ne tradez plus tant que vous n'avez pas compris pourquoi la règle a été enfreinte et que vous n'avez pas rédigé une correction spécifique dans votre journal de trading. Nommez la règle. Nommez le moment où vous l'avez enfreinte. Écrivez la solution.

Stage 2 — Three Consecutive Losses (Rules Followed)

Réduisez la taille des positions de 50 % et ajoutez une seconde exigence de confirmation à chaque nouvelle entrée. À partir de ce stade, n'entrez en position que si votre propre analyse en six conditions et une invite d'IA confirment indépendamment la même condition de marché. Deux entrées, une conclusion. S'il y a divergence, ne tradez pas.

Stage 3 — Four Consecutive Losses

Arrêtez de trader pendant 48 heures. Éloignez-vous complètement des écrans. Revenez ensuite et passez en revue les quatre trades perdants ensemble — et non individuellement — en cherchant un schéma commun. Existe-t-il un élément partagé ? Même secteur ? Même fourchette de DTE ? Même condition de marché ? Même moment de la semaine ? Si un schéma existe, vous avez identifié une faille dans l'avantage de votre système, et non un problème psychologique. Cette faille devient la prochaine règle à ajouter à votre liste de contrôle.

Stage 4 — Five Consecutive Losses

Revenez au paper trading pour un minimum de 10 jours, quelle qu'en soit la cause. Ce n'est pas une punition. C'est une réinitialisation complète du système. Cinq pertes consécutives — qu'elles découlent du respect ou de la violation des règles — indiquent que quelque chose dans votre lecture du marché, votre exécution ou votre gestion des positions est suffisamment désaligné pour nécessiter un retour à un risque zéro. Pratiquez le paper trading sur le même système, la même liste de contrôle et les mêmes tailles. Lorsque vous alignez cinq paper trades consécutifs respectant toutes les règles, vous pouvez revenir au capital réel.

LES PERTES SONT DES DONNÉES, PAS UN ÉCHEC

Chaque trade perdant qui a suivi vos règles est une donnée prouvant que votre système fonctionne correctement. La perte est le coût d'exercice de l'activité — c'est la prime que vous payez pour avoir le droit de collecter des revenus sur des centaines de trades au fil du temps. Le trade perdant qui a enfreint vos règles est le seul qui devrait vous préoccuper, car il représente une défaillance du processus, et non une défaillance des statistiques. Suivez le respect des règles, pas seulement le taux de réussite.

Condition-Specific Psychological Traps

Chacune des six conditions crée un environnement psychologique distinct qui génère ses propres pièges comportementaux spécifiques.

Condition	Environment	Psychological Trap	Antidote
1 — Bull/Low IV	Rising market, cheap options	Acheter trop de calls, surleviérager la tendance	Règle de 2 % par trade, pas par direction
2 — Bull/High IV	Income environment, high premium	Selling too aggressively, ignoring assignment risk	Pre-defined assignment plan before entry
3 — Bear/Low IV	Falling market, fear growing	Acheter des puts au bas du mouvement, chasser	N'entrer que sur des rebonds échoués, pas les capitulations
4 — Bear/High IV	Fear spike, elevated VIX	Paralysis or panic-selling winners prematurely	Rules-based target: close at 50% of max profit
5 — Range/High IV	Choppy, condor environment	Ajuster les condors trop tôt, combattre le range	N'ajuster que quand un prix d'exercice court est dépassé
6 — Range/Low IV	Quiet, calendar environment	Over-trading out of boredom, opening bad risk	Minimum calendar : attendre le signal de compression BB

L'Auto-Évaluation du Trader : Où Être-Vous en Ce Moment ?

Remplissez cette auto-évaluation honnêtement une fois par mois, lors d'un jour neutre, à l'écart de toute activité de trading récente. Notez chaque affirmation de 1 (jamais) à 5 (toujours). Un score total de 40–50 indique une solide discipline d'exécution. Un score inférieur à 30 indique la nécessité de réduire la taille des positions ou de revenir au trading sur papier (paper trading) jusqu'à ce que le score s'améliore.

Statement	1–2	3	4–5
Je suis ma liste de vérification d'entrée sur chaque trade sans exception	__	__	__
I close positions at my profit target without second-guessing	__	__	__
I honor my stop-loss levels without moving them	__	__	__
Je maintiens le bon dimensionnement des positions selon la règle de 2 %	__	__	__
Je vérifie le calendrier des résultats avant chaque nouvelle entrée d'options	__	__	__
I complete my morning routine before opening my platform	__	__	__
Je peux identifier la lecture des six conditions actuelle sans hésitation	__	__	__
I review my trades in my journal within 24 hours of closing	__	__	__
Je trade sans influence significative de la peur ou de l'excitation	__	__	__
Quand je fais une violation de règle, je l'enregistre et j'en tire les leçons	__	__	__

La Neuroscience des Mauvaises Décisions de Trading

Le cerveau humain n'a pas été conçu pour le trading. Il a été conçu pour la survie dans la savane africaine il y a 200 000 ans — et le câblage neuronal qui a permis à nos ancêtres de rester en vie est le câblage exact qui détruit les comptes de trading aujourd'hui. Comprendre cela n'est pas une excuse. C'est une carte. Vous ne pouvez pas combattre un système que vous ne comprenez pas.

—

Le deuxième mécanisme est l'anticipation de la dopamine. Lorsque vous ouvrez un trade gagnant, votre cerveau libère de la dopamine — le même neurotransmetteur activé par les jeux de hasard, la nourriture et la reconnaissance sociale. La dopamine est libérée non pas au moment du gain, mais lors de l'anticipation du gain. C'est pourquoi les traders conservent leurs positions gagnantes trop longtemps (à la recherche du prochain pic de dopamine), renforcent leurs positions gagnantes de manière impulsive (la dopamine circule), et ressentent un réel inconfort physique lorsqu'ils clôturent un gagnant à l'objectif systématique. Le système fonctionne correctement. Le cerveau proteste.

Le troisième mécanisme est l'aversion à la perte au niveau neurologique. Les études d'imagerie cérébrale montrent que les pertes financières activent l'insula — la même région qui traite la douleur physique. Une perte de 500 $ est neurologiquement douloureuse d'une manière qu'un gain de 500 $ n'est pas plaisant. Le ratio de 2 :1 n'est pas une statistique — c'est de la neurologie. Votre cerveau vous combattra chaque fois que vous prendrez une perte. La règle écrite est votre cortex préfrontal qui s'adresse à votre amygdale à l'avance. Rédigez la règle avant la perte — pour que le cortex préfrontal l'emporte.

LE REMPLACEMENT PRÉFRONTAL

Le plan de trading écrit — lecture de la condition, déclencheur d'entrée, taille de la position, objectif de profit, niveau de stop — est votre cortex préfrontal qui s'adresse à votre amygdale avant que celle-ci ne s'emballe. Lorsque le cours se retourne contre vous et que votre rythme cardiaque s'accélère, votre cortex préfrontal a déjà perdu l'arbitrage. Le plan l'emporte en arrivant le premier. C'est pourquoi la liste de contrôle pré-trade n'est pas une suggestion. C'est le disjoncteur de votre cerveau — déjà en place avant que le piratage émotionnel ne commence.

Les Sept Biais Cognitifs qui Détruisent les Traders d'Options

Les biais cognitifs sont des erreurs systématiques de pensée — prévisibles, universelles et invisibles pour la personne qui les subit. Chaque trader possède les sept. Le but n'est pas de les éliminer (c'est impossible), mais de bâtir des règles qui les neutralisent avant qu'ils ne s'activent. Chaque biais ci-dessous trouve une expression spécifique dans le trading d'options et possède un antidote structurel propre.

Bias	Ce Que C'est	Comment cela tue les traders d'options	L'Antidote
Confirmation Bias	Rechercher des informations confirmant votre thèse existante et rejeter les informations qui la contredisent.t contradicts it.	Vous trouvez 5 signaux haussières et ignorez les 2 baissiè. Le plan de trading écrit — lecture de la condition, déclencheur d'entrée, taille de la position, objectif de profit, niveau de stop — est votre cortex préfrontal qui s'adresse à votre amygdale avant que celle-ci ne s'emballe. Lorsque la position se retourne contre vous et	Exigez un argument baissier dans chaque note de votre journal de trading. Si vous ne pouvez pas construire un scénario baissier crédible, vous ne comprenez pas assez le risque de la position pour la trader.

Bias	Ce Que C'est	Comment cela tue les traders d'options	L'Antidote
		que votre rythme cardiaque s'accélère, votre cortex préfrontal a déjà perdu l'arbitrage. Le plan l'emporte en arrivant le premier. C'est pourquoi la liste de contrôle pré-trade n'est pas une suggestion. C'est le disjoncteur de votre cerveau — déjà en place avant que le piratage émotionnel ne commence.	
Recency Bias	Surpondérer les événements récents et sous-pondérer les taux de base historiques.	Après trois trades gagnants, vous croyez que le système a un taux de réussite de 90 %. Après trois trades perdants, vous croyez que le système est défaillant. Ni l'un ni l'autre n'est vrai — les deux découlent du biais de récence.	Revoir le taux de réussite des 50 derniers trades mensuellement, pas les 3 derniers. Exiger une signification statistique avant de modifier les règles.
Anchoring	Se fixer sur un prix initial et prendre toutes les décisions ultérieures par rapport à ce point d'ancrage. anchor.	Vous avez acheté un call à 3,20 $. Il vaut maintenant 1,80 $. Vous ne pouvez pas le clôturer parce que vous êtes ancré à 3,20 $. La question n'est jamais de savoir où vous êtes entré — elle est de savoir si vous entreriez au cours actuel aujourd'hui.	Le trader rachète les actions au cours inférieur pour clôturer la position.
Sunk Cost Fallacy	Continuer une position perdante à cause des ressources déjà engagées plutôt que des perspectives futures.he future outlook.	« Je ne peux pas clôturer ce CSP perdant — j'ai déjà encaissé la prime et je ne prends pas de perte. » La prime encaissée est du passé. La question concerne le risque actuel, pas le crédit passé.	Rédigez cette règle dans votre plan de trading : le coût d'une position est sa valeur marchande actuelle, et non son historique d'entrée. Évaluez chaque position quotidiennement, comme si vous y entriez pour la première fois aujourd'hui.
Overconfidence	Surestimer la précision de vos prédictions et la force de votre avantage.	Après une série de victoires, les tailles de position dérivent vers le haut. La règle de 2 % devient 3 %, puis 5	Verrouiller les tailles de position à la règle de 2 % dans le plan. Aprè. Vous avez acheté un call à $3.20.

Bias	Ce Que C'est	Comment cela tue les traders d'options	L'Antidote
		%. Conviction overrides math. One large loss destroys three months of disciplined gains.	Il vaut maintenant $1.80. Vous ne pouvez pas le clôturer parce que vous êtes ancré à $3.20. La question n'est jamais de savoir où vous êtes entré — elle est de savoir si vous entreriez au cours actuel aujourd'hui.
Gambler's Fallacy	Croire que des événements passés et indépendants influencent des événements futurs et indépendants.	Après trois trades perdants d'affilée, vous augmentez la taille de la transaction suivante parce que « vous devez bien finir par gagner ». Chaque trade est statistiquement indépendant. Le marché ignore votre série en cours.	Traitez chaque trade comme s'il s'agissait du premier de votre carrière. Calibrez la taille de la position sur la base de la valeur actuelle du compte et de la règle des 2 % — jamais sur l'historique d'une série.
FOMO — Fear of Missing Out	Entrer dans des trades basés sur la peur de manquer un mouvement plutôt que sur un setup systématique.	SPY ouvre sur un gap haussier de 2 %. Vous entrez sur un call long sans analyse de la condition parce que vous estimez que le mouvement est réel. Vous achetez au sommet du gap. Le gap se comble. Vous perdez la prime.	Les traders au swing discrétionnaires perdent de l'argent lorsqu'ils tradent au sentiment. Le trader au swing professionnel utilise une liste de contrôle structurée — chaque entrée doit valider chaque élément avant qu'une position ne soit ouverte. Si une seule case n'est pas cochée, la transaction n'a pas lieu. La configuration suivante finit toujours par arriver.

Les Quatre Types de Personnalié du Trader — Connaître le Vôtre

Il n'existe pas de faiblesse psychologique universelle en trading — il y a quatre modes de défaillance distincts, chacun étant dicté par une structure de personnalité différente. La plupart des traders possèdent un type dominant assorti de caractéristiques secondaires. Connaître votre type n'excuse pas le comportement — cela vous indique quelles règles rédiger en priorité, quelles situations éviter et où votre discipline sera mise à l'épreuve le plus durement.

Type	Dominant Trait	Signature Failure	Tells	Correction Protocol
Le Trader Agressif	Haute tolérance au risque. S'épanouit dans l'action. A besoin de se sentir dans le marché.	Oversizing in high-conviction setups. Revenge trading after losses. Adding to losers to 'average down.' Cannot sit in cash.	Multiples positions ouvertes simultanément. Tailles de position dérivant au-dessus de 2 %. Entrées de journal qui rationalisent les violations de règles en les qualifiant de « situations spéciales ».	Limite stricte de positions : un maximum de 3 positions ouvertes, quelle que soit votre conviction. Période de refroidissement obligatoire de 24 heures après toute perte supérieure à 1,5 % du compte. Le cash est une position — traitez-le comme tel.
Le Trader Craintif	Forte aversion aux pertes. Aversion au risque au-delà de ce que le système exige. A besoin de certitude avant d'agir.re acting.	Prendre ses profits trop tôt (50 % de l'objectif au lieu de 75 %). Manquer des entrées parce que la configuration « ne semble pas bonne ». Clôturer des positions sur une volatilité normale avant que la thèse ne se résolve.	Entrées de journal avec des phrases comme « inconfort ressenti », « semblait risqué », « pas sû. Protocole de correction	Exigez la violation de 3 règles avant de clôturer prématurément une position. Si la condition, la thèse fondamentale et la structure technique sont toutes intactes — tenez bon. Un sentiment d'inconfort n'est pas une règle.
Le Trader Perfectionniste	Ne peut pas tolérer l'ambiguïté. A besoin du setup parfait avant d'agir. Sur-analyse.	Paralyse — observer le bon setup depuis les lignes de côté parce qu'un indicateur n'est pas parfaitement aligné.	Entrées de journal avec « J'ai vu le setup mais j'ai attendu une confirmation qui n'est jamais venue. » Faible taux d'exécution.	Définissez ce qui est « assez bon » dans votre plan de trading : si 7 des 10 éléments de la liste de contrôle sont satisfaits, y compris l'analyse de la condition et le filtre fondamental — le trade est approuvé. La perfection n'est pas une condition.
Le Trader Impulsif	Agit avant de penser. Exécute avant que la liste soit complète. Fait confiance à l'instinct plutôt qu'au système. system.	Entrées FOMO sans analyse de la condition. Augmenter la taille en milieu de position parce que « ça fonctionne ». Clôturer les gagnants au point mort sous prétexte que « ça pourrait se retourner ». Zéro patience pour	Trades ouverts dans les 5 minutes d'un mouvement de marché. Entrées de journal sans liste de vérification pré-trade.ecklist completed. Inconsistent results — spectacular wins followed by	Période d'attente obligatoire de 15 minutes entre l'identification d'une configuration et l'exécution du trade. Pendant ces 15 minutes : complétez la liste de contrôle intégrale. Si la configuration a disparu après 15

Type	Dominant Trait	Signature Failure	Tells	Correction Protocol
		laisser le système se déployer.	account-damaging losses.	minutes, c'est que la configuration était dictée par le FOMO.

IDENTIFIEZ VOTRE PROFIL — PUIS LÉGIFÉREZ CONTRE LUI

La plupart des traders ont un type dominant et un type secondaire. L'Agressif-Impulsif est le plus dangereux — action sans système.

Le Changement d'Identité : De Spéculateur à Gestionnaire de Risque

Le changement psychologique le plus puissant qu'un trader puisse opérer n'a rien à voir avec les stratégies, les indicateurs ou les Grecs. C'est un changement d'identité. Le spéculateur demande : combien puis-je gagner ? Le gestionnaire de risques demande : combien puis-je perdre ? Ces deux questions produisent des comportements de trading totalement différents, des tailles de positions totalement différentes et des résultats à long terme totalement différents.

Le spéculateur est émotionnellement attaché au résultat de chaque trade. Un trade gagnant confirme qu'il est intelligent. Un trade perdant confirme qu'il est un raté. Cet enjeu émotionnel fait de chaque trade un référendum sur sa propre valeur — et sous cette pression, la prise de décision rationnelle s'effondre. Le gestionnaire de risques est émotionnellement attaché au processus. Un trade gagnant est la preuve que le processus a fonctionné. Un trade perdant qui a suivi toutes les règles est également la preuve que le processus a fonctionné. Le résultat et la valeur personnelle sont déconnectés.

Le changement d'identité n'est pas instantané. Il se produit par la répétition — 90 jours de consignation du processus plutôt que du résultat, 90 jours de calibrage correct des tailles même lorsque la conviction est forte, 90 jours de clôture à l'objectif même lorsque vous croyez que la position pourrait courir plus loin. Après 90 jours de comportement axé en priorité sur le processus, l'identité change parce que le comportement a changé en premier. Vous ne façonnez pas une nouvelle identité par la pensée. Vous la façonnez par vos actes.

Le Spéculateur Pense...	Le Gestionnaire de Risque Pense...
"Combien puis-je gagner sur ce trade ?"	"Quel est le maximum que je peux perdre, et est-ce acceptable ?"
"Ce setup semble juste — j'ai un bon pressentiment."	"Ce setup passe-t-il la liste de vérification pré-trade ? Oui ou non."
"Je ne peux pas fermer ce perdant — ça pourrait se redresser."	"La thèse est brisée. Je ferme la position et redéploie le capital."
"J'avais raison sur la direction mais j'ai quand même perdu. Le système est faux."	"J'ai suivi les règles. La perte est le coût des affaires."
"Je dois récupérer ce que j'ai perdu cette semaine."	"Le P&L de cette semaine n'a aucune incidence sur les décisions de trade de la semaine prochaine."

Le Spéculateur Pense...	Le Gestionnaire de Risque Pense...
"Le marché a tort. Mon analyse est correcte."	"Le marché a toujours raison. Mon analyse est une probabilité, pas un fait."
"J'aurais dû gagner plus — j'ai fermé trop tôt."	"J'ai fermé à l'objectif. Le processus était correct. Prochain trade."

LA DÉCLARATION D'IDENTITÉ

Inscrivez ceci dans votre plan de trading, au sommet de chaque page : « Je suis un gestionnaire de risques. Mon travail consiste à protéger le capital et à le déployer systématiquement. Le marché ne me doit rien. Mon processus me doit de la constance. » Lisez-le avant chaque séance de trading. Ce n'est pas de la motivation — c'est un amorçage cognitif qui active l'identité du gestionnaire de risques avant que l'identité du spéculateur n'ait une chance de prendre le volant.

Le Piège de la Série Gagnante : La Surconfiance est Aussi Dangereuse que la Peur

Chaque trader comprend que les séries de pertes sont dangereuses. Presque aucun ne comprend que les séries

Les preuves apparaissent dans le journal de trading avant de se manifester dans le P&L. Surveillez ces signes d'alerte dans votre propre journal après toute série de trois gains consécutifs :

- Tailles de position glissant au-dessus de la règle de 2 % — « juste cette fois, parce que le setup est exceptionnel ».eptional';
- Entrées sans listes complètes — « Je connais ce setup, je n'ai pas besoin de vérifier ».check';
- Prolonger les objectifs de profit au-delà des niveaux définis — « Je pense qu'il peut continuer plus loin ».ther';
- Ouvrir plus de positions simultanées que les règles l'autorisent — « J'ai la capacité pour une de plus ».one more'; and
- Ignorer la vérification du calendrier des résultats — « ce nom n'a pas de nouvelles à venir ».

Winning Streak Length	Overconfidence Risk	Mandatory Response
3 consecutive wins	Low — normal statistical variation	Revoir les 3 derniers trades pour la conformité aux règles. Si les règles ont été suivies, continuer normalement.lly.
5 consecutive wins	Moderate — dopamine elevation beginning	Auditer les tailles de position des 5 derniers trades. Confirmer que chacun était dans la rè. Ignorer la vérification du calendrier des résultats — 'ce nom n'a pas d'actualité à venir'.
7 consecutive wins	High — overconfidence actively distorting judgment	Le cycle économique ne vous indique pas seulement quels secteurs trader — il vous indique avec quelle agressivité gérer vos positions ouvertes. En phase d'expansion initiale,

Winning Streak Length	Overconfidence Risk	Mandatory Response
		vous pouvez vous permettre de conserver vos positions plus longtemps et de rouler de manière proactive avec confiance. En phase d'expansion tardive et de contraction initiale, vous devriez resserrer la discipline de gestion, rouler plus tôt et réduire le nombre de positions simultanées.
10+ consecutive wins	Severe — system review required	Arrêtez-vous et auditez l'intégralité de la série de gains. Êtes-vous dans une condition de marché exceptionnellement favorable ? Votre avantage s'est-il réellement amélioré, ou s'agit-il d'une série statistique aberrante ? Réduisez la taille à 50 % jusqu'à ce que le paysage statistique se normalise.

LA RÈGLE DE SYMÉTRIE

Appliquer le même protocole de discipline aux séries gagnantes qu'aux séries perdantes. Après 5 victoires consécutives, réduire

Decision-Making Under Market Stress: Flash Crashes, News Événements,

Les moments les plus dangereux dans le trading ne sont pas les jours de dérive calme. Ce sont les mouvements soudains et violents qui déclenchent la réaction émotionnelle.

La réponse du professionnel face à un marché rapide est contre-intuitive : en faire moins, pas plus. L'amateur répond à la volatilité en agissant — couvrir les positions, renforcer les lignes, placer de nouveaux trades, vérifier les prix toutes les 30 secondes. Le professionnel répond à la volatilité en revenant au plan écrit au préalable et en exécutant uniquement ce que le plan spécifiait déjà.

Stress Événement	Amateur Response	Professional Response	La Règle
Flash crash — SPY drops 3%+ in 10 minutes	Fermer toutes les positions en panique. Tout vendre. « Sortir maintenant. »	Vérifier la lecture des six conditions. La condition a-t-elle réellement changé ? Revoir les niveaux de stop. Aucune position n'est fermée sans raison écrite.	Aucune position n'est fermée lors d'un mouvement flash sauf si elle a atteint un niveau de stop pré-écrit. É. Les moments les plus dangereux en trading ne sont pas les jours calmes de dérive baissière. Ce sont les mouvements soudains et violents — le krach éclair, la déclaration inattendue de la Fed, le gap d'avant-marché,

Stress Événement	Amateur Response	Professional Response	La Règle
			l'arrêt par disjoncteur. Dans ces moments, l'amygdale s'active pleinement, le cortisol envahit la circulation sanguine et le cortex préfrontal est fonctionnellement hors ligne. Chaque décision prise dans cet état sera dictée par l'émotion, et statistiquement, les décisions dictées par l'émotion sur un marché rapide sont erronées.
Unexpected Fed statement — hawkish surprise	Acheter immédiatement une protection put sur tous les longs. Ajouter des shorts impulsivement.	Passez en revue vos couvertures existantes. Sont-elles en place ? Vérifiez le delta. Si le delta global du portefeuille se situe dans la fourchette définie, aucune action n'est requise.	La couverture de votre portefeuille existe déjà. Un événement d'actualité ne requière pas une nouvelle couverture, à moins que la condition n'ait changé et que votre couverture existante soit devenue insuffisante.
Pre-market gap against a position	Fermer la position à l'ouverture du marché quel que soit le prix.	Attendez les 15 premières minutes de cotation. Les gaps se comblent plus de 60 % du temps au cours de la première heure. Vérifiez votre niveau de stop par rapport au gap.	Vérifiez l'analyse des six conditions. La condition a-t-elle réellement changé ? Passez en revue vos niveaux de stop. Exécutez uniquement les stops prévus dans le plan.
Une position se déplace de 50 % contre vous en une session	Doubler la mise — « ça ne peut pas aller plus bas. »	Vérifier la thèse. Le cas fondamental est-il encore intact ? La condition est-elle encore la même ? Si oui : le stop n'est pas déclenché.	La thèse, pas le P&L, pilote la décision de tenir ou fermer. Une position en baisse de 50 % sur un stop non atteint est gérée, pas fermé. Passez en revue vos couvertures existantes. Sont-elles en place ? Vérifiez le delta. Si le delta global du livre se situe dans la fourchette définie, aucune action n'est requise.
News event within DTE window on an open position	Tenir et espérer. « Les nouvelles sont déjà valorisées. »	Clôturez la position avant l'événement si celui-ci représente un risque binaire. Les	Les principes abstraits de construction de portefeuille ne sont utiles que lorsque vous

Stress Événement	Amateur Response	Professional Response	La Règle
		résultats, les décisions de la FDA et les votes de fusion sont des événements binaires — pas des événements d'options.	pouvez les voir appliqués à de vraies positions. Ce qui suit est un portefeuille long/short complet de six positions dans un environnement de Condition 2 (Haussier, Forte IV) — la condition génératrice de revenus la plus courante pour le trader d'options professionnel. Chaque position possède un rôle défini, un risque défini et un plan de sortie défini. Le portefeuille global montre comment des positions individuelles se combinent en un système géré et intentionnel.

LE PROTOCOLE DE STRESS

Lorsque le marché se retourne violemment contre vous, suivez cette séquence exacte avant de toucher à quoi que ce soit : (1) Fermez la plateforme de trading pendant 60 secondes. Éloignez-vous de l'écran. (2) Revenez et lisez votre plan de trading écrit au préalable pour la position affectée. (3) Vérifiez seulement deux choses : votre niveau de stop écrit au préalable a-t-il été atteint, et la thèse fondamentale a-t-elle été brisée. (4) Si la réponse est oui à l'un des deux : exécutez la sortie. Si c'est non aux deux : ne faites rien. La violence du marché n'est pas un mandat pour votre action. Votre plan l'est.

Le Protocole de Revue du Week-end : Préparation Psychologique pour la Semaine à Venir

Les traders professionnels ne commencent pas leur travail le lundi matin. Ils commencent le dimanche — en passant en revue leurs performances psychologiques de la semaine précédente, en évaluant leur état mental actuel et en préparant leurs cadres de décision pour les cinq jours de trading à venir. La revue du week-end n'est pas un exercice d'analyse sur le marché. C'est un exercice de calibrage psychologique sur le trader.

La revue psychologique hebdomadaire couvre quatre questions auxquelles aucune analyse de marché ne répond : Ai-je suivi mes règles la semaine dernière ? Où ai-je ressenti la plus forte pression émotionnelle ? Quel est mon état d'esprit actuel à l'approche de cette semaine ? Que vais-je faire différemment cette semaine sur la base de mon journal comportemental de la semaine dernière ?

Review Composante	Ce qu'il Faut Faire
Rule Compliance Audit	Examinez chaque trade de la semaine écoulée au regard de la liste de contrôle pré-trade. Marquez chaque transaction : Pleine Conformité /

Review Composante	Ce qu'il Faut Faire
	Conformité Partielle / Règle Transgressée. Calculez votre taux de respect des règles pour la semaine. Objectif : 90 %+. Sous les 80 % : identifiez quelle règle a été enfreinte le plus fréquemment et rédigez une correction spécifique.
Emotional Pressure Map	Passez en revue la colonne de votre journal comportemental pour chaque trade. Où avez-vous ressenti le plus d'inconfort ? Quand avez-vous le plus eu envie de vous écarter du plan ? Ces points de pression constituent votre carte de risques psychologiques personnels — les situations spécifiques où votre discipline est la plus susceptible de faire défaut la semaine prochaine.
Current State Assessment	Notez-vous sur cinq dimensions de 1 à 5 : Qualité du sommeil cette semaine / Niveau de stress financier / Niveau de stress relationnel / Confiance dans le système / Niveau d'énergie physique. Total inférieur à 15 : réduisez la taille des positions de 25 % pour la semaine à venir. Total inférieur à 10 : trading sur papier uniquement. Vous ne pouvez pas bien trader lorsque votre vie est en chaos.
Six-Condition Pre-Read	Finalisez votre analyse de la condition pour la semaine à venir avant l'ouverture de lundi. Dans quelle condition le marché se trouve-t-il actuellement ? Quel est votre ensemble de stratégies approuvées ? Quels sont les événements clés (Fed, résultats, données) qui pourraient modifier la condition en milieu de semaine ? Rédigez le plan avant lundi afin d'exécuter un plan écrit au préalable, plutôt que de réagir à des informations de marché en direct.
Next Week's Intention	Rédigez une intention comportementale pour la semaine à venir — un comportement spécifique que vous améliorerez sur la base de votre audit de la semaine dernière. Pas un objectif de performance. Pas un but de gains et pertes. Une intention de processus : « Cette semaine, je compléterai la liste de contrôle intégrale avant chaque trade. » « Cette semaine, je clôturerai à l'objectif de 50 % de profit sans hésiter. » Une seule intention. Spécifique. Comportementale.

LE RITUEL DU DIMANCHE

Bloquez 45 minutes chaque dimanche entre 16h00 et 19h00 pour le Protocole de Revue du Week-end. Pas le lundi matin — le dimanche. Vous devez aborder la nouvelle semaine de trading avec un plan finalisé, un état d'esprit calibré et une intention comportementale écrite. Un trader qui ouvre sa plateforme le lundi matin sans avoir terminé sa revue du week-end est un trader qui réagit au marché au lieu d'exécuter un plan. Le marché se présentera lundi, que vous soyez prêt ou non. Soyez prêt.

LA VÉRITÉ DE LA PSYCHOLOGIE

Le marché ne récompense pas l'intelligence. Il ne récompense pas la bravoure. Il ne récompense pas la conviction. Il récompense la discipline — l'exécution ennuyeuse, ingrate, jour après jour, d'un plan éprouvé, indépendamment de ce que vous ressentez. Le trader qui suit un plan médiocre avec une discipline parfaite surperformera le trader qui suit un plan brillant avec une discipline inconsistante — à chaque fois. Ce n'est pas un conseil de motivation. C'est un fait statistique.

6-CONDITION FRAMEWORK ▸ TOUTES LES SIX — vos options de stratégie s'élargissent avec la croissance de votre compte
Une progression étape par étape de 5 000 $ à 50 000 $ — avec les stratégies exactes, les limites de positions et les critères de passage à l'étape supérieure pour chaque niveau.

Chaque stratégie de ce livre devient accessible à partir d'une taille de compte spécifique. Un compte de 5 000 $ ne peut pas appliquer la stratégie du Wheel. Un compte de 15 000 $ ne devrait pas tenter de gérer un portefeuille long/short. Adapter l'ambition de votre stratégie à la réalité de votre capital n'est pas une attitude conservatrice — c'est de la survie. Ce chapitre cartographie la progression exacte de vos premiers 5 000 $ jusqu'à un portefeuille de 50 000 $, sans ambiguïté sur ce qu'il faut trader, le montant à risquer et le moment de passer au niveau supérieur.

Niveau 1 — The $5,000 Account: Learning to Survive

À 5 000 $, votre unique travail consiste à ne pas perdre d'argent tout en apprenant à exécuter Les stratégies à votre disposition sont limitées par les contraintes de capital, et c'est un avantage — cela force la concentration.

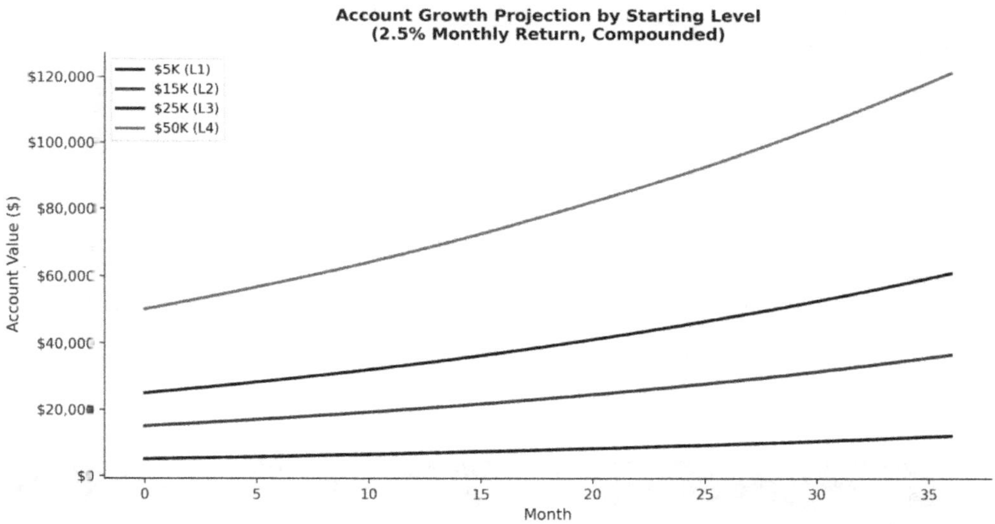

Figure 29.1 — Account Growth Projection. Four starting levels compounded at 2.5% monthly return.

Année	2% / Month	2.5% / Month	3% / Month	Notes
Start	$50,000	$50,000	$50,000	Initial capital.
Année 1	$60,765	$64,068	$68,655	12 months compounded.

Année 2	$73,943	$82,619	$94,025	Accelerating gains.
Année 3	$89,720	$106,082	$128,699	Compounding kicks in.
Année 5	$132,454	$180,544	$241,026	Doubling territory.
Année 10	$350,236	$651,926	$1,159,274	Life-changing growth.

Figure 29.2 — Tableau de Composition. 50 000 $ à 2 %, 2,5 % et 3 % mensuels sur 10 ans.

Parameter	$5,000 Account Rule
Max risk per trade	$100 (2% of $5,000)
Stratégies allowed	Spread Verticals ONLY — bull put spreads, bear call spreads ($1–$2 wide)
Max simultaneous positions	2
Sous-jacent universe	Actions entre 20 $ et 50 $ avec des chaînes d'options liquides. ETF privilégiés : SPY, QQQ, IWM, XLF
Position management	Close at 50% profit. Stop at 100% of debit/credit. No exceptions.
Mensuel income target	$150–$250 (3–5 % du compte)
Graduation criteria	20 trades consécutifs suivant toutes les règles. Taux de réussite au-dessus de 60 %. Conformité aux règles au-dessus de 90 %. Aucune violation de la règle de 2 %.90%. Minimum 3 months.

Au Niveau 1, le portefeuille semble ennuyeux. Tant mieux. Ennuyeux à 5 000 $ signifie que vous disposez toujours de 5 000 $ à la fin du mois. La plupart des traders qui débutent avec 5 000 $ et essaient de rendre cela excitant n'ont plus que 2 500 $ au troisième mois.

Niveau 2 — The $10,000–$15,000 Account: Adding Income

Parameter	$10K–$15K Account Rule
Max risk per trade	$200–$300 (2 % du compte)
New strategies unlocked	put sécurisé en espècess on stocks $15–$30. Iron condors ($2–$3 wide). All vertical spreads up to $5 wide.
Max simultaneous positions	3–4
Sous-jacent universe	Ajouter des actions individuelles : BAC, F, T, SOFI, PLTR — des actions de moins de 30 $ avec des options hebdomadaires
Mensuel income target	$300–$500 (2.5–4% of account)
Graduation criteria	40 trades au total. Rendement mensuel moyen positif pendant 4 mois consécutifs. Aucun seul mois de drawdown dépassant 5 %.month below −3%.

Le Niveau 2 est le stade où vous commencez à vous sentir comme un véritable trader d'options. Les CSPs sur des noms de qualité à moins de 30 $ vous donnent l'expérience du rendement sans requérir des réserves de capital massives. C'est là que l'état d'esprit PPD commence à se capitaliser.

Niveau 3 — The $20,000–$30,000 Account: La Roue Begins

Paramete-	$20K–$30K Account Rule
Max risk per trade	$400–$600 (2 % du compte)
New strategies unlocked	La Roue (CSP → assignment → covered call) on stocks $30–$80. Calendar spreads. Diagonal spreads.
Max simultaneous positions	4–5
Sous-jacent universe	Add mid-price names: AMD, INTC, COIN, SQ, PYPL, XLE, XLF
Mensuel ncome target	$500–$900 (2–3.5 % du compte)
Graduation criteria	Suivez la tendance, pas le chiffre isolé. Un chômage qui grimpe trois mois consécutifs est un signal de transition de phase de cycle — ajustez votre exposition à la rotation sectorielle en conséquence.

Niveau 4 — The $50,000 Account: Full Toolkit Access

Parameter	$50K Account Rule
Max risk per trade	$1,000 (2 % du compte)
Toutes les stratégies déverrouillées	La Roue sur des actions jusqu'à 150 $. Entrées échelonnées en escalier. Swing trading. Stratégies sur résultats (earnings).
Max simultaneous positions	6–8
Sous-jacent universe	Accès complet : AAPL, MSFT, AMZN, GOOGL, NVDA, JPM, V — toutes les actions large et mega-cap de haute qualité.
Mensue income target	$1,000–$2,000 (2–4% of account)
Next milestone	100 000 $ — ce qui déverrouille le cadre du portefeuille long/short du Chapitre 24

À 50 000 $, vous avez accès à pratiquement toutes les stratégies de ce livre. La contrainte n'est plus le capital — c'est la discipline, l'expérience et le temps. Le trader qui atteint 50 K$ en suivant la progression des niveaux possède les habitudes, les données de journal et la résilience psychologique nécessaires pour manipuler la boîte à outils complète. Le trader qui dépose 50 K$ au jour un et fait l'impasse sur les niveaux 1 à 3 est celui qui finit par tout rendre au marché.

LA RÈGLE DE CROISSANCE DU PORTEFEUILLE

Ne passez jamais au niveau supérieur en déposant plus d'argent. Passez-y en faisant fructifier votre compte par le trading. Si vous commencez avec 5 000 $ et que votre trading le porte à 10 000 $, vous avez prouvé votre compétence au Niveau 1. Si vous commencez avec 5 000 $, perdez 2 000 $, puis déposez 7 000 $ pour atteindre 10 000 $ — vous n'avez pas franchi d'étape. Vous avez simplement injecté du capital dans un système non éprouvé. Le marché ne se soucie pas de l'historique de vos dépôts. Il se soucie de vos résultats de trading.

Au-delà de 50 000 $: La Feuille de Route vers 100 000 $ et le Trading de Niveau Professionnel

Atteindre 50 000 $ grâce à votre propre trading est un jalon que moins de 10 % des traders d'options parviennent à franchir. Cela prouve que votre système fonctionne, que votre discipline tient sous la pression et que votre psychologie peut supporter de longues périodes de trading actif. Mais 50 000 $ n'est pas la ligne d'arrivée — c'est le début d'une gestion de portefeuille de niveau professionnel.

Account Size	New Unlocks	Mensuel Income Target	Risque Clé to Manage
$50K-$75K	Wheel on stocks up to $200. Full earnings playbook access. Calendar spreads et diagonal spreads.	$1,000-$2,500 (2-3.5%)	L'excès de confiance né de l'atteinte des 50 K$. C'est là que de nombreux traders augmentent la taille de leurs positions trop rapidement et restituent leurs gains.
$75K-$100K	Multiples positions simultanées sur La Roue. Diversification sectorielle sur plus de 3 secteurs. Couverture au niveau du portefeuille avec des puts sur indices.	$1,500-$3,500 (2-3.5%)	Risque de concentration. Surveiller l'exposition sectorielle hebdomadairement. Aucun secteur ne doit dépasser 35 % du capital déployé.% of portfolio.
$100K-$200K	Long/Short portfolio (Ch. 24). Stair-layered entries on conviction positions. Full 6-8 simultaneous positions.	$2,000-$6,000 (2-3%)	Le piège de la complexité. Plus de positions = plus de gestion. Si vous ne pouvez pas passer en revue toutes vos positions en 30 minutes, c'est que vous en avez trop.
$200K+	Professional-level portfolio management. Multiple strategy layers running simultaneously. Consider tax-advantaged structures.	$4,000-$8,000 (2-3%)	La complaisance. Les grands comptes procurent un sentiment de sécurité — mais un drawdown de 5 % sur 200 K$ représente 10 000 $. La règle des 2 % importe PLUS à mesure que les comptes grandissent, et non moins.

Les pourcentages de rendement restent constants à chaque niveau : 2–3,5 % par mois. Ce qui change, c'est le montant en dollars — et le poids psychologique de ce montant. Perdre 500 $ sur un compte de 25 K$ semble gérable. Perdre 5 000 $ sur un compte de 200 K$ semble dévastateur, alors même que les deux représentent des drawdowns de 2 %. La règle des 2 % s'adapte à l'échelle. Vos émotions ne s'adaptent pas avec autant de grâce. C'est pourquoi le chapitre sur la psychologie précède le chapitre sur le portefeuille — vous avez besoin de l'infrastructure émotionnelle avant d'avoir besoin du capital.

Les Mathématiques de la Composition : Ce que le Trading de Revenus Cohérent Construit Réellement

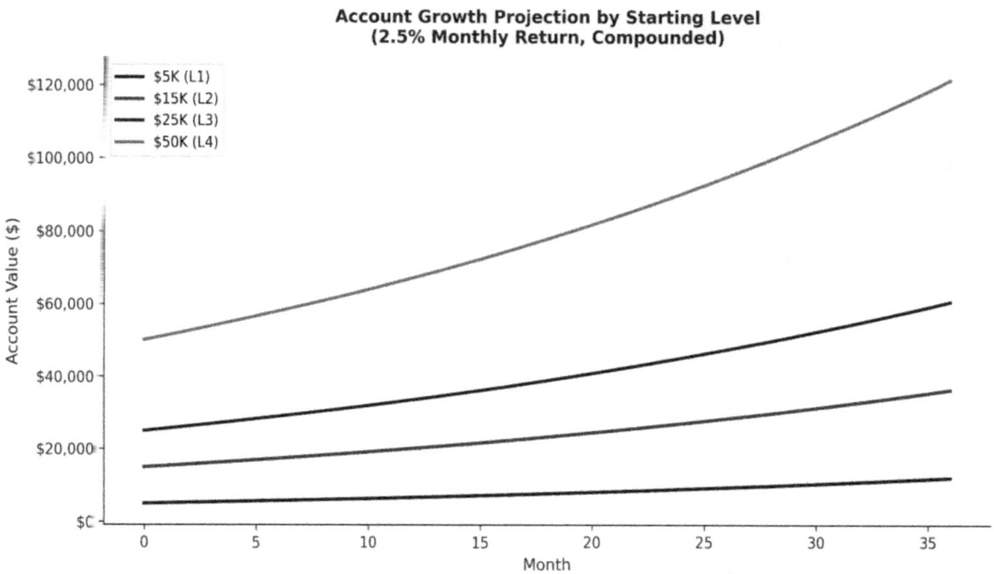

Figure 29.1 — Portfolio Growth Trajectory — Compounding path from $10K to $50K using systematic premium selling over 36 months.

Portfolio Growth Trajectory — Compounding path from $10K to $50K using systematic premium selling.

Les traders se focalisent sur le P&L de chaque trade. Les professionnels se focalisent sur la capitalisation. Voici ce qui se passe lorsque vous générez un rendement mensuel constant de 2,5 % et que vous réinvestissez ces gains dans votre capital de trading — sans dépôts, sans retraits, juste par capitalisation :

Starting Capital	Année 1	Année 3	Année 5	Année 10
$10,000	$13,449	$24,273	$43,839	$192,186
$25,000	$33,622	$60,684	$109,598	$480,466
$50,000	$67,245	$121,368	$219,196	$960,931
$100,000	$134,489	$242,736	$438,391	$1,921,863

Un compte de 50 000 $ générant 2,5 % par mois grimpe à 219 196 $ en cinq ans et à 960 931 $ en dix ans — sans ajouter un seul dollar de capital frais. C'est la puissance du trading de rendement systématique avec réinvestissement discipliné. Ce n'est pas palpitant un mardi donné. C'est extraordinaire sur une décennie.

L'ENGAGEMENT DE COMPOSITION

La capitalisation ne fonctionne que si vous ne faites pas de retraits. Pendant les 3 à 5 premières années, traitez votre compte de trading comme une machine à capitaliser — pas comme un distributeur automatique. Chaque dollar que vous retirez brise la courbe exponentielle. Fixez une règle : aucun retrait tant que le compte n'a pas atteint 3× votre capital de départ. Ensuite, ne retirez que les revenus situés au-dessus de votre objectif mensuel, jamais la base.

La Stratégie de Réinvestissement des Revenus : Que Faire avec Vos Profits

$100,000

Palier 1 — Reconstruire le budget de risque (priorité absolue). Si l'une de vos positions a subi des pertes ce mois-ci qui ont ramené votre compte sous son solde initial, la première utilisation des profits de ce mois consiste à restaurer le compte à son niveau d'ouverture. La capitalisation ne fonctionne que sur une base stable ou en croissance. Les pertes doivent être guéries avant que la croissance puisse reprendre.

Niveau 2 — Financer le niveau de position suivant. Si le compte a suffisamment grandi pour déverrouiller une nouvelle stratégie,

Niveau 3 — Construire le fonds de couverture. Allouer 10 à 15 % des revenus mensuels excédentaires à une réserve

Palier 4 — Capitaliser la base. Tout ce qui reste après les Paliers 1 à 3 se capitalise dans votre capital de trading. C'est le véritable moteur de croissance. Un compte de 50 000 $ qui capitalise 500 $/mois de revenus excédentaires (après couverture et réinvestissement) grimpe à 56 000 $ en un an, à 68 000 $ en deux ans et à 95 000 $ en quatre ans — sans le moindre dépôt. Le calcul n'est pas spectaculaire sur une base mensuelle. Sur des années, il est transformateur.

Palier 5 — Retirer pour vivre (uniquement après 3× le capital de départ). Une fois que votre compte a atteint 3× votre capital d'origine par le seul biais du trading (et non par des dépôts), vous avez gagné le droit de commencer à retirer une partie des revenus mensuels pour votre usage personnel. Le taux de retrait recommandé est de 50 % des revenus situés au-dessus de votre objectif mensuel — en laissant 50 % capitaliser et en prenant 50 % comme salaire. Cet équilibre permet de poursuivre la croissance tout en offrant une récompense tangible pour les années de discipline qui ont bâti le compte.

Un Dernier Mot de l'Auteur

J'ai vu défiler au Premium Desk des étudiants sceptiques, anxieux et incertains de savoir si tout cela fonctionnerait pour eux. Des enseignants. Des ingénieurs. Des infirmières. Des retraités. Des parents tradant depuis la table de la cuisine entre deux trajets scolaires. Aucun d'entre eux n'est arrivé avec un avantage. Aucun d'entre eux n'avait de formation en trading ou de diplôme en finance. Ce qu'ils avaient, c'était la volonté d'apprendre un système — et la discipline de le suivre.

Chacun de ceux qui sont restés fidèles au processus s'est bâti un véritable revenu. Tous ne sont pas devenus traders à plein temps. La plupart ne le souhaitaient pas. Ils voulaient un flux de revenus qui ne nécessite pas d'échanger plus d'heures contre plus de dollars. Ils l'ont construit. Les six conditions étaient le cadre de travail. La discipline était la leur. À présent, elle est vôtre.

Vous venez de lire ce qui m'a demandé des années d'argent réel, de pertes réelles et de leçons réelles pour être appris. Chaque tableau de ce livre existe parce que j'ai commis la faute qu'il prévient. Chaque règle a été rédigée après que je l'ai enfreinte et que j'en ai payé le prix.

Le marché ne se soucie pas de votre intelligence. Il ne se soucie pas de savoir combien de livres vous avez lus, combien de cours vous avez suivis, ni à quel point vous vous sentez confiant. Il se soucie d'une seule chose : avez-vous géré le risque ? Si oui, vous survivez pour trader demain. Si non, à terme, vous n'y parviendrez plus.

Ce livre vous a donné un système — le cadre en six conditions, les Grecs, les stratégies, les règles de gestion, la discipline du journal. Mais un système ne fonctionne que si vous le mettez en pratique. Chaque jour. Surtout les jours ennuyeux. Surtout les jours où enfreindre une règle semblerait plus facile que de la suivre.

Commencez par le trading sur papier. Évoluez vers de petites positions. Prouvez votre constance avant de changer d'échelle. Les traders qui durent des décennies dans ce métier ne sont pas ceux qui ont gagné le plus d'argent au cours de leur première année — ce sont ceux qui étaient encore debout en année cinq, en année dix, en année vingt. La longévité est l'avantage ultime.

Le marché ouvre demain. Le VIX vous donnera une lecture. Le graphique vous donnera une direction. L'une des six conditions sera active. Vous saurez exactement quoi faire.

J'ai écrit ce livre pour que vous n'ayez pas à apprendre de la même façon que moi. Utilisez-le. Annotez-le. Revenez aux chapitres qui vous mettent au défi. Et lorsque vous aurez une question à laquelle le livre ne répond pas — contactez-nous. La communauté de The Premium Desk existe exactement pour cette raison.

Utilisez les outils. Suivez le système. Gérez le risque.

Le reste suit.

— Eddy Alexandre

Master Trader • The Premium Desk

Une Note au Lecteur

Vous avez atteint la fin du livre.

Prenez un moment pour y réfléchir. La plupart des gens qui achètent un livre sur le trading ne le finissent jamais. Ils lisent les premiers chapitres, butent sur un concept qui demande un effort, et retournent à ce qu'ils faisaient auparavant — en espérant qu'un autre livre, un autre cours ou un autre moment d'inspiration provoquera le déclic. Vous n'avez pas fait cela. Vous êtes allé jusqu'au bout.

Cela vous distingue déjà de la plupart du marché.

Mais finir le livre n'est pas la ligne d'arrivée. C'est la ligne de départ.

Les connaissances contenues dans ces pages restent inertes tant que vous ne les appliquez pas. La règle T-21 ne sert à rien si elle reste sédentaire sur une page. Le calcul du PPD est théorique tant que vous n'avez pas ouvert votre premier cash-secured put et inscrit le chiffre noir sur blanc. Les Dix Indicateurs ne sont qu'une liste tant que vous n'y passez pas une vraie action, un par un, pour prendre une décision réelle. L'Avant-propos vous disait ce que j'espérais vous donner. L'Épilogue vous dit quoi en faire.

Voici ce que je veux que vous fassiez en premier : passez en revue votre plan de trading. Si vous ne l'avez pas encore rédigé, écrivez-le ce soir. Pas demain. Ce soir. Parce que demain, vous trouverez une raison de reporter, et ce report est la première transaction que le marché remporte avant même que vous n'ouvriez une position. Le plan de trading n'est pas facultatif. C'est l'infrastructure sur laquelle repose tout ce qui figure dans ce livre.

Voici ce que je veux que vous fassiez en second lieu : ouvrez un compte de trading sur papier. Suivez l'intégralité du protocole de 90 jours décrit au Chapitre 20. Placez les transactions. Suivez les règles T-21. Consignez chaque position dans votre journal. Ne vous précipitez pas pour passer au réel. Le marché sera là quand vous serez prêt. Il est là depuis des siècles. Il ne va nulle part. Votre capital, en revanche, est précieux et fini — protégez-le tout au long de la phase de trading sur papier jusqu'à ce que les mécanismes deviennent automatiques.

Voici ce que je veux que vous fassiez en troisième

Un mot sur les trades perdants — parce que vous en aurez. Chaque professionnel en a. Le marché ne vous doit pas une série de victoires simplement parce que vous avez lu le bon livre ou suivi les bonnes règles. Il y aura des positions qui iront contre vous. Il y aura des semaines où chaque trade semblera faux. Il y aura un mois — probablement au cours de votre première année — où vous vous demanderez si tout cela fonctionne vraiment.

Dans ce moment précis, ne modifiez pas le système. Examinez-le. Auditez votre journal de trading. Vérifiez si vous avez suivi les règles — la liste de contrôle, le dimensionnement des positions, la gestion T-21, le calendrier des résultats. Si vous l'avez fait et que le système a tout de même généré des pertes, c'est de la statistique, pas un échec. Aucun avantage ne l'emporte 100 % du temps. Un avantage qui l'emporte 60 % du temps sur 100 transactions est une entreprise puissante. Défendez le système, ajustez l'exposition et poursuivez.

Si vous n'avez pas suivi les règles — si vous avez fait l'impasse sur la vérification des résultats, si vous avez surdimensionné une position parce que vous étiez confiant, si vous avez conservé une ligne au-delà de T-21 pour gratter de la prime supplémentaire — alors vous savez déjà quoi corriger. La réponse est toujours la même : revenez au système.

Les traders que j'ai vus bâtir des revenus réels et durables grâce aux options ne sont pas les analystes les plus brillants. Ils ne sont ni les plus rapides ni les plus agressifs. Ce sont les plus constants. Ils suivent la même liste de contrôle à la transaction 500 qu'à la transaction 1. Ils gèrent leurs positions à T-21 lorsqu'ils sont fatigués, lorsqu'ils sont excités et lorsqu'ils sont certains que l'action est sur le point de bouger. Ils ne laissent pas la conviction supplanter le système. Ils laissent le système supplanter la conviction.

C'est l'avantage. Pas la stratégie. La cohérence de son application.

Une dernière pensée. L'indépendance financière — la capacité de générer des revenus à partir d'un capital que vous contrôlez, selon vos propres conditions, sans dépendre d'un employeur ou d'un patron — est l'une des formes de liberté les plus significatives de la vie moderne. Ce livre a été écrit pour vous donner les outils nécessaires à la construction de cette liberté. Non pas pour faire de vous un « trader ». Pour vous rendre financièrement libre.

Votre plan de lancement sur 90 jours

La transition de lecteur à trader actif n'est pas un saut dans le vide — c'est une séquence. Le plan de 90 jours ci-dessous n'est pas une suggestion. C'est un protocole. Chaque trader passé par le programme de The Premium Desk et qui s'est construit un revenu régulier a suivi une séquence de lancement structurée. Brûler les étapes accélère les pertes, pas les profits.

Phase	Timeframe	Ce que Vous Faites — Et Pourquoi
PHASE 1	**Days 1–14: Framework Lock**	Étudiez le tableau des six conditions jusqu'à ce qu'il devienne un réflexe — pas un simple effort de mémoire. Chaque matin, ouvrez le VIX et le graphique du SPY. Notez la condition parmi les six que vous estimez active. Inscrivez la stratégie approuvée à côté. Ne tradez pas. Ne faites pas encore de trading sur papier. Contentez-vous de lire la condition et de la noter. Après 14 jours, vous disposerez de 14 lectures de conditions. Passez-les en revue. À quelle fréquence aviez-vous raison ? À quelle vitesse avez-vous identifié la condition ? Cet exercice à lui seul a plus de valeur que la plupart des cours de trading.
PHASE 2	**Days 15–45: Paper Trading**	Ouvrez un compte de trading sur papier (ThinkorSwim ou TastyTrade, tous deux gratuits). Commencez à passer la stratégie appropriée à la condition issue de votre lecture quotidienne. Exécutez au moins 2 transactions sur papier par semaine. Soumettez chaque trade à la liste de contrôle pré-trade de l'Annexe A. Consignez chaque position dans votre journal selon le format SCR de l'Annexe B. Pratiquez le roulement T-21 sur chaque position à prime courte. Après 30 jours, vous devriez disposer de 8–12 transactions sur papier. Examinez-les avec la même objectivité froide que vous

Phase	Timeframe	Ce que Vous Faites — Et Pourquoi
		appliqueriez à un compte réel. Le but n'est pas de gagner de l'argent virtuel — il est d'identifier les faiblesses de votre exécution avant que le capital réel ne soit en danger.
PHASE 3	**Jours 46–60 : Dimensionnement Micro en Direct**	Passer au direct — mais à 10 % de la taille de position complète prévue. Si vous prévoyez de vendre un contrat normalement, vendre un dixième. L'objectif n'est pas le profit — c'est la confirmation d'exécution.
PHASE 4	**Jours 61–90 : Calibration du Système**	Revoir les 30 premiers jours de trades en direct. Calculer le taux de réussite réel, la prime moyenne collectée, le BPJ moyen, les jours moyens tenus et le MAE sur les trades perdants. Comparer aux résultats du trading sur papier.
PHASE 5	**Jour 91+ : Déploiement Complet**	Taille de position complète. Boîte à outils de stratégie complète. Toutes les six conditions en rotation selon ce que le marché présente. Le système est maintenant intériorisé, pas simplement appris.

Ce à quoi S'Attendre en Année 1

L'Année 1 de trading d'options ne consiste pas à gagner de l'argent qui change la vie. Il s'agit de construire un processus reproductible. Voici à quoi ressemble une première année réaliste pour un trader discipliné suivant le système des six conditions.

Period	Objectif Réaliste	Ce à quoi Ressemble le Succès
T1 (Papier)	Zéro P&L — focus sur le processus	Vous avez 10+ trades sur papier journalisés. Vous pouvez lire une entrée de six conditions en moins de 2 minutes. La liste de vérification est automatique. Vous avez exécuté au moins un roulement T-21 correctement.
T2 (Micro en direct)	Préservation du capital	Votre compte est à moins de 5 % de là où vous avez commencé. Vous avez identifié 2 à 3 habitudes d'exécution à améliorer. Vous n'avez pas enfreint la règle de dimensionnement une seule fois.
T3 (25 % de taille)	Premiers revenus cohérents	Vous générez 1 à 2 % par mois sur le capital déployé avec un taux de réussite au-dessus de 60 %. Vous avez eu votre premier drawdown et vous l'avez géré correctement. Vous avez eu un mois perdant — et êtes revenu à la rentabilité le mois suivant.
T4 (Taille complète)	Système opérationnel	Vous générez des revenus mensuels cohérents. Votre cible BPJ est atteinte ou approchée. La composition commence à se montrer dans votre courbe de compte. Vous avez une liste de surveillance, un plan de trading et un processus de revue hebdomadaire. Vous tradez comme un gestionnaire de risque.

La Communauté The Premium Desk

Vous n'avez pas à faire cela seul. The Premium Desk existe précisément parce que le trading en isolation est plus difficile qu'il ne devrait l'être — sans responsabilité, sans retour d'information, sans communauté de traders pensant comme vous.

Le cadre des six conditions dans ce livre est le curriculum de base. La communauté est là où il devient vivant — où vous l'appliquez avec du soutien. Les marchés changent. De nouveaux régimes de volatilité émergent. Le comportement algo évolue. La communauté reste à jour pour que vous restiez à jour.

BIBLIOGRAPHIE

Références Sélectionnées & Lectures Complémentaires

Cette bibliographie comprend des sources vérifiées qui informent les cadres, les stratégies

I. Travaux Académiques Fondateurs sur la Valorisation des Options

Black, Fischer, et Myron Scholes. « The Pricing of Options and Corporate Liabilities. » The Journal of Political Economy, vol. 81, no. 3, 1973, pp. 637–654.y, vol. 81, no. 3, pp. 637–654. University of Chicago Press, 1973.

Référence Directe — Chapitres 2–5. L'article fondateur introduisant le modèle Black-Scholes d'évaluation des options. Essentiel pour comprendre les modèles de valorisation théorique et leurs limites en pratique.

Merton, Robert C. « Theory of Rational Option Pricing. » The Bell Journal of Economics and Management Science, vol. 4, no. 1, 1973, pp. 141–183.cience,ence, vol. 4, no. 1, pp. 141–183. RAND Corporation, 1973.

Référence Directe — Chapitres 2–5. Article complémentaire étendant Black-Scholes avec un traitement mathématique rigoureux des effets de dividende, de l'exercice anticipé et du cadre en temps continu.

Hull, John C. Options, Futures, and Other Derivatives, 11th edition. Pearson, 2022.

Référence Directe — Chapitres 2–8, 19. Le manuel de référence sur les dérivés reliant la théorie et la pratique. Couvre la mécanique des futures, le modèle BSM, les Grecs et les options exotiques.

Natenberg, Sheldon. Option Volatility and Pricing: Advanced Trading Strategies and Techniques, 2nd edition. McGraw-Hill, 2014.

Référence Directe — Chapitres 2–5, 8, 13, 16–17. Largement considéré comme le premier livre que les traders d'options professionnels lisent. Couvre les modèles de valorisation, la volatilité et la couverture dynamique.

II. Références de Praticiens sur les Stratégies d'Options

McMillan, Lawrence G. Options as a Strategic Investment, 5th edition. Prentice Hall Press, 2012.

Référence Directe — Chapitres 2–3, 6–7, 11–13, 15, 22. Le guide stratégique complet des options, couvrant chaque stratégie standard des covered calls aux spreads complexes.

McMillan, Lawrence G. McMillan on Options, 2nd edition. John Wiley & Sons, 2004.

Lecture Supplémentaire — Chapitres 13, 15, 22–23. La philosophie personnelle de trading de McMillan avec des exemples en direct, des systèmes saisonniers et des approches basées sur la volatilité.

Cohen, Guy. The Bible of Options Strategies: The Definitive Guide for Practical Trading Strategies, 2nd edition. FT Press, 2015.

Référence Directe — Chapitres 11–13, 15. Guide modulaire et référencé couvrant les stratégies de revenus, de volatilité, latérales et à effet de levier avec des profils de risque étape par étape.

Passarelli, Dan. Trading Option Greeks: How Time, Volatility, and Other Pricing Factors Drive Profits, 2nd edition. Bloomberg Press, 2012.its, 2nd edition. John Wiley & Sons, 2012.

Référence Directe — Chapitres 3, 8, 12. Écrit par un ancien trader au sol du CBOE. Explique comment utiliser Delta, Gamma, Theta, Vega et Rho pour la valorisation et la gestion des trades.

Cottle, Charles M. Options Trading: The Hidden Reality. RiskDoctor, Inc., 2006.

Lecture Supplémentaire — Chapitres 9, 13, 22. Guide avancé sur l'ajustement des positions et les stratégies de couverture, avec des graphiques 3D et l'analyse des configurations de spreads complexes.

Rhoads, Russell. Option Spread Trading: A Comprehensive Guide to Strategies and Tactics. John Wiley & Sons, 2011.
Référence Directe — Chapitre 13. Guide pratique sur les spreads verticaux, horizontaux, diagonaux et calendar avec des orientations sur la sélection, la surveillance et la sortie.

Augen, Jeff. Trading Options at Expiration: Strategies and Models for Winning the Endgame. FT Press, 2009.
Lecture Supplémentaire — Chapitres 12–13, 23. Explore la dynamique de prix du jour d'expiration et comment profiter des distorsions de prix en fin de contrat. Pertinent pour la règle T-21.

Ellman, Alan. Complete Encyclopedia for Covered Call Writing, classic edition. The Blue Collar Investor Corp., 2011.
Référence Directe — Chapitre 15. Le livre le plus complet dédié à l'écriture de covered calls, couvrant la sélection des actions, les stratégies de sortie, les techniques de roulement et la gestion du risque.

III. Volatility, the VIX, and Implied Volatility Dynamics

Sinclair, Euan. Volatility Trading, 2nd edition. John Wiley & Sons, 2013.
Référence Directe — Chapitres 16–17, 22, 24. Guide quantitatif couvrant la mesure, la prévision, la prime de variance, les futures VIX et la couverture.

Sinclair, Euan. Option Trading: Pricing and Volatility Strategies and Techniques. John Wiley & Sons, 2010.
Référence Directe — Chapitres 2–5, 16–17. Couvre l'évaluation des options d'un point de vue historique et conceptuel, la structure du marché et des techniques spécifiques de couverture.

Rhoads, Russell. Trading VIX Derivatives: Trading and Hedging Strategies Using VIX Futures, Options, and Exchange-Traded Notes. John Wiley & Sons, 2011.
Référence Directe — Chapitres 16–17. Guide complet sur la mécanique du VIX, les futures, les options et les ETN. La référence pratique définitive pour les instruments basés sur le VIX.

Warner, Adam. Options Volatility Trading: Strategies for Profiting from Market Swings. McGraw-Hill, 2009.
Lecture Supplémentaire — Chapitres 16–17, 20. Couvre la psychologie comportementale du VIX, les schémas de volatilité historique et les stratégies pour profiter des fluctuations dramatiques du marché.

Augen, Jeff. The Volatility Edge in Options Trading: New Technical Strategies for Investing in Unstable Markets. FT Press, 2008.
Lecture Supplémentaire — Chapitres 16–17, 22. Stratégies pour identifier et profiter des distorsions de prix découlant des changements de volatilité à l'aide de l'analyse statistique.

IV. Analyse Technique et Méthodes de Graphiques

Murphy, John J. Technical Analysis of the Financial Markets: A Comprehensive Guide to Trading Methods and Applications. (Analyse technique des marchés financiers : un guide complet des méthodes et applications de trading). New York Institute of Finance, 1999.
Référence Directe — Chapitres 8, 20. La référence définitive d'analyse technique couvrant la construction des graphiques, l'analyse des tendances, les schémas, les moyennes mobiles et les chandeliers.

Pring, Martin J. Technical Analysis Explained: The Successful Investor's Guide to Spotting Investment Trends and Turning Points, 5th edition. McGraw-Hill, 2014.Trends and Turning Points.Trends and Turning Points, 5th edition. McGraw-Hill, 2014.
Référence Directe — Chapitre 8. Guide complet couvrant les techniques de tendance, les schémas de prix, les indicateurs de momentum, le sentiment et la force relative.

Elder, Alexander. The New Trading for a Living: Psychology, Discipline, Trading Tools and Systems, Risk Control, Trade Management. John Wiley & Sons, 2014. Control, Trade Management. Control, Trade Management. John Wiley & Sons, 2014.

Référence Directe — Chapitres 8, 20, 28. Classique mis à jour combinant la psychologie du marché, les outils d'analyse technique et la gestion du risque.

Bollinger, John. Bollinger on Bollinger Bands. McGraw-Hill, 2001.
Lecture Supplémentaire — Chapitre 8. Le guide définitif des Bandes de Bollinger couvrant les enveloppes de volatilité, les ruptures après compression et les méthodes de suivi de tendance.

Nison, Steve. Japanese Candlestick Charting Techniques: A Contemporary Guide to the Ancient Investment Technique of the Far East, 2nd edition. Prentice Hall Press, 2001.ent Techniques of the Far East.ent Techniques of the Far East, 2nd edition. Prentice Hall Press, 2001.
Lecture Supplémentaire — Chapitre 8. Le guide le plus complet en anglais sur les techniques de chandeliers japonais, couvrant tous les schémas majeurs et leur application pratique.

Grimes, Adam. The Art and Science of Technical Analysis: Market Structure, Price Action, and Trading Strategies. John Wiley & Sons, 2012.
Lecture Supplémentaire — Chapitres 8, 20. Utilise l'analyse statistique pour valider les schémas qui capturent réellement les déséquilibres acheteurs/vendeurs. Rigoureux et fondé sur les preuves.

V. Cycles Économiques, Rotation Sectorielle et Structure du Marché

Marks, Commentard. The Most Important Thing: Uncommon Sense for the Thoughtful Investor. Columbia University Press, 2011.sity Press, 2011.sity Press, 2011.
Lecture Supplémentaire — Chapitres 5, 26. Des décennies de sagesse d'Oaktree Capital couvrant la pensée de second niveau, l'évaluation du risque, les cycles de marché et la défense du portefeuille.

Marks, Commentard. Mastering the Market Cycle: Getting the Odds on Your Side. Houghton Mifflin Harcourt, 2018. 2018. 2018.
Référence Directe — Chapitres 5, 27. Focalisé spécifiquement sur l'identification et le positionnement pour les cycles du marché, couvrant la psychologie des investisseurs, les cycles de crédit et le timing.

Stovall, Sam. Standard & Poor's Guide to Sector Investing. McGraw-Hill, 1996.
Lecture Supplémentaire — Chapitre 7. Le premier guide complet sur l'investissement sectoriel expliquant comment les phases du cycle économique affectent les rendements sectoriels.

Pring, Martin J. The Investor's Guide to Active Asset Allocation: Using Technical Analysis and ETFs to Trade the Markets. McGraw-Hill, 2006. Trade the Markets. Trade the Markets. McGraw-Hill, 2010.
Référence Directe — Chapitres 5, 14. Présente le cadre des Six Étapes du Cycle Économique pour la rotation entre secteurs et classes d'actifs à l'aide d'ETF.

VI. ETF, Gestion de Portefeuille et Stratégies de Revenus

Graham, Benjamin, avec commentaires de Jason Zweig. The Intelligent Investor: The Definitive Book on Value Investing, édition révisée. HarperCollins.rperBusiness, 2003.
Lecture Supplémentaire — Chapitres 10, 26, 29. L'œuvre fondatrice sur l'investissement en valeur et la marge de sécurité. Fondement philosophique pour la sélection des actions.

Swensen, David F. Unconventional Success: A Fundamental Approach to Personal Investment. Free Press, 2005.
Lecture Supplémentaire — Chapitres 14, 26, 29. Le légendaire DIO de Yale critique l'industrie des fonds communs et préconise des portefeuilles diversifiés utilisant des ETF à faible coût.

VII. Gestion du Risque et Réflexion sur le Risque de Queue

Taleb, Nassim Nicholas. Dynamic Hedging: Managing Vanilla and Exotic Options. John Wiley & Sons, 1997.

Référence Directe — Chapitres 3, 8, 21, 24. Référence pratique définitive sur la couverture des dérivés du point de vue d'un teneur de marché. Couvre les Grecs, les surfaces de volatilité et la gestion du risque de portefeuille.

Taleb, Nassim Nicholas. The Black Swan: The Impact of the Highly Improbable, 2nd edition. Random House, 2010.
Référence Directe — Chapitres 21, 24, 28. Explore le rôle disproportionné des événements rares à fort impact. Directement pertinent pour les stratégies à queue épaisse et la gestion du risque de portefeuille.

Taleb, Nassim Nicholas. Antifragile: Things That Gain from Disorder. Random House, 2012.
Lecture Supplémentaire — Chapitres 24, 28–29. Introduit le concept d'antifragilité et la stratégie haltère. Directement pertinent pour l'approche de convexité échelonnée et la construction de portefeuille.

Lo, Andrew W. Adaptive Markets: Financial Evolution at the Speed of Thought. Princeton University Press, 2017.ress, 2017.ress, 2017.
Lecture Supplémentaire — Chapitres 18, 21, 28. Propose l'Hypothèse des Marchés Adaptatifs réconciliant les marchés efficients avec l'économie comportementale. Contexte essentiel pour le trading à l'ère de l'IA.

Brown, Aaron. Red-Blooded Risk: The Secret History of Wall Street. John Wiley & Sons, 2011.
Lecture Supplémentaire — Chapitres 21, 25, 28. Couvre le Critère Kelly, la Valeur à Risque et la gestion de portefeuille quantitative. Relève le pont entre les mathématiques de risque formelles et la philosophie de prise de risque active.

VIII. Finance Comportementale et Psychologie du Trading

Kahneman, Daniel. Thinking, Fast and Slow. Farrar, Straus and Giroux, 2011.
Référence Directe — Chapitre 28. Ouvrage séminal du lauréat du prix Nobel sur les biais cognitifs, les heuristiques et les deux systèmes qui dictent la prise de décision humaine face à l'incertitude.

Kahneman, Daniel, et Amos Tversky. "Prospect Theory: An Analysis of Decision under Risk." Econometrica, vol. 47, no. 2, pp. 263–291. 1979.
Référence Directe — Chapitre 28. L'article fondateur démontrant l'aversion aux risques pour les gains mais la recherche du risque pour les pertes. Explique pourquoi les traders conservent trop longtemps les perdants.

Thaler, Richard H. Misbehaving: The Making of Behavioral Economics. W. W. Norton & Company, 2015.
Lecture Supplémentaire — Chapitre 28. Le récit du lauréat du Nobel sur les déviations humaines de la rationalité à travers la comptabilité mentale, l'effet de dotation et l'auto-contrôle.

Douglas, Mark. Trading in the Zone: Master the Market with Confidence, Discipline, and a Winning Attitude. Prentice Hall Press, 2000.itude.itude. Prentice Hall Press, 2000.
Référence Directe — Chapitres 22, 28. Enseigne aux traders à penser en probabilités. Aborde les cinq problèmes psychologiques spécifiques qui causent l'incohérence du trading.

Tharp, Van K. Trade Your Way to Financial Freedom, 2nd edition. McGraw-Hill, 2007.
Référence Directe — Chapitres 22, 25, 28–29. Couvre le dimensionnement des positions via les R-multiples, l'espérance et le modèle de trading en 17 étapes.

Steenbarger, Brett N. Trading Psychology 2.0: From Best Practices to Best Processes. John Wiley & Sons, 2015. 2015. 2015.
Lecture Supplémentaire — Chapitres 22, 28. Applique la psychologie positive au trading, couvrant la créativité, l'adaptation et la performance durable.

IX. Trading Algorithmique, Backtesting et Méthodes Quantitatives

---

Pardo, Robert. The Evaluation and Optimization of Trading Stratégies, 2nd edition. John Wiley & Sons, 2008.

Référence Directe — Chapitre 21. Le guide définitif sur la conception, les tests et l'optimisation des systèmes de trading. Introduit l'analyse walk-forward comme méthodologie clé.

Chan, Ernest P. Quantitative Trading: Comment to Build Your Own Algorithmic Trading Business, 2nd edition. John Wiley & Sons, 2021.
Lecture Supplémentaire — Chapitres 18, 21. Guide étape par étape pour le développement de stratégies algorithmiques, le backtesting, la gestion du risque et le machine learning pour l'optimisation des paramètres.

López de Prado, Marcos. Advances in Financial Machine Learning. John Wiley & Sons, 2018.
Lecture Supplémentaire — Chapitre 18. Le premier livre complet sur l'application du machine learning en finance. Directement pertinent pour le trading à l'ère de l'IA et des algorithmes.

X. Futures, Matières Premières et Références Supplémentaires

Garner, Carley. A Trader's First Book on Commodities: Everything You Need to Know about Futures and Options Trading Before Placing a Trade, 3rd edition. FT Press, 2017.ptions Trading.ptions Trading Before Placing a Trade, 3rd edition. DeCarley Trading, 2017.
Référence Directe — Chapitre 19. Guide pratique couvrant les bases des marchés de matières premières, la mécanique des contrats à terme, les exigences de marge et la construction d'un plan de trading.

La Bibliothèque Fondamentale : Dix Titres Essentiels

Pour les lecteurs qui construisent une bibliothèque professionnelle focalisée, ces dix titres couvrent chaque domaine majeur abordé dans ce livre et fournissent une profondeur suffisante pour une application professionnelle.

1. Hull, John C. — Options, Futures, and Other Derivatives (théorie fondamentale)
2. Natenberg, Sheldon — Option Volatility and Pricing (volatilité et tarification)
3. McMillan, Lawrence G. — Options as a Strategic Investment (comprehensive strategy)
4. Sinclair, Euan — Volatility Trading (volatility as asset class)
5. Passarelli, Dan — Trading Option Greeks (les Grecs en pratique)
6. Taleb, Nassim Nicholas — Dynamic Hedging (professional risk management)
7. Murphy, John J. — Technical Analysis of the Financial Markets (analyse technique)
8. Marks, Howard — Mastering the Market Cycle (structure du marché)
9. Kahneman, Daniel — Thinking, Fast and Slow (fondements de la psychologie comportementale)
10. The Evaluation and Optimization of Trading Strategies, 2nd edition. John Wiley & Sons, 2008.

ANNEXE A

Feuille de route sur 90 jours pour le développement du trader

Un plan d'apprentissage et d'exécution semaine par semaine pour appliquer le cadre des six conditions depuis le Débutant jusqu'au Niveau Complet.rom Day 1 to live trading

---

La feuille de route sur 90 jours ci-dessous est la séquence exacte que chaque étudiant de The Premium Desk suit depuis le jour où il termine la lecture de ce livre jusqu'au jour où il effectue son premier trade réel avec confiance. Ne sautez pas de phases. Ne comprimez pas les délais. Le marché sera toujours là quand vous serez prêt.

PHASE 1 : ANCRAGE DU CADRE (Semaines 1–2)

Week	Objectif d'Apprentissage	Tâche de Pratique Quotidienne	Indicateur de Réussite
1	Mémoriser le tableau des six conditions sans référence. Savoir quelle stratégie appartient à chaque condition par instinct, pas par récall.	Matin : lire le VIX et le graphique SPY. Écrire : (1) niveau VIX et IVR, (2) direction, (3) condition active, (4) stratégie autorisée.) active condition number, (4) approved strategy. No trading — observation only.	Au 7é jour, identifiez la bonne condition en moins de 90 secondes sans ouvrir la table des six conditions. Si vous êtes plus lent, répétez la semaine 1.
2	Appliquer le cadre de filtrage des Dix Indicateurs à 5 actions de votre liste de surveillance préliminaire.	Notez chacune de vos 5 actions à l'aide de la feuille de calcul des Dix Indicateurs (Annexe A). Classez chacune d'elles en classe A, classe B, classe C ou inéligible. Bâtissez votre liste de sous-jacents approuvés.	Fin de Semaine 2 : vous avez une liste d'au moins 3 sous-jacents de classe A et 2 de classe B que vous avez entièrement recherchés et avec lesquels vous êtes à l'aise pour trader.

PHASE 2 : TRADING SUR PAPIER (Semaines 3–6)

Week	Learning Objective	Tâche de Trading sur Papier	Success Metric
3	Open first paper trade: Condition 2 (CSP) on an A-class underlying in current market condition.	Exécutez la liste de contrôle complète avant trade (Annexe A). Ouvrez 1 CSP fictif (paper trading) à un delta de 25–30, 30–35 DTE, sur votre action de classe A la mieux notée. Enregistrez-le dans le journal SCR. Configurez une clôture GTC fictive à 50 %.	Trade entré au milieu ou mieux. Les cinq éléments de la liste confirmés. Entrée du journal complétée avant l'exécution.
4	Gérer la position sur papier existante jusqu'à T-21. Ouvrir une deuxième position sur papier.	Surveiller le CSP de la semaine 3 quotidiennement. Si les JAE atteignent 21, exécuter la décision T-21 : rouler, tenir ou fermer. Ouvrir une deuxième position sur papier dans la condition actuelle.	Décision T-21 prise et exécutée selon le protocole en trois questions. La deuxième position est active.tion entered. Two active paper positions simultaneously.
5	Add a directional debit paper trade (condition 1 or 3, depending on current market).	Si le marché est actuellement en condition 1 ou 3, ouvrir un long call ou long put sur papier sur un sous-jacent de classe A. Appliquer le	Trois positions simultanées en paper trading : un vendeur de rendement (income), un acheteur de produit

Week	Learning Objective	Tâche de Trading sur Papier	Success Metric
		protocole de timing du swing trade : entrée sur repli.	directionnel (debit), et une position en cours de clôture ou nouvellement ouverte. Enregistrez les trois dans votre journal. Procédez à une lecture complète de la condition avant chaque entrée.
6	Review first month of paper trading. Calculate paper win rate, average premium, BPJ.	Revue de fin de mois : compter les victoires et pertes sur papier. Calculer la prime moyenne collectée sur les trades de revenus.income trades. Calculate average gain on directional trades. Compute monthly net P&L.	Un taux de réussite d'au moins 60 % en paper trading. Au moins 2 sorties propres avec un objectif de profit fixé à 50 %. Aucune position maintenue à travers une date de publication des résultats (earnings). Toutes les règles T-21 respectées.

PHASE 3 : DIMENSIONNEMENT MICRO EN DIRECT (Semaines 7–10)

Week	Objective	Tâche en Direct	Success Metric
7	Go live at 10% of intended full position size. 1 contract only, regardless of account size.	Open first live position. Same protocol as paper trading, but real capital. Run full checklist. Log in journal before submission. Set GTC exits immediately after fill confirmation.	Première position en direct ouverte correctement. Tous les éléments de la liste suivis. Sorties GTC confirmées dans le système.
8–9	Continuer avec le dimensionnement à 1 contrat. Ouvrir 2 à 3 positions en direct au total sur les deux semaines.	Ouvrez une nouvelle position réelle (live) par semaine. Continuez le paper trading en parallèle pour les stratégies que vous n'exécutez pas encore en réel. Pas plus de 2 positions réelles ouvertes en même temps. Clôturez à 50 %. Suivez le protocole T-21 sur chaque position réelle.	Aucune règle de dimensionnement violée. Aucun trade à la date de résultats ouvert. Au moins une position fermée proprement à l'objectif de profit de 50 % en utilisant l'ordre GTC.
10	Month-end live review. Compare live results to paper results.	Calculate live win rate, average premium, BPJ. Compare to weeks 3–6 paper results. Identify execution gaps.	Live win rate within 10% of paper win rate. No catastrophic loss (> 2× normal position size). Identified 2–3 specific execution improvements.

PHASE 4 & 5 : MISE À L'ÉCHELLE ET DÉPLOIEMENT COMPLET (Semaines 11–13+)

Weeks 11–12	Élever à 25 % de la taille de position complète (2 à 3 contrats). Continuer le tableau de bord hebdomadaire. Appliquer le calibrage du stop-loss MAE des données de backtesting au trading en direct.
Week 13+	**Taille de position complète. Toutes les six conditions en rotation. Calendrier de revenus échelonné fonctionnant. Revue mensuelle P&L chaque fin de mois. Suivi de la cible BPJ.**

La séquence de 90 jours ne garantit pas la rentabilité. Elle garantit la préparation.

La préparation est la seule chose sous votre contrôle. Le marché gère le reste.

ANNEXE B

Exemples de Journaux de Trading — Les Six Conditions

Douze enregistrements de trades complets — deux par condition — montrant l'entrée complète du journal de la pré-entrée à la sortie.om pre-trade to close

---

Une entrée de journal de trade n'est pas une note pour vous-même — c'est un contrat entre vous et votre système. Elle capture votre lecture des six conditions, votre thèse d'entrée, votre calcul du risque et votre plan de sortie avant l'ouverture du trade. Elle capture ce qui s'est réellement passé après la clôture du trade. Cette annexe présente douze entrées de journal complètes — deux trades (entrée & sortie) pour chacune des six conditions — afin de vous fournir un modèle pour votre propre tenue de registre. Chaque condition illustre un cycle de trade complet : le journal d'entrée enregistré avant l'ouverture du trade, et le journal de sortie enregistré à sa clôture. Douze entrées. Six conditions. Un modèle de tenue de registre complet.

Copier ce format exactement. Adapter les champs aux données de votre plateforme. Le contenu change avec chaque trade. Le format ne change jamais.

CONDITION 1 — Trade A: Bull Call Spread (SPY)

Date	March 15, 2025
Sous-jacent	SPY (S&P 500 ETF) at $520.40
Lecture des Six Conditions	VIX : 14,2. IVR : 18. SPY au-dessus de la MA50 (505 $) et MA200 (488 $). Plus hauts croissants pendant 6 semaines consécutives.
Stratégie	Bull Call Spread — débit (approuvé pour la Condition 1)
Structure	Buy SPY April 18 $525 Call @ $5.40. Sell SPY April 18 $535 Call @ $2.80. Net debit: $2.60 ($260 per contract).
Max Risk	$260 per contract (debit paid — total exposure)
Gain Max	$740 per contract (spread width $10 − $2.60 debit × 100)
Seuil de Rentabilité à l'Expiration	SPY doit être au-dessus de 527,60 $ à l'expiration du 18 avril
Objectif de Profit	Close at 50% of max reward = +$370 per contract (spread value = $7.40)
Stop-Loss	Fermer si la position perd 50 % du débit = −130 $ (valeur du spread = 1,30 $)
Stop Temporel	Fermer à T-7 indépendamment du P&L (7 jours avant expiration)
Vérifications Pré-Trade	Dix Indicateurs : ETF — ignoré. Résultats : aucun. FOMC : 19 mars (4 jours — décidé de procéder à taille réduite).d to enter because spread structure hedges IV spike risk). Adjusted: clean. OI at $525 strike: 12,400 contracts ✓. Size: $260 < 2% of $15,000 account ✓.

Sortie	Closed April 3 at spread value $7.40 (50% of max). SPY at $531. 18 days held. P&L: +$480 on $260 debit = 184% return.
Leçon	L'événement FOMC 4 jours après l'entrée a causé un bref pic VI qui a temporairement gonflé la position avant de se normaliser. L'expiration de 35 JAE a absorbé le bruit sans nécessiter d'action.

CONDITION 2 — Trade A: Put Sécurisé en Espèces (MSFT)

Date	January 8, 2025
Sous-jacent	MSFT (Microsoft) at $422.30
Lecture des Six Conditions	VIX: 23.4. IVR on MSFT: 62. MSFT above 200MA. Rotation Sectorielle into tech underway. → CONDITION 2: Bullish + High IV ✓
Strategy	Call Couvert | Put Sécurisé en Espèces | Bull Put Spread
Structure	Sell MSFT February 21 $390 Put @ $3.85. Reserved capital: $39,000.
Max Risk	Assignment at $390 ($39,000 reserved minus $385 premium = $38,615 net cost basis)
Gain Max	$385 per contract (premium collected)
Seuil de Rentabilité à l'Expiration	MSFT doit rester au-dessus de 386,15 $ (390 $ − 3,85 $)
Objectif de Profit	Close at 50% of premium = +$192.50 remaining value of $1.93 or less
Stop	Fermer si le put s'élargit à 7,70 $ (2× la prime originale)
Vérification T-21	Expiration 21 février → revue T-21 le 31 janvier
Vérifications Pré-Trade	Dix Indicateurs : MSFT a obtenu la note de 9/10. Résultats : 29 février (après l'expiration — propre). FOMC : 29 janvier (dans la fenêtre de trading — taille réduite à 50 % de la normale en raison du risque lié à la Fed). OI au strike 390 $: 3 400 ✓. Taille de la position : 1 contrat.
Résultat T-21	January 31: MSFT at $436. Put at $0.90 (77% profit). Closed early. Days held: 23. P&L: +$295.
Leçon	MSFT a significativement progressé, accélérant le profit. Fermer à 77 % au lieu d'attendre l'objectif de 50 % était une déviation du plan — acceptable quand le profit dépasse largement l'objectif, mais à journaliser comme exception.

CONDITION 3 — Trade A: Bear Put Spread (QQQ)

Date	September 5, 2024
Sous-jacent	QQQ at $455.20
Lecture des Six Conditions	VIX : 17,8. IVR : 28. QQQ sous MA50 (462 $). Plus hauts décroissants pendant 3 semaines consécutives. Tendance baissière confirmée.
Strategy	Bear Put Spread — débit (approuvé pour la Condition 3)
Structure	Buy QQQ October 18 $445 Put @ $6.80. Sell QQQ October 18 $430 Put @ $3.20. Net debit: $3.60 ($360 per contract).
Max Risk	$360 per contract
Gain Max	$1,140 per contract ($15 spread − $3.60 debit × 100)

Seuil de Rentabilité à l'Expiration	QQQ doit être en dessous de 441,40 $ à l'expiration (445 $ − 3,60 $)
Objectif de Profit	Fermer à 50 % de la récompense max = +570 $ (valeur de position 9,30 $)
Stop Loss	Fermer si le spread perd 50 % = −180 $ (valeur du spread 1,80 $)
Vérifications Pré-Trade	Dix Indicateurs: ETF — bypassed. Earnings: none. FOMC: September 18 (within window — structured as spread to limit Vega exposure to Fed). OI at $445: 8,900 ✓.
Exit	Clôturé le 20 septembre (post-FOMC). QQQ à 432,10 $. Valeur du spread : 11,80 $. P&L : +820 $ sur un débit de 360 $. Détenu pendant 15 jours. La FOMC a surpris avec une baisse plus importante — QQQ a chuté de 4 % en 2 jours.
Leçon	La structure du spread a protégé contre l'écrasement VI post-FOMC. Un long put nu aurait subi une perte significative de valeur temps le jour de l'annonce malgré le mouvement de prix.

CONDITION 4 — Trade A: Bear Call Spread (SPY)

Date	February 3, 2022
Sous-jacent	SPY at $437.50
Lecture des Six Conditions	VIX : 31,2. IVR : 72. SPY sous MA50 et MA200. Plus hauts décroissants confirmés pendant 5 semaines. → CONDITION 4 confirmée.
Strategy	Bear Call Spread — crédit (LA SEULE stratégie approuvée pour la Condition 4)
Structure	Sell SPY March 18 $465 Call @ $2.10. Buy SPY March 18 $475 Call @ $1.15. Net credit: $0.95 ($95 per contract).
Max Risk	$905 per contract ($10 spread − $0.95 credit × 100)
Gain Max	$95 per contract
Point mort à l'expiration	SPY doit rester sous 465,95 $
Objectif de Profit	Fermer à 50 % du crédit = racheter le spread à 0,48 $ ou moins
Stop	Fermer si le spread s'élargit à 1,90 $ (2× le crédit)
Vérifications Pré-Trade	Dix Indicateurs : ETF — ignoré. Résultats : aucun. FOMC : 16 mars (dans la fenêtre — taille limitée à 1 contrat uniquement). Le strike court à 465 $ est situé au-dessus de la résistance graphique à 458 $. OI sur le call 465 $: 22 400 ✓.
Exit	Fermé le 22 février. SPY à 428 $. Spread à 0,45 $. P&L : +50 $ sur 905 $ de risque max. 19 jours. BPJ : 0,29 %. Le spread s'est déprécié efficacement alors que SPY continuait à baisser.
Leçon	La tentation était d'acheter des puts directement (long puts nus) — le trade baissier instinctif. La VI à 72 aurait signifié payer une prime excessive dans un marché baissier. La VI élevée rendait cela très coûteux. La condition 4 prescrit des bear call spreads — exactement pour cette raison.

CONDITION 5 — Trade A: Iron Condor (SPY)

Date	July 18, 2023

Sous-jacent	SPY at $451.30
Lecture des Six Conditions	VIX: 13.8. IVR: 20. SPY oscillating between $440 and $460 support/resistance. 50MA flat. → CONDITION 5: Range-bound + Low IV ✓
Strategy	Iron Condor (approuvé pour la Condition 5)
Structure	Bull put spread: Sell $430 put / Buy $420 put. Bear call spread: Sell $470 call / Buy $480 call. Both August 18 expiry. Net credit: $1.15 total.
Max Risk	$885 per side ($10 spread − $1.15 net credit × 100)
Gain Max	$115 per condor
Zone de Profit	SPY entre 430 $ et 470 $ à l'expiration du 18 août
Objectif de Profit	Close at 50% of credit = buy back full condor at $0.58 or less
Gestion des Ailes	Fermer toute aile individuelle si elle atteint 2,00 $ (marché approchant ce côté)
Vérifications Pré-Trade	Bandes de Bollinger se comprimant. BPI plat à 52. Aucun événement dans la fenêtre. OI élevé aux deux prix d'exercice courts — > 5 000. VIX sous 15 pendant 4 sessions consécutives.
Exit	Closed August 4. SPY at $448.20. Full condor at $0.56. P&L: +$59. 17 days. Range held. Neither wing threatened.
Lesson	La Condition 5 requiert de la patience — le SPY s'est brièvement déplacé vers 453 $ (près de l'aile call) avant de se renverser. Aucun ajustement n'était nécessaire parce que 453 $ était encore à 17 $ du strike court.

CONDITION 6 — Trade A: Calendar Spread (SPY)

Date	August 14, 2023
Sous-jacent	SPY at $447.80
Lecture des Six Conditions	VIX : 17,2. IVR : 58 (pic bref). SPY toujours dans la plage 440 $–455 $. → CONDITION 6 : Range, VI Haute — confirmée.
Strategy	Calendar Spread (approuvé pour la Condition 6 quand le différentiel VI favorise le court terme)
Structure	Sell SPY August 25 (11-DTE) $448 call @ $2.80. Buy SPY September 15 (32-DTE) $448 call @ $4.90. Net debit: $2.10.
Max Risk	$210 per spread (net debit)
Max Reward	Environ 350 $ à 420 $ si SPY près de 448 $ à l'expiration du 25 août (récolte du différentiel VI + nearterm theta). + near-term theta)
Vérification du Différentiel VI	Near-term (11 DTE) IV: 18.4%. Far-term (32 DTE) IV: 14.2%. Positive differential confirms calendar logic.
Profit Target	Fermer à 60 % du max attendu = +210 $ quand le débit est récupéré plus le profit additionnel
Stop	Fermer si SPY se déplace de plus de 3 % depuis 448 $ (dans les deux directions) avant l'expiration court terme
Exit	Closed August 25 at expiry of short leg. SPY at $449.60 (near strike). Near-term call expired at $0 value. Far-term $448 call worth $4.60. Closed both: P&L: +$180 on $210 debit. 11 days.

Lesson	Le pic VIX qui a créé le setup de condition 6 s'est résolu rapidement — VIX est tombé de 17,2 à 13,8 en 8 jours. Cette contraction de la VI à court terme a accéléré la jambe courte au-delà des attentes.

VOTRE JOURNAL EST VOTRE AVANTAGE

Les traders qui surperforment de manière cohérente pendant des années sont rarement les mathématiciens les plus sophistiqués. Ce sont les plus honnêtes — avec eux-mêmes, avec leurs règles et avec leurs résultats.

APPENDIX C — Les 25 Erreurs les Plus Fréquentes en Trading d'Options

Chaque erreur ci-dessous a été commise par un vrai trader — beaucoup expérimentés, beaucoup intelligents, tous humains. Cette annexe existe pour que vous n'ayez pas à les répéter.

#	L'Erreur	Pourquoi Traders Make It	La Solution
1	Vendre des puts sur des actions qu'ils ne veulent pas posséder	La prime est attractive ; ils oublient que l'assignation est un résultat réel.	Ne vendez des CSP que sur des actions qui passent avec succès le filtre de vos Dix Indicateurs.
2	Ignorer les dates de résultats sur les options courtes	Ils ne vérifient pas le calendrier avant l'entrée.	Vérifier la date des résultats pour chaque action avant chaque entrée. Sans exceptions.
3	Taille de position trop grande (>2 % de risque)	Surconfiance après une série de victoires.	Écrire la taille de position dans le journal AVANT d'entrer dans le trade.
4	Pas de stop loss ou déplacement des stops plus loin	Aversion aux pertes — ils ne peuvent pas accepter la perte.	Write stop level before entry. Execute within 5 minutes of trigger.
5	Trader le 0JAE avec les règles de stratégie de revenus	Ils voient la prime élevée et appliquent la logique de revenus à un produit de scalping.	0JAE nécessite une gestion complètement différente. Ne pas mélanger les cadres.
6	Maintenir à travers les résultats quand prime courte	Ils pensent « ça ira » ou veulent capturer l'écrasement VI.	Fermer TOUTES les primes courtes avant les résultats. Re-entrer après le rapport.
7	Vendre des calls trop agressivement après assignation	Ils veulent sortir de l'action immédiatement quelle que soit la qualité du prix d'exercice.	Attendre 24 heures. Suivre le protocole de reprise après assignation.
8	Trader des options illiquides (OI < 500)	Ils ont trouvé une action qu'ils aiment mais ne vérifient pas la liquidité des options.	Vérifier l'intérêt ouvert et le spread bid-ask AVANT d'évaluer le trade.
9	Contourner le système après 3 victoires	Surconfiance : « Je sais mieux que les règles maintenant. »	Suivre les séries gagnantes. À 5 victoires consécutives, réduire la taille de 25 %.
10	Ne pas avoir de journal de trading	Ils pensent qu'ils se souviendront des leçons.	Vous ne vous souviendrez pas. Commencer le journal aujourd'hui. Chaque trade, à chaque fois.
11	Vendre de la prime quand l'IVR est en dessous de 20	Ils veulent des revenus quelle que soit l'environnement.	Vérifier l'IVR avant chaque entrée de revenus. En dessous de 20 = calendars, pas des CSP.
12	Acheter des options sans vérifier la VI d'abord	Ils voient une thèse haussière et achètent des calls sans vérifier si la VI est gonflée.	Calculer le mouvement attendu. Si le seuil de rentabilité dépasse le mouvement attendu, reconsidérer.
13	Trader trop de positions simultanément	Ils veulent maximiser les revenus sans considérer la capacité de gestion.	Max positions = account size / \$10,000. \$50K account = 5 max positions.
14	Ne pas comprendre la mécanique de l'assignation	Ils vendent un put et sont choqués quand des actions apparaissent dans leur compte.	Lisez le Ch. 6 sur l'exercice et l'assignation avant de vendre votre première option.
15	Chasser une action après qu'elle a déjà bougé de 5 %+	FOMO — ils voient d'autres profiter et se précipitent.	Consigner les trades manqués dans le journal. Revoir mensuellement. La plupart auraient perdu.
16	Rouler une position qui devrait être fermée	Espérer que le cycle suivant fonctionnera même si la thèse est brisée.	Poser les 3 questions de roulement (Ch. 23). Si une réponse est Non — fermer, ne pas rouler.

#	L'Erreur	Pourquoi Traders Make It	La Solution
17	Ignorer la concentration sectorielle	Trois positions tech semblent être de la diversification parce que ce sont des actions différentes.	Check sector exposure weekly. No sector above 30% of portfolio.
18	Trader pendant les 15 premières minutes d'ouverture du marché	Ils réagissent au mouvement d'ouverture sans attendre que le range s'établisse.	Aucune entrée avant 9 h 45 EST. Le range d'ouverture est du bruit algorithmique.
19	Ne pas couvrir le risque baissier du portefeuille	Ils collectent des revenus mois après mois et oublient que les marchés s'effondrent.	Dépenser 1-2 % du portefeuille par trimestre sur des couvertures puts SPY/QQQ.
20	Confondre corrélation et diversification	AAPL et MSFT sont des sociétés différentes mais toutes deux baissent quand la tech vend.	Diversifier entre secteurs, pas seulement entre tickers. Utiliser le cadre de rotation sectorielle.
21	Tracer sans plan écrit pour la journée	Ils ouvrent la plateforme et réagissent à ce qu'ils voient.	Écrire le plan de demain ce soir. Exécuter SEULEMENT ce qui est sur le plan.
22	Averaging down on a losing position without thesis confirmation	L'action est moins chère donc ils vendent plus de puts, augmentant l'exposition à un nom en baisse.	La moyennisation à la baisse n'est valide que si la thèse fondamentale est confirmée par de nouvelles données.
23	Prendre des profits trop tôt (en dessous de l'objectif de 50 %)	Ils craignent de rendre les gains.	Définir des alertes à 50 % de profit. Fermer à l'alerte, pas avant.
24	Ne pas adapter la stratégie à la condition de marché actuelle	Ils exécutent la même stratégie CSP dans toutes les six conditions.	Vérifier le cadre des six conditions hebdomadairement. Adapter la stratégie en conséquence.
25	Traiter le trading comme un divertissement plutôt qu'une entreprise	La dopamine des trades gagnants fait que le trading ressemble à un jeu.	Supprimer les alertes qui déclenchent l'excitation. Réduire le temps d'écran. L'ennui est rentable.

Imprimer cette liste. La coller près du moniteur. Chaque mois, entourer les erreurs que vous avez faites. Avec le temps, les numéros encerclés devraient changer — vous devriez arrêter de faire les erreurs de débutant et passer aux erreurs plus subtiles.

ANNEXE D

Questions Fréquemment Posées

Les questions les plus fréquentes des étudiants Prime Desk — répondu directement

---

Section 1 : Le Cadre des Six Conditions

Q1. Pourquoi seulement six conditions ? N'y a-t-il pas plus de façons dont le marché peut se comporter ?

Les six conditions ne sont pas arbitraires — elles sont le produit de la réduction du comportement du marché à ses deux variables les plus utilisables. La direction et la volatilité déterminent quelle stratégie a l'avantage statistique dans chaque environnement.

Q2. Que faire si le VIX et le graphique envoient des signaux contradictoires ?

Des signaux contradictoires — par exemple, un graphique haussier avec un VIX qui vient de piquer à 28 — sont des transitions, pas des anomalies. Le marché est en train de changer de condition. Attendre la clarté plutôt que de forcer un trade.

Q3. Combien de temps dure généralement chaque condition ?

Les conditions varient énormément en durée. La Condition 1 (haussère, VI basse) peut persister pendant des mois — le marché haussier 2020-2021 a maintenu la Condition 1 pendant 14 mois. La Condition 4 dure généralement des semaines.

RÉDUIRE L'EXPOSITION — prenez vos profits, élargissez les distances de stop-loss, couvrez-vous avec une légère exposition aux puts sur le SPX. Cette lecture a précédé la correction du marché de 3 semaines.

Toujours commencer par la condition du marché global (graphique SPY/QQQ + VIX). La condition macro est la lecture principale de la condition. La condition de l'action individuelle est le filtre secondaire.

Q5. Le cadre des six conditions fonctionne-t-il sur les actions individuelles ou seulement les ETF ?

Il fonctionne sur les deux — mais la séquence est différente. Pour les ETF : lire la condition sur le sous-jacent lui-même (graphique SPY + IVR SPY). Pour les actions individuelles : lire la condition macro d'abord, puis filtrer par la condition de l'action.

Section 2 : Vente de Prime et Stratégies de Revenus

Q6. Pourquoi The Premium Desk préfère-t-il la vente de primes à l'achat d'options ?

L'avantage statistique dans les marchés d'options favorise les vendeurs sur les acheteurs dans la plupart des environnements de marché. Les options sont valoarisées à l'aide de la volatilité implicite, qui est systématiquement plus élevée que la volatilité réalisée. Cette différence persistante — la prime de risque de volatilité — est l'avantage structurel que ce livre enseigne à exploiter.

Q7. Est-il sûr de vendre des puts sécurisés en espèces sur n'importe quelle action ?

Absolument pas. Le put sécurisé en espèces crée une obligation d'acheter 100 actions au prix d'exercice si le put est exercé. C'est pourquoi les Dix Indicateurs qualifient le sous-jacent — vous devez être heureux de posséder l'action.

Q8. Quelle est la différence entre La Roue et le système des six conditions ?

Le Wheel est l'une des stratégies intégrées au système des six conditions — plus précisément une application séquentielle des conditions 2 et 1 (ou à nouveau 2) sur le même sous-jacent. Le système des six conditions est le cadre complet qui détermine quand le Wheel est approprié, sur quel sous-jacent il doit être appliqué et quand il doit être mis en pause. Les traders qui exploitent le Wheel sans le cadre des six conditions se retrouvent souvent à appliquer la roue sur des actions dans des marchés de condition 3 ou 4 — vendant des puts sur des actions en baisse tout en collectant une prime inadéquate par rapport au risque encourru. Le cadre des six conditions empêche cela en exigeant une lecture de condition 2 avant chaque nouvelle vente de put dans le cycle du Wheel.

Q9. Comment gérer l'assignation ?

L'assignation signifie que le put que vous avez vendu a été exercé et vous possédez maintenant 100 actions au prix d'exercice. Ce n'est pas un désastre si l'action a été correctement sélectionnée. La prochaine étape est de vendre un covered call sur ces actions.

Q10. Devrais-je trader les annonces de résultats ?

La règle The Premium Desk est claire : ne jamais maintenir des positions de prime courte à travers une annonce de résultats. La raison n'est pas l'ampleur du mouvement — c'est l'écrasement VI. Quand une société annonce ses résultats, la VI s'effondre immédiatement après, détruisant la valeur de la prime. Fermer ou rouler au moins 5 jours avant la date de résultats.

Section 3 : Gestion du Risque et Dimensionnement des Positions

Q11. Combien de positions devrais-je détenir simultanément ?

La réponse dépend de la taille de votre compte et de votre capacité de gestion. Règle générale : ne jamais détenir plus de positions que vous ne pouvez revoir en 30 minutes chaque soir.

Q12. Quelle taille de compte me faut-il pour commencer ?

Vous pouvez trader sur papier le système des six conditions avec n'importe quelle taille de compte — y compris zéro. Pour le trading en direct des CSP et covered calls, 5 000 $ minimum recommandé.

Q13. Quelle est la règle de drawdown de 20 % et comment la mettre en œuvre ?

La règle de drawdown de 20 % est un disjoncteur : si votre compte baisse de 20 % par rapport à son pic, arrêter immédiatement de trader pendant 30 jours. Revoir chaque trade. Identifier la cause systémique avant de reprendre.

Q14. Comment dois-je dimensionner une position de spread par rapport à une position de CSP ?

Pour un CSP, calculez le capital réservé (le prix d'exercice × 100) comme étant l'exposition, et non pas seulement la prime. Un CSP de strike 400 $ requiert 40 000 $ de capital réservé. La règle des 2 % appliquée à cette position signifie que votre compte devrait être d'au moins 2 000 000 $ pour qu'un seul CSP de 400 $ corresponde à un risque de 2 % — ce qui est évidemment impraticable pour la plupart des profils. Au lieu de cela, interprétez la règle des 2 % pour les CSP comme suit : la perte maximale en cas d'assignation et si l'action tombait à zéro est de 40 000 $ moins la prime collectée. C'est peu probable, mais c'est le maximum théorique. Plus concrètement, utilisez le niveau de 5 % hors de la monnaie (OTM) comme zone tampon de risque et dimensionnez votre position en conséquence. Pour les spreads, la règle des 2 % est plus simple : le risque maximal (largeur du spread moins la prime collectée × 100) doit être ≤ 2 % du compte. Un spread avec un risque maximal de 500 $ sur un compte de 25 000 $ représente exactement 2 %. Utilisez cette formule pour chaque position de spread.

Section 4 : Le Système des Six Conditions en Pratique

Q15. Que faire si j'identifie incorrectement la condition ?

Identifier incorrectement la condition est l'erreur la plus courante dans le système — et la plus récupérable, parce que toutes les stratégies des six conditions utilisent des structures à risque défini avec des pertes maximales connues.

Q16. Combien de temps devrais-je trader sur papier avant de passer au direct ?

La recommandation de The Premium Desk est de 90 jours minimum — pas 90 jours calendaires, mais 90 jours durant lesquels vous effectuez votre lecture quotidienne des conditions, exécutez des paper trades en utilisant la stratégie approuvée, enregistrez chaque trade dans un journal et faites un bilan à la fin du mois. L'objectif n'est pas de prouver que vous pouvez gagner de l'argent virtuellement — tout le monde peut le faire. L'objectif est d'ancrer l'habitude de la lecture des conditions en deux étapes comme un rituel matinal automatique, de faire l'expérience de l'inconfort émotionnel de voir une position aller contre vous tout en maintenant votre discipline de sortie, et de découvrir vos propres schémas comportementaux avant que de l'argent réel ne soit en jeu. Les traders qui font l'impasse sur le paper trading pour passer immédiatement au réel ne sont pas impatients — ils ne sont pas préparés. Le marché est patient. La préparation est l'avantage.

Q17. Comment sais-je quand une condition est « suffisamment claire » pour trader ?

Une condition est claire lorsque au moins quatre des six indicateurs techniques (moyennes mobiles, MACD, RSI, RS, bandes de Bollinger, BPI) sont alignés sur la même lecture directionnelle, ET que la lecture du VIX/IVR vous place sans ambiguïté dans une volatilité haute ou basse. Lorsque moins de quatre indicateurs concordent — ou lorsque le VIX se situe dans la zone de transition 18-22 — la condition n'est pas claire. Pas de trade. Le marché ne vous rémunère pas pour l'incertitude. Il vous rémunère pour la clarté. Les meilleurs trades dans le système des six conditions sont ceux où chaque indicateur, chaque contexte macroéconomique et le VIX sont tous d'accord. Ce sont les conditions à haute confiance. Elles se produisent plus fréquemment que ce que la plupart des traders imaginent — en particulier lors des phases de tendance soutenue dans les deux directions.

Q18. Que faire dans les conditions où aucune stratégie ne semble attrayante ?

Vous attendez. Attendre est une position dans le système des six conditions. Quand la condition est en transition — quand la VI n'est ni clairement haute ni basse, quand la direction n'est pas confirmée — la position en espèces est la correcte.

Q19. Puis-je trader le système des six conditions à temps partiel ?

Oui — et il a été conçu exactement pour ça. Les stratégies de revenus dans les conditions 2 et 4 (CSP, bull put spreads, bear call spreads) ne nécessitent que 15 à 30 minutes de gestion par semaine.

Q20. J'ai gagné de l'argent sur un trade qui était mauvais pour la condition. Le système des six conditions s'applique-t-il encore ?

Oui — et c'est l'une des questions les plus importantes qu'un trader en développement puisse poser. Un profit aléatoire ne valide pas une mauvaise décision. Un trade de mauvaise condition profitable est dangereux — il renforce un comportement qui finira par coûter cher.

Section 5 : La Philosophie de The Premium Desk

La philosophie The Premium Desk est construite sur une prémisse fondamentale : trader des options est une activité économique, pas un jeu. Une entreprise a des règles, un système de tenue de registres et une logique de répétabilité.

Le vendeur de primes qui survit et capitalise n'est pas le trader le plus intelligent de la pièce. C'est le plus régulier. Il vérifie les deux mêmes données chaque matin : la direction du graphique et le VIX. Il applique le même filtre à chaque sous-jacent potentiel : les Dix Indicateurs. Il dimensionne chaque position de la même manière : la règle des 2 %. Il clôture chaque trade gagnant au même objectif : 50 % du profit maximal. Il gère chaque position selon le même calendrier : le T-21. Aucune de ces règles n'est palpitante. Pourtant, elles sont toutes rentables lorsqu'elles se capitalisent sur des centaines de trades au fil du temps.

Le marché testera chaque règle de ce livre. Il créera des conditions où briser une règle semblera justifié. Le VIX va piquer et la prime semblera irrésistible même si l'IVR est bas. Ne pas briser les règles.

Q21. Qu'est-ce que le « BPJ » (PPD) et pourquoi The Premium Desk l'utilise-t-il à la place du P&L mensuel ?

Le BPJ (Profit Par Jour de trading) — ou PPD en anglais — est la mesure de rendement qui traite votre compte de trading comme une entreprise plutôt que comme une spéculation. Il répond à la question suivante : quel montant de revenu ce compte a-t-il généré par jour d'exposition sur le marché ? Le P&L mensuel est souvent faussé par le nombre de positions détenues, leur durée de détention et le montant de capital déployé. Le BPJ normalise l'ensemble de ces facteurs. Un profit de 500 $ réalisé sur 25 jours (soit un BPJ de 20 $/jour) constitue un moins bon résultat commercial qu'un profit de 300 $ réalisé sur 10 jours (soit un BPJ de 30 $/jour) — même si le montant absolu est inférieur. Le BPJ permet également de définir un objectif de revenu quotidien directement relié à un objectif financier réel : si votre cible est de 100 $ de revenus par jour, cela requiert 26 000 $ par an, ce qui impose une taille de compte et une combinaison de stratégies spécifiques pour y parvenir. Le cadre du BPJ est la méthode par laquelle le système des six conditions se transforme en un véritable plan de liberté financière personnelle.

Q22. Pourquoi la philosophie The Premium Desk est-elle construite autour de la vente de prime plutôt que de l'achat ?n stock speculation?

Parce que la vente de primes relève du revenu, non du jeu de hasard. Lorsque vous vendez un cash-secured put sur une entreprise de qualité à un strike OTM avec un delta de 20, vous disposez d'une probabilité statistique d'environ 80 % de conserver l'intégralité de la prime. Vous avez encaissé de l'argent réel sur votre compte qui ne pourra en sortir que si l'action chute de manière significative. Le revenu est réel dès l'instant où l'ordre est exécuté — il ne dépend pas d'une prédiction future. La spéculation sur actions exige que le titre évolue dans votre direction, au bon moment et avec une amplitude suffisante. La vente de primes exige simplement que l'action ne bouge PAS trop dans une direction donnée. Statistiquement, dans la plupart des conditions de marché, l'absence de mouvement majeur est plus probable qu'un mouvement excessif. Le vendeur de primes se place ainsi du côté statistique gagnant de ce pari — non pas sur chaque trade individuel, mais sur des centaines d'opérations exécutées de manière systématique dans la bonne condition.

Q23. Quelle est la leçon unique la plus importante de 'Trading D'Options Comme Un Gestionnaire De Risques' ?

Que le marché va dans l'une des six directions — et pour chacune de ces six directions, il y a une réponse correcte. Pas deux. Pas cinq. Une. La discipline des six conditions consiste à exécuter cette réponse.

LE MOT FINAL

Les marchés sont le mécanisme le plus efficace jamais conçu pour transférer l'argent des impatients aux patients, de l'émotionnel au discipliné, du trader qui n'a pas de règles à celui qui en a.

Plus de questions ?

La communauté The Premium Desk est à thepremiumdesk.com — où Eddy Alexandre et l'équipe répondent aux questions, organisent des sessions en direct et fournissent une éducation continue à mesure que les marchés évoluent.

ANNEXE E

Portfolio Margin

La marge de portefeuille (Portfolio Margin) est un système de calcul de marge pour les options sur indices et actions cotées qui détermine les exigences de marge en fonction du risque réel de votre portefeuille global — et non de la perte maximale théorique de chaque position prise isolément. Il en résulte des exigences de marge considérablement plus faibles pour les positions couvertes et les spreads, offrant une gestion de capital beaucoup plus efficace pour un carnet d'options multi-stratégies.

EXIGENCE MINIMUM DE COMPTE

La Marge de Portefeuille est disponible pour les comptes approuvés pour le trading d'options nues avec un solde minimum de 100 000 $. Si votre courtier utilise un système de surveillance en temps réel, le minimum peut être inférieur.

Comment la Marge de Portefeuille est Calculée

Sous la Marge de Portefeuille, le risque d'une position d'option ou d'action est déterminé en évaluant la valeur du portefeuille sur une gamme de scénarios de prix hypothétiques. Les plages de prix typiques sont de ±15 % pour les actions et de ±6 % pour les indices.

Les plages de prix utilisées sont fixes — pas basées sur la volatilité. C'est une différence clé par rapport à la marge SPAN utilisée pour les futures, qui s'ajuste pour la volatilité. Cette différence peut créer des occasions où la Marge de Portefeuille sous-estime le risque.

- +/−15 % pour les actions individuelles, les options sur actions, les futures sur actions et les options sur indice à base étroite ;ptions;
- +/−10 % pour les indices à base large qui ne sont pas à haute capitalisation ;
- +6 % / −8 % pour les indices à base large à haute capitalisation (S&P 500, Nasdaq 100, Russell 2000).ll 2000, etc.); and
- Minimum requirement of $37.50 per contract regardless of calculation result.

Parce que les mouvements sont fixes plutôt qu'ajustés pour la volatilité, la Marge de Portefeuille peut parfois sous-estimer le risque lors de marchés extrêmement volatils, produisant des exigences plus faibles précisément quand le risque réel est le plus élevé.

Quelles Stratégies Bénéficient le Plus

Le degré de réduction de marge sous la Marge de Portefeuille varie substantiellement selon la stratégie. Les positions vraiment couvertes bénéficient le plus parce que le système reconnaît que la jambe longue limite le risque réel.

Niveau de Bénéfice	Stratégies	Pourquoi Cela Bénéficie
Plus Réduite	Protégerive put, collar, short calendar, reverse calendar spread, reverse diagonal spread	Le risque est entièrement défini. L'option longue plafonne le mouvement défavorable maximum — le système

Niveau de Bénéfice	Stratégies	Pourquoi Cela Bénéficie
		récompense cette structure en reconnaissant le risque réel plafonné, pas un risque théorique.
Réduction Potentiellement Grande	Long strangle, long straddle (en particulier à long terme)	Les grandes hypothèses de mouvement de prix utilisées dans le calcul font que les options longues semblent avoir peu de risque mesurable — une hypothèse qui bénéficie aux vendeurs d'options.
Réduction de Taille Raisonnable	Covered call, iron condor, index naked option, short strangle, short straddle	Exposition couverte ou partiellement couverte. Le covered call est particulièrement notable : la marge baisse de 50 % à environ 15 % de la valeur de l'action sous la Marge de Portefeuille.
Plus Petite Réduction	Spreads verticaux, calendars longs, action longue synthétique	Les spreads ont déjà une faible marge sous Reg-T. L'amélioration est réelle mais modeste comparée aux gains sur les positions nues ou couvertes.

Exemple de Covered Call : La Différence de Marge

L'impact de la Marge de Portefeuille sur l'écriture couverte est dramatique et vaut la peine d'être compris concrètement. Supposons qu'une action se trade à 106 $ et que vous rédigiez un call OTM à 110 $.

- Old margin (Reg-T): 50% of stock price ($53) minus option price ($1.50) = $51.50 per share, or $5,150 per 100-share contract;
- New margin (Portfolio Margin): 15% of stock price ($15.90) minus option price ($1 50) = $14.40 per share, or $1,440 per 100-share contract.

Cette réduction de 72 % de l'exigence de marge change fondamentalement l'efficacité du capital de la stratégie de covered call. Pour un compte de 100 000 $, Reg-T permet environ 19 positions de covered call à taille standard contre environ 67 sous la Marge de Portefeuille.

LE LEVIER EST UN OUTIL, PAS UN OBJECTIF

La Marge de Portefeuille vous donne plus de levier. Le levier n'est pas intrinsèquement bon ou mauvais — c'est selon la façon dont vous l'utilisez. Vous contrôlez toujours l'allocation. Vous pouvez toujours allouer plus que l'exigence de marge minimale à toute position, réduisant ainsi l'effet de levier effectif. Le cadre The Premium Desk requiert 2 % de risque par trade indépendamment de ce que la marge exige. Toujours dimensionner selon vos règles de risque — pas selon le minimum de marge.

Application des Six Conditions

Dans le système des Six Conditions, la Marge de Portefeuille est la plus pertinente à deux stades de croissance du compte :

- Gérer des positions de Condition 3 (Iron Condor) aux côtés de positions de Condition 2 (Put Sécurisé en Espèces) simultanément — la Marge de Portefeuille reconnaît l'exposition nette couverte du portefeuille combiné et réduit les exigences globales.
- Échelle des positions de Condition 2 : Le test de stress à 15 % de la Marge de Portefeuille (versus 50 % de Reg-T) signifie que chaque CSP nécessite beaucoup moins de capital réservé, permettant plus de positions simultanées.

La Marge de Portefeuille n'est pas nécessaire pour les traders exécutant une stratégie à la fois. Elle devient précieuse lors du passage à plusieurs stratégies simultanées — le point où la reconnaissance des positions couvertes se traduit en efficacité de capital réelle.

RESSOURCES

OCC Portfolio Margin Calculator: https://cpm.theocc.com/tims_online.htm

Exigences et exemples de Marge de Portefeuille CBOE : https://cboe.com/margin.

ANNEXE F

La feuille de travail d'évaluation des dix indicateurs

#	Indicator	Ce qu'il Faut Chercher	Source de Données	Score (0–1)	Notes
1	Profits Croissants & Momentum des Bénéfices	Croissance du BPA 3+ trimestres consécutifs ; accélérant d'une année sur l'autre	Rapports de résultats, EDGAR, Finviz		
2	Prix Avantageux par Rapport à la Valeur	P/E sous la médiane du secteur ; Ratio PEG < 1,5	Yahoo Finance, Morningstar, filtre Finviz		
3	Dividendes Croissants comme Signal de Qualité	Croissance du dividende 5+ ans ; taux de distribution < 60 %	Dividend.com, Morningstar, page IR de la société		
4	Megatrend Alignment	Sector exposure to AI, energy transition, aging demographics, infrastructure	Analyse ETF sectoriel, IBD Leaderboard		
5	Vents Favorables Sectoriels	Sector in relative strength uptrend vs S&P 500; 3-month RS > 0	Graphiques RRG Stockcharts.com, comparaison ETF sectoriel		
6	Détention Institutionnelle Croissante	Détention Institutionnelle increasing QoQ; fund accumulation days	Dépôts SEC 13-F, Finviz, IBD		
7	Bilan Solide	Ratio D/E < 1,0 ; ratio courant > 1,5 ; FCF positif	Bilan (10-K/10-Q), Macrotrends.net		
8	Management de Haute Qualité	CEO tenure > 3 years; insider buying > selling; low turnover	Dépôts Formulaire 4 SEC, Glassdoor, proxy de la société		
9	Competitive Moat	Pricing power, switching costs, network effects, or cost advantage	Notation Moat Économique Morningstar, rapport annuel		
10	Chaîne d'Options Liquide	Intérêt Ouvert > 500 per strike; bid-ask spread < $0.20 on ATM options	Chaîne d'options de la plateforme de courtage		
	SCORE TOTAL			/10	

ANNEXE G

Le Cadre des Six Conditions — Référence Combinée

Votre cadre complet de décision pré-trade. Identifier la condition. Exécuter la stratégie. Gérer la position.egy. No exceptions.

#	Condition	Stratégie Principale	Signal d'Entrée	Règle de Gestion	Compte Min.
C1	**Bullish / Low IV** *(Hausse Lente)*	**Long Call** Spread à Débit	IVR < 30. Tendance haussière confirmée. Acheter call ATM ou débit spread 30-delta. JAE 30–45.	Fermer à 50 % de profit. Stop à 100 % de perte. Sortir à T-21.	**$2,000**
C2	**Bullish / High IV** *(Hausse Rapide)*	**Put Sécurisé en Espèces** Covered Call	IVR ≥ 30. Tendance haussière. Vendre put OTM à delta 20. JAE 30-45.	Fermer à 50 % du profit max. Rouler à T-21 si non fermé. Exécuter La Roue sur assignation.	**$15,000**
C3	**Bearish / Low IV** *(Baisse Lente)*	**Long Put** Bear Put Spread	IVR < 30. Tendance baissière confirmée. Acheter put ATM ou bear put spread 30-delta. JAE 30–45.	Fermer à 50 % de profit. Stop à 100 % de perte. Sortir à T-21.	**$2,000**
C4	**Bearish / High IV** *(Baisse Rapide)*	**Bear Call Spread**	IVR ≥ 30. Tendance baissière. Vendre call spread OTM au-dessus de la résistance. Strike court 20-delta. JAE 30–45.	Fermer à 50 % du profit max. Stop à 2× le crédit reçu. Rouler ou fermer à T-21.	**$5,000**
C5	**En Range / VI Haute** *(Latéral Rapide)*	**Iron Condor** Short Strangle	IVR ≥ 30. Pas de tendance. Vendre call spread OTM + put spread. Ailes 16-delta. JAE 30–45.	Fermer le condor complet à 50 % du profit max. Gérer le côté testé si le delta dépasse 30. Sortir à T-21.T-21.	**$10,000**
C6	**En Range / VI Basse** *(Latéral Lent)*	**Calendar Spread** Diagonal Spread	IVR < 30. Pas de tendance. Vendre option court terme,	Fermer à 25-30 % du profit max. Sortir si la VI se développe	**$5,000**

			acheter même strike plus lointain. JAE : vendre 21–30, acheter 45–60.	brusquement. Gérer à T-7 sur la jambe courte..	

ANNEXE H

La Liste de Vérification du Signal d'Entrée du Swing Trader

#	Élément de Liste de Vérification	Condition Requise	✓/ X
1	Lecture des Six Conditions Effectuée	Condition de marché identifiée (1–6)	
2	La Stratégie Correspond à la Condition	La stratégie d'entrée s'aligne avec la condition actuelle	
3	Direction de Tendance Confirmée	Prix au-dessus de la MME 21 (haussier) ou en dessous (baissier)	
4	Vérification Zone de Valeur Double MME (13/26)	Prix dans la zone de valeur MME 13/26 ou rebondissant dessus	
5	Confirmation MACD (12/26/9)	MACD histogram turning in direction of trade; signal crossover present	
6	Signal MME d'Entrée Rapide (8/21)	Pour les entrées agressives : MME 8 croisée au-dessus/en dessous de la MME 21	
7	RSI Non Extrême	RSI entre 35 et 65 pour les entrées de tendance ; pas survente/surachat	
8	Niveau Support/Résistance Identifié	Entrée près du support confirmé (long) ou de la résistance (short)	
9	Confirmation du Volume	Volume de la bougie d'entrée au-dessus de la moyenne 20 jours ; pas sur volume mince	
10	Vérification du Niveau de Fibonacci	Entrée près du retracement 38,2 %, 50 % ou 61,8 % du swing précédent	
11	Date de Résultats Vérifiée	Pas de résultats dans la période de détention ; ou risque dimensionné en conséquence	
12	Rang VI Vérifié	IVR approprié pour la stratégie (>50 pour la vente de prime ; tout pour le débit)	
13	Niveau Stop-Loss Défini	Stop ferme au plus bas du swing précédent (long) ou plus haut (short)	
14	Objectif de Profit Défini	Target at next resistance (long) or support (short); minimum 1:1.5 R/R	
15	Taille de Position Calculée	Règle 2 % appliquée ; BPR dans l'allocation du compte	
16	Setup de Trading de Canal (si applicable)	Prix au support du canal inférieur avec signal d'inversion	
17	Pullback Entry Protocol Verified (5-Étape)	Les 5 étapes confirmées : tendance, repli, rebond, bougie, déclencheur	
18	Revenus en Range Confirmés (si applicable)	Range clairement défini ; vendre près des bords du range	
ALL	DÉCISION FINALE GO / NO-GO	Tous les éléments vérifiés. Trade autorisé.	

GLOSSAIRE DE LA TERMINOLOGIE DES OPTIONS

Ce glossaire définit chaque terme clé utilisé dans ce livre — couvrant les contrats d'options, les Lettres Grecques, l'analyse de marché, l'analyse fondamentale, la gestion des risques ainsi que les cadres propriétaires développés dans cet ouvrage. Les termes sont classés par ordre alphabétique. Lorsqu'un concept apparaît dans un chapitre spécifique, le numéro du chapitre est mentionné.

2% Rule Le principe central de dimensionnement des positions de ce livre. Ne risquez pas plus de 2 % de votre capital de trading total sur un seul trade. Définit la perte maximale par position avant l'entrée. La Règle des 2 % est la première ligne de défense contre un drawdown catastrophique.

Adjusted Option Un contrat d'option dont les conditions (prix d'exercice, multiplicateur ou livrable) ont été modifiées à la suite d'une opération sur titres telle qu'un regroupement ou une division d'actions (stock split), une fusion, une acquisition ou le versement d'un dividende exceptionnel. Les options ajustées sont non standardisées, souvent illiquides, et doivent être identifiées avant toute entrée.

Tout-ou-Rien (AON) Order Un ordre à cours limité exigeant l'exécution de la quantité totale ou rien du tout (All-or-None). Cela permet d'éviter les exécutions partielles sur les ordres d'options multi-jambes (multi-leg), où une exécution incomplète créerait un risque non désiré.

American-Style Option Un contrat d'option qui peut être exercé par l'acheteur à tout moment avant son expiration. La plupart des options sur actions sont de style américain. À l'inverse des options de style européen (options sur indices), qui ne peuvent être exercées qu'au moment de l'expiration.

Assignment Le processus par lequel le vendeur (scripteur) d'une option est obligé de remplir les obligations du contrat après l'exercice de l'acheteur. Le vendeur d'un call court doit livrer 100 actions au prix d'exercice (strike). Le vendeur d'un put court doit acheter 100 actions au prix d'exercice. L'assignation peut intervenir à tout moment pour les options de style américain.

Assignment Risk La probabilité qu'une option courte soit exercée contre le vendeur avant son expiration. Elle est maximale pour les options profondément ITM à l'approche des dates de détachement de dividende (ex-dividend). C'est un élément clé pour la gestion des calls couverts (covered calls) et des puts sécurisés en espèces (cash-secured puts).

At-the-Money (ATM) Une option dont le prix d'exercice (strike) est égal ou très proche du prix actuel de l'actif sous-jacent. Les options ATM affichent la valeur extrinsèque (valeur temps) la plus élevée et sont les plus sensibles aux variations de la volatilité implicite.

Average True Range (ATR) Un indicateur technique qui mesure la fourchette de prix quotidienne moyenne (Average True Range) sur une période donnée (généralement 14 jours). Utilisé pour dimensionner les stop-losses, évaluer la volatilité et déterminer les prix d'exercice d'options appropriés par rapport au mouvement quotidien attendu.

Backtesting Le processus consistant à tester une stratégie de trading sur des données de prix historiques afin d'évaluer ses performances passées. Le backtesting valide la logique d'une stratégie avant de risquer du capital réel. Le paper trading est un backtesting en temps réel sur le marché vif, sans capital à risque.

Backwardation Une condition de structure des termes des futures VIX où le VIX spot se trade au-dessus des futures à court terme. Signal de peur de marché aiguë.

Bear Call Spread Une stratégie de spread de crédit (credit spread) : consiste à vendre un call de prix d'exercice inférieur et à acheter un call de prix d'exercice supérieur sur le même sous-jacent et avec la même expiration. Génère un profit lorsque le sous-jacent reste en dessous du strike court. Le profit maximal est égal au crédit net reçu. La perte maximale correspond à la largeur du spread moins le crédit perçu. Une stratégie adaptée à la Condition 4.

Bear Put Spread Une stratégie de spread de débit (debit spread) : consiste à acheter un put de prix d'exercice supérieur et à vendre un put de prix d'exercice inférieur sur le même sous-jacent et avec la même expiration. Génère un profit lorsque le sous-jacent baisse en dessous du strike long. Le risque maximal est égal au débit net payé. Une stratégie adaptée à la Condition 3.

Beta Une mesure de la volatilité d'une action par rapport au marché (S&P 500). Un bêta de 1,0 signifie que l'action se déplace en tandem avec le marché.

Bid-Ask Spread L'écart entre le prix le plus élevé qu'un acheteur est prêt à payer (bid/offre) et le prix le plus bas qu'un vendeur est prêt à accepter (ask/demande) pour une option. Des écarts bid-ask larges signalent une faible liquidité et augmentent les coûts de transaction. Utilisez toujours des ordres à cours limité (limit orders) pour éviter de payer le spread complet.

Binary Option Un instrument financier à dénouement fixe qui verse un montant prédéterminé si une condition spécifique est remplie, ou rien du tout dans le cas contraire. Les options binaires ne sont pas des contrats d'options traditionnels — elles ne possèdent pas de Lettres Grecques, pas de structure de valeur intrinsèque/extrinsèque, et pas de marché secondaire pour leur gestion. La SEC et la CFTC ont émis des avertissements formels concernant les plateformes d'options binaires. Ce livre n'enseigne pas les stratégies d'options binaires.

Modèle Black-Scholes (BSM) Le modèle mathématique d'évaluation des options de style européen, publié par Fischer Black et Myron Scholes en 1973. Il calcule la valeur théorique à l'aide de cinq variables : le prix de l'action, le prix d'exercice, le temps restant jusqu'à l'expiration, le taux d'intérêt sans risque et la volatilité. La fondation de toute l'évaluation moderne des options.

Bollinger Bands Un indicateur de volatilité composé d'une moyenne mobile exponentielle à 20 périodes, flanquée de deux bandes d'écart-type au-dessus et en dessous. Lorsque les bandes se resserrent (squeeze), un breakout est probable. Lorsque les bandes s'écartent, la volatilité est élevée. Utilisé pour identifier le timing d'entrée dans les marchés en tendance ou de retour à la moyenne (mean-reverting).

Book Value L'actif total moins le passif total, divisé par le nombre d'actions en circulation. Représente la valeur nette d'une entreprise sur une base par action (valeur comptable). Les actions s'échangeant en dessous de leur valeur comptable peuvent être sous-évaluées — ou fondamentalement dégradées. À analyser systématiquement en parallèle des bénéfices et des flux de trésorerie (cash flow).

Breakeven Price Le prix du sous-jacent auquel une position d'options ne gagne ni ne perd d'argent à l'expiration.piration. Long call: Strike + Prime Paid. Long put: Strike minus Prime Paid. Short put (CSP): Strike minus Prime Received. Short call (covered call): Purchase price minus Prime Received.

Bull Call Spread Une stratégie de spread de débit (debit spread) : consiste à acheter un call de prix d'exercice inférieur et à vendre un call de prix d'exercice supérieur sur le même sous-jacent et avec la même expiration. Génère un profit lorsque le sous-jacent monte au-dessus du strike long. Le risque maximal est égal au débit net payé. Une stratégie adaptée à la Condition 1.

Bull Put Spread Une stratégie de spread de crédit (credit spread) : consiste à vendre un put de prix d'exercice supérieur et à acheter un put de prix d'exercice inférieur sur le même sous-jacent et avec la même expiration. Génère un profit lorsque le sous-jacent reste au-dessus du strike court. Le profit maximal est égal au crédit net reçu. Une stratégie adaptée à la Condition 2.

Business Cycle Le schéma récurrent d'expansion et de contraction économique qui pilote la rotation sectorielle et la sélection des stratégies d'options. Les quatre phases — Expansion Précoce, Expansion Moyenne, Expansion Tardive et Contraction — favorisent chacune différents secteurs et stratégies d'options. Le cadre macro principal du Chapitre 7.

Buying Power Reduction (BPR) Le montant de capital mis de côté par un courtier comme garantie pour une position d'options courtes. Varie selon la stratégie et la taille du compte. Pour les puts sécurisés en espèces, le BPR égale la garantie complète (prix d'exercice × 100). Pour les spreads, le BPR égale la largeur du spread × 100. Le BPR détermine le nombre de positions qu'un compte donné peut tenir simultanément.

CAGR (Compound Annual Growth Rate) Le taux de rendement annualisé requis pour faire croître un investissement de sa valeur initiale à sa valeur finale sur une période donnée, en supposant que les profits sont réinvestís. Formule : CAGR = (Valeur Finale / Valeur Initiale)^(1/Ans) − 1. Utilisé pour comparer la croissance des revenus, la croissance des bénéfices et la performance du portefeuille. Une société avec un CAGR de revenus sur 5 ans de 15 %+ est classée comme candidate à forte croissance dans les Dix Indicateurs.

Calendar Spread Une stratégie à deux jambes : vendre une option à court terme et acheter une option à plus long terme au même prix d'exercice. Exploite la décroissance theta accélérée de la jambe courte et la décroissance plus lente de la jambe longue. Également appelé spread horizontal ou spread temporel. Une stratégie de Condition 6.

Call Option Un contrat donnant à l'acheteur le droit, mais pas l'obligation, d'acheter 100 actions du sous-jacent au prix d'exercice avant ou à la date d'expiration. Le vendeur d'un call est obligé de livrer les actions si l'acheteur exerce.

Put Sécurisé en Espèces (CSP) Une stratégie de vente de puts où le vendeur détient suffisamment d'espèces pour acheter 100 actions si assigné au prix d'exercice. Le véhicule de revenu principal de la Philosophie du Vendeur. Génère des revenus de prime en attendant d'acquérir des actions à un prix cible. Voir Chapitre 15.

CBOE (Chicago Board Options Exchange) La plus grande bourse d'options au monde, fondée en 1973. Domicile du VIX, des options SPX et des données de ratio put-call. Le CBOE a ouvert le premier marché d'options listées standardisées le 26 avril 1973.

Collar Une stratégie protectrice : posséder 100 actions, acheter un put pour la protection contre la baisse et vendre un call pour financer le coût du put. Limite à la fois la hausse et la baisse. Utilisé sur des positions en actions existantes pour réduire le risque en périodes de marché incertain.

Commodity Futures Option Un contrat d'options dont l'actif sous-jacent est un contrat à terme sur matières premières plutôt qu'une action. Les options sur futures de matières premières donnent au détenteur le droit d'entrer dans une position à terme à un prix spécifié. Elles sont soumises à des règles de marge, fiscalité et règlement différentes des options sur actions. Voir Chapitre 18.

Contango Une condition de structure des termes des futures VIX où les prix des futures sont plus élevés que le VIX spot, et la courbe remonte sur les mois d'expiration successifs. Le contango est l'état normal pendant les marchés haussiers calmes à faible volatilité. En contango, les prix des futures VIX baissent dans le temps même sans changement de l'indice — cette décroissance est la base de l'avantage du vendeur de prime. Voir Chapitre 16.

Contract Multiplier Le nombre d'actions sous-jacentes contrôlées par un seul contrat d'options. Standard américain : 100 actions par contrat. Toujours multiplier les primes par 100 pour calculer la valeur en dollars réelle d'une position.

Covered Call Une stratégie où le propriétaire de 100 actions vend une option call contre ces actions. Génère des revenus de prime mais plafonne la hausse au-dessus du prix d'exercice. La deuxième jambe de la stratégie La Roue. Voir Chapitre 15.

Credit Spread Tout spread d'options où la prime reçue des options courtes dépasse la prime payée pour les options longues, donnant un crédit net. Les bull put spreads et les bear call spreads sont des spreads à crédit. Le profit maximum est plafonné au crédit reçu.

Daily P&L Attribution La ventilation quotidienne des profits et pertes par source : P&L delta du mouvement de prix, P&L theta du déclin temporel et P&L véga de la VI. Essentiel pour comprendre si un trade performe pour les bonnes raisons.

Debit Spread Tout spread d'options où la prime payée pour les options longues dépasse la prime reçue, entraînant un débit net. Les bull call spreads et les bear put spreads sont des spreads à débit. La perte maximum est plafonnée au débit payé.

Debt-to-Equity (D/E) Ratio Total de la dette divisé par les capitaux propres. Mesure le levier financier. Un D/E élevé augmente la vulnérabilité dans les environnements de hausse des taux d'intérêt et lors des contractions des bénéfices. Un indicateur clé dans le cadre des Dix Indicateurs.

Delta (Delta) Le taux de variation du prix d'une option pour chaque mouvement de 1 $ du sous-jacent. Varie de 0 à 1 pour les calls, de 0 à -1 pour les puts. Approxime également la probabilité que l'option expire dans la monnaie. Un CSP à delta 0,30 a environ 30 % de chance de finir ITM à l'expiration.

Delta-Neutral Une position avec un delta net proche de zéro, signifiant que les petits mouvements du sous-jacent ont un impact minimal sur le P&L. Les positions delta-neutres profitent de la volatilité (via le gamma) ou du déclin temporel (via le theta). Les iron condors peuvent être structurés en delta-neutre.

Diagonal Spread Un spread à deux jambes utilisant des prix d'exercice ET des dates d'expiration différents. Combine des éléments d'un spread vertical et d'un calendar spread. Offre plus de flexibilité dans la sélection des prix d'exercice et la génération de revenus qu'un calendar spread standard.

Arbitrage de Dividende Une stratégie quasi sans risque dans laquelle un trader achète un put profondément ITM avec une prime de valeur temps inférieure au dividende à venir, et achète simultanément l'action sous-jacente. Pertinent quand les puts profondément ITM sont mal évalués par rapport aux événements de dividende à venir — un avantage accessible principalement aux traders institutionnels.

Do-Not-Exercice (DNE) Instruction Une instruction au courtier pour empêcher l'exercice automatique d'une option ITM à l'expiration. Nécessaire quand un trader veut laisser une option ITM expirer sans prendre l'assignation. Doit être soumise avant la date limite d'expiration — généralement 17h30 ET.

Drawdown La baisse sommet-à-creux de la valeur du compte sur une période donnée. Le drawdown maximum mesure la plus grande baisse historique. La récupération du drawdown exige des gains proportionnellement plus grands : un drawdown de 50 % nécessite un gain de 100 % pour revenir au seuil de rentabilité. Voir Chapitre 8.

DTE (Jours Avant l'Expiration) Le nombre de jours calendaires restant jusqu'à l'expiration d'un contrat d'options. La variable la plus critique dans la gestion du déclin theta. La fenêtre de vente de revenus optimale est de 30 à 45 JAE à l'entrée, avec les positions fermées à T-21.

Early Assignment Assignation survenant avant la date d'expiration de l'option. La plus courante pour les calls couverts profondément ITM juste avant une date ex-dividende. Peut être évitée en surveillant les positions et en roulant avant les dates ex-dividende. Voir Chapitre 20.

Earnings Per Share (EPS) Bénéfice net divisé par le nombre d'actions en circulation. La mesure principale de la rentabilité d'une société par action. Une croissance du BPA sur trois trimestres consécutifs ou plus est le premier des Dix Indicateurs.

Earnings Season Les quatre périodes annuelles où la plupart des sociétés publiques publient leurs résultats trimestriels, généralement en janvier, avril, juillet et octobre. La volatilité implicite augmente de manière fiable avant les annonces et s'effondre immédiatement après — créant des setups prévisibles. Voir Chapitre 27.

Edge Un avantage statistique qui, appliqué de manière cohérente sur de nombreux trades, produit des résultats positifs au fil du temps. Sans avantage démontrable, le trading est de la spéculation. Le Cadre des Six Conditions, la Règle T-21 et la Règle de 2 % sont conçus pour créer et préserver l'avantage.

European-Style Option Une option ne pouvant être exercée qu'à l'expiration, pas avant. Les options SPX (S&P 500) sont de style européen. Les options de style européen ne comportent aucun risque d'assignation anticipée, les rendant plus simples pour les stratégies de revenus.

Ex-Dividend La date à laquelle une action commence à se trader sans la valeur de son prochain dividende déclaré. Les détenteurs d'options d'achat ITM peuvent exercer tôt pour capturer le dividende, augmentant le risque d'assignation pour les vendeurs de calls courts. Les actions baissent généralement du montant du dividende à la date ex-dividende. Voir Chapitre 20.

Exercise L'acte par lequel l'acheteur d'une option invoque son droit d'acheter (call) ou de vendre (put) des actions au prix d'exercice (strike). L'exercice déclenche l'assignation pour le vendeur de l'option. La plupart des options sont clôturées avant l'exercice plutôt qu'exercées.

Expected Move La plage de prix implicite du marché pour un sous-jacent sur une période donnée, généralement dérivée de la valorisation du straddle ATM. Exprimée en plage en dollars ou en pourcentage. Utilisée pour placer les prix d'exercice des spreads au-delà du mouvement attendu pour une probabilité de succès définie.

Expiration Date La date à laquelle un contrat d'options expire et devient sans valeur s'il n'est pas exercé ou fermé. Les options sur actions standard expirent le troisième vendredi du mois d'expiration. Les options hebdomadaires expirent chaque vendredi.

Exponential Moving Average (EMA) Le prix moyen d'un actif sur un nombre défini de périodes. Les moyennes mobiles simples 50 jours et 200 jours sont les principaux indicateurs de tendance utilisés dans ce livre. Un prix au-dessus des deux MM signale une tendance haussière éligible aux stratégies haussières.

Extrinsic Value Également appelée valeur temps. La partie de la prime d'une option au-dessus de sa valeur intrinsèque. Se déprécie à zéro à l'expiration. Reflète le temps restant, la volatilité implicite et l'incertitude. La valeur extrinsèque se déprécie à zéro à l'expiration — ce déclin est le fondement de chaque stratégie de revenus dans ce livre.

Fat Tail Une distribution statistique avec des résultats plus extrêmes que ce que prédit une distribution normale. Les prix des actions présentent des queues épaisses. Les marchés d'options présentent des queues épaisses — les grands mouvements de prix se produisent plus fréquemment que ce que suppose Black-Scholes. C'est pourquoi les options protectrices ont une valeur persistante.

Niveaux de Fibonacci Niveaux de prix horizontaux dérivés de la séquence de Fibonacci (23,6 %, 38,2 %, 50 %, 61,8 %, 78,6 %) appliqués à un mouvement de prix précédent. Utilisés pour identifier les zones de support et résistance probables pour les entrées sur repli et le placement des stops. Voir Chapitre 8.

Free Cash Flow (FCF) Flux de trésorerie opérationnel moins les dépenses d'investissement. L'argent réel généré par une entreprise après le maintien de ses opérations. Le FCF est l'indicateur le plus fiable de la rentabilité réelle — les bénéfices peuvent être manipulés, pas le flux de trésorerie. Un indicateur clé dans le cadre des Dix Indicateurs.

Front-Month L'expiration d'options la plus proche dans le temps de la date actuelle. Les options du premier mois ont la décroissance theta la plus élevée et le gamma le plus élevé. Les vendeurs préfèrent la prime du premier mois ; les acheteurs directionnels préfèrent généralement les mois suivants.

Fundamental Analysis La méthode d'évaluation d'un titre en analysant les états financiers, la position dans le secteur et la dynamique concurrentielle pour estimer la valeur intrinsèque. La composante à 90 % du cadre 90/10 utilisé tout au long de ce livre. Voir Chapitre 9.

Gamma (Gamma) Le taux de variation du delta pour chaque mouvement de 1 $ du sous-jacent. Le gamma est le plus élevé pour les options ATM près de l'expiration. Représente l'accélération du risque directionnel. Un gamma élevé dans les deux dernières semaines avant l'expiration est la principale raison de la règle de sortie T-21.

Gamma du Gamma La sixième mesure de risque d'une position d'options — la variation du gamma quand l'action bouge d'un point. Un gamma du gamma positif signifie que le gamma croît (l'option est OTM et approche le prix d'exercice). Un gamma du gamma négatif signifie que le gamma diminue (l'option est passée ITM). La Règle T-21 existe en partie pour sortir avant que le gamma du gamma n'aggrave l'exposition delta dans les dernières semaines. Voir Chapitre 5.

Good-Till-Canceled (GTC) Order Un ordre limité restant actif jusqu'à ce qu'il soit exécuté ou annulé manuellement par le trader. Utilisé pour les ordres de prise de profit placés au moment de l'entrée. Évite le besoin de ré-entrer les ordres quotidiennement.

Greeks Le terme collectif pour Delta, Gamma, Théta, Véga et Rho — les cinq mesures de sensibilité qui quantifient comment le prix d'une option répond aux changements du prix du sous-jacent, du temps, de la volatilité et des taux d'intérêt. Le tableau de bord de risque de chaque position.

Historical Volatility (HV) La volatilité réalisée réelle d'un actif sous-jacent sur une période passée spécifiée, calculée comme l'écart-type annualisé des retours logarithmiques quotidiens. La VH est la référence de risque par rapport à laquelle la VI est mesurée. Quand la VI dépasse significativement la VH, le vendeur de prime a un avantage statistique. Également appelée volatilité réalisée ou volatilité statistique. Voir Chapitre 16.

Implied Move La prévision du marché des options sur le mouvement d'une action jusqu'à l'expiration. Calculé à partir du prix du straddle ATM : (Prime Call + Prime Put) / Prix de l'Action. Critique pour le positionnement en saison de résultats. Voir Chapitre 27.

Volatilité Implicite (IV) L'attente prospective du marché concernant le mouvement de prix intégré dans la prime d'une option, exprimée en pourcentage annualisé. La VI monte avant les événements binaires (résultats, décisions de la Fed) et s'effondre après. Une VI haute favorise la vente de prime ; une VI basse favorise l'achat.

In-the-Money (ITM) Un call est ITM quand le prix du sous-jacent dépasse le prix d'exercice. Un put est ITM quand le prix du sous-jacent est en dessous du prix d'exercice. Les options ITM ont une valeur intrinsèque et un delta de magnitude supérieure à 0,50.

Intrinsic Value (Stock) La vraie valeur estimée d'une société basée sur ses fondamentaux — bénéfices, flux de trésorerie, actifs et perspectives de croissance — indépendamment de son prix de marché actuel. L'objectif de l'analyse fondamentale est d'identifier les actions se tradant en dessous de leur valeur intrinsèque (une marge de sécurité).

Iron Butterfly Une stratégie à quatre jambes : vendre un call ATM et un put ATM et acheter un call OTM et un put OTM comme protection. Profit maximum à l'expiration quand le sous-jacent clôture exactement au prix d'exercice court. Zone de profit plus étroite mais crédit plus élevé qu'un iron condor.

Iron Condor Une stratégie à quatre jambes : vendre un spread put OTM et vendre un spread call OTM sur le même sous-jacent et expiration. Profite quand le sous-jacent reste dans la plage entre les deux prix d'exercice courts. Une stratégie de Condition 5 (range/VI basse) ou Condition 6 (range/VI haute).

IV Crush L'écrasement rapide de la volatilité implicite immédiatement après un événement binaire, surtout après les annonces de résultats. L'écrasement VI réduit fortement les primes d'options même si l'action bouge dans la direction anticipée. Vendre de la prime avant les résultats capture la VI élevée ; acheter avant les résultats risque l'écrasement.

IV Rank (IVR) Une mesure où se situe la volatilité implicite actuelle par rapport à sa propre plage de 52 semaines. Formule : (VI Actuelle − VI Basse 52 sem.) ÷ (VI Haute 52 sem. − VI Basse 52 sem.) × 100. Un IVR de 70 signifie que la VI actuelle est au 70e percentile de sa plage annuelle. Un IVR au-dessus de 50 signale généralement un environnement favorable à la vente de prime. Voir Chapitre 16.

Critère Kelly Une formule mathématique pour un dimensionnement optimal des positions qui maximise la croissance à long terme tout en évitant la ruine. Fraction Kelly = Avantage / Cotes. La plupart des traders professionnels utilisent un Kelly fractionné (25-50 %) pour réduire la variance. La Règle de 2 % est une approximation pratique simplifiée.

LEAPS Long-term Equity Anticipation Securities. Options avec des dates d'expiration de plus d'un an. Utilisées comme substituts aux actions (achat de calls profondément ITM à la place des actions) ou pour une exposition directionnelle à long terme avec un risque défini.

Limit Order Un ordre d'achat ou de vente d'une option à un prix spécifié ou mieux. La norme professionnelle pour l'exécution des options. Ne jamais utiliser d'ordres au marché pour les options — le spread bid-ask rend les ordres au marché inutilement coûteux.

Liquidité La facilité avec laquelle une option peut être achetée ou vendue sans affecter significativement son prix. Mesurée par la largeur du spread bid-ask, le volume et l'intérêt ouvert. Une haute liquidité est le premier filtre dans la sélection des options — une faible liquidité signifie des spreads larges et des exécutions médiocres.

Distribution Log-Normale Une distribution statistique appliquée à la modélisation des prix d'actions car elle empêche les prix de tomber en dessous de zéro tout en permettant une hausse illimitée. Le modèle Black-Scholes suppose une distribution log-normale. En pratique, les rendements réels montrent des queues plus épaisses, ce qui favorise les puts OTM. Voir Chapitre 16.

Long Call Achat d'une option call, accordant le droit d'acheter 100 actions au prix d'exercice avant l'expiration. La perte maximale est la prime payée. Le potentiel de profit est illimité à mesure que l'action monte. La stratégie principale en Condition 1.

Long Put Achat d'une option put, accordant le droit de vendre 100 actions au prix d'exercice avant l'expiration. La perte maximale est la prime payée. Génère des profits à mesure que le sous-jacent baisse. La stratégie principale en Condition 3. Également utilisé comme assurance de portefeuille.

MACD (Moving Average Convergence Divergence) Un oscillateur de momentum calculé à partir de la différence entre les moyennes mobiles exponentielles à 12 et 26 périodes, avec une ligne de signal à 9 périodes. Les croisements MACD signalent des changements de momentum ; la divergence de l'histogramme signale l'épuisement de la tendance. Un indicateur de confirmation principal au Chapitre 8.

Margin of Safety La différence entre la valeur intrinsèque d'une action et son prix de marché actuel, exprimée en pourcentage. Les investisseurs en valeur exigent une marge de sécurité de 20 à 30 % avant d'acheter. Plus la marge de sécurité est grande, plus le risque de perte en capital permanente est faible.

Market Capitalization La valeur de marché totale des actions en circulation d'une société (Prix de l'action × Actions en circulation). Les cinq niveaux — Méga Cap (200 G$+), Grande Cap (10-200 G$), Moyenne Cap (2-10 G$), Petite Cap (300 M$-2 G$) et Micro Cap (sous 300 M$) — déterminent les stratégies éligibles. Voir Chapitre 6.

Ordre au Marché Un ordre d'achat ou de vente immédiat au meilleur prix courant disponible. Non recommandé pour le trading d'options. Le spread bid-ask signifie que les ordres au marché sur les options coûtent routinement 0,05 à 0,30 $ de plus par contrat que les ordres limités.

Mark-to-Market La réévaluation quotidienne des positions ouvertes aux prix de marché actuels. Le P&L affiché dans les courtages est marqué au marché — il reflète ce à quoi les positions pourraient être fermées aujourd'hui, pas le prix d'entrée original. Les pertes latentes n'affectent pas les liquidités jusqu'à la fermeture de la position.

Max Pain Le prix d'exercice auquel le plus grand nombre de contrats d'options expirent sans valeur par volume en dollars. Certains traders utilisent la douleur maximale comme indicateur secondaire de là où les prix des actions peuvent graviter près de l'expiration.

Moat (Avantage Concurrentiel) Un avantage concurrentiel durable et structurel qui protège la part de marché d'une société et ses marges élevées. Les types comprennent : effets réseau, coûts de changement, avantages de coûts, actifs incorporels et moats réglementaires. Les sociétés avec de larges moats maintiennent des rendements supérieurs à la moyenne pendant des années. Voir le Dix Indicateurs numéro 5, Chapitre 9.

Moneyness La classification de la relation d'une option entre son prix d'exercice et le prix actuel du sous-jacent : Dans la Monnaie (ITM), À la Monnaie (ATM), ou Hors de la Monnaie (OTM). Détermine la composition de la prime (valeur intrinsèque vs extrinsèque) et la plage de delta.

Naked Option Une option vendue sans posséder le sous-jacent ni tenir une position compensatoire. Les calls nus comportent un risque théoriquement illimité ; les puts nus comportent un risque jusqu'à zéro. Nécessite le niveau d'approbation courtier le plus élevé. Voir Chapitre 13.

Net Liquidating Value (NLV) La valeur totale actuelle d'un compte de trading si toutes les positions étaient fermées aux prix de marché actuels. Le dénominateur correct pour le dimensionnement des positions (Règle de 2 %) et la mesure de la performance.

Notional Value La valeur totale en dollars du sous-jacent contrôlé par une position d'options. Pour un CSP à 100 $ × 100 actions = 10 000 $ notionnel. La valeur notionnelle détermine l'exposition économique réelle et est la base du calcul de la taille de position selon la Règle de 2 %.

OCC (Options Clearing Corporation) La chambre de compensation centrale pour toutes les options listées aux États-Unis. L'OCC garantit l'exécution de chaque contrat, éliminant le risque de contrepartie. Chaque trade d'options est en fin de compte un contrat avec l'OCC, pas avec la contrepartie individuelle.

Open Interest (OI) Le nombre total de contrats d'options en circulation et non réglés à un prix d'exercice et une expiration donnés. Un intérêt ouvert élevé signale un marché liquide avec des spreads serrés. Ce livre recommande un minimum de 500 d'intérêt ouvert au prix d'exercice cible avant d'entrer dans toute position.

Option Chain L'affichage complet de tous les contrats disponibles pour un sous-jacent donné, organisé par expiration et prix d'exercice. Affiche le bid, l'ask, le dernier prix, le volume, l'intérêt ouvert et les Grecs pour chaque contrat. Lire la chaîne d'options couramment est une compétence fondamentale.

Option Writer Le vendeur d'un contrat d'options. Également appelé la position d'options courte. Le rédacteur collecte la prime à l'avance et assume l'obligation de remplir le contrat si l'acheteur exerce. La Philosophie du Vendeur positionne le rôle du rédacteur d'options comme la stratégie de revenu principale.

Out-of-the-Money (OTM) Un call est OTM lorsque le strike est supérieur au prix actuel du sous-jacent. Un put est OTM lorsque le strike est inférieur au prix actuel du sous-jacent. Les options OTM sont entièrement composées de valeur extrinsèque. La plupart des stratégies de rendement vendent des options OTM pour collecter des primes avec une haute probabilité qu'elles expirent sans valeur.

Trading de Paires Une stratégie neutre au marché qui achète simultanément une action et vend à découvert une action historiquement corrélée, profitant de la convergence de leur relation de prix plutôt que de la direction du marché. Élimine le bêta de marché global. Utilisé comme superposition de couverture et comme stratégie de revenus autonome.

Parité Une option se tradant exactement à sa valeur intrinsèque avec zéro valeur extrinsèque (temps) restante. Se produit à l'expiration ou pour les options profondément ITM. Une option profondément ITM approche la parité à mesure que l'expiration approche et que la valeur temps s'évapore complètement.

P/E Ratio (Price-to-Earnings) Le prix actuel de l'action divisé par le bénéfice par action. Le multiple de valorisation le plus largement utilisé. Un P/E en dessous de la moyenne sectorielle peut signaler une sous-évaluation ; significativement au-dessus peut signaler une sur-évaluation. Doit être interprété relativement aux pairs et au taux de croissance.

PEG Ratio Ratio Prix/Bénéfices-Croissance. P/E divisé par le taux de croissance annuel du BPA. Un PEG en dessous de 1,0 suggère une sous-évaluation potentielle par rapport à la croissance. Un PEG au-dessus de 2,0 suggère qu'une forte croissance future est déjà intégrée dans le prix. Un indicateur clé dans le cadre des Dix Indicateurs.

PERCS (Titres de Valeur) (Preferred Equity Redemption Cumulative Stock) Une action préférentielle qui verse un dividende supérieur à la normale mais peut être rappelée pour remboursement à la valeur nominale par la société émettrice. Le détenteur reçoit un revenu amélioré mais plafonne la hausse au prix de remboursement. Créé par les institutions financières comme produits de revenus structurés.

PFOF (Paiement pour le Flux d'Ordres) La pratique par laquelle les courtiers-négociants reçoivent une compensation des teneurs de marché pour l'acheminement des ordres clients vers eux pour exécution. Le PFOF est la façon dont la plupart des courtiers sans commission génèrent des revenus. Pour les traders d'options : utiliser des ordres limités et vérifier l'amélioration des prix sur chaque trade.

Pin Risk Le risque qu'à l'expiration le sous-jacent clôture exactement au prix d'exercice court, créant une incertitude sur l'assignation. Les options courtes proches de l'ATM tenues jusqu'à l'expiration comportent un risque de pin. La solution : fermer les positions avant l'expiration plutôt que de tenir jusqu'à zéro.

Portfolio Delta La somme de tous les deltas de positions individuelles dans un portefeuille de trading, représentant l'exposition directionnelle totale du portefeuille. Un delta de portefeuille proche de zéro est neutre au marché. La gestion du delta de portefeuille est une pratique fondamentale de gestion du risque pour les traders multi-positions.

Portfolio Margin Une méthodologie de marge basée sur le risque disponible pour les comptes qualifiés (minimum 100 000 $+) qui calcule les exigences en testant la position sur 10 intervalles de prix et en exigeant seulement la perte du pire cas comme garantie. Les positions couvertes et à risque défini voient des réductions de marge de 50 à 70 %+. Nécessite l'approbation Niveau 4. Voir Chapitre 1.

Position Sizing Le processus de détermination du nombre de contrats à trader basé sur la taille du compte, la tolérance au risque et la Règle de 2 %. Un dimensionnement correct des positions garantit qu'aucun trade ne peut causer de dommage catastrophique au compte. Le surdimensionnement est la principale cause de ruine chez les traders de détail.

BPJ (Bénéfice Par Jour de trading) Le revenu theta quotidien généré par une position d'options courte. BPJ = Théta de la position × 100 × Nombre de contrats. Utilisé pour évaluer si un portefeuille génère des revenus au taux requis pour atteindre les objectifs mensuels. Le noyau opérationnel du système de suivi de revenus de la Philosophie du Vendeur.

Prime Le prix total d'un contrat d'options, payé par l'acheteur et reçu par le vendeur. Prime = Valeur Intrinsèque + Valeur Extrinsèque. Pour les vendeurs d'options, la prime reçue à l'entrée est le profit maximum possible de la position.

Probability of Profit (POP) La probabilité statistique qu'un trade sera rentable à l'expiration. Directement dérivée du delta de l'option. Un put court à delta 30 a environ 70 % de PoP. Les trades à haute probabilité collectent moins de prime mais gagnent plus souvent.

Put Option Un contrat donnant à l'acheteur le droit, mais pas l'obligation, de vendre 100 actions du sous-jacent au prix d'exercice avant ou à l'expiration. Utilisé pour les trades directionnels baissiers, la couverture de portefeuille ou la génération de revenus quand vendu (put sécurisé en espèces).

Put-Call Ratio (PCR) Un indicateur de sentiment mesurant le volume d'options put tradi par rapport aux options call. Formule : volume total put ÷ volume total call. Un PCR au-dessus de 0,47 (moyenne mobile exponentielle sur 10 jours) signale une baissierité excessive ; en dessous de 0,39 signale une optimisme excessive. Voir Chapitre 18.

Ratio Write Une stratégie d'options où un trader vend plus de contrats d'options qu'il n'en achète, créant une position partiellement non couverte. Exemple : acheter un call à un prix d'exercice inférieur, vendre deux calls à un prix d'exercice supérieur (ratio write 1×2). Les ratio writes exploitent le skew de volatilité. Voir Chapitre 16.

Realized Volatility La volatilité réelle qu'une action a connue sur une période historique, calculée à partir des retours quotidiens réels des prix. Quand la volatilité réalisée est systématiquement inférieure à la volatilité implicite, les vendeurs d'options ont un avantage structurel — la prime de risque de volatilité.

Regulation T (Reg-T) La règle de la Réserve Fédérale régissant l'extension de crédit du courtier. Fixe la marge standard à 50 % du prix d'achat des actions pour les positions en actions. La Marge de Portefeuille est l'alternative basée sur le risque pour les comptes qualifiés, remplaçant les pourcentages Reg-T par des calculs réels de test de stress.

Resistance Une zone de prix où la pression vendeuse a historiquement dépassé l'intérêt acheteur, provoquant des stagnations ou inversions des avancées de prix. Une ancienne résistance, une fois brisée, devient souvent un support. Les niveaux de résistance définissent la limite supérieure pour le placement des prix d'exercice des calls courts et des bear call spreads.

Return on Equity (ROE) Bénéfice net divisé par les capitaux propres. Mesure l'efficacité avec laquelle la direction génère des profits à partir du capital propre. Un ROE cohérent au-dessus de 15 % signale un avantage concurrentiel durable. Fait partie du cadre des Dix Indicateurs.

Revenue Growth L'augmentation d'une année à l'autre ou d'un trimestre à l'autre du total des ventes. La croissance des bénéfices nécessite une croissance des revenus — la réduction des coûts peut améliorer les bénéfices à court terme mais ne peut pas piloter l'appréciation à long terme. Le deuxième des Dix Indicateurs.

Reversal Arbitrage Une stratégie d'arbitrage sans risque impliquant de vendre à découvert l'action, de vendre un put et d'acheter un call — tous avec la même expiration et le même prix d'exercice. Profite quand la position combinée est mal évaluée. Principalement exécuté par des teneurs de marché et des desks institutionnels.

Reverse Strategy L'image miroir d'une stratégie d'options standard. Le ratio write inverse (backspread) vend les calls du prix d'exercice inférieur et achète plus de calls du prix d'exercice supérieur — créant le profil risque/récompense inverse. Les stratégies inverses ont généralement un potentiel de profit illimité dans une direction et un risque limité dans l'autre.

Rho (Rho) Le taux de variation du prix d'une option pour chaque changement de 1 % des taux d'intérêt. Plus significatif pour les LEAPS et dans les environnements de taux élevés. Peu pertinent pour les positions standard de prime courte à 30-45 JAE.

Roulement pour Crédit Roulement d'une position d'options vers une nouvelle expiration uniquement quand cela génère un crédit net après les coûts de transaction — signifiant que la nouvelle position collecte plus de prime qu'il ne coûte de fermer l'existante. Rouler pour un débit signifie que le trade joue contre vous.

Rolling Fermer une position d'options existante et ouvrir une nouvelle position à un prix d'exercice, une expiration ou les deux différents, en une seule transaction. Le roulement prolonge la durée, ajuste le prix d'exercice et collecte une prime supplémentaire. Les six types de roulement et le cadre de décision sont couverts au Chapitre 23.

RSI (Relative Strength) Un oscillateur de momentum mesurant la vitesse et l'amplitude des changements de prix sur une échelle de 0 à 100. RSI au-dessus de 70 signale des conditions de surachat ; en dessous de 30 signale des conditions de survente. Utilisé pour identifier les inversions potentielles dans le contexte de la tendance dominante. Voir Chapitre 8.

Sector Rotation Le mouvement du capital d'investissement entre les secteurs industriels à mesure que le cycle économique progresse. La technologie et la consommation discrétionnaire mènent en expansion précoce ; la santé et les services publics surperforment en contraction. Aligner les stratégies avec la rotation sectorielle actuelle est l'avantage macro du Chapitre 7.

Philosophie du Vendeur Le cadre opérationnel de ce livre. Positionne le trader principalement comme un vendeur (rédacteur) de prime, utilisant l'avantage statistique du déclin temporel, de la volatilité implicite élevée et des prix d'exercice OTM à haute probabilité pour générer des revenus cohérents. Exécuté via La Roue, les CSP, les covered calls et les spreads à crédit.

Option Sérielle Une option sur futures pour laquelle aucun contrat à terme n'expire dans le même mois calendaire. Le sous-jacent défaut sur la prochaine expiration disponible. Les options sérielles permettent aux traders d'affiner le timing d'expiration avec précision sans être contraints aux mois standard de contrats à terme. Voir Chapitre 18.

Cadre des Six Conditions Le système de lecture du marché principal de ce livre. Définit six conditions de marché distinctes basées sur deux axes : direction (Haussier, Baissier, Neutre) et niveau de volatilité implicite (Haute, Basse). Chaque condition a un ensemble de stratégies défini. Identifier la condition actuelle avant l'entrée est la première étape de chaque trade.

Glissement La différence entre le prix attendu d'un trade et le prix d'exécution réel. Le plus courant avec les ordres au marché et les spreads bid-ask larges. Minimisé en utilisant des ordres limités et en sélectionnant des sous-jacents avec une haute liquidité et des spreads serrés.

Marge SPAN (Standard Portfolio Analysis of Risk) Une méthodologie de marge basée sur la volatilité utilisée pour les futures et les options sur futures. Calcule la marge en utilisant des scénarios de volatilité plutôt que des pourcentages fixes de mouvement de prix. Contraste avec Reg-T et la Marge de Portefeuille, qui utilisent des plages de stress fixes. Voir Chapitre 18.

Spinoff Une action corporate dans laquelle une société mère sépare une filiale en une société publique indépendante et distribue des actions de la nouvelle société aux actionnaires existants. Les scissions sont l'une des quatre catégories de risque des options ajustées (avec les résultats, les F&A et les dividendes) qui nécessitent une sortie immédiate de position. Voir Chapitre 20.

SRC System Le système Vendre-Rouler-Fermer. Le cadre de gestion en trois étapes pour les positions de prime courte tout au long de leur cycle de vie : Vendre la prime à l'entrée (30-45 JAE, prix d'exercice OTM), Rouler à T-21 si profitable ou en danger, Fermer à 50 % du profit maximum ou selon la Règle T-21. Le moteur opérationnel de la Philosophie du Vendeur.

Standard Deviation (σ) Dans les options, la mesure de la dispersion des prix utilisée pour définir les plages de mouvement attendues. Un écart-type couvre approximativement 68 % des résultats. La sélection du prix d'exercice au niveau 1-sigma (environ delta 16) donne au vendeur une probabilité d'environ 68 % que le sous-jacent reste à l'extérieur de ce prix d'exercice.

Straddle Une stratégie à deux jambes : acheter (ou vendre) à la fois un call et un put au même prix d'exercice et expiration. Un long straddle profite des grands mouvements dans les deux sens. Un short straddle profite quand le sous-jacent reste près du prix d'exercice et nécessite une VI élevée pour justifier le risque.

Strangle Similaire au straddle mais avec des prix d'exercice différents : acheter (ou vendre) un call OTM et un put OTM avec la même expiration. Un long strangle profite des très grands mouvements. Un short strangle profite du mouvement de prix en range et est une stratégie de revenus à haute probabilité dans les environnements à VI élevée.

Prix d'Exercice Le prix prédéterminé auquel l'acheteur d'options peut acheter (call) ou vendre (put) le sous-jacent s'il exerce. Également appelé prix d'exercice. La sélection du prix d'exercice est la variable la plus impactante dans la définition du risque/récompense de toute position d'options.

Produit Structuré Un investissement packagé qui combine un instrument à revenu fixe (généralement une obligation) avec une ou plusieurs options en un seul titre échangeable. Les produits structurés ont des profils de risque/récompense personnalisés. Risque clé : des structures complexes peuvent dissimuler des coûts intégrés et avoir une liquidité limitée sur le marché secondaire.

Support Une zone de prix où l'intérêt acheteur a historiquement dépassé la pression vendeuse, provoquant des pauses ou inversions des baisses de prix. Un ancien support, une fois brisé, devient souvent une résistance. Les niveaux de support définissent la limite inférieure pour le placement des prix d'exercice des puts courts et les déclencheurs d'entrée sur repli.

Put Synthétique Une position qui reproduit un long put en vendant à découvert l'action sous-jacente et en achetant un call au même prix d'exercice. La position combinée a le même profil de profit/perte que posséder un put. Utilisée quand les puts listés sont indisponibles ou sur-évalués. Nécessite un locate de vente à découvert et de la marge.

Action Synthétique (Synthetic Long/Short) Une position d'options qui reproduit le risque/récompense de posséder ou vendre à découvert le sous-jacent mais avec un capital réduit. Action synthétique longue : acheter un call et vendre un put au même prix d'exercice et expiration (delta ≅ +1,0). Action synthétique courte : acheter un put et vendre un call (delta ≅ −1,0). Utilisé pour obtenir une exposition équivalente aux actions avec moins de capital.

Règle T-21 La règle de gestion des positions de The Premium Desk : fermer toutes les positions de prime courte à 21 jours de l'expiration. À T-21, la majorité du theta a été capturée (50-60 % du profit maximum) tandis que le risque gamma commence à accélérer. Fermer à T-21 verrouille les gains et élimine les deux dernières semaines dangereuses. Voir Chapitre 23.

Point d'Accélération T-30 Le moment dans la vie d'un contrat, à 30 JAE, où la décroissance theta commence à s'accélérer de manière mesurable. La fenêtre de récolte de The Premium Desk est de 45 JAE à 21 JAE — capturant la portion la plus raide de la courbe de déclin tout en évitant le pic gamma sous 21 JAE.

Technical Analysis L'étude des données historiques de prix et de volume pour identifier les schémas, tendances et probables mouvements futurs des prix. La composante à 10 % du cadre 90/10. Utilisée pour régler les entrées et sorties, pas pour déterminer si un sous-jacent vaut la peine d'être tradé.

Dix Indicateurs Le filtre de qualité fondamentale de ce livre. Un système de notation sur dix évaluant : bénéfices croissants, ventes croissantes, bilan solide, dividendes ou rachats croissants, moat concurrentiel, détention d'initiateurs, alignement sur les mégatendances, faible dette, fort flux de trésorerie disponible et prix avantageux par rapport à la valeur intrinsèque. Un score de 8-10 requis pour l'éligibilité complète aux six conditions. Voir Chapitre 9.

Term Structure La relation entre la volatilité implicite et le temps jusqu'à l'expiration sur différentes expirations. Le contango (VI montante pour les expirations plus longues) est normal. Le backwardation (inversé) se produit dans les environnements de peur élevée. Le timing d'entrée du calendar spread est le plus favorable quand l'option à court terme est en backwardation par rapport à la jambe longue. Voir Chapitre 16.

Structure des Termes de la Volatilité La relation entre la volatilité implicite et le temps restant jusqu'à l'expiration à travers différentes échéances pour un même sous-jacent. Dans des marchés normaux (contango), les options à échéance lointaine affichent une VI plus élevée que les options à court terme. Dans des marchés stressés (backwardation), la VI à court terme explose au-dessus de celle à long terme, reflétant une peur immédiate. Le timing d'entrée sur un calendar spread est optimal lorsque l'option à court terme est en backwardation par rapport à la jambe (leg) à plus long terme.

La Roue Une stratégie de revenu systématique et continue : vendre un put sécurisé en espèces sur un sous-jacent de qualité, si assigné vendre des covered calls sur les actions acquises, si rappelé recommencer avec des puts sécurisés en espèces. La Roue génère des revenus de prime à chaque étape et est le système d'exécution phare de la Philosophie du Vendeur. Voir Chapitre 15.

Theta (Theta) Le taux auquel la valeur extrinsèque d'une option se déprécie par jour calendaire, toutes choses égales par ailleurs. Exprimé comme un montant négatif en dollars par jour par contrat. Le theta s'accélère à l'approche de l'expiration. Pour les vendeurs d'options, le theta est un revenu — chaque jour qui passe, l'option courte perd de la valeur, ce qui est un profit pour le rédacteur.

Bon du Trésor / Stratégie d'Options Une approche de préservation du capital dans laquelle environ 90 % du capital de trading est détenu dans des instruments sans risque à court terme (bons du Trésor, fonds monétaires) tandis que seulement les 10 % restants sont déployés dans des positions d'options longues. La perte maximale en capital est limitée à la prime de l'option. Un cadre pertinent pour comprendre la discipline de dimensionnement des positions dans le contexte de la Règle de 2 %.

Sous-jacent L'actif sur lequel un contrat d'options est basé. Pour les options sur actions, le sous-jacent est 100 actions de l'action désignée. Le prix, la volatilité et les fondamentaux du sous-jacent déterminent quelles stratégies d'options sont appropriées dans la condition de marché actuelle.

Vega (Vega) Le taux de variation du prix d'une option pour chaque changement de 1 % de la volatilité implicite. Le véga est le plus élevé pour les options ATM à long terme. Les options longues ont un véga positif (bénéficient d'une hausse de la VI). Les options courtes ont un véga négatif (perdent de la valeur quand la VI monte). L'exposition véga détermine l'impact d'un événement d'expansion VI sur une position.

Vertical Spread Toute stratégie d'options combinant une option longue et une option courte du même type (les deux calls ou les deux puts) sur le même sous-jacent et expiration, mais à des prix d'exercice différents. Définit à la fois le profit maximum et la perte maximum. La structure fondamentale pour les spreads à crédit (bull put, bear call) et les spreads à débit (bull call, bear put).

VIX (CBOE Volatility) L'Indice de Volatilité de la CBOE, mesurant l'attente du marché concernant la volatilité à 30 jours du S&P 500, dérivée d'une moyenne pondérée des prix d'options S&P 500.

VIX Term Structure La courbe montrant les prix des futures VIX à des mois d'expiration successifs, reflétant les attentes du marché concernant la volatilité implicite future. Les deux formes principales sont le contango (pente ascendante, marché normal) et le backwardation (pente descendante, événement de peur). Le backwardation a précédé chaque déclin de marché majeur des 20 dernières années. Voir Chapitre 16.

Volatility Risk Prime (VRP) La tendance persistante de la volatilité implicite à dépasser la volatilité réalisée. La VRP est l'avantage structurel que les vendeurs d'options exploitent en collectant une prime supérieure à ce que le mouvement réel justifie. Voir Chapitre 16.

Volatility Skew Le phénomène où la volatilité implicite n'est pas uniforme sur tous les prix d'exercice. Dans les options sur actions, le skew descend généralement : les puts OTM portent plus de VI que les options ATM (skew put), piloté par la demande institutionnelle de protection contre la baisse. Le skew crée un avantage pour vendre de la prime aux prix d'exercice les plus survalorisés. Voir Chapitre 16.

Hebdomadaire Options Contrats d'options expirant chaque vendredi plutôt que sur le cycle mensuel. Disponibles sur la plupart des ETF majeurs et des actions à haute liquidité. Utiles pour les stratégies de revenus à courte durée et les trades pilotés par les événements, mais comportent un risque gamma plus élevé que les options mensuelles standard.

Wing La jambe protectrice extérieure d'un spread. Dans un iron condor, le long call est l'aile supérieure et le long put est l'aile inférieure. Les ailes plafonnent la perte maximum. Des ailes plus larges coûtent moins mais offrent moins de protection.

Writer Le vendeur d'un contrat d'options. Le rédacteur collecte la prime à l'avance et prend en charge l'obligation de remplir le contrat si assigné. Rédiger des options est le fondement de la Philosophie du Vendeur.

INDEX

Les numéros de page se réfèrent aux références de chapitre. Les numéros de page imprimés finaux sont établis à la mise en page. Les sous-entrées sont indentées. Les références croisées apparaissent comme « — voir [Terme] ».

www.ingramcontent.com/pod-product-compliance
Lightning Source LLC
LaVergne TN
LVHW060013210926
848481LV00013B/3702